普通高等教育"十一五"国家级规划教材

U0649731

港口水工建筑物

● 韩理安　　主编
● 席与耀　　主审

人民交通出版社

内 容 提 要

本书是普通高等教育"十一五"国家级规划教材,在交通类专业"九五"规划教材《港口水工建筑物》(I)和(II)的基础上修编。全书共11章,主要内容包括码头概论、重力式码头、板桩码头、高桩码头、开敞式码头、斜坡码头与浮码头、码头附属设施、防波堤与护岸、修造船水工建筑物、港口水工建筑物抗震、港口水工结构数值模拟。

本书是高等院校港口航道与海岸工程专业本科生的必修课教材,也可作为其他土建类、水利类专业本科生选学"港口工程"方向的主选教材和从事港口建设的工程技术人员的参考书。

图书在版编目（CIP）数据

港口水工建筑物／韩理安主编. —北京:人民交通出版社,2008.10

ISBN 978 – 7 – 114 – 07212 – 3

Ⅰ.港… Ⅱ.韩… Ⅲ.港口建筑物:水工建筑物 Ⅳ.U656

中国版本图书馆 CIP 数据核字(2008)第 081254 号

书　　名:	港口水工建筑物（第二版）
著 作 者:	韩理安
责任编辑:	韩亚楠
出版发行:	人民交通出版社
地　　址:	(100011) 北京市朝阳区安定门外外馆斜街 3 号
网　　址:	http://www.chinasybook.com
销售电话:	(010) 64981400，59757915
总 经 销:	北京交实文化发展有限公司
印　　刷:	北京鑫正大印刷有限公司
开　　本:	787×1092　1/16
印　　张:	25.75
字　　数:	620 千
版　　次:	2001 年 1 月　第 1 版　2008 年 10 月　第 2 版
印　　次:	2022 年 1 月　第 2 版　第 9 次印刷
书　　号:	ISBN 978-7-114-07212-3
定　　价:	49.00 元

（有印刷、装订质量问题的图书由本社负责调换）

前 言 Qianyan

本书是普通高等教育"十一五"国家级规划教材,是在《港口水工建筑物》(I)和(II)的基础上进行了修订,并将其合为1册,整合了部分重复交叉内容,补充了常用的港口水工建筑物算例,使之更便于教学;而在反映扩充和提高内容的章节后加"＊"号,与基本内容加以区别。港口航道与海岸工程专业和其他土建类、水利类专业本科生可以根据不同的教学要求,修读全部内容或基本内容。保留了第一版教材适应学生多样化需求的特点。本书在内容上尽可能反映港口工程结构中的新理论、新结构、新方法和新技术,并与现行的国家和行业标准相一致。与第一版教材相比,全书增加了遮帘式板桩结构、桩式柔性靠船设施、梳式防波堤、半圆形防波堤、加筋土岸壁、港口水工结构常用商用软件等反映港口工程建设新成果的内容。全书内容包括:码头概论、重力式码头、板桩码头、高桩码头、开敞式码头、斜坡码头与浮码头、码头附属设施、防波堤与护岸、修造船水工建筑物、港口水工建筑物抗震、港口水工结构数值模拟,共11章及4个附录。

本书由长沙理工大学韩理安教授主编。长沙理工大学赵利平教授和韩时琳副教授、河海大学王云球教授和鲁子爱教授、重庆交通大学许锡宾教授、大连理工大学胡立万教授、大连海事大学王春刚高级工程师参加了编写,其分工如下:韩理安教授编写绪论、第一章、第二章、附录二、附录三;赵利平教授编写第三章、第八章;韩时琳副教授编写第四章、第七章、附录一、附录四;王云球教授编写第五章、第十章;许锡宾教授编写第六章;胡立万教授和王春刚高级工程师合编第九章;鲁子爱教授编写第十一章。河海大学席与耀教授主审了全部书稿,并提出了许多宝贵意见,使本书内容有较大改进,特此致谢。同时也感谢书中所引用参考文献的各位作者。

由于我们水平有限,难免有不妥之处,尚希读者批评指正。

编　者
2008 年 4 月

目 录 Mulu

绪论

港口的基本功能是作为水陆联运的枢纽。港口水工建筑物是港口的重要组成部分,一般包括码头、防波堤、护岸、船台、滑道和船坞等。

码头是供船舶停靠、装卸货物和上下旅客的水工建筑物,它是港口的主要组成部分。防波堤主要是防御波浪对港口水域的侵袭,保证港口水域有平稳的水面,使船舶在港口安全停泊和进行装卸作业。护岸的作用是使港口或水域的岸边在波浪、冰、流的作用下不受破坏,从而保护岸上的建筑物、设备和农田等。船台、滑道和船坞是修造船水工建筑物,供船舶下水、上墩和修造之用。在港口组成中,不一定有上述的所有建筑物。例如,在有天然掩护的水域和河流中建设港口,可以不设防波堤;有的港口没有修造船水工建筑物,或根据岸坡情况不设护岸。港口水工建筑物的共同特点是:承受的作用复杂(包括波浪、潮汐、海流、冰凌、风、地震等自然力和使用、施工荷载),施工条件多变,建设周期长,投资较大。

建国初期,我国沿海只有 6 个主要港口,泊位 233 个,其中万吨级深水泊位只有 61 个,年吞吐量 1 000 多万吨。近 60 年来,我国水运工程建设始终得到党和国家的重视和关怀。1973年周恩来总理代表党中央发出了"三年改变港口面貌"的号召,使我国港口、航道的建设进入了一个新时期。党的十一届三中全会以来,党的改革开放政策极大地促进了港口建设的步伐,使我国沿海主要港口在大型化、机械化和专业化方面步入了世界水平。到 2006 年底,全国港口(香港、澳门特别行政区及台湾省统计数据未包括在内)拥有生产用泊位 35 453 个,其中万吨级及以上泊位 1 203 个,10 万吨级以上泊位 89 个;港口货物吞吐量达到 55.70 亿吨,全国已有7 个港口的货物吞吐量超过 2 亿吨;上海港完成货物年吞吐量 4.70 亿吨,成为世界第一大港。

近 60 年来,依靠科技进步,水运交通基础设施的面貌产生了深刻变化。港口水工建筑物的结构形式也有了很大发展,由起初的短桩小跨、实体重型逐渐转变为采用长桩大跨、空心轻型和预制安装结构,并取得了一系列重大技术成就和具有国际水平的创新成果。重力式码头成功引进了大直径钢筋混凝土薄壁圆筒、格形钢板桩、开孔消浪沉箱结构;开发了具有我国特色的抛石基床水下夯实和爆炸密实方法;引进开发了水下深层水泥搅拌法(CDM),从而在软基上也能采用重力式结构。高桩码头在深水情况下成功采用了全直桩结构和依靠自身变形吸收船舶撞击能量的柔性靠船结构。随着板桩码头向大型化发展,其结构形式也有不少改进,除普通的拉杆式锚碇板桩外,采用了斜拉(顶)桩式板桩码头和遮帘式板桩码头。在防波堤方面,研究开发了爆破挤淤的软基处理技术和大空心率空心方块轻型斜坡堤;研究开发了削角直立堤、开孔消浪沉箱结构、环保型的梳式沉箱结构;研究开发了削角空心方块混合堤和桩基透空堤;引进、吸收、创新推广了半圆形结构混合堤。随着我国自然条件较好的海湾和海岸逐步开发,今后建港将更多地处于各种复杂条件下,或浪大流急,或海滩平缓,或地基土质松软;运输

1

船舶的大型化促进了港口离岸化和深水化，迫切需要适合深水大浪的新型码头结构形式；同时在适应新的装卸工艺、提高装卸效率、综合利用水资源等方面也对港口水工建筑物的建设提出了新的要求。

港口水工建筑物的建设主要分为设计和施工两个阶段，其中设计又可分为工程可行性研究、初步设计和施工图设计三个程序。本书主要介绍港口水工建筑物的设计，其内容包括：作用及其效应组合的确定、结构选型、结构布置与构造、建筑物的稳定及结构强度计算等。

长期以来，我国港口水工建筑物的结构设计采用以破损阶段概念为特征的定值极限状态法，而钢结构采用容许应力法。前者的安全系数 K 和后者的容许应力 $[R]$ 主要根据经验确定。不同的结构没有度量安全度的统一尺度，也难以进行比较，其缺陷是明显的。进入 20 世纪 70 年代以来，国际上以概率理论为基础的结构极限状态设计方法进入了实用阶段，我国的《建筑工程结构可靠度设计统一标准》(GBJ 68—84)于 1984 年颁布，《港口工程结构可靠度设计统一标准》(GB 50158—92)也于 1993 年 4 月实施。现行的中华人民共和国行业标准规定港口水工建筑物结构设计采用以分项系数法表述的概率极限状态设计法，并将逐渐向直接采用概率极限状态方法过渡。结构极限状态分为承载能力极限状态和正常使用极限状态两类。当结构超过承载能力极限状态时，结构或构件丧失承载能力；超过正常使用极限状态时，结构或构件就不能满足适用性或耐久性的要求。

随着计算机技术的迅猛发展，工程设计中已广泛应用计算机。水运工程系统自 20 世纪 70 年代初开始应用计算机至今，已由初期的编制和应用单一功能、单一结构的数值计算程序，发展到能研制建立软件包、计算机辅助设计系统、计算机模拟试验和计算机自动控制系统。累计编制开发了数百个应用程序，其中 70% 以上属于设计方面，且大部分又归结于结构内力计算。目前对港口水工建筑物中采用各种计算假定、各种计算方法、各种结构形式的梁、板、桁架、排架差不多都有一些应用程序提供服务。三维空间问题的计算，程序的集成化、智能化，结构与介质的相互作用等问题的研究和应用正在进一步开展。过去由于计算条件的限制而不得不采用各种简化，现在可以采取较精确的方法，已成功开发了港口工程结构计算的一些商用软件。随着网络技术的发展，也提出了网络协同设计的发展思路。但我国水运工程系统的计算机应用水平总体上还不高，优化设计、工程数据库和规范库的建立等还有待进一步开发，以便赶上国际先进水平。

港口水工建筑物是港口工程的一项主体工程。本课程也是港口航道与海岸工程专业的一门主要专业课。学习本课程的目的是：掌握港口水工建筑物设计计算的基本理论和构造知识，为今后能顺利地从事港口水工建筑物的设计工作打下牢固的基础。本课程又是一门实践性很强的课程。搞好港口水工建筑物的设计，还需要结合其他课程（如土力学、水力学、水文学、建筑材料、材料力学、结构力学、钢筋混凝土结构和工程施工技术等课程）的有关知识，对港口水工建筑物的经济性、安全性、使用要求和施工条件等方面进行综合考虑，并通过实践性教学环节对计算、整理编写设计书、绘制施工图纸等基本技能进行训练。

第一章 码头概论

第一节 码头分类和组成

一、码头分类

码头可以按不同的方法分类。

1. 按平面布置分类

码头可分为顺岸式、突堤式、墩式等(图1-1-1)。

顺岸式码头应用较为普遍,根据码头与岸的连接方式又可分为满堂式和引桥式两种[图1-1-1a]。满堂式码头与岸上场地沿码头全长连成一片,其前沿与后方的联系方便,装卸能力较大。引桥式码头用引桥将透空的顺岸码头与岸连接起来。突堤式码头主要应用于海港,又分为窄突堤码头和宽突堤码头两种[图1-1-1b]。前者沿宽度方向是一个整体结构,后者沿宽度方向的两侧为码头结构,码头结构中通过填筑构成码头地面。墩式码头为非连续结构,由靠船墩、系船墩、工作平台、引桥、人行桥组成[图1-1-1c]。墩台与岸用引桥连接,墩台之间用人行桥连接,船舶的系靠由系船墩和靠船墩承担,装卸作业在另设的工作平台上进行。对于不设引桥的墩式码头,一般又称岛式码头。墩式码头在开敞式码头的建设中应用较多,主要用来装卸石油。有的墩式码头不设工作平台,墩子既是系靠船设施,又在其上设置装卸机械(如固定装煤机)进行装卸作业[图1-1-1d]。

2. 按断面形式分类

码头可分为直立式、斜坡式、半直立式、半斜坡式和多级式等形式(图1-1-2)。

直立式码头适用于水位变化不大的港口,如海岸港和河口港;对于水位差较小的河港及运河港也很适用。斜坡式码头适用于水位变化大的上、中游河港或水库港。由于直立式码头装卸效率高,其应用范围正逐步扩大。在水位差较大的中游河港,采用多层系缆或浮式系靠船设施的直立式码头日益增多。在水位差大且洪水期不长的上游河港也采用了多级式直立码头,上级码头供洪水期使用;下级码头供枯水期或一般水位时使用,而在洪水期被淹没;各级码头可以在同一断面上,也可不在同一断面上;也有不分级直立式码头的建设实例。

半斜坡式码头用于枯水期较长而洪水期较短的山区河流。半直立式码头用于高水位时间较长,而低水位时间较短的水库港等。但后三种断面形式的码头应用较少。

3. 按结构形式分类

码头可分为重力式码头、板桩码头、高桩码头和混合式码头等(图1-1-3)。

重力式码头是码头建筑物中分布较广、使用较多的一种结构形式。其工作特点是依靠结构本身及其上面填料的重力来保持结构自身的滑移稳定和倾覆稳定。由于自重力大,地基承

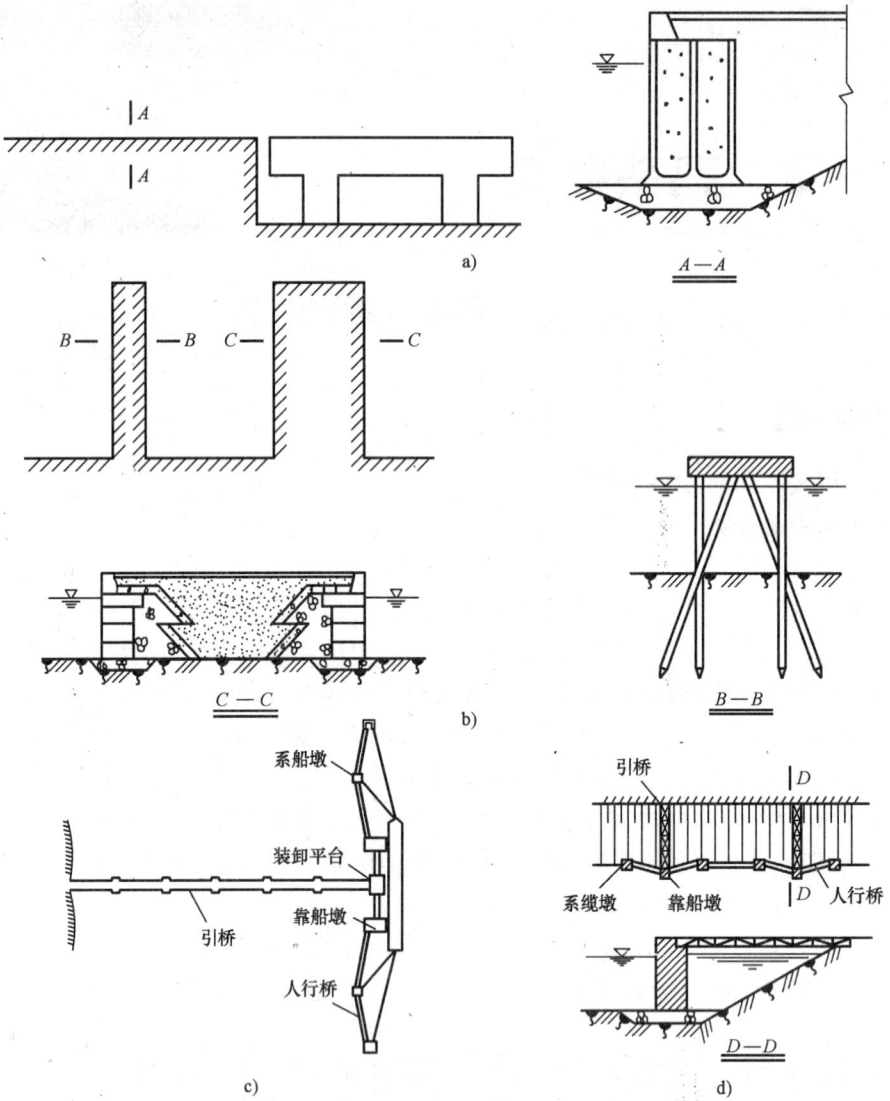

图 1-1-1 码头平面布置形式

a)顺岸式;b)突堤式;c)墩式(有独立的工作平台);d)墩式(无独立的工作平台)

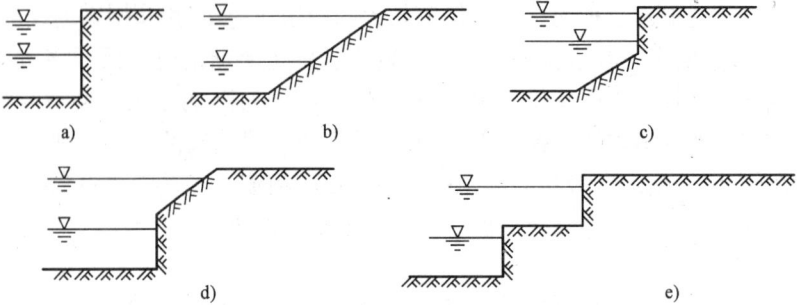

图 1-1-2 码头断面形式

a)直立式;b)斜坡式;c)半直立式;d)半斜坡式;e)多级式

受的压力大,故重力式码头适用于较好的地基。它也是耐久性好和对超载、工艺变化适应能力最强的一种结构。板桩码头的工作特点是依靠板桩入土部分的侧向土抗力和安设在码头上部的锚碇结构来维持其整体稳定。除特别坚硬或过于软弱的地基外,一般均可采用。高桩码头是在软弱地基上修建的一种主要结构形式,其工作特点是通过桩台将作用在码头上的荷载经桩基传给地基。除上述三种主要结构形式外,根据当地的地基、水文、材料、施工条件和码头使用要求等因素,也可采用各种不同形式的混合结构,如图 1-1-3d)所示的大型框架式码头,为透空的重力式结构。

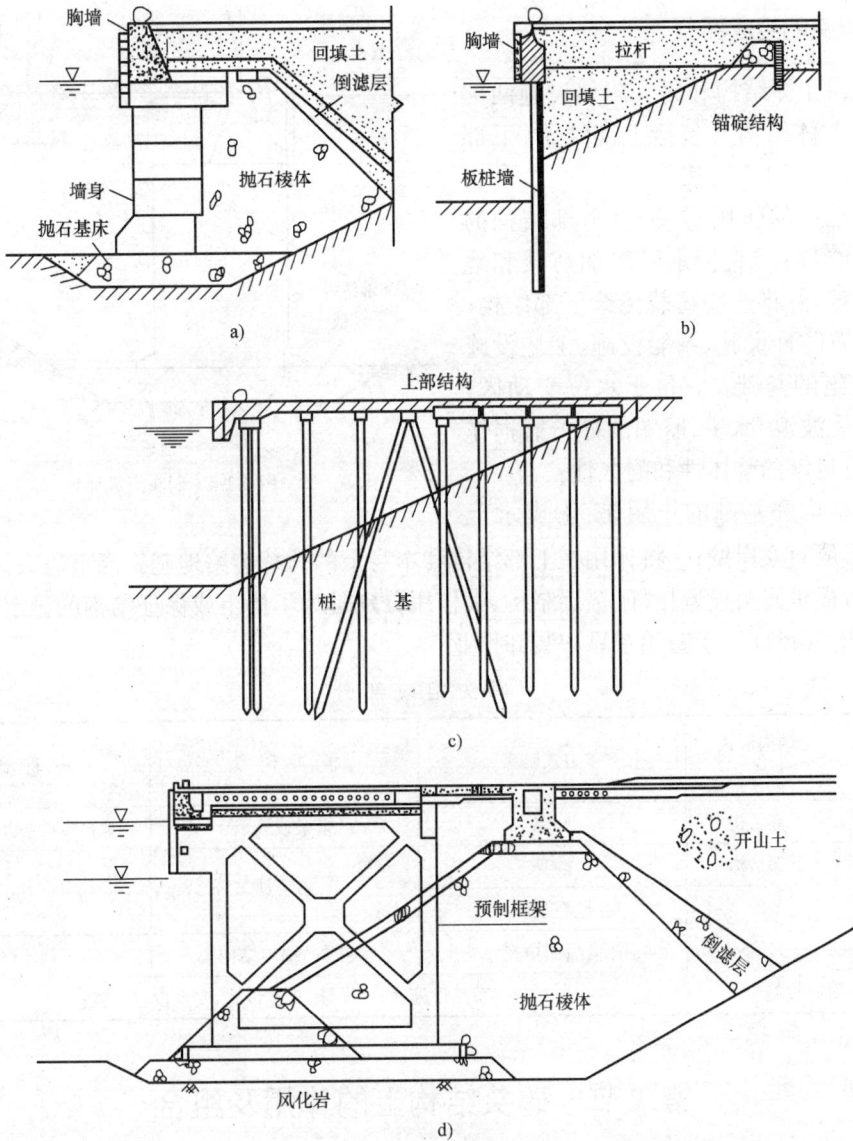

图 1-1-3　码头的结构形式
a)重力式;b)板桩式;c)高桩式;d)混合式

重力式码头、板桩码头和具有前板桩的高桩码头,码头前沿有连续的挡土结构,故又称为实体式码头。它们能承受较大的船舶和冰棱的撞击力,耐久性好,但码头前波浪反射较严重,其基本的计算荷载是水平土压力。一般的高桩码头和墩式码头的下部不连续,为透空式码头,其耐久性较差,但码头前波浪反射较轻。由于土压力没有作用在建筑物上(或数值不大),基本的计算荷载为使用荷载。

此外,还可按用途将码头分为货运码头、客运码头、工作船码头、渔码头、军用码头、修船码头等,货运码头还可按不同的货种和包装方式可分为件杂货码头、煤码头、油码头、集装箱码头等。

二、码头的组成部分

码头由主体结构和码头附属设施两部分组成。主体结构又包括上部结构、下部结构和基础(图 1-1-4、表 1-1-1)。

上部结构的作用是:①将下部结构的构件连成整体;②直接承受船舶荷载和地面使用荷载,并将这些荷载传给下部结构;③作为设置防冲设施、系船设施、工艺设施和安全设施的基础。它位于水位变动区,又直接承受波浪、冰凌、船舶的撞击磨损作用,要求有足够的整体性和耐久性。

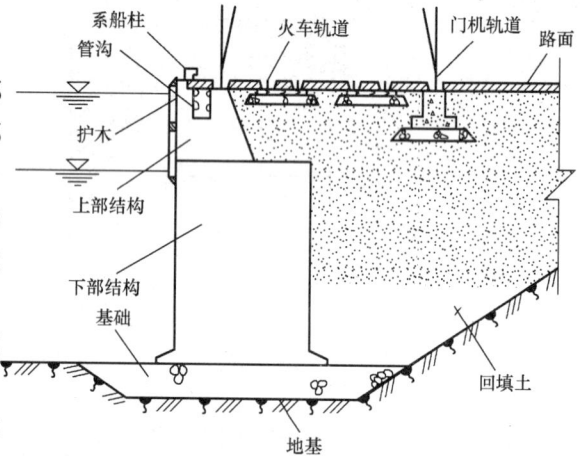

图 1-1-4 码头组成部分

下部结构和基础的作用是:①支承上部结构,形成直立岸壁;②将作用在上部结构和本身上的荷载传给地基。高桩码头设置独立的挡土结构,板桩码头设置拉杆、锚碇结构,其作用分别是为了挡土或保证结构的稳定。

码头附属设施用于船舶系靠和装卸作业。

码 头 组 成 部 分　　　　表 1-1-1

组成部分	结构形式	重力式码头	板桩码头	高桩码头
主体结构	上部结构	胸墙	帽梁或胸墙	承台或梁板及靠船构件
	下部结构	墙身	板桩墙	桩
	基础	抛石基床		
	其他	墙后回填料	拉杆、锚碇结构	挡土结构
码头附属设施		系船设施、防冲设施、工艺设施、安全设施、路面		

第二节　码头结构上的作用及组合

施加在结构上的集中力和分布力,以及引起结构外加变形和约束变形的原因,总称为结构上的作用,分为直接作用和间接作用两种。集中力和分布力是直接作用,工程上习惯将它们称为"荷载"。引起结构外加变形和约束变形的原因为间接作用,如地基沉降、混凝土收缩变形、温度变形等。本章所述的作用为直接作用。

一、作用的分类

码头结构上的作用可按时间的变异、空间位置的变化和结构的反应进行分类,分类的目的主要是作用效应组合的需要。

时间因素是作用概率模型确定中最基本的因素,按时间的变异可将作用分为永久作用、可变作用和偶然作用三种。在设计基准期内,其量值随时间的变化与平均值相比可忽略不计的作用称为永久作用,如自重力、预加应力、土重力及由永久作用引起的土压力等。在设计基准期内,其量值随时间变化与平均值相比不可忽略的作用称为可变作用,如堆货荷载、流动起重运输机械荷载、可变作用引起的土压力、船舶荷载、波浪力等。在设计基准期内,不一定出现,但一旦出现其量值很大且持续时间很短的作用称为偶然作用,如地震作用。按结构预期使用寿命规定的时间参数为设计基准期,《港口工程结构可靠度设计统一标准》(GB 50158—92)规定港口工程钢筋混凝土结构的设计基准期为 50 年。

按空间位置的变化将作用分为固定作用和自由作用两种。在结构上具有固定分布的作用称为固定作用,如结构自重力、固定设备自重力等。在结构的一定范围内可以任意分布的作用称为自由作用,如堆货、流动起重运输机械荷载等。

按结构的反应将作用分为静态作用和动态作用两种。加载过程中结构产生的加速度可以忽略不计的作用称为静态作用,如自重力、土压力等。加载过程中结构产生不可忽略的加速度的作用称为动态作用,如船舶撞击力、汽车荷载等。

二、作用组合和作用代表值的取值

为了使建筑物的设计经济合理,在设计基准期内有可能同时在码头建筑物上出现的作用分别按承载能力极限状态和正常使用极限状态考虑效应组合。对于承载能力极限状态可分为持久组合、短暂组合、偶然组合三种。持久组合是永久作用和持续时间较长的可变作用组成的作用效应组合,短暂组合是包括持续时间较短的可变作用所组成的作用效应组合,偶然组合是包含偶然作用所组成的作用效应组合。对于正常使用极限状态,分为持久状况和短暂情况,其中持久状况作用又分为短期效应(频遇)组合和长期效应(准永久)组合两种。

进行结构设计时,对于不同的极限状态和组合,在设计表达式中采用不同的作用代表值。作用的代表值分为标准值、频遇值和准永久值三种。标准值是作用的主要代表值。频遇值是代表作用在结构上时而出现的较大值。准永久值是代表作用在结构上经常出现的量值,它在设计基准期内具有较长的总持续期。

永久作用的代表值仅有标准值。可变作用的代表值有标准值、频遇值和准永久值。偶然作用的代表值一般根据观测和试验资料或工程经验综合分析确定。在港口工程结构设计中,设计水位也是一个相当重要、又比较复杂的问题。而可变作用代表值的取值和设计水位的考虑都与作用效应组合情况有关,见表 1-2-1。

可变作用代表值的取值和计算水位 表 1-2-1

极限状态	组合情况		可变作用代表值的取值	计 算 水 位	
				海 港	河 港
承载能力极限状态	持久组合		主导可变作用取标准值；非主导可变作用取组合值（标准值乘以组合系数 ψ）	对极端高、低水位，设计高、低水位及其间的某一不利水位分别进行计算	对设计高、低水位及与地下水位相组合的某一不利水位，分别进行计算
	短暂组合		对由环境条件引起的可变作用，按有关结构规范的规定确定，其他作用取可能出现的最大值为标准值	对设计高、低水位分别进行计算	
	偶然组合		均按现行行业标准《水运工程抗震设计规范》(JTJ 225—98)中的有关规定执行		
正常使用极限状态	持久状况	短期效应（频遇）组合	取可变作用的频遇值（标准值乘以频遇值系数 ψ_1，ψ_1 取 0.8）	与承载能力极限状态相比，可不考虑极端水位	
		长期效应（准永久）组合	取可变作用的准永久值（标准值乘以准永久值系数 ψ_2，ψ_2 取 0.6）		
	短暂状况		取标准值		

三、结构的设计状况和极限状态设计表达式

港口水工建筑物结构的设计状况分为持久状况、短暂状况和偶然状况。正常条件下，结构使用过程中的状况为持久状况，按承载能力极限状态的持久组合和正常使用极限状态的长期组合或短期组合分别进行设计。结构施工和安装等持续时间较短的状况为短暂状况，对此状况宜对承载能力极限状态的短暂组合进行设计，必要时可同时对正常使用极限状态的短暂状况进行设计。在结构承受设防地震等持续时间很短的状况为偶然状况，应按承载能力极限状态的偶然组合进行设计。

1. 承载能力极限状态

其设计表达式为：

$$S_d \leqslant R_d \tag{1-2-1}$$

式中：S_d——作用效应设计值，如法向应力、剪力和弯矩等的设计值；

R_d——结构抗力设计值，如抗压、抗拉、抗剪和抗弯强度等的设计值。

S_d 的表达式与作用效应组合有关。

1）持久组合

$$S_d = \gamma_0 \left[\gamma_G C_G G_K + \gamma_{Q1} C_{Q1} Q_{1K} + \psi \left(\sum_{i=2}^{n} \gamma_{Qi} C_{Qi} Q_{iK} \right) \right] \tag{1-2-2}$$

式中：G_K、Q_{1K}、Q_{iK}——分别为永久作用、主导可变作用和第 i 个非主导可变作用标准值；

C_G、C_{Q1}、C_{Qi}——分别为永久作用、主导可变作用和第 i 个非主导可变作用的效应系数；

γ_G、γ_{Q1}、γ_{Qi}——分别为永久作用、主导可变作用和第 i 个非主导可变作用分项系数，按表1-2-2取值；

ψ——组合系数，取0.7；

γ_0——结构重要性系数，按表1-2-3取值。

作用分项系数   表1-2-2

荷 载 名 称	分项系数	荷 载 名 称	分项系数	荷 载 名 称	分项系数
永久荷载	1.2	起重机械荷载	1.5	船舶挤靠力	1.4
一般件杂货、集装箱荷载	1.4	运输机械荷载	1.4	船舶撞击力	1.5
五金钢铁荷载	1.5	铁路荷载	1.4	风荷载	1.4
散货荷载	1.5	汽车荷载	1.4	水流力	1.5
液力管道(含推力)荷载	1.4	缆车荷载	1.4	冰荷载	1.5
人群荷载	1.4	船舶系缆力	1.4		

注：①除有关规范另作规定外，作用分项系数均按本表采用；

②当两个可变作用完全相关时，其非主导可变作用应按主导可变作用考虑；

③当永久荷载产生的作用效应对结构有利时，分项系数的取值不大于1.0。

港口工程结构的安全等级和结构重要性系数 γ_0   表1-2-3

结构安全等级	一级	二级	三级
破坏后果	很严重	严重	不严重
结构重要性系数 γ_0	1.1	1.0	0.9

注：一般港口的主要建筑物宜采用二级。

2)短暂组合

$$S_d = \gamma_G C_G G_K + \sum_{i=1}^{n} \gamma_{Qi} C_{Qi} Q_{iK} \qquad (1\text{-}2\text{-}3)$$

式中：γ_{Qi}——第 i 个可变作用分项系数，取值可按表1-2-2中所列数值减小0.1；

其他符号意义同前。

3)偶然组合

按《水运工程抗震设计规范》(JTJ 225—98)有关规定执行。

2. 正常使用极限状态

其设计表达式为：

$$S < R \qquad (1\text{-}2\text{-}4)$$

式中：S——作用效应设计值，如变形、裂缝宽度和沉降量等的设计值；

R——限值，如规定的最大变形、裂缝宽度和沉降量等的设计值。

对正常使用极限状态，应分别考虑以下可能的作用效应组合：

(1)持久状况的短期效应(频遇)组合：

$$S_S = S_{GK} + \psi_1 \sum S_{QiK} \qquad (1\text{-}2\text{-}5)$$

(2)持久状况的长期效应(准永久)组合：

$$S_1 = S_{GK} + \psi_2 \sum S_{QiK} \qquad (1\text{-}2\text{-}6)$$

(3)短暂状况当需要考虑正常使用极限状态时的组合：

$$S = S_{GK} + \sum S_{QiK} \tag{1-2-7}$$

上述式中：S_S ——作用的短期效应(频遇)组合；

　　　　S_1 ——作用的长期效应(准永久)组合；

　　　　S ——短暂状况的效应组合；

　　　　ψ_1 ——频遇值系数，取 0.8；

　　　　ψ_2 ——准永久值系数，取 0.6；

　　　S_{GK} ——永久作用的作用效应；

　　　S_{QiK} ——可变作用的作用效应。

第三节　码头地面使用荷载

码头地面使用荷载包括：堆货荷载、流动起重运输机械荷载、铁路荷载、汽车荷载、人群荷载等。

一、堆货荷载与人群荷载

堆货荷载是码头建筑物上的主要使用荷载。确定堆货荷载时应考虑下列主要因素：

(1)装卸工艺确定的堆存情况。装卸机械的不同性能直接影响货物堆存的极限高度。如散货的堆垛，用一般流动皮带机，一次堆高达 5.5m；用门座起重机配抓斗可达 9～10m；而用单斗装卸车则只能堆到 2.5m。

(2)货种及包装方式。在相同的堆存高度条件下，由于货物重度的不同，其荷载值也不同。有些货物必须对堆高加以限制，如煤堆太高会引起自燃，袋装水泥堆得太高时不仅会压坏纸袋，而且也会使水泥结块，造成货损。

(3)货物的批量与堆存期。小批量货物不可能堆成大堆，临时堆存的货物为拆垛方便，也不便形成大堆。

(4)码头结构形式。不同结构形式的码头对堆货荷载反应的敏感程度有很大差别。采用高桩板梁结构的码头，堆货荷载的增加使构件内力以相同的倍数增大；而采用重力式实体结构的码头，堆货荷载通过土的侧压力传到结构上，堆货荷载增加时，土压力增加的倍数小于堆货荷载增加的倍数，建筑物的稳定性和构件内力对堆货荷载的反应也没有高桩板梁结构敏感，堆货荷载标准值取值可高些。

此外堆货荷载的取值还要考虑港口营运管理水平、结构按整体计算还是按构件计算、堆货分布的区域和港口今后发展等。

根据港口码头实际的运行情况和多年使用经验，《港口工程荷载规范》(JTJ 215—98)将码头划分为三个地带：码头前沿地带、前方堆场和后方堆场。不同的地带采用不同的堆货荷载值。

前沿地带是指码头前沿线向后一定距离的场地，其宽度根据装卸工艺确定。对于有门机的码头，宽度一般取 14m；对于没有门机的海港码头通常取 10m；河港码头通常取 4～8m。集装箱码头的前沿地带宽度根据不同的装卸工艺确定。必须指出，上述宽度与平面布置中的前沿宽度是两个概念，前者仅适用于码头的结构设计，后者是从港口使用管理的角度来说的。前沿地带一般是不堆货的，通常作为装卸作业的场地和运输机械的通道，只有少数情况下才临时堆货。因此前沿堆货荷载值 q_1 是根据结构计算上的需要并参照以往设计上采用的数值及建成后的使用情况确定的。根据我国的建港经验，q_1 一般采用 20kN/m²。对于前沿无门机的中小型港口矿石码头、煤码头和五金钢铁码头，有时需在码头前沿堆货，q_1 需提高到 30～50kN/m²。油码头前沿地带不进行装卸作业，q_1 采用 5～10kN/m²。

前方堆场是港口利用率最高的堆场，一般指紧接前沿地带、门座起重机能直接堆垛的临时堆货场地。门机最大回转半径为 25m 和 30m 的码头，前方堆场宽度相应为 18m 和 23m。不设门机的码头，可根据各港装卸设备和管理的实际情况确定。有前方仓库的码头，习惯上采用前方仓库的宽度。《港口工程荷载规范》(JTJ 215—98) 给出的前方堆场堆货荷载 q_2 主要是根据国内各港的实际情况确定的。由于货物堆垛之间有通道，散货货垛四周还有自然坡角，所以地面堆货荷载是不均匀的。设计时根据计算项目考虑两种情况：构件设计时不考虑通道和货垛坡角的影响，q_2 值较大；码头整体计算时，采用大面积的平均堆货荷载，q_2 值较小。

后方堆场是指前方堆场以后的堆场。后方堆场堆货荷载通常位于港口水工建筑物边缘或以外，对码头结构设计一般影响很小，主要用于堆场地坪设计。

对于客运码头的人行栈桥、引桥、专用码头中的人行检修道和各类码头中有可能作为人行通道的部位，均应考虑人群荷载。

关于 q_1、q_2、q_3 和人群荷载标准值的具体取值可查阅附录一。

二、流动起重运输机械荷载

流动起重运输机械的种类、形式比较多。其中流动起重运输机械有门座式、轮胎式、汽车式和履带式起重机、集装箱装卸桥等，装卸搬运机械主要有叉式装卸车、电瓶搬运车、牵引车、单斗车、跨运车、缆车等。

流动起重运输机械荷载是作用在码头上的主要竖向集中荷载，其荷载值直接与机型有关，而机型的采用是由装卸工艺确定的。因此，在确定起重机械荷载时，必须根据装卸工艺所选定的机型及其要求的起重量和幅度选取相应的荷载值。

1. 门座起重机荷载

门座起重机是我国海港、河港直立式码头的通用性装卸机械，其荷载应按实际机型确定。当缺乏实际资料时，国产门机荷载标准值可根据其最大起重量、最大幅度、轨距按附录一采用。门机的自重较大，起重操作也较平稳，且在荷载值中考虑了 0.4kN/m² 的风荷载，所以对门机荷载不再考虑冲击系数。

2. 轮胎式和汽车式起重机荷载

轮胎式起重机不受地面轨道的限制，运行底盘上设有 4 个可收放的支腿。不打支腿时，可在一定条件下带载行驶，比较机动灵活。打支腿时，起重能力较大，且稳定性好，在港口码头上采用较多。汽车式起重机的性能与轮胎式相似。国内各港使用的这类起重机类型很多，进口比重较大，目前难以给出标准荷载图式。结构计算时，根据装卸工艺选定的实际机型确定相应的机械荷载(轮压或支腿压力)。缺乏实际资料时，可根据性能、规格按《港口工程荷载规范》(JTJ 215—98) 的规定确定。

轮胎式和汽车式起重机在一般起重量时，冲击系数取 1.10～1.30，在最大起重量时不考虑冲击力。

3.缆车荷载

缆车是河港斜坡码头上、下坡的主要运载工具,必须与选定的坡顶绞车配套使用。作用在轨道上的缆车荷载应根据缆车的自重、缆车载重、轮数以及影响轮压的各种因素确定。缆车各轮作用在轨顶上的计算轮压值 P 按下式计算:

$$P = \frac{g}{n}(Q+G)K_t \tag{1-3-1}$$

式中：P——缆车轮压标准值(kN)；

　　g——重力加速度,取 10m/s^2；

　　Q——缆车载重(t)；

　　G——缆车自重(t),缺乏资料时,可按表 1-3-1 选用；

　　n——缆车总轮数；

　　K_t——轮压不均匀系数,可按表 1-3-2 选用。

缆 车 自 重　　　　　　　　表 1-3-1

缆车载重 $Q(\text{t})$	3	5	8	10	15	20		25	30
轮数	4	4	4	4	4	4	6	8	8
车轮支承	刚性		刚性或弹性			刚性	弹性	弹性	
缆车自重 $G(\text{t})$	2.4	4.0	5.0	6.0	7.0	8.0	10.0	12.0	14.0

轮压不均匀系数 K_t　　　　　　　　表 1-3-2

缆车载重 $Q(\text{t})$	轮 数	车轮支承	载荷类别	K_t
3～20	4	弹性或刚性	货物、重件	1.4～1.5
			单辆汽车或流动机械	1.5～1.6
20	6	弹性	重件	1.4
25～30	8		单辆汽车	1.5

注：①刚性支承时取上限值,弹性支承时取下限值；

　　②流动机械指电瓶车、牵引平板车或叉式装卸车；

　　③载重 30t 级缆车可运载集装箱,K_t 值同重件；

　　④当运载多辆汽车或流动机械时,K_t 值减少 0.2。

4.集装箱装卸桥荷载

集装箱装卸桥是集装箱码头前沿的主要装卸设备。目前我国港口集装箱装卸桥还没有系统化、定型化,设计时应根据具体机型确定其荷载值。

其他起重运输机械荷载根据实际机型确定,缺乏实际资料时,按《港口工程荷载规范》(JTJ 215—98)规定选用。

三、铁路和汽车荷载

1.铁路荷载

铁路列车由机车和车辆组成。港口码头上的铁路荷载主要为铁路列车在重力作用下产生的竖向荷载。影响码头铁路荷载的因素较多，主要是实际使用的机车和车辆类型。

由于港口铁路所用机车和车辆的型号甚多，其自重、载重和轴距各不相同，设计时一般不采用实际机车和车辆的轴压力，而是采用标准的铁路荷载图式，即中华人民共和国铁路标准荷载（又称中—活载），其计算图式见图1-3-1。以上图式按计算结果的大值采用。普通活载一般对大跨度结构起控制作用，特种活载一般对小跨度（小于3～5m）结构起控制作用。对直接承受铁路荷载的结构和构件（梁、单向板、轨枕），港口铁路荷载的标准值应将"中—活载"分别乘以荷载标准值调整系数 K，K 根据机车车辆类型和梁的计算跨度 L 采用（表1-3-3）。计算由铁路荷载产生的土压力时，为方便计算，以线荷载形式表示竖向计算活载。作用在两根钢轨上的竖向线荷载的标准值根据港口通过的机车类型、运输重件的质量按表1-3-3采用。

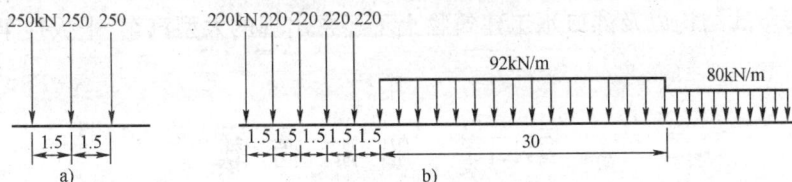

图1-3-1　中—活载图式（尺寸单位：m）
a)特种活载；b)普通活载

荷载标准值调整系数与铁路竖向线荷载标准值　　　　　　表 1-3-3

机车类型及运输重件的质量		荷载标准值调整系数 K		竖向线荷载标准值（kN/m）
		$L \leqslant 7.5$ m	7.5 m$< L \leqslant 10$ m	
调车机车		0.85		125
干线机车		0.90		140
特种车辆	60～90t 重件	0.85	0.90	125
	91～160t 重件	0.95	1.00	140
	161～250t 重件	1.10	1.15	

港口码头上使用机车车辆时主要是进行调车作业，列车长度变化大，而且常会出现机车和车辆、车辆和车辆互相隔开一段距离，对连续梁可能出现最不利的情况。因此用"中—活载"加载影响线时，应由上述计算图式中按其最不利情况，截取任意数量的荷载加载。被加载的影响线同号区不连续（被异号区隔开）时，应将同号各段影响线分别按上述规定加载，然后将内力叠加。但连续的同号区只能用同一种荷载图式加载。例如，图1-3-2所示五跨连续梁 B 支座的弯矩加载影响线图，AC 区和 DE 区为不连续的同号区，均可用"普通活载"或"特种荷载"图式加载；但 AB 区和 BC 区为连续的同号区，不能同时用两种荷载图式加载。

铁路列车在运行、起动、刹车时还会产生冲击力、离心力、制动力和牵引力。但在港口码头上，铁路机车在码头上行驶速度一般都较低，上述力均较小，一般可不考虑。

2.汽车荷载

作用在港口水工建筑物上的汽车荷载，包括各级汽车和平板挂车荷载。汽车荷载按单辆汽车总质量分为五个等级：10t、15t、20t、30t、55t，其技术指标和平面尺寸按附录一的规定采用。

对一般的透空式结构，汽车荷载的冲击系数可取1.1～1.3。当装载钢铁重件或用抓斗装

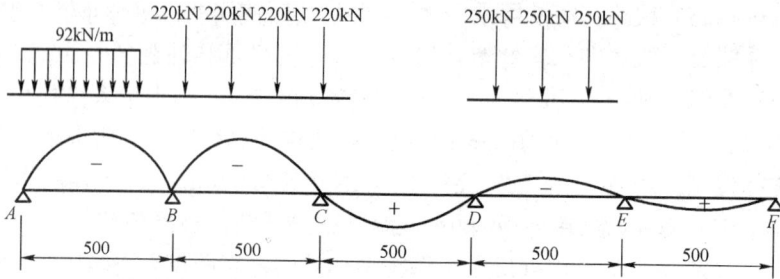

图 1-3-2 五跨连续梁 B 支座弯矩加载影响线的加载示例(尺寸单位:cm)

卸化肥及用门机、集装箱装卸桥装汽车时,冲击系数取大值。对实体式结构或填料厚度大于500mm 的透空式结构以及港口水工建筑物上不经常出现的大型汽车、平板挂车,可不计冲击系数。

第四节 船 舶 荷 载

作用在码头建筑物上的船舶荷载按其作用方式分为船舶系缆力、船舶挤靠力和船舶撞击力。凡通过系船缆而作用在码头系船柱(或系船环)上的力称为系缆力,分为纵、横向系缆力两种,由风和水流等作用产生。船舶停靠码头时,由于风和水流的作用,使船舶直接作用在码头建筑物上的力称为挤靠力。船舶靠岸或在波浪作用下撞击码头时产生的力称为撞击力。

一、船舶系缆力

1. 风和水流产生的系缆力

系靠在码头上的船舶,在风和水流共同作用所产生的横向分力总和 $\sum F_x$ 和纵向分力总和 $\sum F_y$ 的作用下产生系缆力,作用在每个系船柱上的系缆力的标准值可按下式进行计算(图 1-4-1):

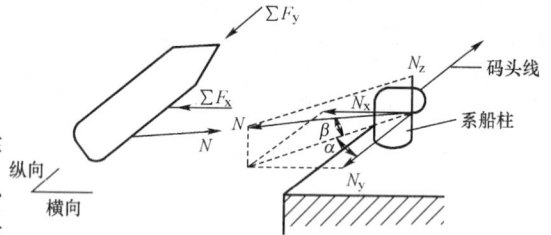

图 1-4-1 系缆力计算图式

$$N = \frac{K}{n}\left(\frac{\sum F_x}{\sin\alpha\cos\beta} + \frac{\sum F_y}{\cos\alpha\cos\beta}\right) \tag{1-4-1}$$

式中: N——系缆力标准值;

$\sum F_x$、$\sum F_y$——分别为可能同时出现的风和水流对船舶作用产生的横向分力总和(kN)与纵向分力总和(kN);

K——系船柱受力不均匀系数,当实际受力的系船柱数目 $n=2$ 时,$K=1.2$,$n>2$ 时,$K=1.3$;

n——计算船舶同时受力的系船柱数目,根据不同船长按表 1-4-1 确定;

α、β——系船缆的倾角,α 为系船缆的水平投影与码头前沿线所成的夹角,β 为系船缆与水平面的夹角;实际计算中,对海船码头取 $\alpha=30°$、$\beta=15°$;对河船码头取 $\alpha=30°$、$\beta=0°$;系船柱布置在孤立墩柱上时,取 $\alpha=30°$、$\beta=30°$。

不同船长的受力系船柱数目及间距　　　　　　　　　表1-4-1

船舶总长 L(m)	≤100	120～150	150～200	200～250	250～300
受力系船柱数目 n	2	3	4	5～6	7～8
系船柱间距(m)	20	25	30	30	30

注:实际受力系船柱少于表列数目时,按实际受力数目计算。

根据系缆力的计算图式可计算系缆力 N 的垂直码头前沿线的分力 N_x、平行于码头前沿线的分力 N_y 和垂直于码头面的分力 N_z(图1-4-1):

$$\left. \begin{aligned} N_x &= N\sin\alpha\cos\beta \\ N_y &= N\cos\alpha\cos\beta \\ N_z &= N\sin\beta \end{aligned} \right\} \tag{1-4-2}$$

下面介绍风和水流对船舶作用的荷载。

1)风对船舶作用的荷载

作用在船舶上的计算风压力的垂直于码头前沿线的横向分力 F_{xw} (kN)和平行于码头前沿线的纵向分力 F_{yw} (kN)可按下式计算:

$$F_{xw} = 73.6 \times 10^{-5} \cdot A_{xw} V_x^2 \zeta \tag{1-4-3}$$

$$F_{yw} = 49.0 \times 10^{-5} \cdot A_{yw} V_y^2 \zeta \tag{1-4-4}$$

式中: A_{xw} 、 A_{yw} ——分别为船体水面以上横向和纵向受风面积(m²);

　　　　V_x 、 V_y ——分别为设计风速的横向和纵向分量(m/s);

　　　　ζ ——风压不均匀折减系数。

A_{xw} 、 A_{yw} 、 V_x 、 V_y 、 ζ 按《港口工程荷载规范》(JTJ 215—98)的规定确定。

2)水流对船舶作用的荷载

随着港口的大型化和现代化,已有不少码头建于无掩护的开敞海域,码头常处于强潮流或海流区。一些内河码头受到的水流作用也较强,水流的作用不能忽略。水流对船舶的作用产生的荷载比较复杂,可根据水流条件和靠船建筑物形式按《港口工程荷载规范》(JTJ 215—98)附录E确定。

2. 系缆力的取值标准

除了上述风和水流作用产生的系缆力外,船舶操作等因素也会产生系缆力。根据多年的设计经验,《港口工程荷载规范》(JTJ 215—98)规定计算系缆力标准值不应大于缆绳的破断力。对于聚丙烯尼龙缆绳,当缺乏资料时,其破断力可按下式计算:

$$N_p = 0.16D^2 \tag{1-4-5}$$

式中: N_p ——聚丙烯尼龙缆绳的破断力(kN);

　　　　D ——缆绳直径(mm)。

计算系缆力的标准值也不应低于《港口工程荷载规范》(JTJ 215—98)规定的下限值,见表1-4-2和表1-4-3。

海船系缆力标准值

表 1-4-2

船舶载重 DW(t)	1 000	2 000	5 000	10 000	20 000	50 000
系缆力标准值(kN)	150	200	300	400	500	650

内河货船、驳船系缆力标准值

表 1-4-3

船舶载重 DW (t)	系缆力标准值(kN)	船舶载重 DW (t)	系缆力标准值(kN)
$DW \leqslant 100$	30	$1\ 000 < DW \leqslant 2\ 000$	150
$100 < DW \leqslant 500$	50	$2\ 000 < DW \leqslant 3\ 000$	200
$500 < DW \leqslant 1\ 000$	100	$3\ 000 < DW \leqslant 5\ 000$	250

二、船舶挤靠力

船舶挤靠力的计算分两种情况。

1. 防冲设施连续布置

挤靠力标准值 F_j(kN/m)按下式计算：

$$F_j = \frac{K_j \sum F_x}{L_n} \tag{1-4-6}$$

式中：K_j ——挤靠力分布不均匀系数,采用 1.1;

L_n ——船舶直线段与防冲设施接触长度(m)。

2. 防冲设施间断布置

作用于一组(或一个)防冲设施上的挤靠力标准值 F'_j(kN)按下式计算：

$$F'_j = \frac{K'_j \sum F_x}{n} \tag{1-4-7}$$

式中：K'_j ——挤靠力不均匀系数,采用 1.3;

n ——与船舶接触的防冲设施组数或个数。

三、船舶撞击力

船舶撞击力根据产生的原因不同,分为船舶靠岸时对码头产生的撞击力和在系泊中船舶受横向波浪作用对码头产生的撞击力。前者是一般码头的一项设计荷载,后者则是外海开敞式码头的主要设计荷载。

1. 船舶靠岸时对码头产生的撞击力

船舶靠岸碰撞码头时,其动能转化为防冲设施、船体结构、码头结构的弹性变形能和船舶转动、横摇以及船与码头之间水体的挤升、振动、摩擦、发热等所吸收的能量。被防冲设施、船体和码头结构变形所吸收的能量为有效动能 E_0。对于装设橡胶护舷的靠船建筑物,橡胶护舷吸收的能量 E_s 比靠船建筑物的吸能量 E_j 大很多,当 $E_s \geqslant 10E_j$ 时,可考虑船舶有效撞击能量 E_0 全部由橡胶护舷吸收,即 $E_0 = E_s = U$(U 为与船舶接触的橡胶护舷及靠船建筑物所吸收的总能量)。E_0 可按下式计算：

$$E_0 = U = \frac{\rho}{2}MV_n^2 \tag{1-4-8}$$

式中：E_0——船舶靠岸时的有效撞击动能(kJ)；

ρ——有效动能系数，采用 $0.7 \sim 0.8$；

M——船舶质量(t)，按满载排水量计算；

V_n——船舶靠岸时的法向速度(m/s)，根据船舶满载排水量由《港口工程荷载规范》(JTJ 215—98)确定。

当 $E_s < 10E_j$ 时，有效撞击能量按护舷和靠船建筑物的刚度进行分配。

制造橡胶护舷的厂家一般均提供橡胶护舷的 F_x-U 曲线。由式(1-4-8)求得的 U 即可根据 F_x-U 曲线查得 F_x 值，此即为橡胶防冲设施的反力 F_x，也为船舶对码头的撞击力的法向分力标准值。

船舶撞击力沿码头长度方向的分力标准值按下式计算：

$$H = F_x \cdot \mu \tag{1-4-9}$$

式中：H——船舶撞击力沿码头长度方向的分力标准值(kN)；

F_x——船舶撞击力法向分力标准值(kN)；

μ——船舶与橡胶护舷之间摩擦系数，可采用 $0.3 \sim 0.4$。

2. 系泊于系靠船建筑物的船舶在波浪作用下的撞击力

这种撞击力主要由横向波浪引起，是大型船舶码头的重要船舶荷载之一，在某些情况下，可能大于靠船时的船舶撞击力。由于情况比较复杂，一般均应通过模型试验确定。《港口工程荷载规范》(JTJ 215—98)附录 F 提供的经验公式仅供缺乏试验资料时(例如在可行性研究阶段)使用。

第五节　其他荷载

本节只介绍水流力、冰荷载。对于墙后有回填土的港口水工建筑物(重力式码头、板桩码头、干船坞坞墙、直立式护岸等)，土压力是一项主要设计荷载。刚性挡土墙的土压力理论已在"土力学与地基"课程中讲述，工程中常用的是库仑理论和朗肯理论，有关公式的选用与墙后填土指标的选用等在第二章"重力式码头"中介绍。柔性挡土墙的土压力计算在第三章"板桩码头"中介绍。波浪力在第八章"防波堤和护岸"中讲述。地震荷载在第十章"港口水工建筑物抗震"中详细介绍。自重和风荷载等根据《港口工程荷载规范》(JTJ 215—98)确定，本章不再作介绍。

一、水流力

水流力是内河墩式码头及其他透空式码头需考虑的设计荷载，一些外海建筑物当水流速度较大时，也需要考虑水流力的作用。作用在建筑物构件上的水流力按下式计算：

$$F_w = C_w \frac{\rho}{2} v^2 A \tag{1-5-1}$$

式中：F_w——水流力标准值(kN)；

    v——设计流速(m/s);

    C_w——水流阻力系数,按《港口工程荷载规范》(JTJ 215—98)选用;

    ρ——水密度(t/m³),淡水取 1.0,海水取 1.025;

    A——计算构件在与流向垂直平面上的投影面积(m²)。

二、冰荷载

对于寒冷地区冰情严重的内河及外海透空式高桩码头或支墩式码头,冰荷载是一项重要的设计荷载。作用在港口水工建筑物上的冰荷载分为:①风和水流作用下大面积冰场运动时产生的静冰压力;②风和水流驱动下流冰产生的撞击力;③冻结在建筑物上的冰因水位升降产生的竖向力;④建筑物内、外的冰因温度变化产生的膨胀力。影响冰荷载的因素较多,而且复杂,冰荷载应根据当地冰凌的实际情况及建筑物的结构形式确定。大面积冰场对孤立桩(墩)产生的极限冰压力标准值宜按下式计算:

$$F_I = mAbhR_y \tag{1-5-2}$$

式中:F_I——极限冰压力标准值(kN);

    b——桩(墩)迎冰面投影宽度(m);

    h——计算冰厚(m);

    R_y——冰的抗压强度标准值(kPa);

    m——桩(墩)迎冰面形状系数;

    A——冰温系数。

有关系数值可由《港口工程荷载规范》(JTJ 215—98)查得。

思 考 题

1.试叙述码头按不同方式分类的主要形式、工作特点及其适用范围。

2.码头由哪几部分组成?各部分的作用是什么?

3.码头结构上的作用如何分类?其作用代表值如何取值?

4.试叙述两种极限状态、三种设计状况与作用组合之间的相互关系。

5.码头地面使用荷载和船舶荷载如何确定?试分析影响上述荷载值确定的主要因素及产生影响的原因。

参考文献

[1] 中华人民共和国国家标准.港口工程基本术语标准(GB 50186—93)[S].北京:中国计划出版社,1994.

[2] 中华人民共和国行业标准.港口工程荷载规范(JTJ 215—98)[S].北京:人民交通出版社,1998.

[3] 中华人民共和国国家标准.港口工程结构可靠度设计统一标准(GB 50158—92)[S].北京:中国计划出版社,1993.

[4] 龚崇准,等.中国水利百科全书——航道与港口分册[M].北京:中国水利水电出版社,2004.

[5] 陈万佳.港口水工建筑物[M].北京:人民交通出版社,1989.

[6] 王云球.港口水工建筑物(Ⅱ)[M].北京:人民交通出版社,2001.

[7] 《港口工程结构可靠度设计统一标准》编写组.港口工程结构可靠度[M].北京:人民交通出版社,1992.

[8] 中华人民共和国交通部水运司.中国水运工程建设技术[M].北京:人民交通出版社,2003.

[9] 胡家顺,钱丽.港口工程结构可靠度设计有关问题[J].水运工程,2006(10).

[10] 张志明.我国沿海深水港口建设技术发展和面临的重大技术问题[J].水运工程,2006(10).

第二章 重力式码头

重力式码头是我国分布较广、使用较多的一种码头结构形式。其结构坚固耐久,抗冻和抗冰性能好;能承受较大的地面荷载和船舶荷载,对较大的集中荷载以及码头地面超载和装卸工艺变化适应性较强;施工比较简单,维修费用少,是港务部门和施工单位比较欢迎的码头结构形式。

第一节 重力式码头的结构形式及其特点

重力式码头的结构形式主要决定于墙身结构。按墙身的施工方法可分为干地现场浇筑(或砌筑)的结构和水下安装的预制结构。后者应用较普遍,其施工工序一般包括:预制墙身构件;开挖基床;抛填块石基床;基床夯实和整平;在抛石基床上安装墙身预制件;浇筑胸墙;抛填墙后块石棱体和铺设倒滤层;码头后回填;安装码头设备和铺设路面。按墙身结构,重力式码头可分为方块码头、沉箱码头、扶壁码头、大圆筒码头、格型钢板桩码头、干地施工的现浇混凝土和浆砌石码头等。方块码头和沉箱码头在我国是一种常用的结构形式,扶壁码头在我国南方采用较多,大圆筒码头和格形钢板桩码头是近些年来采用的码头形式。

一、方块结构

一般多采用预制的混凝土方块,可以是实体的六面体,也可以采用空心混凝土块体,以节省混凝土用量和减小块体的重量,有时还可采用异形块体。块体在预制场预制,然后运到现场进行水下安砌。图 2-1-1 为采用方块结构的重力式码头。

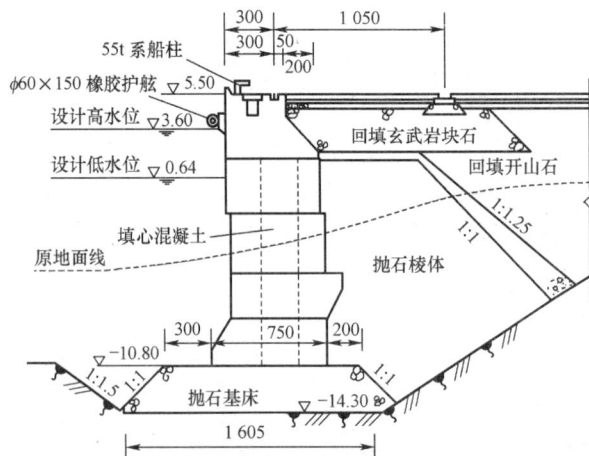

图 2-1-1 洋浦港一期工程多用途泊位码头断面图(尺寸单位:cm;高程单位:m)

方块结构的优点是：耐久性好,基本不需要钢材,施工简单,也不需要复杂的施工机械。如果没有大型的起重船,可把块体做得小些。对于方块尺寸不大的小型码头还可采用浆砌石方块。其缺点是:水下工作量大,结构的整体性和抗震性差,需要石料量大。方块码头一般适用于地基较好、当地有大量石料、缺少钢材和冰冻严重的情况。

二、沉箱结构

沉箱是一种巨型的钢筋混凝土空箱,箱内用纵横隔墙隔成若干舱格。沉箱一般在专门的预制厂预制,然后在滑道上用台车溜放下水。当预制沉箱的数量不多时,也可利用当地修造船厂的船坞、滑道、船台或其他合适的天然岸滩预制下水。下水后的沉箱用拖轮拖至现场,定位后用灌水压载法将其沉放在整平好的基床上,再用砂或块石填充沉箱内部。有条件时,沉箱也可采用吊运安装。

沉箱结构水下工作量小,结构整体性好、抗震性能强,施工速度快,但其耐久性不如方块结构,需要钢材多,需要专门的施工设备和合适的施工条件。一般在当地有可用于预制沉箱的设施或工程量大、工期短的大型码头选用沉箱结构。图 2-1-2 为采用沉箱结构的重力式码头。该码头由于建造在软基上,采用深层水泥拌和技术(CDM)。

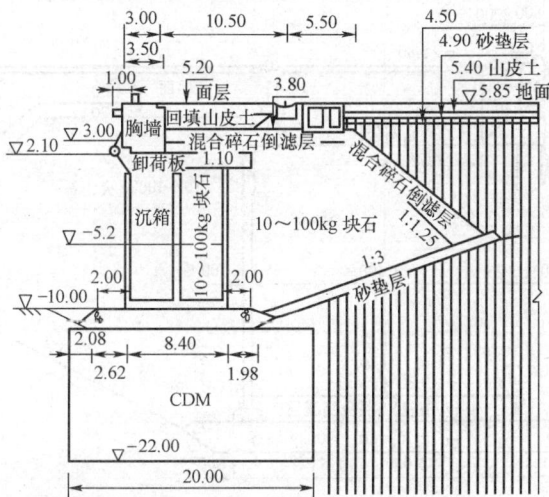

图 2-1-2 天津港东突堤南侧矿建码头(尺寸单位:m;高程单位:m)

三、扶壁结构

扶壁结构是由立板、底板和肋板互相整体连接而成的一种轻型钢筋混凝土结构。自我国 1960 年在广州建成第一座预制安装的钢筋混凝土扶壁码头以来,在华南海域得到广泛应用。在工程实践中,扶壁结构也逐步得到了改进:①将底板尾部翘起(即成尾板),不仅减少了底板前趾后踵之间的反力差,使基底反力均匀,合力作用点位置不超过三个分点;而且还可减小基床宽度,不仅减少了抛石基床的工程量,也减少了岸坡的填挖方量;②墙后采用当地量大价廉的砂回填,代替价格较贵的抛石棱体,为防止砂从安装缝流失,在安装缝处设置倒滤井。

预制安装扶壁结构的优缺点介于方块结构和沉箱结构两者之间。混凝土和钢材的用量比钢筋混凝土沉箱少,施工速度比混凝土方块结构快,耐久性和沉箱结构相同。主要缺点是结构整体性差。扶壁结构与沉箱结构都是薄壁结构,土压力的大小对结构的外形尺寸影响较大,而对结构的钢筋混凝土用量影响不大。因此在砂料量大且价廉地区,用回填砂代替抛石棱体虽会引起土压力增大,但总造价可能降低。一般估算,当码头水深超过12m时,扶壁式结构的造价将高于沉箱式结构,各地的情况不同,须具体计算比选。图 2-1-3 为采用扶壁结构的重力式码头。

四、大直径圆筒结构

大直径圆筒结构主要由预制的大直径薄壁钢筋

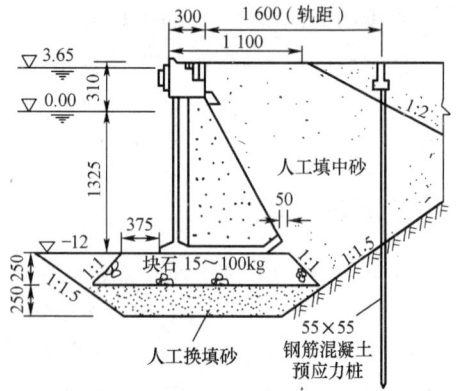

图 2-1-3　黄埔新港集装箱码头断面图
(尺寸单位:cm;高程单位:m)

混凝土无底圆筒组成,它们应一个挨一个地安放,圆筒内填块石、砂或土。可直接沉入地基中,也可放在抛石基床上。为了不使墙后填土流失,圆筒之间采取堵缝措施。这种结构主要是靠圆筒与其中填料整体形成的重力来抵抗作用在码头上的水平力(图 2-1-4)。

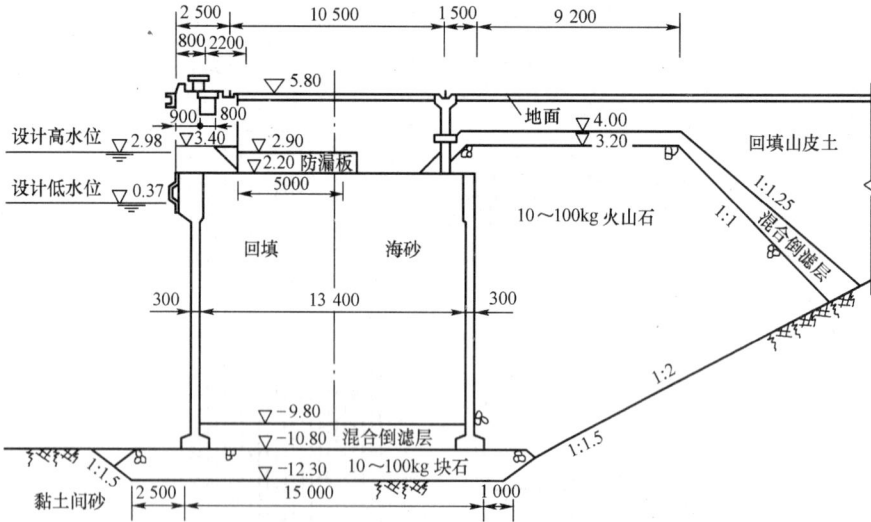

图 2-1-4　海南裕环水泥厂码头断面图(尺寸单位:mm;高程单位:m)

大直径圆筒结构形式始创于法国,最初采用从底到顶整体浇筑的圆筒,需要特殊的施工条件(如干地施工)或大型的施工设备(如大吨位起重船)。前苏联从 1964 年开始采用大直径圆筒建造码头,并在缺少大吨位起重设备的内河中采用了由平板或弧形板装配而成的正多边形或圆形大直径钢筋混凝土圆筒。20 世纪 70 年代初,英国、加拿大、日本逐渐采用大直径圆筒结构,近 20 年来我国也逐渐采用这种结构形式建造码头和防波堤。这种码头的结构简单(与沉箱比);混凝土与钢材用量少;适应性强,可不作抛石基床;造价低;施工速度快。但大圆筒码头也还存在一些问题,例如抛石基床上的大圆筒产生的基底压力大,沉入地基的大圆筒码头施工较复杂,大圆筒与上部结构的连接以及护舷的布置不够方便等,有待于进一步探索和解决。

22

五、格形钢板桩结构

格形钢板桩结构是由直腹式钢板桩组成的格形结构,通过合适的格仓填料建成自身稳定的重力式墙。码头结构由格形板桩重力墙身和其上部的胸墙组成。格体由直腹式钢板桩在施工现场整体拼成后,运到规定位置,再用打桩设备依次打入地基中。格形钢板桩结构在防波堤中应用较早,近20年来,我国也陆续兴建了一些格形钢板桩码头,某港5个3.5万吨级泊位就采用了圆格形钢板桩结构(图2-1-5)。经验表明,格形钢板桩结构施工筹备期短,施工速度快,占用场地小。在沙源丰富地区,对于水深大、挡土高度大和岸线较长的码头来说,是一种比较经济合理的结构形式。但此结构形式还处在发展阶段,如何振实格体内的砂和换砂基础,如何防止码头的沉降位移,当无起重船条件下如何施工等,这些问题有待进一步探索。

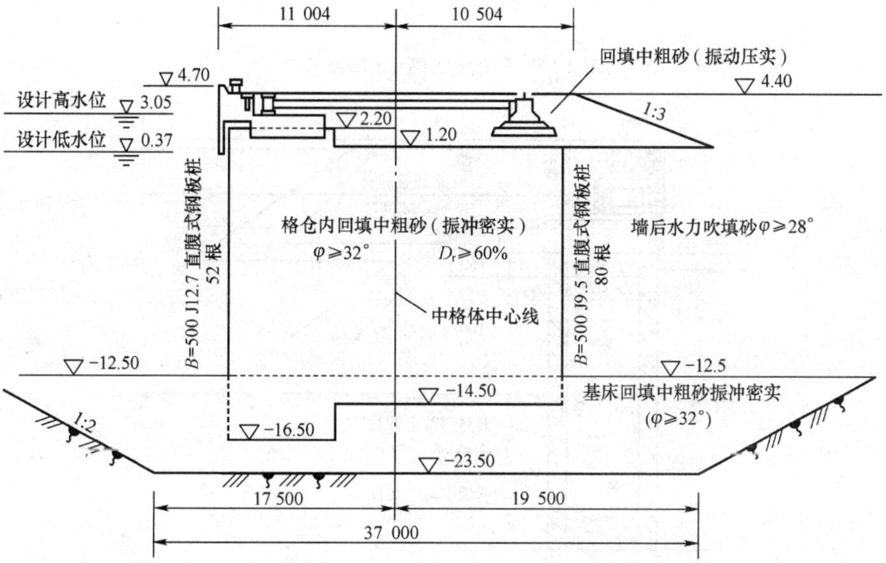

图 2-1-5　广州港新沙圆格形钢板桩码头(尺寸单位:mm;高程单位:m)

六、干地浇筑的混凝土结构和浆砌石结构

在有干地施工条件的内河港,常采用此种结构,其断面一般分为梯形、衡重式、卸荷板式三种(图2-1-6)。其优点是可就地取材,不需要钢材,不需要大型和复杂的施工设备,施工简单,整体性好,造价低。

由于自然条件、使用要求、施工条件的不同,除了上述形式外,还可因地制宜地采用其他形式的重力式码头。例如山东某港,由于地基土质很差和没有打桩设备,采用了装配式沉井码头(图2-1-7)。沉井由4～5层2m高的钢筋混凝土井圈组成,在现场随着沉井沉入而安放井圈。

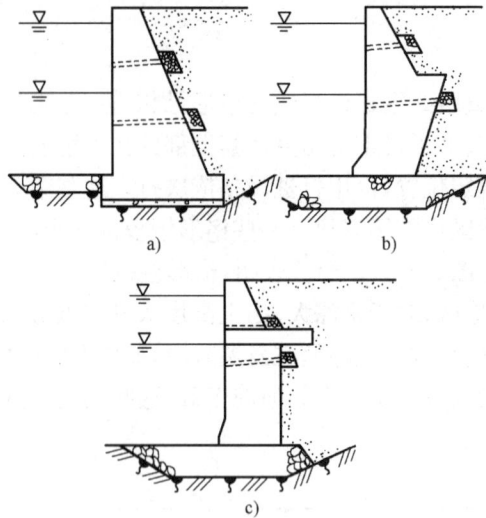

图 2-1-6　干地施工码头的断面形式

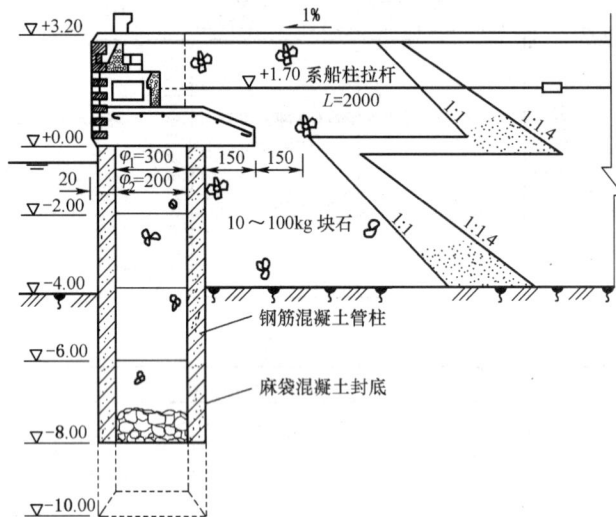

图 2-1-7　预制钢筋混凝土沉井码头(尺寸单位:cm;高程单位:m)

第二节　重力式码头的一般构造

在码头设计中,首先要根据当地的自然条件、施工条件及建筑物的使用要求,拟定各种构造措施,即进行构造设计,然后才是强度和稳定性验算。

一、基础

重力式码头基础的作用是将通过墙身传来的外力扩散到较大范围的地基上,以减小地基应力和建筑物沉降量;保护地基免受波浪和水流的淘刷;整平基面后便于墙身的砌筑和安装。

因此,基础是重力式码头非常重要的部分,基础处理的好坏是重力式码头成败的关键。

重力式码头的基础根据地基情况、施工条件和结构形式采用不同的处理方式。岩石地基承载力大,一般不需另做基础。对于现场灌注混凝土和浆砌石结构,可直接做在岩面上。当岩面向水域倾斜较陡时,为减小滑动的可能性,墙身砌体下的岩基面宜做成阶梯形断面。阶梯形断面最低一层台阶宽度不宜小于 1m(图 2-2-1)。对于预制安装结构,为使预制件安装平稳,应以二片石(粒径 8～15cm 的小块石)和碎石整平岩面,其厚度不小于 0.3m;当岩面较低时,也可采用抛石基床。对于非岩石地基,当采用干地施工的现场灌注混凝土和浆砌石结构时,分两种情况处理:①地基承载力足够时可设置 100～200mm 厚的贫混凝土垫层,以保证墙身的施工质量,垫层的埋置深度不宜小于 0.5m,且应在冲刷线以下。②地基承载力不足时应设置基础,采用块石基床、钢筋混凝土基础板或基桩等。当采用水下施工的预制安装结构时,应设置抛石基床。在软土地区,也采用过加载预压加固淤泥质软基的工艺(图 2-4-2)和深层水泥拌和(简称 CDM)(图 2-1-2)加固软基,并建成了重力式码头。

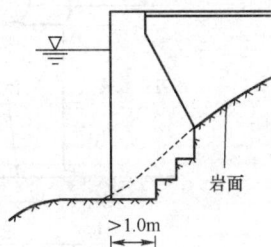

图 2-2-1 台阶形岩面

抛石基床是重力式码头中广泛应用的一种基础形式,抛石基床设计包括:选择基床形式;确定基床厚度及肩宽;确定基槽的底宽和边坡坡度;规定块石的重量和质量要求;确定基床顶面的预留坡度和预留沉降量等。

1. 基床形式

有暗基床、明基床和混合基床三种形式(图 2-2-2)。暗基床适用于原地面水深小于码头设计水深的情况。明基床适用于原地面水深大于码头水深且地基较好的情况。但当水流流速较大时应避免采用明基床,或在基床上设防护措施。混合基床适用于原地形水深大于码头设计水深且地基较差的情况,此时需将地基表层的软土全部挖除填以块石,软土层很厚时可部分挖除换砂。

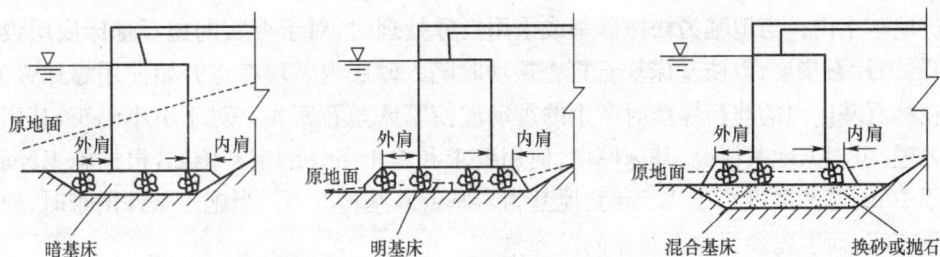

图 2-2-2 抛石基床形式

2. 基床厚度

当基床顶面应力大于地基容许承载力时,抛石基床起扩散应力的作用,基床厚度由计算确定,并不宜小于 1m。当基床顶面应力不大于地基容许承载力时,基床只起整平基面和防止地基被淘刷的作用,但其厚度也不宜小于 0.5m。

3.基槽底宽及边坡坡度

基槽底宽决定于对地基应力扩散范围的要求,不宜小于码头墙底宽度加两倍的基床厚度,基槽底边线与墙前趾和后踵的距离应符合图 2-2-3 的规定要求。对于受土压力作用的码头,基槽底边线距墙前趾和后踵的距离分别不宜小于 $1.5d$ 和 $0.5d$ (d 为基床厚度)。对于不受土压力作用的码头,基槽底边线距墙前趾和后踵的距离相等,且不宜小于 $1.0d$。

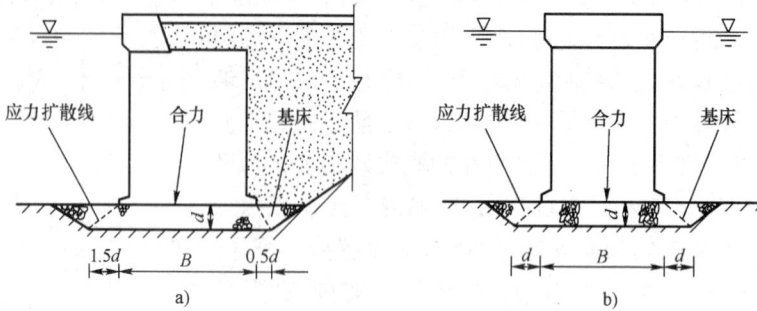

图 2-2-3　基槽底宽的确定
a)受土压力作用的码头;b)不受土压力作用的码头

基槽边坡坡度一般根据土质由经验确定。基槽距岸较近需要开挖岸坡时,其坡度应按施工时的岸坡稳定性由计算确定。

4.基床肩宽

为保证基床的稳定性,基床肩部(特别是暴露在外面的外肩)应有一定的宽度。对于夯实基床,不宜小于 2m;当采用水下爆夯法密实时,应适当加宽;对于不夯实基床,不应小于 1m。当码头前沿的底流速较大,地基土有被冲刷危险时,应加大基床外肩宽度,放缓边坡,增大埋置深度或采用其他护底措施。

5.基床夯实

为使抛石基床紧密,减少建筑物在施工和使用时的沉降,我国水下施工的抛石基床一般进行重锤夯实。重锤夯实的作用为:①破坏块石棱角,使块石互相挤紧;②使与地基接触的一层块石嵌进地基土内。当地基为松散砂基或采用换砂处理时,对于夯实的抛石基床底层设置约 0.3m 厚的二片石垫层,以防基床块石打夯振动时陷入砂层内。现在也开始使用爆炸夯实法,通过埋在抛石基床内的炸药爆炸时产生的震动波使基床抛石密实。对于中小码头,基床是否作夯实处理,可根据地基情况、基床厚度、使用要求和施工条件酌定。例如,根据施工经验,在墙高小于 10m、基床厚度小于 1.5m 和地基为岩基或砂基情况下,当施工条件困难时,抛石基床也可不夯实,而事先预留抛石基床的沉降量。

6.对抛石基床块石重量和质量的要求

基床块石的重量既要满足在波浪水流作用下的稳定性,又要考虑便于开采、运输和施工,一般采用 10～100kg 的混合石料(对于不大于 1m 的薄基床采用较小的块石)。

石料质量应保证遇水不软化、不破裂,不被夯碎,具体要求为:①在水中饱和状态下的抗压强度,对于夯实基床不低于 50MPa,对于不夯实基床不低于 30MPa;②未风化,不成片状,无严重裂纹。

7. 抛石基床的预留沉降量及倒坡

为了保证建筑物在允许沉降范围内正常工作,基床顶面应预留沉降量和倒坡(即向墙里倾斜)。

对于夯实基床,设计时只按地基沉降量预留,对于不夯实基床,还需预留基床压缩沉降量。基床压缩沉降量 Δ 按下式估算:

$$\Delta = \alpha_k \sigma d \qquad (2\text{-}2\text{-}1)$$

式中:α_k——抛石基床的压缩系数,一般采用 0.000 5(m^2/kN);

　　　d——基床厚度(m);

　　　σ——建筑物使用期最大平均基底应力(kN/m^2)。

重力式码头在土压力作用下,其前趾的地基应力大于后踵的地基应力,不均匀沉降使码头向临水一侧倾斜。为避免出现这种情况,施工时在基床顶面预留的向墙里倾斜的坡度应根据地基土性质、基床厚度、基底应力分布、墙身结构形式、荷载和施工方法等因素确定,一般采用 0%～1.5%。

二、墙身和胸墙

墙身和胸墙是重力式码头必需的主体结构,其作用是:构成船舶系靠所需要的直立墙面;阻挡墙后回填料坍塌;承受作用在码头上的各种荷载,将这些荷载传到下面的基础和地基中。此外胸墙还起着将墙身连成整体的作用,并用来固定防冲设施、系船设施、系网环、铁扶梯等。有时在胸墙中设置工艺管沟,在其顶部固定起重机轨道。系船柱块体通常也和胸墙连在一起。在进行墙身和胸墙的构造设计以及结构物的平面布置时,有下列问题需要解决。

1. 码头临水面的轮廓

为了增加码头建筑物的抗倾稳定性,墙底前趾一般伸出墙。但为保证船舶停靠码头时的安全,码头墙身结构底部突出部分与船壳舭龙骨之间的最小净距不应小于 0.3m(图 2-2-4)。

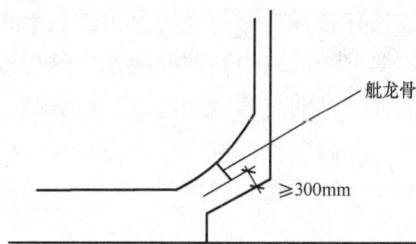

舭龙骨

≥300mm

图 2-2-4　码头结构底部突出部分与船壳舭龙骨间的间距

2. 变形缝设置

为适应地基的不均匀沉降和温度的变化,重力式码头必须沿长度方向设置沉降缝和伸缩缝,一般是一缝两用,统称变形缝。缝宽 20～50mm,做成上下通缝,即胸墙与墙身的变形缝设在一个垂面上。现场浇筑混凝土或浆砌石部位的变形缝用弹性材料(沥青砂板等)填充。变形缝间距根据气温情况、结构形式、地基条件和基床厚度确定,一般采用 10～30m。并考虑设在以下位置:①新旧建筑物衔接处;②码头水深或结构形式改变处;③地基土质差别较大处;④基床厚度突变处;⑤沉箱或方块接缝处。

3. 胸墙

胸墙是将墙身预制构件连成整体的构件,直接受船舶的撞击,并处在水位变动区,外界影响因素多,受力情况复杂。因此在设计胸墙时,除保证其抗倾和抗滑稳定性外,还应有良好的整体性、足够的强度和刚度。对于胸墙内设电缆沟等单薄的胸墙断面还应通过计算配置钢筋。

胸墙一般采用下列几种形式：①现浇混凝土胸墙；②浆砌石胸墙；③预制混凝土块体胸墙。现浇混凝土胸墙的优点是结构牢固，整体性好，是采用最多的一种形式。浆砌石胸墙可节约模板，如当地石料丰富，也可采用。但断面不宜过小，并要注意砌筑质量，保证有良好的整体性。为了减少现场浇筑量，有的码头采用预制安装混凝土胸墙，但预制块之间应采取良好的整体联系措施。

为了保证胸墙有良好的整体性和足够的刚度，胸墙高度越高越好。但对于现浇或现砌的胸墙，底部高程不应低于施工水位。施工水位根据胸墙的浇筑量或砌筑量、结构形式、施工能力和水文条件综合考虑后确定。有潮港的胸墙施工水位一般取平均潮位，河港一般在枯水季节施工。

胸墙的顶宽由构造确定。为适应船舶的撞击作用，顶宽一般不小于0.8m。对于停靠小型内河船舶的码头，顶宽不小于0.5m。胸墙底宽由抗滑和抗倾稳定性计算确定。

胸墙顶面高程还宜预留沉降量（不包括胸墙灌注前的沉降量）。因为在浇筑胸墙至顶面时，墙身和胸墙的自重已在施工中加上，地基和基床的沉降已完成了一部分，所以胸墙顶面的预留沉降量应按浇筑胸墙后的后期沉降量预留。

4. 卸荷板

对于采用卸荷板的码头，卸荷板设置在胸墙底下。卸荷板应采用钢筋混凝土结构，一般采用预制安装方式。当起重能力不足时，也可部分预制、部分现浇。卸荷板的悬臂长度和厚度应通过后倾稳定性和强度计算确定[图2-2-5a)]。根据岸墙高度，悬臂长度一般可取1.5～3.0m，厚度取0.8～1.2m。

上述具有悬臂式卸荷板的重力式码头不仅从构造上减少主动土压力，又能利用一部分上部填土的重力增加结构物的稳定性。这种形式的码头在我国港工结构中得到广泛应用。其缺点是受结构强度的制约，悬臂长度受到限制。有的码头采用简支式卸荷板代替悬臂式卸荷板，卸荷板的一端搁在重力式岸壁上，另一端支承在抛石棱体顶部的地梁上，其卸荷效果更好，可用于地面使用荷载较大的情况[图2-2-5b)]。

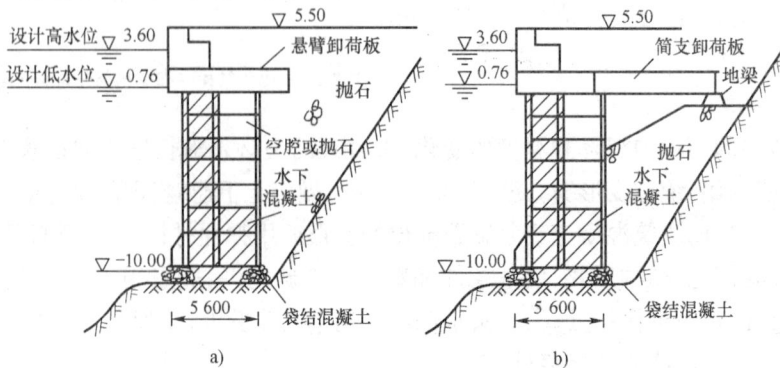

图 2-2-5　卸荷板形式（尺寸单位：mm；高程单位：m）

a)悬臂式；b)简支式

5. 码头端部的处理

顺岸式码头端部一般采用两种处理方式:①码头端部在顺岸方向做成斜坡;②码头端部设置翼墙,当翼墙长度超过10m时,应设置变形缝(图2-2-6)。第一种处理方式一般适用于码头有接长要求的情况,优点是不会发生较大的不均匀沉降,缺点是端部不能充分利用和要求码头端部有富裕地形。第二种处理方式适用于码头不再接长的情况。优点是端部可利用来停靠小船和节省岸线长度,缺点是容易产生较大的变形和沉降,翼墙与正墙之间可能产生裂缝。

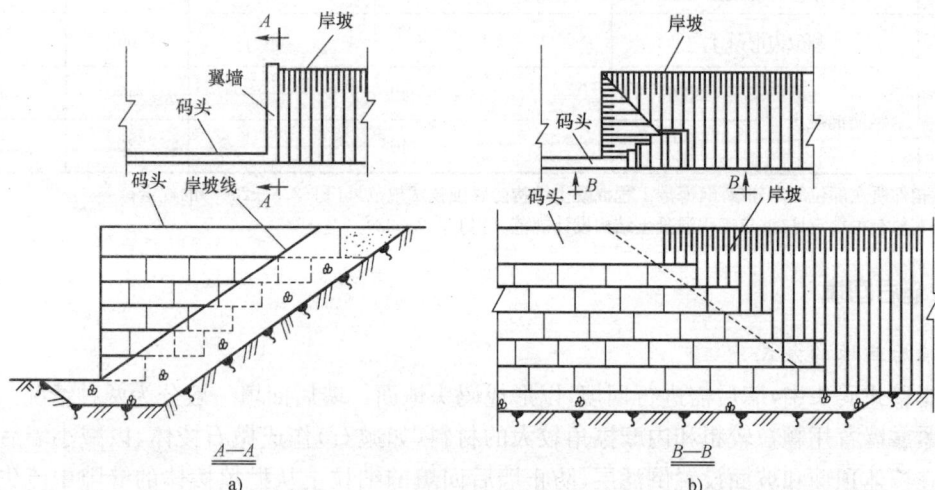

图 2-2-6　码头端部的处理方式

a)码头端部作翼墙;b)码头端部作成台阶

6. 增强结构耐久性的措施

实践表明,处于水位变动区的胸墙与墙身,特别是受冰冻作用的临水面,由于强烈的干湿交替、冻融、水流冲击、冰磨、船舶撞击等作用,经过一定时期,都有不同程度的损坏。为了提高重力式码头的耐久性,设计时应采取适当措施。

(1)根据结构计算和《港口工程混凝土结构设计规范》(JTJ 267—98)规定的耐久性要求选定混凝土强度等级。对于耐久性无特殊要求的码头,混凝土胸墙、方块、空心块体等构件的混凝土强度等级不应低于C20,钢筋混凝土沉箱、扶壁、圆筒、卸荷板等构件的混凝土强度不应低于C25。对于浆砌石结构,其石料饱和强度不应低于50MPa,砌筑用水泥砂浆强度等级不应低于M10,勾缝水泥砂浆强度等级不应低于M20。对内河小码头,砂浆和石料的强度等级可适当降低。

(2)适当增大钢筋混凝土构件厚度和钢筋的混凝土保护层,保护层厚度不得低于表2-2-1所列的标准。

(3)对于受冰冻作用的码头,水位变动区的临水面还可考虑采用钢筋混凝土板镶面、花岗岩镶面或抗蚀性强、抗磨性高、抗冻性好的新材料。

(4)对于构成墙身的空心块体、沉箱、扶壁等构件折角处宜设置加强角,其尺寸一般采用150～200mm。

此外,在设计中还要注意避免结构断面过于复杂、构件凹角处的构造措施不利、伸缩缝设置不当、混凝土表面排水不畅等情况。

混凝土保护层最小厚度表(mm)　　　　　表 2-2-1

构件所在部位			大气区	浪溅区		水位变动区	水下区
				一般构件	板、桩等细薄构件		
海水港	钢筋混凝土	北方	50	50	50	50	30
		南方	50	65	50	50	30
	预应力混凝土		75	90	50	75	75
淡水港	预应力混凝土		60	50		60	60
	钢筋混凝土	北方	40			40	25
		南方	40			30	25

注：①构件所在部位的划分参照《海港工程混凝土结构防腐蚀技术规范》(JTJ 275—2000)的规定；
　　②其他有关规定见《港口工程混凝土结构设计规范》(JTJ 267—98)。

三、墙后回填

1. 墙后回填的方式

在岸壁式码头中，墙后需进行回填，以形成码头地面。墙后回填一般分为两种情况。一种情况是紧靠墙背用颗粒较粗和内摩擦角较大的材料（如抛石）作成抛石棱体，以减小墙后土压力。并在棱体顶面和坡面设置倒滤层，防止墙后回填的细粒土从抛填棱体的缝隙中流失。实心方块码头的安装缝多且分散，墙后减压后，墙身断面减小，节省混凝土方量较多，经济效果比较显著，故多采用上述的方式。另一种情况是墙后直接回填细粒土，只在墙身构件间的拼缝处设倒滤装置，防止土料流失。沉箱码头、扶壁码头和空心块体码头为薄壁结构。从受力情况看，其稳定性除靠墙身预制件的自重维持外，还有相当部分是靠结构内部填料的重力来维持的。墙后回填细粒土，墙后土压力较大，但并不增加多少混凝土方量，特别在石料来源困难的地区，可能在经济上更为有利。采用何种方式进行墙后回填，应根据结构形式和当地材料情况通过技术经济比较确定。干地现浇和砌筑的码头通常不设抛填棱体。

2. 抛填棱体

抛填棱体的材料选用块石或当地量大、价廉、坚固、质轻、内摩擦角大的其他材料。块石的重量和质量不像抛石基床块石那样严格，但要求在水中浸泡不软化、不裂碎。

抛填棱体的断面形式一般有三角形、梯形和锯齿形三种（图 2-2-7）。主要为防止回填土流失设置的抛石棱体，通常采用三角形断面，此时所用抛填材料最少。以减压为主要目的抛填棱体（又称减压棱体），一般采用梯形和锯齿形断面。在减压效果相同情况下，锯齿形比梯形节省用料，但施工程序多，影响工期，质量也不易保证。因此分级式棱体一般不多于两级。为避免棱体密实下沉后，填土从墙身缝隙中流失，棱体顶面高出预制安装的墙身不应小于 0.3m。

3. 倒滤层

为防止回填土的流失，在抛填棱体顶面、坡面、胸墙变形缝和卸荷板顶面接缝处均应设置倒滤层。而且在抛石棱体顶面和坡面的表层与倒滤层之间应铺盖 0.3～0.5m 厚的二片石，以防止倒滤材料漏到抛石的缝隙中。

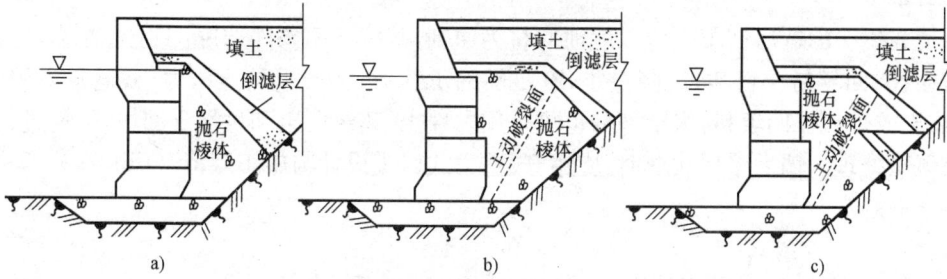

图 2-2-7 抛填棱体断面形式
a)三角形；b)梯形；c)锯齿形

倒滤层可采用碎石倒滤层和土工织物倒滤层。碎石倒滤层又分为分层和不分层倒滤层两种。分层倒滤层一般由碎石层和 5～20mm 石屑或粗砂或砾砂层组成，每层厚度不宜小于 0.15m，总厚度不宜小于 0.4m。不分层倒滤层（混合石料倒滤层）应采用级配较好的天然石料（如石渣、砂卵石）或粒径 5～80mm 碎石，天然石料和碎石的厚度分别不得小于 0.6m 和 0.4m。对于多级棱体，水下倒滤层厚度宜适当加大。抛填棱体及碎石倒滤层的坡度应根据所用材料的水下自然坡角确定。抛填棱体坡角一般采用 1∶1，碎石层坡度一般采用 1∶1.5。当施工期间有波浪影响时，坡度应适当放缓。土工织物倒滤层是一种新的倒滤层形式。直接设置在墙身接缝处的土工织物倒滤层宜采用双层结构，要求有较大的垂直渗透系数和伸长率，有较高的抗拉、抗撕裂强度和较好的抗老化性能。当接缝较大时，宜加钢筋混凝土插板。

码头的"漏砂"问题与倒滤层的设计和施工有关。为避免码头"漏砂"，无论对何种形式的倒滤层都要有如下要求：①倒滤层必须高出卸荷板顶面，即在卸荷板上面抛填不小于 0.3m 厚的二片石，然后在二片石上作倒滤层；②倒滤层分段施工时一定要搭接好。土工织物倒滤层的搭接宽度一般为 1m。

对于不设抛石棱体的沉箱、扶壁和空心方块码头，其缝隙少且集中，可分别在安装缝处设置倒滤空腔和倒滤井（图 2-2-8），施工也较方便。

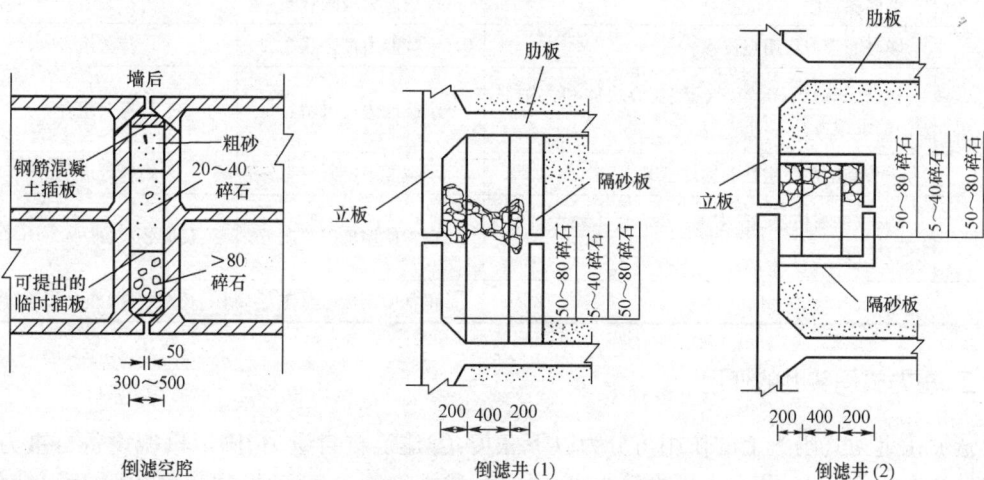

图 2-2-8 倒滤空腔与倒滤井(尺寸单位：mm)

31

4.回填土

重力式码头的墙后回填土应以就地取材为原则,并按下列条件选用:①土源丰富,运距近,取填方便;②回填易于密实,沉降量小,有足够的承载力;③产生的土压力小,通常采用砂、块石、山皮土或炉渣作回填料,水上部分也可采用黏性土、建筑残土和垃圾土回填,但需进行分层夯实或碾压处理。墙后采用吹填时,应遵守《重力式码头设计与施工规范》(JTJ 290—98)中对施工要求的规定。

第三节 重力式码头的基本计算

一、重力式码头设计状况和计算内容

重力式码头的设计应考虑三种设计状况:①持久状况,在结构使用期按承载能力极限状态和正常使用极限状态设计;②短暂状况,施工期或使用初期可能临时承受某种特殊荷载时按承载能力极限状态设计,必要时也需按正常使用极限状态设计;③偶然状况,在使用期遭受偶然荷载(如地震作用)时仅按承载能力极限状态设计。

为保证重力式码头的正常工作,应根据实际工作情况按不同的极限状态和效应组合计算或验算(表 2-3-1)。表中①②③④⑤⑦⑨项是各种结构形式的重力式码头都应进行计算,为基本计算内容。⑥⑧项的计算根据墙身结构的不同而异。

重力式码头的计算或验算内容

表 2-3-1

序　号	计算和验算内容	采用的极限状态	采用的效应组合
①	对墙底面和墙身各水平缝及齿缝计算面前趾的抗倾稳定性	承载能力极限状态	持久组合
②	沿墙底面、墙身各水平缝和基床底面的抗滑稳定性	承载能力极限状态	持久组合
③	基床和地基承载力	承载能力极限状态	持久组合
④	整体稳定性	承载能力极限状态	持久组合
⑤	墙底面合力作用点位置	承载能力极限状态	持久组合
⑥	构件(卸荷板、沉箱、扶壁、空心块体和大圆筒等)的承载力	承载能力极限状态	持久组合
⑦	码头施工期稳定性和构件承载力	承载能力极限状态	短暂效应组合
⑧	构件(卸荷板、沉箱、扶壁、空心块体和大圆筒)裂缝宽度	正常使用极限状态	长期效应(准永久)组合
⑨	地基沉降	正常使用极限状态	长期效应(准永久)组合

二、重力式码头上的作用

施加在重力式码头上的作用可分为以下三类:①建筑物自重力、固定机械设备自重力、墙后填料产生的土压力、剩余水压力等为永久作用;②堆货荷载、流动机械荷载、码头面可变作用产生的土压力、船舶荷载、施工荷载、冰荷载和波浪力等为可变作用;③地震作用等为偶然作用。

1. 建筑物构件材料与填料重度

建筑物构件材料重度、填料重度和内摩擦角的标准值宜通过试验确定。无实测资料时,构件材料重度标准值按表 2-3-2 采用。无黏性填料(如砂、石)的重度和内摩擦角标准值一般按表 2-3-3 采用,其中剩余水位以上采用湿重度,剩余水位以下采用浮重度。黏性土的指标根据当地经验选用。

2. 剩余水压力

墙前计算低水位与墙后地下水位的水位差称为剩余水头,由此产生的水压力称为剩余水压力,一般按静水压力考虑。剩余水压力根据码头排水条件和填料透水性能确定。墙后设置抛石棱体或回填料粗于中砂时,可不考虑剩余水头。当墙后回填中砂或比中砂更细的填料时,对于受潮汐影响为主的港口,剩余水头的标准值一般采用 1/5～1/3 平均潮差。对于河港,其标准值根据墙前、后地下水位情况确定。

材料重度 γ 标准值(kN/m³)　　　　　　　　表 2-3-2

材料名称	重度 γ(kN/m³)	
	水上	水下
浆砌块石	22～25	12～15
混凝土	23～24	13～14
钢筋混凝土	24～25	14～15

注:当石料重度大于 26.5kN/m³ 时,浆砌块石的重度应适当提高。

填料重度 γ 和内摩擦角 φ 标准值　　　　　　表 2-3-3

填料名称	重度 γ(kN/m³)		内摩擦角 φ(°)	
	水上(湿重度)	水下(浮重度)	水上	水下
细砂	18.0	9.0	30	28
中砂	18.0	9.5	32	32
粗砂	18.0	9.5	35	35
砾砂	18.5	10.0	36	36
碎石	17.0	11.0	38～40	38～40
煤渣	10.0～12.0	4.0～5.0	35～39	35～39
块石	17.0～18.0	10.0～11.0	45	45

注:表中砂类土的数值适用于粒径 $d < 0.1$mm 细颗粒含量不超过 10% 的情况,当细颗粒含量超出此范围时应通过试验测定 γ 和 φ 值。

3. 土压力

土压力是重力式码头的一项主要荷载。计算土压力的理论主要有库仑理论、朗肯理论和索科洛夫斯基理论三种。前两种理论由于计算比较简单并能近似地处理许多复杂问题,得出的结果比较接近实际,精度满足工程要求,在工程中得到普遍应用。

库仑理论考虑了墙背倾斜、地面倾斜、土与墙背间的摩擦力,但假定土是均质和无黏性的。朗肯理论可以解决黏性土、地面上有均布荷载和墙后土体水平成层的土压力计算,但未考虑墙背倾斜、地面倾斜、土与墙背间的摩擦力。工程设计中对不同的土质等条件可采用不同的理论取单宽来计算土压力标准值。

1)码头墙后主动土压力

(1)无黏性填料的墙背($-15°\leqslant\alpha<\theta'$)主动土压力

对于一般的挡土墙,墙背与铅垂线的夹角 α 大于$-15°$而小于第二破裂角 θ'(图 2-3-1),此时可根据库仑理论计算土压力。土压力分为永久作用和可变作用,前者由墙后填料产生,后者由地面上的荷载产生。

第 n 层填料顶层的土压力强度可按下式计算:

永久作用: $\qquad e_{n1}=(\sum_{i=0}^{n-1}\gamma_i h_i)K_{an}\cos\alpha$

可变作用: $\qquad e_{qn1}=qK_q K_{an}\cos\alpha$

$$K_q=\frac{\cos\alpha}{\cos(\alpha-\beta)} \qquad\qquad (2\text{-}3\text{-}1)$$

$$K_{an}=\frac{\cos^2(\varphi_n-\alpha)}{\cos^2\alpha\cos(\alpha+\delta_n)\left[1+\sqrt{\dfrac{\sin(\varphi_n+\delta_n)\sin(\varphi_n-\beta)}{\cos(\alpha+\delta_n)\cos(\alpha-\beta)}}\right]^2}$$

第 n 层填料底层的土压力强度可按下式计算:

永久作用: $\qquad e_{n2}=(\sum_{i=1}^{n}\gamma_i h_i)K_{an}\cos\alpha$

可变作用: $\qquad e_{qn2}=qK_q K_{an}\cos\alpha$ $\qquad\qquad (2\text{-}3\text{-}2)$

第 n 层填料的土压力合力可按下式计算:

永久作用: $\qquad E_n=\dfrac{1}{2}(e_{n1}+e_{n2})\dfrac{h_n}{\cos\alpha}$

可变作用: $\qquad E_{qn}=qK_q K_{an}h_n$ $\qquad\qquad (2\text{-}3\text{-}3)$

第 n 层填料永久作用土压力合力的水平分力标准值 E_{H_n}(kN)为:

$$E_{H_n}=0.5\times(2\sum_{i=1}^{n-1}\gamma_i h_i+\gamma_n h_n)h_n K_{an}\cos(\alpha+\delta_n) \qquad (2\text{-}3\text{-}4)$$

第 n 层填料可变作用土压力合力的水平分力标准值 E_{qH_n}(kN)为:

$$E_{qH_n}=qK_q K_{an}h_n\cos(\alpha+\delta_n) \qquad\qquad (2\text{-}3\text{-}5)$$

上述各式中:e_{n1}、e_{qn1}——分别为墙背上第 n 层填料顶层的永久作用、可变作用土压力强度(kPa);

$\qquad\qquad e_{n2}$、e_{qn2}——分别为墙背上第 n 层填料底层的永久作用、可变作用土压力强度(kPa);

$\qquad\qquad E_n$、E_{qn}——分别为墙背上第 n 层填料的永久作用、可变作用土压力合力标准值(kN);

$\qquad\qquad \alpha$——墙背与铅垂线的夹角(°),仰斜(图 2-3-1)为正,俯斜为负;

$\qquad\qquad \beta$——地面与水平面的夹角(°),在水平面以上为正,在水平面以下为负;

$\qquad\qquad \varphi_n$——第 n 层填料的内摩擦角标准值(°);

$\qquad\qquad q$——地面上的均布荷载标准值,地面倾斜时为单位斜面积上的重力(kPa);

$\qquad\qquad \gamma_i$、γ_n——分别为第 i 层和第 n 层填料的重度标准值(kN/m³);

$\qquad\qquad h_i$、h_n——分别为第 i 层和第 n 层填料的厚度标准值(m);

$\qquad\qquad K_q$——地面荷载系数;

$\qquad\qquad K_{an}$——第 n 层填料的主动土压力系数;

$\qquad\qquad \delta_n$——第 n 层填料与墙背的摩擦角,其值按表 2-3-4 选定。

墙背外摩擦角 δ 的取值 　　　　　　　　　　　　　　　　　　　表 2-3-4

墙背情况	仰斜的混凝土或砌体墙背	垂直的混凝土或砌体墙背	俯斜的混凝土或砌体墙背
δ	$\varphi/2 \sim 2\varphi/3$	$\varphi/3 \sim \varphi/2$	$\varphi/3$
备注	阶梯形墙背取 $2\varphi/3$	卸荷板以下墙背取 $\varphi/3$	

注：φ 为土的内摩擦角。

（2）黏性土的墙背主动土压力计算

黏性土的土压力可按楔体极限平衡图解法确定；当有经验时，也可采用等代内摩擦角，按无黏性填料考虑。当地面水平时，在铅垂墙背或计算垂面上按下列公式计算：

永久作用部分：　$e_{aH} = \gamma h K_a - 2c\sqrt{K_a}$

可变作用部分：　$e_{aqH} = q K_a$ 　　　　　　（2-3-6）

$$K_a = \tan^2\left(45° - \frac{\varphi}{2}\right)$$

式中：e_{aH}、e_{aqH}——分别为永久作用部分和可变作用部分土压力强度（kPa）；

　　　　K_a——主动土压力系数；

　　　　c——土的黏聚力标准值（kPa）。

土压力不能为拉力，当 $e_{aH} \leqslant 0$ 时，取 $e_{aH} = 0$。

2）码头墙前被动土压力

当地面水平时，被动土压力强度 e_p（kPa）按下列公式计算：

（1）对无黏性填料

$$e_p = (q_p + \gamma h) K_p \tag{2-3-7}$$

（2）对黏性土

$$e_p = (q_p + \gamma h) K_p + 2c\sqrt{K_p} \tag{2-3-8}$$

式中：q_p——墙前床面上均布荷载标准值（kPa）；

　　　　K_p——被动土压力系数。

对于墙后有减压棱体的码头，当破裂面通过两种填料时，出坡点 P 以上和以下分别按两种填料的指标计算土压力，P 点的位置由滑动面与铅垂面的夹角 $\overline{\theta}$ 近似确定。$\overline{\theta}$ 值根据两种填料破裂角的标准值 θ_1 和 θ_2 按相应的层厚加权平均求得，即：

$$\overline{\theta} = \frac{h_1\theta_1 + h_2\theta_2}{H} \tag{2-3-9}$$

式中符号见图 2-3-2。由于式中 h_1 和 h_2 值与 $\overline{\theta}$ 值有关，$\overline{\theta}$ 可通过试算确定。

对于卸荷板，M 点以上的土压力不计卸荷板底面以上重力的影响，N 点以下的土压力按无卸荷板的情况计算，M、N 之间按直线过渡（图 2-3-2）。

土压力系数、破裂角数值及土压力计算的常用图式可见《重力式码头设计与施工规范》（JTJ 290—98）。

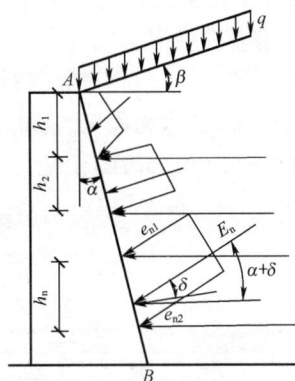

图 2-3-1　无黏性填料墙背主动土压力图

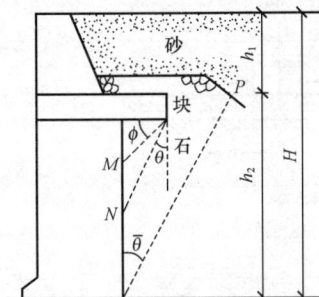

图 2-3-2　有减压棱体和卸荷板时土压力计算图

4. 系缆力沿码头线方向的分布

对于墙后有填土的重力式码头,验算其稳定性时一般不考虑船舶撞击力和挤靠力,因为这些力是向岸的,码头不会向岸一侧滑动和倾倒。而系缆力必须加以考虑,其中平行于码头线的水平分力 N_y 对码头的影响不大,可略去不计;垂直地面的竖向分力 N_z,由于数值小,在计算墙身稳定性时可略去不计,而在计算系船柱块体和胸墙稳定性时应予考虑;垂直于码头线的水平分力 N_x 在验算码头整体和部分的稳定性时则必须予以考虑。

系缆力沿码头线方向的分布长度,按沿墙高以 45°角向下扩散的原则确定(图 2-3-3)。值得注意的是,扩散线遇竖缝截止,然后从缝底端向下继续扩散。对于分段长度内为一个整体结构的码头(如沉箱码头、现浇混凝土和浆砌石码头等),验算沿墙底的稳定性时,系缆力的分布长度等于一个分段的长度。

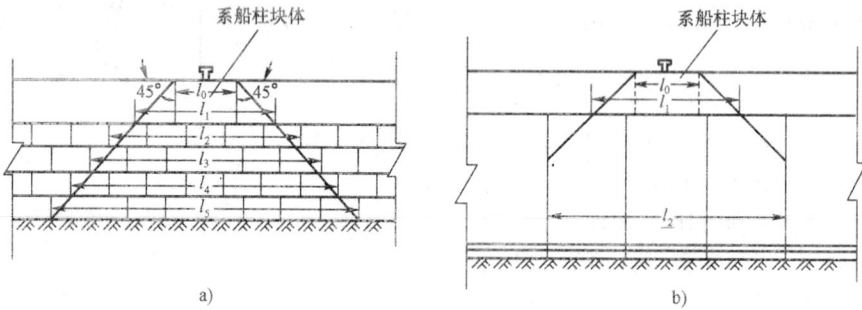

图 2-3-3 系缆力沿码头线方向的分布长度
a)方块码头;b)扶壁码头

5. 地面使用荷载

设计重力式码头时,地面使用荷载一般只考虑堆货荷载、门机荷载和铁路荷载。对于重型码头,当地面设置重型固定起重机和有大型平板车运行时,还应考虑这些设备产生的集中荷载和局部均布荷载。门机和铁路荷载以轮压力形式作用在轨道上,然后通过轨枕或基础梁沿码头的纵横向向下传布。实际工程中常采用等代均布荷载的方式处理:沿钢轨长度方向将轮压力化为线荷载[图 2-3-4a)],再将这些线荷载通过轨枕、道碴等沿码头横向传布,达一定深度后形成均布荷载,并移至地面[图 2-3-4b)]。门机加双线铁路的等代均布荷载一般在 $30\sim40\text{kPa}$ 左右。

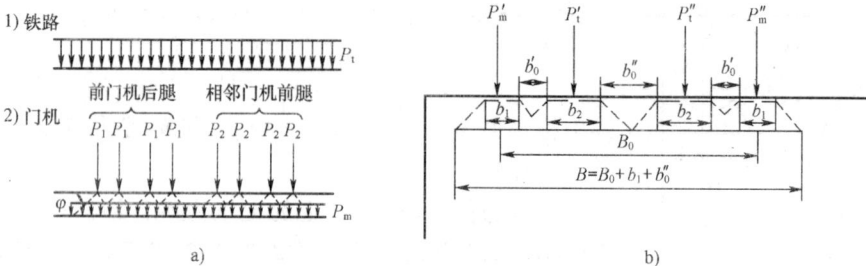

图 2-3-4 门机加铁路的等代均布荷载计算图式
a)沿码头线方向;b)垂直码头线方向

　　码头地面使用荷载为活荷载,应根据不同的计算项目,按最不利情况进行布置。堆货荷载一般有以下三种布置方式:①作用在码头上的垂直力和水平力(以土压力为主)都最大,用于验算基床和地基的承载力及计算建筑物的沉降和验算整体滑动稳定性[图 2-3-5a)];②作用在码头上的水平力最大垂直力最小,用于验算建筑物的滑动和倾覆稳定性[图 2-3-5b)];③作用在码头上的垂直力最大水平力最小,用于验算基底面后踵的应力[图 2-3-5c)]。

　　当墙前进行波波高小于 1m 时,一般不考虑波浪力。对于墙后有填土的码头,如需考虑波浪力,也只考虑墙前波谷的情况,墙后按静水位考虑。其他荷载的计算方法见第一章。

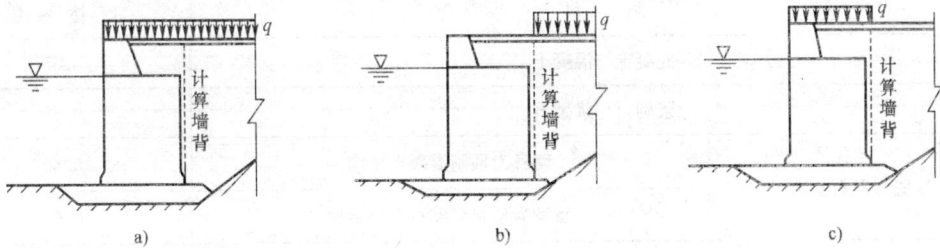

图 2-3-5　堆货荷载布置方式

三、重力式码头的基本计算

1. 码头的稳定性验算

1)抗滑稳定性验算

　　沿墙底面、墙身各水平缝和基床底面的抗滑稳定验算以岸壁式码头为例,一般按平面问题取单宽计算。不考虑波浪作用,且由可变作用产生的土压力为主导可变作用时,抗滑稳定性按下式验算:

$$\gamma_0(\gamma_E E_H + \gamma_E E_{qH} + \gamma_{pw} P_w + \psi \gamma_{PR} P_{RH}) \leqslant \frac{1}{\gamma_d}(\gamma_G G + \gamma_E E_V + \gamma_E E_{qV})f \quad (2\text{-}3\text{-}10)$$

式中:　　G——作用在计算面以上的结构自重力标准值(kN);

E_H、E_V——分别为计算面以上永久作用总主动土压力的水平分力和垂直分力的标准值(kN);

E_{qH}、E_{qV}——分别为计算面以上可变作用总主动土压力的水平分力和垂直分力的标准值(kN);

P_w——作用在计算面以上的剩余水压力的标准值(kN);

P_{RH}——系缆力水平分力的标准值(kN);

γ_G——自重力的分项系数,取 1.0;

γ_0——结构重要性系数,一般港工结构的 γ_0 取 1.0;

γ_E、γ_{pw}、γ_{PR}——分别为土压力、剩余水压力、系缆力的分项系数,见表 2-3-5;

ψ——作用效应组合系数,持久组合取 $\psi=0.7$,短暂组合取 1.0;

γ_d——结构系数,无波浪作用取 1.0,有波浪作用取 1.1;

f——沿计算面的摩擦系数设计值,其取值见表 2-3-6。

稳定验算时作用分项系数 表 2-3-5

组合情况	永久作用		可变作用	
	γ_E	γ_{pw}	γ_E	γ_{PR}
持久组合	1.35	1.05	1.35(1.25)	1.40(1.30)
短暂组合	1.35	1.05	1.25	1.30

注:持久组合采用设计水位时表中取大值;采用极端水位时取表中括号内小值。

摩擦系数设计值 表 2-3-6

材料		摩擦系数
混凝土与混凝土		0.55
浆砌石与浆砌石		0.65
墙底与抛石基床	墙身为预制混凝土结构	0.60
	墙身为预制浆砌石方块结构	0.65
抛石基床与地基土	地基为细砂~粗砂	0.50~0.60
	地基为粉砂	0.40
	地基为砂质粉土	0.35~0.50
	地基为黏土、粉质黏土	0.30~0.45

注:见《重力式码头设计与施工规范》(JTJ 290—98)表 3.4.10。

2)码头的抗倾稳定性验算

对墙底面和墙身各水平缝及齿缝计算面前趾的抗倾稳定验算仍以岸壁式码头为例,按平面问题取单宽计算。不考虑波浪作用,且由可变作用产生的土压力为主导可变作用时,抗倾稳定性按下式验算:

$$\gamma_0 (\gamma_E M_{E_H} + \gamma_{PW} M_{PW} + \gamma_E M_{E_{qH}} + \psi \gamma_{PR} M_{PR}) \leqslant \frac{1}{\gamma_d} (\gamma_G M_G + \gamma_E M_{E_V} + \gamma_E M_{E_{qV}})$$

(2-3-11)

式中:M_G——结构自重力标准值对计算面前趾的稳定力矩(kN·m);

M_{E_H}、M_{E_V}——分别为永久作用总土压力标准值对计算面前趾的倾覆力矩和稳定力矩(kN·m);

M_{PW}——剩余水压力标准值对计算面前趾的倾覆力矩(kN·m);

$M_{E_{qH}}$、$M_{E_{qV}}$——分别为可变作用总土压力标准值对计算面前趾的倾覆力矩和稳定力矩(kN·m);

M_{PR}——系缆力标准值对计算面前趾的倾覆力矩(kN·m);

γ_d——结构系数,无波浪时取 1.25。

实际工程中情况比较复杂:①沿胸墙底面进行抗滑稳定性验算时,系缆力可能成为主导可变作用;②暗基床底面抗滑稳定性验算时,可能要考虑抛石基床垂直面上的被动土压力;③考虑波浪作用时,波浪力可能成为主导可变作用。因此,抗滑、抗倾稳定极限状态表达式应根据各种不同情况采用相应的表达式,详见《重力式码头设计与施工规范》(JTJ 290—98)。

2.承载力验算

1)基床承载力验算

基床承载力按下式进行验算:

$$\gamma_0 \gamma_\sigma \sigma_{max} \leqslant \sigma_\gamma \tag{2-3-12}$$

式中：γ_0——结构重要性系数，一般取 1.0；

　　γ_σ——基床顶面最大应力分项系数，可取 1.0；

　　σ_γ——基床承载力设计值；

　　σ_{max}——基床顶面最大应力标准值（kPa）。

基床承载力设计值一般取 600kPa。对于受波浪作用的墩式建筑物或地基承载能力较高（如地基为岩基）时，可酌情适当提高取值，但不应大于 800kPa。重力式码头的墙身刚度一般很大，基床顶面应力可按直线分布，按偏心受压公式计算，对于矩形墙底，可按下式计算，计算图式如图 2-3-6 所示。

$$\sigma_{min}^{max} = \frac{V_K}{B}\left(1 \pm \frac{6e}{B}\right) \tag{2-3-13}$$

式中：σ_{max}、σ_{min}——分别为基床顶面的最大和最小应力标准值（kPa）；

　　B——墙底宽度（m）；

　　V_K——作用在基床顶面的竖向合力标准值（kN/m）；

　　e——墙底面合力标准值作用点的偏心距（m），$e = \dfrac{B}{2} - \xi$；

　　ξ——合力作用点与墙前趾的距离（m），$\xi = \dfrac{M_R - M_0}{V_K}$；

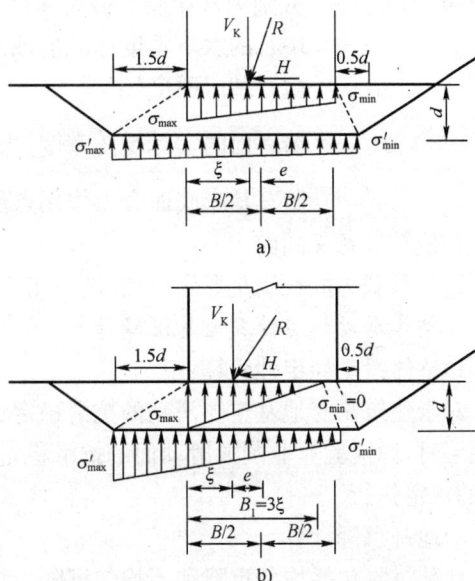

图 2-3-6　基底应力和地基应力计算图式
a)$\xi \geqslant B/3$ 时；b)$\xi < B/3$ 时

M_R、M_0——分别为竖向合力标准值和倾覆力标准值对墙底前面趾的稳定力矩和倾覆力矩（kN·m/m）。

当 $\xi < B/3$ 时，σ_{min} 将出现负值，即产生拉应力。但墙底和基床顶面之间不可能承受拉应力，基底应力将重分布。根据基底应力的合力和作用在建筑物上的垂直合力相平衡的条件，得：

$$\left.\begin{aligned}\sigma_{max} &= \frac{2V_K}{3\xi} \\[2mm] \sigma_{mix} &= 0\end{aligned}\right\} \tag{2-3-14}$$

但在码头墙底宽度上，为了使码头不致产生过大的不均匀沉降，一般要求 $\xi < B/4$。对于岩石地基则不受限制，因为岩基基本上是不可压缩的。

2）地基承载力验算

基床顶面应力通过基床向下扩散。扩散宽度为 $B_1 + 2d_1$，并按直线分布。基床底面最大、最小应力标准值和合力作用点的偏心距按下式计算，计算图式如图 2-3-6 所示。

$$\left.\begin{array}{l} \sigma'_{max} = \dfrac{B_1 \sigma_{max}}{B_1 + 2d_1} + \gamma d_1 \\[3mm] \sigma'_{min} = \dfrac{B_1 \sigma_{min}}{B_1 + 2d_1} + \gamma d_1 \\[3mm] e' = \dfrac{(B_1 + 2d_1)}{6} \cdot \dfrac{(\sigma'_{max} - \sigma'_{min})}{(\sigma'_{max} + \sigma'_{min})} \end{array}\right\} \tag{2-3-15}$$

式中：σ'_{max}、σ'_{min}——分别为基床底面最大和最小应力标准值(kPa)；

γ——块石的水下重度标准值(kN/m^3)；

d_1——抛石基床厚度(m)；

B_1——墙底面的实际受压宽度，当 $\xi \geqslant \dfrac{B}{3}$ 时，$B_1 = B$；当 $\xi < \dfrac{B}{3}$ 时，$B_1 = 3\xi$；

e'——抛石基床底面合力作用点的偏心距(m)；

其他符号意义同前。

地基承载力能否满足要求可按《港口工程地基规范》(JTJ 250—98)的规定进行验算。

3. 整体滑动稳定性及地基沉降计算

1)整体滑动稳定性验算

对于建筑物与地基整体滑动的抗滑稳定性一般按圆弧滑动法进行验算。当地基浅层有软弱夹层时，尚应验算非圆弧滑动面的抗滑稳定性。其验算按《港口工程地基规范》(JTJ 250—98)的规定执行。

2)地基沉降计算

地基沉降包括均匀沉降和不均匀沉降。均匀沉降不会引起建筑物的破坏，但沉降量过大将影响建筑物的使用。实践也表明，均匀沉降量较大时，不均匀沉降也比较严重。不均匀沉降发生在建筑物横断面方向和沿码头长度方向上。前者引起码头的倾斜，一般采用在基床顶面预留倒坡的方法来解决。后者对建筑物的破坏性较大，如胸墙断裂，墙身发生横向裂缝，一般用设置变形缝的方法来解决。沿码头长度方向地基压缩层厚度和土的压缩系数有很大变化时，应分段计算沉降量，计算方法按《港口工程地基规范》(JTJ 250—98)执行。

重力式码头计算断面平均沉降量限值：方块码头和扶壁码头应不大于 20cm；沉箱码头和座床式圆筒码头应不大于 25cm。对于重力墩式码头，尚应计算断面的不均匀沉降(或偏转)。墩的偏转角度限值，根据其使用要求与计算确定。

四、算例

某工程为一座 5 万吨级多用途码头，采用沉箱结构，码头结构断面如图 2-3-7 所示。试验算码头的抗滑、抗倾稳定性和基床承载力。

1. 设计条件

(1)设计船型为：总长 230m，形宽 32m，形深 17.5m，满载吃水 12.7m。

(2)结构安全等级为：二级。

(3)自然条件：

①水位：设计高水位 4.32m，设计低水位 0.47m，极端高水位 5.5m，极端低水位 -0.83m，施工水位 2.5m。

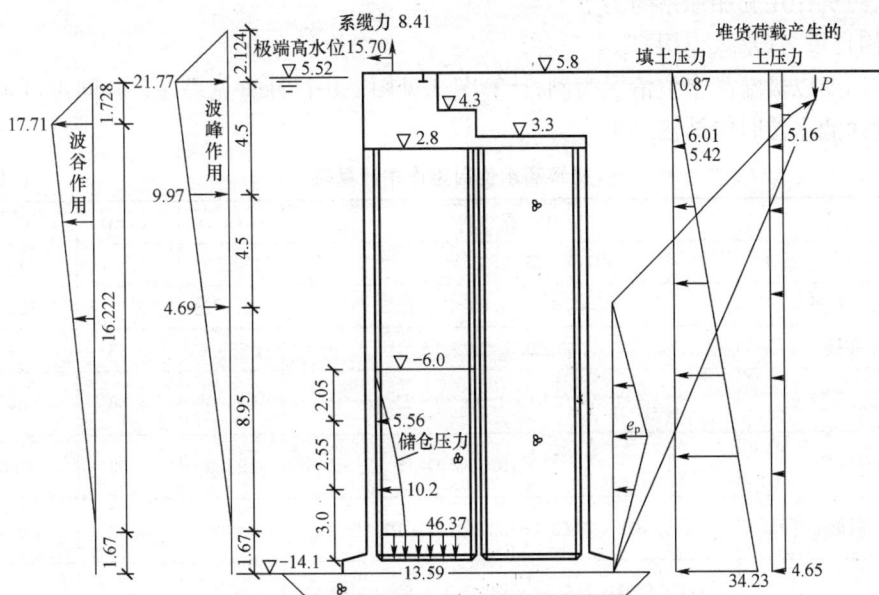

图 2-3-7　沉箱码头结构及极端高水位作用分布图(尺寸单位:m;高程单位:m)

②波浪要素:见表 2-3-7。

波　浪　要　素　　　　　　　　　表 2-3-7

波浪要素重现期	波浪周期 $T(s)$	$H_{1\%}$波高值(m)		
		设计高水位	设计低水位	极端高水位
50 年(防波堤已建)	4.8	2.117	2.08	2.124
10 年(外侧防波堤未建)	9.5	2.7	2.5	3.0

③地质条件:码头基床底面全部坐落在风化岩面上,风化岩承载力设计值$[f'_d]=500$kPa,地震设计烈度为 6 度。

(4)码头面荷载:

堆货荷载:$q=30$kPa。

门机荷载:基距 16m,轨距 16m。工作状态时,前轨最大轮压 200kN(375kN),后轨最大轮压 375kN(200kN);非工作状态时,前轨最大轮压为 77kN,后轨最大轮压为 204kN。

(5)材料重度和内摩擦角标准值见表 2-3-8。

材料重度和内摩擦角标准值　　　　　　　　　表 2-3-8

材料名称	重度(kN/m³)		内摩擦角 $\varphi(°)$
	$\gamma_{水上}$	$\gamma_{水下}$	
混凝土胸墙	24	14	—
钢筋混凝土沉箱	25	15	—
块石	18	11	45

2.作用

码头上的永久作用包括结构自重力和填料土压力等。可变作用包括波压力、堆货土压力、前沿堆货、门机作用和船舶系缆力等。

1）结构自重力（永久作用）

（1）使用期以极端高水位情况为例，计算图式见图 2-3-7，计算见表 2-3-9，同理可求得设计高水位、设计低水位时的结构自重力。

极端高水位自重作用计算表　　　　　　　　表 2-3-9

项 目	计 算 式	G_i(kN)	X_i(m)	$G_i X_i$(kN·m)
沉箱前、后面板、纵隔墙	$0.9 \times 16.4 \times 20 \times 15$	4 428.0	5.53	24 486.84
沉箱侧板,横隔墙	$1.5 \times 16.4 \times 4.08 \times 2 \times 15$	3 011.04	5.53	16 651.06
沉箱底板	$9.06 \times 0.5 \times 20 \times 15$	1 359.0	5.53	7 515.27
沉箱前、后趾	$\frac{1}{2}(0.5+0.8) \times 1.0 \times 20 \times 2 \times 15$	390.0	5.53	2 156.7
沉箱竖抹角	$\frac{1}{2} \times 0.2^2 \times 16.3 \times 40 \times 15$	195.6	5.53	1 081.67
沉箱底抹角	$\frac{1}{2} \times 0.2^2 \times (3.5+3.88) \times 2 \times 10 \times 15$	44.28	5.53	244.87
沉箱内填石 1	$[3.7 \times 4.08 \times 7.6 - \frac{1}{2} \times 0.2^2 \times 7.5 \times 4 - \frac{1}{2} \times 0.2^2 \times (3.5+3.88) \times 2] \times 5 \times 11$	6 260.89	3.39	21 224.42
沉箱内填石 2	$[3.7 \times 4.08 \times 16.4 - \frac{1}{2} \times 0.2^2 \times 16.3 \times 4 - \frac{1}{2} \times 0.2^2 \times (3.5+3.88) \times 2] \times 5 \times 11$	13 528.64	7.67	103 764.67
胸墙 1	$(0.28 \times 24 + 1.22 \times 14) \times 3 \times 20$	1 428.0	2.5	3 570.0
胸墙 2	$1 \times 4.63 \times 14 \times 20$	1 296.4	3.315	4 297.57
胸墙 3	$0.5 \times 9.06 \times 14 \times 20$	1 268.4	5.53	7 014.25
沉箱上填石 1	$(0.28 \times 18 + 1.22 \times 11) \times 7.06 \times 20$	2 606.55	7.53	19 627.32
沉箱上填石 2	$5.43 \times 1 \times 11 \times 20$	1 194.6	8.345	9 968.94
沉箱后趾填石	$1 \times 1/2 \times (16.9+16.6) \times 11 \times 20$	3 685.0	10.56	38 913.6
Σ		40 696.4	—	260 517.18
每延米自重作用	40 696.4/20	2 034.82	—	13 025.86

（2）施工期自重力由沉箱和沉箱内填石组成，按设计高水位情况计算得到：

$\sum G_i = 29\,217.45 \text{kN}$

$\sum M_i =$ 沉箱自重力矩+前仓填石重力$\times 7.67$+后仓填石重力$\times 3.39$

$= 52\,136.41 + 13\,528.64 \times 3.39 + 6\,260.89 \times 7.67 = 146\,019.53 \text{kN·m}$

$G = 29\,217.45/20 = 1\,460.87 \text{kN/m}$

$M = 146\,019.53/20 = 7\,300.98 \text{kN·m/m}$

2）土压力标准值计算

码头后填料为块石，$\varphi = 45°$，故

$$K_{an} = \tan^2(45° - \varphi/2) = 0.172$$

沉箱顶面以下考虑 $\delta = \varphi/3 = 15°$，由《重力式码头设计与施工规范》（JTJ 290—98）中表 3.0.3-1 查得 $K_{an} = 0.16$，故

$$K_{ax} = K_{an}\cos\delta = 0.16 \times \cos 15° = 0.155$$
$$K_{ay} = K_{an}\sin\delta = 0.16 \times \sin 15° = 0.041$$

下面以极端高水位情况为例,按式(2-3-1)计算填料、堆货和门机荷载产生的土压力。

(1)码头后填料土压力(永久作用)计算如下:

$$e_{5.8} = 0$$
$$e_{5.52} = 18 \times 0.28 \times 0.172 = 0.87\text{kPa}$$
$$e_{2.8} = (18 \times 0.28 + 2.72 \times 11) \times 0.172 = 6.01\text{kPa}$$
$$e'_{2.8} = (18 \times 0.28 + 2.72 \times 11) \times 0.155 = 5.42\text{kPa}$$
$$e_{-14.1} = (18 \times 0.28 + 2.72 \times 11 + 16.9 \times 11) \times 0.155 = 34.23\text{kPa}$$

土压力强度分布图可见图 2-3-7。

土压力引起的水平作用:

$$E_H = \frac{1}{2} \times 0.87 \times 0.28 + \frac{1}{2}(0.87 + 6.01) \times 2.72 + \frac{1}{2}(5.42 + 34.23) \times 16.9$$
$$= 0.12 + 9.36 + 335.04 = 344.52\text{kN/m}$$

土压力引起的竖向作用:

$$E_v = 335.04 \times \tan 15° = 89.77\text{kN/m}$$

土压力引起的倾覆力矩:

$$M_{E_H} = 0.12 \times \left(\frac{1}{3} \times 0.28 + 19.62\right) + 9.36 \times \left[\frac{(2 \times 0.87 + 6.01) \times 2.72}{3 \times (0.87 + 6.01)} + 16.9\right] +$$
$$335.04 \times \frac{16.9 \times (2 \times 5.42 + 34.23)}{3 \times (5.42 + 34.23)} = 2315.5\text{kN} \cdot \text{m/m}$$

土压力引起的稳定力矩:

$$M_{E_v} = 89.77 \times 10.06 = 903.09\text{kN} \cdot \text{m/m}$$

同理求得其他水位条件下填料产生的土压力。

(2)堆货荷载产生的土压力(可变作用)计算如下:

各种水位时,堆货荷载产生的土压力标准值均相同。

$$e_{5.8\sim2.8} = 30 \times 0.172 = 5.16\text{kPa}$$
$$e'_{2.8\sim-14.1} = 30 \times 0.155 = 4.65\text{kPa}$$

土压力强度分布图见图 2-3-7。

堆货荷载引起的水平作用:

$$E_{qH} = 5.16 \times 3 + 4.65 \times 16.9 = 15.48 + 78.59 = 94.07\text{kN/m}$$

堆货荷载引起的竖向作用:

$$E_{qV} = 78.59 \times \tan 15° = 21.06\text{kN/m}$$

堆货荷载引起的倾覆力矩:

$$M_{E_{qH}} = 15.48 \times \left(\frac{1}{2} \times 3 + 16.9\right) + 78.59 \times \frac{1}{2} \times 16.9 = 948.92\text{kN} \cdot \text{m/m}$$

堆货荷载引起的稳定力矩:

$$M_{E_{qV}} = 21.06 \times 10.06 = 211.86\text{kN} \cdot \text{m/m}$$

(3)门机荷载产生的土压力(可变作用)计算如下:

门机荷载按两台同时作用时产生的土压力计算,每段沉箱上共作用 16 个轮子。考虑三种工作情况,各种情况下不论何种水位,门机产生的土压力分布范围相同,见图 2-3-7。下面以第一种情况为例,前轮 200kN/轮,后轮 375kN/轮。

门机后轮产生的附加土压力强度为:

$$e_p = \frac{2P}{h'}K_{ax}$$

式中,K_{ax} 取 0.155;h' 取 10.6m;$P = 375 \times 16/20 = 300kN/m$。

$$e_p = 2 \times 300/10.6 \times 0.155 = 8.77kPa$$

门机后轮产生附加土压力引起的水平作用和倾覆力矩分别为:

$$E_{qH} = \frac{1}{2} \times 8.77 \times 10.6 = 46.48kN/m$$

$$M_{qH} = 46.48 \times 5.3 = 246.34kN \cdot m/m$$

门机后轮产生附加土压力引起的竖向作用和稳定力矩分别为:
$$E_{qV} = 46.48 \times \tan15° = 12.45kN/m$$
$$M_{qV} = 12.45 \times 10.06 = 125.25kN \cdot m/m$$
门机前轮产生竖向作用和稳定力矩分别为:
$$G = 200 \times 16/20 = 160kN/m$$
$$M_G = 160 \times 3.5 = 560kN \cdot m/m$$
同理可求得其他水位情况下的土压力作用。

3)码头前沿堆货引起的竖向作用(可变作用)

码头前沿堆货范围按 7m 计算:
$$G = 7 \times 30 = 210kN/m$$

码头前沿堆货产生的稳定力矩:
$$M_G = 210 \times (4.06 + 7.0/2) = 1587.6kN \cdot m/m$$

4)船舶系缆力(可变作用)

本算例只计算垂直于码头前沿线的系船力,风速 $V = 22m/s$。

(1)船舶水面以上受风面积(按货船计算)按《港口工程荷载规范》(JTJ 215—98)中式(10.2.2-1)计算:

满载时: $$\log A_{xw} = -0.036 + 0.7421\log 50\,000$$
$$A_{xw} = 2\,822.512m^2$$

半载或压载时: $$\log A_{xw} = 0.283 + 0.727\log 50\,000$$
$$A_{xw} = 5\,002.086m^2$$

(2)作用于船舶上计算风压力的垂直于码头前沿线的横向分力按式(1-4-3)计算(其中风压不均匀折减系数为 0.64):
$$F_{xw} = 73.6 \times 10^{-5} \times 5\,002.086 \times 22^2 \times 0.64 = 1\,140.4kN$$

(3)系缆力的标准值按式(1-4-1)、式(1-4-2)计算($\alpha = 30°$、$\beta = 15°$、$n = 6$、$k = 1.3$):

$$N_x = 650 \times \sin 30° \cos 15° = 313.93 \text{kN}$$

$$N_y = 650 \times \cos 30° \cos 15° = 543.74 \text{kN}$$

$$N_z = 650 \times \sin 15° = 168.23 \text{kN}$$

(4)系缆力引起的垂直作用、水平作用和倾覆力矩分别为：

$$P_{RV} = \frac{168.23}{20} = 8.41 \text{kN/m}$$

$$P_{RH} = \frac{313.93}{20} = 15.70 \text{kN/m}$$

$$M_{PR} = 8.41 \times 2.0 + 15.70 \times 19.9 = 329.25 \text{kN} \cdot \text{m/m}$$

5)波浪力(可变作用)

波浪力标准值按《海港水文规范》(JTJ 213—98)的有关规定计算,计算过程略。

码头荷载标准值计算结果汇总见表 2-3-10。

码头荷载汇总表　　　　　　　　　　表 2-3-10

作用分类	荷 载 情 况		垂直力 (kN/m)	水平力 (kN/m)	稳定力矩 (kN·m/m)	倾覆力矩 (kN·m/m)
永久作用	自重力	极端高水位	2 034.82		13 025.86	
		设计高水位	2 130.12		13 562.42	
		设计低水位	2 378.52		15 171.33	
		施工期	1 460.87		7 300.98	
	填料土压力	极端高水位	89.77	344.52	903.09	2 315.5
		设计高水位	95.68	369.64	962.54	2 556.7
		设计低水位	113.8	438.63	1 144.83	3 129.76
可变作用	波谷压力	极端高水位		158.95		2 075.98
		设计高水位		158.32		1 879.08
		设计低水位	17.86	147.19	65.84	1 245.66
	波压力	施工期	−95.45	379.66		4 159.68 703.78
	堆货土压力		21.06	94.07	211.86	948.92
	前沿堆货		210.0		1 587.6	
	门机作用(情况一)		172.45	8.77	685.25	246.34
	门机作用(情况二)		306.65	4.68	1 116.9	131.44
	门机作用(情况三)		69.58	5.62	295.88	157.89
	船舶系缆力		−8.41	15.70		329.25

3.码头稳定性验算

1)作用效应组合

因该地区地震烈度为 6 度,不进行抗震计算,故不考虑偶然组合,仅考虑持久组合和短暂组合(表 2-3-11)。

作 用 效 应 组 合   表 2-3-11

组　　合	水　　位	荷　载　组　合
持久组合一	极端高水位	堆货（主导可变作用）+波谷压力（非主导可变作用）
持久组合二	设计高水位	堆货（主导可变作用）+波谷压力（非主导可变作用）
持久组合三	设计高水位	波谷压力（主导可变作用）+堆货（非主导可变作用）
持久组合四	极端高水位	波谷压力（主导可变作用）+堆货（非主导可变作用）
短暂组合	设计高水位	波峰压力（主导可变作用）

注：水位均为永久作用。

2）沿基床顶面的抗滑稳定性验算

对于持久组合一、二，应考虑波浪作用，堆货土压力为主导可变作用，根据《重力式码头设计与施工规范》（JTJ 290—98）的规定采用下式验算：

$$\gamma_0(\gamma_E E_H + \gamma_{PW} P_W + \gamma_E E_{qH} + \psi\gamma_p P_B) \leqslant$$
$$(\gamma_G G + \gamma_E E_V + \gamma_E E_{qV} + \psi\gamma_U P_{BU})f/\gamma_d \qquad (2\text{-}3\text{-}16)$$

式中：γ_p——波浪力水平力分项系数；

P_B——波谷作用时计算面以上水平波吸力标准值（kN）；

γ_U——波浪浮托力分项系数；

P_{BU}——波谷作用时作用在计算面上的波浪浮托力标准值（kN）；

其他符号意义同式（2-3-10）。

按式（2-3-16）验算的结果见表 2-3-12，表中各作用的标准值按表 2-3-10 选取，各分项系数按规范取值（表 2-3-12）。

抗滑稳定性验算计算表   表 2-3-12

项目 组合 情况	土压力为主导可变作用： $\gamma_0(\gamma_{E1}E_H + \gamma_{E2}E_{qH} + \psi\gamma_p P_B)$									$(\gamma_G G + \gamma_{E1}E_V + \gamma_{E2}E_{qV} + \psi\gamma_U P_{BU})f/\gamma_d$									
	γ_0	γ_{E1}	E_H	γ_{E2}	E_{qH}	ψ	γ_p	P_B	结果	γ_d	γ_0	G	E_V	E_{qV}	γ_U	P_{BU}	f	结果	结论
持久 组合一	1.0	1.35	344.64	1.25	94.07	0.7	1.2	158.95	716.21	1.1	1.0	2034.82	89.77	21.06	1.2	0	0.6	1190.36	稳定
持久 组合二	1.0	1.35	369.52	1.35	94.07	0.7	1.3	158.32	770.08	1.1	1.0	2130.12	95.98	21.06	1.3	0	0.6	1247.85	稳定

对于持久组合三、四，应考虑波浪作用，且波浪力为主导可变作用，根据《重力式码头设计与施工规范》（JTJ 290—98）的规定采用下式验算：

$$\gamma_0(\gamma_E E_H + \gamma_{PW} P_W + \gamma_p P_B + \psi\gamma_E E_{qH}) \leqslant$$
$$(\gamma_G G + \gamma_E E_V + \gamma_U P_{BU} + \psi\gamma_E E_{qV})f/\gamma_d \qquad (2\text{-}3\text{-}17)$$

对短暂组合情况，按《防波堤设计与施工规范》（JTJ 298—98）的规定采用下式计算：

$$\gamma_0\gamma_p P_B \leqslant (\gamma_G G - \gamma_U P_{BU})f \qquad (2\text{-}3\text{-}18)$$

式中各分项系数按相关规范进行选取，验算结果见表 2-3-13。

抗滑稳定性验算计算表　　　　　　表 2-3-13

项目 / 组合情况	波浪力为主导可变作用： 持久组合：$\gamma_0(\gamma_{E1}E_H+\gamma_pP_B+\psi\gamma_{E2}E_{qH})$ 短暂组合：$\gamma_0\gamma_pP_B$									$(\gamma_G G+\gamma_{E1}E_V+\gamma_U P_{BU}+\psi\gamma_{E2}E_{qV})f/\gamma_d$ $(\gamma_G G-\gamma_U P_{BU})f$									
	γ_0	γ_{E1}	E_H	γ_P	P_B	ψ	γ_{E2}	E_{qH}	结果	γ_d	γ_G	G	E_V	γ_U	P_{BU}	E_{qV}	f	结果	结论
持久组合三	1.0	1.35	369.64	1.3	158.32	0.7	1.35	94.07	793.73	1.1	1.0	2 130.12	95.68	1.3	0	21.06	0.6	1 243.19	稳定
持久组合四	1.0	1.35	344.52	1.2	158.95	0.7	1.25	94.07	738.15	1.1	1.0	2 034.82	89.77	1.2	0	21.06	0.6	1 186.05	稳定
短暂组合	1.0	1.35	0	1.2	379.66	—	1.25	0	455.59	—	1.0	1 460.87	0	1.2	95.45	0	0.6	807.8	稳定

3)码头沿基床顶面的抗倾稳定性验算

对于持久组合一、二、应考虑波浪作用,堆货土压力为主导可变作用,根据《重力式码头设计与施工规范》(JTJ 290—98)的规定采用下式验算:

$$\gamma_0(\gamma_E M_{E_H}+\gamma_{PW}M_{PW}+\gamma_E M_{E_{qH}}+\psi\gamma_p M_{PB})\leqslant$$

$$(\gamma_G M_G+\gamma_E M_{E_V}+\gamma_E M_{E_{qV}}+\psi\gamma_U M_{PBU})/\gamma_d \tag{2-3-19}$$

式中:M_{PB}——波谷作用时水平波压力标准值对计算面前趾的倾覆力矩(kN·m);

M_{PBU}——波谷作用时作用在计算底面上波浪浮托力标准值对计算面前趾的稳定力矩(kN·m);

其他符号意义同式(2-3-11)。

按式(2-3-17)验算的结果见表 2-3-14。表中各作用的标准值按表 2-3-10 选取,各分项系数按规范取值(表 2-3-14)。

对于持久组合三、四,应考虑波浪作用,且波浪力为主导可变作用,根据《重力式码头设计与施工规范》(JTJ 290—98)的规定采用下式验算:

$$\gamma_0(\gamma_E M_{E_H}+\gamma_{PW}M_{PW}+\gamma_p M_{PB}+\psi\gamma_E M_{E_{qH}})\leqslant$$

$$(\gamma_G M_G+\gamma_E M_{E_V}+\gamma_U M_{PBU}+\psi\gamma_E M_{E_{qV}})/\gamma_d \tag{2-3-20}$$

对于短暂组合情况,按《防波堤设计与施工规范》(JTJ 298—98)的规定采用下式计算:

$$\gamma_0(\gamma_P M_{PB}+\gamma_U M_{PBU})\leqslant\frac{1}{\gamma_d}\gamma_G M_G \tag{2-3-21}$$

式中各分项系数按相应规范选取。验算结果见表 2-3-15。

4)基床承载力验算

基床承载力按式(2-3-12)验算,即 $\gamma_0\gamma_\sigma\sigma_{max}\leqslant\sigma_r$。式中 γ_0 取 1.0;γ_σ 取 1.0;σ_r 取 600kPa;σ_{max} 按式(2-3-13)计算。要求 $\sigma_{max}\leqslant600$kPa。

抗倾稳定性验算计算表

表 2-3-14

土压力为主导可变作用:
$$\gamma_0(\gamma_{E1}M_{E_H}+\gamma_{E2}M_{E_{qH}}+\psi\gamma_P M_{PB})$$
$$(\gamma_G M_G+\gamma_{E1}M_{E_V}+\gamma_{E2}M_{E_{qV}}+\psi\gamma_U M_{PBU})/\gamma_d$$

项目 组合情况	γ_0	γ_{E1}	M_{E_H}	γ_{E2}	$M_{E_{qH}}$	ψ	γ_P	M_{PB}	结果	γ_d	γ_G	M_G	M_{E_V}	$M_{E_{qV}}$	γ_U	M_{PBU}	结果	结论
持久组合一	1.0	1.35	2315.5	1.25	948.92	0.7	1.2	2075.98	6055.9	1.35	1.0	13025.86	903.09	211.86	1.2	0	10748.0	稳定
持久组合二	1.0	1.35	2556.7	1.35	948.92	0.7	1.3	1879.08	6442.6	1.35	1.0	13562.42	962.55	211.86	1.3	0	11220.7	稳定

抗倾稳定性验算计算表

表 2-3-15

波浪力为主导可变作用:
持久组合:$\gamma_0(\gamma_{E1}M_{E_H}+\psi\gamma_{E2}M_{E_{qH}}+\gamma_P M_{PB})$
短暂组合:$\gamma_0(\gamma_P M_{PB}+\gamma_U M_{PBU})$
$$(\gamma_G M_G+\gamma_{E1}M_{E_V}+\psi\gamma_{E2}M_{E_V}+\gamma_U M_{PBU})\gamma_d$$
$$\frac{1}{\gamma_d}\gamma_G M_G$$

项目 组合情况	γ_0	γ_{E1}	M_{E_H}	ψ	M_{PB}	γ_P	M_{PBU}	γ_U	γ_{E2}	$M_{E_{qH}}$	结果	γ_d	γ_G	M_G	M_{E_V}	γ_U	M_{PBU}	ψ	E_{qV}	结果	结论
持久组合三	1.0	1.35	2315.5	0.7	948.92	1.3	—	—	1.35	948.92	6791.1	1.35	1.0	13562.4	962.6	1.3	0	0.7	211.9	11157.1	稳定
持久组合四	1.0	1.35	2556.7	0.7	948.92	1.2	—	—	1.25	948.92	6447.4	1.35	1.0	13025.9	903.1	1.2	0	0.7	211.9	10689.2	稳定
短暂组合	1.0	1.35	0	—	4159.68	1.2	703.78	1.2	1.25	0	5836.2	1.25	1.0	7301.0	0	1.2	—	0.7	0	5840.8	稳定

基床承载力验算考虑三种组合情况,其验算结果见表 2-3-16。

基床承载力验算表

表 2-3-16

组　合	水　位	荷 载 组 合	$P_\min^\max$ （kPa）	结果
持久组合 情况一	极端高水位 （永久作用）	波谷压力(主导可变作用)+堆货(非主导可变作用)	344.5 43.5	满足要求
持久组合 情况二	设计低水位 （永久作用）	波谷压力(主导可变作用)+(堆货+前沿堆货作用+门机情况三)(非主导可变作用)	379.61 128.68	满足要求
短暂组合	设计高水位 （永久作用）	施工期波峰压力(主导可变作用)	509.91 0	满足要求

第四节　方 块 码 头

一、结构形式与构造

1.方块码头的断面形式

一般有阶梯形、衡重式和卸荷板式三种。

阶梯形断面是一种古典的重力式断面形式,20 世纪 50 年代前广泛应用。我国某港 1954 年修建的 4 号码头就是一个典型的阶梯形码头(图 2-4-1),其断面和底宽较大,方块数量、种类和层数均较多,横断面方向的整体性差,而且基底应力不均匀。20 世纪 50 年代开始逐渐被衡重式和卸荷板式代替。

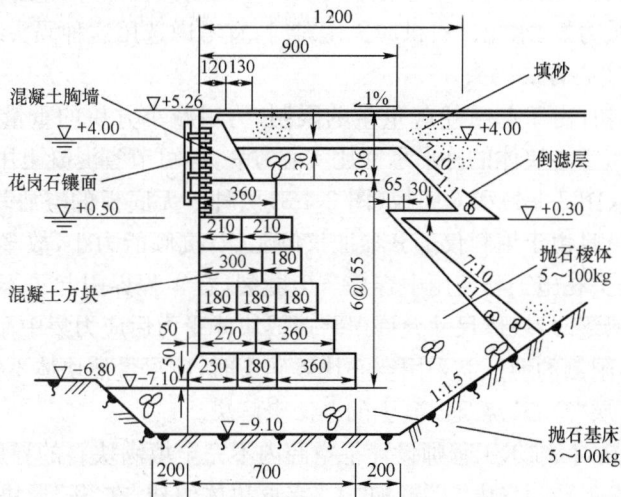

图 2-4-1　我国某港的阶梯形断面码头(尺寸单位:cm;高程单位:m)

衡重式(图 2-1-1)和卸荷板式(图 2-4-2)的共同的特点是重心靠后和墙后土压力减小。衡重式的形式很多,从最早出现的底层方块后踵削角到倒梯形,以及演变成"弯月"形,其中以倒梯形断面减小土压力的效果较佳。但单纯衡重式的方块码头由于设计施工时都要考虑各方块构件的后倾稳定性,在我国码头建设中没有得到推广。我国1958年以后修建的方块码头绝大多数采用了卸荷板式,它实际上也是衡重式的一种。由于卸荷板的遮掩作用,减小了作用在墙背后的土压力,基底应力比较均匀,断面和底宽大大减小,使结构工程量节省,也使横断面中有可能每层只采用一块方块,结构的整体稳定性也较好。有卸荷板的实心方块码头和空心方块码头的宽高比可分别小至0.3和0.4。但衡重式和卸荷板式码头的断面因结构重心靠上,抗地震性能较差,在地震区宜慎用。

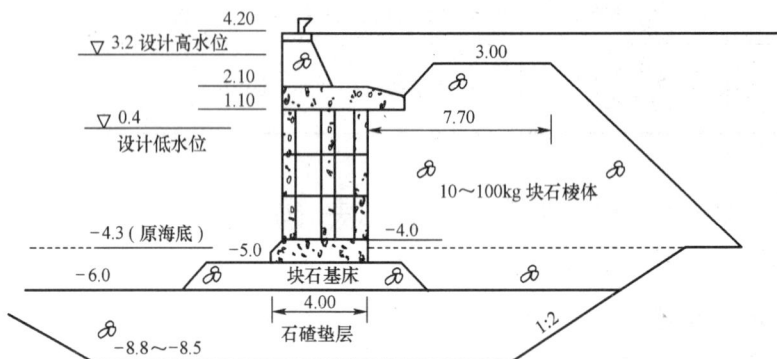

图 2-4-2　烟台海运基地码头断面图(尺寸单位:m;高程单位:m)

2. 方块码头的结构形式

方块码头按其墙身结构分为实心方块、空心块体和异形块体三种形式。

实心方块码头的墙身一般采用混凝土实心方块,其外形一般为直角平行四面体,方块重量根据起重设备能力确定。为了节省混凝土,也可在方块内埋入大块石,作成块石混凝土。对于小码头也可采用浆砌石方块砌筑。实心方块码头的坚固耐久性最好,施工维修简便,当起重设备能力足够、地基承载力好、水泥砂石供应无困难时,宜考虑选用这种码头结构形式。图 2-1-1 和图 2-4-1 所示均为实心方块码头。

20 世纪 60 年代初,由于起重船起重量的限制,为了减小方块的重量,采用了空心块体。在重量相同的情况下,空心块体的外形尺寸比实心方块大,可节省混凝土用量。空心块体码头分为有底板(图 2-4-2、图 2-4-4)和无底板(图 2-4-3)两种。无底板的空心块体码头,与构件接触的基底局部压力大,且由于填料仅部分参加抗倾工作,抗倾能力小,故多用于小码头。由于素混凝土空心块体码头在施工和使用中容易产生断裂,在工程界引起了不同意见。人们认识到,空心块体有搭接错缝时,块体尺寸允许误差造成块体受力后应力集中而开裂的现象是难免的。对于受起重能力限制的地区需采用空心块体码头时,应尽量使块体不错缝,为增强码头的整体性还可采取上下层"穿心"浇筑混凝土的办法来解决。

20 世纪 50 年代初,拉维尔工程师设计了空腔内不完全填满块石的异形块体码头,称为拉维尔式块体码头(图 2-4-5)。它由"T"形和"工"字形块体组成,在"T"形块腹板之间形成的空腔内不填满块石,以减小作用在墙上的土压力,从而使码头结构轻、材料省和造价低,在希腊和前苏联都有成功的经验。但由于人们对这种码头减小土压力的工作机理还不明确,并担心施工时稳定性出问题,是否能够推广还有待于进一步研究。

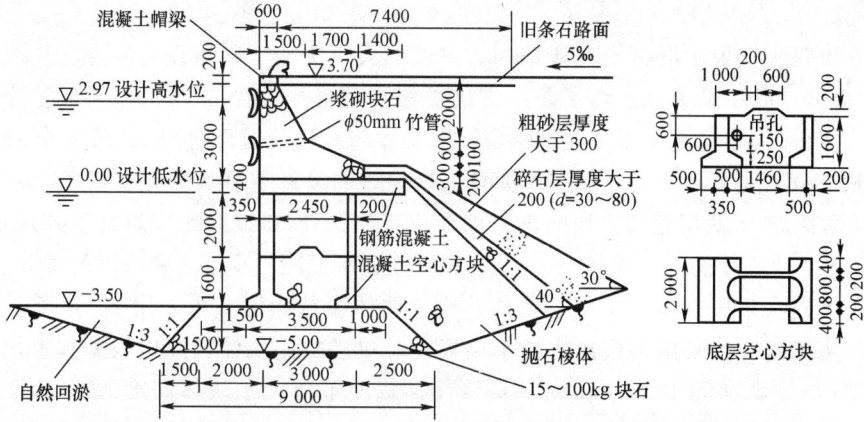

图 2-4-3 我国南方某港修建的无底板空心块体码头(尺寸单位:mm;高程单位:m)

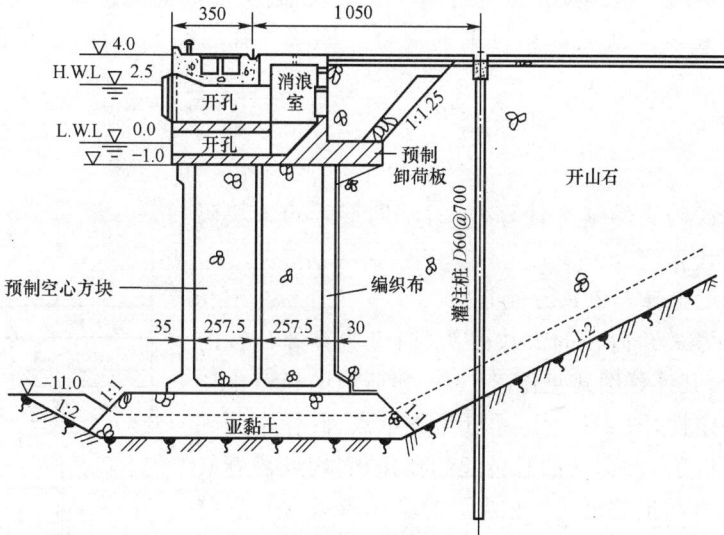

图 2-4-4 带消浪室卸荷板的空心块体码头(尺寸单位:cm;高程单位:m)

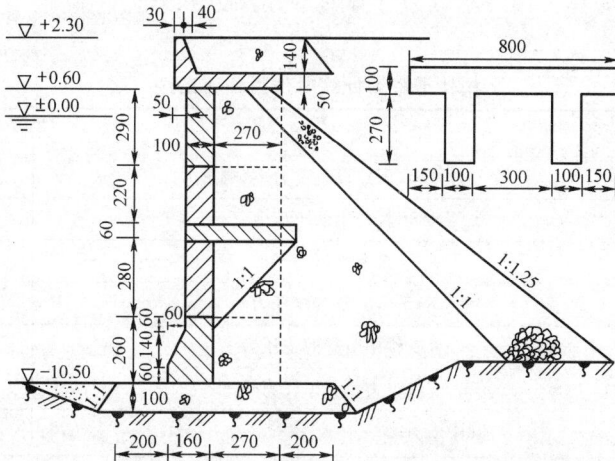

图 2-4-5 前苏联斯多斯克粮食码头(尺寸单位:cm;高程单位:m)

3. 构造

实心方块码头宜采用混凝土方块结构。方块的大小决定于起重设备能力。从码头的整体性考虑，方块尺寸应尽量大些。为了防止方块受弯或受扭时断裂，方块的各向尺寸应符合下列规定：①长边尺寸与高度之比不大于 3。②短边尺寸与高度之比不小于 1，对于个别方块不小于 0.5，同时短边尺寸不小于 0.8m。方块间垂直砌缝的设计宽度宜采用 20～30mm。为了保证结构的整体性，上下两层相邻方块间垂直砌缝应互相错开，错缝间距应符合下列规定：①在横断面内不小于方块高度的 1/2 或 0.8m。②在纵断面和平面内不小于方块高度的 1/3 或 0.5m。

空心块体码头采用素混凝土空心块体。空心块体横截面形式可采用Ⅱ、工、口、T、日字形五种。空心块体码头宜采用一次出水的单层形式。单层空心块体长度应根据起重设备起重量确定，并不宜小于高度的 1/3，块体间垂直缝设计宽度不应大于块体高度的 4‰，且不应小于40mm。当采用多层空心块体时，宜采用通缝砌筑。空心块体码头的卸荷板不宜压缝设置。素混凝土空心块体的立壁厚度不应小于 400mm。空心块体的前址应采用钢筋混凝土结构。无底空心块体宜在顶部及底部布置钢筋混凝土圈梁。有底空心块体底板宜采用钢筋混凝土结构。

二、计算

除进行重力式码头的基本计算外，对不同形式的方块码头尚应进行特殊计算。

1. 卸荷板的稳定性和承载力验算

对于设有悬臂式卸荷板的方块码头，尚应验算卸荷板的稳定性和承载力，其计算图式见图 2-4-6。卸荷板的稳定主要是向后倾倒的稳定性，图 2-4-6 中 A 点为支承点，其作用分项系数按表 2-3-5 采用。卸荷板的悬臂起卸荷作用，因此悬臂必须有足够的承载力和抗裂能力；按悬臂板验算承载力和裂缝宽度时，图中 A′ 点视为固定端。简支式卸荷板则按简支板进行承载力和裂缝宽度验算。构件承载力计算时的作用分项系数按表 2-4-1 采用。

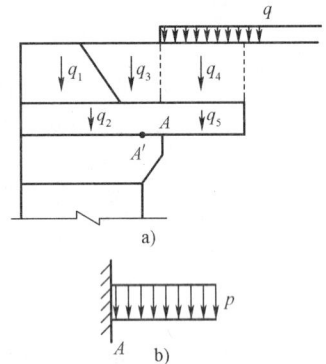

图 2-4-6 悬臂式卸荷板的稳定性和承载力的计算图式

构件承载力计算时作用分项系数 表 2-4-1

作用形式	作 用 种 类	作用分项系数
永久作用	构件自重力、固定设备重力、填料重力	1.20
	回填料产生的土压力	1.35
	剩余水压力	1.05
	静水压力及其浮托力	1.20
可变作用	可变作用引起的土压力	1.35(1.25)
	波浪力及其浮托力	1.50
	基床反力	1.35

注：参见《重力式码头设计与施工规范》(JTJ 290—98)。

2. 无底板空心方块码头的稳定性和构件计算

对无底板空心块体码头,由于空心块体的填料与块体壁之间有摩擦力存在,填料有一部分直接作用到基床上,而另一部分则通过块体壁传到基床上。在计算无底空心块体抗倾稳定性时,腔内填料起抗倾作用的竖向力标准值应按式(2-4-1)进行计算,然后换算为单宽值:

$$G_R = W_0 - A_R \sigma_Z \tag{2-4-1}$$

式中:G_R——腔内起抗倾作用的填料重力标准值(kN);

W_0——腔内填料自重力标准值(kN);

σ_Z——直接作用在基床上的填料接触应力标准值(kPa),按贮仓压力计算,详见《重力式码头设计与施工规范》(JTJ 290—98)附录F;

A_R——填料与基床直接接触面积(m^2)。

抗滑稳定性仍可采用一般计算的公式,但此时墙底与基床之间的摩擦力计算采用综合摩擦系数,其值可取 0.65。

空心块体底板和墙趾等构件的配筋应按沉箱的有关规定进行计算。

第五节　沉箱码头

一、结构形式与构造

1. 结构形式

沉箱按平面形式分为矩形和圆形两种。

圆沉箱受力情况较好,一般按构造配筋,用钢量少;箱内也可不设内隔壁,既省混凝土又大大减轻沉箱的重量;箱壁对水流的阻力小。其缺点是模板比较复杂,一般适用于墩式栈桥码头,特别是水流流速大、冰凌严重或波浪大的地区。

矩形沉箱制作比较简单,浮游稳定性好,施工经验成熟,一般适用于岸壁式码头。矩形沉箱的断面形式又分为对称式(图 2-1-2)和非对称式(图 2-5-1)两种。对称式构造简单,便于预制、浮运和安放,是主要采用的一种断面形式。非对称式虽能节省混凝土,但制作较麻烦,拖运时需密封舱盖,安放时易发生不均匀下沉,采用较少。也有工程采用了椭圆形沉箱,取代传统的 2 个小直径沉箱或 1 个大直径沉箱,综合了圆沉箱和矩形沉箱的优点。

岸壁式码头的最大缺点是码头前波浪反射严重,影响船舶泊稳。因此对波浪掩护不好的码头,可在码头结构中采用适当的消浪措施。在秦皇岛和深圳赤湾等港分别使用了开孔沉箱(图 2-5-2)和开孔的空心块体(图 2-4-4),在降低波高、改善港内泊稳条件上取得了良好的效果。试验研究表明:①结构物的开孔率(开孔部位的开孔面积占该部位全面积百分比)大消波性能好,但也不是无限度的,开孔率宜采用 20%～40%;②消能室宽度关系到经消能室后壁反射回来波浪的相位,当消能室的宽度处于 1/8～1/4 入射波长时,消波效果较好;③开孔形式对消波效果没有显著影响,主要考虑开孔面板的结构强度及便于施工,按我国试验的结果认为矩形孔较好;④开孔的位置应在波能集中处,对直立墙壁即在设计水位附近,控制在设计高水位以上及设计低水位以下不小于 1 倍设计波高处。

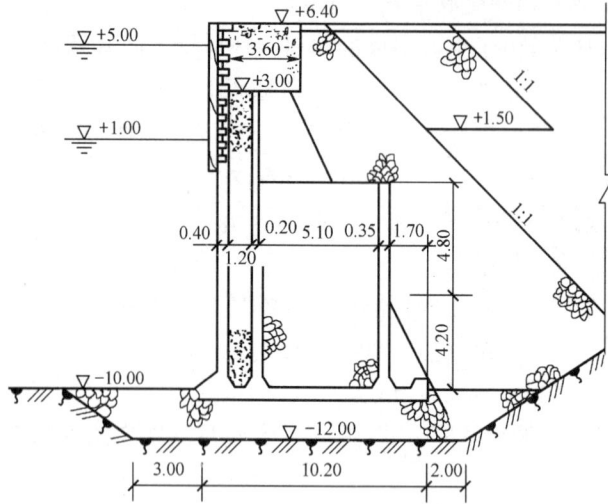

图 2-5-1　非对称沉箱码头(尺寸单位:m;高程单位:m)

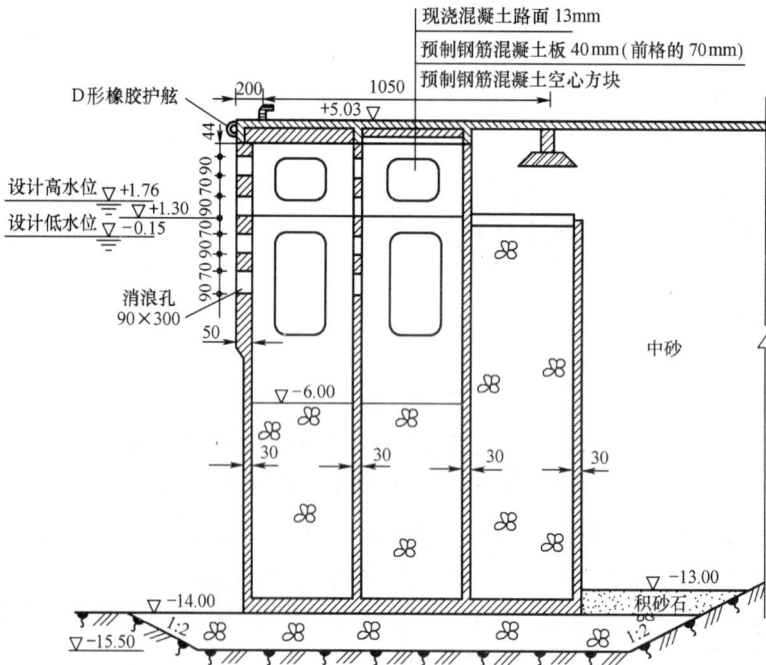

图 2-5-2　开孔矩形沉箱(尺寸单位:cm;高程单位:m)

2. 构造

沉箱的外形尺寸包括长度、宽度和高度。沉箱的底宽由建筑物的稳定性和地基承载力确定,并应满足浮运时的吃水、干舷高度和浮游稳定性的要求。当不满足浮游时的有关要求时一般先考虑在施工上采取措施,必要时才增大沉箱的宽度。为减小沉箱的箱体宽度,可在沉箱底部的一侧和两侧加设趾板,最好是两侧对称布置,以增大沉箱结构的抗滑与抗倾稳定性,改善箱底应力分布情况。沉箱的高度决定于码头前沿水深和胸墙的底部高程,沉箱顶部应嵌入胸墙内。从结构耐久性考虑,沉箱顶面高程越低越好,但不得低于混凝土浇筑的施工水位。从沉箱沉放作业考虑,沉箱顶面高程高些可增加沉放作业的可用时间,因此设计时需综合考虑各种情况采用合适的沉箱顶面高程。沉箱的长度由施工设备能力(包括制造平台的尺度和承载力、下水能力和浇筑能力等)和施工要求的最小尺寸及码头变形缝间距确定。一般是在两相邻变形缝之间放一个沉箱。

沉箱码头的沉箱内设纵横隔墙,宜对称布置,间距可采用 3~5m;隔墙厚度可采用隔墙间距的 1/25~1/20,但不宜小于 200mm;内隔墙上部挖洞时,孔洞下边缘至箱底的距离不宜小于隔墙间距的 1.5 倍。沉箱外壁和底板的厚度应由计算确定,但壁厚不宜小于 250mm;对有抗冻要求的大、中型码头,沉箱潮差段的临水面,其厚度不宜小于 300mm。底板厚度不宜小于壁厚,墙址长度不宜过大。对于开孔沉箱码头,由于开孔使沉箱整体刚度降低,以及波浪对开孔的冲刷作用,故应增加构件的厚度和开孔处的保护层厚度。沉箱在构造配筋时,架立和分布钢筋直径可采用 10~16mm。加强角应设置构造斜筋,其直径不宜小于 10mm。沉箱间垂直缝的宽度宜采用沉箱高度的 4‰,但不小于 50mm。沉箱内的填料宜采用砂和块石,当胸墙直接安放在箱顶部时,箱顶部宜嵌入胸墙内 300~500mm。

二、计算

对沉箱的计算除进行重力式码头的基本计算外,还包括沉箱的吃水、干舷高度、浮游稳定性、构件的承载力和裂缝宽度。

1. 沉箱吃水和干舷高度的验算

为了保证沉箱在溜放或漂浮、拖运时水不没顶,沉箱应有足够的干舷高度(图2-5-3),满足下式规定:

$$F = H - T \geqslant \frac{B}{2}\tan\theta + \frac{2h}{3} + S$$

$$(2\text{-}5\text{-}1)$$

图 2-5-3　沉箱浮游稳定性和干舷高度的计算图式

式中:F——沉箱的干舷高度(m);

H——沉箱的高度(m);

T——沉箱的吃水(m);

B——沉箱在水面处的宽度(m);

h——波高(m);

θ——沉箱的倾角,溜放时采用滑道末端的坡角;浮运时采用 6°~8°;

S——沉箱干舷的富裕高度,采用 0.5~1.0m。

当沉箱干舷不满足要求时,可考虑采用密封舱顶等措施。

2. 沉箱浮游稳定性验算

沉箱靠自身浮游稳定时,必须计算其以定倾高度表示的浮游稳定性。定倾高度应按下式计算:

$$m = \rho - a \tag{2-5-2}$$

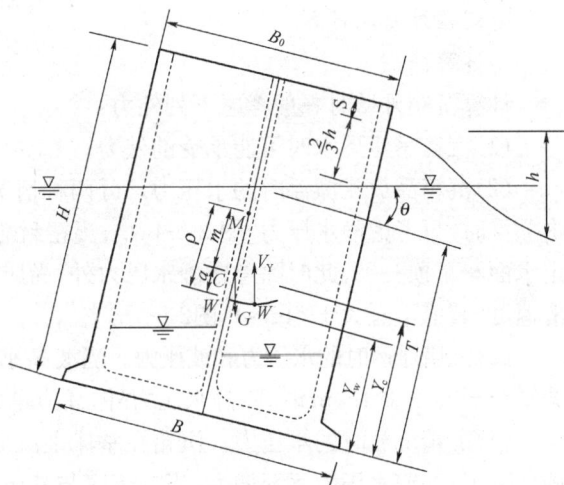

式中：m——定倾高度(m)，应符合表 2-5-1 的规定；

ρ——定倾半径(m)，对称矩形沉箱可按《重力式码头设计与施工规范》(JTJ 290—98)
附录 D 进行计算；

a——沉箱重心到浮心的距离(m)。

保证沉箱浮游稳定性的定倾高度　　　表 2-5-1

近 程 浮 运	远 程 浮 运	
	以块石和砂等固定物压载	以液体压载
$m \geqslant 0.2m$	$m \geqslant 0.4m$	$m \geqslant 0.5m$

注：①计算定倾高度时，钢筋混凝土和水的重度应根据实测资料确定；如无实测资料，钢筋混凝土重度宜取 24.5kN/m³
（计算沉箱吃水时，宜采用 25kN/m³）；水重度宜采用 10kN/m³(淡水)或 10.25kN/m³(海水)；
②整个浮运时间内有夜间航行或运程大于、等于 30n mile 时为远程浮运；在同一港区内浮运或运程在 30n mile 以内
时为近程浮运；
③以水压载时应注意分隔单元舱，使之互不相通。

定倾高度大，浮游稳定性好，但势必增大沉箱吃水，需加大拖轮的功率和航道水深，并不经济，设计时也需注意。

3. 沉箱外壁的计算

1)计算荷载

计算沉箱外壁时一般考虑下列外力：

(1)沉箱吊运下水时可能承受的外力。

(2)沉箱溜放或漂浮时的水压力。分两种情况考虑：当沉箱用绞车在滑道上下水或在船坞内漂浮时，只考虑静水压力[图 2-5-4a]；当密封舱顶的矩形沉箱在滑道上自动溜放时，一般假定水面与箱顶齐平，此时除考虑静水压力外，尚应考虑动水压力 $p_0 = 0.84v^2$(式中 v 为沉箱下滑速度，其值不宜大于 5m/s)[图2-5-4b]。

(3)沉箱浮运时的水压力和波压力。当波高小于 1.0m 时，只考虑静水压力[图 2-5-4a]；当波高等于或大于 1.0m 时，除静水压力外，尚应考虑波压力[图2-5-4c]。

(4)沉箱沉放时的水压力。沉箱在基床上沉放时，一般采用灌水压载法。随着沉箱均匀缓慢地下沉，外壁水压力逐渐增大，当沉箱底与基床顶面相接触的瞬间，箱壁所受到的水压力最大[图 2-5-4d]。

(5)对箱格有抽水要求时的水压力。

(6)码头使用期所受到的荷载，主要包括箱内填料产生的箱内填料侧压力、波浪力和冰荷载。上述作用的分项系数按表 2-4-1 采用。

2)计算图式

分为矩形沉箱和圆形沉箱两种情况。

(1)矩形沉箱外壁为支承在底板、侧壁和隔墙上的板。为了简化计算，根据结构的受力情况，将外壁分为两个区段。

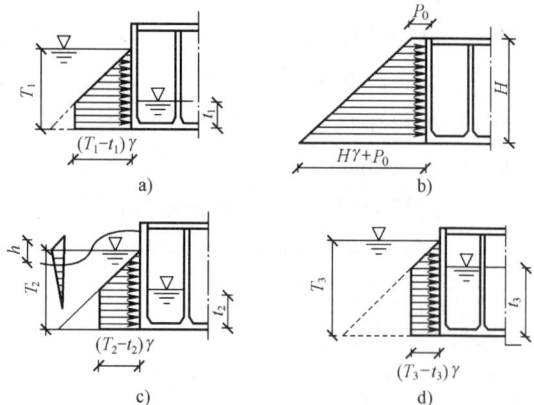

图 2-5-4　箱壁受力情况
γ-水的重度；h-波高

①底板以上 1.5l（l 为内隔墙间距）区段[图 2-5-5a)]，为三边固定于一边的简支板 [图2-5-5b)]。

②1.5l 以上区段，多于两跨时为两端固定的连续板[图 2-5-5c)]；少于两跨时为框架或两端固定的单跨板[图 2-5-5d)]。

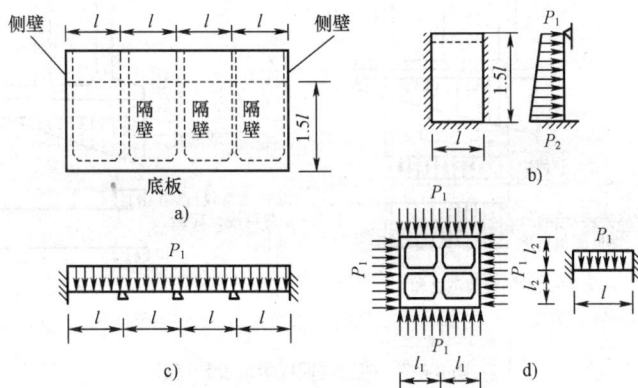

图 2-5-5　箱壁的计算图式

格墙与外壁的连接按轴心受拉构件计算，当相邻箱格填料顶面高差大于 1m 时，隔墙尚应按受弯构件计算。

（2）圆沉箱的外壁为曲面，计算比较复杂，宜采用有限元法计算。无条件采用有限元法时，可采用有经验的实用方法进行如下近似计算：

①对无隔墙圆形沉箱可采用有经验的简化方法计算内力，如纵向可作为一端固定、一端简支的梁计算，横向在外壁上取单宽圆环进行计算。

②对有隔墙圆沉箱，外壁分两种情况进行近似计算：a. 底板以上 1.5l（l 为内隔墙间距）区段

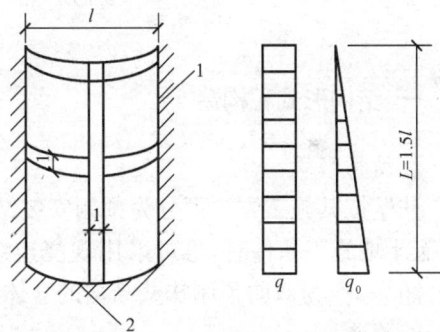

图 2-5-6　曲板简图
1-隔墙；2-底板

内，按三边固定一边简支的曲板计算（图 2-5-6）；在曲板的水平向和垂直向各切出 1m，水平向按两端固定的无铰拱计算；垂直向以拱为弹性支承，按一端固定、另一端简支的弹性支承连续梁计算。b. 1.5l 以上区段，也可在水平方向和垂直方向各切出 1m，水平向按两端固定的无铰拱计算；垂直向按构造配筋。

4. 底板的计算

1）计算荷载

底板的计算一般考虑两种受力情况：

（1）使用时期，作用于底板的向上的基床反力、向下的底板自重和箱格内填料垂直压力（按储仓压力计算），对于外海无掩护码头，还应考虑波浪产生的上浮力。

（2）沉放和浮运期间，相应于外壁在前面所述（2）～（5）四种受力情况时对底板产生的浮托

57

力及箱内压舱水的重量。一般前一种情况为底板的控制荷载（图 2-5-7）。

2）计算图式

沉箱底板应按四边固定板计算，作用在四边固定板上的设计荷载见图 2-5-7a）；外趾板应按悬臂板计算，作用于外趾板上的设计荷载见图 2-5-7b）。

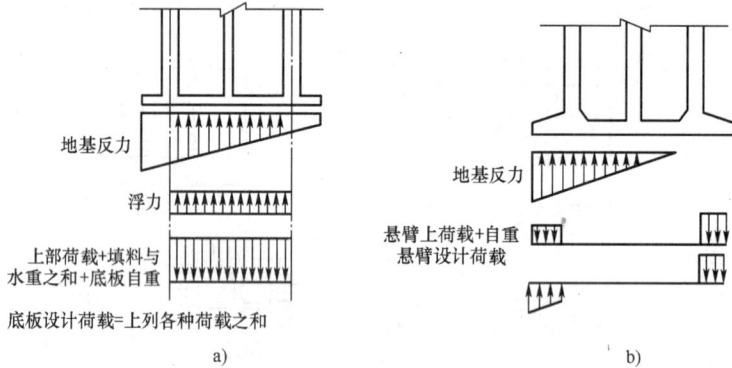

图 2-5-7 使用时期底板的设计荷载

a）四边固定底板上的设计荷载；b）底板悬臂部分的设计荷载

第六节 扶 壁 码 头*

一、结构形式和构造

1. 结构形式

扶壁按其施工方法可分为预制安装结构和现浇连续结构。码头建筑物中一般采用预制结构；有干地施工条件时，也可采用现浇连续结构。扶壁还可按肋板数分为单肋、双肋、多肋三种。图 2-6-1 为双肋预制扶壁结构的立体示意图。

2. 构造

扶壁结构的外形尺寸包括高度、宽度和长度。预制扶壁结构的高度由码头水深和胸墙底高程确定，为了与现浇胸墙整体连接，扶壁顶面嵌入胸墙的深度可取 100mm。扶壁结构的宽度由建筑物的稳定性和地基承载力确定。为了增强倾覆稳定性和使基底反力分布比较均匀，底板分为趾板、内底板、尾板三部分（也可不设尾板）。趾板长度不宜大于 1m。尾板向上翘起，翘起的长度不宜大于底宽的 1/4，翘起的角度不宜大于墙后回填料的内摩擦角。预制扶壁结构的长度由起重设备的起重量确定，一般不小于高度的 1/3；采用现浇结构时，其长度等于变形缝的间距。

扶壁各构件的尺寸应由计算确定，同时也要考虑结构的整体性和耐久性的要求。立板和肋板的厚度一般不宜小于 200mm。底板因受力复杂，其厚度不宜小于 250mm，趾板前端的厚度不宜小于 150mm。为便于安装，扶壁底板两侧前后端可削减 20～40mm（图 2-6-2）。肋板的顶宽一般等于胸墙的底宽，但不宜小于 1m。各构件连接处应设加强角，并配置斜筋，加强角尺寸一般采用 150mm×150mm 或 200mm×200mm。

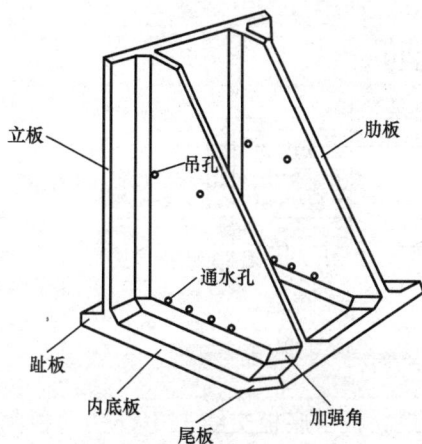

图 2-6-1　双肋预制扶壁结构立体图

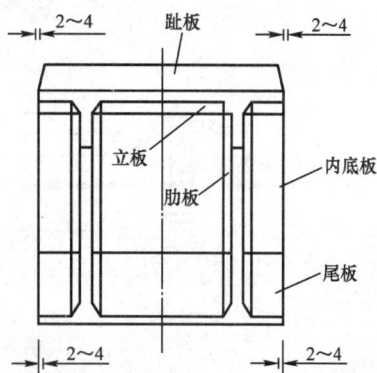

图 2-6-2　底板两侧削角处理(尺寸单位:cm)

肋板的材料用量在整个扶壁结构中占很大比重,因此肋板的合理布置对扶壁结构有很大的经济意义,应通过技术经济比较确定。预制扶壁小于 4m 时,一般采用单肋;大于 4m 时宜采用双肋和多肋。肋板的间距应根据使立板和底板的支座弯矩和跨中弯矩大致相等的原则确定。

预制扶壁安装缝的平均宽度一般采用 30~40mm。当墙后不设抛石棱体时,为了防止墙后回填料(如砂)从安装缝流失,应在垂直缝处设置倒滤井(图 2-2-8)。此外,预制扶壁的肋板上还需设置吊孔。吊孔位置应设置在靠近预制扶壁重心的上方,吊孔直径应根据预制件重量确定,一般采用 120~150mm。吊孔应配置带吊筋的钢套筒,其壁厚不应小于 5mm。对于设有尾板的扶壁,宜在肋板根部设置 4~6 个通水孔,孔径为 100~150mm,以保证安装时入水平稳。

二、计算

除进行重力式码头的基本计算外,还需进行扶壁结构的计算。扶壁结构的计算比较复杂其原因是:①它是空间结构,各构件的变形互相制约,内力互相影响;②部分填土位于结构之内,其土压力的计算比一般挡土墙复杂得多。当前在工程设计中采用的方法是:将各构件分隔开来,按单个构件受力情况进行计算,最后再计算各构件之间的连接强度。土压力计算采用库仑的主动土压力理论,作用分项系数按表 2-4-1 采用。

1. 立板的计算

作用在立板及其与肋板连接处的荷载考虑地面使用荷载、土压力、剩余水压力和波谷作用的波浪力,最大荷载一般发生在墙前低水位时(图 2-6-3)。对于扶壁构件上的土压力目前尚缺少被工程界公认的精确而实用的方法,工程设计中仍按库仑的主动土压力计算。计算时,以底板后缘垂直面作为假想墙背近似确定墙后主动土压力。为简化计算,可将土压力分成几个区段(区段高度为 1~2m),取其相应的平均值作为计算荷载(图 2-6-4)。

计算图式与肋的多少有关。对于单肋和双肋扶壁,一般不考虑底板对立板的嵌固作用,单肋扶壁的立板按悬臂板考虑,双肋扶壁的立板按两端悬臂的简支板考虑(图 2-6-5)。多肋扶壁

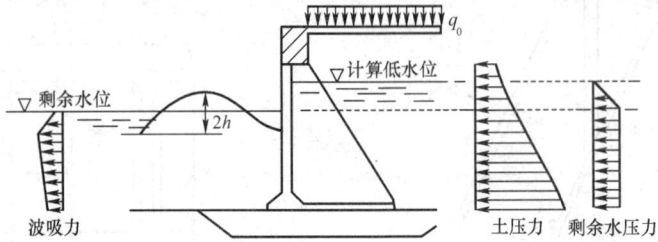

图 2-6-3　作用于立板上的荷载

的立板计算图式与矩形沉箱外壁的计算图式相同,在距立板与底板交线 $1.5l$(l 为肋板间距)区段内,按三边固定一边简支考虑,在 $1.5l$ 以外区段按连续板计算。通过计算,主要确定立板的正截面受弯承载力和裂缝宽度。

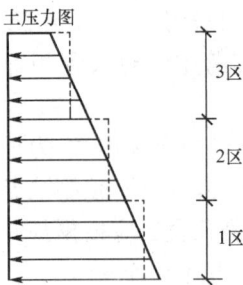

图 2-6-4　土压力分区图式

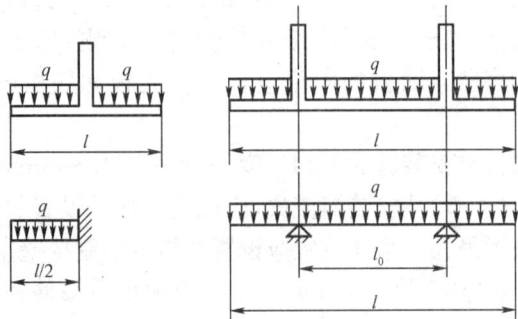

图 2-6-5　单肋和双肋扶壁计算图式

2.底板的计算

底板及其与肋板连接处的荷载需考虑基床反力、底板自重力、底板上填料垂直压力和地面使用荷载。基床反力的大小和分布与计算水位、地面荷载及船舶荷载等有关,计算情况较复杂,一般由计算低水位控制,并考虑荷载的不利组合。对于有尾板的扶壁,考虑最大水平合力与最小垂直合力、最小水平合力与最大垂直合力的两种组合。

计算图式与底板所处位置有关,趾板按悬臂板计算,内底板和尾板的计算图式与立板相同,也与肋的多少有关。通过计算,主要确定底板的正截面受弯承载力和裂缝宽度。

3.肋板的计算

肋板的计算需考虑地面使用荷载、土压力、剩余水压力、波谷作用的波浪力和由胸墙传来的外力。计算图式按一端固定于底板的"T"形断面悬臂梁计算。通过计算,除确定肋板正截面受弯承载力和裂缝宽度外,还要确定肋板的斜截面承载力。

4.构件之间的强度计算

肋板与立板、肋板与底板的连接按轴心受拉构件计算,由此确定连接处正截面受拉承载力。

第七节　大直径圆筒码头*

一、结构形式

大直径圆筒是直径与高度之比(简称径高比)较大(通常在 0.5 以上)、厚度与直径之比(简称厚径比)较小(一般小于 0.03)的大直径薄壁结构,具有拱结构的受力特点。该结构按基础形式的不同可分为三类。当地基下面不深处有较硬土层,但直接放置圆筒其承载力又不足时,宜采用抛石基床扩散地基应力,将圆筒放在基床上,称为基床式(或称座床式),见图 2-7-1a)。当地表以下不深处有承载力足够的硬土层时,可开挖基槽将圆筒埋入或直接沉入到硬土层,称为浅埋式,见图 2-7-1b)。当地表以下有较厚的软土层时,可以将圆筒穿过软土层插入到下卧持力层,称为深埋式,又称为插入式,见图 2-7-1c)。

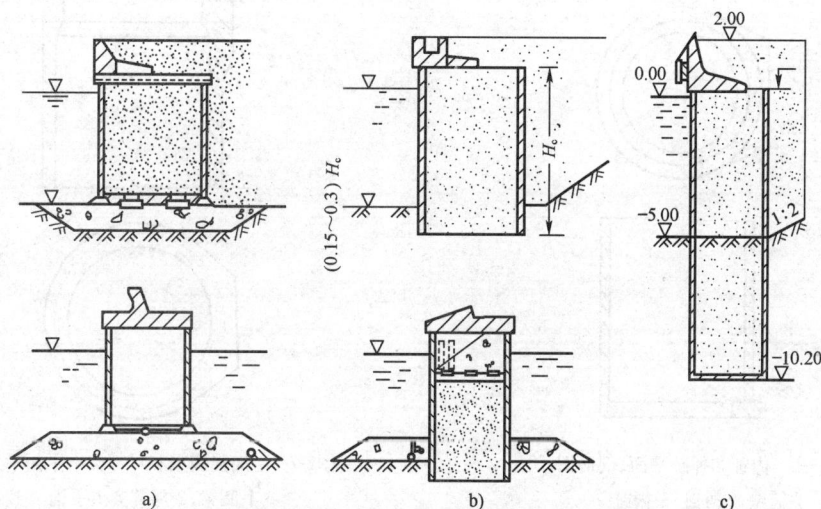

图 2-7-1　大直径圆筒结构的基本类型(高程单位:m)

a)基床式;b)浅埋式;c)深埋(插入)式

对于基床式或浅埋式大直径圆筒结构,其工作机理和适用条件与一般重力式结构类似;对于插入式大直径圆筒结构,由于地表下土体对圆筒具有嵌固作用,结构的稳定性依靠筒前土抗力、筒体自重、土体对筒壁的摩阻力以及下卧持力层地基反力共同维持,其工作机理更为复杂。但插入式大直径圆筒结构适用于软土地基,是在软基上建造重力式码头的一种经济可行的结构形式。

从圆筒的平面布置来看,大直径圆筒结构可分为单排式、双排式和多排式。一般多采用单排圆筒方案,只有在码头面很高、单个圆筒重量很大、起重设备的能力不够或其他特殊情况下,才考虑采用双排或多排圆筒方案。

二、构造

1.圆筒

圆筒是大直径圆筒结构的基本单元,一般由钢筋混凝土制成,其平面形状多为圆形。圆筒的直径一般根据建筑物的稳定性和地基承载力由计算确定,但也要考虑施工条件和构造要求。根据工程设计和施工经验,一般为5～20m。

圆筒的壁厚由强度和抗裂计算确定,并满足构造要求和施工条件,一般为300～400mm。圆筒直径较大时,壁厚也相应加大。

对于基床式大直径圆筒结构,为减少筒壁底部地基应力,可在筒底设置趾脚,内趾采用圆环形,外趾采用折线形,如图2-7-2所示。内外趾长度应考虑到筒壁底部的受力状态,使之不会由于过大的力矩而发生破坏,一般采用0.5～1.0m,且两者不宜相差过大。内外趾的设置也有利建筑物的抗滑和抗倾稳定性。

设计低水位到圆筒顶端一段的筒壁,当承受船舶作用力或筒顶设置轨道梁时,可适当加厚,形成加强圈梁,其厚度不宜小于450mm,高度不宜小于500mm。在临水面安装护舷范围内的表面做成平面,其厚度不宜小于700mm(图2-7-3)。

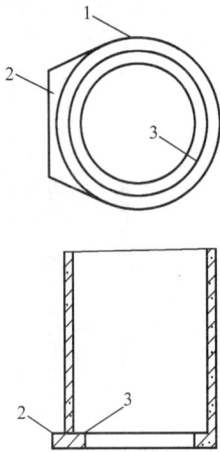

图2-7-2　内趾和外趾平面、剖面图
1-筒壁;2-外趾;3-内趾

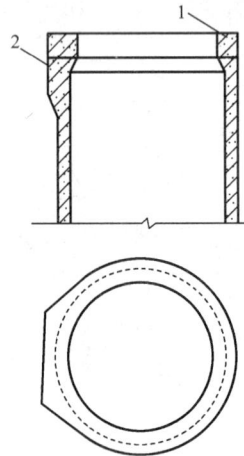

图2-7-3　加强圈梁和局部突出平面示意图
1-圈梁;2-局部突出平面

圆筒的高度取决于筒顶和筒底高程。当圆筒重量较大、起重设备能力不够时,圆筒可沿高度分节预制和吊装。

2.上部结构

圆筒码头的上部结构,除胸墙外,在圆筒的顶上宜设置胸墙垫板,可作为浇筑胸墙混凝土的底模,其宽度不应小于胸墙底宽;圆筒中心连线到胸墙垫板之间的空当应放置防漏板覆盖,可以将上部填料重直接传于筒体,并对墙后土压力有一定卸荷效应。胸墙垫板和防漏板的厚度由承载力计算确定。

3.圆筒内填料及防漏土设施

圆筒内的填料应选用当地价格便宜的材料,一般选用天然级配较好的砂和石料。采用砂料填充时,宜振冲密实;底部宜设混合石料倒滤层,厚度不宜小于0.6m。在相邻圆筒之间一般会有较大的缝隙,为防止墙后填料漏失,应采取堵缝措施。如墙后用块石回填,可在两筒缝隙的后面放置预制的梯形断面混凝土或钢筋混凝土堵缝条;如墙后回填细颗粒填料,一般采用水下浇筑混凝土堵缝。

三、计算

1. 荷载计算

大直径圆筒结构为一无底圆柱形空间壳体结构,作用于其上的土压力不同于一般的重力式结构,有其特殊性。

1)筒内填料压力计算

大直径圆筒内填料压力类似一筒仓压力,一般筒仓压力计算广泛采用杨森公式,但杨森公式适用于有底筒仓和无限深筒仓的情况。对于安放在可压缩地基上的无底圆筒,内填料与筒壁的相互作用特性与有底筒仓不同,也不同于无限深筒仓。大直径圆筒内填料压力的计算目前尚无成熟的方法。

本章参考文献[12]将筒内填料划分为主动区、被动区和过渡区三个区;筒内上部填料在自重和垂直超载作用下,相对筒壁向下运动,称为主动区 I;筒内下部填料在地基垂直反力作用下,相对筒壁产生向上的位移,称为被动区 III;在主动区和被动区之间可能存在一个过渡区 II,如图 2-7-4 所示。本章参考文献[13]建议了三个区域及相应填料压力的计算方法。主动区 AB 段的高度 h_1 可以自筒顶 A 作角 $\Psi=45°+\varphi/2-\delta$ 的斜线相交于筒壁的 b 点,则

$$h_1 = D_0 \tan(45° + \varphi/2 - \delta) \tag{2-7-1}$$

式中:φ——填料内摩擦角;

δ——填料与筒壁间的摩擦角;

D_0——圆筒的内径。

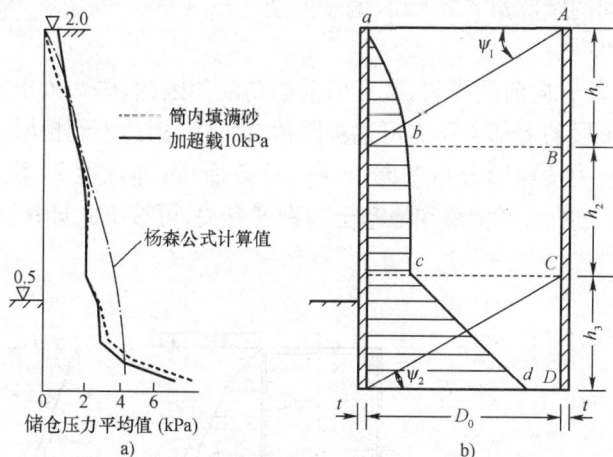

图 2-7-4　薄壳圆筒筒体内填料储仓压力分布图
a)实测与计算值;b)设计计算时采用的计算图式

被动区 CD 段的高度 h_3 可以自筒底作一角度为 $\Psi_2=45°-\varphi/2$ 的斜线,相交于筒壁 C 点,即

$$h_3 = D_0 \tan(45° - \varphi/2) \tag{2-7-2}$$

AB 段和 CD 段确定后,剩余的即为 BC 段。

本章参考文献[13]建议,BC 段的填料垂直压力 σ_z 可用杨森公式计算:

$$\sigma_z = \frac{\gamma D_0}{4K\tan\delta}(1 - e^{\frac{4k\tan\delta}{D_0}z}) \qquad (2\text{-}7\text{-}3)$$

式中:γ——填料重度;

K——填料侧压力系数;

Z——自填料顶面算起的计算点深度。

填料侧压力为: $\qquad\qquad\qquad \sigma_x = K\sigma_z \qquad\qquad\qquad (2\text{-}7\text{-}4)$

圆筒底端(D 点)的填料侧压力考虑地基反力的作用,按杨森公式(2-7-3)计算的侧压力加上 50%的筒壁摩擦阻力。

由以上过程可求得 A、B、C、D 各点的填料侧压力值,假设 A 至 B 点的侧压力为直线变化,B 至 C 点的侧压力可按杨森公式计算,C 至 D 点的侧压力也为直线变化。如此可确定圆筒内的填料压力。

但是,上述方法划分三个区域,仅考虑了填料的内摩擦角、外摩擦角和筒径,而实际上影响区域范围的因素还应包括内填料的可压缩性,以及地基反力和地基变形等。此外,上述确定筒底填料压力的方法也缺乏足够的理论依据。

本章参考文献[14]介绍了另一种计算大直径圆筒填料压力的方法,可供参考。

2)筒后回填土压力

大直径圆筒结构为一连拱形墙背,作用于其上的土压力与直立平面墙不尽相同。在结构稳定性计算中,为简化计算,一般用假想平面墙背代替实际的曲面墙背。近似地按墙背为平面计算时,土与墙背之间的摩擦角 δ 取 $\varphi/3$,偏于安全。

3)筒前土抗力

码头的一般变位既有向前的平移,又有向前的转动。因此,码头入土段的位移量从地基表面向下逐渐减小,入土段的上部土压力可达极限值,而下部则达不到极限值。在本章参考文献[11]中建议,墙前土抗力按梯形分布考虑,如图 2-7-5 所示,即深度 h_1 段以下采用矩形分布。h_1 值与建筑物入土部分的水平位移和地基土的密度有关,可按下式计算:

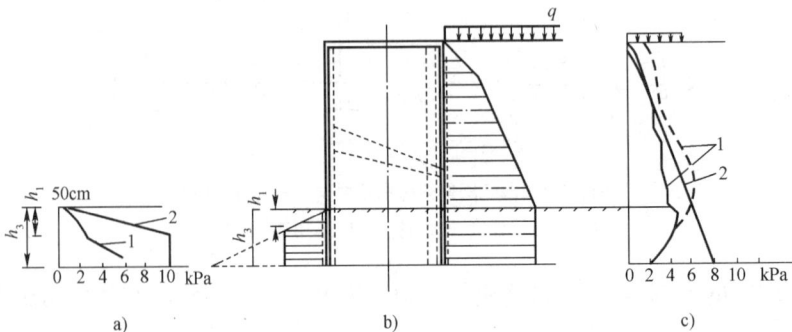

图 2-7-5 浅埋式大直径薄壳圆筒结构土压力的计算图式

a)、c)分别为筒前土抗力和筒后主动土壤压强的模型试验测试值(曲线 1)和计算值(曲线 2);b)土压力计算图式

$$h_1 = t\rho \sqrt[3]{\Delta/t} \tag{2-7-5}$$

式中:t——圆筒沉入地基的深度(m);

Δ——圆筒入土段的水平位移,应根据计算确定,初步设计阶段可取 0.015m;

ρ——与地基土密实度有关的系数,对于砂性土,根据相对密度 D_r 确定,$D_r \geqslant 0.67$ 时, $\rho = 3.2$;$0.67 > D_r > 0.33$ 时,$\rho = 2.4$;$D_r < 0.33$ 时,$\rho = 1.7$。

计算筒前土抗力时,假定以与圆筒外缘相切的平面为计算墙面。被动土压力值可按库仑理论计算,取外摩擦力 $\delta = 3\phi/4 \leqslant 30°$。

4)土压力沿筒周的分布

在对大直径圆筒结构进行筒体强度计算时,需要确定沿圆筒圆周的土压力分布。本章参考文献[12]给出了一组计算公式。

设 p 为作用于圆周上的垂直于码头轴线的土压力,p_0 为 p 在拱顶处的值,p_r 和 p_τ 为 p 的径向分力和切向分力,则:

当 $0 < \theta < \delta$ 时,
$$p_r = p_0 \cos^2\theta \quad p_\tau = 0.5 p_0 \sin 2\theta \tag{2-7-6}$$

当 $\theta > \delta$ 时,
$$p_r = p_0 \frac{\cos\theta\cos\delta}{\cos(\theta-\delta)} \quad p_\tau = p_0 \frac{\cos\theta\sin\delta}{\cos(\theta-\delta)} \tag{2-7-7}$$

式中:δ——土与筒壁的摩擦角;

p_0——按平面墙背假设计算的土压力。

式(2-7-6)和式(2-7-7)给出的土压力分布如图 2-7-6 所示。本章参考文献[15]根据微分体上力的平衡方程,给出了土压力沿筒周的另一种分布。

2.大直径圆筒结构稳定性分析

基床式和浅埋式大直径圆筒结构的稳定性分析与一般的重力式结构类似,具体计算可参阅无底空心方块码头的计算。

对于插入式大直径圆筒结构,其与土的相互作用机理较为复杂,其稳定性分析具有如下特点:

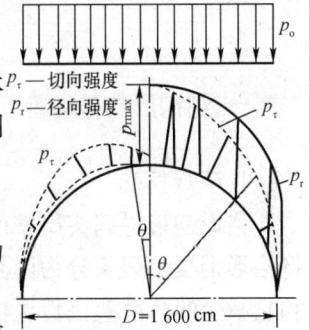

图 2-7-6　土压力沿筒周的分布

(1)插入式大直径圆筒结构不仅靠自重维持自身稳定性,筒前土抗力也提高其稳定性,当插入土中深度较大时尤为明显。本章参考文献[16]的分析表明,当 $h/D > 3$(h 为插入深度,D 为外径)时,筒底将出现向陆域方向的位移(负向位移),具有桩—土相互作用性质。

(2)在基床式大直径圆筒抗倾稳定性分析中采用的筒内填料参加抗倾工作百分比或漏出量的概念,不适用于插入式大直径圆筒结构的抗倾稳定性分析。合理的分析方法应该是:通过填料对筒壁的摩擦力来考虑内填料对抗倾稳定性所起的作用。

(3)当圆筒插入土中深度较大时,圆筒发生滑移和倾覆的可能性几乎是不存在的,但是有可能出现码头使用所不允许的变位。因此,插入式圆筒稳定性由允许的位移和转角来判断。

由以上分析可知,插入式大直径圆筒结构的稳定性分析不能直接套用基床式圆筒结构的稳定性分析方法,应从作用与抗力的极限平衡条件、对结构位移与转角的限制条件两个方面分别考虑。本章参考文献[16]提出的分析方法可供参考。

应该指出的是,目前关于插入式大直径圆筒结构的设计计算方法还不成熟,虽然在某些地区已建成若干插入式大直径圆筒码头,但其中的设计理论、计算方法和施工工艺等问题并未妥善解决,仍需开展更深入的研究工作。

3. 大直径圆筒结构强度计算

对圆筒结构的强度进行验算时需考虑下面三种情况:

(1)圆筒在吊运时,由于自重作用(考虑动力系数)在筒壁横断面内产生垂直拉应力。

(2)在施工过程中,圆筒内填料已填满,筒后尚未回填,在内部填料侧压力作用下产生筒壁环向拉应力。

(3)圆筒在码头使用过程中的作用荷载包括:筒内填料侧压力、墙后主动土压力、墙前被动土压力、剩余水压力和墙前波谷作用的波压力等。当圆筒上设置护舷时,尚应考虑船舶撞击力。

前两种情况的计算比较简单,在此不多述。下面只介绍后一种情况计算的相关问题。由于大直径圆筒码头的受力情况复杂,目前多采用简化法,圆筒结构的内力一般取 1m 高的圆环进行计算。在均布荷载作用下,圆筒的内力可按有经验的简化法计算。集中力作用下,圆筒内力可按半圆形无铰拱进行计算。有条件时可采用数值分析方法。

第八节　格形钢板桩码头*

一、结构形式与构造

1. 结构形式

格形钢板桩码头岸壁由格形墙体和上部结构两部分组成。根据其上部结构的支承条件可将格形钢板桩码头分为两类。一类是上部结构直接支承在填料上,其特点是将胸墙的自重力和它承受的荷载直接传至格仓内填料上,再传至地基,如图 2-1-5 所示。另一类是上部结构支承在桩基上,其特点是胸墙的自重力和它承受的荷载通过支承桩传至持力层,格形墙体只起挡土作用,如图 2-8-1 所示。

2. 构造

1)格体布置与尺度

格体由直腹式钢板桩形成的主格仓、副格仓及格仓内填料组成。格体的形式有圆格形、扁格形、四分格形、偏圆格形等(图 2-8-2)。圆格形应用最普遍,其优点是可以逐格依次施工,施工过程中格体的稳定性较好,而且钢板桩块数与格形的直径无关;缺点是格体平面尺度受到板桩锁口拉力的限制。圆格形格体结构的平面布置如图 2-8-3 所示。主格仓直径可根据其与码头岸壁高度之比 D/H 的经验值(0.85~1.20)初步确定,再进行各项稳定性验算和钢板桩环向抗拉强度验算,并应符合直径与所需板桩数量的关系,按《格形钢板桩码头设计与施工规程》(JTJ 293—98)附录 A 采用。相邻主格仓中心距取 1.10~1.15D,在确定该值时应考虑码头岸壁总长度的合理划分。为节约施工费用,主格仓和副格仓应各自采用相同半径。

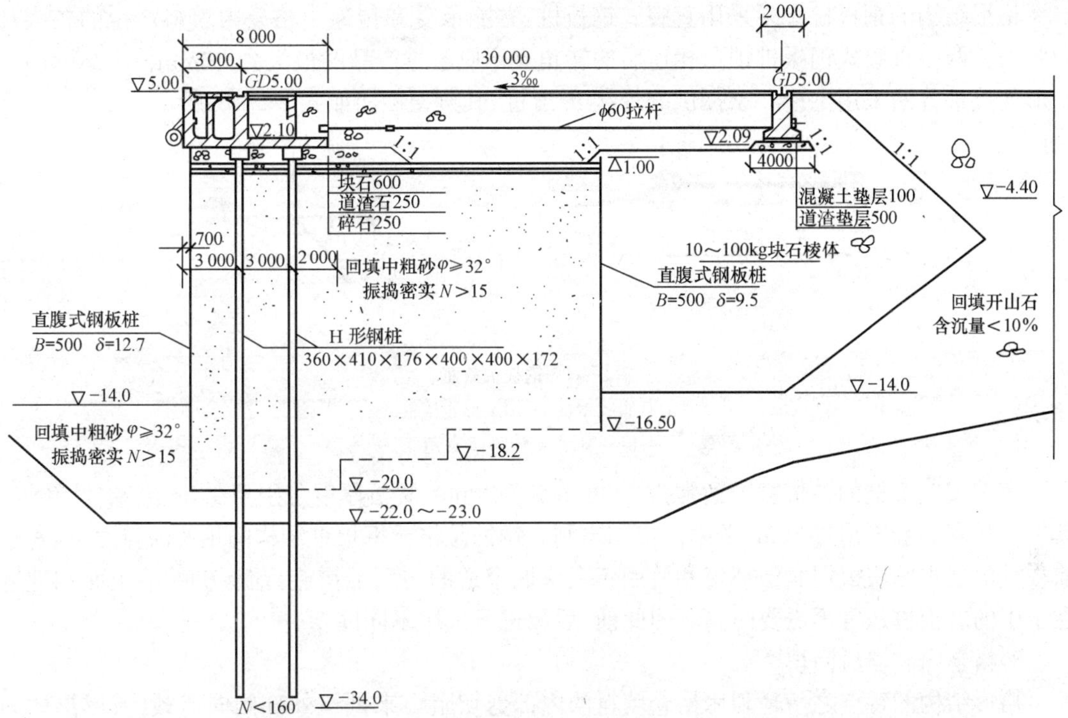

图 2-8-1　深圳盐田港一期工程格形钢板桩码头结构断面图(尺寸单位:mm;高程单位:m)

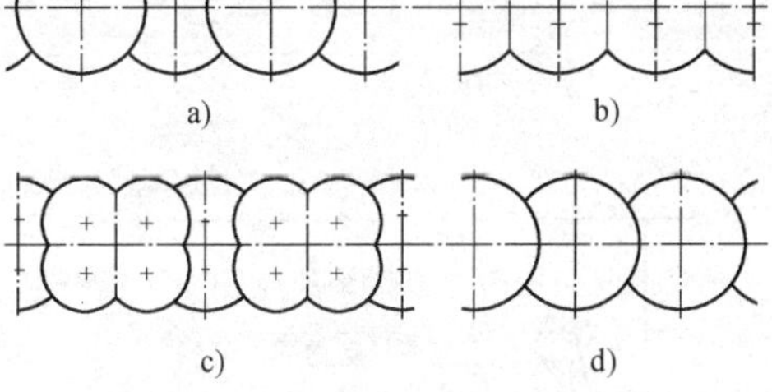

图 2-8-2　格体布置形式

a)圆格形;b)扁格形;c)四分格形;d)偏圆格形

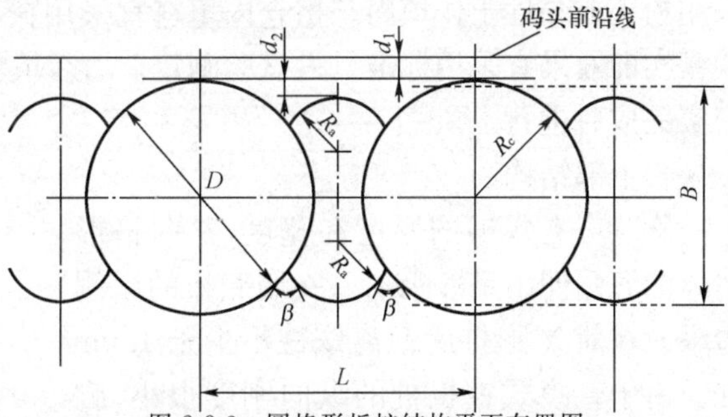

图 2-8-3　圆格形板桩结构平面布置图

D-主格仓直径;R_c-主格仓半径;R_a-副格仓半径;B-换算墙体宽度;L-相邻主格仓中心距(又称单元长度);d_1-主格仓公切线至码头前沿线的距离;d_2-主格仓公切线至副格仓连接弧段的距离;β-Y 形连接桩的夹角

　　格形墙体的高度由顶部高程和入土深度确定,而且前、后板桩的情况不尽相同。格形墙体前板桩的顶面高程根据胸墙施工水位确定,后板桩顶面高程可适当降低。格体前板桩的入土深度根据地基条件确定。对于砂土地基不应小于 4.0m,并不宜大于 6.0m;对于硬黏土地基不宜大于 1.5m;对于密实砂层不宜大于 3.0m;对于岩石地基,应在调查基岩表面风化情况后作出贯入深度的估计。主格仓后板桩的设计底高程宜与前板桩相同,但对于砂土地基,其底高程可适当提高。前、后板桩底高程相差大于 3m 时,应采用阶梯形过渡。前、后板桩的分界点,宜设定在前 Y 形连接桩后第 5 根或第 6 根板桩处。

　　2)钢板桩

格形结构的钢板桩必须采用直腹式钢板桩,方能承受和传递由格仓内填料产生的较大环向张力。两根直腹式钢板桩锁口相连后的转角 α 不应超过产品的最大允许转角[图 2-8-4a)]。Y 形连接桩普遍采用生产厂家提供的焊接 Y 形桩,其典型截面如图 2-8-4b)所示。

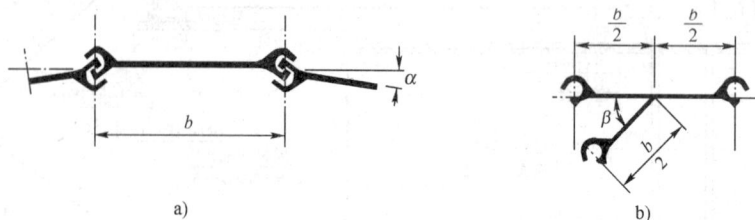

图 2-8-4 钢板桩截面
a)直腹式钢板桩;b)Y 形连接桩
b-板桩宽度;α-转角;β-夹角

直腹式钢板桩的单桩宽度通常为 400mm 和 500mm,腹板厚度分别为 9.5mm 和12.7mm,其供货长度一般不超过 20m,否则需特别定制。锈蚀是格形钢板桩结构的主要缺点之一,对于前板桩的临水面应根据腐蚀环境和使用年限采取合适的防腐蚀措施,前板桩的临土面和埋置在土中的后板桩通常不需要防腐。因此前、后板桩可采用不同厚度。

3)格仓内和墙后回填

格形结构的特点之一是利用格仓填料的内部剪切阻力来抵抗外部侧向荷载,所以格体内填料的选择十分重要,宜选用中粗砂或砂砾石。如采用粉细砂作填料,应经过技术论证。不得采用粉土或黏性土作填料。格仓内填料宜采用振冲法密实,其相对密度应达到 $D_r \geqslant 60\%$,振冲密实的效果宜采用标准贯入试验测定。墙后填料宜采用砂类土,墙后回填在格仓填料振冲密实完成后进行。

4)上部结构

胸墙应有足够的厚度和宽度,并向格形墙体的海侧伸出足够距离。胸墙底板的岸侧边缘应在前 Y 形桩后距离该桩不少于 1.0m 处。由于直腹式钢板桩的纵向刚度很小,胸墙不应直接支承在板桩上。对于直接支承在填料上的胸墙,胸墙与板桩顶面之间应预留 150~200mm 的空隙,以防止填料沉降后胸墙压到板桩上。胸墙与前板桩的内侧壁之间应填充防止漏沙的弹性材料(图 2-8-5)。

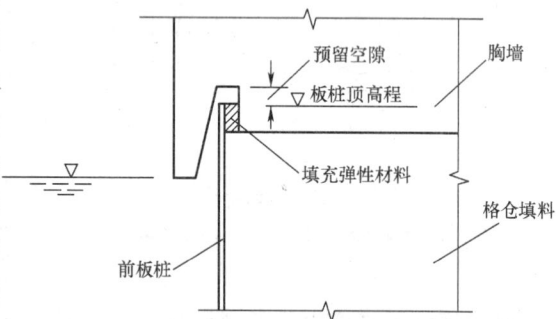

图 2-8-5 板桩顶部处理示意图

上部结构沿岸壁长度方向必须设置变形缝。上部结构直接支承在填料上时,变形缝设置在主格仓的中心线上;上部结构支承在桩基础上时,变形缝的设置应按现行行业标准的有关规定确定。

5)地基

格形墙体不得建在有软弱夹层或泥化层的风化岩地基上。当地基为软弱土层时,格体施工前必须对软土进行处理。实践表明,换填中粗砂是一种可靠的处理方法,应优先采用。

建在砂土(含换填砂)地基上的格形墙体,墙体底面下应有一定宽度的经密实处理的基床,其相对密度 D_γ 达到 60% 以上,密实处理基床的宽度 $B' \geqslant D+2h\tan\theta$(式中 D 为主格仓直径,h 为密实处理的厚度,θ 为砂的压力扩散角)。

如地基为坚硬岩石,格体可直接置于经表面平整处理的岩面上。当码头前沿海底或河底存在冲刷情况,应考虑增加前板桩的入土深度或采取保护措施。

二、计算

1. 结构上的作用

作用于格形钢板桩码头的荷载,与常规重力式码头荷载的计算方法基本相同,但土压力、波浪力和剩余水压力有其特殊性。

1)土压力

由于格形板桩墙为曲面,造成土压力分布具有空间特性。在格体的外凸部分,土压力强度较大,在格体的内凹部分,由于板桩与填料之间摩擦力形成的拱效应,土压力有所减小。一般先假定格壁为平面,仍以常规方法计算,但将土与墙面间的外摩擦角 δ 适当加大。据一些分析结果来看,δ 由 $\varphi/3 \sim \varphi/2$ 加大到 $\varphi/2 \sim 2\varphi/3$ 是较为合适的。φ 为土的内摩擦角。

2)波浪力

由于格体壁面不平,波浪的作用机制也发生变化。一些研究成果分析,通常情况下总波浪力较直立墙前的波浪力略有减小,减小的幅度一般为 $5\% \sim 15\%$,个别情况下,两者基本一致。因此,格形墙体前面的波浪力,可近似按墙壁为平面进行计算。

3)剩余水压力

格形钢板桩码头剩余水压力选择原则如下:①对于以潮汐为水位差主要成因的海港码头,格形墙体的临水面设有排水孔时,地下水位可取设计低水位加 2/3 倍的平均潮差;临水面不设排水孔时,地下水位可取设计低水位加平均潮差;②对于无潮汐水域的码头,水位差可视具体情况而定,应按渗流计算各部分水头,必要时需进行实测;③格内的水头可近似取用格体两侧水头的平均值。

格形钢板桩码头的作用与作用效应组合基本与常规重力式码头一致,详见《港口工程荷载规范》(JTJ 215—98)和《格形钢板桩码头设计与施工规程》(JTJ 293—98)。

2. 格形墙体的破坏模式

格形墙体在荷载作用下可能发生各种破坏,英国标准《海工建筑物》将格形墙体的破坏分为五种模式:①在填料内剪切破坏而侧倾;②板桩锁口破坏;③基底下土的剪切破坏;④基底面水平滑动;⑤墙体和挡土的总体剪切滑动(图 2-8-6)。

由此确定格形墙体的计算内容。

3. 抗剪切稳定性验算

剪切变形破坏是格形钢板桩码头最常见的破坏形态,主要表现为建筑物有较大的侧向变形,越靠近格体顶部,变形越大。格体抗剪切变形计算结果,常常是选择格体尺度的控制因素。

1)计算模型

(1)格体平面形状的简化。格体钢板桩结构的格体外沿凹凸不平,给理论上的分析带来困难,一般将格体的各格简化成矩形,其换算的墙体宽度 B 按下式计算(图 2-8-7)。

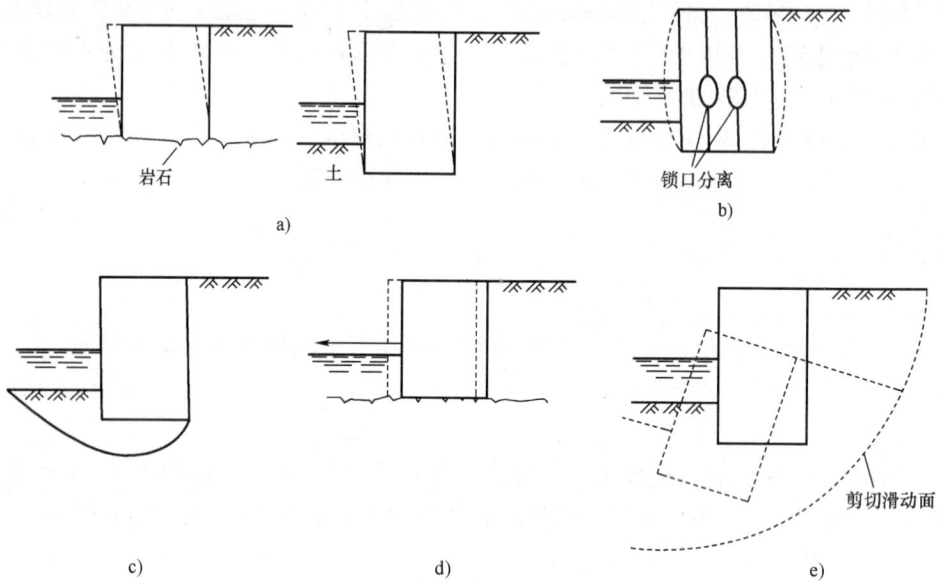

图 2-8-6 格形墙体的破坏模式

a)在填料内剪切破坏而侧倾;b)板桩锁口的破坏;c)基底下土的剪切破坏;d)基底面水平滑动;e)墙体和挡土的总体剪切滑动

$$B = \frac{-个主格仓的面积 + 连接弧包围的面积}{主格仓的中心距 L} \qquad (2-8-1)$$

(2)计算底面的简化。理论上应以实际格底作为计算底面,但为简化计算,对建在砂土和硬黏土地基上的格形墙体,取通过码头前沿设计泥面高程的水平面为墙体计算底面(图 2-8-8)。

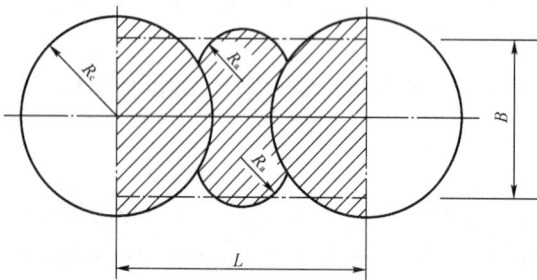

图 2-8-7 格形墙体面积与换算墙体宽度

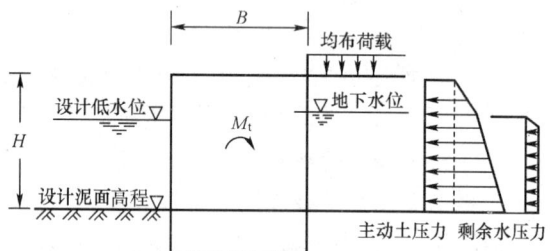

图 2-8-8 剪切稳定验算

2)设计表达式

$$M_t - M_d \geqslant 0$$

$$M_t = M_t^k / \gamma_R$$

$$M_d = \gamma_0 (\sum \gamma_G M_G + \gamma_Q M_{QZ} + \Psi \sum \gamma_Q M_Q)$$

$$\qquad (2-8-2)$$

式中:M_d——计算底面上墙体背后的荷载对墙体计算底面处产生的倾覆力矩(或变形力矩)设

计值(kN·m)；

M_t——墙体的抵抗力矩设计值(kN·m)；

M_t^k——格仓填料和板桩锁口摩擦力对墙体底面处产生的抵抗力矩标准值(kN·m)，可采用北岛法或柯敏斯法计算；

γ_R——抗力分项系数，荷载效应持久组合和短暂组合情况，北岛法取 $\gamma_R = 1.00$，柯敏斯法取 $\gamma_R = 1.25$；

γ_0——结构重要性系数，取 1.0；

M_G——按永久荷载标准值计算的荷载效应值，持久组合和短暂组合情况为永久荷载对墙体计算底面处产生的倾覆力矩(kN·m)；

M_{QZ}——按主导可变荷载标准值计算的荷载效应值，持久组合和短暂组合情况为主导可变荷载对墙体计算底面处产生的倾覆力矩(kN·m)；

M_Q——按非主导可变荷载标准值计算的荷载效应值，持久组合和短暂组合情况为非主导可变荷载对墙体计算底面处产生的倾覆力矩(kN·m)；

γ_G——永久荷载分项系数，按表 2-8-1 采用；

γ_Q——可变荷载分项系数，按表 2-8-1 采用；

Ψ——荷载效应组合系数，持久组合和短暂组合情况取 $\Psi = 0.7$。

荷 载 分 项 系 数　　　　　　　　　　　表 2-8-1

荷载效应组合情况	γ_G		γ_Q		
	土压力 γ_E	剩余水压力 γ_{PW}	土压力 γ_E	系缆力 γ_{PR}	波浪力 γ_{PB}
持久组合	1.35	1.05	1.35(1.25)	1.40(1.30)	1.30(1.20)
短暂组合	1.35	1.05	1.25	1.30	1.20

注：①持久组合采用设计高低水位时取表中较大值；
　　②持久组合采用极端水位时取括号内值。

3)抵抗力矩标准值的计算

在剪切稳定性验算中，主要是计算抵抗力矩标准值，目前常用北岛法和柯斯敏法，均是我国推荐采用的方法。北岛法在日本应用较为广泛，其格形墙体的抵抗力矩标准值可按下式计算：

$$M_t^k = M_{to} + M_{ts} \tag{2-8-3}$$

式中：M_t^k——墙体计算底面处抵抗力矩标准值(kN·m)；

M_{to}——格仓内部填料产生的抵抗力矩标准值(kN·m)；

M_{ts}——板桩锁口摩擦力生产的抵抗力矩标准值(kN·m)。

(1)格仓内部填料产生的抵抗力矩标准值，根据不同的设计状况进行计算。

持久设计状况和短暂设计状况：

$$M_{to} = \frac{1}{6} \gamma R_0 H_0^3 \tag{2-8-4}$$

$$R_0 = \frac{2}{3} V_0^2 (3 - V_0 \cos\varphi) \tan\varphi \sin\varphi \tag{2-8-5}$$

$$V_0 = B/H_0 \tag{2-8-6}$$

$$H_0 = \frac{1}{\gamma} \sum \gamma_i h_i \qquad (2\text{-}8\text{-}7)$$

上述式中：B——换算墙体宽度(m)；

H_0——换算墙高(m)；

γ——填料的换算重度标准值(kN/m³)，一般取 10kN/ m³；

γ_i——第 i 层填料的重度标准值(kN/m³)；

h_i——第 i 层填料的高度(m)；

φ——内部填料的内摩擦角标准值(°)。

偶然设计状况：

在公式(2-8-4)中取：

$$R_0 = V_0^2 (3 - V_0 \cos\varphi) \sin\varphi \qquad (2\text{-}8\text{-}8)$$

(2)板桩锁口摩擦力产生的抵抗力矩标准值，在三种设计状况下均可按下列公式计算：

$$M_{ts} = \frac{1}{6} \gamma R_s H_s^3 \qquad (2\text{-}8\text{-}9)$$

$$R_s = \frac{3}{2} V_s f \tan\varphi \qquad (2\text{-}8\text{-}10)$$

$$V_s = B/H_s \qquad (2\text{-}8\text{-}11)$$

$$H_s = 2\sqrt{\sum p_i / \gamma \tan\varphi} \qquad (2\text{-}8\text{-}12)$$

式中：H_s——换算墙高(m)，参见图 2-8-9；

p_i——i 层填料土压力的合力标准值(kN/m)，土压力系数取 $\dfrac{\tan\varphi}{2}$；

f——板桩锁口的摩擦系数标准值，取 0.3。

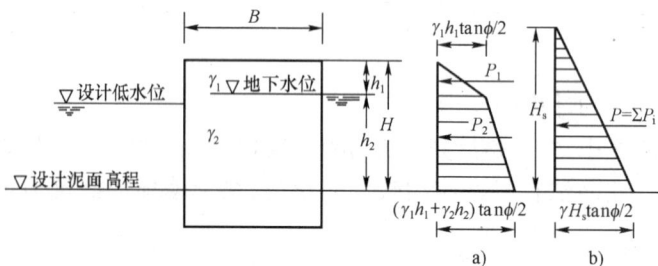

图 2-8-9 换算墙高

a)内部填料土压力分布；b)换算土压力分布

北岛法在具备下列特性的工程设计中优先采用：①基础为砂性土或抗剪性能良好的残积土；②格内填料为砂性土，且无残留的黏性土或其他软弱土层；③格体的宽度较小；④后排板桩入土深度较小。

柯斯敏法适用于：①基础为硬黏土或岩石；②格内残存着黏性土或其他软弱土层。该法在美国和西欧一些国家应用较多，其计算方法可参阅本章参考文献[2]附录 E。

4. 其他计算

1)抗滑、抗倾稳定性验算

格形墙体的抗滑抗倾验算应按《重力式码头设计与施工规范》(JTJ 290—98)的有关规定

执行,需注意的是:

(1)对于建在砂土地基上的格形墙体,可取通过入土深度较浅的后板桩桩尖的水平面为计算底面,对于计算墙底底面以下前板桩的抵抗作用不予考虑,仅作为安全储备。

(2)当进行抗滑验算时,滑动抵抗力应考虑墙前被动土压力和墙体背后主动土压力的垂直分力;沿墙体计算底面的摩擦系数设计值根据不同地基情况选取:光滑岩面取 0.5,粗糙岩面取 $\tan\varphi$,φ 为填料内摩擦角;砂土地基取 $\tan\varphi$(φ 取填料和地基土两者的较小者);硬黏土地基的摩擦系数设计值取填料和地基土两者的较小值。

2)地基承载力、沉降和整体稳定性验算

格形墙体的地基承载力、沉降验算以及格形墙体与墙后土的整体稳定性验算,应按现行行业标准《港口工程地基规范》(JTJ 250—98)和《重力式码头设计与施工规范》(JTJ 290—98)的有关规定执行。需注意的是:①对于建在砂土地基上的格形墙体,地基承载力和沉降验算时,同前面一样,取通过入土深度较浅的后板桩桩尖的水平面为计算底面;②验算整体滑动稳定性时,滑动面应取在前板桩桩尖以下。

3)钢板桩环向抗拉强度验算

在填料侧压力和剩余水压力等荷载作用下,封闭的钢板桩格体将产生很大的环向抗力,因此需进行两种验算。

(1)直腹式钢板桩的锁口强度验算应采用下列表达式:

$$R - T \geqslant 0 \tag{2-8-13}$$

$$R = R_t/\gamma_R \tag{2-8-14}$$

式中:T——码头前沿设计泥面高程处板桩环向拉力设计值(kN/m);

R_t——锁口强度标准值(kN/m),根据产品型号的保证锁口强度取值;

R——锁口强度设计值(kN/m);

γ_R——抗力分项系数,取 1.6。

(2)钢板桩腹板的抗拉强度验算应采用下列表达式:

$$f_d - \sigma \geqslant 0 \tag{2-8-15}$$

$$f_d = f_y/\gamma_R \tag{2-8-16}$$

$$\sigma = 1\,000T/A_n \tag{2-8-17}$$

式中:σ——码头前沿设计泥面高程处板桩腹板截面的平均拉应力设计值(MPa);

A_n——扣除预留腐蚀厚度后每延米板桩腹板的截面积(mm²/m);

f_y——钢材的屈服强度标准值(MPa),根据产品钢号的屈服强度取值;

f_d——钢材的抗拉强度设计值(MPa);

γ_R——抗力分项系数,取 1.20。

钢板桩的环向拉力设计值可按现行行业标准《格形钢板桩码头设计与施工规程》(JTJ 293—98)中的有关规定计算。

4)格形墙体侧向变位估算

为了保证码头的正常使用,格形墙体侧向变位的限值可取墙体高度 H 的 1.0%~1.2%。但格形墙体侧向变位的计算复杂,本章参考文献[2]在试验研究基础上提出的侧向变位估算方法可供参考。具体估算方法可见本章参考文献[2]附录F。

思考题

1.我国常用的重力式码头按墙身结构分为哪几种类型？各有什么特点？

2.如何确定重力式码头的基础形式？试述抛石基床的形式和适用条件以及抛石基床设计应考虑的主要问题。

3.如何确定胸墙的底部高程、顶宽、底宽和提高胸墙的耐久性？

4.抛石棱体和倒滤层的作用是什么？墙后抛石棱体有哪几种形式？

5.重力式码头的土压力、地面使用荷载、船舶荷载分别如何确定？试述地面使用荷载的布置形式及其相应的验算项目。

6.重力式码头的一般计算项目有哪些？试说出对应采用的极限状态和效应组合，并说明为什么？

7.以重力式码头抗滑稳定性验算为例，分析比较岸壁式码头和墩式码头、有波浪力和无波浪力、可变作用产生的土压力为主导可变作用和系缆力为主导可变作用等情况的验算公式的异同点。

8.方块码头、沉箱码头、扶壁码头分别有哪几种结构形式？各有什么优缺点？除重力式码头的一般计算外，尚应进行哪些特殊计算？

9.大直径圆筒码头有哪几种结构形式？其工作原理有何不同？简述其优缺点和适用条件。

10.大直径圆筒码头由哪几部分组成？各组成部分的功能是什么？

11.大直径圆筒的土压力计算和稳定性验算有何特点？如何进行计算？

12.格形钢板桩码头的工作机理有何特点？主要由哪几部分组成？各组成部分的功能是什么？

13.格形墙体有哪几种可能的破坏模式？如何进行抗剪切稳定性验算？

参考文献

[1] 中华人民共和国行业标准.重力式码头设计与施工规范(JTJ 290—98)[S].北京:人民交通出版社,1999.

[2] 中华人民共和国行业标准.格形钢板桩码头设计与施工规程(JTJ 293—98)[S].北京:人民交通出版社,1999.

[3] 中华人民共和国行业标准.港口工程混凝土结构设计规范(JTJ 267—98)[S].北京:人民交通出版社,1999.

[4] 陈万佳.港口水工建筑物[M].北京:人民交通出版社,1989.

[5] 王云球.港口水工建筑物(II)[M].北京:人民交通出版社,2001.

[6] 交通部水运司.水运工程技术四十年[M].北京:人民交通出版社,1996.

[7] 交通部水运司.中国水运工程技术[M].北京:人民交通出版社,2003.

[8]　交通部第三航务工程勘察设计院.码头新型结构[M].北京:人民交通出版社,1999.

[9]　伊左林.码头胸墙裂缝原因分析及其对策[J].水运工程,2005(11).

[10]　陈雪峰,李玉成,滕斌.开孔沉箱总水平力若干计算方法的比较[J].港工技术,2005(6).

[11]　交通部第一航务工程勘察设计院.港口工程结构设计算例[M].北京:人民交通出版社,
1999.

[12]　C.H列瓦切夫.薄壳在水工建筑物中的应用[M].赵翊等,译.北京:人民交通出版社,
1982.

[13]　周在中,等.大直径圆筒挡墙模型试验与计算方法的研究[J].岩土工程师,1991(4).

[14]　王元战.无底筒仓内填料压力的一种计算方法[J].港工技术,1998(3).

[15]　王元战.大型连续圆筒上土压力计算的新公式[J].港口工程,1998(1).

[16]　王元战等.沉入式大直径圆筒挡墙变位计算方法研究[J].岩土工程学报,1997(3).

[17]　张震宇,姚文娟.圆筒薄壳结构的研究进展[J].上海大学学报(自然科学版),2004(2).

[18]　李伟仪,卢永昌.插入式大直径圆筒岸壁结构的设计实践及应用前景[J].水运工程,2004
(3).

[19]　毛铠.格形钢板桩结构设计施工手册[M].北京:中国计划出版社,1996.

[20]　李德镍.格形钢板桩结构在港口工程中的应用[J].港工技术,1997(1).

第三章 板桩码头

第一节 板桩码头的结构形式及其特点

板桩码头主要靠板桩沉入地基来维持工作。其结构简单,材料用量少,施工方便,施工速度快,对复杂的地质条件适应性强,主要构件可在预制厂预制,但结构耐久性不如重力式码头,施工过程中一般不能承受较大的波浪作用。

一、按板桩材料分类

板桩码头按板桩材料可分为木板桩码头、钢筋混凝土板桩码头和钢板桩码头三种。

木板桩的强度低,耐久性差,且耗用大量木材,现已很少应用。

钢筋混凝土板桩的耐久性好,用钢量少,造价低,在板桩码头中应用较多。但钢筋混凝土板桩的强度有限,一般只适用于水深不大的中小型码头。但对于干地施工的地下连续墙结构,由于墙体断面可做得较大,也可用于万吨级码头。

钢板桩重量轻,强度高,锁口紧密,止水性好,沉桩容易,适用于水深较大的海港码头。如蛇口港一突堤东侧万吨级码头采用了拉森 VI 型钢板桩,水深 11.0m;赤湾港 1 号泊位采用了 ESP-VIL 型钢板桩,水深 10.0m。但钢板桩造价较高,易锈蚀,需采取防锈措施。

二、按锚碇系统分类

板桩码头按锚碇系统可分为无锚板桩码头和有锚板桩码头,有锚板桩又可分为单锚板桩、多锚板桩和斜拉板桩。

1. 无锚板桩

无锚板桩墙如同埋入土中的悬臂梁(板),当其自由高度增大时,其固端弯矩亦将急剧增大,故多用于墙较矮、地面荷载不大的情况。

2. 有锚板桩

(1)单锚板桩。单锚板桩是板桩码头中最常用的一种结构形式,以往多用于中小型码头,目前已建造了许多万吨级的单锚板桩码头(图 3-1-1、图 3-1-2)。

(2)双锚板桩。当码头水深较大时,为减小板桩弯矩,也可以采用双锚板桩岸壁的结构(图 3-1-3),这种结构形式的下拉杆高程较低,施工较困难;上下两根拉杆的位移也很难保证比较理想地协调工作,故常会使其中一根拉杆严重超载,计算结果与实际受力往往差别较大。所以一般情况下采用双拉杆板桩结构较少。

(3)斜拉板桩。斜拉板桩是由单锚板桩演化而来的,以斜拉桩代替拉杆锚碇结构(图 3-1-4)。其施工工序较少,土方量较少,便于施工机械化施工,特别适用于施工场地狭小,不

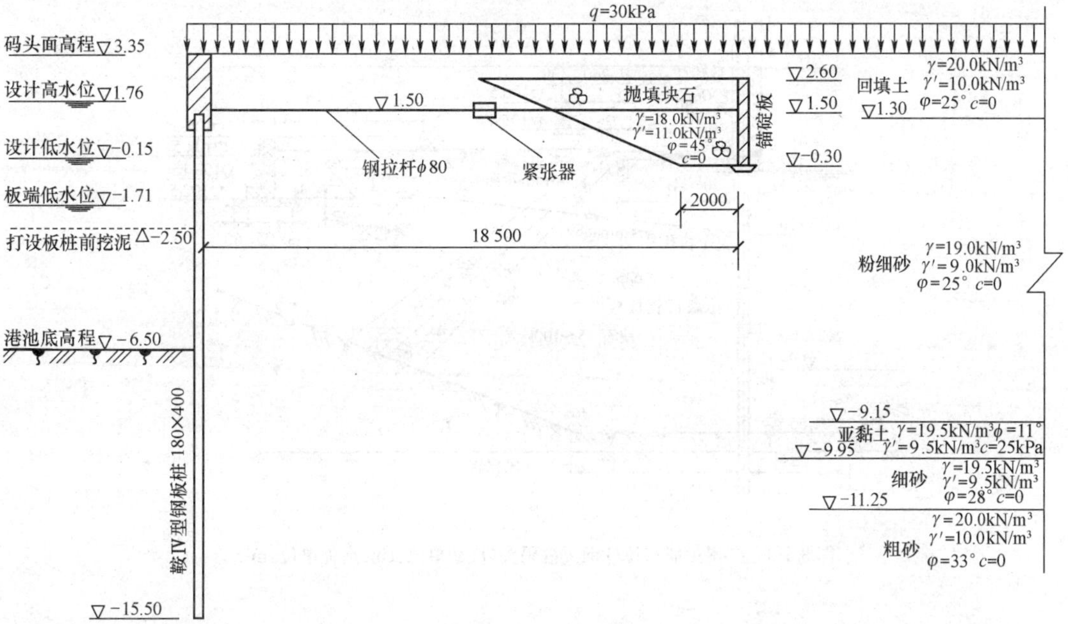

图 3-1-1 单锚板桩码头(尺寸单位:mm;高程单位:m)

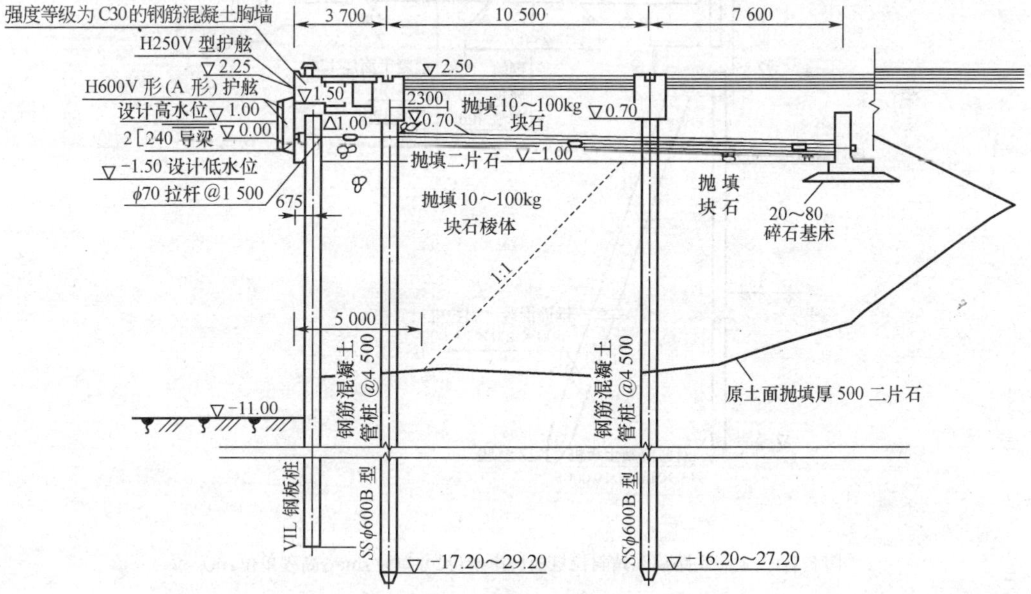

图 3-1-2 万吨级钢板桩码头(尺寸单位:mm;高程单位:m)

便埋设拉杆和锚碇结构的场合。由于板桩与斜拉杆在施工时连成整体,因此在回填之前即可承受一定的波浪力。但这种结构的大部分水平力传给了斜桩,而斜桩承受水平力的能力有限,一般这类结构也多用于中小型码头。

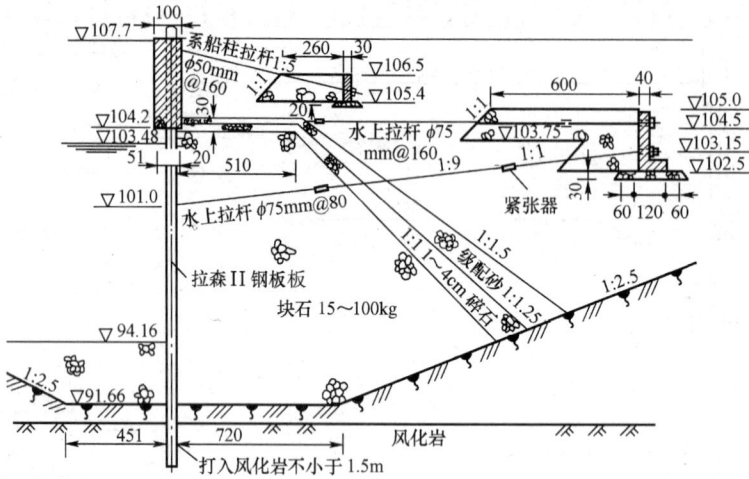

图 3-1-3　广州黄埔双拉杆钢板桩码头(尺寸单位:cm;高程单位:m)

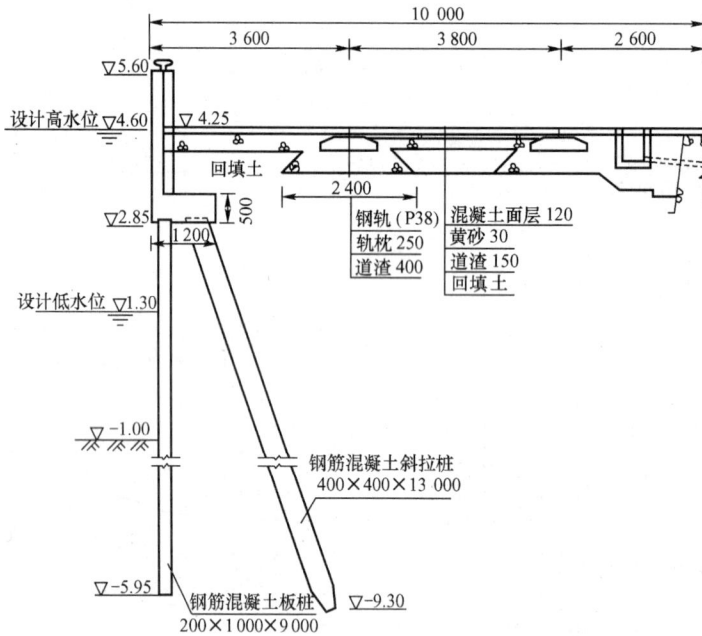

图 3-1-4　上海铁路局东站斜拉桩板桩岸壁(尺寸单位:mm;高程单位:m)

三、按板桩墙结构分类

可分为普通板桩墙、长短板桩结合、主桩板桩结合、主桩挡板（或套板）和地下墙式等形式。

普通板桩墙由断面和长度相同的板桩组成,其优点是板桩类型少,便于施工。当地基土质较差时,为了保证岸壁的整体稳定性,需增大板桩的入土深度,为了降低造价,板桩可隔几根加长1根,构成长短板桩结合的形式。为充分发挥长板桩的作用,可将长板桩的断面加大,成为主桩,而将短板桩的断面减小,构成主桩板桩结合的结构形式(图3-1-5)。当水平放置在主桩后面的挡板或插放在主桩之间的套板代替板桩挡土时,形成主桩挡板(或套板)结构,其主桩受力很大,故适用于水深不太大的情况。据不完全统计,建国50多年来,我国建设的板桩码头近300个泊位,其中钢筋混凝土板桩码头约占三分之二,绝大多数为中小型码头。20世纪70年代以来,随着钢板桩码头的采用,已建成一批万吨级以上的大型码头。

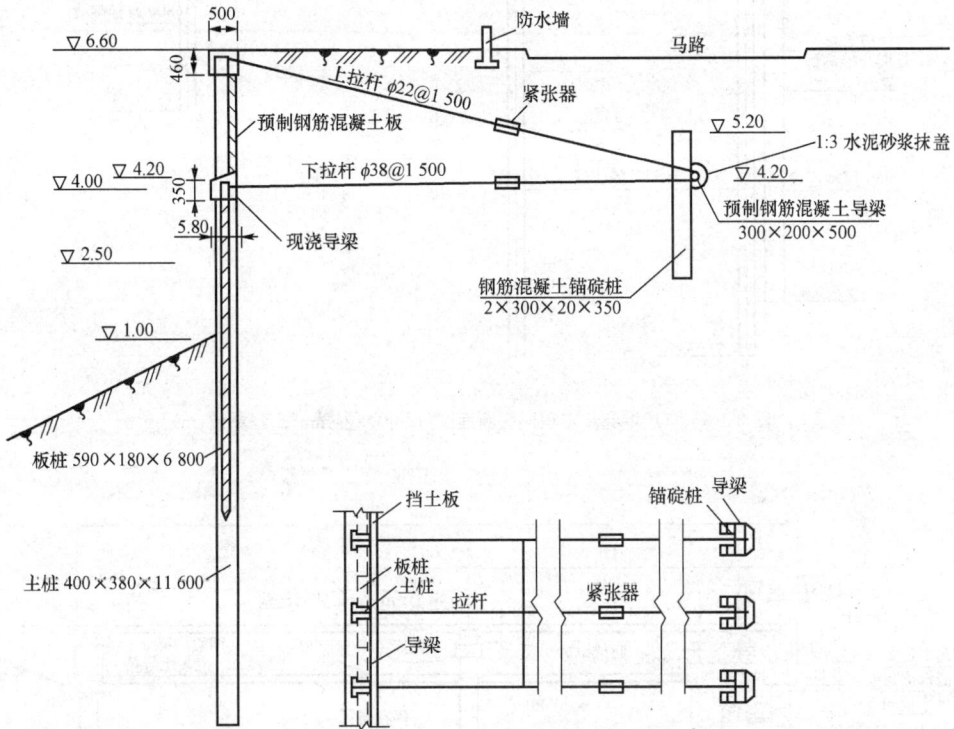

图3-1-5 主桩板桩结合的板桩码头(尺寸单位:mm;高程单位:m)

　　地下墙(地下连续墙的简称,又称地连墙)式板桩码头是一种干地施工的板桩码头(图3-1-6)。由于墙体连续性好,能有效地防渗和止水,可以制作成断面较大、各种形式的墙体,可用于大型深水码头,施工速度快,不需大型、复杂的施工机械,造价较低。2002年,中交第一航务工程勘察设计院在地下墙式板桩码头的基础上开发了一种新的板桩码头结构——遮帘式板桩码头结构,通过设置遮帘桩减小板桩墙的土压力和内力,可建设10万吨级以上码头。遮帘式板桩码头结构包括半遮帘式和全遮帘式结构(图3-1-7)。但必须指出的是,这种码头结构形式目前主要在京唐港和曹妃甸港区的挖入式港池中应用,在外海无掩护水域尚无应用先例。此外,现浇地连墙的混凝土密实性、抗冻性相对较差,质量不易保证,开挖后墙体不光滑需另作处理。

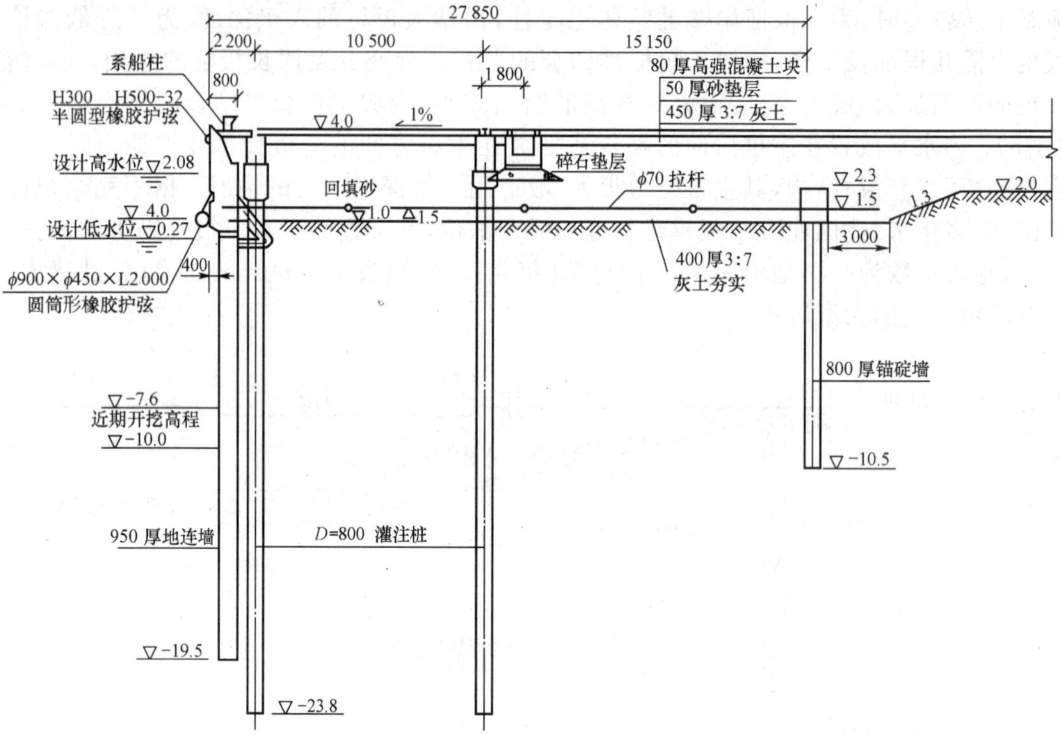

图 3-1-6　京唐港起步工程码头断面图(尺寸单位:mm;高程单位:m)

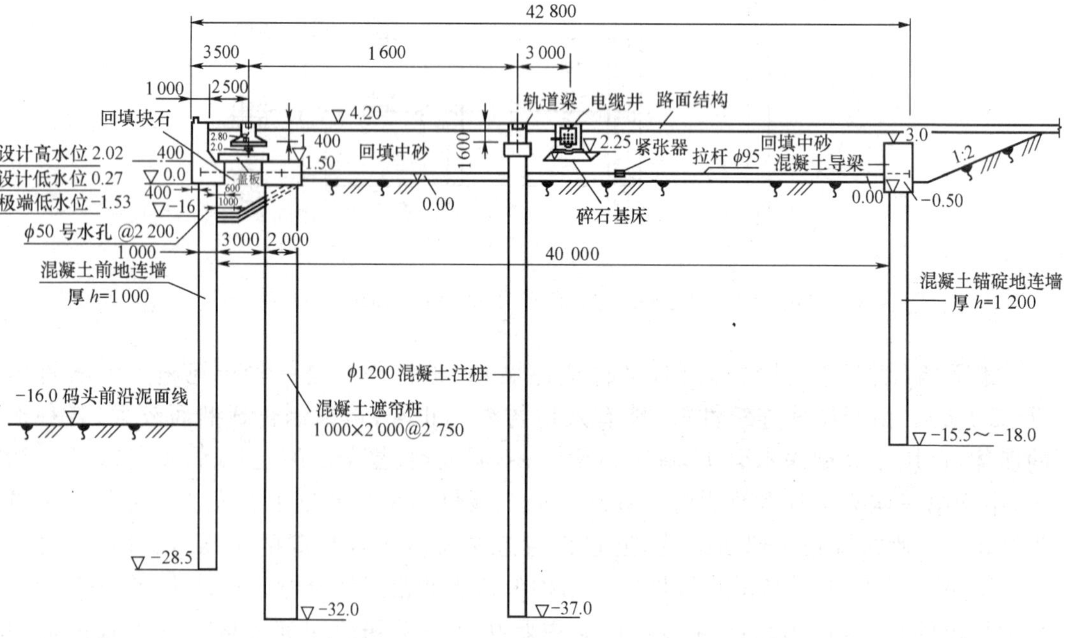

图 3-1-7　全遮帘式板桩码头结构(尺寸单位:mm;高程单位:m)

第二节 板桩码头的构造

一、板桩

板桩墙的作用是构成直立的码头岸壁,并挡住墙后的土体。板桩墙常采用钢筋混凝土板桩和钢板桩。

1.钢筋混凝土板桩

钢筋混凝土板桩应尽量采用预应力混凝土或高强混凝土,以提高抗裂能力和耐久性,并有利于打桩时桩不被打坏。桩头和桩尖在打桩时受力较大,所以在桩顶应配置3层钢筋网,桩头段和桩尖段的箍筋也适当加密,其间距一般为10cm,有时需打入硬土,则往往采用钢靴加固桩尖。

钢筋混凝土板桩常采用矩形断面[图3-2-1a)],在地基条件和打桩设备允许的情况下,尽可能加大板桩宽度,一般可采用500~600mm。厚度由计算确定,可采用200~500mm。为了使板桩整齐地打入地基并使各板桩紧密结合,在板桩两侧作有凹凸榫,凸榫一般从桩尖开始做至设计泥面以下1.0m左右,在此侧的其余范围和另一侧全长范围做凹榫,凹榫的深度不宜小于50mm。凹榫和凸榫的槽壁中应配上钢筋,以避免打桩过程中裂损;凸榫尺寸应比凹榫小0.5cm,

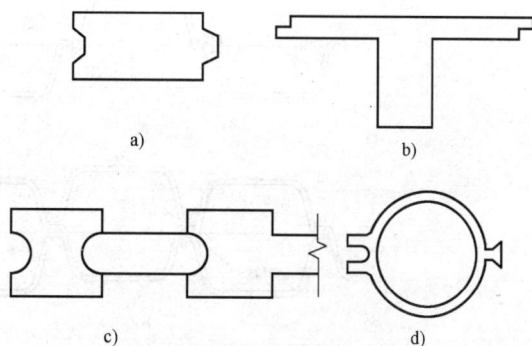

图3-2-1 钢筋混凝土板桩断面形式
a)矩形;b)T形;c)I字形;d)圆形

凹榫之间形成的空腔用细石混凝土或水泥砂浆填实以防泥土流失。板桩的底端在厚度方向上做成楔形以使板桩易于打入,而在底端凹榫侧削成斜角可以使板桩施打中产生一个挤推力使桩靠得紧密。桩顶段300~500mm长度内两侧应各缩进20~40mm以便装设替打(图3-2-2)。

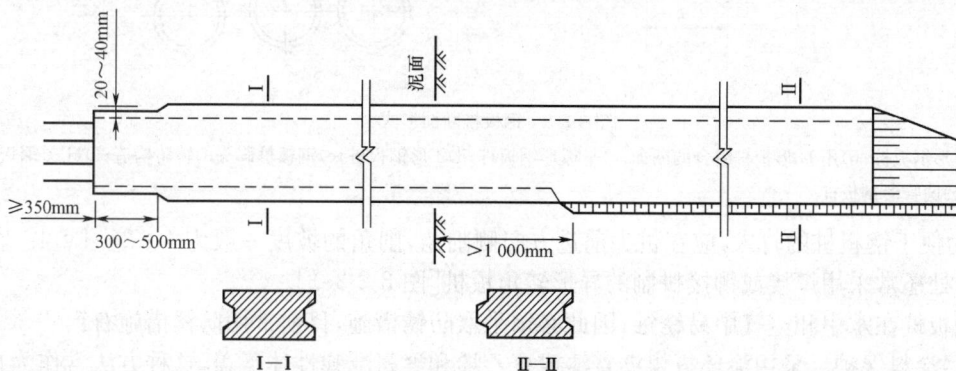

图3-2-2 钢筋混凝土板桩构造图

此外也采用 T 形断面、圆管或组合形断面(图 3-2-1)。T 形断面由于翼板较薄,无法作槽榫,故常做成企口。平接企口导向性差,接缝不严密,故应在接缝后面采取防漏措施。T 形翼板主要是挡土,所以翼板底端宜低于板桩墙前设计泥面以下 1m,并不小于冲刷深度。T 形断面板桩一般宽度较大,常采用 1.2～1.6m,施工速度快,一般用于内河小码头。建造深水码头要求板桩抗弯能力大,也可采用圆管形或组合型断面,采用直径 0.5～3m 的预应力管柱桩分段预制,用法兰盘连接成需要的长度后沉入地基。

钢筋混凝土板桩的配筋应根据《港口工程混凝土结构设计规范》(JTJ 267—98)按强度和抗裂要求计算确定。

2. 钢板桩

钢板桩常用断面形式有 U 形和 Z 形,圆管形、H 形和组合形钢板桩的截面模量较大,可适用于较大的深水码头(图 3-2-3)。

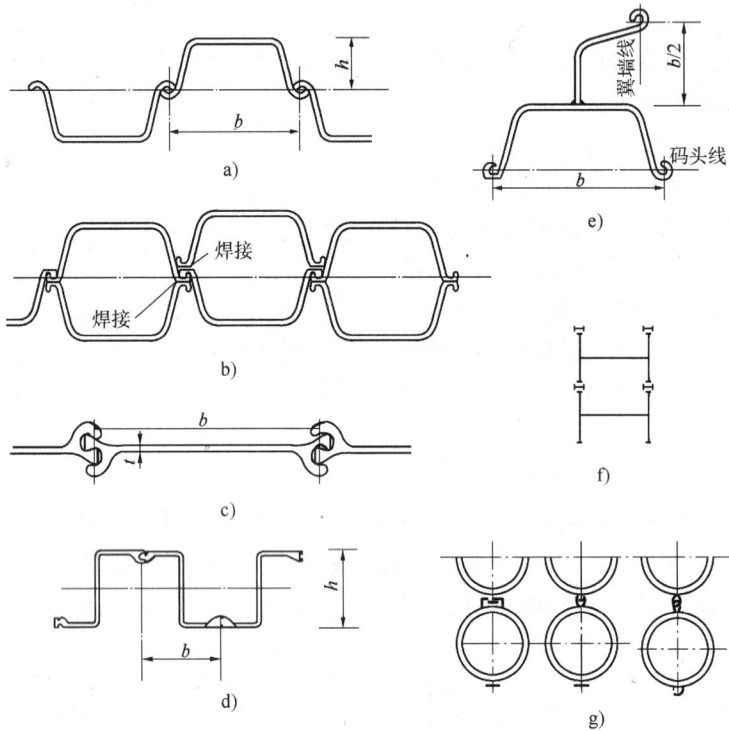

图 3-2-3 钢板桩断面形式

a)U 形钢板桩;b)用 U 形板桩组合的断面;c)平板形钢板桩;d)Z 形钢板桩;e)钢板桩码头的转角构造;f)H 形钢板桩;g)圆管形钢板桩

为便于钢板桩的打入,应在桩尖前进方向侧削角,削角的坡度一般为 1∶2～1∶4。在码头转角处还常采用焊接或铆接拼制的异形转角板桩[图 3-2-3e)]。

钢板桩在水中和空气中易锈蚀,因此必须采取防锈措施,目前常用防锈措施有:

(1)涂料保护。采用涂环氧煤沥青漆或聚乙烯和聚氨酯弹性体覆盖,这种方法常作为在水位变化处的钢板桩防锈措施。

(2)阴极保护。实践证明在水下部分采用阴极保护是有效的。

(3)改进钢材化学成分和采用防腐蚀钢种。例如我国鞍钢生产的 10MnPNbRe 鞍 Ⅳ 型钢板桩,卢森堡 ARBED 生产的 MERCOR360 钢种耐锈蚀性都较好。

(4)增加钢板桩的厚度,延长使用年限。

(5)尽量降低帽梁或胸墙的底高程。

3.地下连续墙

地下连续墙可采用现浇或预制的钢筋混凝土结构。现浇地下墙的截面有矩形、T 形和钻孔桩排等形式(图 3-2-4);预制地下连续墙的截面一般采用矩形。墙体的厚度或直径由强度和裂缝宽度计算确定。现浇地下连续墙作为前墙时,其厚度宜采用 600～1 300mm;预制地下连续墙的墙板混凝土强度比现浇墙体高,所以可以做得薄一些,其厚度宜采用 400～800mm,排桩桩径不宜小于 550mm。一般来说,应尽量增加一个墙段的长度,可增加地下连续墙的整体性,减少接缝,现浇地下连续墙单元墙段的长度一般为 4～8m。

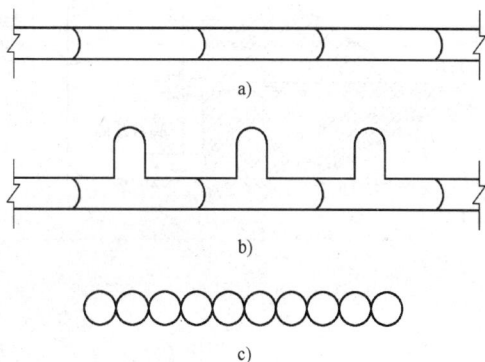

图 3-2-4　现浇地下连续墙截面形式图
a)矩形;b)T 形;c)钻孔桩排形

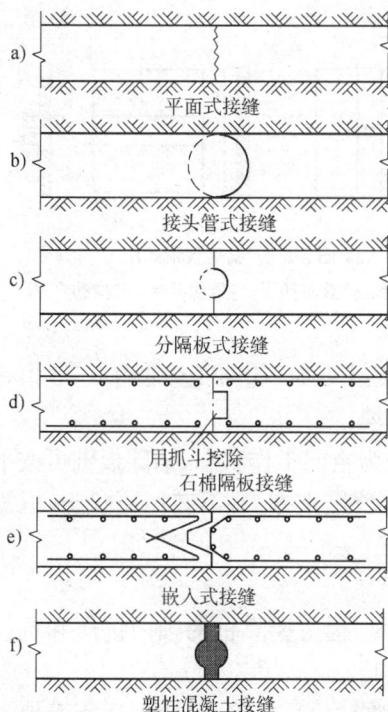

图 3-2-5　现浇地下墙接缝处理方式

墙段之间的接缝部分是地下连续结构的薄弱环节,因此施工接缝的处理十分重要。现浇地下连续墙接缝的处理方式较多(图 3-2-5),最常用的是接头管连接[图 3-2-5b)]。预制地下连续墙墙段之间可采用榫接和平接。钻孔桩排式地下连续墙的钻孔间缝宽不宜大于 100mm,墙后应设置水泥搅拌土或旋喷水泥浆帷幕,以防止墙后土从桩间缝隙流失。当考虑墙后排水时,可设置反滤井进行接头处理。

二、锚碇结构

为了减小板桩的入土深度和桩顶位移,改善板桩的受力状况,常在板桩墙后设置锚碇结构,并通过拉杆与板桩墙相连。

在板桩码头中常用的锚碇结构有锚碇墙(板)、锚碇桩、锚碇板桩和锚碇叉桩等形式(图 3-2-6)。

1.锚碇墙和锚碇板

锚碇墙一般应采用现浇钢筋混凝土墙。如果采用预制的钢筋混凝土板安装而成连续墙,需在其后面设置连续导梁。锚碇墙的断面常用矩形或梯形,也可采用 L 形断面。

锚碇板一般为预制的钢筋混凝土板,有平板、双向梯形板和带肋的 T 形板等几种形式,T 形板可采用横肋或竖肋(图 3-2-7)。

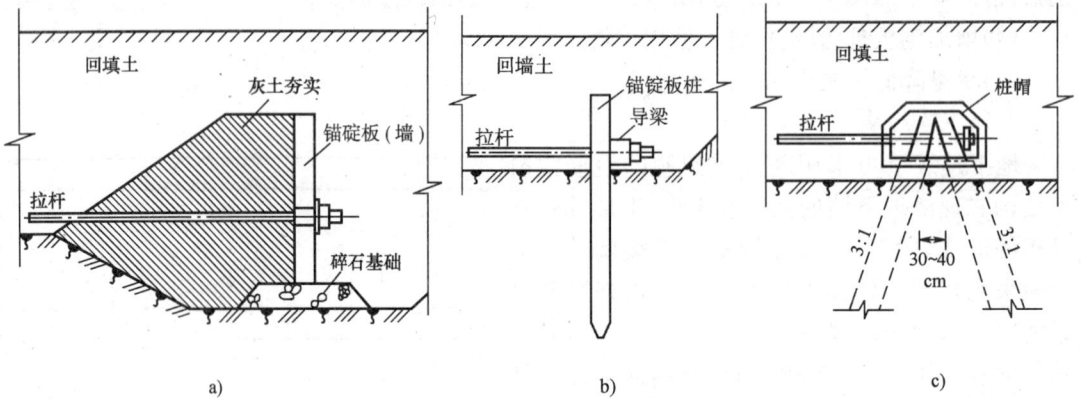

图 3-2-6　常用的锚碇结构形式

a)锚碇板(墙);b)锚碇桩(板桩);c)锚碇叉桩(或斜拉桩)

锚碇墙(板)的设置高程应尽量放低,以取得较好的经济效果。为了减小锚碇墙(板)的位移,高度不宜过小,一般不宜小于埋置深度的1/3并应满足稳定性要求,常用 1.0～3.5m。锚碇墙(板)的厚度由计算确定,常用 0.2～0.4m。锚碇墙(板)结构简单,主要依靠其前面的被动土压力,不需打桩设备,但必须开挖基坑或基槽,增加了开挖工程量并破坏了原状土结构。为了充分利用墙前土抗力作用,墙前常换填力学性质好的材料,北方地区多采用灰土夯实,南方如上海则多采用块石回填。锚碇墙(板)的缺点是其水平位移较大。

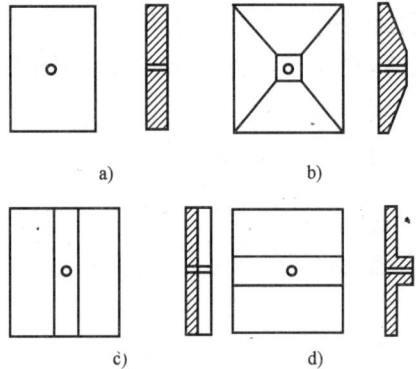

图 3-2-7　锚碇板形式图

a)平板形;b)双向梯形;c)竖肋 T 形;d)横肋 T 形

2.锚碇桩(或板桩)

锚碇桩(或板桩)一般采用钢筋混凝土桩(或板桩)。锚碇桩可为一组桩(通常由 2～3 根桩组成),也可用单桩锚碇;锚碇板桩则为沿码头线连续的板桩墙。

锚碇桩(或板桩)是依靠其在土中的嵌固工作的,锚碇桩为空间工作状态,锚碇板桩可按平面工作状态计算。锚碇桩(或板桩)的特点是直接沉入土中,填挖土方少,不破坏原状土,但需打桩设备。其水平位移也较大。

3.锚碇叉桩

锚碇叉桩由两根不同方向的斜桩和现浇桩帽组成,这种结构主要靠桩的轴向抗压和抗拔承载力来工作的。桩的斜度宜采用 3:1～4:1,常采用 3:1。

锚碇叉桩的特点是与板桩墙的距离可以很近,它的承载能力大,位移小,特别适用于地震区或锚碇结构前面被动土压力小不能维持其稳定性的情况,缺点是造价较高。

4.斜拉桩

斜拉桩与板桩墙的连接,可做成铰接,也可做成固定连接,这种结构适用于墙后陆域受到限制或在施工阶段需承受较大的水平荷载的场合。斜拉桩的斜度国内一般采用 3:1;国外斜拉桩多采用钢结构,能承受较大的水平力,其斜度常采用1∶1~1∶1.5。图3-2-8为U形钢板桩墙与钢锚桩铰接连接构造图。

三、拉杆

拉杆是板桩墙和锚碇结构之间的传力构件,因此拉杆是板桩码头的重要构件之一(图3-2-9)。如果拉杆出现问题就会导致工程事故,应妥善采取措施,确保拉杆正常工作是十分必要的。

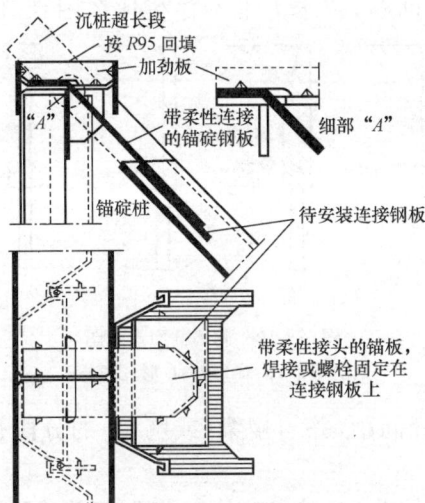

图3-2-8　U形钢板桩与钢锚桩铰接连接构造图

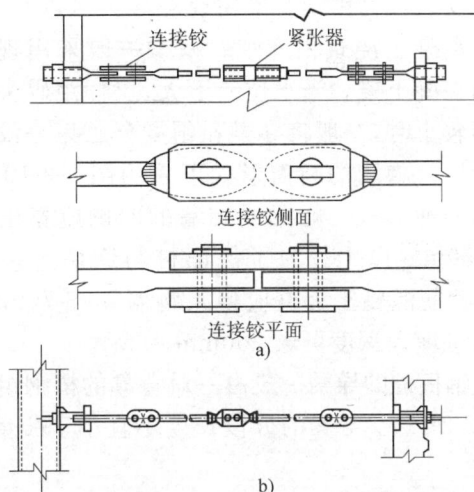

图3-2-9　拉杆构造图
a)钢筋混凝土板桩锚杆构造图;b)钢板桩锚杆构造图

拉杆一般采用3号圆钢或5号圆钢制作,近年来在一些工程中采用高强钢材,但必须能保证焊接质量及延伸率不低于18%。由于拉杆所处的工作环境较为恶劣,锈蚀是难免的。因此钢拉杆及附件,在安装前应除锈并涂两道防锈漆;安装后用两道沥青纤维布缠裹或涂以沥青等防腐蚀材料。在拉杆上面严禁回填腐蚀性材料,同时在设计拉杆断面时应预留锈蚀量。

拉杆一般水平放置,为了保证在水上穿拉杆和水上浇筑胸墙或导梁的施工要求,一般不宜低于施工水位。当拉杆埋深较大时,拉杆也可能倾斜放置,但倾斜角不宜过大以防锚碇墙(板)被拔出。

钢拉杆的直径由强度计算确定,一般为40~80mm。拉杆的间距根据拉杆力的大小来确定,常用1.5~3.0m,一般钢筋混凝土板桩墙取板桩宽度的整数倍,U形和Z形钢板桩墙应取钢板桩宽度的偶数倍。拉杆的长度等于板桩墙与锚碇结构的距离。当拉杆长度大于10m时,宜采用分节组装,每节长度不宜大于10m。一般应在拉杆两端各设一个竖向铰,中间用紧张器连接。当拉杆较短时,可不设铰或只在靠近板桩墙处设一个铰。当预计拉杆下填土沉降较大时,为了减小拉杆下沉,消除拉杆附加应力,可以在拉杆下设支承桩,也可采用U形防压罩将拉杆上覆土重传到拉杆两侧地基上,在防压罩与拉杆之间留15~20cm的预留空隙以适应沉降要求。

四、导梁、帽梁及胸墙

为了使板桩能共同工作和码头前沿线整齐,通常在板桩顶端用现浇混凝土做成帽梁。为了使每根板桩都能被拉杆拉住,在拉杆和板桩墙的连接处设置导梁。无锚板桩墙只设帽梁。

钢筋混凝土板桩码头,一般采用钢筋混凝土导梁,导梁可以预制安装也可以现浇。采用预制导梁时,一般每隔 4~6 根桩打一根带有牛腿的板桩,用以支承导梁。由于打桩时桩顶高程不易控制,往往造成支腿高程参差不齐,导梁和板桩中的预留孔也不易对齐,因此安装较为困难。采用现浇导梁可以克服上述问题,技术上也不存在什么困难,但立模和混凝土浇筑稍麻烦。帽梁一般采用现浇钢筋混凝土梁。当水位差不大、拉杆距码头面距离较小时,一般将导梁和帽梁合二为一设计成胸墙。胸墙的断面形式可采用图 3-2-10 所示的四种形式。帽梁或胸墙的两侧应宽出板桩 150mm 以上。为了保证桩与胸墙连接可靠,钢筋混凝土板桩应伸入胸墙 50~70mm,钢板桩埋入深度可取 200mm。

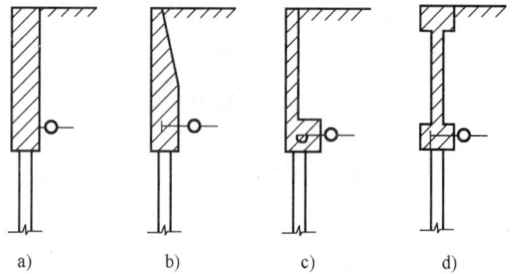

图 3-2-10 胸墙截面形式图
a)矩形;b)梯形;c)L 形;d)I 形

钢板桩的导梁一般由一对背靠的槽钢组成(图 3-2-11)。导梁的分段长度不宜小于 4 倍的拉杆间距,并与帽梁(或胸墙)的分段长度一致。

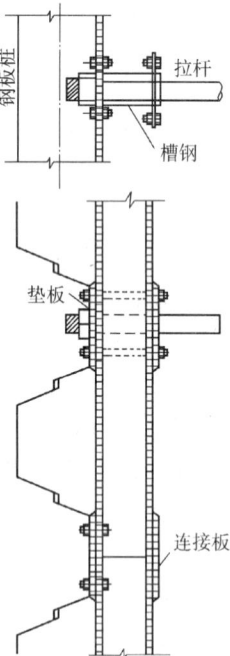

图 3-2-11 导梁构造

导梁是板桩和拉杆间的主要传力构件,必须在板桩受力前安装完毕。导梁、帽梁或胸墙沿码头长度方向应设置变形缝,变形缝间距一般可取15~30m,并设置在结构形式和水深变化处、地基土质差别较大处及新旧结构的衔接处。变形缝宽 20~30mm,用弹性材料填充。为避免因板桩墙变形造成帽梁开裂,最好在码头前挖泥以后再浇筑帽梁。对于钢板桩码头,在施工可能的情况下应尽量把帽梁做低些,以减少钢板桩的锈蚀面积,并防止钢板桩锁口的互相错位,增加板桩的稳定。系船柱块体一般与帽梁或胸墙浇在一起,并在系船柱块体上增设两根八字形布置的副拉杆;当系缆力不大且胸墙较矮时,也可不设。

五、排水设施

板桩码头是实体结构。为了减小或消除作用在板桩墙上的剩余水压力,板桩墙应在设计低水位附近预留排水孔。排水孔的间距和孔径根据墙前水位差、板桩墙透水情况确定,一般 3~5m 设置一个直径 5~8cm 的排水孔,并设在低水位以下。排水孔后应设置倒滤棱体,以防墙后填土流失。排水孔和倒滤棱体构造见图 3-2-12 和图 3-2-13。

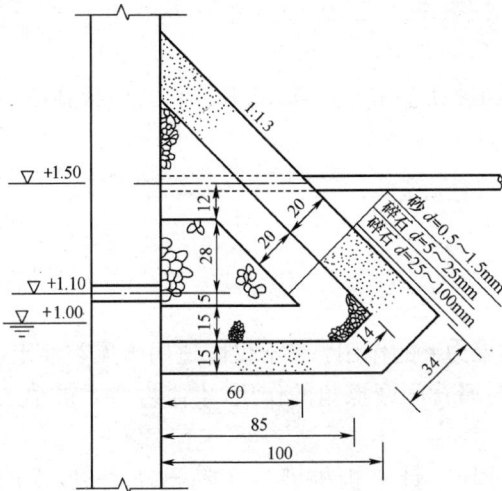

图 3-2-12 一般板桩码头墙后排水孔和倒滤棱体构造
（尺寸单位：cm）

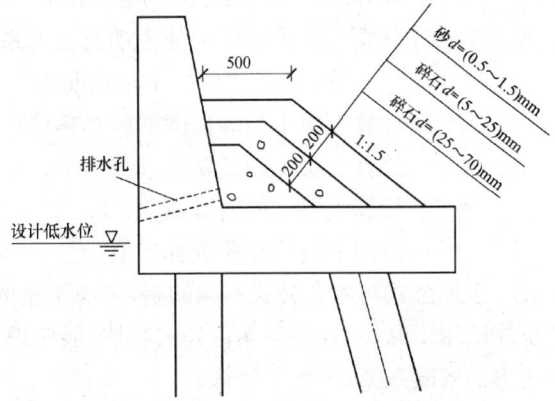

图 3-2-13 斜拉桩板桩码头排水孔和倒滤棱体构造（尺寸单位：mm）

第三节 单锚板桩码头的计算

一、板桩码头上的作用和作用效应组合

板桩码头上的作用有：①土体本身产生的主动土压力和板桩墙后的剩余水压力等永久作用；②由码头地面上各种可变荷载产生的土压力、船舶荷载、施工荷载、波浪力等可变作用；③地震荷载等偶然作用。

1. 土压力

板桩墙是一柔性墙。在侧向荷载作用下，其轴线将发生挠曲变形，作用在板桩墙上的土压力分布也随墙体的变形而变化，这已被众多的现场原型观测和室内模型试验结果所证实。但不论土压力如何分布，土压力总值与按库仑公式计算的数值基本相同。《板桩码头设计与施工规范》(JTJ 292—98)推荐的土压力水平强度标准值，就是基于与库仑公式相同的平面滑动假定的极限平衡原理推导得到的。当地面（或计算水底面）为水平、墙面为垂直时，由土体本身产生的主动土压力水平强度标准值 e_{ax}、被动土压力水平强度标准值 e_{px} 和由码头地面均布荷载作用产生的主动土压力水平强度标准值 e_{aqx} 分别按下列公式计算：

$$e_{ax} = (\sum r_i h_i) K_a \cos\delta - 2c \frac{\cos\varphi\cos\delta}{1+\sin(\varphi+\delta)} \qquad (3-3-1)$$

$$e_{aqx} = q K_a \cos\delta \qquad (3-3-2)$$

$$e_{px} = (\sum r_i h_i) K_p \cos\delta + 2c \frac{\cos\varphi\cos\delta}{1-\sin(\varphi+\delta)} \qquad (3-3-3)$$

$$K_p^a = \frac{\cos^2\varphi}{\cos\delta\left[1\pm\sqrt{\dfrac{\sin(\varphi+\delta)\sin\varphi}{\cos\delta}}\right]^2} \qquad (3-3-4)$$

式中：r_i——计算面以上各层土的重度(kN/m^3)；

h_i——计算面以上各层土的厚度(m)；

K_a、K_p——分别为计算土层土的主动土压力系数和被动土压力系数，求 K_a 时，式中根式前为"+"号，求 K_p 时，式中根式前为"−"号；

δ——计算土层土与墙面间的摩擦角$(°)$；

c——计算土层土的黏聚力(kN/m^2)；

φ——计算土层土的内摩擦角$(°)$；

q——地面上的均布荷载标准值。

上述公式与库仑公式不同的是，考虑了土的黏聚力 c 的作用，它不仅能适用于无黏性土，也能适用于黏性土；它与朗肯公式相比，能考虑土与墙背间摩擦角的作用，不需再考虑被动土压力的增减系数，简化了计算。

式中土与墙面的摩擦角 δ 可按以下规定采用：①计算板桩墙后主动土压力时，δ 取 $(1/3\sim1/2)\varphi$；②计算板桩墙前被动土压力时，δ 取 $(2/3\sim3/4)\varphi$，当计算的 δ 值大于 $20°$ 时，取 $20°$；③计算板桩墙后被动土压力时，δ 取 $\left(-\dfrac{2}{3}\right)\varphi$，当计算的 δ 值小于 $-20°$ 时，取 $-20°$。

2. 剩余水压力

剩余水压力与潮位变化、板桩墙排水性能、回填土和地基的渗透性等因素有关，一般应根据对附近类似建筑物的地下水位调查或观测确定。如果无条件时可根据经验确定：①对于海港的钢筋混凝土板桩码头，当板桩墙设置排水孔，墙后回填粗于细砂颗粒的材料时可不考虑剩余水头；②对于海港的钢板桩码头、地下墙式板桩码头及墙后回填细砂（或颗粒更细）的钢筋混凝土板桩码头，剩余水头可取 $1/3\sim1/2$ 的平均潮差；③对于河港则根据地下水位按实际情况取定。需说明的是，对于设计高水位情况，可不考虑剩余水头。

3. 其他荷载

板桩码头为实体式码头，计算船舶荷载主要考虑船舶的系缆力。一般系缆柱都有单独的锚碇结构，此时系缆力不传给板桩墙。

波浪力主要考虑波吸力的作用。波吸力与船舶荷载一般不同时出现。此外在地震区还应考虑地震荷载的作用。

设计板桩码头时，必须考虑持久状况、短暂状况、偶然状况三种设计状况，并按不同的极限状态和效应组合进行计算和验算。按承载能力极限状态设计的项目有：①板桩墙"踢脚"稳定性；②锚碇结构的稳定性；③板桩码头的整体稳定性；④桩的承载力；⑤构件强度等。钢筋混凝土构件的裂缝宽度和抗裂则按正常使用极限状态设计。板桩码头按承载能力极限状态设计时，所取水位和作用效应组合也应按《板桩码头设计与施工规范》(JTJ 292—98)的规定选用持久组合、短暂组合和偶然组合。考虑到板桩码头的特点，钢筋混凝土构件进行裂缝宽度和抗裂验算时，综合准永久值系数应采用 0.85；构件强度计算时，综合分项系数应采用 1.40。

二、单锚板桩墙计算

1. 单锚板桩墙的工作状态和受力特性

1)板桩墙的工作状态

在水平力的作用下,由于单锚板桩墙上的锚锭结构的固定作用,使得板桩墙上端受到约束而不能自由移动,从而在上端形成一个铰接的支承点,而板桩墙的下端由于其入土深度不同,产生了不同的工作状态(图3-3-1)。

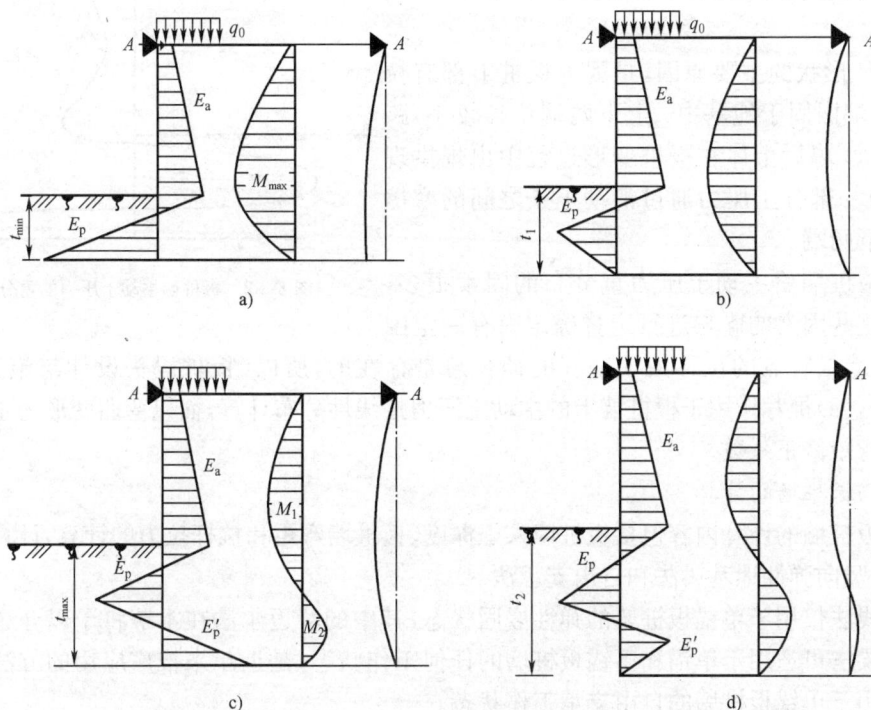

图3-3-1 单锚板桩的工作状态

第一种工作状态[图3-3-1a)]:板桩入上不深,由于墙后主动土压力的作用,板桩产生弯曲变形,并围绕板桩上端支承点转动。此时板桩入土深度最小,板桩中只有一个方向的弯矩且数值最大,入土部分位移较大,所需板桩长度最短,但断面最大。这种状态按底端自由计算。

第二种工作状态[图3-3-1b)]:其入土情况和受力情况介于第一种工作状态和第三种工作状态之间。

第三种工作状态[图3-3-1c)]:随着板桩入土深度增加,入土部分出现与跨中相反方向的弯矩,板桩弹性嵌固于地基中。这种工作状态下按底端嵌固计算,算得的板桩断面较小,入土部分位移小,板桩墙稳定性较好。

第四种工作状态[图3-3-1d)]:与第三种工作状态类似,但入土深度更大,固端弯矩大于跨中弯矩,稳定性有富余。

以前设计板桩码头主要采用底端嵌固的这一种工作状态,这对于土质较软的地基是合适的。但对于某些情况:①板桩墙在地基中达不到弹性嵌固状态;②采用钢板桩材料强度有较多富余;③板桩墙刚度较大;④地基土质较好;可采用底端自由支承状态或介于底端嵌固和底端自由支承两者之间的工作状态。

2)作用在板桩墙上的土压力和板桩的变形特点

作用于板桩墙的土压力分布由于施工方法、拉杆位置及锚着点的水平位移、板桩入土深度、板桩刚度与地基之间的关系等因素的变化而不同，但仍可分为两类：①以顶端位移为主的情况，板桩墙的主动土压力呈线性分布，如同刚性墙的情况；②以弯曲变形为主，墙后主动土压力为"R"形分布（图3-3-2）。

出现 R 形状的主要原因，是因为板桩上部有拉杆拉住，下端嵌固于地基中，上下两端位移较小，跨中位移较大，墙后土体在板桩变形过程中出现拱现象，使跨中一部分土压力通过滑动土条之间的摩擦力传向上下两端。

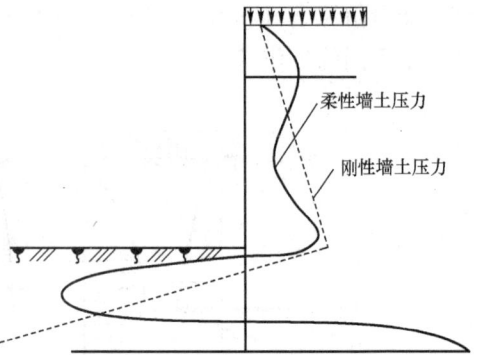

图 3-3-2 板桩墙主动土压力的重分布

影响板桩墙后主动土压力重分布的因素很多，目前要对这些因素的影响进行定量确定尚有一定困难，但板桩墙锚着点的位移由于锚杆的伸长总是存在的，所以《板桩码头设计与施工规范》（JTJ 292—98）推荐作用于板桩墙上的主动土压力按线性分布计算，而以弯曲变形为主的板桩墙考虑了弯矩修正系数。

2. 单锚板桩墙的计算

单锚板桩墙的计算内容包括板桩墙入土深度、板桩墙弯矩和拉杆拉力的计算，计算方法有弹性线法、竖向弹性地基梁法和自由支承法。

弹性线法仅用于单锚板桩墙的弹性嵌固状态，其中的罗迈尔法在本节将予以介绍。竖向弹性地基梁法可适用于单锚和多锚板桩墙的任何工作状态，是近年来推广应用的方法。自由支承法仅用于单锚板桩墙的自由支承工作状态。

1) 罗迈尔法

此法最早由布鲁姆于 1930 年提出，后来经罗迈尔等人作了改进。该方法尽管是近似方法，但其计算简便，在一定条件下比较实用，至今许多国家工程界还在使用。其计算要点是：

(1) 墙前主动土压力和被动土压力都按古典土压力理论计算，其计算公式如式(3-3-1)~式(3-3-4)所示。

(2) 假定板桩墙底端嵌固，拉杆锚碇点的位移和板桩墙在底端 E'_p 作用点的线变位和角变位都等于零。单锚板桩墙的计算图式如图 3-3-3 所示，为一次超静定结构，未知数包括拉杆拉力 R_a、入土深度和底端墙后被动土压力合力 E'_p。除两个受力平衡条件($\sum H=0$、$\sum M=0$)之外，尚需利用上述变形条件。一般采用图解试算法，即先假定入土深度，然后用图解法作弯矩图，再把弯矩图作为共轭荷载求得共轭梁的弯矩图，此弯矩图即为板桩的弹性变形曲线。如果它满足上述变形条件，则入土深度正好合适。如果不满足，再重新假定入土深度，一直到符合变形条件为止。根据设计经验，当进行初步计算时，为简化计算，可采用跨中最大正弯矩为入土段最大负弯矩 1.10~1.15 倍的条件取代变形条件。

(3) 考虑墙后土压力重分布和拉杆锚碇点的位移会使板桩墙跨中弯矩减小的影响，将求得的跨中最大弯矩 M_{max} 乘以折减系数 ξ，求得的拉杆拉力乘以不均匀系数 ξ_R，作为设计弯矩（M_n）和设计拉杆拉力（R_n）的标准值：

$$M_n = \xi M_{max} \tag{3-3-5}$$

$$R_n = \xi_R R_A \tag{3-3-6}$$

上述式中：M_{max}——用上述图解法求得的跨中最大弯矩 M_1（kN·m）；

ξ——弯矩折减系数，取 $0.7 \sim 0.8$；

R_A——一根拉杆的拉力（kN），$R_A = R_a l_a$，其中 l_a 为拉杆间距，R_a 为每延米码头拉杆拉力，由上述图解法求得；

ξ_R——不均匀系数，取 1.35。

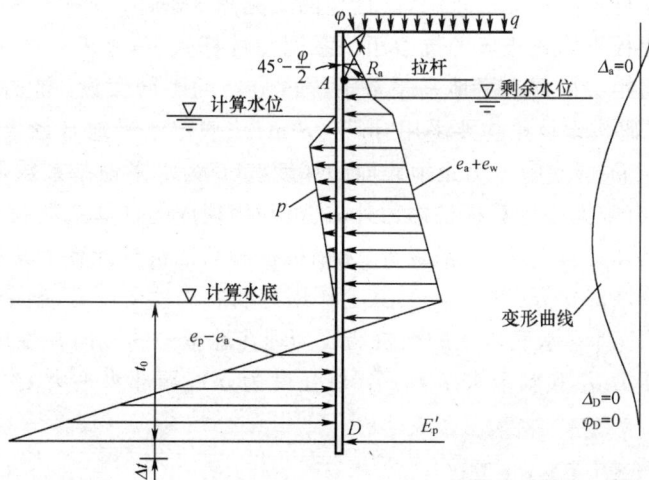

图 3-3-3　弹性线法计算图式

上述的板桩墙入土深度是根据板桩墙底端线变位和角变位都等于零的假定来确定的。但从板桩墙的工作可靠性考虑，还要求板桩墙有足够的稳定性，因此也提出了板桩墙入土深度要满足"踢脚"稳定的要求：

$$\gamma_0 \left[\sum \gamma_G M_G + \gamma_{Q1} M_{Q1} + \psi(\gamma_{Q2} M_{Q2} + \gamma_{Q3} M_{Q3} + \cdots \cdots) \right] < \frac{1}{\gamma_d} M_R \tag{3-3-7}$$

式中：　　　γ_G——永久作用分项系数，按表 3-3-1 采用；

γ_{Q1}、γ_{Q2}、γ_{Q3}——可变作用分项系数，按表 3-3-1 采用；

M_G、M_{Q1}——分别为永久作用、主导可变作用标准值产生的作用效应（kN·m）；

M_{Q2}、M_{Q3}——非主导可变作用标准值产生的作用效应（kN·m）；

M_R——板桩墙前被动土压力的标准值对拉杆锚碇点的稳定力矩；

γ_0——结构重要性系数，取 1.0；

γ_d——结构系数，地基土质差时取 $\gamma_d = 1.0$；地基土质好时，取 $\gamma_d = 1.15$；

ψ——作用组合系数，取 0.7。

作　用　分　项　系　数　　　　　　　　　　　　　表 3-3-1

组 合 情 况	永 久 作 用		可 变 作 用	
	土压力	剩余水压力	土压力	波吸力
持久组合	1.35	1.05	1.35(1.25)	1.30(1.20)
短暂组合	1.35	1.05	1.25	1.20

注：当计算水位采用极端低水位时，取括号内数值。

将按上述两种方法求得的入土深度比较,取大值作为板桩墙的设计入土深度。罗迈尔法的具体计算步骤可见算例。

需要注意的是,对于刚度较大的板桩墙(如现浇地下连续墙),弹性线法计算结果往往偏于危险,故不宜采用弹性线法。

2)竖向弹性地基梁法

竖向弹性地基梁法是近年来推广采用的方法。板桩墙的入土深度按"踢脚"稳定计算。板桩墙内力和变位采用杆系有限元法求解,其计算图式见图3-3-4。

杆系有限元法把板桩墙入土段的抗力用一系列弹性杆代替,弹性杆的弹性系数等于水平地基系数乘以杆的间距。根据水平地基系数沿深度分布的不同假设,有"常数法"、"K法"和"m"法等。目前板桩码头设计中主要采用"m"法,"m"法假定水平地基系数沿深度线性增加,即水平地基系数 $k = my$(式中 y 为距地表面的深度,"m"为水平地基系数随深度线性增大的比例系数)。除了用有限元法计算板桩内力外,还可利用现成的计算系数表进行计算。下面介绍其一般情况下的具体计算方法,单锚板桩、无锚板桩和双锚板桩计算是其特殊情况。

将板桩墙从计算水底切开(图3-3-5),其上作用有墙后主动土压力、剩余水压力、拉杆拉力 R_{ai} 和桩顶端力矩 M_1;计算水底以下的板桩墙段为埋在地基中的竖向弹性地基梁(宽为1m),其上作用有超载土压力 q_1 和剩余水压力 q_2(总强度为 q)、端部水平力 Q_0 和力矩 M_0。Q_0、M_0 按下式计算:

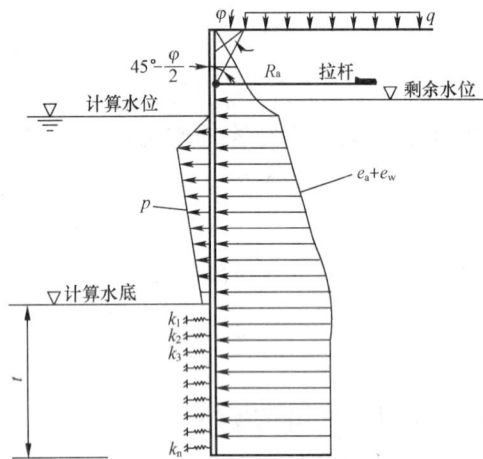

图 3-3-4　竖向弹性地基梁法计算图式(单锚板桩)　　　图 3-3-5　竖向弹性地基梁法计算图式(一般形式)

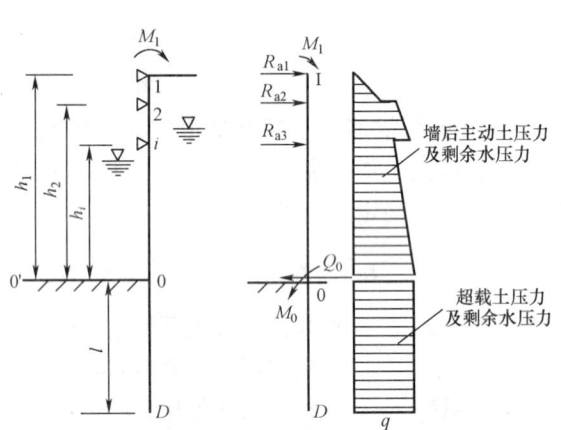

$$Q_0 = Q - \sum R_{ai} \\ M_0 = M - \sum R_{ai} h_i - M_1 \Bigg\} \qquad (3\text{-}3\text{-}8)$$

式中:R_{ai}——拉杆拉力,若为双锚板桩时则为 R_{a1} 和 R_{a2},多锚板桩时为 $R_{a1}, \cdots, R_{ai}$;

　　　h_i——拉杆锚着点至计算泥面的距离;

Q、M——分别为计算水面以上墙后土压力和剩余水压力的合力及其对计算水面的力矩。

建立各拉杆锚着点的水平线变位和1点角变位平衡方程:

$$x_0 + \varphi_0 h_i + \delta_{i0} - \sum f_{ik} = \delta_i \qquad (3\text{-}3\text{-}9)$$

$$\varphi_0 + \varphi_{10} - \sum \varphi_{1k} = \varphi_1 \qquad (3\text{-}3\text{-}10)$$

式中：δ_i——给定的拉杆锚着点的水平位移，由拉杆受力变形和锚碇结构的位移两部分组成；

φ_1——给定的 1 点角变位，当墙顶端为刚性承台时，可取 $\varphi_1 = 0$；

f_{ik}、φ_{1k}——分别为悬臂梁 01 在某点的拉杆拉力 R_k 及顶端 M_1 作用下，在 i 点所产生的水平位移及 1 点的角变位，均为 R_{ai} 和 M_1 的函数；

δ_{i0}、φ_{10}——分别为悬臂梁 01 在墙后土压力及剩余水压力的作用下，拉杆锚着点 i 处的水平位移及 1 点的角变位；

x_0、φ_0——分别为 OD 墙段顶点 0 的水平位移和角变位，按竖向弹性地基梁采用"m"法求解：

$$\left.\begin{array}{l} x_0 = \dfrac{Q_0}{\alpha^3 EI}A_{X0} + \dfrac{M_0}{\alpha^2 EI}B_{X0} + \dfrac{bq}{\alpha^4 EI}E_{X0} \\[3mm] \varphi_0 = \dfrac{Q_0}{\alpha^2 EI}A_{\varphi 0} + \dfrac{M_0}{\alpha EI}B_{\varphi 0} + \dfrac{bq}{\alpha^3 EI}E_{\varphi 0} \\[3mm] \alpha = \sqrt[5]{\dfrac{bm}{EI}} \end{array}\right\} \tag{3-3-11}$$

上式中，m 为水平地基系数随深度线性增长的比例系数（kN/m^4）；b 为板桩墙的计算宽度，一般取 1m；EI 为 1m 宽板桩墙的刚度（$kN \cdot m^2$）；求解弹性地基梁的微分方程时产生的 A_{X0}、$A_{\varphi 0}$、B_{X0}、$B_{\varphi 0}$、E_{X0}、$E_{\varphi 0}$ 为无量纲系数，计算时可查表得到（详见本章参考文献[20]）。

方程式(3-3-9)和式(3-3-10)中的 x_0、φ_0、f_{ik} 和 φ_{1k} 都是未知数 R_{ai} 和 M_1 的函数，联立求解 $n+1$ 个变形方程式[式(3-3-9) n 个，式(3-3-10)1 个]，可求得 n 个 R_{ai} 值和 1 个 M_1 值，从而求得 Q_0 和 M_0。

按悬臂梁求得 01 段板桩各断面的弯矩。

需要注意的是，当考虑拉杆锚碇点位移时，板桩墙计算弯矩不折减；当取拉杆锚着点位移为零计算时，其最大弯矩应乘以 0.7～0.8 的折减系数。

按弹性地基梁求取 OD 段板桩各断面的弯矩，其计算公式如下：

$$M_Z = \dfrac{Q_0}{\alpha}A_{mz} + M_0 B_{mz} + \dfrac{bq}{\alpha^2}E_{mz} \tag{3-3-12}$$

式中：A_{mz}、B_{mz}、E_{mz}——求解弹性地基梁的微分方程时产生的项，为无量纲系数，可查表取得（本章参考文献[20]）。

3）自由支承法

假定板桩的下端为自由状态（即第一工作状态）。拉杆力和板桩墙内弯矩是按最小入土深度（假设板桩墙前全部出现极限被动土压力）时力和力矩的平衡求得的，此时板桩墙弯矩不折减。而板桩墙的设计入土深度是按前述的"踢脚"稳定计算确定的。

3. 板桩墙的强度计算

板桩墙除了满足结构构造要求外，还要根据前面确定的板桩墙计算弯矩 M_n，选择板桩的断面并进行强度计算。

(1)钢筋混凝土板桩和预应力混凝土板桩，按强度进行配筋。对于钢筋混凝土板桩应验算裂缝宽度。对于预应力混凝土板桩应进行抗裂验算。

(2)钢板桩的单宽强度应满足下式：

$$\dfrac{\gamma_{GQ}}{1\,000}\left(\dfrac{N}{A} + \dfrac{M_{max}}{W_z}\right) \leqslant f_t \tag{3-3-13}$$

式中:N——作用标准值产生的每米轴向力(kN);

M_{max}——作用标准值产生的每米板桩墙最大弯矩(kN·m);

A——钢板桩截面积(m²/m);

f_t——钢材的强度设计值(N/mm²);

γ_{GQ}——综合分项系数,取1.35;

W_z——钢板桩的弹性抵抗矩(m³/m)。

三、锚碇结构计算

锚碇结构的种类较多,这里仅介绍锚碇墙(板)的计算,其他锚碇结构的计算见《板桩码头设计与施工规范》(JTJ 292—98)。

1.锚碇墙(板)的稳定性计算

锚碇墙(板)在拉杆拉力 R_A 和墙(板)后主动土压力 E_{ax} 的作用下依靠墙(板)前的被动土压力 E_{px} 来维持稳定(图3-3-6),锚碇墙(板)的稳定性应满足下式:

$$\gamma_0(\gamma_E E_{ax} + \gamma_{RA} R_{ax} + \psi \gamma_E E_{qx}) \leqslant \frac{E_{px}}{\gamma_d} \tag{3-3-14}$$

式中:γ_0——结构重要性系数,取1.0;

γ_E、γ_{RA}——分别为主动土压力和拉杆拉力分项系数,取1.35;

E_{ax}、E_{qx}——分别为锚碇墙(板)后土体和地面可变作用产生的主动土压力水平分力标准值(kN);

R_{ax}——拉杆拉力水平分力标准值(kN),按式(3-3-22)计算;

E_{px}——锚碇墙(板)前被动土压力水平分力的标准值(kN);

γ_d——结构系数,取1.15;

ψ——作用组合系数,取0.7。

对锚碇墙(板)的稳定性,可只需验算设计低水位和设计高水位两种情况,计算时取相应情况的 R_{ax} 值。E_{px} 值可按《板桩码头设计与施工规范》(JTJ 292—98)的规定计算确定。

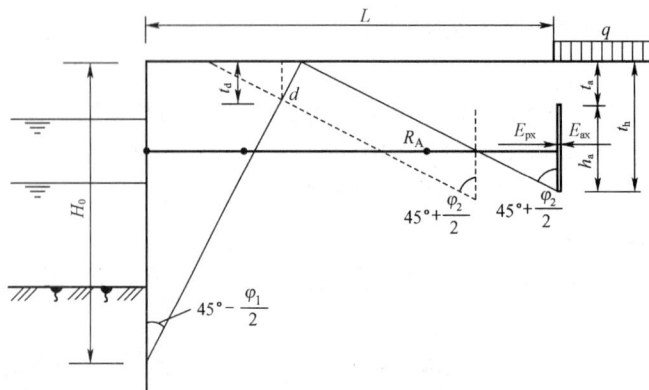

图 3-3-6 锚碇墙(板)至板桩墙最小距离的计算图式

2.锚碇墙(板)到板桩墙的距离

为了充分发挥锚碇墙(板)前面被动土压力的作用,要求板桩墙后面土体的主动破裂面和锚碇墙(板)前面土体被动破裂面交于地面(或以上)。

锚碇墙(板)到板桩墙的最佳距离按下式确定(图 3-3-6):

$$L = H_0 \cdot \tan(45° - \varphi_1/2) + t_h \cdot \tan(45° + \varphi_2/2) \tag{3-3-15}$$

式中:H_0——板桩墙后主动破裂棱体的高度(m),主动破裂面一般从入土部分变位第一零点 (采用竖向弹性地基梁法)或最大负弯矩位置(采用弹性线法)或最小入土深度 t_{min}(采用自由支承法)处画起;

φ_1、φ_2——分别为板桩墙后土和锚碇墙(板)前土(或填料)的内摩擦角;当土体为分层土 时,可采用加权平均值。

当板桩墙到锚碇墙(板)的距离不能满足式(3-3-15)的要求时,锚碇墙(板)的位置可适当 前移,此时上述两个破裂面将交于地面以下 d 点,损失部分被动土压力 ΔE_{px}:

$$\Delta E_{px} = \frac{\gamma t_d^2 l_a K_p}{2} \tag{3-3-16}$$

式中:t_d——d 点到码头地面的距离(m);

γ——d 点土的重度(kN/m³);

l_a——拉杆间距(m);

K_p——被动土压力系数。

3.锚碇墙(板)的位移

锚碇墙(板)的水平位移计算是为采用竖向弹性地基梁法计算板桩墙提供参数,其值 ΔH 不宜大于 50mm,ΔH 可按下式进行计算:

$$\Delta H = \frac{R_a l_a}{h_a \cdot b_k \cdot k_H} \tag{3-3-17}$$

式中:R_a——每米宽板桩墙的拉杆拉力标准值(kN/m);

h_a、b_k——分别为锚碇墙(板)的高度和计算宽度(m);

ΔH——水平位移(m);

k_H——锚碇墙(板)前填料的水平抗力系数(kN/m³),当锚碇墙(板)前采用块石填料 时,k_H 取 3 700kN/m³。

4.锚碇墙(板)的内力

根据锚碇墙(板)的不同情况采用不同的计算方法。

1)现浇连续钢筋混凝土锚碇墙

水平方向可考虑为刚性支承连续梁,其拉杆拉力标准值产生的水平间最大弯矩按下式 计算:

$$M_H = \frac{R_a l_a^2}{10} \tag{3-3-18}$$

竖向可考虑为悬臂板,土抗力沿墙高为均匀分布,拉杆抗力标准值产生的竖向单宽最大弯 矩按下式计算:

$$M_V = \frac{R_a h_a}{8} \tag{3-3-19}$$

式中：M_H、M_V——分别为拉杆拉力标准值产生的水平向最大弯矩($kN \cdot m$)和竖向单宽最大弯矩($kN \cdot m/m$)；

其中 R_a、l_a、h_a 符号意义同前。

2)设有连续导梁的分块预制的锚碇墙

导梁最大弯矩和预制板的竖向单宽最大弯矩分别按式(3-3-18)和式(3-3-19)进行计算。

3)双向悬臂的锚碇板

由拉杆拉力标准值产生的水平向和竖向最大弯矩分别按下列公式计算：

$$M_H = \frac{R_{AX}b}{8} \tag{3-3-20}$$

$$M_V = \frac{R_{AX}h_a}{8} \tag{3-3-21}$$

式中：　　b——锚碇板宽度(m)；

M_H、M_V——分别为拉杆拉力标准值产生的水平向和竖向最大弯矩($kN \cdot m$)；

其他符号意义同前。

四、拉杆

1.拉杆拉力的标准值

拉杆拉力的标准值(kN)按下式计算：

$$R_A = \xi_R \cdot R_a \cdot l_a \cdot \sec\theta \tag{3-3-22}$$

式中：θ——拉杆与水平线的夹角($°$)；

ξ_R——拉杆受力不均系数，预先拉紧时，可采用1.35；

其他符号意义同前。

拉杆在自重、土重及使用荷载作用下，将产生附加应力，应采取措施消除附加应力，这些措施包括设铰或打设支承桩等；对于未采取这些措施的拉杆，特别是刚性拉杆应计算附加应力。

2.拉杆断面计算

钢拉杆按中心受拉构件设计，拉杆直径按下式计算：

$$d = 2\sqrt{\frac{1\,000R_A\gamma_{RA}}{\pi f_t}} + \Delta d \tag{3-3-23}$$

式中：d——拉杆直径(mm)；

Δd——预留锈蚀量，取 $2\sim3$mm；

其他符号意义同前。

五、帽梁、导梁及胸墙结构计算

1.帽梁

主要承受由各板桩不均匀沉降产生的变形应力和船舶荷载的作用。

(1)一般情况下，帽梁内力很小，按构造确定尺度和配筋即可。

(2)当帽梁与系船柱块体浇筑成整体而不设专门承受系船力的锚碇结构时，帽梁应按强度配筋，并验算裂缝宽度。帽梁在水平向系船力的作用下，可视为以板桩顶为弹性支承的连续

梁,其内力可按文克尔地基上的弹性地基梁计算,其基床系数 K 可按下式计算:

$$K = \frac{3EI}{l^3 bh} \tag{3-3-24}$$

式中:K——基床系数(kN/m^3);

E——板桩墙的弹性模量(kN/m^2);

I——宽度为 b 时板桩墙的截面惯性矩(m^4);

l——板桩墙在拉杆以上的悬臂长度(m);

b——板桩墙的计算宽度,取 1.0m;

h——帽梁的高度(m)。

2. 导梁

导梁可按刚性支承连续梁计算其内力,拉杆拉力标准值产生的导梁和导梁悬臂段最大弯矩分别按下列公式计算:

$$M_{max} = \frac{1}{10} R_a l_a^2 \tag{3-3-25}$$

$$M_b = \frac{1}{2} R_a l_b^2 \tag{3-3-26}$$

式中:M_{max}——拉杆拉力标准值产生的导梁最大弯矩($kN \cdot m$);

M_b——拉杆拉力标准值产生的导梁悬臂段最大弯矩($kN \cdot m$);

l_b——导梁悬臂段长度(m);

l_a、R_a 符号意义同前。

钢筋混凝土导梁应按强度配筋,并验算裂缝宽度。钢导梁的强度应满足下式:

$$\frac{\gamma_{GQ} M_{max}}{1\,000 W} \leqslant f_t \tag{3-3-27}$$

式中:W——导梁的弹性抵抗矩(m^3);

其他符号意义同前。

3. 胸墙

为便于安装护舷、设置管道及减少板桩长度,有时将帽梁和导梁合并成胸墙,其竖向可按悬臂梁计算内力,取拉杆处为固端,主要荷载为墙后土体在其自重和码头顶面使用荷载作用下产生的主动土压力。当系船柱块体与胸墙整体浇筑而又不设单独锚碇系统时,尚应考虑系船力。系船力的作用宽度按以 45°向下扩散到拉杆处的原则确定。对于开敞式码头,还应考虑墙后的主动土压力和墙前波吸力的作用组合情况。

钢筋混凝土胸墙应按强度配筋,并验算裂缝宽度。

六、整体稳定性验算

板桩码头整体稳定性验算可采用圆弧滑动法,且一般只考虑滑动面通过板桩桩尖的情况;若桩尖以上或以下附近有软弱土层时,还应验算滑动面通过软弱土层的情况。整体稳定性的验算按《港口工程地基规范》(JTJ 250—98)的规定进行。需说明的是:①当滑动面通过桩尖以上附近软土层时,不计截桩力的有利作用;②当滑动面在锚碇结构前通过时,可不计拉杆力对稳定性的影响。

七、算例

某单锚钢板桩码头，锚碇结构为钢筋混凝土连续板，拉杆间距为 1.50m，码头断面图见图 3-1-1。试进行板桩墙内力和稳定计算。

1.设计条件

(1)水位：设计高水位为 1.76m，设计低水位为 -0.15m，极端低水位为 -1.71m，施工水位为 1.00m。

(2)码头面均布活载为 $q = 30$ kPa。

(3)船舶系缆力为 250kN，由单独的锚碇结构承担。

(4)剩余水头按 $1/3 \sim 1/2$ 平均潮差取用，本算例取 0.955m。

(5)波浪要素见表 3-3-2。

(6)土层分布及主要物理力学指标见断面图（图 3-1-1）。

(7)地震基本烈度为 6 度。

波 浪 要 素 表 3-3-2

波浪要素\组合情况	设计高水位			设计低水位			极端低水位		
	波周期 $T(s)$	波长 L (m)	$H_{1\%}$ 波高值 (m)	波周期 $T(s)$	波长 L (m)	$H_{1\%}$ 波高值(m)	波周期 $T(s)$	波长 L (m)	$H_{1\%}$ 波高值 (m)
持久组合	6.7	55.0	2.6	6.7	34.1	2.1	6.7	34.1	2.1
短暂组合	5.2		2.1	5.2		2.0			

2.作用效应组合

由于地震基本烈度为 6 度，不进行抗震计算，仅考虑持久状况和短暂状况的 5 种作用效应组合（表 3-3-3）。

作 用 效 应 组 合 表 3-3-3

组 合	水 位	荷 载	
		永久作用	可变作用
持久组合一	设计低水位	土体自重产生的主动土压力+剩余水压力	码头面均载产生的主动土压力+波吸力
持久组合二	设计高水位	土体自重产生的主动土压力	码头面均载产生的主动土压力+波吸力
持久组合三	极端低水位	土体自重产生的主动土压力+剩余水压力	码头面均载产生的主动土压力+波吸力
短暂组合一	设计低水位	土体自重产生的主动土压力	施工均载产生的主动土压力+波吸力
短暂组合二	设计高水位	土体自重产生的主动土压力	波吸力

3.板桩墙上的作用

作用在板桩墙的荷载有土压力、波浪力和剩余水压力，下面以持久组合一（设计低水位 -0.15m）为例进行确定。

1)土压力

土压力是板桩墙上的主要作用荷载，按式(3-3-4)计算土压力系数，计算结果见表 3-3-4。

按式(3-3-1)～式(3-3-3)计算由土体、码头面均载产生的土压力强度值,其分布见图 3-3-7。

2)波吸力

根据《海港水文规范》(JTJ 213—98)有关规定,判断板桩前产生立波;按立波波浪力公式计算,波吸力的分布见图 3-3-8。

3)剩余水压力

$$P_w = \gamma \Delta H = 10.25 \times 0.955 = 9.79 (\text{kPa})$$

剩余水压力分布见图 3-3-9。

土压力系数(持久组合)计算汇总　　　　　　　　　表 3-3-4

序　号			I	II	III	IV	V
土质名称			回填土	粉细砂	亚黏土	细砂	粗砂
高程(m)			3.35 1.30	1.30 −9.15	−9.15 −9.95	−9.95 −11.25	−11.25
Φ(°)			25	25	11	25	33
持久组合	墙后主动	δ(°)	8.33	8.33	5.5	9.33	11
		kPa	0.377	0.377	0.636	0.334	0.273
	墙前被动	δ(°)	—	16.67	8.25	18.67	20
		kPa	—	4.080	1.741	5.153	7.326

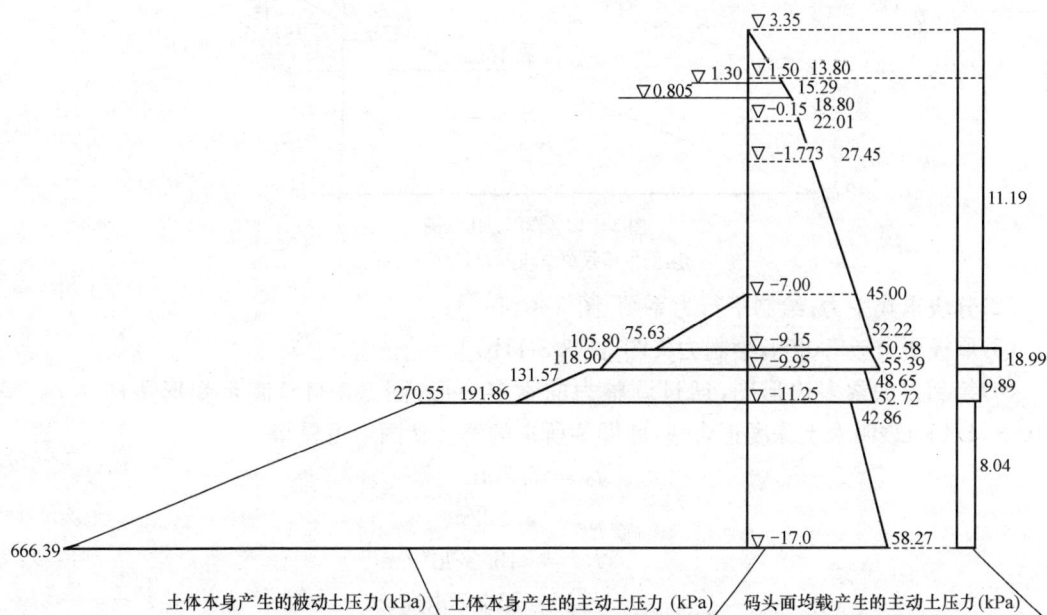

图 3-3-7　土压力分布图(高程单位:m)

99

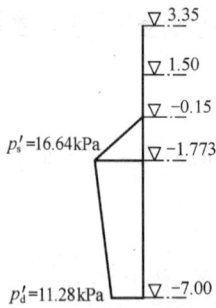

图 3-3-8 波吸力分布图

注:图中压强单位:kPa,高程单位:m

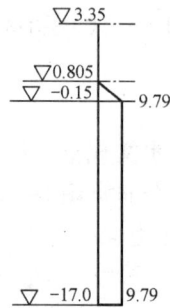

图 3-3-9 剩余水压力分布图

注:图中压强单位:kPa,高程单位:m

4. 板桩墙的内力和稳定计算

按板桩底端弹性嵌固工作状态考虑,采用罗迈尔法计算单锚板桩和无锚板桩(施工期)入土深度、板桩墙内力。本算例按承载能力极限状态进行设计,下面仍以持久组合一(设计低水位-0.15m)为例。

1)图解法求解板桩墙弯矩、拉杆拉力和板桩入土深度

(1)合计土压力、剩余水压力、波吸力,并绘制作用力压强图(图 3-3-10)。

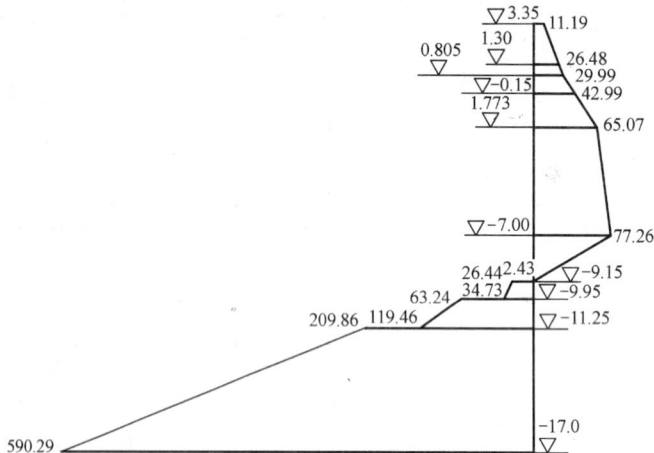

图 3-3-10 作用力压强图

注:图中压强单位:kPa,高程单位:m

(2)分块求集中力,绘制平行力系图[图 3-3-11a]。

(3)取极距 $\eta = 200$kN,绘制力矢图[图 3-3-11b]。

(4)绘制力的索多边形图,通过调整力的索多边形,图 3-3-11c)满足变形条件 $y_1/y_2 = 1.10 \sim 1.15$,表明入土深度正合适,此即为所求的解。从图中可量得:

$$t_0 = 7.20\text{m}$$

$$y_{\max} = 4.222\text{m}$$

$$R_a = 313.52\text{kN/m}$$

$$E'_p = 736.30\text{kN/m}$$

(5)板桩最大弯矩:$M_{\max} = y_{\max}\eta\xi = 4.222 \times 200 \times 0.8 = 675.52\text{kN} \cdot \text{m/m}$

(6)拉杆拉力:$R_A = R_a\xi_R l_a = 313.52 \times 1.35 \times 1.5 = 634.88\text{kN}$

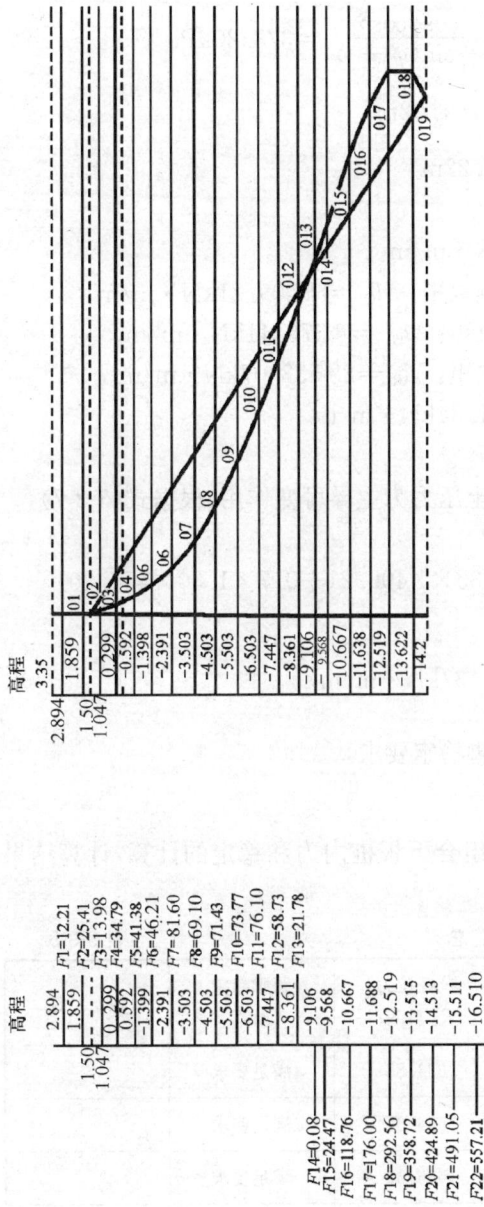

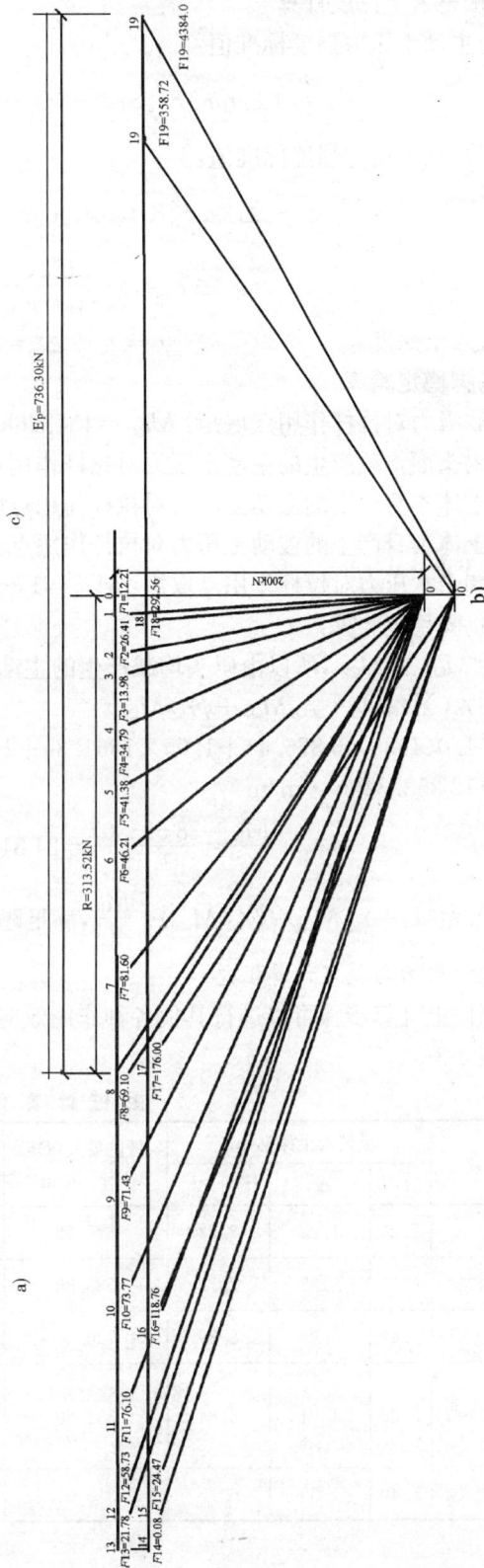

图 3-3-11　持久组合、设计低水位 (-0.15m) 情况下的板桩墙端弯矩、拉杆拉力和板桩入土深度计算图解
a) 平行力系图;b) 力矢图;c) 力的索多边形图

（7）板桩入土深度计算

墙前主动土压力强度标准值：

$$e'_{ax} = (\sum \gamma_i h_i) K'_a \cos\delta - 2c \frac{\cos\varphi \cos\delta}{1-\sin(\varphi+\delta)} = 18.44 \text{kPa}$$

墙后被动土压力强度标准值：

$$e'_{px} = [(q + \sum \gamma_i h_i)] K'_p \cos\delta + 2c \frac{\cos\varphi \cos\delta}{1-\sin(\varphi+\delta)} = 378.20 \text{kPa}$$

$$\Delta t = \frac{E'_p}{2(e'_{px} - e'_{ax})} = 1.02 \text{m}$$

板桩入土深度：
$$t = t_0 + \Delta t = 8.22 \text{m}$$

2）踢脚稳定验算

（1）波吸力对拉杆作用点取矩：$M_{Q2} = 454.26 \text{kN·m/m}$。

（2）码头面均载产生的主动土压力对拉杆作用点取矩：$M_{Q1} = 1\,409.21 \text{kN·m/m}$。

（3）土体本身产生的主动土压力对拉杆作用点取矩：$M_{G1} = 6\,376.41 \text{kN·m/m}$。

（4）土体本身产生的被动土压力对拉杆作用点取矩：$M_R = 28\,533.07 \text{kN·m/m}$。

（5）剩余水压力对拉杆作用点取矩：$M_{G2} = 1\,361.34 \text{kN·m/m}$。

（6）踢脚稳定验算：

因为 $M_{Q1} > M_{Q2}$，所以由码头均载产生的主动土压力为主导可变作用，根据式（3-3-7）：

$$\gamma_0 (\sum \gamma_G M_G + \gamma_{Q1} M_{Q1} + \psi \gamma_{Q2} M_{Q2})$$

$$= 1.0(1.35 \times 6\,376.41 + 1.05 \times 1361.34 + 1.35 \times 1\,409.21 + 0.7 \times 1.30 \times 454.20)$$

$$= 12\,353.32 \text{kN·m/m}$$

$$\frac{M_R}{\gamma_d} = \frac{28\,533.07}{1.15} = 24\,811.37 \text{kN·m/m}$$

$\gamma_0 (\sum \gamma_G M_G + \gamma_{Q1} M_{Q1} + \psi \gamma_{Q2} M_{Q2}) < \dfrac{M_R}{\gamma_d}$，满足踢脚稳定要求。

5. 板桩内力与稳定计算汇总

参照以上计算步骤可以进行其他各种作用效应组合下板桩内力和稳定的计算，计算结果汇总于表3-3-5。

板 桩 计 算 汇 总 表3-3-5

组　合	板桩入土深度(m)			板桩最大弯矩 (kN·m/m)	拉杆拉力 R_A (kN)	踢脚稳定验算	备　注
	t_0	Δt	$t_0 + \Delta t$				
持久组合一	7.20	1.02	8.22	675.52	634.88	满足要求	
持久组合二	6.75	0.98	7.73	583.36	598.37	满足要求	
持久组合三	7.40	0.99	8.39	726.40	636.62	满足要求	
短暂组合一	5.80	1.04	6.84	331.80	—	不满足要求	调整入土深度为7.45m后，踢脚稳定满足要求
短暂组合二	5.40	1.35	6.75	310.00	—	满足要求	

第四节　其他形式板桩码头的计算特点 *

一、斜拉桩板桩码头计算

斜拉桩板桩结构通过刚度较大的上部结构把连续板桩墙、斜拉桩形成整体,从结构的几何形态看呈"鸭脖式",可视为板桩和斜拉桩及承台所组成的半叉桩结构。由于板桩强度有限,结构比较单薄,故斜拉桩板桩结构不适用于地面荷载大的深水岸壁码头。斜拉桩板桩结构的受力情况及工作机理比一般板桩复杂,目前常用的计算方法主要有三种。

1.按一般单锚板桩计算的简化法

简化法将板桩和斜拉桩分开计算[图 3-4-1a)],其计算要点如下:

(1)在计算板桩墙上的土压力时不考虑斜拉桩的遮帘作用,按一般单锚板桩墙弹性线法计算出板桩墙的入土深度、跨中最大弯矩和拉杆力[图 3-4-1b)]。

(2)单锚板桩墙的锚着点拉力 R 由板桩和斜桩铰接所形成的半叉桩结构来承受,求解这个半叉桩结构得到板桩的轴向压力及斜拉桩的拉力[图 3-4-1c)]。

(3)根据算出的轴向拉、压力按桩承载力的计算方法确定板桩墙和斜拉桩的入土深度。

(4)根据算出的板桩墙最大跨中弯矩和轴向压力按偏心受压构件设计板桩墙的断面。

(5)把斜拉桩视为下端弹性嵌固于地基中的顶端有铰支承的梁,按竖向弹性地基梁用"m"法计算其在拉杆力和桩后土压力作用下的内力[图 3-4-1d)],然后以算出的内力设计斜拉桩的断面。

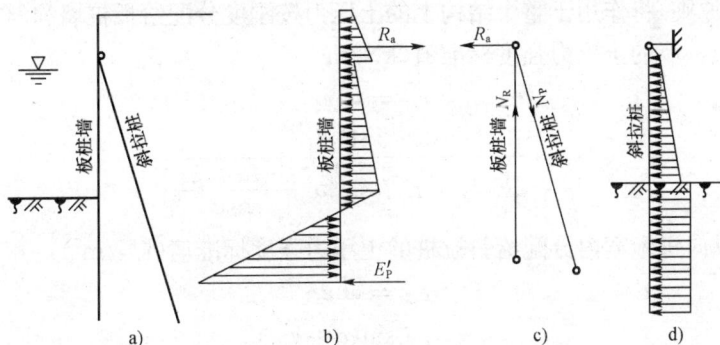

图 3-4-1　板桩墙与斜拉桩分算的计算图式

采用简化法计算得到的斜拉桩内力偏于危险;由于未考虑斜拉桩的遮帘作用,板桩的计算弯矩偏大。

2.刚架计算法

此法将斜拉桩板桩码头视为由板桩、斜拉桩、帽梁组成的一个下端嵌固的刚架[图 3-4-2a)],考虑斜拉桩的遮帘作用,并作如下假定:①帽梁的刚度与板桩、斜拉桩相比是绝对刚性体;②板桩与斜拉桩均在一定的入土深度被嵌固。

下面介绍具体的计算方法:

1)土压力计算

根据已有的一些原体观测结果表明,作用在整个结构上的总主动土压力强度标准值[图 3-4-2b)]与一般板桩墙按库伦法的计算结果很接近,可按下式计算:

(1)计算水底以上的土压力强度。

$$e_a = (q + \sum \gamma h)K_a - \frac{2c\cos\varphi}{1+\sin\varphi} \quad (3-4-1)$$

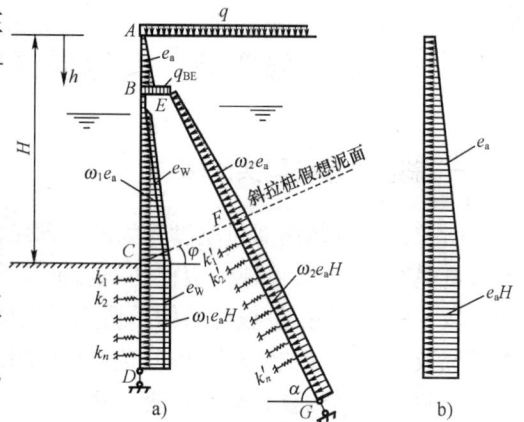

图 3-4-2　刚架计算法计算图式
a)计算简图(每米宽);b)总主动土压力

式中:e_a——计算面的主动土压力强度标准值(kN/m²);

q——码头地面上的均布荷载值(kN/m²);

γ——计算面以上各土层的重度(kN/m²);

h——计算面以上各土层的重度(kN/m²);

K_a——计算面的主动土压力系数,计算时取 $\delta = 0$;

c——计算土层土的黏聚力标准值(kN/m²)。

(2)计算水底以下的土压力强度值等于计算水底处的土压力强度标准值 e_{aH},即土压力为矩形分布。

2)土压力在板桩墙和斜拉桩上的分配

作用在整个结构上部的土压力如何在板桩和斜拉桩之间进行分配是一个比较复杂的问题,它与桩的刚度、斜度以及符合何种形式的变形协调等因素有关。根据对已建码头的验算,可采用刚度分配原则,将作用于整个结构上的土压力按刚度分配给板桩墙和斜拉桩。

(1)分配给板桩墙的土压力强度标准值(kN/m²):

$$e_{a1} = \omega_1 e_a \quad (3-4-2)$$

$$\omega_1 = \frac{aE_1 I_1}{aE_1 I_1 + E_2 I_2 \sin^2\alpha \left[\dfrac{\sin(\alpha+\beta)}{\cos\varphi}\right]^3} \quad (3-4-3)$$

(2)沿码头纵向每米宽内分配给斜拉桩的土压力强度标准值(kN/m²):

$$e_{a2} = \omega_2 e_a \quad (3-4-4)$$

$$\omega_2 = \frac{E_2 I_2 \left[\dfrac{\sin(\alpha+\varphi)}{\cos\varphi}\right]\sin\alpha}{aE_1 I_1 + E_2 I_2 \sin^2\alpha \left[\dfrac{\sin(\alpha+\varphi)}{\cos\varphi}\right]^3} \quad (3-4-5)$$

式中:ω_1——对板桩墙的分配系数;

ω_2——对斜拉桩的分配系数;

a——斜拉桩的间距(m);

E_1、I_1——板桩墙的弹性模量(kN/m²)和每米宽板桩墙截面惯性矩(m⁴/m);

E_2、I_2——斜拉桩的弹性模量(kN/m²)和一根斜拉桩的截面惯性矩(m⁴);

α——斜拉桩轴线与水平面的夹角(°);

φ——水底处土的内摩擦角(°)。

3)剩余水压力计算

作用在板桩墙上的剩余水压力与一般的板桩码头同样确定。

4)平面刚架计算

此平面刚架可采用变位法求解,它只有水平位移 a、转角 φ 和斜拉桩桩顶垂直位移 b ,3个未知数,其具体计算方法可参阅本章参考文献[17]介绍的"刚性桩台横向排架的计算"。

按平面刚架计算时,可不考虑桩尖沉降的影响,板桩墙和斜拉桩的入土段按竖向弹性地基梁计算。并按《港口工程桩基规范》(JTJ 254—98)的有关规定验算板桩墙和斜拉桩的轴向承载力。

当预计码头后回填土和下卧土层有较大沉降时,应考虑其对斜拉桩的影响,此时,可在沉降土层作用于斜拉桩的 e_{a2} 上加 e_{a2}'(kN/m)来考虑。e_{a2}' 可按下式计算:

$$e'_{a2} = (q + \sum \gamma h)\omega_3 \cos^2 \alpha \tag{3-4-6}$$

式中:γ、h ——计算面以上各沉降土层的重度(kN/m³)和厚度(m);

　　　ω_3 ——考虑斜拉桩间隔布置的折减系数,可按表 3-4-1 采用。

折 减 系 数 ω_3　　　　　　　　　　　　表 3-4-1

B/a	0.10	0.15	0.20	0.25	0.30	0.35	0.40
ω_3	0.40	0.55	0.66	0.74	0.80	0.85	0.88

注:B 为桩宽;a 为斜拉桩的间距。

3. 按桩顶端铰接的组合梁计算

此法将斜拉桩和板桩视为嵌固于土中的组合梁,考虑斜拉桩的遮帘作用,并假定:①板桩和斜拉桩均在一定的入土深度被嵌固;②板桩和斜拉桩的连接为铰接。其计算图式[如图3-4-3a)]所示,其中 V 和 H 是上部结构(胸墙或承台)传下来的垂直合力和水平合力。

下面采用力法求解。从上端铰接点处切开,分成板桩墙和斜拉桩两个隔离体;这两个隔离体除作用有各自的土压力和水压力外,顶端还分别作用有轴向力 N_1 和 N_2 及横向力 Q_1 和 Q_2 [图 3-4-3b)、c)];两隔离体在各自的 N 及 Q 和土压力及水压力作用下,在板桩顶和斜拉桩顶处产生的轴向位移 e 和横向位移 x 分别为:

$$e_1 = \frac{N_1}{C_{eN_1}}; \quad e_2 = \frac{N_2}{C_{eN_2}} \tag{3-4-7}$$

$$\left. \begin{array}{l} x_1 = x_{01} + \varphi_{01}h_1 + \Delta_{01} + f_{Q1} \\ x_2 = x_{02} + \varphi_{02}h_2 + \Delta_{02} + f_{Q2} \end{array} \right\} \tag{3-4-8}$$

式中:C_{eN_1}、C_{eN_2} ——分别为板桩墙和斜拉桩的轴向变形的刚性系数;

　　　x_1、x_2 ——分别为板桩墙和斜拉桩在铰接点处的横向位移;

　　　x_{01}、x_{02} ——分别为板桩墙和斜拉桩在计算泥面处的横向位移;

　　　φ_{01}、φ_{02} ——分别为板桩墙和斜拉桩在计算泥面处的转角;

　　　h_1、h_2 ——分别为板桩墙和斜拉桩在计算泥面以上的悬臂长度;

　　　Δ_{01}、Δ_{02} ——分别为板桩墙和斜拉桩在墙后土压力和水压力作用下在铰接点处的横向位移;

　　　f_{Q1}、f_{Q2} ——分别为板桩墙和斜拉桩在剪力 Q 作用下在铰接点处的横向位移。

根据板桩墙和斜拉桩在铰接点处变形的连续条件,即两者在铰接点处的垂直位移和水平位移分别都相等,得:

$$e_1\cos\alpha_1 - x_1\sin\alpha_1 = e_2\cos\alpha_2 + x_2\sin\alpha_2 \qquad (3\text{-}4\text{-}9)$$

$$e_1\sin\alpha_1 + x_1\cos\alpha_1 = -e_2\sin\alpha_2 + x_2\cos\alpha_2 \qquad (3\text{-}4\text{-}10)$$

根据铰接点力系的平衡条件[图 3-4-3c)],得:

$$N_1\cos\alpha_1 - Q_1\sin\alpha_1 + N_2\cos\alpha_2 + Q_2\sin\alpha_2 = V \qquad (3\text{-}4\text{-}11)$$

$$N_1\sin\alpha_1 - Q_1\cos\alpha_1 + N_2\sin\alpha_2 + Q_2\cos\alpha_2 = H \qquad (3\text{-}4\text{-}12)$$

联立求解式(3-4-9)、式(3-4-10)、式(3-4-11)、式(3-4-12),得 N_1、Q_1、N_2 和 Q_2。已知 Q_1 和 Q_2,分别用材料力学方法和"m"法计算地基表面以上和以下墙段的内力。此法一般适用于由钢板桩和钢桩组成的斜拉桩式板桩结构。采用此法计算时,板桩墙和斜拉桩上的土压力按刚架计算法一样计算。本章参考文献[16]中介绍的组合式悬臂梁法采用了另一种土压力计算的方法,也可供参考。

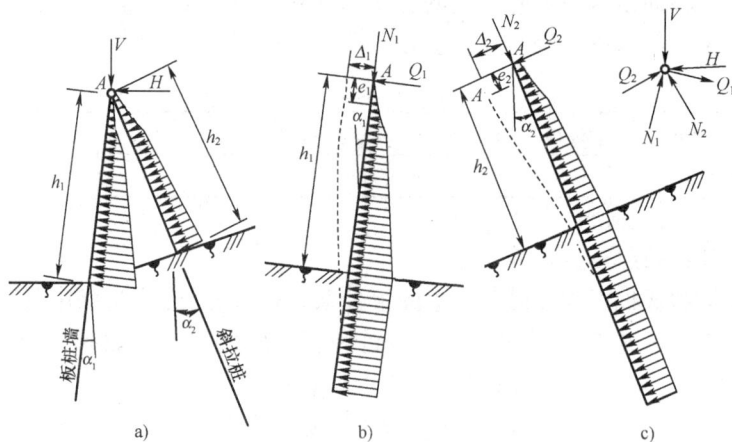

图 3-4-3 顶端铰接的斜拉桩板桩结构计算图式

目前对于斜拉桩板桩结构还没有一个普遍公认的较好的计算方法。相比之下上述三个方法中,刚架计算法符合已知原型观测及模型试验反映的工作机理,计算结果也比较经济,是《板桩码头设计与施工规范》(JTJ 292—98)推荐的计算方法。但该法未考虑斜拉桩桩宽、间距等影响,也存在着不够合理的地方。

二、遮帘式板桩码头实用计算

遮帘式板桩码头的特点是采用遮帘桩来减小板桩墙的土压力和内力。由于板桩墙和遮帘桩是柔性结构,作用于码头板桩墙的土压力(包括遮帘桩前土体的土压力和遮帘桩后土传递到码头板桩墙的土压力),使板桩墙后的土体不仅发生压缩变形,还发生剪切变形。土体参与工作,有助于减小板桩结构的内力,但也使作用在板桩墙后的土压力的计算更加复杂,至今尚没有成熟的计算方法。下面介绍本章参考文献[19]提出的遮帘式板桩码头实用计算方法,可供参考。

图 3-1-7 是一种较典型的全遮帘式板桩码头,遮帘桩没有通过上部结构与板桩墙连接在一起,但板桩墙和遮帘桩通过拉杆共用一个锚碇。取板桩墙、遮帘桩、板桩墙至遮帘桩间的拉

杆(简称"小拉杆")、遮帘桩至锚碇结构间的拉杆(简称"大拉杆")和土体作为单元体,计算模型如图 3-4-4 所示。其中大拉杆和小拉杆分别采用"大弹簧"和"小弹簧"模拟;板桩墙与遮帘桩间通过土体的传力采用"弹性连杆"模拟,此弹性连杆受压时简化为弹簧,受拉时,刚度为零(土体不能承受拉力),也就是说当板桩墙变位大于遮帘桩的变位时,将弹性连杆取消。弹性连杆与板桩墙和遮帘桩的连接均假定为铰接;遮帘桩和板桩墙作为竖向弹性地基梁采用"m"法计算。

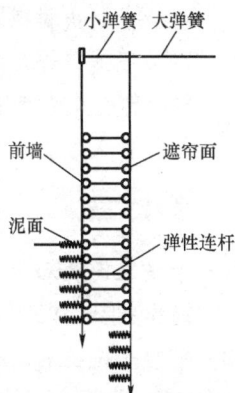

图 3-4-4　计算模型

根据图 3-4-4 所示的计算模型,计算遮帘式板桩的关键是确定作用在板桩墙和遮帘桩上的土压力、桩间土体和拉杆的弹性系数以及水平地基反力系数等,其计算要点如下:

(1)采用假想遮帘面法计算作用在板桩墙上的土压力。该土压力既包括板桩墙与遮帘桩之间土体作用于板桩墙的土压力,也包括遮帘桩之间的土体作用于板桩墙的土压力。

(2)计算遮帘桩变形传给板桩墙的力。遮帘桩变形传给板桩墙的土压力是用弹性连杆来模拟的。按计算模型(图 3-4-4)计算求出各弹性连杆的反力 R 后,就可得到遮帘桩传给板桩墙的土压力强度。

(3)遮帘桩承受的土压力计算。作用于遮帘桩上的土压力包括作用在遮帘桩前、后两侧的土压力。作用于遮帘桩后侧的土压力与板桩墙和遮帘桩的相对水平位移有关。遮帘桩为受弯构件,以其最大挠度(即最大水平位移处)位置 O 点为分界点,将遮帘桩分为上下两段。由于遮帘桩上段的水平位移小于板桩墙的水平位移,其两侧和后侧土体有向前移动的趋势,所以遮帘桩上段按主动土压力计算;遮帘桩下段的水平位移不会比板桩墙的大,则下段按静止或主动土压力计算。作用于遮帘桩前侧的土压力为板桩墙计算土压力乘"工作宽度"。

(4)确定地基水平反力系数 K 值,包括板桩墙的水平地基反力系数和遮帘桩下部的水平地基反力系数。

(5)确定桩间土体、拉杆的弹性系数,包括:①板桩墙与遮帘桩间土体简化为弹性连杆的弹性系数;②遮帘桩后"大拉杆"的弹性系数;③板桩墙与遮帘桩之间"小拉杆"的弹性系数。

遮帘式板桩的具体计算过程可参阅本章参考文献[19]。

思考题

1. 板桩码头有哪几种结构形式?适用条件分别是什么?

2. 单锚板桩墙有哪几种工作状态?其土压力分布有什么特点?

3. 单锚板桩墙的计算常采用什么方法?为什么要进行"踢脚"稳定性验算?试述罗迈尔法和竖向弹性地基梁法的计算要点。

4. 如何验算锚碇墙(板)的稳定性和确定锚碇墙(板)到板桩墙的距离?为什么要计算锚碇墙(板)的位移?

5. 拉杆、帽梁、导梁的作用分别是什么?如何计算?

6.试说明板桩码头的整体稳定性验算方法。

7.地下连续墙码头有何特点?有哪些结构形式?其断面形式、尺寸和接头方式有何不同?

8.试叙述斜拉桩板桩码头结构的特点、适用条件和计算方法。

9.为什么遮帘式板桩结构可以用于建造大型深水码头?

参考文献

[1] 中华人民共和国行业标准.板桩码头设计与施工规范.(JTJ 292—98)[S].北京:人民交通出版社,1998.

[2] 中华人民共和国行业标准.港口工程地下连续墙结构设计与施工规程(JTJ 303-2003)[S].北京:人民交通出版社,2004.

[3] 中华人民共和国行业标准.海港水文规范(JTJ 213—98)[S].北京:人民交通出版社,1998.

[4] 中华人民共和国行业标准.港口工程荷载规范(JTJ 215—98)[S].北京:人民交通出版社,1998.

[5] 交通部基建管理司.水运工程技术四十年[M].北京:人民交通出版社,1996.

[6] 陆震铨,祝国荣.地下连续墙的理论与实践[M].北京:中国铁道出版社,1987.

[7] 三航研科所,南科所.上钢一厂斜拉桩板桩码头原型观测报告,1979.

[8] 吕尧苏.斜拉桩式钢板桩码头设计.中国海上油气工程,1989.

[9] 李元音,刘永绣.遮帘式板桩码头结构的空间有限元分析[J].港工技术,2005(S1).

[10] 刘永绣.板桩码头向深水化发展的方案构思和实践[J].港工技术,2005(S1).

[11] 焦志斌.遮帘式板桩码头原型观测技术研究[J].港工技术,2005(S1).

[12] 蔡正银.遮帘式板桩码头土压力离心模型试验研究[J].港工技术,2005(S1).

[13] 交通部第一航务勘察设计院.港口工程结构设计算例[M].北京:人民交通出版社,1999.

[14] 吕凤梧,等.超深开挖面地下连续墙受力机理和基于可靠度的优化设计[J].建筑施工,Vol.26.No.1,2003.

[15] 谢耀辉,等.某深水港岸坡桩基码头设计方案有限元分析[J].地下空间与工程学报,Vol.1,2005.12.

[16] 中交第一航务工程勘察设计院.海港工程设计手册(中册)[M].北京:人民交通出版社,1994.

[17] 陈万佳.港口水工建筑物[M].北京:人民交通出版社,1989.

[18] 严恺.海港工程[M].北京:海洋出版社,1996.

[19] 刘永锈.板桩和地下墙码头的设计理论和方法[M].北京:人民交通出版社,2006.

[20] 范文田.地下墙柱静力计算[M].北京:人民铁路出版社,1979.

[21] 交通部第三航务工程勘察设计院.码头新型结构[S].北京:人民交通出版社,1999.

第四章　高桩码头

高桩码头是应用广泛的主要码头结构形式。高桩码头适宜作成透空结构,其结构轻,减弱波浪的效果好,砂石料用量省,对于挖泥超深的适应性强。高桩码头适用于可以沉桩的各种地基,特别适用于软土地基。在岩基上,如有适当厚度的覆盖层,也可采用桩基础;覆盖层较薄时可采用嵌岩桩。高桩码头的缺点是对地面超载和装卸工艺变化的适应性差;接岸结构处理不当时,易发生侧向位移、变形、开裂等现象;耐久性不如重力式和板桩式码头,构件易损坏且难修复,近年来在一些大型高桩码头的建设中采取了相应措施,取得了较好的效果,使高桩码头的使用年限达 50 年的技术要求。

第一节　高桩码头的结构形式及其特点

高桩码头的结构形式可按桩台宽度和挡土结构以及上部结构形式等进行分类。

一、按桩台宽度和接岸结构分类

顺岸式高桩码头按平面布置可分为满堂式和引桥式两种,其中满堂式码头又可分为窄桩台(图 4-1-1)和宽桩台(图 4-1-2)两种。前者设有较高的挡土结构,后者无挡土结构或设有较矮的挡土墙。图 4-1-8 所示为引桥式布置的高桩码头。

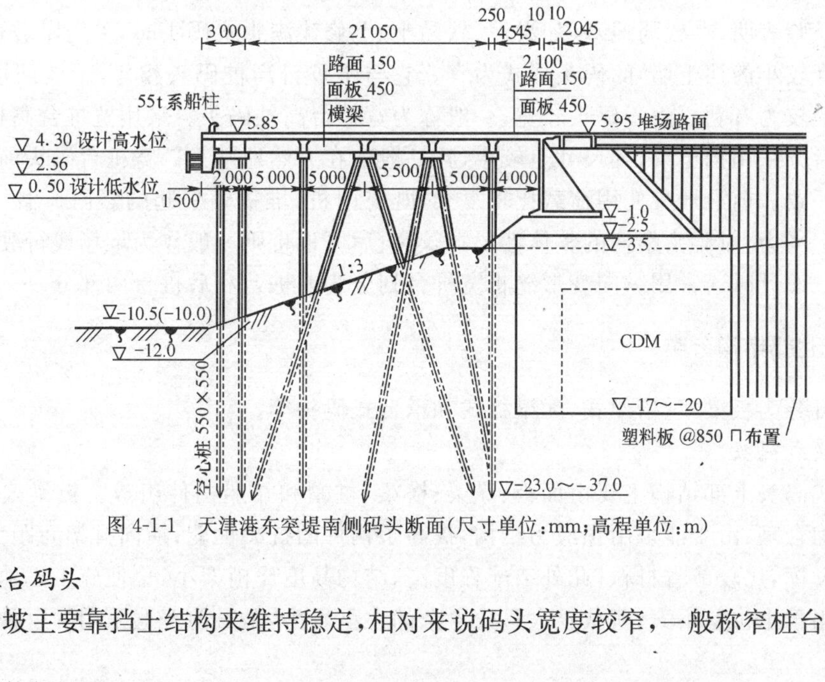

图 4-1-1　天津港东突堤南侧码头断面(尺寸单位:mm;高程单位:m)

1. 窄桩台码头

码头岸坡主要靠挡土结构来维持稳定,相对来说码头宽度较窄,一般称窄桩台高桩码头。

在地基较好、土方回填量较小或回填料较便宜的地区，采用窄桩台高桩码头一般比较经济。当良好持力层埋藏较深，而上层土质又较差时，经技术经济比较也可采用深层水泥搅拌等方法加固地基，并在其上建造挡土墙作为接岸结构。

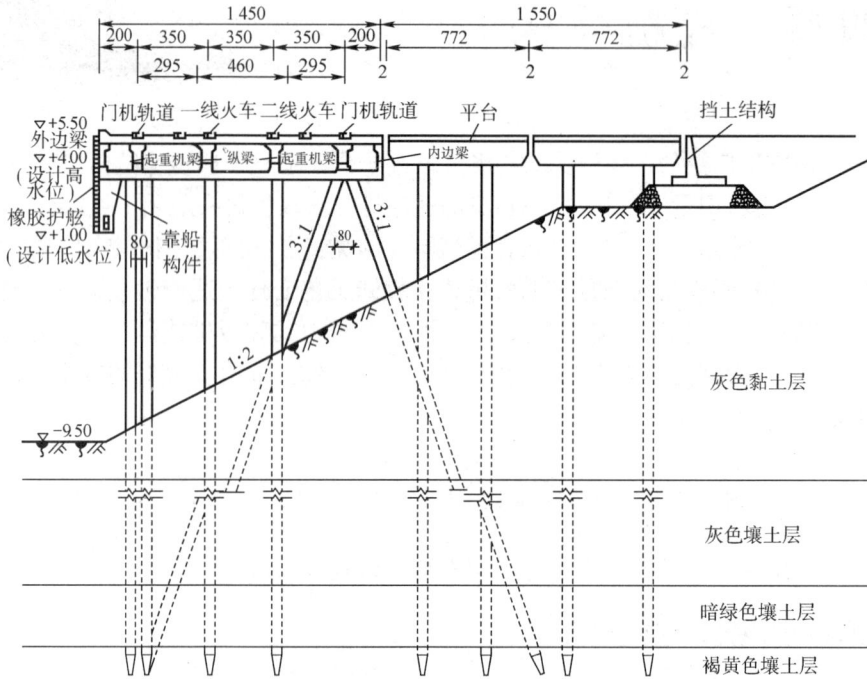

图 4-1-2　上海港某宽桩台高桩码头（尺寸单位：cm；高程单位：m）

2. 宽桩台高桩码头

设计经验表明，在软弱地基（如淤泥、软黏土）上修建满堂式码头时，采用岸坡自然稳定（包括修建高度较小的挡土墙）的码头形式为宜。它与窄桩台高桩码头相比，岸坡回填土方量少，对岸坡稳定较为有利。由于码头较宽，一般称为宽桩台高桩码头。采用宽桩台高桩码头时，即使在码头后方采用挡土墙，其尺寸也较小，且一般建在天然地基上。宽桩台码头前后方的使用要求并不一致。前沿地带使用荷载比较复杂，既有门机、堆货等引起的竖向荷载，又有系靠船舶引起的水平力，对码头结构的整体性要求较高；后方地带则一般作为堆场或行驶小型流动机械的通道。设计时通常用纵向变形缝将宽桩台划分为前桩台和后桩台两部分。

二、按上部结构分类

一般可分为板梁式、桁架式、无梁板式和承台式码头等。

1. 板梁式码头

板梁式码头上部结构主要由面板、纵梁、横梁、桩帽和靠船构件组成。板梁式码头各个构件受力明确合理；由于能采用预应力结构，提高了构件的抗裂性能；横向排架间距大，桩的承载力能充分发挥，比较节省材料；此外装配程度高，结构高度比桁架小，也使施工迅速、造价较低。它一般适用于水位差不大、荷载较大且较复杂的大型码头，是目前普遍采用的一种上部结构形式(图 4-1-3)。宝钢马迹山港 25 万吨级卸船码头(图 4-1-4)采用高桩板梁式结构,设置了 3 个大节点、双横梁和钢水平撑,使码头整体刚度增大以适应开敞海域中建设大吨位深水码头的需要。在码头前沿设置双层系靠船结构和多层系靠船结构(或单独设置浮式系靠船设施)时,可分别适用于水位差 5～8m 的港口(图 4-1-5)和水位差 8～17m 的港口(图 4-1-6),近年来长江中下游地区及内河的直立式码头采用此类形式较多。板梁式码头的缺点是:构件的类型和数量多,施工仍较麻烦,上部结构底部轮廓形状复杂,死角多,水气不易排除,构件中钢筋易锈蚀。为简化施工,上海等地区发展了空心大板码头(图 4-1-7),上部结构采用预制横梁和空心大板,以代替横梁、纵梁和叠合板。

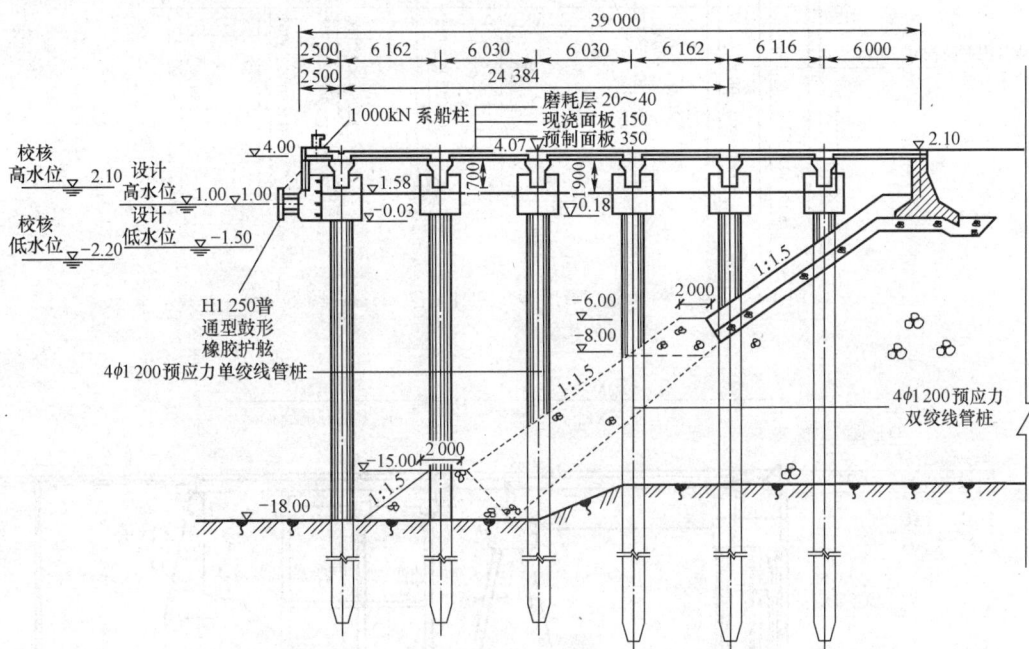

图 4-1-3　赤湾港全直桩后张预应力混凝土大管桩码头(尺寸单位:mm;高程单位 m)

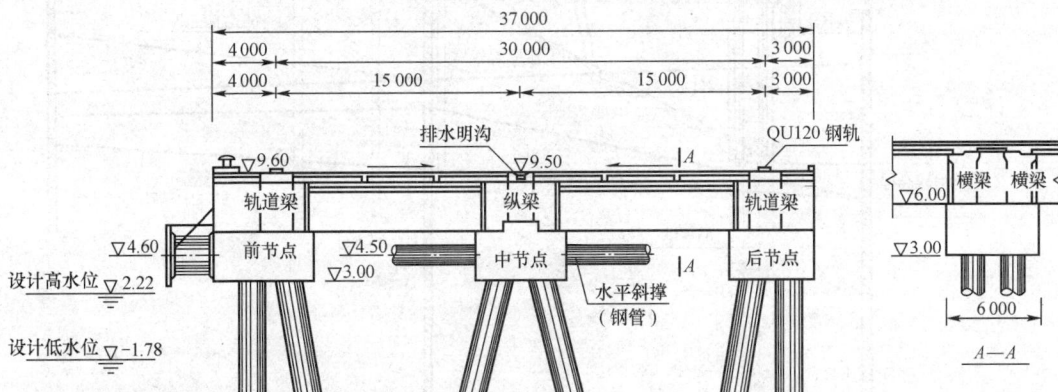

图 4-1-4　上海宝钢马迹山 25 万吨级卸船码头(尺寸单位 mm;高程单位:m)

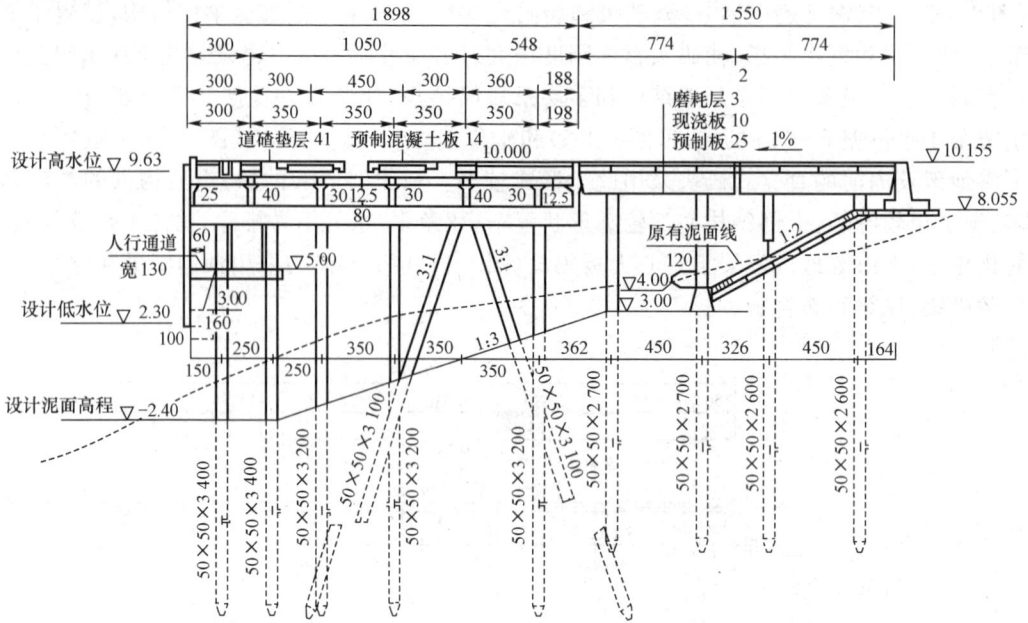

图 4-1-5 南京 9424 钢厂专用码头(尺寸单位:cm;高程单位:m)

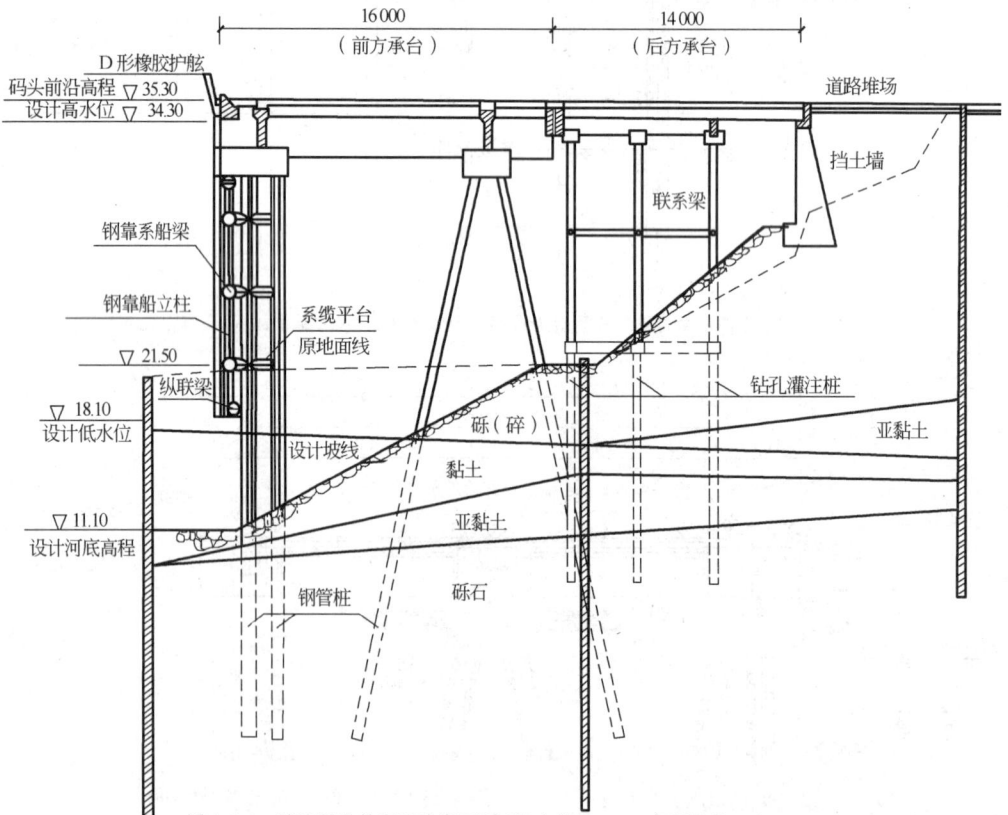

图 4-1-6 城陵矶港外贸码头断面图(尺寸单位:mm;高程单位:m)

2.桁架式(又称框架式)码头

桁架式码头上部结构主要由面板、纵梁、桁架和水平撑组成(图4-1-8)。桁架式高桩码头整体性好、刚度大;由于上部结构高度大,当水位差较大时还可采用两层或多层系缆,曾是我国解放前普遍采用的一种结构形式。但由于施工比较麻烦,材料用量多,造价较高,所以在水位差不大的海港和河口港中逐渐被板梁式高桩码头所代替。目前在水位差较大需多层系缆的内河港口有应用,重庆寸滩一期工程集装箱码头设计水位差达33m,码头前沿采用7层系靠船平台(图4-1-9)。对无掩护的海港和需抗震设防的港口采用桁架式码头形式也可增加码头的刚度和整体性(图4-1-10)。

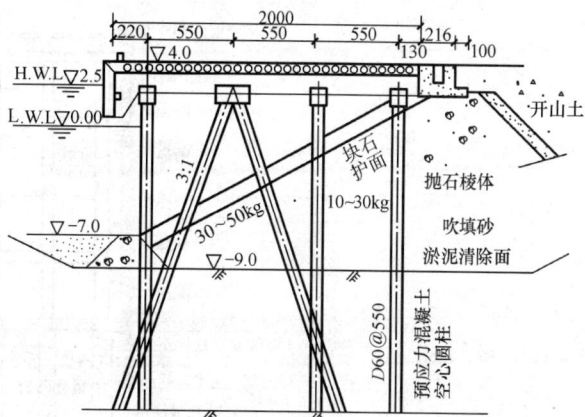

图4-1-7 赤湾港先张预应力混凝土管桩(大同桩)基础码头断面图(尺寸单位:cm;高程单位:m)

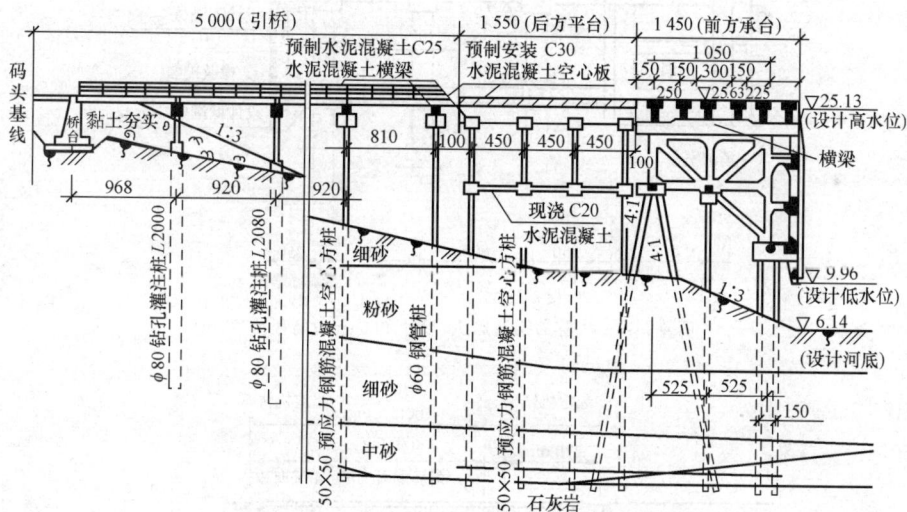

图4-1-8 武汉港杨泗庙双层桁架高桩码头(尺寸单位:cm;高程单位:m)

3.无梁板式高桩码头(图4-1-11)

上部结构主要由面板、桩帽和靠船构件组成,面板直接支承在桩帽上,其结构简单,施工迅速,造价也低。面板为双向受力构件,采用双向预应力有困难;面板位置高,使靠船构件悬臂长度增大,给靠船构件的设计带来困难;此外桩的自由高度大,对结构的整体刚度和桩的耐久性不利。因此无梁板式高桩码头仅适用于水位差不大、集中荷载较小的中小型码头。

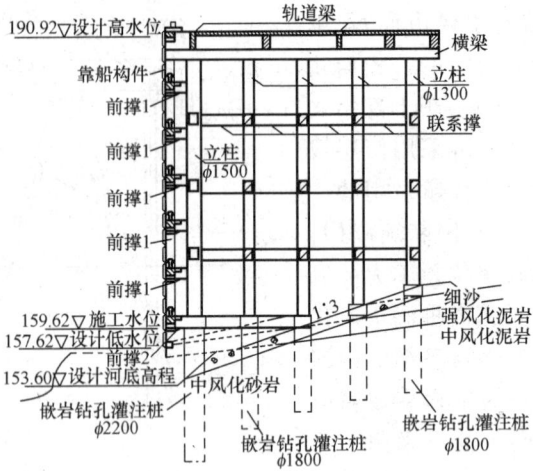

图 4-1-9　重庆寸滩集装箱码头结构断面图(尺寸单位:mm;高程单位:m)

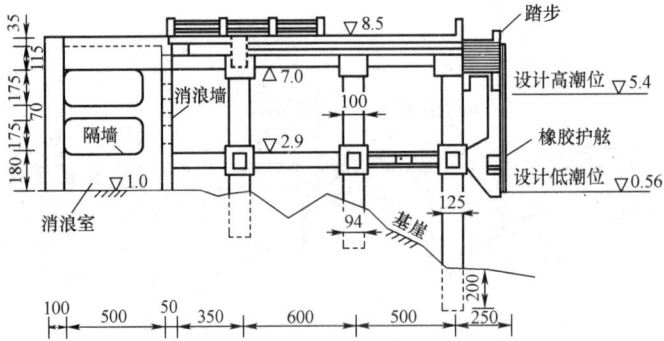

图 4-1-10　大陈岛交通码头(尺寸单位:cm;高程单位:m)

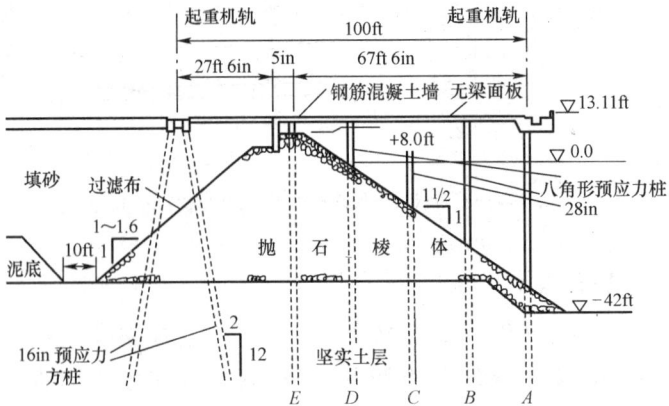

图 4-1-11　无梁板式高桩码头(旧金山奥克兰港)

4.承台式高桩码头(图 4-1-12)

承台式结构是早期使用的一种上部结构形式,主要由水平承台、胸墙和靠船构件组成,承台上面用砂、石料回填。承台一般采用混凝土或钢筋混凝土结构。这种结构刚度大、整体性好,但自重(包括填砂、石料)大,需桩多,承台现浇工作量大,目前已很少采用。

此外,不同地区由于自然条件、使用要求的不同,也采用过其他高桩码头结构。如在高桩板梁码头上部结构的一侧或两侧设置伸入水中有一定深度的挡浪设施或采用带消浪室的高桩结构(图4-1-13),码头既能供船舶靠泊,也具有防波功能。又如大水位差地区常采用内河墩式码头(图 4-1-14),其上设置桥式起重机进行装卸船作业,码头一般由系靠船墩、简支伸臂梁和墩柱组成,其中系靠船墩可设置 3~4 层系靠船结构,也可单独设置浮式系靠船设施。

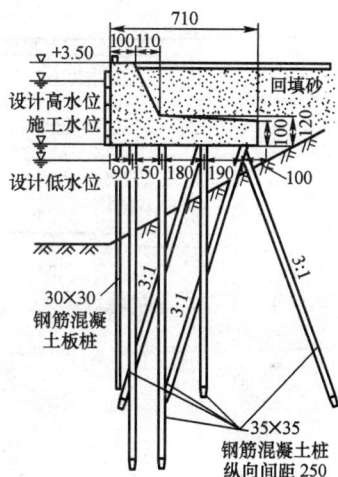

图 4-1-12 前板桩承台式高桩码头(尺寸单位:cm;高程单位:m)

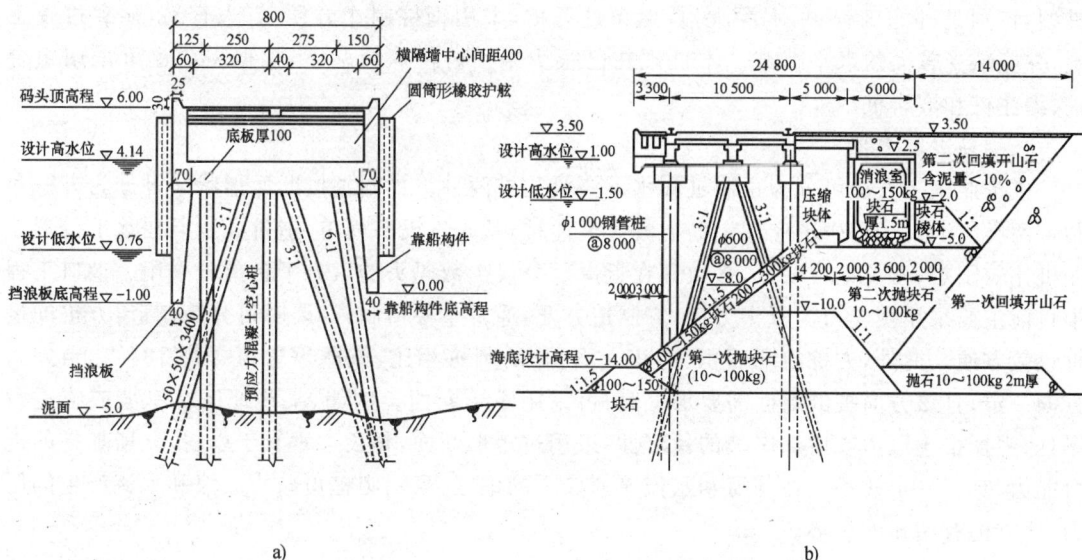

图 4-1-13 有挡(消)浪设施的高桩码头(高程单位:m)
a)申崇车客渡码头(石河口处)(尺寸单位:cm);b) 友联船厂 10 万吨级修船码头(尺寸单位:mm)

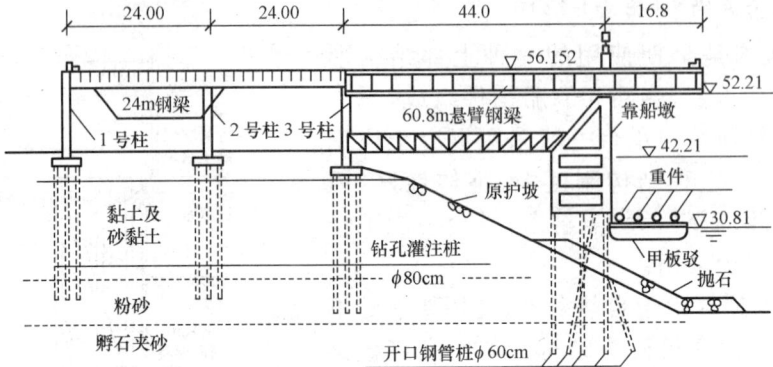

图 4-1-14　沙市制管厂码头侧视图（尺寸单位：m；高程单位：m）

第二节　高桩码头的一般构造

一、桩和桩帽

桩按材料分为木桩、钢筋混凝土桩、钢桩以及两种材料构成的组合桩。钢筋混凝土桩耐久性好，节省钢材，造价较低，在高桩码头中得到普遍采用。一般采用预应力混凝土方桩和预应力混凝土管桩，非预应力的钢筋混凝土桩可在内河中小型码头中采用。钢管桩也是常采用的桩型，特别是外海工程中，水深大，自然条件恶劣，采用钢桩制作方便，打入容易，能穿过硬土层，并能承受较大的水平荷载。木桩现在已很少采用。特殊情况下，根据需要也可采用组合桩、灌注桩和嵌岩桩。

1. 钢筋混凝土桩

桩按照施工方法可分为预制桩和水下浇筑的桩两种。预制桩按断面形状又可分为方桩和圆桩两类。港口工程中也应用钢筋混凝土灌注桩，其施工设备简单，造价低。但在水下设置灌注桩比较困难，质量也难保证，多数只在近岸部分或少数码头的后方平台部分采用。港口工程中目前主要采用预应力混凝土方桩，它制造方便，通常整根预制，必要时可分节制造，方桩的接桩也较方便。此外，方桩与同面积（指实心面积）的圆桩相比，侧摩擦力可提高 13%。当外力方向一定，且该方向桩的断面需要加强时，可采用矩形断面。例如，某些地区在岸坡或临近驳岸处，为抵抗土压力或增加岸坡的稳定性，采用过矩形断面，其长边垂直于岸线，以增加桩的抗弯能力，具有一定效果。在外海和水流流速较大的地区，采用圆桩可减小波浪和水流产生的压力，比方桩有明显的优势。

（1）预应力混凝土方桩和桩帽（图 4-2-1）

预应力混凝土方桩的断面一般为 40cm×40cm～60cm×60cm。当断面边长大于或等于 45cm 时，可做成圆形空心（一般采用充气胶囊作内模），以减轻自重，有利于存放、吊运和吊立。空心直径根据桩断面的大小而定，保证有一定的壁厚。除外保护层满足《港口工程混凝土结构设计规范》（JTJ 267—98）要求外，内壁保护层厚度不宜小于 40mm。采用胶囊抽芯制桩工艺时尚应考虑胶囊上浮的影响。对于锤击下沉的空心桩，在桩顶 4 倍桩宽范围内应做成实心段。

对于遭受冻融和冰凌撞击的地区,桩顶实心段长度应适当加长,最好采用实心桩,以增强桩的耐久性。桩身混凝土的强度等级用于预应力桩者不低于 C40。预应力混凝土桩的主筋宜采用冷拉Ⅱ、Ⅲ和Ⅳ级钢筋,并优先采用变形钢筋,配筋率不小于 1%。方桩的主筋直径一般不小于 14mm。桩宽大于、等于 45cm 时,主筋根数不宜少于 8 根;桩宽在 45cm 以下时,不得少于 4 根。主筋对称布置,当外力方向固定时,允许增加附加短筋,以抵抗局部内力,但应有足够锚固长度,并保证沉桩后符合受力要求。预应力混凝土桩的箍筋一般采用Ⅰ级钢筋,直径为 6～8mm。箍筋做成封闭形式。预应力混凝土桩的箍筋间距一般取 40～50cm。对于承受较大锤击压应力的桩,箍筋宜适当加密。当桩每边主筋≥3 根时应设置附加箍筋,且间距可适当放大。但采用胶囊抽芯工艺制作空心桩时,固定胶囊的附加箍筋间距不应大于 500mm,以减小空腔偏心。在桩顶 4 倍桩宽和桩端 3 倍桩宽范围内箍筋间距宜加密到 50～100mm,并在桩顶设置 3～5 层钢筋网,其钢筋直径为 5～6mm,两个方向上的钢筋间距均为 50～60mm。钢筋网应与桩顶箍筋相连。桩尖部分主钢筋不应少于 4 根,并应设置间距为 50～100mm、直径 6mm 的箍筋。当桩尖部分另加短筋时,所加短筋直径不应小于主筋直径,且在桩内应有足够的锚固长度,并应与主筋相连。桩尖一般做成楔形,便于桩的打入,其长度约为 1.0～1.5 倍桩宽。当桩需穿过或进入硬土层时,桩尖长度宜取较大值;当需打入风化岩层、砾石层或打穿柴排等障碍物而沉桩困难时,宜在桩尖设置穿透能力强的桩靴,也可在桩端设置 H 形钢桩,形成组合桩,以增加打入风化岩的深度。

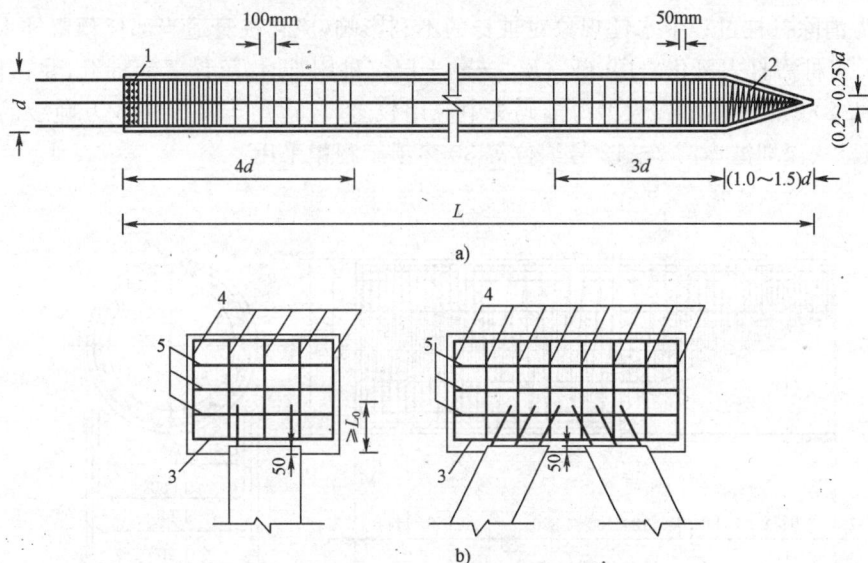

图 4-2-1 钢筋混凝土方桩与桩帽

a)桩身构造图;b)桩帽钢筋布置图

1-钢筋网 3-5 层;2-螺旋钢筋;3-横向箍筋;4-纵向箍筋;5-水平箍筋

桩台为预制安装结构时,为了预制梁或板的安装,桩的顶端设置桩帽,以调整打桩时产生的桩顶高程和平面位置的偏差。桩帽一般采用现浇钢筋混凝土,其钢筋布置见图 4-2-1b)。桩帽的顶面尺寸按预制梁的宽度、梁(或板)的搁置长度以及预制安装允许偏差确定,底面尺寸的确定应考虑桩宽、打桩允许偏差和外包最小宽度等因素。桩帽高度根据受力情况确定,同时应考虑桩伸入桩帽的长度以及桩顶钢筋锚固长度的要求。桩帽高度不宜小于 0.5 倍桩帽宽度,且不得小于 600mm。为保证桩帽与桩之间的整体连接,桩的全部外伸钢筋应埋入桩帽内,桩头应嵌入桩帽 50～100mm。当上部结构为无梁板时,应将桩帽顶面做成凹槽形式,以便安放安装找平用的支垫(通常采用牛油盘根或氯酊橡胶块),板安装后用砂浆将凹槽填平。当横梁现浇时,不需设桩帽,横梁应直接与桩浇在一起。

(2)预应力混凝土管桩和桩帽

圆桩通常做成空心的,故称管桩。根据制造方法不同,预应力管桩分为先张法和后张法两种。我国在"六五"期间开始研制后张法预应力大直径管桩,亦称雷蒙德桩(图 4-1-3)。我国生产的雷蒙德桩管节长 4m,外径 1 000mm、1 200mm 和 1 400mm,其构造见图 4-2-2。首先用离心、振动、辊压三个系统组成的离心振动成型机生产管节,运至施工工地后按需要的桩长拼接。管桩的拼接包括用粘结剂粘结管节,用自动穿丝机将钢丝束穿入预留孔,在管桩两端同时张拉和对预留孔道用压力灌入水泥浆填塞。这种大直径管桩与预应力混凝土方桩比,强度高,密度大,耐锤击,承载力大;与钢桩比,耐久性好,使用寿命长,不需经常维护,用钢量仅为钢桩的1/6～1/8,成本仅为钢桩的 1/2～1/3。缺点是生产工艺和设备复杂。大管桩的主筋采用单股或双股钢绞线,沿周长均匀布置,且不少于 16 根。箍筋采用Ⅰ级钢筋,直径不得小于 6mm,并做成螺旋式,桩顶管节和普通管节两端部各 1m 范围内螺距取 50mm,其余应取 100mm。固定箍筋的纵向架立筋宜采用Ⅰ级钢筋,直径一般为 7mm。大管桩壁厚应满足钢绞线预留孔及内外保护层的要求,预留孔的灌浆应密实,灌浆材料的强度不得低于 40MPa,并应满足握裹力的要求。为消除打桩过程中水锤现象对桩身的不利影响,应在桩身适当部位预留排水孔,孔径取 50mm。当桩需打入风化岩层、砾石层、老黏土层沉桩困难时,可设置钢桩靴,并在桩顶设钢板箍(图 4-2-2)。该种桩型在大型海港码头中应用较多,较适用于 3.5～15 万吨级的码头,已在连云港码头、深圳港赤湾 7～12 号泊位等 30 多项工程中采用。

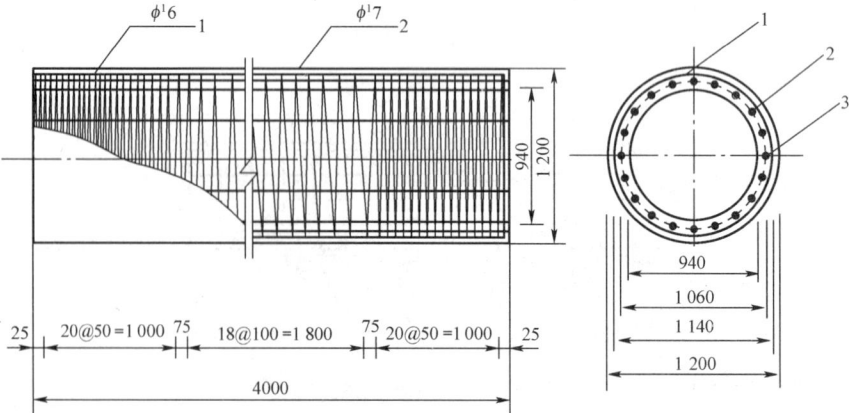

图 4-2-2　管节构造图(尺寸单位:mm)
1-螺旋环向箍筋;2-纵向构造筋;3-预留孔道

我国港口工程中也采用先张法预应力桩(简称 PHC 桩,Pretensioned High Concrete Piles)(图 4-1-7),该种桩型是中交第三航务工程局在 20 世纪 80 年代末引进日本 PHC 桩生产线后生产的,经多年的发展,管桩桩径已由 φ600mm 以下发展到 φ800mm、φ1 000mm、φ1 200mm,单节长度也由原来的 15m 增至 30m。PHC 桩强度等级为 C80,采用高速离心成型,并经常压和高压两次蒸汽养护,1d 即可获得自然养护 28d 龄期的强度,属高强、高密实性、高耐久性桩种,而其造价比钢管桩约可节约一半,已在我国天津港、广东三水港等码头工程中进行了应用。随着港口建设向深水发展,以及码头吨位要求的日益提高,PHC 管桩越来越受到工程设计、施工单位和业主的欢迎。

管桩与桩帽连接的方式有两种。当按固接的要求连接时[图 4-2-3a)],必须满足下列要求:①桩伸入桩帽的长度 L 应由计算确定,并不小于 0.75 倍的外径;②管桩顶内部浇筑桩芯混凝土,伸入桩帽底面以下 1 倍桩径,其混凝土强度等级不低于桩帽混凝土强度等级;③桩芯纵向钢筋配筋率不应低于 1%,钢筋宜采用 II 级钢筋;桩芯箍筋宜采用直径7～10mm 的 I 级钢筋,箍距为 200～250mm;④桩帽外包宽度不宜小于 0.4 倍直径,且应考虑打桩偏位的影响。桩帽顶面配筋率不宜小于最小配筋率(0.15%),且桩帽的钢筋应做成封闭式。当按铰接假定设计时,可采用图 4-2-3b)所示的连接形式,桩伸入桩帽(或横梁)的长度不应小于 100 mm。桩帽外包尺寸不宜小于 0.25 倍桩外径,且应考虑打桩偏位的影响。其他桩芯混凝土及配筋可参照固接连接的情况执行。

2. 钢管桩与桩帽

钢桩一般采用钢管桩,在工厂用钢板螺旋焊接而成。常用外径为 500～1 200mm,壁厚 10～18mm。壁厚由两部分组成,一部分是有效厚度,是管壁在外力作用下所需要的厚度;另一部分为预留腐蚀厚度,为建筑物在使用年限内管壁腐蚀所需要的厚度。钢管桩的外径与壁厚之比,不宜大于 70,以免由于壁厚较薄因打桩导致部分钢桩屈皱破坏。对于沉桩困难的工程,应适当增加壁厚。

桩与桩帽(或横梁)之间采用固接连接。连接方式有两种形式:①桩顶直接伸入桩帽(或横梁)内[图 4-2-4a)];②桩顶通过锚固铁件(或钢筋)伸入桩帽(或横梁)[图 4-2-4b)]。前者结构简单,施工方便;后者对桩台下层的布筋较为有利。桩顶和桩端一般不采取加固措施,但当桩尖需穿越障碍物或打入坚硬土层时,可对桩顶或桩端进行加固,必要时可设置桩靴。当预计打桩有可能出现管涌现象时,可考虑在桩身的适当部位开设排水孔,孔径取 50mm。

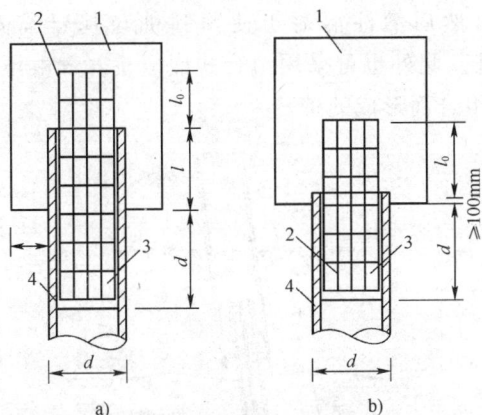

图 4-2-3　管桩与桩帽(或横梁)的连接
1-桩帽或横梁;2-桩芯钢筋笼;3-桩芯混凝土;4-管桩

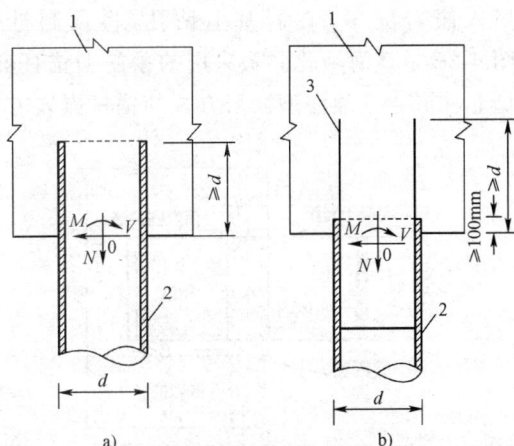

图 4-2-4　钢管桩与桩帽(或横梁)连接
1-桩帽或横梁;2-钢管桩;3-锚固铁件

钢管桩的造价比较昂贵，而且容易产生锈蚀，影响使用年限。常用防腐蚀的措施有：①外壁加覆防腐涂层或其他覆盖层；②增加管壁的预留腐蚀量；③水下采用阴极保护（外加电流法或牺牲阳极法）；④选用耐腐蚀钢种。分别沿桩身划分不同腐蚀区综合采用防腐措施。表 4-2-1 是海港工程中的钢管桩可能选择的防腐蚀措施；对于河港，可参照海港工程选用。

海港工程钢管桩的防腐蚀措施 表 4-2-1

腐 蚀 区	大 气 区	浪 溅 区	水位变动区	水 下 区	泥 下 区
所处范围	设计高水位加1.5m 以上	设计高水位以上 1.5m 至以下 1.0m	设计高水位以下 1.0m 至设计低水位以下 1.0m	设计低水位以下 1.0m 至泥面	泥面以下
涂层	必须	必须	必须	可用	不需
包覆层	可用	可用	可用	不需	不需
预留腐蚀厚度	可用	必须	必须	可用	可用
阴极保护	无效	无效	可用	可用	可用

3.嵌岩桩

当需要在覆盖层相对较薄，甚至没有覆盖层的岩基上采用桩基础时，通常采用将桩端嵌入岩体的嵌岩桩。混凝土灌注桩、钢管桩、预应力混凝土大直径管桩等均可成为嵌岩桩，其桩身内部构造与一般的基桩相同，但嵌岩方式不同。

灌注桩的嵌岩方式主要有：①灌注型嵌岩桩——灌注成形且将桩端嵌入基岩中锚固；②灌注型锚杆嵌岩桩——用锚杆嵌入岩体使灌注桩与基岩锚固。宝钢马迹山港采用了灌注型嵌岩桩，其嵌岩直径达 2 800mm，是目前我国港口工程中直径最大的嵌岩桩，并采用了钢筋混凝土套箱抛填砂的稳桩措施（图 4-2-5），每 2 根桩设一套箱，套箱尺寸为 16m（长）×8.5m（宽）×7m（高）。深圳港盐田二期集装箱码头在国内首次采用灌注型嵌岩斜桩，斜桩斜度为 6：1。预制桩嵌固方式主要有：①预制型芯柱嵌岩桩——在预制桩芯内对基岩钻孔，通过灌注混凝土将预制桩与基岩锚固；②预制型锚杆嵌岩桩——用锚杆嵌入岩体，使预制桩与基岩锚固；③预制型植入嵌岩桩——在岩基上钻孔，将预制桩插入，然后灌注混凝土使预制桩与基岩锚固。图 4-2-6 是镇海液化码头采用的预制型锚杆嵌岩桩。此外也可采用组合式嵌岩桩——由预制型芯柱嵌岩或灌注型嵌岩方式与锚杆嵌岩方式相组合而形成的桩。

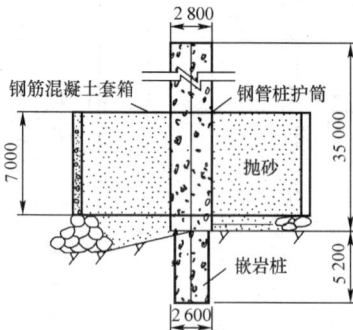

图 4-2-5 马迹山港灌注型嵌岩桩（尺寸单位：mm）

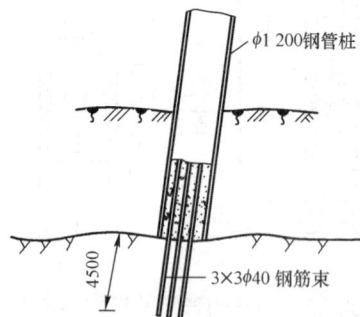

图 4-2-6 镇海液化码头锚杆嵌岩桩（尺寸单位：mm）

二、横梁与纵梁

横梁是板梁式高桩码头的主要受力构件,作用在码头上的几乎所有荷载通过它传给基桩。前桩台的横梁断面形式与纵横梁的连接方式有关,主要有矩形、倒 T 形和花篮形三种。当纵梁高度小于横梁高度较多时,形成纵梁搁置在横梁上的非等高连接,此时横梁断面采用倒 T 形[图 4-2-7a)],一般情况下,下横梁采用预制混凝土,上横梁采用现浇混凝土。横梁的宽度由计算确定,并应考虑纵梁或板的搁置长度等构造要求,现浇混凝土横梁尚应考虑打桩偏位的影响,倒 T 形横梁的上横梁宽约为 35～45cm,高度一般为 80～150cm,下横梁宽度一般为 90～120cm,高度一般为 60～80cm。当纵横梁高度相差不大时,可采用等高连接,此时横梁的断面形式一般采用矩形和花篮形[图 4-2-7b)、c)]。若不设纵梁,面板可直接搁置在横梁上。在初步拟定梁的断面尺寸时,可参考已建的类似码头。后桩台的受力简单,横向整体性的要求不高。为使结构受力明确,横梁可采用矩形简支梁,面板直接搁置在横梁上。为减小梁宽、又满足搁置长度要求,有时也采用倒梯形断面。

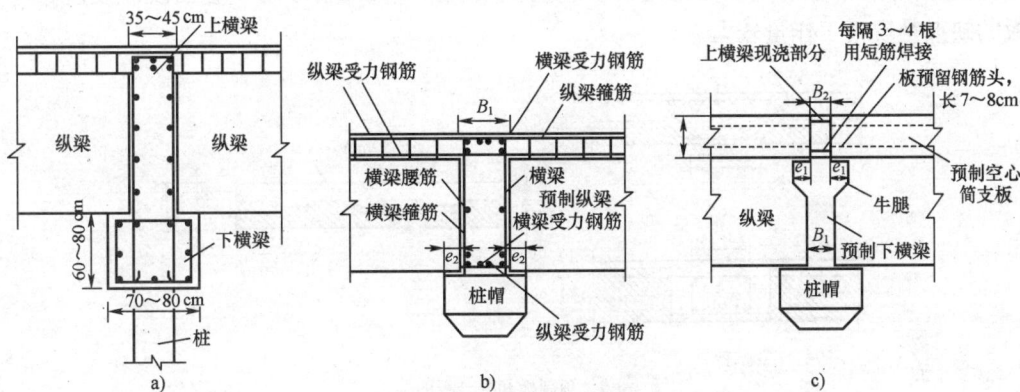

图 4-2-7 横梁的断面形式及接头构造
a)倒 T 形;b)矩形;c)花篮形

沿码头纵向通常设置纵梁。有门座起重机或其他轨道式装卸机械的码头,设在轨道下的纵梁称为轨道梁。考虑到码头的纵向整体性要求,纵梁一般采用连续梁,其断面形式有矩形、花篮形(含半花篮形)和 π 形(图 4-2-8)等,可根据需要选用。随着装卸机械的大型化,轮压荷载越来越大,作为轨道梁的纵梁断面增大,有可能成为主体受力结构,如上海港罗泾煤码头就采用了以纵梁为主的受力系统。

纵梁的高度根据受力计算确定,一般为 90～120cm。纵梁的宽度主要由剪力计算确定,一般为 30～50cm,或根据面板的搁置长度和接缝宽度的构造要求将顶面加宽。纵梁目前多采用预制安装的连续纵梁,为保证支座处的连续和整个上部结构的整体性,支座处必须与横梁或桩帽进行整体连接。

三、面板与面层

面板分实心板、空心板和异形板。

实心板按施工方法分为现浇板、预制板和叠合板三种。现浇板整体性好,但只能是非预应力板,抗弯和抗裂能力小,特别是现浇工作量大,模板用量大,施工速度慢,目前在大中型码头

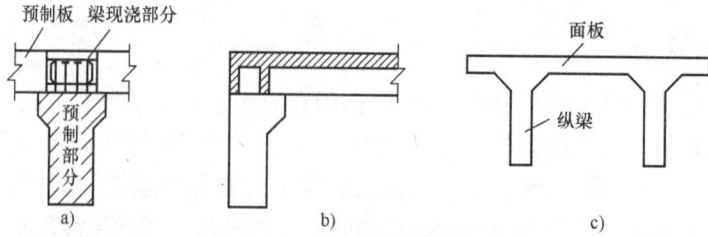

图 4-2-8　纵梁常用断面形式
a)花篮形；b)半花篮形；c)π形

中已不采用,可用于没有预制条件和适合起重设备的地方小型码头。预制板通常采用分块预制,在现场安装拼接。当拼板按整体板相同的方法计算内力时,对于两块预制板的横向拼缝,叠合板宜采用图 4-2-9a)所示的形式,非叠合板可采用图 4-2-9b)或其他可靠的形式。当板厚较大时,一般采用叠合板的形式。现浇层应保证有一定的厚度,并在现浇层和预制件的结合面采用凹凸形结构[图 4-2-9c)],使现浇混凝土与预制部分结合良好。叠合板除能充分发挥预制板的预应力作用外,板的整体性也比较好,而且与面层一起浇筑,面层不会出现脱皮现象。叠合板的缺点是现场工作量较大。

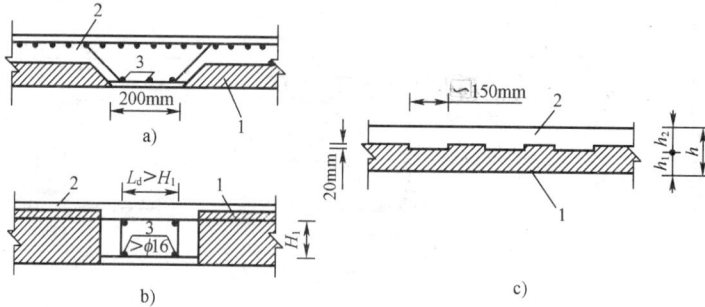

图 4-2-9　预制板和叠合板的构造
1-预制板；2-现浇层；3-插筋

空心板的自重轻、抗弯、抗裂能力高,刚度大,一般适用于大型码头的后桩台、引桥和中小型码头。空心板常见的孔洞形式主要有圆形、近似矩形和腰圆形三种(图 4-2-10)。圆形空心板的受力情况较好,无应力集中现象;采用橡胶管抽芯工艺,施工也较方便,采用较普遍。空心板的断面尺寸由计算确定,计算时折算为工字形断面,厚度一般为 40～60cm。空心板之间的纵向拼缝一般采用铰接,铰内采用 C30 细石混凝土,并浇捣密实。武汉红钢城港区多用途码头工程曾采用过高强粗钢筋预应力混凝土空心板,板的尺度较大,其空心率较常规圆形空心板提高 15% 左右,节省了混凝土,且减轻了单位体积自重。

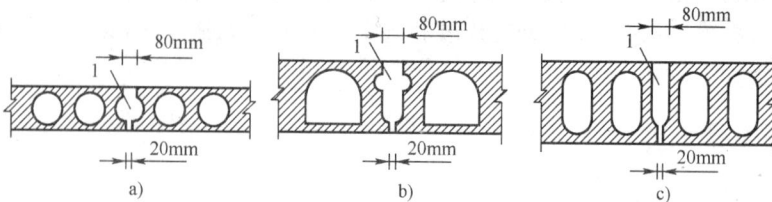

图 4-2-10　空心板形式
1-细石混凝土

异形板主要有板梁组合型和不规则断面型。板梁组合型主要有π形和T形。不规则断面型有微折板,该种板型曾应用于武汉红钢城港区多用途码头。

在承重的面板上还需设置面层,一方面铺平码头,另一方面作为磨耗层。面层与面板一起浇筑时,面层厚度应不小于2cm;分开浇筑时,厚度应不小于5cm。面板顶层宜设纵、横向构造钢筋,构造钢筋面积可取受力钢筋截面面积的15%。为了减少现浇面层在横梁顶部出现裂缝,宜在横梁顶面垂直于梁的长度方向增设短筋(图4-2-11)。为防止气温变化时面层混凝土由于膨胀和收缩产生裂缝,应在面层设间距为3~5m的伸缩缝,缝宽0.5~1.0cm。近年来,有些码头采用聚丙烯纤维混凝土浇筑面层,取得了较好的抗龟裂效果。码头面还应设排水坡和泄水孔,排水坡坡度一般采用0.5%~1.0%。

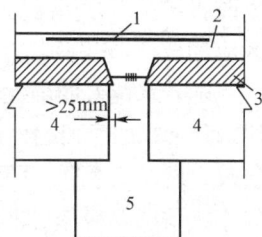

图 4-2-11　横梁顶部构造图
1-梁顶加固筋;2-现浇板;3-预制板;4-纵梁;5-下横梁

四、靠船构件

高桩码头的靠船构件是为了固定防冲设备设置的,一般分梁式和板式两种(图4-2-12、图4-2-13)。

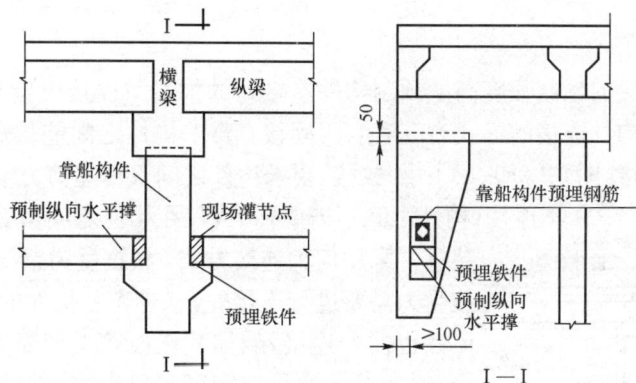

图 4-2-12　悬臂梁式靠船构件(尺寸单位:mm)

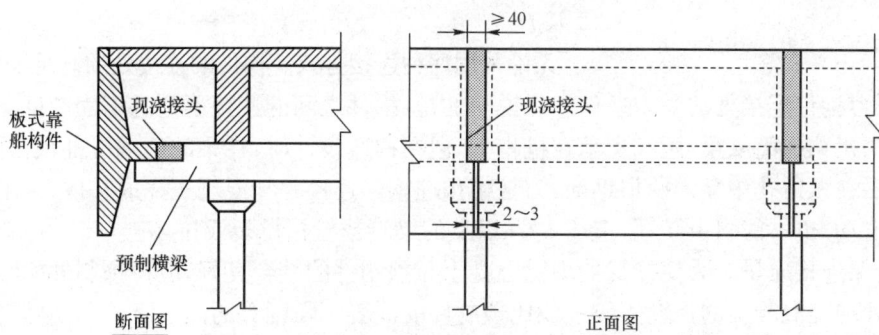

图 4-2-13　板式靠船构件(尺寸单位:cm)

板梁式码头的靠船构件一般采用悬臂梁式。其主要构件为悬挂在横梁前端的悬臂梁。悬臂梁式靠船构件之间一般宜设纵向水平撑,以加强悬臂梁的纵向刚度。纵向水平撑本身也需具有一定刚度,故断面不小于35cm×30cm。水平撑与靠船构件外边线的距离不小于10cm,

以防止船舶与水平撑相撞。靠船构件的悬臂较长时,可采用局部降低横梁底高程或增设横向支撑等措施,以改善结构受力情况。悬臂板式靠船构件在天津地区应用较广,它特别适用于无梁板式码头。

随着水位差的增大,码头系靠船的范围也增大,上述两种形式的靠船构件已不适用,可在码头前沿设置2层及2层以上系靠船平台(图4-1-5、图4-1-6)或单独设置浮式系靠船设施(图4-2-14)。系靠船平台主要由靠船立柱、系靠船梁和横撑组成。浮式系靠船设施由钢浮体和导向传力钢管桩组成。为满足钢浮体的自身稳定和船舶靠泊的方便和安全,钢浮体甲板面宽度和浮体的干弦高都不宜太小。为便于水手通行,钢浮体之间应设置联桥。导向传力桩可按柔性靠船桩设计。

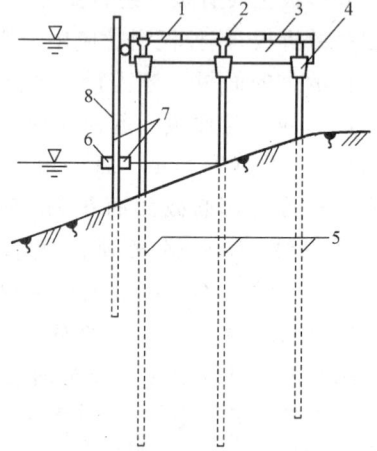

图 4-2-14 单独设置浮式系靠船设施的板梁式码头
1-面板;2-纵梁;3-横梁;4-桩帽;5-基桩;6-钢浮体;7-浮式靠船设施;8-导向传力桩

五、构件的连接与搁置

1. 构件的连接

板梁式高桩码头的预制程度高。预制构件连接处的构造与连接质量对于码头的刚度、耐久性有直接影响。构件连接的方式有三种:① 固接,要求构件之间能传递弯矩和剪力,例如前述的整体板的连接[图4-2-9a)、b)];② 铰接,要求构件之间只传递剪力或轴力,如空心板的横向拼接(只传剪力);③ 不连接,构件之间不需要传力,仅在构件之间留宽度为2～3cm 的安装缝。采用何种连接方式,根据受力情况而定。构件之间除按受力需要进行连接外,有时为了构件的稳定性和结构的整体性也需要连接,例如放在横梁上的简支板,按受力不需连接,但考虑板的稳定搁置和码头结构的纵向整体性,可将构件两端下面伸出的钢筋头每隔3～4 根用短筋焊接起来(图4-2-15)。

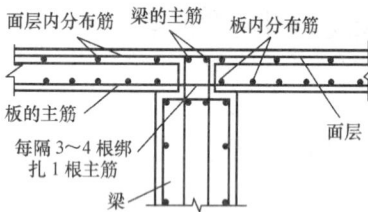

图 4-2-15 简支板与横梁的连接

无论采用何种连接方式。构件的连接处须满足下列要求。

(1)符合构件连接处的受力条件。需说明的是,构件之间的连接不是越牢固越好。例如我国某码头门机梁为简支梁,两端支承在桩帽上,但在构造设计时,在梁的两端下部预留两孔,预制梁安好后在预留孔中穿入两根钢筋,与桩帽预埋钢筋连接并与混凝土浇成整体,结果梁端既不能自由滑动,也不能自由转动,造成80％以上的梁端或桩帽拉裂或拉坏。

(2)确保连接质量。为使接缝处现浇混凝土与预制件的结合良好,应将预制件的结合面凿毛。接缝处现浇混凝土的强度等级一般比预制件的混凝土强度等的高一级。预制件与比其尺寸大的现浇构件连接时,预制件应埋入现浇混凝土规定的深度(图4-2-3、图4-2-12)。接缝处的钢筋根据受力和整体性要求进行配置,保证所需的数量、搭接长度和锚固长度。

(3)便于施工。构件接缝处的钢筋比较密集,布置构件钢筋时应尽量错开。接缝宽度除考虑受力和整体性要求外,尚应考虑施工的可能和方便。例如预制板两端伸出的钢筋之间应留有不小于5cm 的间隙;对于厚板,下层钢筋需焊接时,接缝应适当加宽,保证能伸入焊枪。

2.构件的搁置

为保证构件安装的平稳,支座顶面应铺垫砂浆,其厚度一般为1cm,构件的搁置长度根据局部挤压强度,并考虑构件预制和安装尺寸的误差等因素确定,其值不应小于表4-2-2的规定值。

构 件 搁 置 长 度
表 4-2-2

构 件 名 称	板		装配式纵梁	装配式横梁
	简支板	装配式整体板		
搁置长度(cm)	20	15	20	20

注:①有横梁时,单向板沿宽度方向的搁置长度不应小于25mm(图4-2-11);
　　②梁跨度较大时,无掩护码头简支梁的搁置长度应适当加大。

六、增强结构耐久性的措施

人们在使用中发现,高桩码头往往建成不久(一般在10年之内)即出现不同程度的破损现象,严重的甚至影响正常使用,使用部门为此也投入不少的维修费用。研究表明,构件破损主要发生在浪溅区和水位变动区,由氯离子渗入引起的钢筋锈蚀为构件破损的主要形式,且海港码头较河港码头破损严重,南方码头较北方码头破损严重。高桩码头结构由于下部透空,上部常为梁板结构,梁板下面长期有高浓度海盐气体的聚集,受侵蚀破坏的程度往往较其他结构形式严重。

为提高高桩码头结构的耐久性,除了进行结构及构造的合理布置和保证混凝土质量外,目前还采取了以下一些措施。

(1)在混凝土中适当掺入粉煤灰、硅灰或粒化高炉矿渣,改善混凝土抗氯离子渗透的性能。

(2)对暴露于浪溅区的构件采用高性能混凝土。

(3)在表湿区(浪溅区和平均潮位以上的水位变动区)和表干区(大气区)采用混凝土表面涂层。

(4)浪溅区混凝土表面进行硅烷浸渍,这种液态憎水剂与已水化的水泥发生化学反应,其反应物使毛细孔壁憎水化,水分及其氯离子都难以渗入混凝土。

(5)在浪溅区和水位变动区采用耐腐蚀钢筋,其中镀锌钢筋、不锈钢钢筋造价较高,环氧涂层钢筋较经济。宝钢马迹山深水码头、汕头港3.5万吨级LPG码头等工程的主要构件采用了环氧涂层钢筋。

(6)当混凝土保护层偏薄、混凝土拌和物中氯离子总含量超过规定的最高限值或重要工程的浪溅区和水位变动区,可加钢筋阻锈剂作为补充防腐蚀措施。

(7)加大混凝土保护层厚度;采用强度和密实性高于本体构件混凝土强度等级的保护层垫块;对已有工程结构的破损应及时修补等。

第三节　高桩码头的结构布置

设计高桩码头时,首先要确定结构的总尺度,进行桩基和上部结构构件的布置,拟订结构图式,然后对结构各构件进行强度设计和验算建筑物的整体稳定性。

一、码头结构尺度的确定

码头结构的长度、码头前沿高程和码头前水底高程均已在"港口规划与布置"课程中讲述，此处不再重复。

1.上部结构的宽度

对于窄桩台码头，结构宽度等于码头宽度，一般根据使用要求并参照已建码头的结构拟订。装卸工艺对结构宽度影响较大，例如设门机的码头，结构宽度为14～14.5m；不设门机的码头为8～10m；有集装箱装卸桥的码头，结构宽度则根据装卸工艺要求加大。

宽桩台码头的上部结构总宽度取决于码头前沿线和码头后方挡土结构的位置(图4-3-1)，与码头前水深、岸坡的稳定性、码头的使用和施工要求有关，需综合考虑。例如，采用较小的挡土结构时，回填量较小，但此时平台的造价将增加；反之亦然。同窄桩台一样，根据使用要求等拟订好前桩台的结构宽度，其与结构总宽度之差即是后桩台的结构宽度。

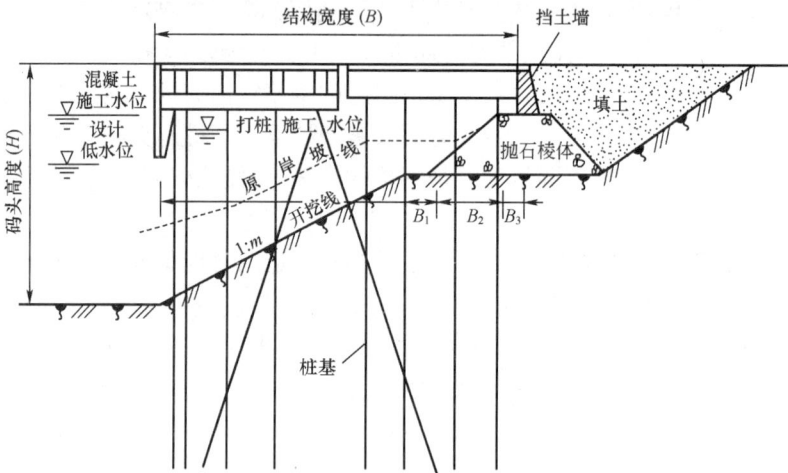

图 4-3-1　确定结构宽度和岸坡的图式

当采用引桥时，引桥长度需根据码头所在水域的水文、地形、地质条件、驳岸位置等因素确定，往往有数十米至数百米不等。引桥宽度需满足流动运输机械运行等码头使用要求。

2.岸坡坡度与分级

为了满足码头的使用要求，一般需对岸坡进行开挖，岸坡的开挖坡度主要取决于边坡的稳定。首先根据土质情况、有无护坡等初步选定，此时应考虑打桩震动的影响。然后根据整体稳定性验算结果来进行调整。上海、天津一带的岸坡坡度常采用1：2.5，长江上则多采用1：2的岸坡。当坡面用抛石进行处理时，通常采用1：1.5的坡度。岸坡可以分级，也可以变坡。当采用抛石棱体基础的重力式挡土墙时，为了基础的稳定，抛石棱体前应留有适当的土体肩宽 B_1(一般为 1.0～1.5m)；挡土墙前也应留有抛石基础的肩宽 B_3(一般为 1.0～1.5m)；B_2 决定于抛石基床的高度和斜坡坡度(图4-3-1)。设计岸坡时还应考虑打桩船出入的需要。对天然岸坡能满足使用期和施工期要求的地区不需对岸坡另行设计。

3.结构沿码头长度方向的分段

为了避免码头结构产生过大的变形应力，需设置变形缝，将码头建设物沿码头长度方向进行分段。变形缝包括：①为避免温度改变引起过大应力而设置的伸缩缝；②为避免产生过大沉降应力而设置的沉降缝。

影响高桩码头伸缩缝间距的因素较复杂。伸缩缝间距应根据本地区温度差、上部结构的刚度、桩的自由长度和刚度等因素综合考虑。上部结构为装配式结构时取 60～70m。上部结构为现场整体浇筑混凝土时宜取 35m 左右。有实践经验和可靠论证时，其间距可不受此限制，例如上海地区的不少码头采用的变形缝间距在 90m 以上。沉降缝的位置视荷载、结构形式和地质条件而定，原则上应尽量与伸缩缝相结合。

变形缝一般采用悬臂式结构[图 4-3-2a)]或简支结构[图 4-3-2b)]。悬臂式结构的构造简单，对不均匀沉降的适应性强。但设变形缝的一跨跨度小，增加了排架数目，悬臂部按需要现浇，施工也较麻烦。简支式结构比较简单，施工方便，但简支梁支座的构造比较复杂，要求能保证简支梁的梁端能自由滑动和转动。为防止相邻两段水平位移不一致对门机等有轨装卸机械行驶产生不利影响，分段处的悬臂式结构或简支结构，均采用凹凸缝的连接形式[图 4-3-2c)]。

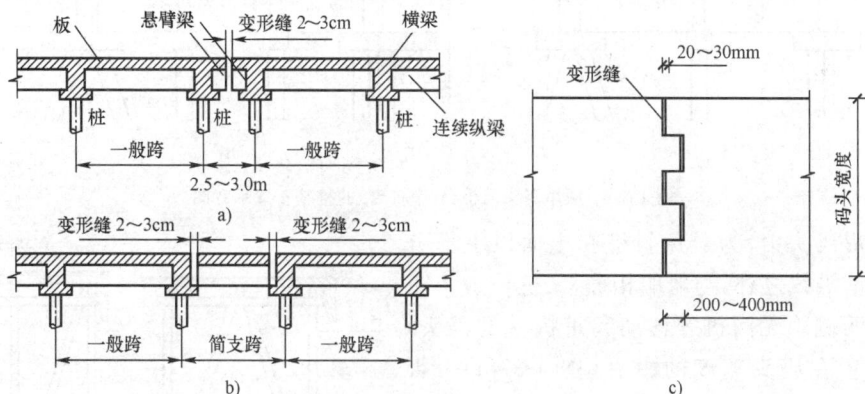

图 4-3-2　变形缝的设置

4. 上部结构的底部高程

桩台的底部高程决定于码头前沿高程和桩台的高度。应考虑使用要求、施工水位、波浪对结构的影响和检修的可能性。例如，根据施工要求，其高程不应低于桩帽或横梁的混凝土浇筑水位。混凝土浇筑水位与建筑物的标准、当地的水文条件、施工单位的施工能力和混凝土浇筑量的多少等因素有关，根据相似建筑物的使用和施工经验结合具体的各种因素综合考虑确定。

靠船构件底部高程的确定应考虑船舶停靠安全等因素，保证船舶在设计低水位时也能顺利进行靠泊。有时需兼顾大船和小船的靠泊，但若降低靠船构件底面高程，又将增加码头造价，因此应通过比较分析确定其底部高程。

二、桩基布置

高桩码头的桩基既是基础，也是结构的主要构件，一般情况下基桩与其上面的横梁（桁架或无梁板）组成横向排架。桩基布置不仅关系到整个码头结构受力情况，在码头结构的总造价中也占有相当大的比重。其布置原则是：①应能充分发挥桩基承载力，且使同一桩台下的各桩受力尽量均匀，使码头的沉降和不均匀沉降较小；②应使整个码头工程的建设比较经济；③应考虑桩基施工的可能性与方便性。因此桩基的布置应拟订几种方案通过分析比较最后确定。

1. 横向排架中桩的布置

高桩码头一般均承受水平的船舶荷载等。承受水平力较大的码头宜布置叉桩,当桩的强度和桩顶位移能满足使用要求时,经技术经济比较,也可全部采用直桩(图 4-1-3)。桩基的布置与码头面上的荷载有关,并应结合纵梁的布置一起考虑,原则上桩应尽量布置在纵梁下面。

顺岸码头前桩台(或窄桩台)中,当码头上有门机等移动式起重机械时,轮压荷载较大,在其下需设轨道梁,轨道梁下相应地布置桩。靠前沿的轨道梁下可布置双直桩,叉桩一般布置在后轨道梁下,这可使较大的集中荷载直接通过桩传入地基。根据承台宽度和其上荷载大小,可在双直桩和叉桩之间加设一根、两根或更多的直桩(图 4-3-3);当水平力较大时,也可加设叉桩或斜桩(图 4-1-1)。对于不设前沿起重机械的码头,无论是否设纵梁,桩一般采用等间距布置。后桩台主要承受垂直荷载,桩基一般采用等间距布置的直桩(图 4-1-2、图 4-1-5)。

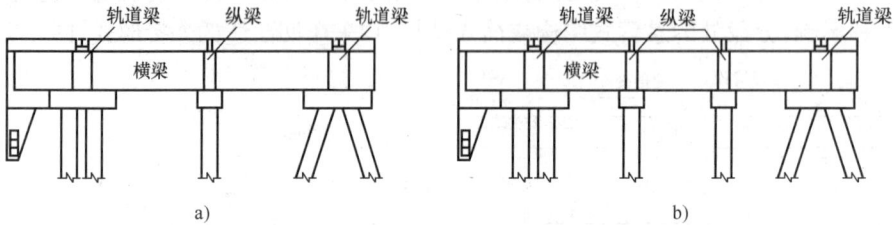

图 4-3-3 顺岸码头前桩台(窄桩台)的桩基布置示意图

窄突堤码头中,为避免斜桩在土面以上部分伸出码头前沿线之外,与船舶相撞,叉桩一般不布置在桩台两侧。无门机等移动起重机械的码头,叉桩可布置在码头宽度的中央[图 4-3-4a)];否则,可在轨道梁下布置半叉桩来满足受力要求[图4-3-4b)]。窄突堤码头一般两侧靠船,桩基也对称布置。

横向排架中桩距一般采用 3～5m。对于摩擦桩,桩与桩之间的中距尽量不小于桩径(或桩宽)的 6 倍,以减小土中应力重叠的影响,充分发挥桩的承载力。桩数根据桩距和码头荷载的大小确定。

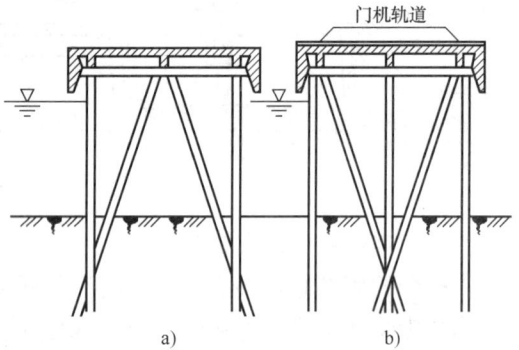

图 4-3-4 窄突堤码头的桩基布置示意图

桩基布置要考虑打桩的可能与方便。例如,同一桩台下桩的形式、断面尺寸和斜桩的倾斜度应尽量一致,斜桩最大倾斜度一般不超过 3:1。有时为了使结构更加经济合理,也有将不同桩型进行混合布置的,如宁波北仑港区 20 万吨级卸船码头,在国内首次采用钢管桩和预应力混凝土大管桩混合布置。此外,为便于打桩时安放替打,组成叉桩的两根桩在桩顶处的净距一般不小于 30cm。

2. 桩基的纵向布置

桩基的纵向布置与横向排架间距有关。横向排架间距主要决定于作用在码头上的荷载和基桩的承载能力,为了发挥桩基承载能力,常采用长桩大跨。桩基采用普通预应力混凝土方桩时,前桩台的横向排架间距一般为 6～7m;桩基如采用承载力较大的大管桩、钢管桩时,前桩台的横向排架间距可达 8～12m;后桩台上的堆货荷载较大,且一般不设纵梁,面板及其上荷载直接传递给横向排架,相应的排架间距可较前方桩台小。横向排架间距增大,使桩基造价降低;但上部构件尺寸和重量增大,又使造价相应增加,而且要求设备有较大的施工能力,也给靠船构件的工作和防护设备的布置带来一定困难。因此对于较大的工程,横向排架间距需通过技术经济比较确定。为了减少构件的种类,沿整个码头长度,排架间距(除设有变形缝的跨)应尽量一致。

当码头的纵向刚度较差(如码头长度较短或上部结构的纵向整体性较差)时,宜在码头两端排架上设纵向半叉桩(斜桩向内)。风暴系船柱和舾装码头中试车系船柱在纵向上可能受到较大的力,也宜在其系船柱块体下设纵向叉桩。此外,无掩护码头沿主要波浪作用方向或沿强潮流作用方向宜设置叉桩或斜桩。

随着码头的大型化,桩基的布置也不局限于布置在横梁下,如深圳港盐田二期集装箱码头在轨道梁跨中设置桩基,在减小梁的跨中弯矩方面取得了较好的效果。

3.桩基的平面布置

桩基在进行平面布置时,应安排好斜桩的倾斜方向,要避免桩与桩在泥面下相碰。考虑到打桩偏差,两根桩交叉时的净距不宜小于50cm。此外,还要考虑桩基布置对施工程序的影响。应使平面布置符合下列要求:①保证每根桩都能打,且施工方便;②不妨碍打桩船的抛锚和带缆;③尽量减少调船和变动打桩架斜度。

三、上部结构的布置

1.梁格布置

在板梁式高桩码头中,面板和横梁是必不可少的上部结构受力构件。纵梁的设置则主要决定于码头面上的荷载,还与码头对整体性的要求有关。宽桩台码头中的后桩台一般不布置纵梁。前桩台的情况则不同,当荷载较为复杂、设有轨起重机时,一般均设置纵梁;其他情况也可不设置纵梁,如空心大板码头(图4-1-7)。如前所述,纵梁的布置还应与桩基的布置结合考虑。

纵梁与横梁构成梁格,而梁格的布置对受力、施工等会产生影响,必要时应进行技术经济比较确定。

2.梁板选型

按受力情况分,梁型有简支梁、连续梁和悬臂梁;板型有单向板和双向板。单向板分为简支板、连续板和悬臂板,双向板在码头中常见的有四边简支板、三边简支一边自由板、四边固定板和三边固定一边自由板。

单向板便于采用预应力结构,在预制和安装时也较简单,因此应用较普遍。双向板虽然施工不便,但能提高码头结构的整体性,码头面也能承受较大的集中荷载,所以在实际工程中的应用也越来越多。

简支梁板受力后只有正弯矩,配筋比较方便,其内力不受两侧各跨荷载和支座沉降的影响,所以当上部结构的整体性要求不高时(如后桩台)多采用简支梁板。如荷载较复杂,上部结构的高度受施工起重设备和施工水位等限制时,可采用连续梁板。它也使码头的整体性和刚度更好,在前桩台中多采用此种梁板形式,其中横梁必须是连续梁,纵梁也宜采用连续梁,面板视整体性要求和施工方法而定。当变形缝处采用悬臂式结构时,采用现浇的悬臂式梁板,靠船构件也采用悬臂梁板式。由于悬臂梁、板的工作条件不好,使用时对悬臂长度应有所控制。其他情况则一般不采用悬臂梁板。

四、接岸结构的布置

高桩桩台和陆域堆场之间通过接岸结构进行连接,接岸结构大体可分为两大类:①板桩式,又可分为与码头连成一体(图4-1-12)和与码头分开设置(图4-3-5)两种情况,前者的码头桩台要承受土压力;②挡土墙式,挡土墙可设置在边坡较缓的自然岸坡上,也可放在岸坡相对较陡的抛石棱体上,挡土墙与码头结构是分开的,桩台不承受土压力(图4-1-2)。实际工程中,也会根据需要对岸坡和接岸结构进行地基处理,减小地基变形,提高地基承载力和岸坡稳定性。

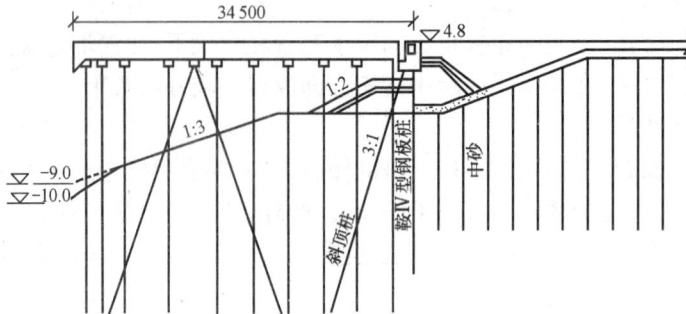

图4-3-5　板桩式挡土结构(与码头分开设置)(尺寸单位:mm;高程单位:m)

当地质条件较差或采用窄桩台时,可采用板桩作为接岸挡土结构。我国曾建设有前板桩或后板桩高桩码头,板桩与码头结构连成一体。这两种形式码头的桩台要承受土压力,需设置较多的斜桩,施工也较困难,当码头水深较大或有抗震要求时更是如此,在我国已很少采用。应尽量采用与码头结构分开设置的分离式板桩接岸结构,板桩接岸结构的主体是用于挡土的后板桩和起支撑作用的斜顶板桩(图4-3-5),其造价较高。上海洋山深水港一期工程码头(图4-3-6)接岸承台,海侧采用直径1 700mm的钢管斜顶桩,基桩斜度3.5∶1,桩

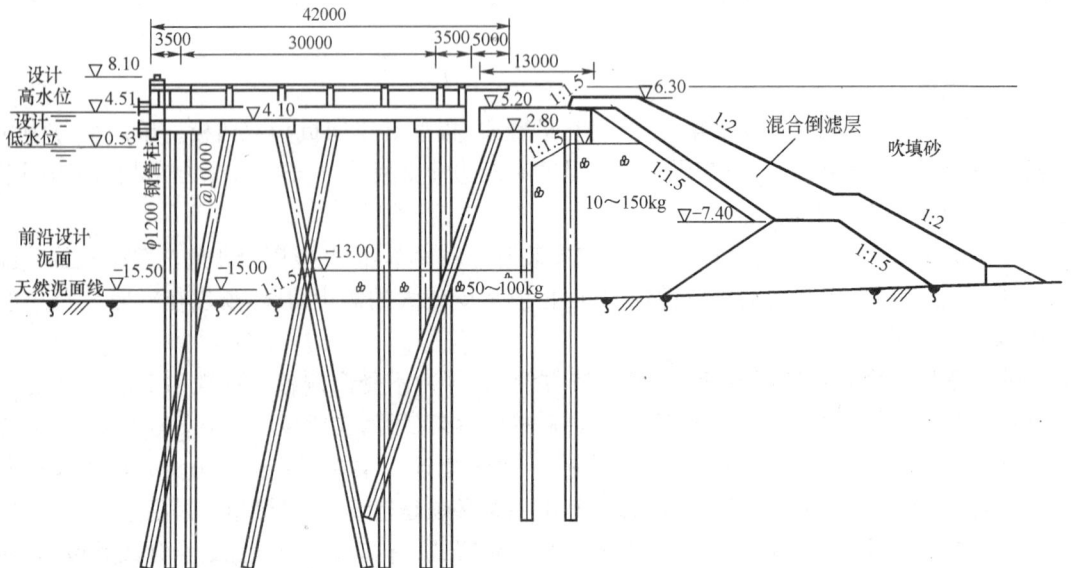

图4-3-6　上海洋山深水港一期工程码头断面(尺寸单位:mm;高程单位:m)

距5m,可起到抵抗水平土压力的作用;承台中间采用直径1 700mm连续布置的钢管板桩,其后方设置抛石减压棱体;为满足承台上部垂直荷载的作用,承台后侧还布置了直径1 200mm、桩距5m的钢管桩。天津新港码头也曾采用过钢板桩或钢筋混凝土板桩和斜顶桩结合的形式,在使用中发现,该种形式需注意板桩和斜顶桩的连接方式,避免桩顶弯矩过大引起开裂。

当地质条件较好或采用宽桩台时,一般采用矮小的挡土墙作为接岸挡土结构,常结合采用抛石棱体。该种形式造价相对较低,但如果处理不当,由于抛石棱体和软基发生变形,使桩基产生变位,在码头近岸几排桩基与桩帽、横梁的连接部位、桩顶等相对薄弱的环节易出现开裂、破损。为减小上述不利影响,一般可采用如下措施:①避免在后排采用向岸斜桩;②预留接岸结构的沉降高度;③在施工期完成大部分大面积回填料的沉降。目前许多高桩码头在接岸结构和码头之间采用简支板连接,增大了后排桩和接岸结构的距离,减小了土体对后排桩的侧压力,也减小了不均匀沉降产生的影响。中山港二期扩建工程对简支板两端的支承结构进行了优化,简支板的顶高程低于码头面高程的0.5m,其上铺设两片石、中粗砂垫层和六角块。当挡土墙发生沉降使简支板倾斜时,不会导致码头面上形成Ⅴ形缺口,使得该种形式适应沉降的能力较强(图4-3-7)。

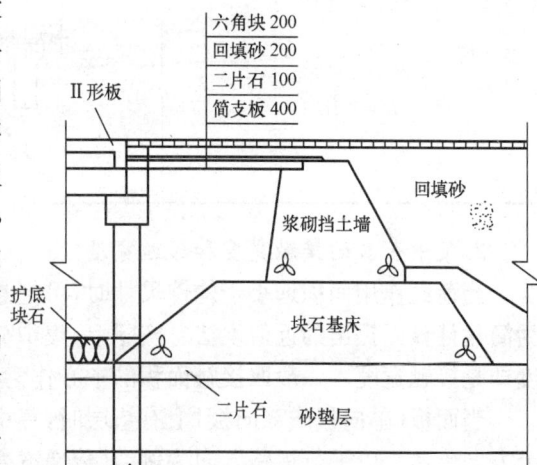

图4-3-7　中山港二期扩建工程接岸结构(尺寸单位:mm)

第四节　板梁式高桩码头的计算

高桩码头的设计应考虑持久状况、短暂状况、偶然状况三种设计状况,并按不同的极限状态和效应组合计算和验算。按承载能力极限状态设计的有下列情况:①结构的整体稳定、岸坡稳定、挡土结构抗倾、抗滑移等;②构件的强度;③桩、柱的压屈稳定等;④桩的承载力等。按正常使用极限状态设计的有下列情况:①混凝土构件抗裂、限裂;②梁的挠度(装卸机械有控制变形的要求时);③柔性靠船桩水平变位;④装卸机械作业引起结构震动等。本节仅介绍最常用的板梁式高桩码头上部结构与横向排架的计算。

一、面板内力计算

1.计算图式和计算跨度
简支板和连续板的计算跨度与板型、计算内力种类、板厚和搁置长度有关(表4-4-1)。两边支承两边自由的板按单向板计算。四边支承板,当长边与短边的计算跨度之比大于或等于2时,按单向板计算,小于2时按双向板计算。

简支板和连续板的计算跨度   表 4-4-1

板型	弯矩计算	切力计算	图　示	符　号　说　明
简支板	$l_0=l_n+h$ 且$\not>l_n+e$	$l_0=l_n$	 a)	l_0——计算跨度(m)； l_n——净跨度(m)； l——梁的中心距(m)； h——板厚(m)； e——板的搁置长度(m)； B_1——梁的上翼缘宽度(m)
连续板	$B_1\leqslant0.1l$时 $l_0=l$ $B_1>0.1l$时 $l_0=1.1l_n$		 b)	

2. 集中荷载的接触宽度和传递宽度

当荷载作用面积远小于构件尺寸时，可把它看成是作用在一"点"上的集中荷载，这是一种为简化计算而提出的近似说法。实际上，集中荷载作用在面板上时具有一定的接触面积，其宽度即是接触宽度。一般取接触面积的中心作为集中荷载的作用点位置。

当面板（单向板或双向板）上有垫层时，集中力经垫层传到面板，一般假定按 45°分别向两个方向传递。以平行板跨方向为例，其传递宽度 a_1 可按下式计算（图 4-4-1）：

$$a_1 = S + a_0 + 2h_s \qquad (4-4-1)$$

式中：a_0——集中荷载在平行板跨方向的接触宽度(m)；

h_s——垫层厚度(m)；

S——最外面集中荷载的中心间距(m)。

垂直板跨方向集中荷载传递宽度的计算方法和平行板跨方向相同，其接触宽度和传递宽度分别为 b_0 和 b_1。多个集中荷载的传递宽度不交叉时，按单个集中荷载计算。此时式（4-4-1）中的 $S=0$。传递后的荷载强度 q_0 为：

$$q_0 = \frac{\sum P}{a_1 b_1} \qquad (4-4-2)$$

式中：$\sum P$——传递范围内的集中力总和。

3. 集中荷载作用下板的计算宽度

1）集中荷载作用下单向简支板和连续板计算宽度

图 4-4-1　集中荷载的传递宽度

集中荷载传递宽度附近还有相当宽度能帮助承受荷载，所以承受集中荷载的宽度往往远大于传递宽度而又不超过板的实际宽度，并可分为弯矩计算宽度和剪力计算宽度。影响这两种计算宽度的因素很复杂，《高桩码头设计和施工规范》(JTJ 291—98)根据理论计算和试验研究的结果规定如表 4-4-2、图 4-4-2 所示。

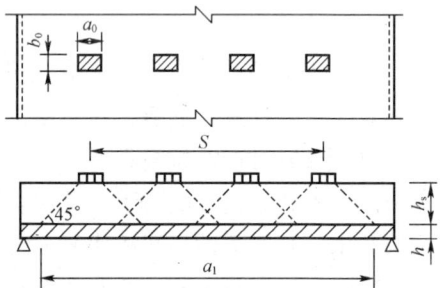

当有多个集中荷载同时作用,弯矩计算宽度重叠,其计算宽度取 b_c+S,S 为最外面集中荷载中心距离。

集中荷载作用下单向简支板和连续板计算宽度 表 4-4-2

	荷载位置	弯矩计算宽度	荷载位置	剪力计算宽度
平行板跨方向		$a_c=a_1$		$a_{cs}=a_1$
垂直板跨方向 中置荷载	荷载接触面积中心位于 $\frac{1}{2}$ 板宽至 $y \geqslant 0.5b_c$	$b_c=\dfrac{Kl_0}{0.8+0.1l_0/x}+b_1+h$ $K=\dfrac{B/l_0}{1.0+0.9B/l_0}$	荷载位于 $\frac{1}{2}$ 板宽附近,且 $y' \geqslant 0.3x+1.8h_0$	$b_{cs}=b_1+3.6h_0+0.6x$
垂直板跨方向 偏置荷载	荷载接触面积中心位于自由边附近,且 $y<0.5b_c$	$b'_c=0.45b_c+y$	位于自由边附近,且 $y'<0.3x+1.8h_0$	$b'_{cs}=b_1+1.8h_0+0.3x$

表中:y、y'——分别为荷载接触面积中心和边缘至板自由边的距离(m);

$\quad\quad x$——荷载接触面积中心至支座边缘的距离(m);

$\quad\quad h$、h_0——分别为板厚与板的有效高度(m);

$\quad\quad l_0$——板的弯矩计算跨度(m);

$\quad\quad K$——与板的宽跨比有关的系数;

$\quad\quad B$——板宽(m)

注:①当 $b_c>B$ 时,取 $b_c=B$;

②当 $\dfrac{B}{l_0} \geqslant 2.5$ 时,取 $\dfrac{B}{l_0}=2.5$。

2)集中荷载作用下悬臂板弯矩计算宽度(图 4-4-3)

平行悬臂方向:$a_c=a_1$

垂直板的悬臂方向:$b_c=b_1+2x$

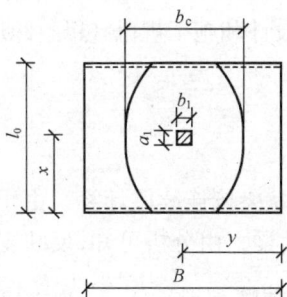

图 4-4-2 弯矩计算宽度

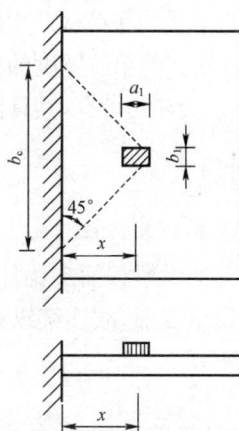

图 4-4-3 悬臂板计算宽度

4. 内力计算

1)单向板计算

板的计算宽度:均布荷载下取单宽(1m),集中荷载作用下取计算宽度。简支板、悬臂板、

133

自由搁置在梁上的单向连续板可按一般的简支梁、悬臂梁、连续梁计算。

与梁整体连接的单向连续板,其弯矩按系数法计算(图 4-4-4):

$$M = mM_0 \qquad (4-4-3)$$

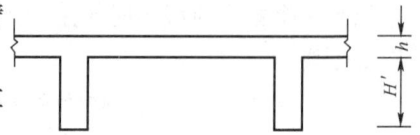

图 4-4-4　与梁整体连接的单向连续板

式中:M——跨中或支座计算弯矩设计值(kN·m);

$\quad M_0$——按简支板计算时跨中最大弯矩设计值(kN·m);

$\quad m$——弯矩系数,见表 4-4-3。

弯 矩 系 数 m 　　　　　　　　　　表 4-4-3

m 值 ＼ 板的位置	边 跨 板		中 跨 板	
$\dfrac{h}{H'}$	边支座	跨中	支座	跨中
$< \dfrac{1}{4}$	−0.50	0.60	−0.60	0.60
$\geqslant \dfrac{1}{4}$	−0.50	0.70	−0.60	0.65

叠合板的自重及施工荷载产生的内力按简支板计算。可变作用产生的内力,当板与梁整体连接时,可按连续板用弯矩系数法计算;当板不与梁整体连接时按简支板计算。

2)双向板计算

由于计算比较复杂,弯矩一般采用系数查表法。四边简支板承受集中荷载时产生的跨中弯矩 M_a 和 M_b 可按《高桩码头设计和施工规范》(JTJ 291—98)附录 B 计算。当板与梁整体连接时,跨中弯矩采用 $0.525M_a$ 和 $0.525M_b$。支座弯矩采用 $-0.75M_a$ 和 $-0.75M_b$。

四边支承板承受均布荷载产生的剪力可根据跨中挠度相等的原则,把均布荷载分配于两个位于跨中且相互正交的单位宽度的板条上,板条按简支梁的方法计算。四边支承板承受集中荷载产生的剪力,按受冲切计算,其具体计算方法见《高桩码头设计和施工规范》(JTJ 291—98)。

二、纵梁计算

1. 计算图式和计算跨度

支座处断开的纵梁按简支梁计算。支座处整体连接的纵梁按连续梁计算。由于横向排架在荷载作用下发生变形,故连续纵梁一般都是弹性支承连续梁。由分析可知,反映支座弹性性质的系数 $\alpha = \dfrac{6E_b I_b K}{l_0^3}$(式中:$E_b$、$I_b$ 为纵梁的材料弹性模量和断面惯性矩,K 为支座的压缩系数,l_0 为纵梁的计算跨度)的值越小时,按刚性支承计算和按弹性支承计算所得的结果越接近。当 $\alpha < 0.15$ 时,可按刚性支承连续梁计算。设计经验表明,支承在横梁上的连续纵梁,一般工程宜按弹性支承连续梁计算,但对较小的工程,为简化计算,可按刚性支承连续梁计算。对于支承于桩帽上的连续纵梁,其内力应按弹性支承连续梁计算。

纵梁的计算跨度与梁型、计算内力的种类、支座宽度和搁置长度等有关,其规定见表 4-4-4。

纵梁的计算跨度 表 4-4-4

纵梁的形式		弯 矩 计 算	剪 力 计 算
简支梁		取 $l_0 = l_n + e$,但不大于 $1.05l_n$	$l_0 = l_n$
连续梁	刚性支承	$B_2 \leqslant 0.05l$ 时,取 $l_0 = l$	$l_0 = l_n$
		$B_2 > 0.05l$ 时,取 $l_0 = 1.05l_n$	
	弹性支承	$l_0 = l$	$l_0 = l_n$

表中：l_0——计算跨度(m)；

$\quad l_n$——净跨(m)；

$\quad l$——横梁(或桩帽)中心距(m)；

$\quad e$——搁置长度(m)；

$\quad B_2$——纵梁支座(横梁或桩帽)宽度(m)。

2.计算荷载

纵梁的计算荷载包括：①纵梁自重；②直接作用在纵梁上的使用荷载(例如门机荷载)；③由面板自重及面板上使用荷载产生的面板支座反力。

单向板的支座反力比较容易求得,双向板的支座反力比较复杂,一般用近似法求得。在满布均布荷载作用下,按图 4-4-5 所示将荷载分配到纵梁和横梁上。集中力作用下的支座反力可按求双向板剪力的方法求得。

3.内力计算

对于各跨跨度、刚度不相等的刚性支承或弹性支承连续梁,内力计算时应采用相应的三弯矩方程式或五弯矩方程式。弹性支承连续纵梁的支座反力系数(单位力作用下支座的垂直变位)按下列规定采用：

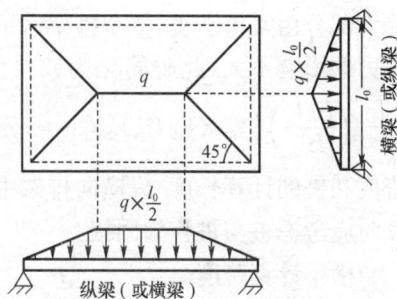

图 4-4-5　双向板上均布荷载在纵、横梁上的分配

①对于支承于桩帽上的纵梁,取其支承处桩的轴向反力系数；②对于搁置在横梁上的纵梁,其支座反力系数取搁置处横梁在单位力作用下的垂直变形值。当纵梁为等跨、等刚度的刚性支承连续梁时,其内力可用查表法计算,这种表在一般的力学手册中都有；梁跨超过 5 跨时按 5 跨计算。

三、横向排架计算

1.计算图式的确定

1)计算段长

高桩码头的结构分段是一个空间整体结构。按空间结构进行计算的方法近年来有较大进展,有条件时可根据具体情况选用合适的空间计算方法进行计算。但对于常见的板梁式高桩码头,横梁和其下桩基组成的横向排架常是主体受力构件,各排架结构布置和受荷条件(边排架除外)基本上是相同的,通常可按纵向和横向两个平面进行结构内力计算。此时排架内力可简化为平面问题分析,取一个横向排架作为计算单元,计算段长等于横向排架的间距。

2)桩台刚性

桩台根据其刚度和受力特性一般可分为两类(图4-4-6):①柔性桩台,桩台有一定刚度,受力后桩台既有变位,又有变形,板梁式或无梁板式上部结构属于柔性桩台;②刚性桩台,桩台的刚度(EI)为无穷大,受力后桩台只有变位而无变形,如承台式或桁架式上部结构可视为刚性桩台。

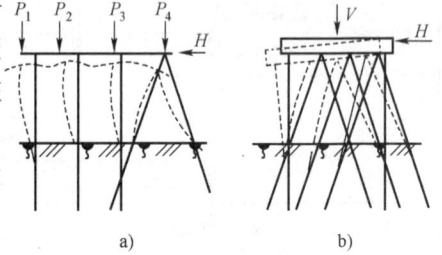

图4-4-6 桩台性质
a)柔性桩台;b)刚性桩台

3)桩端固定性质

桩与桩台及地基的连接,性质上是介于固接和铰接之间的弹性嵌固,为便于计算,可简化为固接或铰接。简化的原则是:

(1)考虑结构的实际连接情况。例如,桩顶钢筋伸入桩台有足够的锚固长度时,应看成是固接;又如,端承桩的入土深度较浅,支承在坚硬土层上时,其底端可按铰接考虑。对于摩擦桩,计算时桩的下端一般仍按弹性嵌固考虑,此时需考虑桩的计算长度。

(2)考虑桩端固定性质对内力的影响大小。例如,排架内有叉桩时,作用在排架上的水平力绝大部分由叉桩承受,整个排架水平位移较小。一般情况下,桩与桩台的连接性质对桩和桩台内力的影响不大,此时简化为铰接便于计算。但当桩台的线性刚度与桩的线性刚度之比 $\left(\frac{E_b I_b}{l_0}\middle/\left(\frac{E_p I_p}{L_m}\right)\right) \leqslant 4$($E_b I_b$、$E_p I_p$——分别为桩台和桩的截面刚度;$l_0$、$L_m$——分别为桩台的计算跨度和桩的计算长度)或横向排架中全部采用直桩时,桩对桩台变形的约束作用不可忽略,计算时应考虑桩与桩台为固接。

4)横梁计算跨度

全部由直桩支承时,取桩轴线与梁底面线交点之间的距离;由直桩和叉桩支承时,取直桩轴线和叉桩的两桩轴线交点的垂线与梁底面线交点之间的距离。对双直桩支座,为简化计算,可取对称轴线作为桩轴线(图4-4-7)。

当有桩帽时,应考虑桩帽的影响。考虑方法有两种:①对计算出来的弯矩乘以折减系数 n,n 值的确定可参阅《高桩码头设计与施工规范》(JTJ 291—98);②对内力图进行削峰,削峰的范围根据单桩、双直桩和叉桩的具体情况分析而定(图4-4-8)。

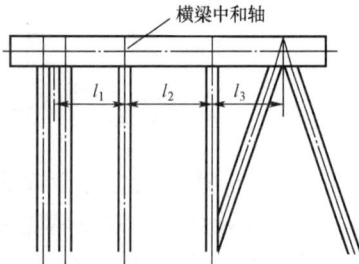

图4-4-7 横向排架计算跨度示意图

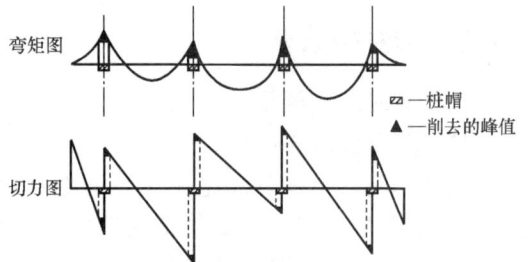

图4-4-8 考虑桩帽影响的内力削峰

5)桩的受弯计算长度

排架计算中桩的受弯计算长度等于桩的自由长度与桩在土中的嵌固点深度之和。嵌固点深度确定的方法很多,我国《港口工程桩基规范》(JTJ 254—98)在"m"法的基础上,给出了弹性长桩的受弯假定嵌固点深度 t:

$$t = \eta T \tag{4-4-4}$$

式中:η——反映桩顶与桩台嵌固程度和桩的自由长度大小的系数,$\eta = 1.8 \sim 2.2$;

$\quad\;\, T$——桩的相对刚度系数(m);

$$T = \sqrt[5]{\dfrac{E_p I_p}{m b_0}}$$

式中:E_p、I_p——桩材料的弹性模量(kN/m^2)和桩截面的惯性矩(m^4);

$\quad\;\; m$——按"m"法计算时土的水平地基系数随深度增长的比例系数(kN/m^4);

$\quad\;\; b_0$——考虑桩周土空间受力的换算宽度(m),取 2 倍的桩受力面桩宽(或桩径)。

2.计算荷载及其效应组合

横向排架上的作用可分为三类:①上部结构自重力、固定设备自重力等永久作用;②堆货荷载、起重运输机械荷载、铁路荷载、船舶荷载、施工荷载和波浪力等可变作用;③地震作用等偶然作用。

梁板的布置方式对面板上荷载的传递方式有很大影响,也因此影响到横向排架的计算。例如,面板直接搁置在横梁上时,荷载由面板——→横梁,为均布力。面板四边支承时,如果是单向板,荷载一般由面板——→纵梁——→横梁,为集中力;如果是双向板,则一部分荷载由面板——→纵梁——→横梁,为集中力,另一部分荷载直接由面板——→横梁,为分布荷载(三角形分布或梯形分布)。

当系缆力和撞击力作用在上部结构为整体连接的码头上时,可将码头上部结构在水平方向视为一个以排架基桩作为支承点的连续梁,按弹性支承刚性梁计算。当码头排架间距和支承点的水平反力系数(排架基桩在水平方向单位力作用下的变形)相等或相近时,水平集中力的横向分力在排架中的分配系数可按《高桩码头设计和施工规范》(JTJ 291—98)附录 A 确定。根据系船柱的高矮,系缆力作用在码头面以上 $0.3 \sim 0.5$m 处。撞击力的作用点位置见本节靠船构件的计算。

以上各种作用应根据可能出现的最不利情况进行布置和组合。不可能同时出现的作用不应组合。例如,船舶驶靠码头时门机不工作,船舶撞击力和系缆力不同时发生,有冰就没有波浪等,因此上述不同时出现的作用不进行效应组合。有些作用虽然可能同时出现,但可变作用效应组合时应分清主导作用和非主导作用。

3.柔性桩台横向排架的计算

板梁式码头中,由叉桩和直桩支承的横梁是常见的结构形式。由于设置叉桩的桩台能较好地抵抗水平位移,且横梁的惯性矩一般较大、跨度较小,其线性刚度远大于桩的线性刚度,计算结果表明,桩台底部直桩和叉桩的桩端弯矩很小,桩主要承受轴向力。因此当叉桩中两斜桩的断面尺寸、斜度和桩长相等或接近时,在进行横梁内力分析时,可假定桩两端为铰接。在垂直荷载(包括水平力对横梁中和轴产生的力矩)作用下,横梁可按弹性支承连续梁计算,水平力由叉桩承受。

对于桩与横梁采用嵌固连接的全直桩码头,在水平力作用下将产生较大的水平位移,一般可按考虑桩土共同作用的刚架进行计算,或按具有弹性支承的刚架进行计算。

但对于一些特殊的结构(如采用半叉桩、斜桩等)应采取相应的计算方法,如本章参考文献[13]介绍的精确法。

1)由直桩和叉桩支承的横梁计算

在垂直荷载(包括水平力对横梁中和轴产生的力矩)作用下,由直桩和叉桩支承的横梁按弹性支承连续梁计算,一般采用五弯矩方程求解。对于横向排架第 n 支座(图 4-4-9)的五弯矩方程一般形式见式(4-4-5)、式(4-4-6),对于等跨、等截面的情况,公式可得到简化。

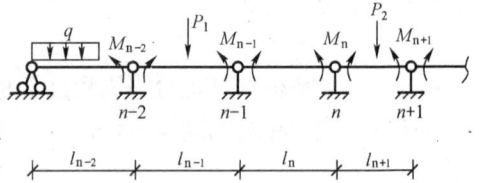

图 4-4-9 弹性支承连续梁

$$\delta_{n,n-2} \cdot M_{n-2} + \delta_{n,n-1} \cdot M_{n-1} + \delta_{n,n} \cdot M_n + \delta_{n,n+1} \cdot M_{n+1} + \delta_{n,n+2} \cdot M_{n+2} + \Delta_{np} = 0$$

$$(4-4-5)$$

$$\left.\begin{aligned}
\delta_{n,n-2} &= \frac{1}{l_n \cdot l_{n-1}} K_{n-1} \\
\delta_{n,n-1} &= \frac{l_n}{6EI} - \frac{K_{n-1}}{l_n}\left(\frac{1}{l_{n-1}} + \frac{1}{l_n}\right) - \frac{K_n}{l_n}\left(\frac{1}{l_n} + \frac{1}{l_{n+1}}\right) \\
\delta_{n,n} &= \frac{l_n}{3EI} + \frac{l_{n+1}}{3EI} + \frac{1}{l_n^2}K_{n-1} + \left(\frac{1}{l_n} + \frac{1}{l_{n+1}}\right)^2 K_n + \frac{1}{l_{n+1}^2}K_{n+1} \\
\delta_{n,n+1} &= \frac{l_{n+1}}{6EI} - \frac{1}{l_{n+1}}\left(\frac{1}{l_{n+1}} + \frac{1}{l_{n+2}}\right)K_{n+1} - \frac{1}{l_{n+1}}\left(\frac{1}{l_n} + \frac{1}{l_{n+1}}\right)K_n \\
\delta_{n,n+2} &= \frac{1}{l_{n+1} \cdot l_{n+2}}K_{n+1} \\
\Delta_{np} &= B_n^\phi + A_{n+1}^\phi + \frac{1}{l_n} \cdot R_{n-1}^0 \cdot K_{n-1} - \left(\frac{1}{l_n} + \frac{1}{l_{n+1}}\right)R_n^0 K_n + \frac{1}{l_{n+1}}R_{n+1}^0 K_{n+1}
\end{aligned}\right\} \quad (4-4-6)$$

式中:$\delta_{n,n-2}$、$\delta_{n,n-1}$、$\delta_{n,n}$、$\delta_{n,n+1}$、$\delta_{n,n+2}$——分别为简支梁基本系中由于 $n-2$、$n-1$、$n+1$、$n+2$ 支座作用单位力矩使 n 支座处产生的角变位;

Δ_{np}——简支梁基本系中由于外荷和支座沉陷使 n 支座处产生的角变位;

M_{n-2}、M_{n-1}、M_n、M_{n+1}、M_{n+2}——分别为支座 $n-2$、$n-1$、n、$n+1$、$n+2$ 处的弯矩;

K_{n-1}、K_n、K_{n+1}——分别为支座 $n-1$、n、$n+1$ 的压缩系数;

R_{n-1}^0、R_n^0、R_{n+1}^0——分别为荷载单独作用在简支梁基本系上时,在支座 $n-1$、n、$n+1$ 处产生的支座反力;

E、I——为桩台材料弹性模量和断面惯性矩;

l_{n-1}、l_n、l_{n+1}、l_{n+2}——分别为 l_{n-1}、l_n、l_{n+1}、l_{n+2} 跨的跨度;

B_n^ϕ、A_{n+1}^ϕ——简支梁 l_n 和 l_{n+1} 跨在荷载作用下,支座 n 处梁端的转角。

如令 $n=2$、3、4…、$K-1$,可得 $(K-2)$ 个中间支座截面的五弯矩方程式,联立求解,即可得横梁各中间支座的弯矩值。根据中间支座弯矩可求得横梁各断面的弯矩(式(4-4-13))、剪力

(式(4-4-14))和支座反力(式(4-4-15)),再进一步求得桩的轴向力(式(4-4-16)～式(4-4-18))。计算所得的直桩支座反力就是直桩桩力,而叉桩桩力可由支座反力和桩顶水平力求得。当横向排架中有两组以上叉桩时,水平力按叉桩的横向刚度系数分配。

当上式中的 EI 取为无穷大时,即为刚性桩台的计算。但对刚性桩台,用变位法更为简便,详见参考本章文献[13]。

桩和支座的轴向反力系数确定如下。

(1)桩的轴向反力系数

桩顶在单位轴向力作用下产生的轴向位移为桩的轴向反力系数。摩擦桩应根据试桩资料确定,如无试桩资料,可按下式计算:

$$\left.\begin{array}{c} K = \dfrac{L_0}{E_p A_p} + \dfrac{1}{c} \\ C = (115 \sim 145) Q_{ud} \end{array}\right\} \qquad (4\text{-}4\text{-}7)$$

支承在岩石上的桩可按下式计算:

$$K = \frac{L}{E_p A_p} \qquad (4\text{-}4\text{-}8)$$

式中:K——桩的轴向反力系数(m/kN);

L、L_0——分别为桩全长和桩自由长度(m);

E_p、A_p——分别为桩材料弹性模量(kPa)和桩身横截面面积(m^2);

C——桩入土部分的单位沉降所需轴向力(kN/m);

Q_{ud}——单桩垂直极限承载力标准值(kN)。

(2)支座的竖向压缩系数

对于第 n 支座的直桩,桩的轴向反力系数就是支座竖向反力系数 K_n,双直桩的支座竖向反力系数为 $\dfrac{K_n}{2}$(此时 K_n 应考虑群桩影响)。叉桩支座竖向反力系数可近似采用下式计算(推导从略):

$$K = \frac{1}{\sin^2(\alpha_1 + \alpha_2)} (\sin^2 \alpha_1 K_2 + \sin^2 \alpha_2 K_1) \qquad (4\text{-}4\text{-}9)$$

式中:α_1、α_2——分别为叉桩支座中两根斜桩的倾角;

K_1、K_2——分别为叉桩支座中两根斜桩的轴向反力系数(m/kN)。

2)全部由直桩支承的横梁计算

按弹性支承的刚架计算时,可采用下述简化法:在垂直力和弯矩作用下,桩台主要产生垂直位移,其水平位移和转动相对较小,可略去不计,桩两端考虑为铰接,按弹性支承连续梁计算。水平力作用时,桩台主要产生水平位移,垂直位移相对较小,桩主要受弯,桩顶沉降的影响可忽略,假定桩与桩台的连接为固接,横向排架按刚架计算。桩的受弯长度为按式(4-4-4)求得的桩的嵌固点深度与自由长度之和。

计算时还应考虑一些特殊情况。对于在前沿设置 3～4 层系靠船设施的板梁式码头(图4-1-6),其横向排架计算也可简化为平面问题,将横梁、靠船立柱、基桩和横撑等作为一个杆件系统,并考虑各杆件的抗压和抗弯刚度,用弹性杆件法计算基桩桩力、杆件内力、横梁弯矩和剪力。对于在前沿单独设置浮式系靠船设施的板梁式码头(图 4-2-14),船舶撞击力可通过钢浮体传给导向传力桩再传给横梁,并应考虑浮式系靠船设施吸能的影响。对某码头的实测结果显示,码头所承受的有效撞击能量只有总有效撞击能量的 30%;船舶系缆力由浮式系靠船设施单独承受。该种类型的横向排架计算方法与上述的柔性桩台横向排架计算相同。

四、桩的承载力计算和沉降控制

1. 单桩轴向承载力确定

桩的轴向承载力主要决定于地基承受桩轴向力的能力。摩擦桩抗压承载力由桩侧摩擦阻力和桩端阻力两部分组成;对于端承桩,起主要作用的是桩端阻力。桩抗拉时则不存在桩端阻力。影响桩承载力的因素很多,采用桩的静载荷试验是确定承载力最可靠的方法,用高应变动测法确定承载力的技术经过约 20 年的研究和实践也日趋成熟。在方案设计阶段或无条件试桩时,对于预应力混凝土方桩,可按下式计算。

单桩抗压极限承载力设计值:

$$Q_d = \frac{1}{\gamma_R}(U\sum q_{fi}l_i + q_R A) \tag{4-4-10}$$

式中:U——桩身截面周长;

l_i——桩身穿过第 i 层土的长度;

A——桩身截面面积;

q_{fi}、q_R——单桩第 i 层土的极限侧摩阻力标准值和单桩极限桩端阻力标准值,可按规范选取;

γ_R——分项系数,一般可取 1.45。

单桩抗拔极限承载力设计值:

$$T_d = \frac{1}{\gamma_R}(U\sum \xi_i q_{fi}l_i + G\cos\alpha) \tag{4-4-11}$$

式中:ξ_i——折减系数,对黏性土取 0.7~0.8,对砂土取 0.5~0.6;

G——桩重力;

α——桩轴线与垂线的夹角。U、l_i、q_{fi}、γ_R 意义同前。

钻孔灌注桩由于是非挤土桩,且钻孔底部的浮泥不易清干净,其桩侧摩阻力和桩端阻力取值与打入桩有所不同,具体确定可参见《港口工程灌注桩设计与施工规程》(JTJ 248—2001)。对于外径大于 600mm 的钢管桩,桩侧摩阻力同实心桩一样计算,桩端阻力则考虑一定的闭塞效应。闭塞效应系数取值与桩径、入土深度等有关,但目前尚未给出统一规定。《港口工程预应力混凝土大直径管桩设计与施工规程》(JTJ 261—97)中给出了大管桩承载力的计算公式。对于嵌岩桩则可按《港口工程嵌岩桩设计与施工规程》(JTJ 285—2000)中的公式计算。

2. 单桩水平承载力的确定

全直桩高桩码头中的桩必须考虑其承受水平力。桩基水平承载力的计算以前多采用"m"法等线弹性计算方法。随着船舶大型化、码头深水化的发展趋势,桩基所承受的水平荷载及所产生的位移越来越大,线弹性计算方法不能体现桩—土非线性作用的实际情况。一般认为,当桩身在泥面处水平变形>10mm 时,应采用 P-Y 曲线法、NL 法等非线性计算法。NL 法是我国《港口工程桩基规范》(JTJ 254—98)局部修订(桩的水平承载力设计)中推荐使用的方法,具有较好的适用性、操作性及较可靠的精度。

3.沉降控制和桩长确定

为了减少码头的沉降和提高桩的承载力,应尽量将基桩桩尖打入良好持力层的一定深度(对黏性土和粉土不宜小于2倍桩径,密实砂土和碎石类不宜小于1倍桩径)。如不能达到良好持力层时,也应使同一桩台下的桩打至同一土层,且桩尖高程不宜相差太大。

支承桩的桩长根据岩层(或其他硬土层)的高程确定。摩擦桩的桩长一般根据所需要的承载力确定。预制桩桩长不宜超过打桩船能打的高度,否则必须接桩,接桩数量不宜多于一个,接桩位置宜设在泥面下且计算内力和腐蚀性较小处,同时应考虑施工的可能性。

五、靠船构件的计算

悬臂梁式和悬臂板式靠船构件主要承受撞击力或挤靠力。撞击力较大,故一般取撞击力作为设计荷载,分别按悬臂梁和悬臂板计算。对于悬臂梁式靠船构件,全部船舶撞击力应由一个构件承受。船舶斜向靠岸时,如与码头前沿线夹角较小,还应考虑撞击力产生的水平摩擦力和由此而引起的扭矩作用。故悬臂梁式靠船构件一般按双向受弯、受扭构件设计。如有可靠的纵向水平支撑也可按单向受弯构件设计。

撞击力的作用点位置应根据水位和防护设备情况确定。对悬臂式结构,撞击点的位置越低越不利,因此一般假定撞击力作用在设计低水位以上第一排防冲设施上。此外,船舶撞击力通过防护设备作用在靠船构件上,实际的荷载接触面积根据不同的防护设备而定。例如采用橡胶筒时,接触面积为橡胶筒直径乘其长度。

大水位差板梁式码头前沿设置3~4层系靠船结构时(图4-1-6),系靠船梁的计算需分别验算水平、竖直两个方向的受力情况。竖向需考虑自重、人群荷载、系缆力竖向分力的作用,水平向需考虑船舶系缆力水平分力或船舶撞击力的作用,此外,船舶系缆力还对梁产生扭曲变形。综上所述,系靠船梁在系船时按双向受弯、受扭的简支梁计算,靠船时按双向受弯的简支梁计算。当码头前沿单独设置浮式系靠船设施时(图4-2-14),应注意钢浮体在无约束时的浮体稳定性要求,而导向传力桩的计算类似柔性靠船桩,可按无锚板桩法计算,有条件时也可采用P-y曲线法。

六、横向排架算例

本算例主要针对横向排架使用期受力情况进行计算。

1.设计资料

1)横向排架结构形式

某工程码头前方桩台横向排架结构断面如图4-4-10所示,排架间距7m,码头分段跨数8跨。横梁为预制钢筋混凝土叠合梁,面板以下部分为预制钢筋混凝土T形梁,其上部与面板连接部分为横梁的现浇混凝土叠合部分。

2)横梁断面特性

横梁断面尺寸、截面积、中和轴位置、断面惯性矩等见表4-4-5。

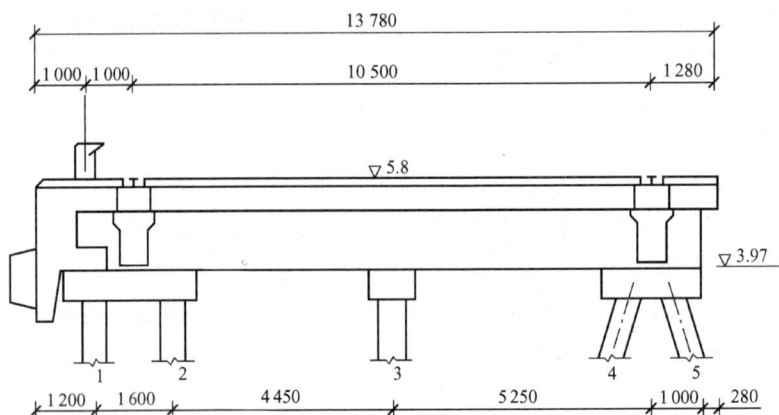

图 4-4-10 横向排架结构断面(尺寸单位:mm;高程单位:m)

3)支座竖向压缩系数

前方桩台桩基采用 55cm×55cm 的空心方桩,桩的轴向反力系数可按式(4-4-7)计算。对于单桩支座,桩的轴向反力系数就是支座竖向反力系数 K,双直桩的支座竖向反力系数为 $\dfrac{K}{2}$,叉桩支座竖向反力系数可按式(4-4-9)计算,故各支座的竖向压缩系数为:

单桩:$2.5×10^{-6}$ m/kN;

双直桩:$1.25×10^{-6}$ m/kN;

叉桩:$\dfrac{(\sin^2\alpha_1 K_2 + \sin^2\alpha_2 K_1)}{\sin^2(\alpha_1+\alpha_2)}=1.39×10^{-6}$ m/kN

结 构 断 面 特 性　　　　　　　　　　　　　　　　　　表 4-4-5

阶段	断 面 图 (m)	截面积 (m^2)	中和轴 (m)	惯性矩 (m^4)	混凝土弹性模量 (kN/m^2)	$EI(kN\cdot m^2)$ (计入10%钢筋面积)
施工期		0.825	0.66	0.118 3 (计入10%钢筋作用)	R_{350} $315×10^5$	$37.26×10^5$
使用期		1.141 8	0.876 6	0.278 1	R_{350} $315×10^5$	$87.602×10^5$

2.作用(使用期)

1)永久作用

现浇面层厚度 0.15m,面层自重:

$$q = \gamma h = 24 \times 0.15 = 3.6 \text{kN/m}^2$$

由于面板长短边之比 $l_1/l_2 = 10.5/7 = 1.5 < 2$,面板为双向板,面层重量分配方法及计算图式见图 4-4-11。为计算方便,将实际按梯形断面分布的荷载[图 4-4-11a)]简化为如图 4-4-11b)中所示的集中荷载。

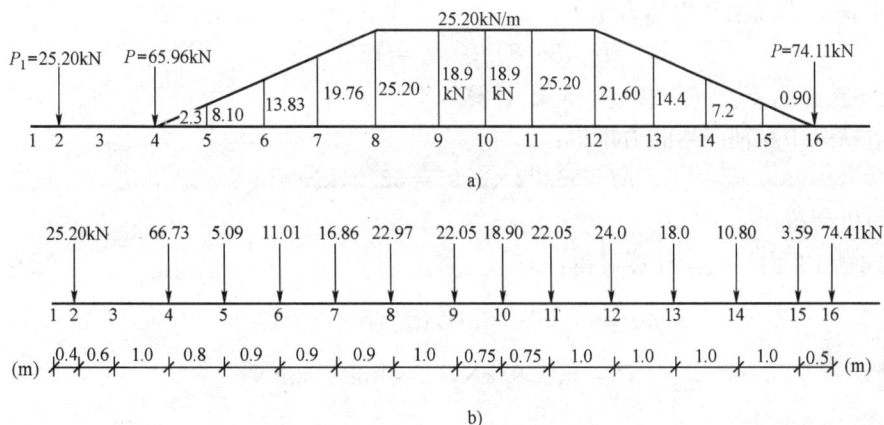

图 4-4-11 面层重量分配

(1)由面板传给横梁:

$$q = 7 \times 3.6 = 25.20 \text{kN/m}$$

(2)由靠船构件传给横梁:

$$p_2 = 7 \times 2 \times 3.6 \times 0.5 = 25.20 \text{kN}$$

(3)由前门机梁传给横梁:

$$p_4 = 65.96 \text{kN(由门机梁计算查得)}$$

(4)由后门机梁传给横梁:

$$p_{16} = 74.11 \text{kN(由门机梁计算查得)}$$

2)可变作用

(1)船舶荷载(船舶荷载的位置见图 4-4-12)

①已知系缆力 $N = 339.86 \text{kN}$,垂直码头岸线的水平分力为:

$N_x = N \sin\alpha \cos\beta = 339.86 \times \sin30° \times \cos15°$
$= 164.14 \text{kN}$

按《高桩码头设计与施工规范》(JTJ 291—98)附录 A 查得横向分力分配系数,得到作用在计算排架上的水平分力:

$N_{x计} = 164.14 \times 0.311 = 51.05 \text{kN/排架}$

$N_{x计}$ 对横梁中和轴产生的力矩为:

$M = 51.05 \times 1.35 = 68.92 \text{kN · m}$

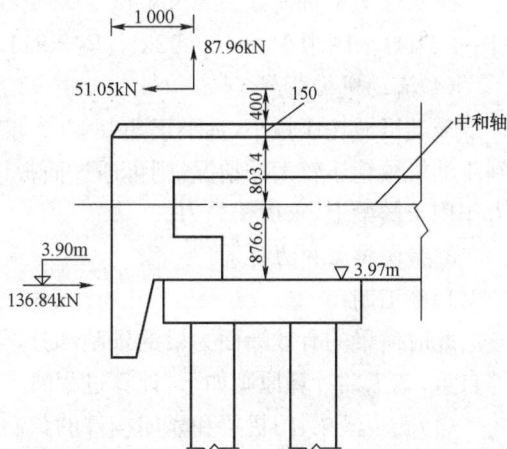

图 4-4-12 船舶荷载(尺寸单位:mm;高程单位:m)

143

垂直码头岸线的垂直分力为：

$$N_v = N\sin\beta = 339.86 \times \sin15° = 87.96 \text{ kN}$$

②已知撞击力 $P = 440\text{kN}$，计算如下：

作用在计算排架上的撞击力为：

$$P_{计} = 440 \times 0.311 = 136.84\text{kN}/排架$$

$P_{计}$ 对横梁中和轴产生的力矩为：

$$M = 136.84 \times 0.95 = 130\text{kN} \cdot \text{m}$$

③已知挤靠力 $F'_j = 66.22\text{kN}/排架$，计算如下：

F'_j 对横梁中和轴产生的力矩为：

$$M = 66.22 \times 0.95 = 62.91\text{kN} \cdot \text{m}$$

(2)门机荷载

如图 4-4-13，由门机梁计算可得：

情况 1 $P_1 = 1\,388.53\text{kN}, P_2 = 504.92 \text{ kN}$

情况 2 $P_1 = 504.92\text{kN}, P_2 = 1\,388.53\text{kN}$

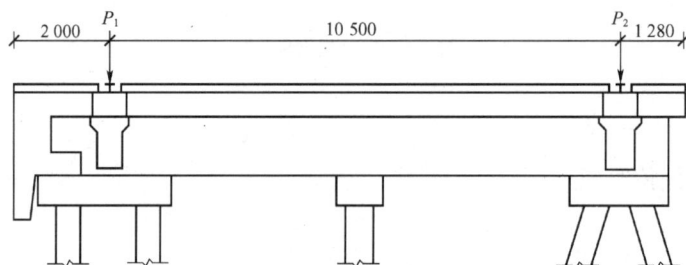

图 4-4-13　门机荷载(尺寸单位：mm)

(3)码头面上堆货荷载

码头面上堆货荷载为 $30\text{kN}/\text{m}^2$。堆货荷载的分配方法和计算图式简化同现浇面层自重 (图 4-4-14)。图中 $P_1 = 479.52\text{kN}$、$P_2 = 811.54\text{kN}$ 由门机梁计算查得，$q = 30 \times 7 = 210\text{kN}/\text{m}$。

(4)流动机械荷载

流动机械轮压较小，远小于 $30\text{kN}/\text{m}^2$ 堆货荷载对横向排架的作用，故在此不计。如果遇到流动机械轮压较大的情况，则可通过面板计算求得板支承在横梁上的支座反力，再把支座反力作用于横梁上，求横梁内力。

3.横向排架内力计算

1)施工期

此时横梁的有效断面为梁的预制部分，作用在排架上的荷载为面板、门机梁、横梁、靠船构件自重，施工期计算原则如下，计算过程略。

(1)安装横梁、门机梁和靠船构件的预制部分时，横梁按简支梁计算内力。

(2)安装面板和浇筑门机梁、横梁接头及叠合部分混凝土时，横梁按弹性支承连梁计算。

2)使用期

该板梁式码头的横梁由叉桩和直桩支承，横梁和桩的线刚度之比大于 4，可假定桩两端为

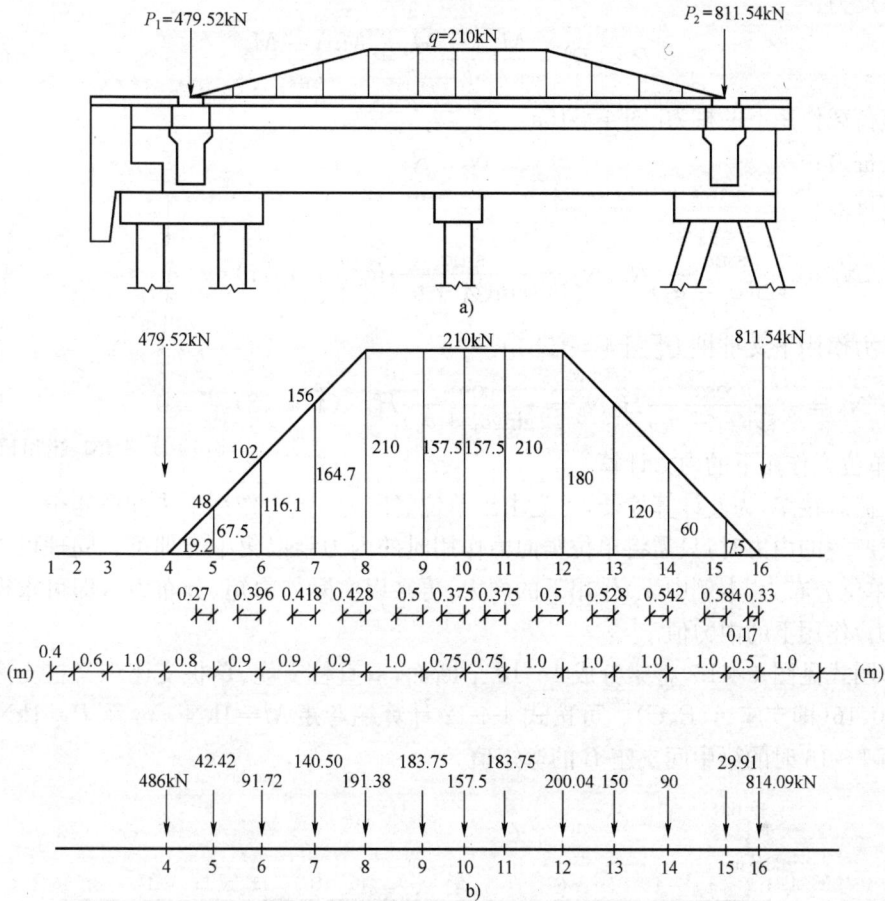

图 4-4-14 堆货荷载

铰接。在垂直荷载(包括水平力对横梁中和轴产生的力矩)作用下,按弹性支承连续梁计算,水平力由叉桩承受。作用在梁上的荷载为码头现浇面层自重和各种使用荷载,使用期梁的有效断面为横梁全断面(包括预制部分和叠合部分)。为便于计算,将双直桩支座、单直桩支座和叉桩支座分别简称为支座 A、B、C。

(1)计算公式

计算采用弹性支承连续梁五弯矩方程式(式 4-4-5、式 4-4-6),由于本例中横向排架仅为两跨,故只有一个中间支座 B(单直桩处)的弯矩为未知数,前述方程可简化为:

$$M_A\left(\frac{l}{6EI}-\frac{K_A}{l^2}-\frac{2K_B}{l^2}\right)+M_B\left[\frac{2l}{3EI}+\frac{1}{l^2}(K_A+4K_B+K_C)\right]+M_C\left(\frac{l}{6EI}-\frac{2K_B}{l^2}-\frac{K_C}{l^2}\right)$$

$$=-\left[(B_n^\varphi+A_{n+1}^\varphi)+\frac{1}{l}(K_A R_A^0-2K_B R_B^0+K_C R_C^0)\right] \tag{4-4-12}$$

任意截面的弯矩、剪力:

$$M_{n,x}=M_{n,x}^0+\frac{M_n}{l_n}x+\frac{M_{n-1}}{l_n}(l_n-x) \tag{4-4-13}$$

$$Q_X=Q_X^0+\frac{1}{l_n}(M_n-M_{n-1}) \tag{4-4-14}$$

支座反力：

$$R = R_n^0 + \frac{M_{n-1} - M_n}{l_n} + \frac{M_{n+1} - M_n}{l_{n+1}} \tag{4-4-15}$$

垂直荷载作用下的桩力［图 4-4-15a）］：

直桩桩力：
$$N_n = R_n \tag{4-4-16}$$

叉桩桩力：

$$N_1 = \frac{\sin\alpha_1}{\sin(\alpha_1 + \alpha_2)} R_n, \quad N_2 = \frac{\sin\alpha_2}{\sin(\alpha_1 + \alpha_2)} R_n \tag{4-4-17}$$

水平力作用下叉桩桩力［图 4-4-15b）］：

$$N_1 = -\frac{\cos\alpha_1}{\sin(\alpha_1 + \alpha_2)} H, \quad N_2 = \frac{\cos\alpha_2}{\sin(\alpha_1 + \alpha_2)} H \tag{4-4-18}$$

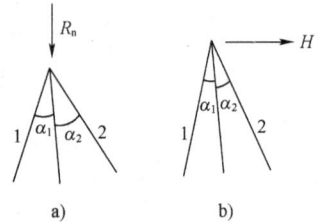

图 4-4-15　垂直荷载作用下的桩示意图

（2）单位力作用下的内力计算

由于荷载较多，为使计算简便，可先求出单位竖向力 $P=1$ 作用下未知弯矩值。计算实际集中荷载产生的内力时，只需将单位竖向力作用时的内力乘以集中力即可。同理可先求出单位力矩（单位分布力，本例中无）作用下的内力，再乘以实际外力矩（分布力），即可求得实际力矩（分布力）作用下的内力值。

计算图式见图 4-4-16，将梁分成 1～16 个断面，双直桩支座、单桩支座和叉桩支座分别为支点 4、10、16（即支座 A、B、C）。可按式 4-4-12 计算端弯矩 $M=1\text{kN} \cdot \text{m}$ 及 $P=1\text{kN}$ 分别作用于断面 1～16 时的梁中间支座 B 的弯矩值。

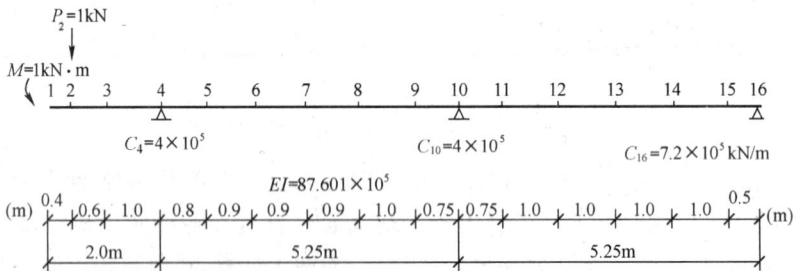

图 4-4-16　单位力作用力内力计算示意图

下面以 $P_4 = 1\text{kN}$ 时 M_B（即 10 断面处 M_{10}）的求解过程为例，当 4 断面处作用有单位力（即 $P_4 = 1\text{kN}$）时，建立五弯矩方程：

$$\delta_{BA}M_A + \delta_{BB}M_B + \delta_{BC}M_C + \Delta_{np} = 0$$

式中：$M_A = M_C = 0$（悬臂端弯矩）

$$\delta_{BB} = \frac{2l}{3EI} + \frac{1}{l^2}(K_A + 4K_B + K_C)$$

$$= \frac{2 \times 5.25}{3 \times 87.602 \times 10^5} + \frac{1}{5.25^2}(1.25 \times 10^{-6} + 4 \times 2.5 \times 10^{-6} + 1.39 \times 10^{-6})$$

$$= 8.581 \times 10^{-7}$$

$$\Delta_{np} = \left[(B_n^\varphi + A_{n+1}^\varphi) + \frac{1}{l}(K_A R_A^0 - 2K_B R_B^0 + K_C R_C^0) \right]$$

$$= 0 + \frac{1}{5.25}(1.25 \times 10^{-6} \times 1 - 0 + 0) = 2.381 \times 10^{-7}$$

故有：
$$8.581 \times 10^{-7} M_B = -2.381 \times 10^{-7}$$
$$M_B = -0.277 \text{kN} \cdot \text{m}$$

同理可求得其他单位力作用下中间支座 B 的弯矩值，然后按式(4-4-13)～式(4-4-17)可计算得到其他各断面的弯矩、剪力和单位垂直力作用下的桩力，单位力作用下桩力计算结果见表4-4-6，单位力作用下横梁各断面的内力计算结果见表4-4-7、表4-4-8。水平力由叉桩承受，按式(4-4-18)计算单位水平力作用下的桩力：$N_4 = -1.5811H$，$N_5 = 1.5811H$。

(3)实际荷载作用下的内力叠加和组合

横梁在现浇面层自重及各种使用荷载作用下各断面的内力叠加值及内力组合见表4-4-9～表4-4-11。作用在码头上的各种荷载应按可能同时出现的最不利受荷情况进行组合。

横梁为叠合梁，施工期和使用期的有效断面不同，施工期荷载和使用期荷载产生的内力不能直接叠加，应根据不同断面分别按其对应的内力进行配筋计算。计算桩力应为施工期和使用期产生的桩力之和。

使用期单位力作用下的横梁桩力值　　　　表 4-4-6

单位力及作用位置	桩　力(kN)				
	N_1	N_2	N_3	N_4	N_5
$P_1 = 1.0$	0.636	0.636	−0.163	−0.057	−0.057
$P_2 = 1.0$	0.604	0.604	−0.109	−0.052	−0.052
$P_3 = 1.0$	0.555	0.555	−0.028	−0.043	−0.043
$P_4 = 1.0$	0.474	0.474	0.106	−0.028	−0.028
$P_5 = 1.0$	0.409	0.409	0.212	−0.016	−0.016
$P_6 = 1.0$	0.338	0.338	0.326	−0.001	−0.001
$P_7 = 1.0$	0.270	0.270	0.476	0.018	0.018
$P_8 = 1.0$	0.207	0.207	0.506	0.042	0.042
$P_9 = 1.0$	0.145	0.145	0.563	0.077	0.077
$P_{10} = 1.0$	0.106	0.106	0.578	0.111	0.111
$P_{11} = 1.0$	0.073	0.073	0.565	0.152	0.152
$P_{12} = 1.0$	0.039	0.039	0.51	0.217	0.217
$P_{13} = 1.0$	0.014	0.014	0.422	0.290	0.290
$P_{14} = 1.0$	−0.006	−0.006	0.31	0.37	0.37
$P_{15} = 1.0$	−0.022	−0.022	0.183	0.454	0.454
$P_{16} = 1.0$	−0.030	−0.030	0.118	0.496	0.496
$M_1 = 1.0$	0.081	0.081	−0.134	−0.015	−0.015

表 4-4-7

使用期单位力作用下的横梁弯矩值

弯矩(kN·m)

单位力及作用位置	M_1	M_2	M_3	M_4	M_5	M_6	M_7	M_8	M_9	M_{10}	M_{11}	M_{12}	M_{13}	M_{14}	M_{15}	M_{16}
$P_1=1.0$	0	−0.40	−1.00	−2.00	−1.785	−1.538	−1.293	−1.049	−0.777	−0.573	−0.491	−0.382	−0.273	−0.164	−0.055	0
$P_2=1.0$	0	0	−0.60	−1.60	−1.435	−1.248	−1.062	−0.876	−0.669	−0.514	−0.441	−0.343	−0.245	−0.147	−0.049	0
$P_3=1.0$			0	−1	−0.912	−0.814	−0.715	−0.617	−0.507	−0.425	−0.365	−0.284	−0.203	−0.122	−0.041	0
$P_4=1.00$				0	−0.042	−0.090	−0.137	−0.185	−0.238	−0.277	−0.238	−0.185	−0.132	−0.079	−0.026	0
$P_5=1.0$					0.654	0.490	0.326	0.162	−0.020	−0.157	−0.135	−0.105	−0.075	−0.045	−0.015	0
$P_6=1.0$					0.540	1.148	0.855	0.563	0.238	−0.005	−0.005	−0.004	−0.003	−0.002	−0.001	0
$P_7=1.0$					0.431	0.917	1.402	0.987	0.527	0.181	0.155	0.121	0.086	0.052	0.017	0
$P_8=1.0$					0.331	0.703	1.075	1.447	0.861	0.421	0.361	0.281	0.201	0.120	0.04	0
$P_9=1.0$					0.232	0.493	0.754	1.015	1.305	0.773	0.662	0.515	0.368	0.221	0.074	0
$P_{10}=1.0$					0.169	0.359	0.550	0.740	0.951	1.110	0.951	0.740	0.529	0.317	0.106	0
$P_{11}=1.0$					0.117	0.249	0.380	0.512	0.659	0.768	1.301	1.012	0.723	0.434	0.145	0
$P_{12}=1.0$					0.063	0.133	0.203	0.274	0.352	0.411	0.852	1.441	1.029	0.617	0.206	0
$P_{13}=1.0$					0.020	0.046	0.070	0.95	0.122	0.142	0.479	0.928	1.377	0.826	0.275	0
$P_{14}=1.0$					−0.010	−0.021	−0.031	−0.042	−0.054	−0.063	0.160	0.458	0.755	1.053	0.351	0
$P_{15}=1.0$					−0.035	−0.075	−0.114	−0.154	−0.198	−0.231	−0.126	0.013	0.152	0.291	0.430	0
$P_{16}=1.0$					−0.047	−0.10	−0.153	−0.206	−0.264	−0.308	−0.264	−0.206	−0.147	−0.088	−0.029	0
$M_1=1.0$	−1.0	−1.0	−1.0	−1.0	−0.87	−0.724	−0.578	−0.432	−0.270	−0.148	−0.127	−0.099	−0.070	−0.042	−0.014	0

表 4-4-8

使用期单位力作用下的横梁切力值

切力(kN)

单位力及作用位置	Q_1	Q_2	Q_3	$Q_{4左}$	$Q_{4右}$	Q_5	Q_6	Q_7	Q_8	Q_9	$Q_{10左}$	$Q_{10右}$	Q_{11}	Q_{12}	Q_{13}	Q_{14}	Q_{15}	Q_{16}
$P_1=1.0$	-1.0	-1.0	-1.0	-1.0	0.272	0.272	0.272	0.272	0.272	0.272	0.272	0.109	0.109	0.109	0.109	0.109	0.109	0.109
$P_2=1.0$		-1.0	-1.0	-1.0	0.207	0.207	0.207	0.207	0.207	0.207	0.207	0.098	0.098	0.098	0.098	0.098	0.098	0.098
$P_3=1.0$			-1.0	-1.0	0.109	0.109	0.109	0.109	0.109	0.109	0.109	0.081	0.081	0.081	0.081	0.081	0.081	0.081
$P_4=1.0$				-1.0	-0.053	-0.053	-0.053	-0.053	-0.053	-0.053	-0.053	0.053	0.053	0.053	0.053	0.053	0.053	0.053
$P_5=1.0$					0.818	-0.182	-0.182	-0.182	-0.182	-0.182	-0.182	0.03	0.03	0.03	0.03	0.03	0.03	0.03
$P_6=1.0$					0.675	0.675	-0.325	-0.325	-0.325	-0.325	-0.325	0.001	0.001	0.001	0.001	0.001	0.001	0.001
$P_7=1.0$					0.539	0.539	0.539	-0.461	-0.461	-0.461	-0.461	-0.035	-0.035	-0.035	-0.035	-0.035	-0.035	-0.035
$P_8=1.0$					0.414	0.414	0.414	0.414	-0.586	-0.586	-0.586	-0.08	-0.08	-0.08	-0.08	-0.08	-0.08	-0.08
$P_9=1.0$					0.290	0.290	0.290	0.290	0.290	-0.71	-0.71	-0.147	-0.147	-0.147	-0.147	-0.147	-0.147	-0.147
$P_{10}=1.0$					0.211	0.211	0.211	0.211	0.211	0.211	0.211	-0.211	-0.211	-0.211	-0.211	-0.211	-0.211	-0.211
$P_{11}=1.0$					0.146	0.146	0.146	0.146	0.146	0.146	0.146	0.711	-0.289	-0.289	-0.289	-0.289	-0.289	-0.289
$P_{12}=1.0$					0.078	0.078	0.078	0.078	0.078	0.078	0.078	0.588	0.588	-0.412	-0.412	-0.412	-0.412	-0.412
$P_{13}=1.0$					0.027	0.027	0.027	0.027	0.027	0.027	0.027	0.449	0.449	0.449	-0.551	-0.551	-0.551	-0.551
$P_{14}=1.0$					-0.012	-0.012	-0.012	-0.012	-0.012	-0.012	-0.012	0.298	0.298	0.298	0.298	-0.702	-0.702	-0.702
$P_{15}=1.0$					-0.044	-0.044	-0.044	-0.044	-0.044	-0.044	-0.044	0.139	0.139	0.139	0.139	0.139	-0.861	-0.861
$P_{16}=1.0$					-0.059	-0.059	-0.059	-0.059	-0.059	-0.059	-0.059	0.059	0.059	0.059	0.059	0.059	0.059	0.059
$M_1=1.0$					0.162	0.162	0.162	0.162	0.162	0.162	0.162	0.028	0.028	0.028	0.028	0.028	0.028	0.028

表 4-4-9

使用期横梁弯矩值

弯矩(kN·m)

作用	弯矩	M_1	M_4	M_5	M_6	M_7	M_8	M_{10}	M_{12}	M_{13}	M_{14}	M_{16}
①现浇面层（图4-4-11）			-40.32	-5.77	28.54	52.96	62.15	23.46	75.60	72.03	51.42	
②堆货荷载 图4-4-14	a.正值	0	0	307.53	616.25	841.08	940.31	667.51	936.99	819.23	551.56	0
	b.负值	0	0	-60.62	-129.28	-197.34	-266.0	-405.0	-262.43	-187.28	-112.12	0
③门机荷载 图4-4-13	a.情况1	0	0	-82.05	-175.46	-267.48	-360.89	-540.14	-360.89	-257.51	-154.12	0
	b.情况2	0	0	-86.47	-184.29	-281.62	-379.45	-567.53	-379.45	-270.76	-162.08	0
④系缆力（图4-4-12）		-130	19.04	20.26	21.70	23.05	24.50	27.18	18.16	13.04	7.84	0
⑤撞击力（图4-4-12）		-130	-130	113.10	-94.12	-75.14	-56.16	-19.24	-12.87	-9.10	-5.46	0
⑥挤靠力（图4-4-12）		-62.19	-62.19	54.11	-45.03	-35.95	-26.87	-9.20	-6.16	-4.35	-2.61	0
承载能力极限状态持久状况组合	计算式	0	1.2×①+1.4×④	1.2×①+1.4×④ +0.7×1.5×⑤	1.2×①+1.4×②a+0.7×1.4×④							0
	最大值	0	-21.73	542.37	918.26	1263.65	1415.02	989.30	1420.30	1246.14	841.57	0
	计算式	1.5×⑤	1.2×①+1.5×⑤	1.2×①+1.5×③b +0.7×1.4×②b	1.2×①+1.5×③b+0.7×1.4×(②b+⑥)							0
	最小值	-195	-243.38	-196.04	-413.01	-587.50	-781.60	-1229.06	-741.67	-507.50	-293.85	0
正常使用极限状态持久状况频遇组合	计算式	0	①+0.8×④	①+0.8×(②a+⑤)	①+0.8×(②a+④)							0
	最大值	0	-25.09	330.73	538.9	744.26	833.99	579.21	839.72	737.85	498.94	0
	计算式	0.8×⑤	①+0.8×⑤	①+0.8×(③b+②b)	①+0.8×(③b+②b+⑥)							0
	最小值	-104	-144.32	-123.442	-258.34	-358.97	-475.71	-761.92	-442.83	-297.88	-170.03	0
正常使用极限状态持久状况准永久组合	计算式	0	①+0.6×④	①+0.6×(②a+⑤)	①+0.6×(②a+④)							0
	最大值	0	-28.896	246.608	411.31	571.44	641.04	440.27	648.69	571.39	387.06	0
	计算式	0.6×⑤	①+0.6×⑤	①+0.6×(③b+②b)	①+0.6×(②b+③b+⑥)							0
	最小值	-78	-118.32	-94.024	-186.62	-255.99	-341.24	-565.58	-313.22	-205.40	-114.67	0

表 4-4-10

使用期横梁切力值

切力(kN)

作用 ＼ 切力	Q₁	Q₄左	Q₄右	Q₅	Q₆	Q₇	Q₈	Q₁₀左	Q₁₀右	Q₁₂	Q₁₃	Q₁₄	Q₁₆左
①现浇面层(图4-4-11)	0	−25.20	43.17	38.08	27.07	−12.76	−12.76	−34.81	42.47	20.42	−3.58	−21.58	−35.97
②堆货荷载 图4-4-14　a.正值	0	0	384.57	349.87	287.96	133.0	133.0	79.71	421.75	173.48	106.13	79.31	75.15
②堆货荷载 图4-4-14　b.负值	0	0	−76.19	−83.91	−113.72	−178.49	−290.64	−421.10	−80.47	−215.99	−298.64	−361.82	−387.57
③门机荷载 图4-4-13　a.情况1	0	0	−103.32	−103.32	−103.32	−103.32	−103.32	−103.32	103.32	103.32	103.32	103.32	103.32
③门机荷载 图4-4-13　b.情况2	0	0	−108.68	−108.68	−108.68	−108.68	−108.68	−108.68	108.68	108.68	108.68	108.68	108.68
④系缆力(图4-4-12)		87.96	1.58	1.58	1.58	1.58	1.58	1.58	−5.19	−5.19	−5.19	−5.19	−5.19
⑤撞击力(图4-4-12)			21.06	21.06	21.06	21.06	21.06	21.06	3.64	3.64	3.64	3.64	3.64
⑥挤靠力(图4-4-12)			10.07	10.07	10.07	10.07	10.07	10.07	1.74	1.74	1.74	1.74	1.74
承载能力极限状态 持久组合　计算式		1.2×①+1.4×④	1.2×①+1.4×②a+0.7×0.7×1.5×⑤						1.2×①+1.4×②a+0.7×1.5×③b+0.7×1.4×(②a+③b+0.7×1.5×③b+0.7×1.4×⑥ 1.4×(②a+⑥)				
承载能力极限状态 持久组合　最大值	0	92.90	612.32	557.63	457.74	193.00	193.00	91.94	757.23	383.20	264.44	216.55	195.21
承载能力极限状态 持久组合　计算式		1.2×①	1.2×①+1.4×②b+0.7×1.4×④						1.2×①+1.4×②b+0.7×1.4×④				
承载能力极限状态 持久组合　最小值	0	−30.24	−185.88	−199.56	−241.98	−379.31	−536.32	−745.43	−66.78	−282.97	−427.48	−537.53	−590.85
正常使用极限状态 持久状况 频遇组合　计算式		①+0.8×④	①+0.8×(②a+⑤)						①+0.8×(②a+③b+⑥)				
正常使用极限状态 持久状况 频遇组合　最大值	0	45.17	367.67	334.82	274.29	110.49	110.49	45.81	468.21	247.54	169.66	130.20	112.49
正常使用极限状态 持久状况 频遇组合　计算式		①	①+0.8×(②b+③b)						①+0.8×(②b+④)				
正常使用极限状态 持久状况 频遇组合　最小值	0	−25.2	−104.73	−115.99	−150.85	−242.50	−332.22	−458.63	−26.06	−156.524	−246.64	−315.19	−350.18
正常使用极限状态 持久状况 准永久组合　计算式		①+0.6*④	①+0.6×(②a+⑤)						①+0.6×(②a+③b+⑥)				
正常使用极限状态 持久状况 准永久组合　最大值	0	27.58	286.54	260.63	212.48	79.68	79.68	25.65	361.77	190.76	126.35	92.26	75.37
正常使用极限状态 持久状况 准永久组合　计算式		①	①+0.6×(②b+③b)						①+0.6×(②b+④)				
正常使用极限状态 持久状况 准永久组合　最小值	0	−25.2	−67.75	−77.47	−106.37	−185.06	−252.35	−352.68	−8.92	−112.288	−185.88	−241.79	−271.63

使 用 期 桩 力 值

表 4-4-11

桩力 作用		桩力(kN)				
		N_1	N_2	N_3	N_4	N_5
①现浇面层(图 4-4-11)		67.58	67.58	96.21	58.11	58.11
②堆货荷载 图 4-4-14	a.正值	422.92	422.92	840.16	607.71	607.71
	b.负值	−25.62	−25.62		−14.38	−14.38
③门机荷载 图 4-4-13	a.情况 1	642.57	642.57	206.76	211.70	211.70
	b.情况 2	198.12	198.12	217.37	674.62	674.62
④系缆力(图 4-4-12)		−43.19	−43.19	−6.78	83.46	−77.98
⑤撞击力(图 4-4-12)		10.53	10.53	−17.42	−128.28	214.44
⑥挤靠力(图 4-4-12)		5.04	5.04	8.33	−105.62	103.78
承载能力 极限状态 持久组合	计算式	1.2×①+1.5×③a+ 0.7×1.4×(②a+⑥)		1.2×①+1.4×②a+0.7 ×(1.5×③b+1.4×⑥)	1.2×1+1.5×③b+ 0.7×1.4×(②a+④)	1.2×①+1.5×③b+ 0.7×1.4×(②a+⑥)
	最大值	1 464.351 8	1 464.351 8	1 528.077 9	1 759.008 6	1 778.922 2
	计算式	1.2×①+1.4×④+ 0.7×1.4×②b		1.2×①+1.5×⑤	1.2×①+1.5×⑤ +0.7×1.4×②b	1.2×①+1.4×④ +0.7×1.4×②b
	最小值	−4.477 6	−4.477 6	89.322	−136.780 4	−53.532 4

第五节 其他形式高桩码头的计算特点[*]

一、桁架式高桩码头

1.桁架式高桩码头的组成和桁架形式

桁架式高桩码头的上部结构是由面板、纵梁、桁架(包括上下弦杆、立柱、斜撑)、纵向水平撑等构件组成(图 4-5-1、图 4-5-2),当水位差大时还可采用多层桁架(图 4-1-9),分层高度一般取 3～5m。

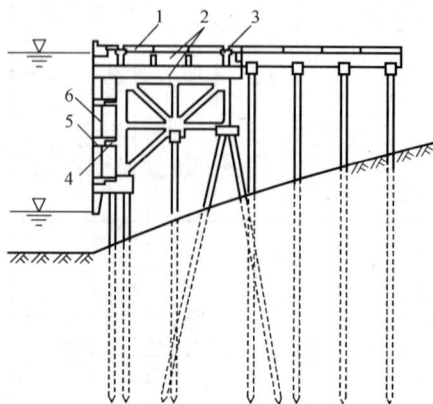

图 4-5-1 桁架式码头

1-面板;2-横梁;3-纵梁;4-横撑;5-系靠船梁;6-靠船立柱

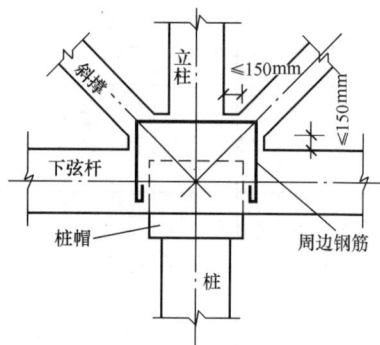

图 4-5-2 桁架式节点

由于桁架直接承受船舶荷载,因此对其横向刚度要求较高,根据需要可采用空腹桁架、单斜撑桁架和剪刀撑桁架(图 4-5-3)。桁架的斜撑和下弦杆除个别受拉构件由受拉应力控制外,一般按构造和刚度要求确定,立柱和下弦杆的断面边长不小于 40cm。

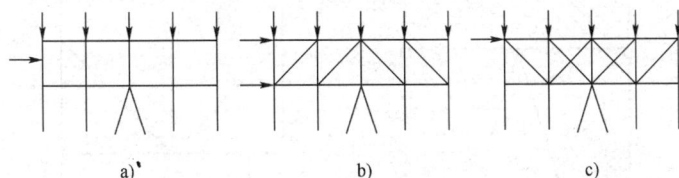

图 4-5-3 桁架的形式
a)空腹桁架;b)单斜撑桁架;c)剪刀撑桁架

为了保证码头的纵向刚度和整体性,相邻桁架之间应设置纵向水平撑。我国在早期的桁架式码头建设中,大多在相邻桁架之间设置垂直和水平剪刀撑或单斜撑,造成构件纵横交叉、节点钢筋过分集中,施工困难。20 世纪 70 年代后,一般采用在桁架下结点设置水平撑。当码头受到较大的纵向力,要求纵向刚度较大时,可在码头端部和伸缩缝处相邻桁架之间增设垂直剪刀撑或单斜撑。码头前沿的纵向水平撑一般兼作系船纵梁和通长走道。系船柱处平台宽度不宜小于 1.5m,走道宽度不宜小于 1.0m,以便于系缆操作和行走。

2.桁架式高桩码头的计算特点

桁架式码头上部结构中面板和纵梁计算与板梁式码头相同,以下主要对计算中的不同之处进行简要介绍。

1)桩和桁架的计算

桁架式码头中各排架的桩基布置一般是相同的,结构计算时一般可假定为平面问题进行分析。

对于小型码头,由于桁架式码头上部结构的刚度较大,荷载小,可将桁架作为刚性桩台,按平面问题的刚性桩台计算[图 4-5-4a)],由此求得桩力。按所求得的桩力再计算桁架杆件内力[图 4-5-4b)],并假定杆件节点为铰接。当桁架式码头布置有直桩和叉桩时,可假定桩两端为铰接,水平力由叉桩承受。全部为直桩时,在垂直力作用下,可假定桩上端为铰接,桩下端为固接;在水平力作用下,可假定桩两端均为固接。作用于桁架上的垂直荷载包括由横梁传下来的支座反力、桁架构件的自重(两节点各承受一半)、可能直接作用于桁架上的外力和基桩反力;水平荷载包括系缆力、挤靠力和撞击力;计算时应取可能同时发生的最不利组合荷载。

由于近十多年来,桁架式码头的排架间距增大,排架中的桩距也增大,码头刚度相对减小,基桩和桁架杆件实际上是一个弹性杆件系统,可按弹性杆件法计算基桩桩力、桁架杆件内力、横梁弯矩和剪力。

2)横梁的计算

横梁直接承受面板和纵梁传来的竖向荷载。由于桁架的上弦杆为横梁的一部分,所以横梁还承受桁架上弦杆传来的轴向力。横梁断面相比斜撑、立柱的断面要大得多,因此可假定其支座为铰支承,即横梁按多跨刚性支承连续梁计算。

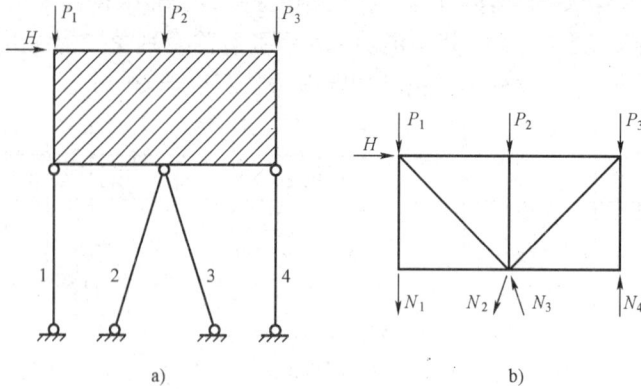

图 4-5-4　刚性桩台和桁架计算示意图

3）系靠船梁的计算

预制系靠船梁可按支承于靠船立柱,并与其整体连接的多跨连续梁计算。

系靠船梁在自重、人群荷载和系缆力竖向分力作用下,在竖直平面内产生弯曲变形;在系缆力水平分力或船舶撞击力作用下,在水平面内也产生弯曲变形;此外,系缆力水平分力作用点距梁的中和轴有一定距离,使梁受扭(图 4-5-5)。故系靠船时,该梁均应考虑两个方向受弯;用于系船时,还应考虑其受扭。

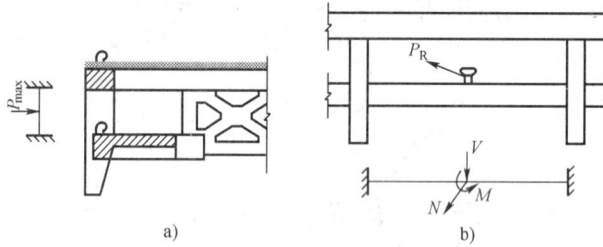

图 4-5-5　系靠船梁的计算简图

4）靠船立柱的计算

靠船立柱可按以横撑为支承的带悬臂的连续梁计算。

靠船立柱在自重、横梁和系靠船梁端反力所产生的轴向力和船舶撞击力的共同作用下,按受弯、受压构件计算,弯曲平面为垂直于码头前沿线的竖直平面。如同时还受到船舶撞击力产生的水平摩擦力作用时,则应按受弯、受压、受扭构件计算,弯曲平面近似为通过立柱形心轴且平行于码头前沿线的竖直平面。

二、无梁板式高桩码头

无梁板式码头属于点支承的空间结构,其精确计算较复杂,一般可采用简化的代替框架法。该法是将面板划分成互相垂直的纵、横向板带(图 4-5-6),连同基桩分别作为独立的桩台计算。无梁板板带计算跨度的确定方法和板梁式码头横梁相同,无梁板板带的计算宽度(图 4-5-6)方式确定如下:

纵向板带宽度：

$$b_k = \frac{1}{2}(l_k + l_{k+1}) \qquad (4\text{-}5\text{-}1)$$

横向板带宽度：

$$b_i = \frac{1}{2}(l_i + l_{i+1}) \qquad (4\text{-}5\text{-}2)$$

式中：l_k、l_{k+1}——横向排架两相邻跨跨度(mm)；

l_i、l_{i+1}——纵向排架两相邻跨跨度(mm)。

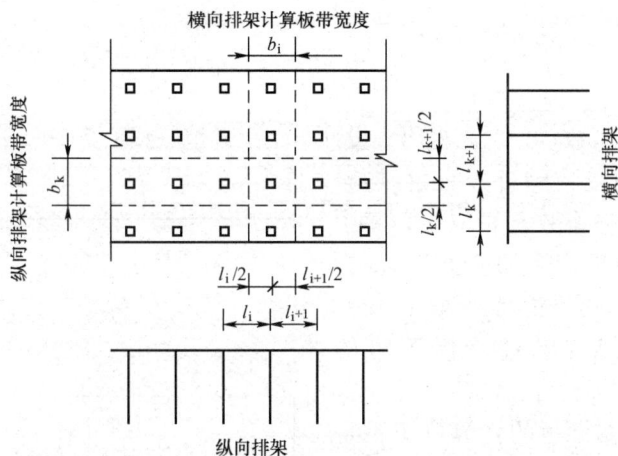

图 4-5-6 纵向板带和横向板带划分

1. 纵向桩台的计算

纵向桩台一般不承受水平力，可按弹性支承连续梁计算；当 $\alpha = \dfrac{6E_b I_b K}{l_0^3} < 0.15$ 时(式中：E_b、I_b 为面板材料弹性模量和计算板带截面的惯性矩，K 为桩的轴向反力系数，l_0 为板带的计算跨度)，可按刚性支承连续梁计算。

作用于纵向板带宽度范围内的均布荷载即为纵向桩台的计算均布荷载，需考虑最不利的布置情况。当集中荷载作用时，情况较复杂，计算荷载可采用如下近似方法确定(图4-5-7)：①当集中荷载作用于纵向桩台桩的中心线上，按实际荷载计算；②当集中荷载作用在其他位置，可近似地按简支梁分配原则，将该荷载分配至两相邻桩台上，分别进行计算。

2. 横向桩台的计算

横向桩台既承受竖向荷载，又承受水平荷载，可按柔性桩台横向排架计算，并由此求得桩力。由于无梁板线性刚度小，即使布置有叉桩，如果上部结构和桩的线刚度之比小于等于 $4\left(\dfrac{E_b I_b}{l_0} : \dfrac{E_p I_p}{L_m} \leqslant 4\right)$(式中符号意义同板梁式

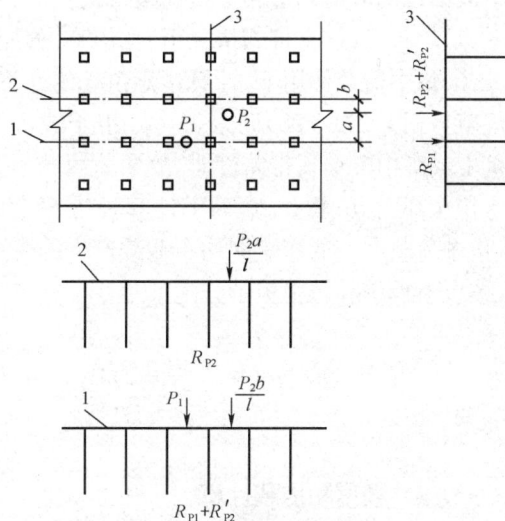

图 4-5-7 集中荷载的分配图式

1、2-纵向排架；3-横向排架

155

码头),桩端弯矩较大,不能忽略,此时桩两端应按固接考虑。

横向桩台上的均布荷载确定同纵向桩台。无梁板上作用集中荷载时,先进行纵向桩台计算,将得到的支座力作为集中荷载进一步作用于横向桩台上,作用位置是该荷载的原位置(图4-5-7)。但需注意面板上的荷载应按使横向排架产生最大内力的原则来布置。

3.计算弯矩及其分配

通过上述计算得到的内力需考虑桩帽的影响进行折减。此外,由于无梁板为双向受力结构,也需按经验对内力进行折减,得到用于配筋的计算弯矩 M_c:

$$M_c = nmM \tag{4-5-3}$$

式中:n——跨度折减系数,可按《高桩码头设计与施工规范》(JTJ 291—98)相关条文计算;

m——考虑双向受力的折减系数,均布荷载下折减系数 m 可取 0.7,集中荷载对面板产生的应力较大,为安全考虑,可不折减,m 取 1.0;

M——计算得到的未进行修正时的弯矩。

研究结果表明,无梁板的计算弯矩不是均匀地分配在计算板带上,而是按余弦定律分布,即弯矩值由桩轴线中心向板中心逐渐减少。为便于配筋,将纵、横向板带各分为桩上板带和跨中板带两部分(图4-5-8),板带宽分别为 $\frac{1}{4}(l_k + l_{k+1})$ 及 $\frac{1}{4}(l_i + l_{i+1})$。计算弯矩按不同的比例分配到这两个配筋板带上。

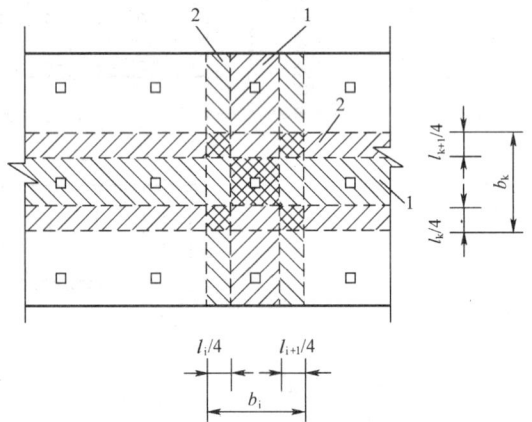

图 4-5-8　纵向配筋板带和横向配筋板带
1-桩上板带;2-跨中板带

(1)均布荷载(有桩帽情况下)作用下,分配系数见表4-5-1。

(2)集中荷载作用下,计算弯矩由板的计算宽度 b_c 承受,b_c 的计算见《高桩码头设计与施工规范》(JTJ 291—98)附录 D。b_c 小于或等于桩上或跨中配筋板带跨度时,集中荷载产生的弯矩全部由 b_c 承受;b_c 等于计算板带宽度时,集中荷载产生的弯矩同均布荷载产生的弯矩,按桩上板带和跨中板带分配。

分　配　系　数　　　表 4-5-1

支座位置	桩上板带	跨中板带
支座弯矩	75%	25%
跨中弯矩	55%	45%

第六节　高桩码头构件强度和整体稳定验算

一、构件强度和抗裂计算

对于钢木结构,可直接由构件内力进行强度验算。本节仅根据建筑物的使用要求和施工特点对钢筋混凝土结构强度的有关问题给予简单介绍。

1. 钢筋混凝土构件的混凝土强度等级

为了满足使用和施工要求,保证钢筋混凝土结构的质量,并充分发挥钢筋的作用,高桩码头的混凝土对不同构件可采用不同的强度等级,并且不得低于表 4-6-1 的规定,同时还要考虑混凝土耐久性的要求。

混凝土强度等级　　　　　　　　　　　表 4-6-1

名称 构件名称	现场浇筑混凝土钢筋混凝土	钢筋混凝土预制构件	预应力混凝土预制构件
上部结构	C25	C30	C30
基桩	—	C35	C40

注:①海港工程混凝土强度等级不得低于 C30;

②预应力混凝土桩,当沉桩困难、桩长较大时,应酌情提高混凝土的强度等级;

③后张法预应力混凝土大管桩混凝土强度等级不宜低于 C60。

2. 钢筋混凝土构件的强度验算

一般情况下,钢筋混凝土构件按使用期产生的内力进行强度配筋和抗裂验算。但对于预制安装构件,尚应按短暂状况对施工期的受力情况进行强度和抗裂验算,不满足要求时可在施工上采取措施。预制件从预制到安装,中间经过搬运、储存等过程,必须保证它在使用前不破坏,主要在以下几方面要保证其有一定的强度:①预应力混凝土预制构件在钢筋张拉(后张法)或放松(先张法)过程中,混凝土将受压或偏心受压,在非预应力一侧的混凝土可能出现较大的拉应力,应进行强度验算;②钢筋混凝土预制构件吊运过程中受冲击力,验算其强度时应将预制构件重量乘以动力系数 α(一般构件 α 取 1.3,桩在起吊和水平吊运时一般也取 1.3,吊立过程中 α 取 1.1);③构件在储存场和运输工具上堆放时,应根据构件自重、支垫数目和位置验算其堆放时的强度,并控制预制件堆放的层数;④由于构件的不同安装方法,构件的受力情况也是不同的,应根据具体情况进行验算;例如安装悬臂式靠船构件时,为保证其稳定性,需设置临时固定的拉筋,拉筋强度应根据受力情况进行验算。

但对有些构件(如预制的打入桩),施工应力在设计中起控制作用,需按施工期产生的内力进行强度配筋和抗裂验算。施工期起控制作用的主要是吊桩应力和打桩应力。

1)吊桩应力

钢筋混凝土预制桩和预应力混凝土桩从出槽到沉桩过程中,桩身会产生较大的拉应力。尤其在桩的吊立过程中(桩由水平变为垂直吊入打桩设备龙口),由于自重、水浮力的作用,桩身可能产生最大的拉应力,桩的强度和抗裂度往往受此控制。随着长桩的使用,桩在吊运和吊立过程中的验算问题也就更为突出。从 20 世纪 50 年代起,航务部门就对桩的吊点问题进行了一系列研究。由于桩型比较复杂(包括不同断面和长度),桩在吊立过程中影响内力大小的主要因素除吊点位置外,还与下吊索的长度 S、桩轴和水平面的夹角等有关,还要考虑到便于施工,因此这方面的研究工作还在进行。《港口工程桩基规范》(JTJ 254—98)指出,桩的吊运一般采用 2 点吊和 4 点吊,吊点位置和内力可按表 4-6-2 确定。其中四点吊的吊桩工艺参数规定为:下吊索长度为 $0.5L$,吊桩高度 $H = 0.8 \sim 1.5L$,且大于 20m。

根据使用经验，对于各种类型的管桩，采用 4 点吊可满足要求，其中钢管桩由于抗弯能力强，一般采用 2 点吊。预应力混凝土方桩抗弯强度较低，传统的 4 点吊工艺对桩长有一定限制，一般当方桩桩长达到 55m 时，根据上表所算得的吊立弯矩已经非常接近桩的抗弯能力。目前，我国已在一些码头工程中尝试采用 6 点吊的施工新技术，对于桩长大于 60m 的超长预应力混凝土方桩的应用起到了积极的推进作用。图 4-6-1 是常熟兴华港区二期工程中 67m 预应力混凝土方桩吊运时采用的 6 点吊吊点布置方式，该种布置方式桩头处吊钩连接吊点较少，收缩吊索较为方便，详见本章参考文献[27]。

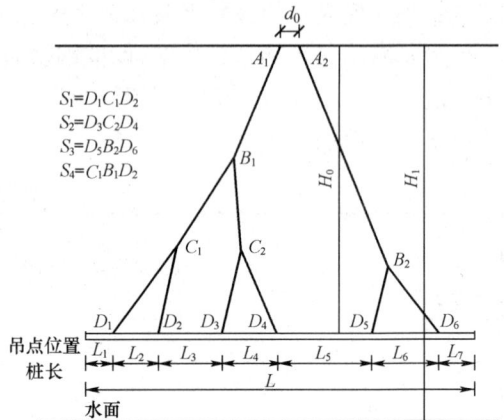

图 4-6-1　吊运参数及吊点布置示意图

H_0-吊高；H_1-桩架上两定滑轮中心线距水面的高度

吊点位置及弯矩计算公式表　　　　　表 4-6-2

项目		类型	A 型桩（等断面桩）	B 型桩（两端各有2m 实心段的空心桩）	C 型桩（桩尖无实心段，桩顶端6m实心段的空心桩）
四点吊					
	吊点位置	L_1/L	0.05	0.05	0.05
		L_2/L	0.28	0.28	0.29
		L_3/L	0.31	0.31	0.33
		L_4/L	0.23	0.24	0.21
		L_5/L	0.13	0.12	0.12
	弯矩计算公式	吊立	$M=\alpha\beta\gamma qL^2$		
		水平吊运（吊索垂直桩轴）	$M=0.011\,15\alpha\gamma qL^2$	$M=0.011\,26\alpha\gamma qL^2$	$M=0.012\,50\alpha\gamma qL^2$
二点吊		吊点位置			
	弯矩计算公式	吊立	$M=0.025\,0\alpha\gamma qL^2$	$M=0.025\,62\alpha\gamma qL^2$	
		水平吊运	$M=0.021\,5\alpha\gamma qL^2$		

注：M——计算最大弯矩（kN·m）；

α——动力系数，起吊和水平吊运时宜取 1.3，吊立过程中宜取 1.1；

γ——作用分项系数，取 1.20；

q——桩的单位长度重量（kN/m）；

L——吊运桩长（包括桩尖）（m）；

β——桩的吊立弯矩系数，见《港口工程桩基规范》（JTJ 254—98）附录 D。

2)沉桩应力

无论是锤击沉桩还是震动沉桩,沉桩时桩身各部分产生沉桩拉应力和沉桩压应力,由此可能引起桩身的横向裂缝、纵向裂缝和桩头损坏。

影响桩身拉应力值大小的因素很多,主要有桩锤、桩垫、桩长、土质等。此外桩的预制质量的不均匀、桩进入嵌固位置后强力矫正桩位使桩在受弯或受扭状态下进行锤击,也会引起非锤击应力和过大的锤击应力。为了保证打桩时桩不被打断或打裂,又避免采用过高的配筋率,设计桩时应合理确立打桩拉应力设计值。《港口工程桩基规范》(JTJ 254—98)规定预应力混凝土锤击沉桩拉应力的标准值为 5.0MPa、5.5MPa、6.0MPa、6.5MPa 四级,后张法预应力混凝土大直径管桩拉应力的标准值为 6.0～9.0MPa。根据桩锤、桩垫、桩长、土质等具体情况选定。例如,锤击能量和锤击速度较小,或桩垫弹性较大,或无明显的软硬土层相间情况,或桩长小于 30m,可采用较小的设计值。桩长较小时(如小于 20m)拉应力值可略低于 5.0MPa。

桩头是直接承受桩锤打击的部位,该处产生的压应力往往最大,引起桩顶的破坏。在打击力的作用下,桩身混凝土也在顺桩轴方向上发生压缩变形。由于材料的泊松效应,在垂直桩轴方向上产生横向拉胀变形。混凝土的抗拉变形能力比抗压变形能力小得多,特别是随着桩长和沉桩能力的加大使垂直桩轴方向的横向拉胀变形过大,桩身顺桩轴方向产生纵向裂缝。为此,《港口工程桩基规范》(JTJ 254—98)规定了钢筋混凝土和预应力混凝土桩锤击沉桩压应力标准值的取值为 12.0～20.0MPa。后张法预应力混凝土大直径管桩压应力标准值可取 25.0MPa。压应力的取值应根据桩端支承性质、桩截面大小、桩长、选用的桩锤和地基条件综合考虑。例如,对于锤能和锤击速度较小,或采用弹性较大的桩垫,或桩长小于 30m 的桩,或有不易造成偏心锤击的地质条件时,压应力设计值可取较小值。

3. 钢筋混凝土结构的抗裂验算

钢筋混凝土构件的耐久性主要决定于钢筋的锈蚀,而钢筋锈蚀的一个主要因素是混凝土产生裂缝,为此必须进行抗裂验算。钢筋混凝土构件一般进行限制裂缝宽度的验算,使用上有抗裂要求时(如位于水位变动区的构件和上部结构的底部等)进行抗裂度验算。预应力混凝土构件也应进行抗裂度验算。具体的验算方法可见《港口工程混凝土结构设计规范》(JTJ 267—98)。

二、高桩码头整体稳定性验算

高桩码头的整体破坏形式与一般的挡土建筑物和岸坡相同,一般也按圆弧滑动法验算其整体稳定性。与一般的岸坡不同的是,高桩码头结构自重或作用在结构上的荷载通过基桩传到地基深处,大部分传到滑动面下,因此整体稳定性验算时不予考虑。

过去高桩码头的边坡稳定计算考虑桩的抗滑作用。但通过调查研究和可靠度分析发现,按上述方法进行边坡稳定计算,可靠指标(β 为 2.5 左右)偏低,实际工程常出现码头变形大等问题。因此现规定边坡稳定计算时不计入桩的抗滑作用,以增大高桩码头整体稳定的可靠性。

高桩码头打桩时对岸坡稳定的影响是不可忽视的,对于黏性土,主要是因为振动挤压产生的高孔隙水压力使土体瞬间强度下降,造成岸坡失稳变形;对于砂性土,则是打桩振动力使土体颗粒受到一个附加的惯性力,改变了原来的应力状态,造成岸坡稳定性下降。所以必须进行高桩码头在施工期打桩时的岸坡稳定性验算,并在施工中采用低潮停打、间隔跳打、重锤低击、低频锤击等措施。近年来在应用可靠度理论进行打桩稳定的分析方面,也取得了一些成果。

思考题

1. 高桩码头的特点是什么？适用情况如何？

2. 试述高桩码头的结构形式及其特点、适用范围。

3. 高桩码头由哪几部分组成？试述各部分的作用、常用形式及特点。

4. 宽桩台和窄桩台各适用于什么情况？什么情况下需把桩台分为前方桩台和后方桩台？

5. 预制装配的高桩码头中,构件连接应满足什么条件？怎样满足这些条件？

6. 高桩码头的面板、纵梁、横梁有哪些布置方式？它们对结构内力计算有何影响？

7. 高桩码头桩基布置的原则是什么？有哪些构造要求？

8. 如何进行横向排架中的桩基布置？如何进行桩基纵向布置？

9. 如何确定桩基承载力？如何确定桩长？

10. 为提高高桩码头的整体性,可以在结构布置和构造上采用哪些措施？

11. 试述板梁式高桩码头的面板、纵梁、横向排架、靠船构件的计算方法、计算图式和计算荷载。

12. 为什么叠合梁中自重引起的内力与使用荷载引起的内力不能简单叠加？比较现有的叠合梁配筋方法的优缺点。

13. 试述桁架式码头和无梁面板式码头的计算特点。

14. 钢筋混凝土构件如何进行强度配筋和抗裂验算？如何合理确定吊桩应力和沉桩应力？

参考文献

[1] 中华人民共和国行业标准. 高程码头设计与施工规范(JTJ 291—98)[S]. 北京:人民交通出版社,1998.

[2] 中华人民共和国行业标准. 港口工程桩基规范(JTJ 254—98)[S]. 北京:人民交通出版社,1998.

[3] 中华人民共和国行业标准. 港口工程桩基规范(JTJ 254—98)局部修订(桩的水平承载力设计)[S]. 北京:人民交通出版社,2000.

[4] 中华人民共和国行业标准. 港口工程灌注桩设计与施工规程(JTJ 248—2001)[S]. 北京:人民交通出版社,2001.

[5] 中华人民共和国行业标准. 港口工程预应力混凝土大直径管桩设计与施工规程(JTJ 261—97)[S]. 北京:人民交通出版社,1997.

[6] 中华人民共和国行业标准. 港口工程嵌岩桩设计与施工规程(JTJ 285—2000)[S]. 北京:人民交通出版社,2000.

[7] 中华人民共和国行业标准. 海港工程混凝土结构防腐蚀技术规范(JTJ 275—2000)[S]. 北京:人民交通出版社,2000.

[8] 中华人民共和国交通部水运司. 中国水运工程建设技术[M]. 北京:人民交通出版

社,2003.

[9] 交通部第一航务工程勘察设计院.海港工程设计手册[M].北京:人民交通出版社,1994.

[10] 交通部第三航务工程勘察设计院.码头新型结构[M].北京:人民交通出版社,1999 年.

[11] 韩理安.港口水工建筑物(I)[M].北京:人民交通出版社,2000.

[12] 王云球.港口水工建筑物(II)[M].北京:人民交通出版社,2001.

[13] 陈万佳.港口水工建筑物[M].北京:人民交通出版社,1989.

[14] 交通部基建管理司.水运工程技术四十年[M].北京:人民交通出版社,1996.

[15] 吴友仁,王多垠,吴宋仁,等.长江上游港口码头结构形式及其发展趋势[J].港工技术,
　　　2005(4).

[16] 刘翔,赵鹏.PHC桩在天津港码头工程中的应用[J].中国港湾建设,2005(6).

[17] 韩理安,赵利平,韩时琳.桩侧土抗力的群桩效率[J].长沙交通学院学报,1998(3).

[18] 赵利平,韩时琳,韩理安.基于非线弹性水平地基系数的群桩实用计算分析方法[J].海洋
　　　工程.2004(1).

[19] Hanshilin, zhaoliping, hanli'an. A Simplified Method of Pile Group under Horizontal
　　　Force. Proceeding of XXXI IAHR Congress[J],2005.

[20] 韩理安,韩时琳,等.水平承载桩的计算[M].湖南:中南大学出版社,2005.

[21] 贺里平,邱宜良.码头面层选用聚丙烯纤维混凝土浇筑抗龟裂技术[J].水运工程,2003
　　　(11).

[22] 陆明生,等.一种新型接岸结构形式[J].水运工程,1999(9).

[23] 朱林祥.洋山深水港区一期工程码头结构设计[J].上海建设科技,2004(4).

[24] 梁逢伍.大型钢筋混凝土桩基码头耐久性研究[J].水运工程,2002(12).

[25] 陈宝珠等.高桩码头结构耐久性问题的探讨及应对方法浅议[J].中国港湾建设,2002(5).

[26] 成崇华.马迹山港工程混凝土结构防腐蚀措施[J].港湾技术,2002(2).

[27] 许廷兴,赵宇.67m预应力方桩及六点吊技术的工程应用[J].中国港湾建设,2005(2).

[28] 蒋学明,刘辉.水上超长桩预制和沉桩施工[J].水运工程,2004(12).

第五章 开敞式码头*

第一节 概 述

一、开敞式码头的发展和特点

从 20 世纪 60 年代末和 70 年代初开始,世界工业得到飞速发展,热能原料和矿石等需求量骤增,导致液体(原油、石油等)和散货(煤炭、矿石等)在海上进行远距离运输。随着经济全球化的发展,近几十年来集装箱运输也迅速发展。为了降低货物的运输费用,船舶日趋向专业化和大型化发展(散货船从 6 万吨发展到 20 万吨,油船从 10 万吨发展到 50 多万吨,集装箱船的载箱量也从第一代的 800TEU 发展到 10 000TEU),要求港口的水深越来越大,需达到 20~30m 甚至更大的水深。为此,如在岸边附近建港,则需要挖除很厚的地基覆盖层或水下炸除大量岩石,这往往是很不经济的,有时甚至是不可能的。目前世界上建此类港口的趋势是向深水发展,但在深水中建设防波堤,耗资巨大,施工难度大,工期长。由于大型船舶抗风浪的能力强,而这些货物通常采用高效率的专业化装卸机械,装卸作业对船舶泊稳条件要求低,这就给不建防波堤的深水码头建设创造了可能的条件。这种无防波堤或无天然屏障掩护的码头称为开敞式码头。

开敞式码头的建设在我国是从 20 世纪 70 代年初开始,最早是在秦皇岛油码头一期工程采用的,形式如图 5-1-1。此后相继建成了一系列开敞式码头,其中多数为油码头、矿石码头和煤码头,也有集装箱码头。

目前世界上已建成的开敞式码头可归纳为固定式和浮动式两大类。由于没有掩护,将受到较大的波浪和海流的作用,所以形成了开敞式固定码头在结构、设计、施工和使用方面具有下列特点:

(1)码头前沿水深、波浪大,要求码头面高程高,使码头顶面不被波浪淹没和满足上部结构受力的限制;

(2)系泊船舶在波浪作用下对码头的撞击力往往是码头的主要水平荷载,码头结构承受较大的波浪和海流共同作用的动力荷载,需配备大拉力的系缆结构和吸能好的大型护舷;

(3)为适应恶劣的施工条件、荷载的动力性质和使用要求,宜选用装配程度高、弹性好和波浪反射较轻的结构。

二、开敞式码头的形式及其组成

决定开敞式码头形式的主要因素是货种和距岸的距离。进出口煤炭、矿石码头和集装箱码头,由于货物采用皮带机输送、装卸船机装卸船或采用集装箱装卸桥进行装卸,只能采用固定式码头。它一般由架设皮带机的引桥(或引堤)和码头结构组成。码头上设置移动装船机和集装箱装卸桥时需采用整片式栈桥码头;设置固定式装卸船机时可采用墩式码头。油码头由于原油通常用油管输送和用加油臂装船或用油泵卸船,其码头形式可以更为简单。当码头距岸较近时,可以采用引桥(或引堤)和墩式码头组成;当深水区距岸较远时,也可以不要引桥(或引堤),而把油管敷设在海底,其码头可以采用单点或多点系泊,也可以采用固定的墩式码头,后者也称为岛式码头。

综上所述,可将开敞式码头归纳为以下几种布置形式:

(1)带引桥(或引堤)的栈桥式[图 5-1-1a];

(2)带引桥(或引堤)的孤立墩式[图 5-1-1b];

(3)岛式(码头为墩式,由海底油管与岸联系);

(4)单点系泊式[图 5-1-1c];

(5)多点系泊式[图 5-1-1d]。

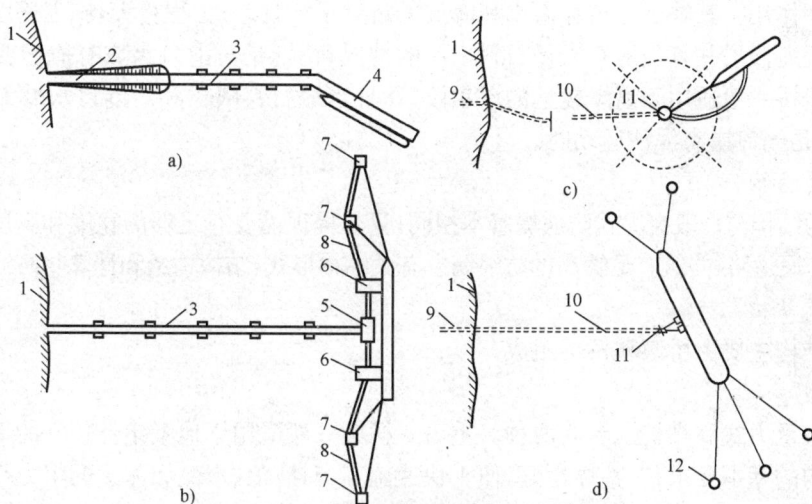

图 5-1-1　离岸式码头的形式

a)引桥引堤栈桥式;b)引堤引桥墩式;c)单点系泊式;d)多点系泊式

1-海岸;2-引堤;3-引桥;4-栈桥式码头;5-装卸平台;6-靠船墩;7-系船墩;8-人行桥;9-岸上油管;10-海底油管;11-单点浮筒;12-浮筒

(1)～(3)为固定式码头,在平面上可采用一字形和蝶形两种布置形式;结构上可采用下列两种主要结构形式:①重力式墩,通常采用沉箱墩或座床式圆筒墩;②桩基式,通常采用高桩墩或高桩板梁形式。

第二节　引桥(或引堤)栈桥式码头与孤立墩式码头

带引桥(引堤)的开敞式码头主要由引桥结构和码头结构两部分组成。有的码头也可不设引桥(引堤)而与岸上场地沿码头全长连成一片,成为满堂式码头。引桥是离岸码头与陆域之间货物运输和人员交通的通道,上面安设货物的运输机械(皮带或油管),并留有交通车辆行驶的道路。码头的作用与一般码头基本相同,主要是系靠船舶和安放装卸机械,对于货种为液体货和散货的开敞式码头货物运输和装卸都是连续进行的,不需要货物转载和装卸的场地,从而要求的宽度比一般码头窄一些。

一、引堤和引桥

1.引堤与引桥的特点及适用条件

引堤和引桥的特点是宽度不大,一般为 8～15m;垂直荷载轻,一船只受自然水平荷载(波浪力和水流力)作用,无船舶荷载作用;从而可以采用轻型结构。

根据当地的自然条件和使用要求,采用引堤或引桥,也可以两者结合,在近岸浅水段采用引堤,距岸边的深水段采用引桥。引桥的主要优点是较少破坏海岸和海域自然条件的平衡,这对于有泥沙运动的海岸特别重要;工程量小、施工速度快、造价低,当建筑地段水深较大时尤为明显。其缺点是结构比较复杂(相对引堤)和需要大量的钢材和水泥。引堤的优点是结构简单,施工容易,可以利用当地廉价的石料,不用或少用钢材和水泥,并可起防波堤作用,对港口水域有掩护作用。其缺点是破坏海岸和海域的自然平衡状态;工程量大,施工速度慢。引堤一般适用于近海浅段并且当地有大量石料来源的情况,特别是对港口水域有掩护要求时可兼作防波堤。引桥一般适用于离岸较远的深水段,并且当地石料缺乏和对港口水域无掩护要求的情况,特别是当海岸有泥沙运动时。

2.引堤结构

引堤的结构与一般突堤式防波堤基本相同,只是堤顶需要有足够的宽度和高度布置皮带机或油管和交通道路,并筑有足够高的防浪墙。有关结构形式、结构构造和计算与防波堤相同。

3.引桥结构

引桥结构主要由桥墩和桥梁组成。

1)桥墩

桥墩有重力式和高桩承台式两种。重力式桥墩一般适用于地基条件较好的情况。对重力式桥墩结构的基本要求是:整体性好,便于快速施工,对波浪、水流和冰凌的阻力小,耐久性高。为此,水下部分多采用圆形断面或端部为圆形的钢筋混凝土沉箱;水上部分采用预制安装的混凝土方块,为了保证结构的整体性,每层方块之间进行整体连接,一般是预留连接孔,然后埋设劲性钢筋用混凝土浇死。我国大连鲇鱼湾一期油码头与山东日照港煤码头采用的引桥桥墩结构均为重力式桥墩。

桩基桥墩一般适用于地基较差情况。基桩主要有预应力混凝土桩和钢管桩两种。前者耐久性好,造价低,但承载力小,一般用于波浪力不大和上部为钢筋混凝土桥梁的情况;后者承载力大,施工方便,但易锈蚀和造价高,一般适用于大跨钢桥梁和波浪力较大情况。根据目前我国的条件,应首先考虑采用钢筋混凝土桩基。每个桥墩的基桩数和上部结构尺寸,根据垂直和水平荷载的大小由计算确定。桩台一般采用钢筋混凝土矩形断面或倒 T 形断面的梁,我国北仑矿石中转码头的引桥桥墩就是其中一例。

2)桥梁

桥梁为桥墩之间的跨度结构,主要承受桥梁自重力和作用在桥面上的设备重量及行驶的车辆荷载。为了避免桥梁受波浪力作用,一般将桥梁高程提高到波浪作用不到的高度。桥梁有钢筋混凝土结构和钢结构两种。钢筋混凝土桥梁一般采用梁板式结构,基本与高桩码头中梁板式上部结构相同,只是跨度要比高桩码头大很多。因其自重大,不宜采用过大的跨度,我国目前多用 30～35m。钢桥一般采用桁架结构,有抛物线形桁架和梯形桁架两种。因其强度高、自重小,跨度可很大。大连鲇鱼湾一期油码头引桥的钢桥,跨度为 100m;山东日照港煤码头引桥采用的钢桥,跨度为 82m。

二、栈桥式码头

栈桥码头一般用于码头面上设有移动式装卸机械情况。它有高桩栈桥和重力墩栈桥两种形式。

1.高桩栈桥式码头

高桩栈桥与梁板式高桩码头基本相同,其特点为:

(1)因为开敞式码头所受的水平荷载大(船舶荷载、波浪力等),故需设置较多的叉桩,其中纵向叉桩的设置应通过计算波浪、海流及装卸船设备制动力的作用确定。

(2)为了避免码头受波浪力作用,一般将码头面高程提高到波浪作用不到的高度,形成较高的上部结构。在一般情况下,可以采用梁板式上部结构;如果码头面过高,则可考虑采用框架式上部结构;当码头上部结构允许承受一定的波浪作用时,可根据结构受力条件,适当降低码头顶面高程;必要时应通过模型试验确定。

(3)由于采用高效率的装卸机械,装卸机械荷载(轮压力)大,而堆货荷载较小。

(4)不仅要求有良好的横向刚度,还要求有较好的纵向刚度,故结构上往往要在相邻排架之间加设水平剪力撑。

宁波北仑 10 万吨级矿石码头,总长 351m,宽 36.5m,码头结构为高桩栈桥式(图 5-2-1)。桩全是直径为 1 200mm、长 54～57m 的钢管桩,横向排架间距 8m;横向排架中有 4 组叉桩;上部结构为梁板式;为了增加码头结构的纵向刚度,在桩帽之间加设水平剪力撑。

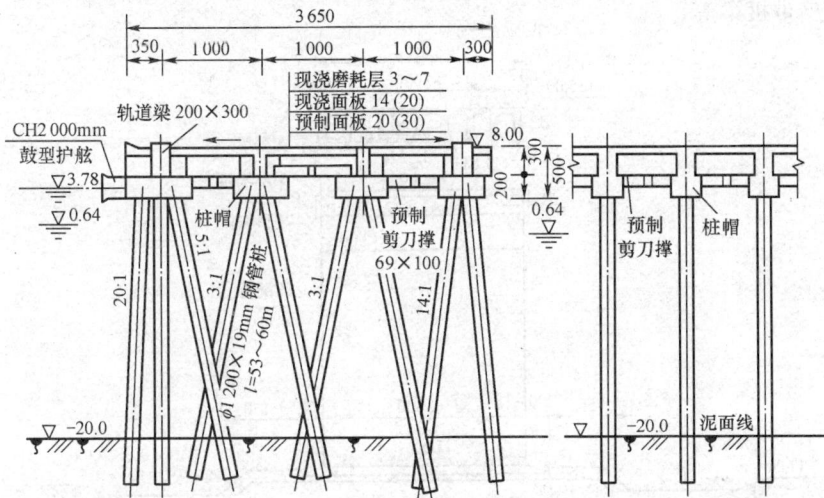

图 5-2-1 北仑港矿石码头断面图(尺寸单位:cm,高程单位:m)

2.重力墩栈桥式码头

当地基较好,特别是桩打不下去的地基,应考虑采用重力墩栈桥码头。墩子多数采用钢筋混凝土沉箱或圆筒结构；当施工条件限制，单个沉箱不能满足工艺尺度或稳定要求，可采用多个墩子组成的群墩结构，在墩子上部设置联系梁，以加强群墩的整体性（图 5-2-2）。上部结构采用梁板式，与高桩码头中的梁板式上部结构基本相同，但纵梁一般采用简支梁。

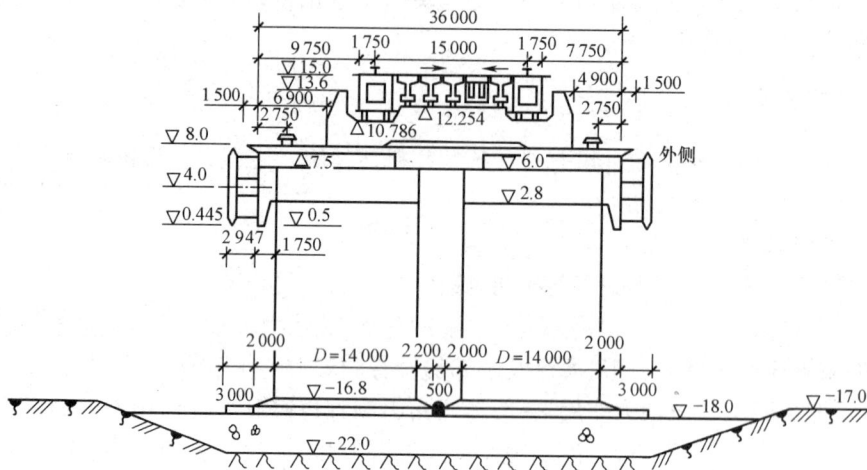

图 5-2-2　日照港靠船墩断面图（尺寸单位：mm；高程单位：m）

山东日照港 10 万吨级码头，总长 17m，由 5 个靠船墩和 5 个系船墩组成，靠船墩由 2 个直径为 14m 的圆沉箱组成（图 5-2-2），当中用联系梁连接；系船墩直径为 18m 的沉箱（图 5-2-3），沉箱底板都是正八角形。沉箱的上面安放大型扇形钢筋混凝土块体，再上面为矩形方块。为了增加块体的稳定性和结构的整体性，每层块体内留有上下贯通的孔，孔内插钢轨，然后用混凝土浇筑。上部结构包括后张法预应力混凝土梁、装船机轨道的箱形钢梁、后张法预应力混凝土管沟梁和皮带机梁等。

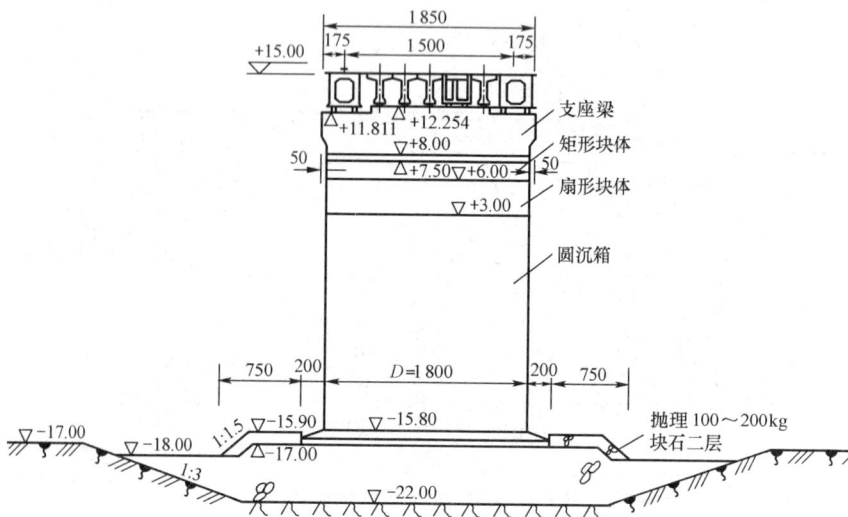

图 5-2-3　日照港系船墩断面图（尺寸单位：cm；高程单位：m）

三、孤立墩式码头

孤立墩式码头一般用于码头面上没有移动式装卸机械和车辆行驶的情况,例如油码头和采用固定式装煤机的煤码头等。

1. 组成及其功能

孤立墩式码头一般由工作平台(或称装卸平台)、靠船墩、系船墩和人行桥组成(图 5-2-4),有时还设有防冲桩,以保护系船墩和人行桥。工作平台是供放置装卸机械用的,它不承受船舶荷载;靠船墩是停靠船舶的,承受船舶的撞击力、挤靠力和系缆力;系船墩上面设置系船柱,用以专门承受系缆力;人行桥是供码头操作人员在各墩之间行走用的。

2. 平面布置及尺度

船舶是通过首、尾、倒、横四组缆绳系靠在码头上的,由于自然条件和船型不同,系、靠船墩的布置形式也不尽一致,但总的要求是保证船舶停靠稳定,缆绳布设合理,长度适当,墩子数量少。

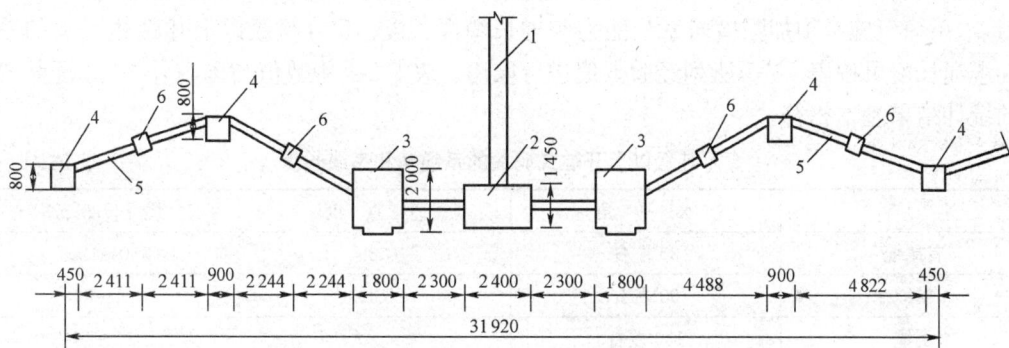

图 5-2-4　孤立墩式码头的平面布置图(尺寸单位:cm)

1-引桥;2-工作平台;3-靠船墩;4-系船墩;5-人行桥;6-人行桥墩

1)靠船墩的布置

靠船墩的数量和间距主要取决于码头结构形式、设计船型和需要适应的船型范围以及当地波浪等自然条件。

靠船墩一般对称于工作平台布置 2 个,为了使船不与工作平台接触,它们的前沿比工作平台向外多伸出 20~30cm。从靠船操作要求看,设置 2 个靠船墩是合理的,两墩中心间距可为设计船长的 30%~45%。当考虑适应较小船需要时,可在两个主墩之间增设两辅助靠船墩(副墩)。

船舶靠泊时,由于受风、浪、流等作用及拖轮操作等原因影响,船舶轴线常和码头前沿线形成一定角度。为适应这种靠泊状态,靠船墩中心线与泊位中心线的夹角可取 0°~6°,靠船墩至艏艉系缆墩前沿线与码头前沿线的夹角可取 0°~12°(图 5-2-5)。

2)系船墩布置

为了承受船舶所受的纵、横向外力和约束其运动,开敞式码头通常以泊位中心为准,在前后对称设置首、尾、横缆等 4~6 座系缆墩(10 万吨级以下泊位多采用 4 座系缆墩)。系缆墩的布置形式和距离,主要根据当地的水流、波浪、风向等条件和船舶尺度等因素决定。它与有掩护的码头系缆设施的主要不同点是:要考虑缆绳对船舶运动的缓冲作用和吸收部分船舶运动能量,并要承受在横浪和水流作用下船舶产生的较大横向系缆力。由于在波浪作用下船舶运动和受力相当复杂,而且不同系缆布置形式下的系缆力又相差很大,因此多数是通过模型试验方法确定其合理的布缆形式。

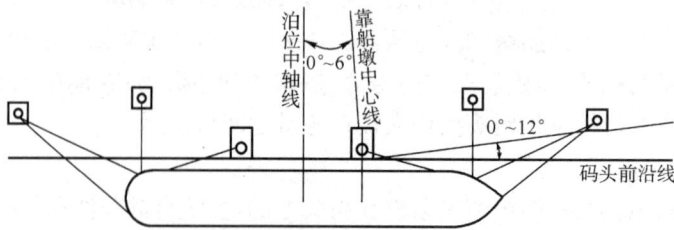

图 5-2-5　靠船墩布置及艏艉缆墩布置图

开敞式码头的横缆的总系缆力中往往以波浪产生的系缆力为主,考虑波浪的动力作用这一特点,系缆设施必须加强横向系泊能力和增长缆绳长度。5 万吨级以上开敞式码头的系缆角和缆绳长度可按表 5-2-1 所列经验数值进行取用。表 5-2-1 中数值与国内外 30 座开敞式码头的统计结果基本相符。

5 万吨级以上开敞式码头的系缆角和系缆长度　　　　　　　　表 5-2-1

名　称	水　平　角	垂　直　度	缆绳长度(m)
首尾缆	30°左右	<30°	60～120
横缆	90°左右	<30°	40～80
倒缆	130°左右	<30°	30～70

3)工作平台

工作平台又称装卸平台,一般布置在码头中央。其平台尺度主要根据其上机械设备和操纵室、计量站等的布置要求确定。一般还设置系倒缆用的系船柱。因不直接承受船舶荷载,所以其结构大多数采用直、斜桩兼用的刚性平台或柔性平台。

3. 墩子的结构形式

与栈桥墩一样,也有重力式或高桩墩台式两种,所不同的是,它们具有更明显的空间工作特点,特别是靠船墩和系船墩,并且承受较大的水平荷载,所以其平面尺寸一般比栈桥墩大。

重力式墩照例多数采用钢筋混凝土沉箱结构。重力式墩适用于较好的地基,它的缺点是弹性差。

在开敞式码头中,用得最广泛的是高桩墩(图 5-2-6),它弹性好、透空、波浪反射小,对波浪和海流的阻力较小。高桩墩不仅用于开敞式码头,而且在有掩护的海港中也常应用。

图 5-2-4 是上海陈山 5 万吨级油码头的平面布置图。由 1 个工作平台、2 个靠船墩、4 个系船墩、4 个人行桥墩、人行桥和引桥等组成。各墩子结构都是高桩墩台。图 5-2-6 是靠船墩结构图。桩基由 24 根直径为 1 200mm、长 45m 的钢管桩组成,其中除 2 根直桩外全是斜桩,坡度为 3∶1 和 4∶1,在水平面上也是斜的,与码头前沿线法线所形成的夹角为 20°、30° 和 45°。

上部结构为钢筋混凝土实体墩台,厚度为3m。

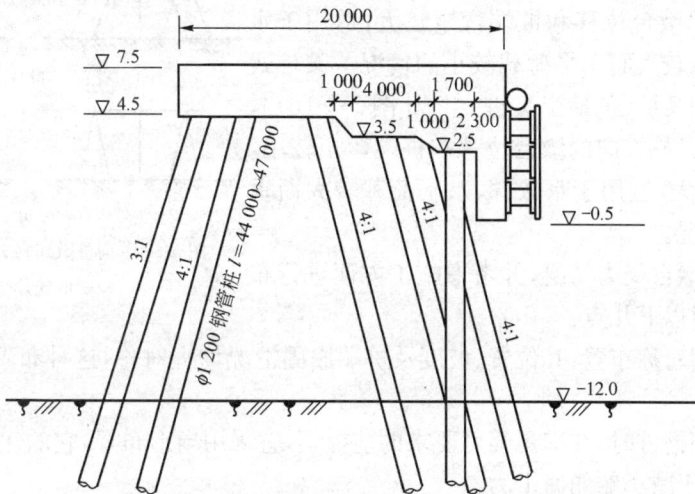

图 5-2-6　高桩墩台式靠船墩结构图(尺寸单位:mm;高程单位:m)

第三节　高桩墩台和桩式柔性靠船设施

国外在20世纪50年代建造的10万吨级以下的油码头,其墩台的基础大多采用钢筋混凝土沉箱、沉井、混凝土方块或钢板桩圆筒的重力式结构,20世纪60年代建造的20万吨油码头和20世纪70年代的30～50万吨油码头,大多数已改用钢管桩和钢导管框架结构,以适应恶劣海象条件和特殊的外力。

高桩墩台由桩基和墩台组成。

一、高桩墩台结构形式和构造

1.桩基

桩基一般要采用钢筋混凝土桩和钢管桩。对于外海开敞式码头,由于水深浪大,墩子受到较大的波浪力和船舶撞击力的作用,在冰冻地区还受到巨大的冰荷载作用,这些荷载都具有动力性质,所以一般多采用钢桩。钢桩不但抗弯能力大,而且弹性好,其缺点是易锈蚀、造价高。对于受水平力较小的墩子,如工作平台,可考虑采用钢筋混凝土桩,它耐久性好、造价低。我国开发研制成功的预应力混凝土大直径管桩具有强度高、耐久性好、耐锤击性好,以及成本约为钢管桩的1/3～1/2、使用年限长、维修费用低等优点,已成为一种较好的开敞式深水码头桩基结构。镇海算山15万吨级原油码头首次成功地采用了大管桩是个很好的开端。

一般钢管桩直径在800mm左右,随着大型施工船具的出现,逐步采用较大直径的钢管桩。

爱尔兰班特里湾32万吨级油码头靠船墩的钢管桩直径为1 000mm,科威特32万吨级油码头靠船墩钢管桩管径为1 830mm,日本的苦人石油基地50万吨级油码头靠船墩钢管桩管径为2 300mm,法国费尔50万吨级油码头靠船墩管径达3 000mm,管壁厚70mm。

墩子系一空间结构，基桩的布置甚为重要，一般有两种布置形式：扇形式和叉桩式。扇形式由单斜桩或直桩组成[图 5-3-1a)]，其特点是各桩的轴向力比较均匀，但墩台位移和桩端弯矩较大，适用于水深较浅、垂直荷载较大而水平荷载较小的情况。叉桩式由直桩、单斜桩和叉桩(包括半叉桩)组成[图 5-3-1b)]，其特点是沿设有叉桩方向的墩台位移和桩端弯矩较小，而叉桩的桩力较大，适用于水较深、水平荷载较大而垂直荷载较小的情况。

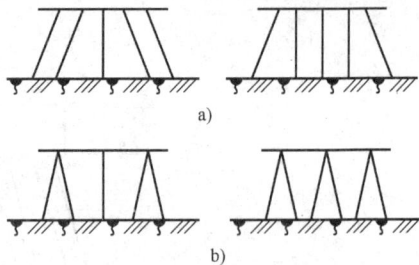

图 5-3-1　高桩墩式码头基桩布置示意图
a)扇形式；b)叉桩式

基桩应根据墩台受力情况，并考虑施工方便进行布置，布置时应注意以下几点：

(1)尽量采用对称布置，其位置、坡度及桩端嵌固情况均宜对称，这种布置结构简单，计算容易，施工方便。

(2)基桩采用钢桩时，在满足强度要求的前提下，宜采用扇形布置，它的优点是墩台位移量大，弹性好，有利于减小船舶撞击力。

(3)对于承受扭矩的墩子，特别是采用钢筋混凝土桩时，布置基桩应避免各基桩轴线的延长线在平面上交于一点，因为采用这种布置时，桩轴向力产生的扭矩等于零，墩台扭矩只能靠桩端弯矩来抵抗，抗扭刚度小。

(4)墩子的基桩多而密，并且方向复杂，因此布置时应很好考虑各桩施打的可能性和方便。

2. 墩台

墩台一般做成刚性结构，多采用混凝土和钢筋混凝土结构。其结构形式有实体式、空箱式、刚架式和桁架式四种。

实体式由混凝土浇筑而成，有时在外侧布置少量的分布钢筋。这种结构的特点是自重大、耗钢量少、施工方便，并且墩台刚度、结构的整体性好，桩的布置不受墩台结构的约束。当水平荷载较大而垂直荷载较小时，采用这种结构也比较有利。实体式墩台高度应根据使用要求和受力情况确定，并不宜小于 1.5m。

空箱式系钢筋混凝土空箱，箱底一般设进水孔，以减轻浮托力作用。箱顶设排气孔和人孔，以便排气和检修。这种结构与实体式比较，自重较轻、耗钢量较大、施工较麻烦。在垂直荷载较大、水平荷载较小时采用这种结构比较合适。空箱式上部结构应对底板、侧墙、顶板进行强度计算，底板厚度不宜小于 0.8m。

此外还有由钢管或钢筋混凝土杆件组成的刚架式和桁架式结构。

二、高桩墩子的计算

1. 荷载

墩子是空间结构，因此不但要考虑垂直荷载和码头线垂直方向的水平荷载，还应考虑顺码头线方向的水平荷载以及上述荷载产生的扭矩。

作用在墩子上的荷载主要有：墩台自重力；墩台上的装卸设备重量(如装卸机械重量、油管重量等)；墩台顶面上的堆货荷载及人群荷载；引桥和人行桥的支座反力；船舶撞击力、系缆力和挤靠力；波压力、波浪使船舶运动产生的撞击力及波浪作用在墩台底面上的上托力；水流力；

冰荷载;风荷载(通过装煤机架作用在墩台上)等。

由于墩台是刚性的,为了便于计算,通常将上述荷载换算为平行于 x、y、z 三个轴的集中力 p_x、p_y、p_z 和对三个轴的力矩 M_x、M_y、M_z(图 5-3-2)。

2. 桩力计算

高桩墩的桩力计算,实际上是求解支承在弹性支柱(桩)上的结构问题(图 5-3-2)。确定其计算图式时,需要解决以下三个问题:

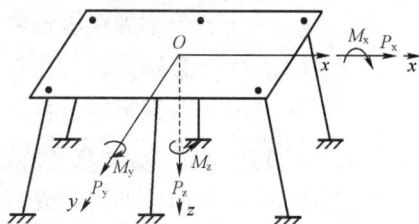

图 5-3-2　高桩墩的计算图式

1)墩台刚度

墩台的刚度视其结构形式和尺寸而不同,由于墩台的平面尺寸一般不大,墩台的高度较高,通常可将墩台视为刚体进行计算,即结构外力作用时墩台本身只有位移而不发生变形。

2)桩两端的连接性质

根据桩与墩台及地基的实际连接情况和荷载及位移情况确定。桩顶与墩台一般都采用整体连接,即钢筋混凝土桩顶留有足够长度的钢筋伸入墩台内埋固,钢桩顶也埋入墩台有一定长度,因此在计算时,桩与墩台可认为固接。桩与地基的连接:当桩打入土中较深时,桩与地基为弹性嵌固,计算时可按竖向弹性地基梁考虑;当桩打入土中较浅,桩尖支承在硬土(岩石)上时,桩和地基可认为铰接。实际上,桩两端的连接性质既不是完全固接也不是完全铰接,因此在计算时,除考虑实际的结构构造外,尚应考虑结构的位移情况,位移情况决定于基桩布置和荷载性质及大小。对于叉桩式布置,当两个方向都布置有叉桩时,墩台水平位移较小,桩端弯矩不大,为简化计算,桩上下两端可按铰接考虑。对于扇形布置,墩台水平位移较大,桩端弯矩不可忽略,桩上端应按固接考虑,桩下端按弹性嵌固考虑。但是在垂直荷载很大而水平荷载很小时,例如固定式装煤机墩式码头,垂直荷载近千吨,而水平荷载约几十吨,此时墩台水平位移不大,为简化计算,桩上下两端亦可按铰接考虑。

3)计算图式

高桩墩的结构和荷载都具有空间性质,因此应按空间问题进行计算。为了减轻计算工作量,在某些情况下,也可近似地简化为平面问题进行计算。

4)计算方法

这里只介绍基桩有一对称面布置并且上端固接下端弹性嵌固情况按空间问题计算的公式。结构计算图式见图 5-3-2,令 xoy 平面与桩台底面重合,xoz 平面与桩基布置的对称面重合。用变位法求解,其方程式如下:

$$
\left.
\begin{aligned}
r_{xx}h_x + r_{xz}h_x + r_{xy'}\phi_y &= P_x \\
r_{zx}h_x + r_{zz}h_z + r_{zy'}\phi_y &= P_z \\
r_{y'z}h_x + r_{y'z}h_z + r_{y'y'}\phi_y &= M_y
\end{aligned}
\right\}(a)
$$

$$
\left.
\begin{aligned}
r_{yy}h_y + r_{yx'}\phi_x + r_{yz'}\phi_z &= P_y \\
r_{x'y}h_y + r_{x'x'}\phi_x + r_{x'z'}\phi_z &= M_x \\
r_{z'y}h_y + r_{z'x'}\phi_x + r_{z'z'}\phi_z &= M_z
\end{aligned}
\right\}(b)
$$

(5-3-1)

式中：P_x、P_y、P_z——分别为作用在墩台上平行于 x、y、z 轴方向的合力；

$\quad M_x$、M_y、M_z——分别为作用在墩台上的外力对 x、y、z 轴的力矩；

$\quad h_x$、h_y、h_z——分别为墩台在外力作用下沿 x、y、z 轴方向产生的线变位；

$\quad \phi_x$、ϕ_y、ϕ_z——分别为墩台在外力作用下对 x、y、z 轴产生的角变位；

$\quad \gamma_{ik}$——系数，其意义是墩台沿 k 方向发生单位线变位或角变位时，需在墩台 i 方向施加的力或力矩。注脚 x、y、z 表示线变位和力的方向；注脚 x'、y'、z' 表示角变位和力矩的方向。

各系数按以下各式计算：

$$r_{xx} = \sum C_{e\Delta n}\cos^2\alpha_x \sum C_{\Delta Qn}$$

$$r_{xz} = r_{zx} = \sum C_{e\Delta n}\cos\theta\cos\alpha_x$$

$$r_{xy'} = r_{y'x} = \sum C_{e\Delta n}x\cos\theta\cos\alpha_x - \sum C_{\Delta Mn}\cos\theta$$

$$r_{zz} = \sum C_{e\Delta n}\cos^2\theta + \sum C_{\Delta Qn}$$

$$r_{zy'} = r_{y'z} = \sum C_{e\Delta n}x\cos^2\theta + \sum C_{\Delta Qn}x + \sum C_{\Delta Mn}\cos\alpha_x$$

$$r_{yy} = \sum C_{e\Delta n}\cos^2\alpha_y + \sum C_{\Delta Qn}$$

$$r_{y'y'} = \sum C_{e\Delta n}x^2\cos^2\theta + \sum C_{\Delta Qn}x^2 + 2\sum C_{\Delta Mn}x\cos\alpha_x + \sum C_{\varphi Mn}(1-0.8\cos^2\alpha_y)$$

$$r_{yx'} = r_{x'y} = -\sum C_{e\Delta n}y\cos\theta\cos\alpha_y + \sum C_{\Delta Mn}\cos\theta$$

$$r_{yz'} = r_{z'y} = -\sum C_{e\Delta n}x\cos^2\alpha_y + \sum C_{e\Delta n}y\cos\alpha_x\cos\alpha_y - \sum C_{\Delta Qn}x - \sum C_{\Delta Mn}\cos\alpha_x$$

$$r_{x'x'} = \sum C_{e\Delta n}y^2\cos^2\theta + \sum C_{\Delta Qn}y^2 + 2\sum C_{\Delta Mn}y\cos\alpha_y + \sum C_{\varphi Mn}(1-0.8\cos^2\alpha_x)$$

$$r_{x'z'} = r_{z'x'} = \sum C_{e\Delta n}xy\cos\theta\cos\alpha_y - \sum C_{e\Delta n}y^2\cos\theta\cos\alpha_x - \sum C_{\Delta Mn}x\cos\theta - 0.8\sum C_{\varphi Mn}\cos\theta\cos\alpha_x$$

$$r_{z'z'} = \sum C_{e\Delta n}(x\cos\alpha_y + y\cos\alpha_x)^2 - \sum C_{\Delta Qn}(x^2+y^2) +$$
$$2\sum C_{\Delta Mn}(x\cos\alpha_x + y\cos\alpha_y) + \sum C_{\varphi Mn}(1-0.8\cos^2\theta)$$

$$(5\text{-}3\text{-}2)$$

式中：$\qquad x$、y——桩顶的坐标值；

$C_{e\Delta n}$、$C_{\Delta Qn}$、$C_{\Delta Mn}$ 和 $C_{\varphi Mn}$——桩的刚性系数，$C_{e\Delta n} = C_{eNn} - C_{\Delta Qn}$；

$\qquad \theta$——桩轴线与垂线（z 轴）的夹角（均取正值）；$\cos\alpha_x = \sin\theta\cos\varphi$；$\cos\alpha_y = \sin\theta\sin\varphi$。

$\qquad \varphi$——桩轴线的水平投影与 x 轴之间的夹角，从正 x 轴起，顺时针方向量。

由方程式（5-3-1）解出变位值 h_x、h_z、h_y、ϕ_x、ϕ_y 和 ϕ_z 后，即可按下式求解桩轴向力 N_n 和桩顶弯矩 M_n。

$$N_n = C_{eNn}[h_x\cos\alpha_x + h_y\cos\alpha_y + h_z\cos\theta - \phi_x y\cos\theta +$$

$$\phi_y x\cos\theta + \phi_z(y\cos\alpha_x - x\cos\alpha_y)] \qquad (5\text{-}3\text{-}3)$$

$$M_n = \sqrt{(M_A + M_B)^2 + (M_C + M_D)^2} \qquad (5\text{-}3\text{-}4)$$

式中：

172

$$M_A = C_{\Delta Mn}[(h_x + \phi_z y)\sin\varphi - (h_y + \phi_z x)\cos\varphi]$$

$$M_B = C_{\phi Mn}\cos\theta(-\phi_x\cos\varphi - \phi_y\sin\varphi + \phi_z\tan\theta)$$

$$\left.\begin{array}{l} M_C = C_{\Delta Mn}\cos\theta[(h_x + \phi_z y)\cos\varphi + (h_y - \phi_z x)\sin\varphi - \\ \qquad (h_z - \phi_x y + \phi_y x)\tan\theta] \end{array}\right\} \qquad (5\text{-}3\text{-}5)$$

$$M_D = C_{\phi Mn}(\phi_x\sin\varphi - \phi_y\cos\varphi)$$

已知桩顶弯矩和剪力后，桩入土段的内力值(剪力和弯矩)及变形值(线变位和角变位)，可按埋在地基中的竖向弹性地基梁的"m"法有关公式计算。

桩基布置有两个对称面及桩两端铰接和一端铰接一端弹性嵌固的情况都是上述公式的特例，公式可以大大简化。

当桩基布置单向对称或双向对称并且荷载情况比较简单时，例如图 5-3-3，桩基布置为单向对称，且外力只有 P_x、P_y、P_z、M_x、M_y 而没有 M_z，可近似地按平面问题求解，即把空间问题的计算图式(图 5-3-2)简化为两个平面问题的计算图式[图 5-3-3b)、c)]。图 5-3-3b)为只有 P_z、P_x 和 M_y 外力作用的平面刚性墩台的计算图式。将按两个平面问题求得的桩力进行向量叠加即得总桩力。

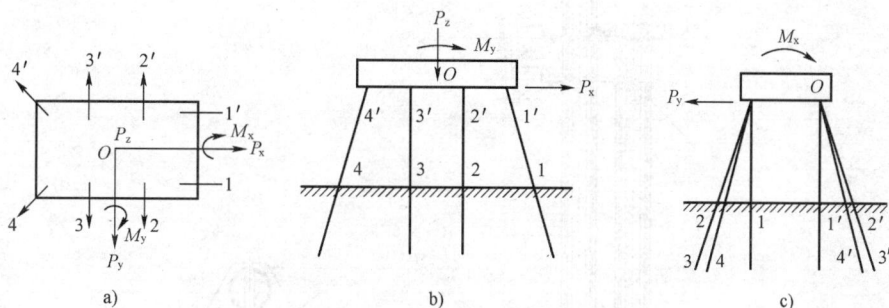

图 5-3-3　近似按平面问题的计算图式

目前许多单位都编制了高桩墩式码头内力的电子计算机程序，按空间问题计算已变得很简便了。编程的方法可参阅本书第十一章第二节。

3.上部结构计算

实体式墩台一般不需要进行强度计算，按构造确定尺寸。

空箱式墩台的箱壁和箱顶根据具体结构，按各种支承的板计算。

框架式墩台和桁架式墩台按一般框架和桁架计算，将前面求得的桩力作为外力加在框架或桁架的下节点上。

三、桩式柔性靠船设施

近年来，我国外海码头高桩墩式靠船墩相继采用了一些全直桩结构，并逐步发展为桩式柔性靠船设施。这种设施形式简单，施工容易，还能利用钢桩变形或钢桩与护舷共同变形的弹性吸收船舶撞击能量，取得了良好的技术经济效果。

1.布置与构造

桩式柔性靠船设施可根据水深、受力情况和地基情况采用单桩结构(图 5-3-4)或多桩结构(图 5-3-5)。多桩结构的桩中心距宜取 2～3 倍桩径，此时群桩可简化为单桩进行近似计算。

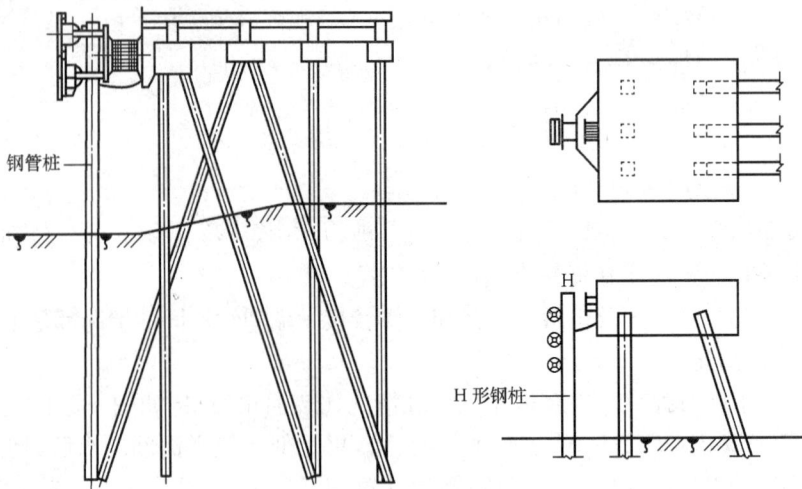

图 5-3-4　变形后平台受力的柔性靠船设施(单桩)

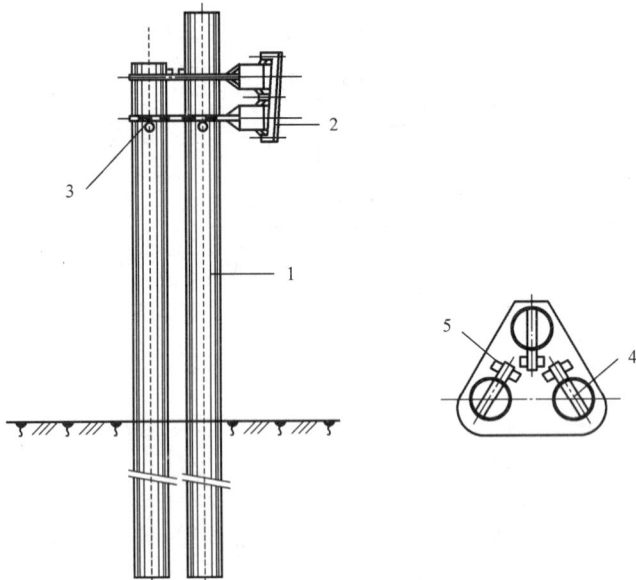

图 5-3-5　柔性靠船设施(多桩结构)

1-钢管桩;2-防护设施;3-连接平台;4-抗扭臂;5-立柱

　　桩式柔性靠船设施应与码头平台分开设置,并宜留有足够的间距,使码头平台不承受由靠船设施传递过来的船舶撞击力;否则应在靠船设施和码头平台之间设置缓冲装置(图 5-3-4),其间距根据力的传递要求确定。

　　桩式柔性靠船设施是依靠其本身的弹性变形来吸收船舶撞击能量的,受力后变形较大。但变位过大会给船舶操纵带来困难,所以根据国内外经验一般将靠船设施船舶作用点处的总水平位移控制在1.5m以内。此外,将桩轴线适当向靠船侧倾斜,避免因钢桩受力后弹性变形过大,可能超过防冲设备变形后的厚度而使船舶碰撞桩身。预留斜度也有利于减小波浪、水流作用下桩式柔性靠船设施的振动和靠船设施自重产生弯矩的不利影响。

为获得靠船设施所需的弹性变形,桩式柔性靠船设施的刚度系数宜控制在 500～2 000kN/m之间。刚度系数与钢材强度有关。在满足强度的条件下,选用大直径、少桩数的结构会节省材料,其刚度比小直径、多桩数的结构要大;选用屈服应力较高的钢材可节约材料,其结构柔性大;理想的情况是选用高强度大直径桩。但目前国内高强的钢材较少,为获得理想的刚度系数,常需配置合适的橡胶护舷。对吸收一定的能量来说,一般的橡胶防冲设备吸能明显比钢管桩经济,所以靠船结构一般优先发挥橡胶护舷的吸能量。同时,靠船结构又必须承受防冲设备产生的反力,所以需要对能量进行分配。根据国外经验,又考虑国内使用的钢材屈服应力较低,钢管桩的吸能受到一定限制,护舷的吸能量可取总吸能量的 30%～50%。

钢桩与上部连接平台的连接宜采用铰接,也可采用固接。采用铰接时,平台应采用具有足够刚度的钢质结构,并设置限制相对转动的抗扭装置。其上部连接平台可采用单层结构;当水位差较大时,应采用双层结构,多层结构或浮式结构。采用固接时,平台可采用现浇钢筋混凝土结构,钢桩伸入平台不应小于 1 倍桩径或桩截面高度。

钢管桩是保证桩式柔性靠船设施正常工作的重要构件,在结构设计时应注意:

(1) 钢管桩壁厚宜根据桩身弯矩分布情况分段确定,并留有适当的腐蚀裕量。沉桩困难时,桩外径与壁厚之比不宜大于 70。

(2)钢管桩泥面下第一弯矩峰值附近应采取加强措施,如在桩壁内侧焊置加强环,在桩内灌注混凝土或填充钢筋混凝土饼状块体等。

(3)钢桩应采用同一种钢种,且宜选用 16Mn、16MnCu、16Mnq 等低合金高强度结构钢或高强度细晶焊接结构钢。

(4)根据地基冲刷情况采用必要的护底措施,以保证钢管桩必需的入土深度。

2.结构计算

桩式柔性靠船设施的结构计算包括桩的承载力、桩的入土深度、水平变位、吸能量和构件强度等内容,其计算步骤如下:①根据船舶撞击能量标准值初步选定桩的材质、桩数、桩径和壁厚,并假定桩的入土深度;②根据撞击能量算得的作用在桩基上的水平力标准值或选定护舷的反力计算桩的入土深度;③进行承载能力极限状态设计计算,包括桩的承载力、构件的强度、水流诱发基桩的振动计算;④进行正常使用极限状态设计计算,包括水平变位计算;⑤当不满足相应要求时,重复以上步骤,直至全部满足要求。

结构计算方法主要有 P-Y 曲线法、N-L 法和布卢姆法三种。P-Y 曲线法是从美国石油学会《固定式海上平台的规划、设计与施工》引入的,适用于大变位情况下黏土和非黏土地基,现广泛应用。N-L 法的原理与 P-Y 曲线法相同,但结合我国的工程实际情况完善了相关参数,并简化了求解方法。布卢姆法原用于板桩计算,后经德国《岸壁工程委员会标准》改进,现已广泛应用于桩式柔性靠船设施,尤其适用于无黏性土。这三种方法各有特点,我国现行行业标准《港口工程桩式柔性靠船设施设计与施工技术规程》(JTJ 279—2005)规定如下:

(1)桩的入土深度的计算,外力采用水平力设计值,分项系数取 1.5,并要求:①采用布卢姆法时,桩的入土深度应满足受力平衡的要求,并应满足弹性长桩的要求;②采用 P-Y 曲线法和 N-L 法时,桩的入土深度不应小于 1.5 倍弯矩零点的深度。

(2)桩身的内力和变位宜采用 P-Y 曲线法计算;对无黏性土地基也可采用布卢姆法或 N-1

法；对黏性地基，当变位较小时，也可采用 N-L 法。

P-Y 曲线法和布卢姆法的具体计算可参阅本章参考文献[12]，N-L 法的具体计算可参阅本章参考文献[14]。

布置单排桩的多桩结构柔性靠船设施，当受力方向垂直于桩的排列方向时，基桩的内力和变位可按单桩计算。布置多排桩的多桩结构柔性靠船设施，距防冲设施最远的桩排中的桩可按单桩计算，其他桩应按群桩计算；但当桩排间中心距小于 3 倍桩径时，该靠船设施可简化为单桩结构近似计算，计算宽度取群桩在垂直于受力方向平面上的投影宽度，抗弯刚度应取各桩之和。

桩式柔性靠船设施是孤立的悬臂式结构，自振周期长，当水流速较大时，可能诱发振动，国外有不少破坏的实例，宜通过物理模型试验进行验证，也可根据本章参考文献[14]介绍的方法来判断是否引起桩的振动。

第四节　单点系泊码头

一、概述

这种码头与固定式码头完全不同，是一种浮码头。如前所述，它包括单点系泊和多点系泊两种形式。后者适用于风浪和海流的方向比较固定的情况，应用较少。从设备来说，多点系泊比单点系泊简单，并且有些组成部分是相同的。本书仅介绍单点系泊。

单点系泊于 20 世纪 50 年代兴起，世界上第一个单点系泊码头在瑞士建成。随着世界石油运输事业的发展，从 20 世纪 70 年代开始，以每年建设 20 座单点系泊码头的速度发展，至 1982 年世界上共建成 275 座。我国单点系泊码头的建设始于 1967 年，主要位于台湾、渤海南部及北部湾地区。在已建单点系泊系统中，约有 80% 建设在水深小于 40m 的水域内。随着石油运量剧增及油船尺度的增大，在 40～90m 中等水深海域中的单点系泊码头的建设也迅速增长，如美国在加利福尼亚外海 150m 水深处建设了一座单点系泊码头，并于 1980 年投产。1994 年，我国第一座 25 万吨级浮式单点系泊海上原油接卸系统（在茂名水东湾水域）正式投入使用。

单点系泊主要由单点和海底油管两部分组成。后者与海上采油工程中的海底油管基本相同；单点主要由浮筒及锚系、系船设备和输油设备等组成（图 5-4-1）。从使用上看，主要是装卸石油，也可装卸液化天然气、液化石油气、矿浆、纸浆及煤浆。单点系泊码头具有以下主

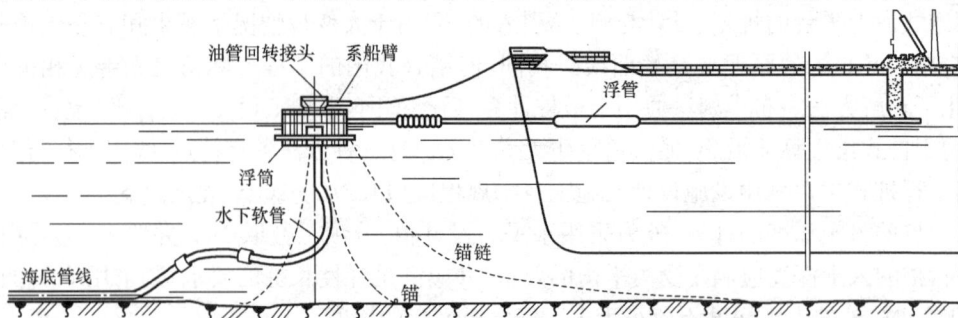

图 5-4-1　单点系泊的主要组成部分

要特点：

（1）系泊的船首可绕着单点作360°旋转，并向着产生最小外力的方位转动，故作用在单点上的系泊力能够经常保持最小。

（2）单点系泊适应性强，在较恶劣的风浪条件下可以照常运营，而且运营费用较低。

（3）单点系泊的布局受海域的限制较小，并有一定灵活性，能充分利用天然水深；建设速度快，一般9～12个月即可建成。

（4）投资少，一般常规单点系泊设施建设的投资约为同吨位固定式码头的1/3。

单点系泊设施的数量发展很快，随着装置的不断改进，形式也越来越多，要对所有单点系泊设施进行严格分类，事实上已很困难。根据系泊结构特点，大致可分为以下两种主要类型：

（1）悬链线锚腿系泊设施，如图5-4-2所示。圆形系泊浮筒由辐射状的悬链线锚链锚固在海底，油船缆绳系在浮筒的旋转甲板上，浮筒底部与海底油管之间以一串或数串胶管相连接。因为这种形式结构简单，安装方便，又有丰富的使用经验，所以是目前世界上最普遍的单点系泊形式，本节将着重介绍。

（2）单锚腿系泊设施，如图5-4-3所示。在海底设一个块体基座，由一根锚腿并利用浮筒本身的浮力，使浮筒与基座垂直拉紧，从而使整个系统的位移限制在一定的范围内。本章参考文献[4]有较详细的介绍。

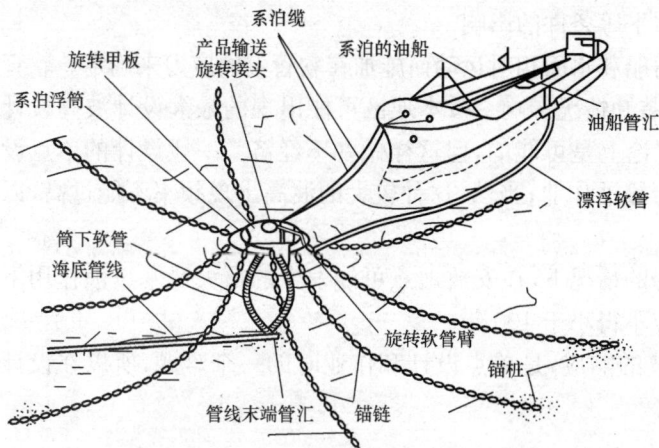

图5-4-2　悬链线锚腿系泊系统

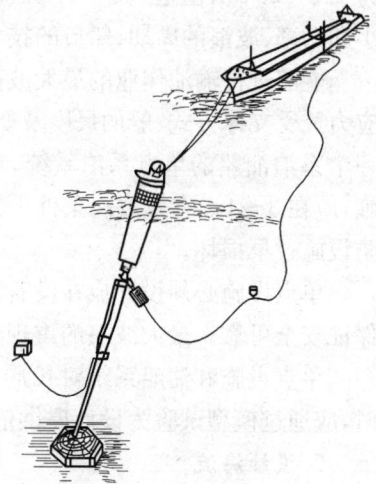

图5-4-3　单锚腿系泊系统

塔柱式和刚性臂架式也属于单腿系泊系统，如图5-4-4和图5-4-5所示。这两种结构形式都可有效地缩短水下软管长度。

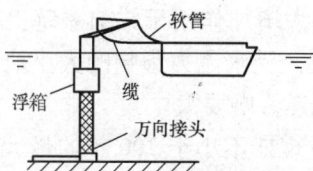

图5-4-4　塔柱式

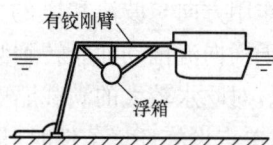

图5-4-5　刚性臂架式

由于目前我国还没有关于单点系泊设计、制造和施工方面的规程,也缺乏这方面的设计、施工经验,就连这方面的详细资料也很少,但鉴于该系统码头的建设越来越显得重要,下面根据有关文献提供的资料,对单点系泊的设计荷载、系统部件的结构设计特点等方面作启示性的介绍,仅供参考。

二、设计荷载

作用于单点系泊系统上的荷载主要来自风、浪和流。它们直接以及通过系泊油船作用于单点设施上。在确定作业标准和设计单点系统时,通常应分别按以下四种控制情况设计:①工作艇作业条件;②开始和连续输油作业条件;③停止输油作业,但油船保持系泊在单点上;④无船系泊时,单点系泊设施在风暴作用下能保证安全。前两个条件按单点系泊作业标准设计,后两条往往是单点设施本身结构设计的控制条件。

1.设计波浪

波高较小、周期较短的波浪对大型油船的操作影响不大。为了使油船系泊到单点上,一般要求有两条辅助工作艇协助。一条工作艇把单点系泊缆传递到油船上,与此同时另一条拖拽软管,使之离开驶来的油船,当油船停泊后再把软管传递给油船。工作艇的极限作业波高通常为1.8~2.4m,但这只是一个大概标准,因为它受到很多不确定因素的影响,主要有工作艇大小和功率、波浪的周期、船员的技术水平等条件的影响。

能够进行输油作业的最大波高由船和水面相对运动而施加在软管上的应力来确定。软管应力又受支撑方式、船的尺度及船的装卸情况影响。按本地区可能出现的最大设计波高设计一个系泊油船的单点系泊系统,在理论上是可能的,但这样做并不经济。一般设计的单点设施,应在3~4m有效波高条件下进行输油作业;当然,这种较大的波高出现频率不能过高,以防设施过早损坏。

单点设施必须设计成在没有系船的情况下,在安放地点可能发生的最大风暴波浪作用下保证安全可靠。最大波浪的重现期应不得小于100年。

单点设施和油船系统对长周期波的响应,是单点设计和作业时的一个难题,所以在设计时,应通过模型试验为设计提供依据。

2.设计海流

直接作用于单点上的流压力,相对来说是较小的,因而影响不大。只是在较深的单锚腿形式的单点系统上,流压力可能引起竖管的弯曲。而施加在系泊于单点的油船上的流压力将有较大影响。流的方向和大小十分重要。当流与波浪和风的方向相同时,将在船上施加一个相对稳定的作用力,但是在这个力比在波浪作用下船舶波动引起的动力要小。以往的模型试验表明,流的作用方向与波浪和风的方向垂直时,通常将大大增加作用于锚泊系统上荷载的峰值,这是由于横向流推动油船转到侧面受波浪作用的方位。受水流力影响的大小取决于船舶的装载情况,对吃水较大的满载船舶比吃水较小的空载船舶影响要大。

在考虑单点设施环境条件时,最大设计流速应选取重现期不小于100年的最大流速。如果只有海流作用于系泊的船舶时,其水流力可按《港口工程荷载规范》(JTJ 215—98)有关公式计算。

3. 设计风

由于单点设施暴露在海面以上的面积较小,所以风只是通过系泊的油船将力施加到单点上。当风与浪和流的方向相同时,将在船上施加一个相对稳定的作用力,但这个力在比波浪作用下船的波动引起的动力要小。大风时,系泊作业难以进行,若风速大于 30kn 时,通常不进行系泊作业。当风速大于 40kn 时,通常停止输油作业。

必须调查突风产生的可能性,因为它能引起油船较大的横移或首摇运动以及在系泊缆上引起较大负荷。

作用于船体上的风压力可按《港口工程荷载规范》(JTJ 215—98)有关公式计算。

确定没有系船时单点所受最大风速时,要求重现期不小于 100 年。

在存在风、浪和流的环境下,单点及系泊在单点上的油船实际上构成了一个弹簧、质量块系统。该系统受以上三种外力作用,其系泊力的峰值即是由油船的横荡、首摇和纵荡所产生的动力。最大的力很大程度上取决于系泊系统的弹性和响应特性,即浮筒、锚碇系统和系泊缆弹性结合成的这个系统的力随位移变化的特性曲线。最大系泊力通常由模型试验确定。

三、系统部件的设计要点

单点系泊系统主要是由系船浮筒、浮筒旋转甲板、油品输送旋转接头、锚链、系泊缆、输油软管、锚碇、海底管线末端管汇等系统组成。在设计这些系统部件之前,应根据设计任务书和建设区域的环境条件,确定输油通过能力、设计船型、航行极限条件、极限作业条件及油品种类。

1. 适用的标准和法规

由于我国目前还没有关于单点系泊设计、制造和施工方面的规程,因此,在设计时应符合世界各国公认的有关标准、法规或做法。

2. 安全系数

首先应该分清单点设施各部件的受力特性,对经受交变应力作用的部件,应防止发生疲劳破坏。为了保证单点设施的安全,最好是在系泊缆系统中设置一个"薄弱环节"作为安全措施,以防单点结构部件的破坏。通常在设计油船上的防磨锚链时,使其安全系数比系统的其余部分都低,这样当出现超过单点的设计荷载时,系泊缆系统将在油船船首处破断;设计者应该检查整个设计荷载的传递途径,以保证薄弱环节破断所需要的力低于系统其他部件破断所需要的力。特别是水下或不便于进行修理的部件,更不能首先破坏。

大直径悬链线锚腿型浮筒总是浮在水面上,所以其设计与船体相似。单锚腿型浮筒因承受相当大的水压力,故应按压力容器设计,宜采用直径较小的圆柱形,并按一般带劲肋的圆柱承压壳体的计算公式计算纵向弯曲应力,其允许抗弯应力安全系数建议采用 2.5。对重力锚碇基座,推荐用 2.0 的抗滑安全系数、1.5 的抗倾安全系数和 2.0 的承载能力安全系数。

在单点设施中,各部件安全系数的目的是不同的。如锚链除强度要求外,还要经受磨损,因而采用较大的安全系数。对锚桩,由于土壤特性和安装条件不能精确预测,因而也采用较高的安全系数。钢结构部件当不经受磨损或疲劳时,可以按低的安全系数设计。

3.悬链线锚腿系泊

悬链线锚腿系泊系统的总体布置如图 5-4-2 所示。圆形系泊浮筒由等距离辐射状的悬链线锚链锚固在海底,油船缆绳系在浮筒的旋转甲板上。系泊浮筒的尺寸应保证有足够的浮力和漂浮稳定性,能承受锚链及浮筒上其他设备的重量。

对系泊油船最大冲击负荷能力的吸收程度取决于悬链线锚腿系统的弹性特性,也就是取决于系泊力与由此产生的浮筒水平漂移间的关系。一般弹性较大的系统,锚链能较好地吸收峰值荷载,但浮筒漂移过大,可能引起浮筒下软管系统的破坏,因此需要研究系泊荷载与浮筒漂移关系,以获得最佳系泊效果而又不损伤软管系统。

1)锚链系统

悬链线锚腿系统采用多链系统,可有效地锚住浮筒体。锚链的数量应从经济和安全两方面因素进行考虑,通常为 4~12 条,正常情况下采用 6 条,如果有一根锚链破断,浮筒仍能保持稳定。锚链的条数取决于系泊力的大小;链数增加,浮筒尺寸也相应加大,以承担所增加链条的重量。

单浮筒系泊是基于单位长度链重量与浮筒漂移距离之间的变化关系。当系船力作用于浮筒时,浮筒向一边移动,把沉于海底的一段锚链拉起。当被拉起的锚链质量正好平衡系船力时,则浮筒不再移动,为防止锚链猛然拉紧而导致断裂,根据最大负荷时的最大漂移量,至少应有足够长的锚链沉于海底。

由于单点系泊系统的弹性程度取决于锚链的重量和预紧力,故为了得到最佳的预紧力并选取相应的锚链规格,应按不同组合进行模型试验,记录相应峰值,然后通过综合分析,确定最大链力 F_{max}。

最大链力确定后,可以计算出所需锚链的长度;对于搁置于水平海底上的锚链长度,可按下式计算:

$$S_{min} \geqslant h\sqrt{1+\frac{2H_{max}}{Wh}} \tag{5-4-1}$$

式中:S_{min}——需要的最小锚链长度(m);

  h——从浮筒底到海底的距离(m);

  W——单位长度锚链的下水重(N/m);

H_{max}——作用于锚链上的最大水平力(N)。

一般悬链锚腿的锚链总长等于 6~8 倍的水深。

若作用在锚端锚链上的最大水平力为 H_{max},则作用在浮筒端锚链上的最大力 H_{max} 可按下式计算:

$$F_{max} = \sqrt{H_{max}^2+(WS)^2} \tag{5-4-2}$$

式中:S——锚链的长度(m),$S=S_{min}$。

锚链被固定在浮筒上的制链器上,该装置能够调节锚链的长度以维持最佳张紧状态。各条锚链必须按设计要求张紧,当系泊油船受最大荷载时,能牵制浮筒,以免位移过大,但锚链也不能无限制地拉紧,否则,其吸收油船动能的能力将变小。

锚链预紧力的控制方法是使锚链与浮筒底水平面夹角 α 为设计角度，α 一般为 $50°\sim55°$，此时系泊力最小。

2）锚碇

锚碇的选型应根据海底土质条件而定。对于砂质土可采用锚；锚的种类较多，可根据要求的抓力选取。在一个锚链腿上可同时采用两个锚，此时将两个锚用短链连在一起。此种类型的锚碇在安装后要拖曳一定距离，以便充分发挥锚抓力，同时要求在使用初期，对锚链的预紧状态作相应的调整。

重力基础锚碇系指采用大型人工混凝土块体，靠块体与地基间的阻力承受锚链拉力。如果将块体埋入海底，则除块体与土间的摩阻力外，还可充分利用块体前的土抗力来加大锚碇力。

桩基础锚碇根据锚链的最大力进行布置，可用单根桩或多根桩。如用多根桩基础锚碇，则应用桁架结构将它们牢固地连接在一起，这样能充分发挥每根桩的作用。

无论是锚或锚桩，在设置完后都要进行锚链预拉，以控制浮筒的水平位移。预拉力的大小，对于单锚腿锚链约为锚链破断强度的 $15\%\sim20\%$；对于悬链线锚链约为锚链破断强度的 $3\%\sim5\%$。对于锚桩，预拉后锚桩变形不能大于其直径的 $1/4$。

3）系泊浮筒

系泊浮筒和安装在浮筒顶上的旋转甲板管汇是悬链线锚腿系泊系统的主体部件，典型的浮筒结构和旋转甲板上部件见图 5-4-6。筒体的尺寸除其产生的浮力能支撑锚链、旋转甲板和在其上的其他设备的重量外，还应有 $0.6\sim0.8m$ 的干舷高度。筒体至少设 4 个水密舱，彼此隔离并均匀布置，以保证万一有一个水密舱破坏时不致使浮筒沉入水底。

浮筒应保证有充分的稳性。当浮筒承受最大系泊荷载时，倾角不允许超过 $10°$。同时，还应保证万一有一条锚腿破断时不致使浮筒倾覆。

结构框架必须设计成能承受作业和风暴荷载，并有足够的安全系数。此外，尚需考虑从系泊缆到锚链的传力过程中，作用在浮筒上的静、动荷载的各种可能组合。

浮筒底部需设一护舷裙，以防油船或工作船碰到伸出的软管臂；筒体顶部应设护舷或防撞设备。此外，通常还设一个中心井，以便容纳各种管线。

4）软管系统

（1）漂浮软管

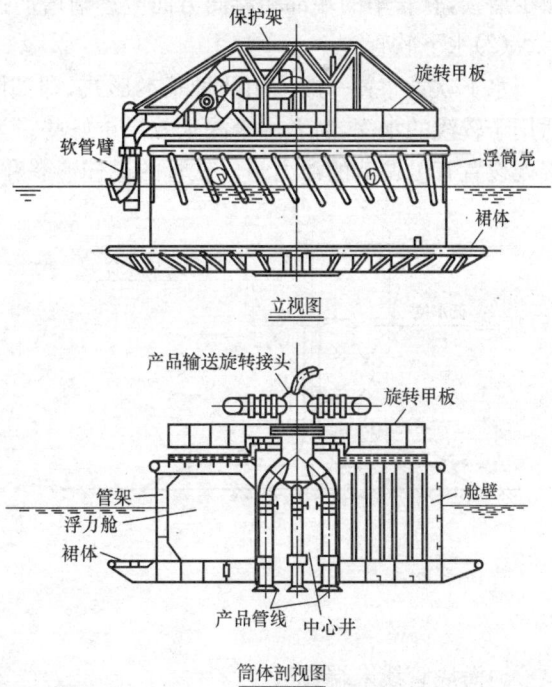

图 5-4-6　典型浮筒结构

181

油船管汇一般位于船的中部,用漂浮软管接到系船浮筒的旋转管臂上;漂浮软管应有足够的松弛余量,以适应油船的首摇、横移、纵移、升沉等运动。

根据需要,漂浮软管系统可采用单根软管,也可由两根或多根平行的软管串组成,如图 5-4-7;软管串由单根软管用拴接法兰接头相连。每节软管一般长 9～10.5m,用嵌有多层纺织钢丝的橡胶制作。为了保证软管在充满原油或海水时有足够的浮力,一般用两种方法:一是浮力套环系统,即利用分成两半的环形浮子以适当的间距夹在软管上;二是整体浮子系统,即用浮性材料整个裹住软管。

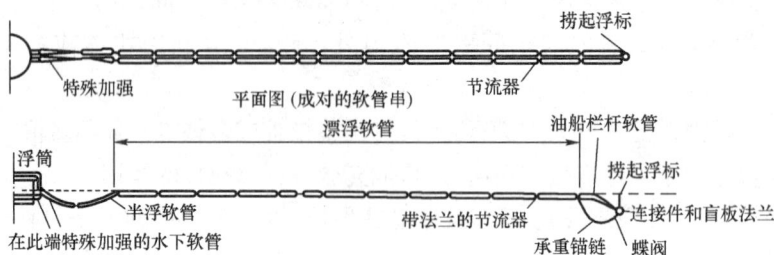

图 5-4-7　漂浮软管系统

软管串与系泊浮筒的软管臂的连接部位在风、浪、流的作用下会产生很大的弯曲变形,为减少磨损,软管串的端部朝浮筒方向应逐渐增加强度和刚度。

(2)水下软管

水下软管布置一般采用两种基本形式,即如图 5-4-8 所示的"中国灯笼"形和 S 形。前者适用于较浅的水深,后者用于深水效果更好些。为减轻软管负荷及调节软管形状,在软管的连接处设置有可调节的浮力箱。软管的最佳形态和长度应由模型试验确定。

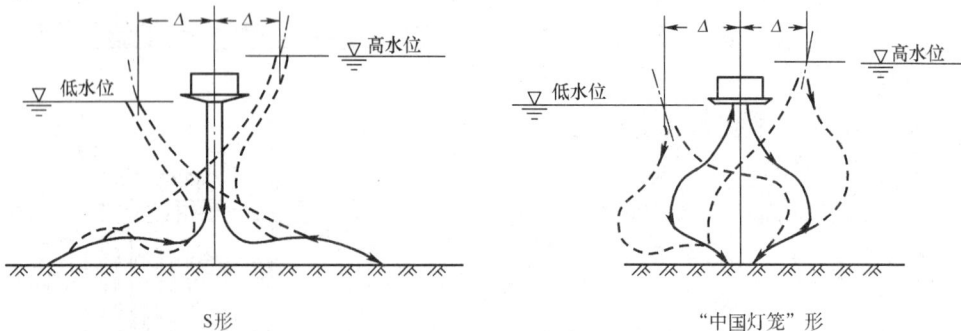

图 5-4-8　水下软管系统

5)海底管线末端管汇

末端管汇应具备以下三种功能:①将浮筒下软管固定在海底管线的连接凸缘上;②适应水下管线伸缩,不致引起管汇基础过大的水平位移和垂直沉降;③紧急关闭。

筒下软管的末端管汇布置如图5-4-9
所示。

6) 系泊缆

系泊缆的负荷是设计单浮筒系泊系
统的主要参数。系泊缆必须按风、浪、流
最不利组合时所受到的最大作用力进行
设计。该荷载也是设计锚链和锚碇等的
重要依据。在给定的单点系泊系统中，
可能发生的系泊缆负荷最大值为该系统
动力反应的函数。由于浪、流和风联合
作用在系泊船上，故其作用和运动的基
本特性至今未能明确（特别是对于相对
浅的水中系泊的船只）。目前最可靠的
方法是借助模型试验确定最大系泊
缆荷载。

通常的单浮筒系泊缆系统如图 5-4-10
所示，它由三部分组成：系泊缆、耐磨锚链和
打捞套索。

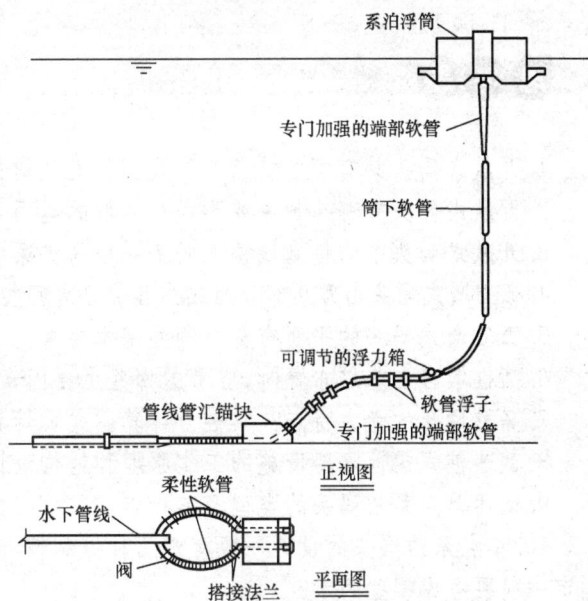

图 5-4-9　筒下软管和管线末端管汇布置

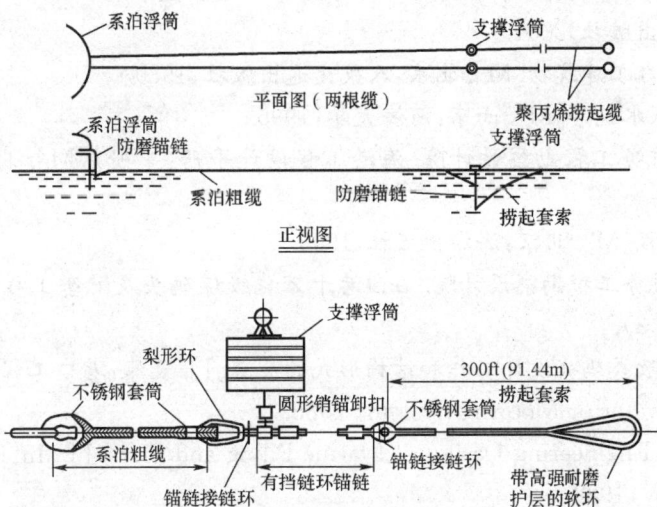

图 5-4-10　系泊缆布置图

系泊缆带有专门的套筒配件、锚链链环和卸扣，可直接接到浮筒顶部的系泊托架上，它还
可附加短而重的耐磨锚链链环。系泊缆一般长 45～60m。缆绳另一端在油船处，并附加一节
长 6～7.5m 的耐磨锚链，以使尼龙缆免受磨损，并保证与船的系泊设备相连。

系泊时，为帮助打捞重的锚链和系泊缆，在耐磨锚链靠油船一端附连一根长 90～120m、能
自浮的聚酰胺打捞缆索。

系泊缆通常为直径 4～7in 的编织尼龙缆绳。为了承受大的负荷，通常采用两根系泊缆。

思考题

1. 开敞式码头具有哪些特点？在我国的发展前景如何？

2. 开敞式码头有哪几种主要形式？它们的适用条件？

3. 开敞式码头中的桩基栈桥式码头一般高桩梁板式码头有何异同点？

4. 孤立墩式码头由哪几部分组成？各部分有哪些作用？与重力墩栈桥式码头有何异同点？

5. 孤立墩式码头的平面布置有哪些基本要求？

6. 高桩墩台在基桩布置时,应考虑哪些主要因素？并应注意哪些要求？为什么？

7. 高桩墩台的受力特点？其桩力计算图式和计算方法的选取与哪些因素有关？

8. 试述桩式柔性靠船设施的工作原理和结构设计要点。

9. 试述单点系泊码头的类型及其特点。

10. 单点系泊码头的设计一般有哪几种控制情况？有哪几种主要设计荷载？这些荷载的确定一般要考虑哪些因素？

11. 悬链线锚腿系泊系统是由哪些部件组成？试述这些部件的设计要点。

参考文献

[1] 中华人民共和国行业标准. 开敞式码头的设计与施工技术规程(JTJ 295—2000)[S]. 北京:人民交通出版社,2001.

[2] 陈万佳. 港口水工建筑物[M]. 北京:人民交通出版社,1989.

[3] 项菁,黄惠. 深水筑港[M]. 南京:河海大学,1996.

[4] 交通部第一航务工程勘察设计院. 海港工程设计手册(中册)[M]. 北京:人民交通出版社,1994.

[5] 严恺. 海港工程[M]. 北京:海洋出版社,1996.

[6] 交通部第一航务工程勘察设计院. 石臼港十万吨级煤码头及配套工程设计专辑[J]. 港工技术,1987(2,3).

[7] 谢世楞. 对开敞式码头设计工作和结构形式的展望[J]. 天津:港口工程,1987(12).

[8] Brum. Breakwater or Mooring System,1985.

[9] Wortley. Ice Engineering Design of Marine Piling and Piers[J]. In:Proc. ASCE, TCDI-VISION,NOV,1982.

[10] Lakner. 大型油港设计要则[C]. 第20届国际航运会议,1961.

[11] 交通部第三航务工程勘察设计院. 北仑港矿石中转码头工程设计总结[R]. 上海:1980.

[12] 中华人民共和国行业标准. 港口工程桩式柔性靠船设施设计与施工技术规程(JTJ 279—2005)[S]. 北京:人民交通出版社,2006.

[13] 哈勒姆. 海洋建筑物动力学[M]. 北京:海洋出版社,1981.

[14] 韩理安,等. 水平承载桩的计算[M]. 长沙:中南大学出版社,2004.

[15] 韩理安,韩时琳. 水平力作用下群桩效应的临界桩距[J]. 水运工程,1998(5).

第六章 斜坡码头和浮码头

第一节 斜 坡 码 头

一、概述

斜坡码头是以岸坡上建造的固定斜坡道结构作为载体，供货物装卸运输、旅客或车辆上下的码头。不同水位时，船舶停泊的平面位置随水位变化相应移动。

斜坡道是斜坡码头的主要部分之一，斜坡道的结构可分为实体斜坡和架空斜坡两类（图6-1-1和图6-1-2）。

实体斜坡道是利用天然岸坡加以适当修整填筑，再用人工护面而成。它施工简单，造价低。为防止引起港区冲刷或回淤，它的坡面与天然岸坡很接近。因此，当天然岸坡地形起伏不大、坡脚处水深足够时，应优先考虑采用实体斜坡道。

架空斜坡道的结构复杂，造价一般比实体斜坡道高，并且桥面有被漂浮物碰损的危险。但透水性好，对沿岸水流影响小，因此，除流冰地区外，在河岸较陡、而河滩平缓的凹型岸坡，或者是在修建实体斜坡可能造成港区回淤的地区，修建架空斜坡是适宜的。实际上，结合具体地形、水文情况和施工条件，这两类形式可以混合使用（图6-1-3）。

斜坡码头按上下坡运输作业的方式，有缆车码头、皮带机码头和汽车下河码头等。斜坡码头斜坡道的坡度大小，除取决于斜坡稳定要求外，尚与当地地形，装卸工艺要求有密切关系。一般地说，架空斜坡道的坡度要比实体斜坡道陡。斜坡码头斜坡道的宽度主要根据装卸工艺确定。例如，实体缆车道一般采用双线或四线缆车道，架空缆车码头由于结构和经济效益的关系一般为双线缆车道。斜坡道的坡度和宽度可参照表6-1-1确定。

斜坡码头斜坡道的坡度和宽度　　　　　　　　　　　　　　表6-1-1

斜坡道名称		坡　度	宽度(m)
缆　车　道		陡于 1:8	根据工艺要求确定
普通带式输送机道		不陡于 1:4	根据工艺要求确定
重件拖拉道		不陡于 1:8	根据工艺要求确定
管线道		根据自然条件及工艺要求确定	根据工艺要求确定
汽车道		不陡于 1:10	单车道≥5.0；双车道≥7.0
人行道	货码头	坡道不陡于 1:6 踏步陡于 1:6	≥0.8
	客码头	坡道不陡于 1:7 踏步 1:7~1:2	≥3.5

注：①汽车道纵坡在困难条件下不应陡于 1:9；
　　②汽车渡口码头的坡道宽度应根据汽渡船靠泊需要、汽车调头要求和陆上连接公路的宽度等因素综合考虑确定。

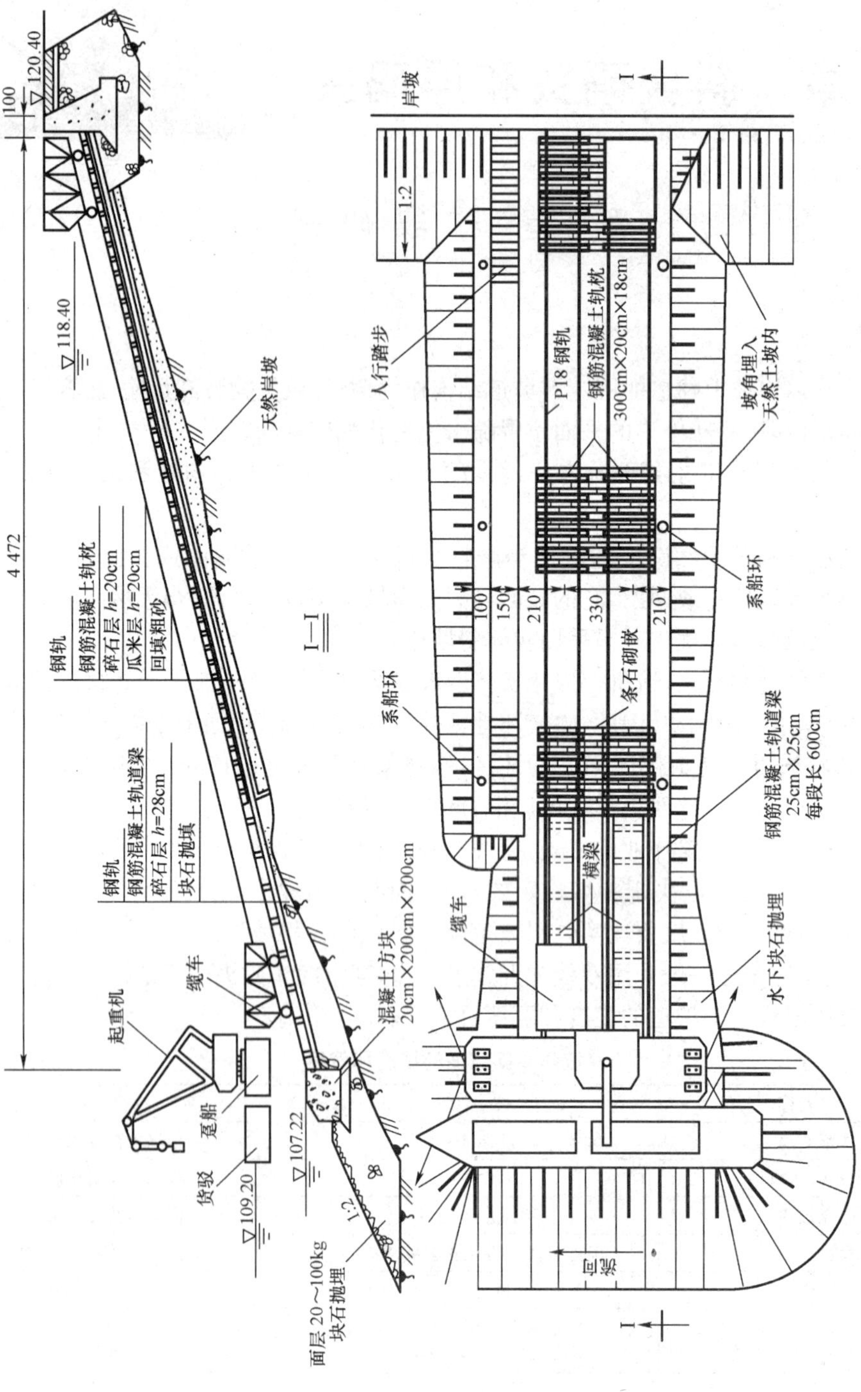

图 6-1-1 实体斜坡码头（尺寸单位：cm；高程单位：m）

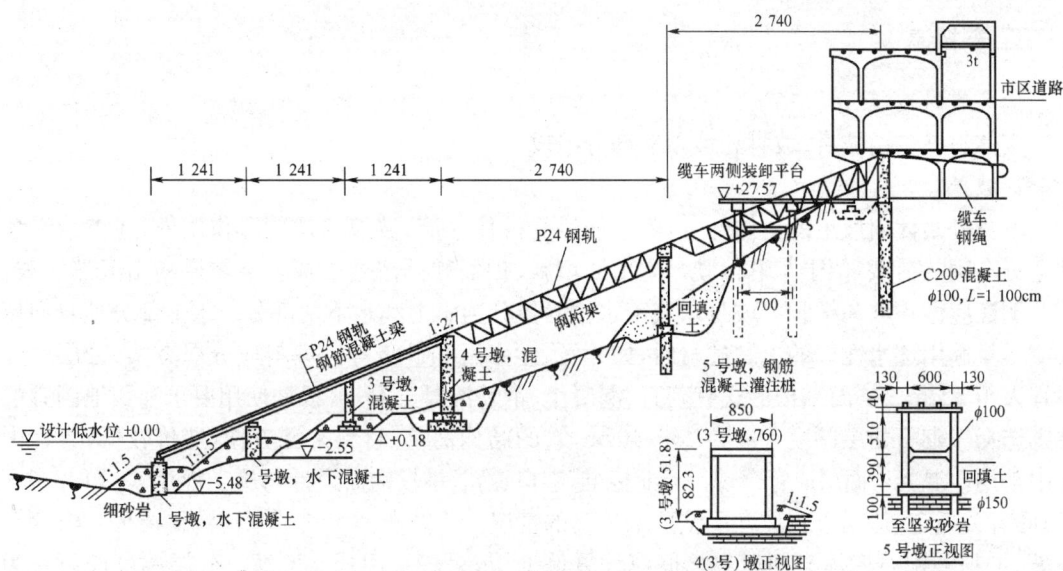

图 6-1-2 架空斜坡码头(尺寸单位:cm;高程单位:m)

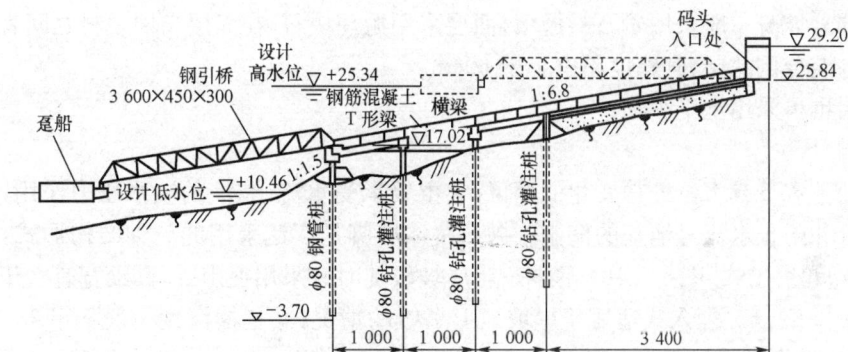

图 6-1-3 混合使用实体和架空斜坡的斜坡码头(尺寸单位:cm;高程单位:m)

　　斜坡码头的优点是结构简单,建设速度快,投资少,对水位变化适应性强,适用于大水位差河港及水库港,是河流上游采用的主要码头结构形式。它的主要缺点是趸船需随水位变化经常移泊,移泊作业麻烦。此外,它的装卸机械设在趸船上,作业受风浪影响,又多了一个斜坡运输环节,吞吐能力有限。因此,当港口码头吞吐量较大、水位差又不是特别大时,斜坡码头也逐步被装卸效率高的直立式码头所替代。此外,汽车轮渡码头也常采用斜坡码头,既能停靠船舶,又可让汽车自由上下轮渡。

　　在各种斜坡码头中,用得最多而且最有代表性的是缆车码头,本节将着重介绍。缆车码头主要由缆车、趸船、斜坡道、轨道结构、缆车牵引系统和其他附属设施组成。趸船的功用是供船舶停靠和在其上面设置装卸机械以及临时堆存货物,通常顺岸布置。斜坡道是趸船与岸联系的通道,一般垂直于岸线布置,与趸船正交。轨道结构是供缆车上下坡,用以承受缆车的轮压力。缆车牵引系统包括卷扬机房、操纵室和缆绳沟等。此外,还设有系船设备、人行道等附属设施。

二、斜坡道

1. 实体斜坡道

实体斜坡道由坡身、坡脚和坡顶三部分组成。

1)坡身

坡身是实体斜坡道的主体部分,除了能经受得住水流、波浪的冲刷和作用外,还需承受各种运输车辆的荷载,便于车辆行驶。它由回填料、护面和倒滤层组成。当坡道高出天然岸坡,其两侧还应做护坡和护脚。坡身以施工水位为界分为水上和水下两部分。水上部分坡身回填料应尽量选用透水性好的无黏性材料,如碎石、砂卵石和矿渣等。填料应分层夯实,分层厚度不宜大于30cm。护面结构形式有砌石、混凝土、钢筋混凝土等,可根据使用要求和因地制宜的原则选择。砌石面层厚度一般为25～40cm,它的结构简单,材料来源方便,造价较低,常在内河中采用。混凝土面层应符合现行行业标准《港口道路、堆场铺面设计与施工规范》(JTJ 296－98)的有关规定,适用于对坡度平整要求较高的情况。为防止回填料被水流淘刷流失,在护面、护坡、护脚和抛石棱体与回填料之间应设置倒滤层,一般采用分层倒滤。分层厚度碎石宜为15～20cm,粗(中)砂宜为10～15cm。当采用混合倒滤层时,其厚度不宜小于40cm。

水下部分坡身一般采用砂石料抛填,面层采用抛理块石,在面层与回填料之间宜采用天然级配较好的混合倒滤层,其厚度不宜小于60cm。

倒滤层也可采用土工织物。

2)坡脚

坡脚处于水下或水位经常变化的部位,它主要承受水流、波浪的动水压力作用,它的功用是支持堤身和防止水流对地基的淘刷。抛石棱体坡脚是广泛采用的一种结构形式,分埋入式[图6-1-4a)]和突出式[图6-1-4b)]两种。当岸坡较陡时宜采用突出式,其顶宽宜大于1.5m,外坡不宜陡于1∶1.5。埋入式适用于岸坡地形平缓的情况,其基槽深度一般不小于1m,底宽不小于2m。抛石重量应根据流速、波浪大小和水深由经验确定,一般采用10～100kg。抛石棱体坡脚的特点是稳定性好,施工简单,适用于土质较好的河岸。如果河床土质松软、地下渗流量大,岸坡较陡,可采用低桩承台坡脚。

其他形式的坡脚尚有很多,如板桩、木笼、竹笼等,应根据当地地形、地质、流速和施工条件确定。

3)坡顶

坡顶是斜坡道与岸衔接部分。对于缆车码头,坡顶一般采用混凝土或砌石挡土墙,并在墙上埋有固定缆绳用的耳环(图6-1-5)。在计算此挡土墙时应考虑缆绳对它的水平拉力。

2. 架空斜坡道

架空斜坡道由墩台和上部结构组成。

1)墩台

墩台的结构形式主要有重力式(图6-1-6)和桩柱式(图6-1-7)两种。

重力式墩台一般适用于岩基或其他较好的土基。有浆砌块石(或条石)和混凝土墩台两种。施工水位以上的墩身通常采用浆砌块石(条石),石料应选用新鲜无裂隙的硬质岩石,抗压强度极限不得小于30MPa,砌筑砂浆强度等级不宜低于M7.5。施工水位以下的墩身,一般采用在抛石基床上安砌预制混凝土方块的形式。当起重机起重量较小时,也可采用钢筋混凝土箱形模板灌注水下混凝土。重力式墩台的端面宜采用圆端形或尖端形,以减小水流阻力。当墩身较高时,可做成上小下大的锥体形,其侧面坡度一般为 20：1～25：1,混凝土墩帽的厚度应满足支座锚固要求,且不宜小于 40cm,并按构造要求配置钢筋,其顶面宜设排水坡〔图 6-1-6a)、b)〕。

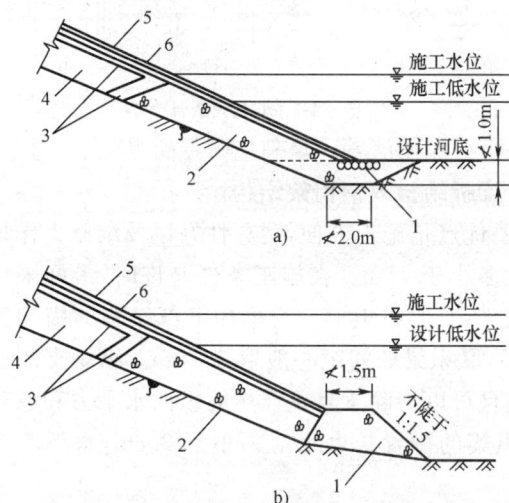

图 6-1-4　抛石棱体

a) 埋入式;b) 突出式

1-抛石棱体;2-抛石基床;3-倒滤层;4-陆上回填料;5-钢轨;

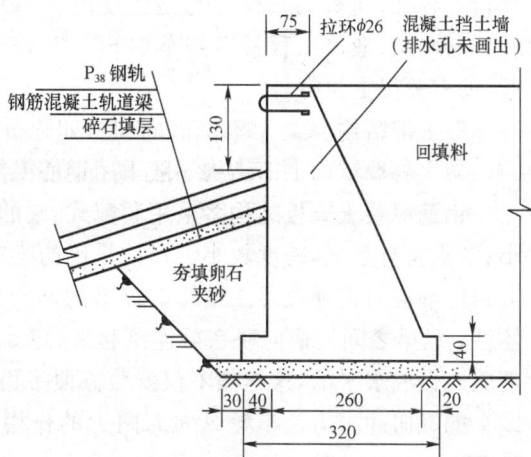

6-轨枕

图 6-1-5　坡顶结构图(尺寸单位:cm)

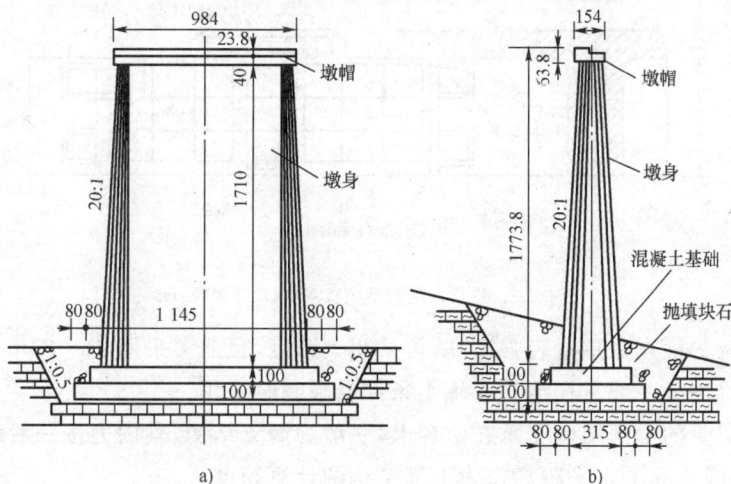

图 6-1-6　重力式墩台(尺寸单位:cm)

a)顺岸方向断面;b)垂直岸方向断面

桩柱式墩台一般在软弱地基采用。通常为钢筋混凝土结构。桩柱式墩台有单桩柱式和双桩柱式两种。当缆车码头的桥面较宽时,宜采用双柱排架墩台,其形式有直桩式、斜桩式、框架式、桁架式等(图 6-1-7)。当桩柱的计算高度大于桩柱间距的 1.5 倍时,应设联系梁或斜撑。

选用重力式桥台和桥墩时，应按现行行业标准《公路钢筋混凝土及预应力混凝土桥涵设计规范》(JTG D62—2004)和《公路圬工桥涵设计规范》(JTG D61—2005)的规定执行。选用桩基结构的桥台和桥墩时，应按现行行业标准《高桩码头设计与施工规范》(JTJ 291—98)及《港口工程桩基规范》(JTJ 254—98)的有关规定执行。

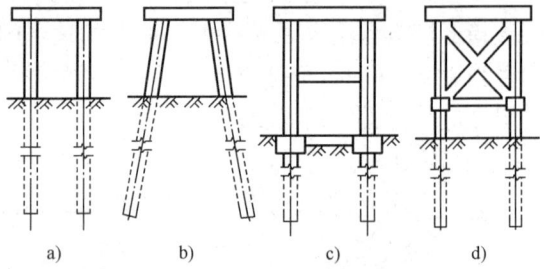

图 6-1-7　双柱式墩台
a)直桩式；b)斜桩式；c)框架式；d)桁架式

2）上部结构

架空斜坡道的上部结构一般采用钢筋混凝土梁板结构或钢桁架结构。

钢筋混凝土梁板结构多采用装配式，它的主要优点是施工方便，耐久性好以及维修工作量小；缺点是自重大，跨度较小。目前采用的梁跨大多小于 15m。在施工条件允许时，最好采用大跨度预应力钢筋混凝土结构。纵梁的断面通常为 T 形或矩形。为增加上部结构的横向整体性，纵梁之间用横向联系梁连接起来(图 6-1-8)，联系梁的间距一般取 3～5m。纵梁支座底部面宜做成水平的，这样做不仅安装方便平稳，而且可以消除梁自重产生的纵向水平力和忽略缆车的纵向冲击力及车轮纵向摩阻力的作用。纵梁的搁置长度水上不小于 20cm；水下不小于 25cm。

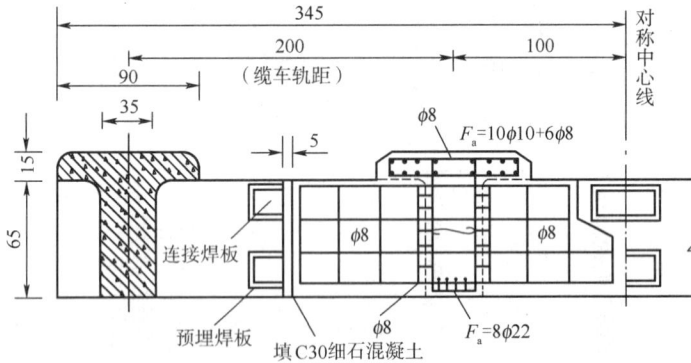

图 6-1-8　纵梁之间的横向联系梁(尺寸单位：cm)

钢桁架结构的优点是重量轻强度高，可采用大跨度，目前多采用 24～35m。其缺点是维修工作量大和造价高。一般只在地质和施工条件受限制时采用。

架空缆车码头的上部结构支承在墩台上，一般为简支结构，其内力按一般结构力学方法计算，取支座中心线之间的水平距离作为上部结构的计算跨度。

三、轨道结构

轨道结构包括钢轨、轨道基础等。

1. 钢轨

钢轨直接承受缆车的轮压力，其型号根据轮压力的大小按表 6-1-2 选用。

缆车、皮带车、移动钢引桥的钢轨类型　　　　表 6-1-2

设备名称	缆车载质量(t)					皮带车	移动钢引桥
	3	5	8 或 10	15 或 20	25 或 30		
钢轨类型(kg/m)	8～15	15～18	18～24	24～28	≥38	12～15	≥24

2. 轨道基础

轨道基础一般有轨枕道碴基础、钢筋混凝土轨道梁和架空结构三种。

轨枕道碴基础(图 6-1-1)应用比较广泛。它的特点是结构简单,施工容易,造价低,能较方便地调整轨道的不均匀沉降;但结构抵抗横向力的能力差,轨枕容易位移。轨枕间距根据轮压力大小确定,一般为 50～70cm。当轨距大于 3m 时,每根轨下面设短轨枕,每隔 3～5m 设一长轨枕,以保证钢轨在平面上的相对位置。轨枕道碴基础的计算见第九章"修造船水工建筑物"。

钢筋混凝土轨道梁(图 6-1-1)的特点是刚度大,轨距不易改变,轨顶不易变形,一般用于重件码头。轨道梁的长度为 8～20m,轨道梁之间的横撑间距一般为 3～5m。钢筋混凝土轨道梁的计算见第九章"修造船水工建筑物"。

轨枕道碴基础和钢筋混凝土轨道梁适用于较好的地基,架空结构一般适用于软基或天然岸坡较陡的情况。

四、缆车系统及其他附属设施

1. 缆车

缆车是缆车码头货物或旅客上下坡的运输工具,一般为钢结构,主要由钢面板、车架、轮轴、联结器等组成(图 6-1-9)。缆车一般采用纵向布置形式,按载质量一般划分为轻型缆车(3～5t)、中型缆车(5～15t)和重型缆车(大于 20t)。

缆车的轮数和轮距直接影响轮压力的大小及其分布。

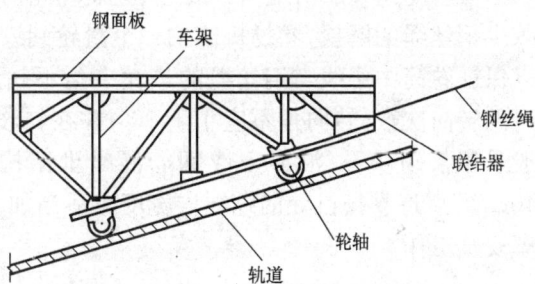

图 6-1-9　缆车结构组成图

我国的缆车码头大多数采用轻型和中型缆车;一般为四个轮子,采用刚性支承,其结构比较简单。重型缆车有多个轮子(多于 4 个)。为使轮压力分布均匀,在车轮与车架连接处安设橡胶垫或弹簧,形成弹性支承。

缆车的载质量、台面尺寸和轮压等参数应根据货物的单件质量、外形尺寸、装卸机械类型和轨道坡度等来选择。

集装箱箱体长度较长,所需缆车的台面尺度较大,约为 14.5m×4.5m。为了节省工程投资,减少装卸环节,提高装卸效率并方便营运使用,人们正在进行新型集装箱横向缆车的设计和研究,以形成集装箱横向缆车工艺运输方式。

2. 缆车系统的平面布置

缆车码头的装卸工艺目前采用流动运输机械直接上缆车的方式。根据缆车与陆域的连接方式,缆车有直式布置和侧式布置(图 6-1-10)两种,多采用直式布置。直式布置:流动运输机械从缆车正面端进出,布置紧凑,占陆域的作业面小,适用于小型流动运输机械上缆车。侧式布置:运输机械从缆车两侧进出,占有前方作业地带面积较大,但操作方便安全,较适合运输长大件的汽车和拖头平板车上缆车。

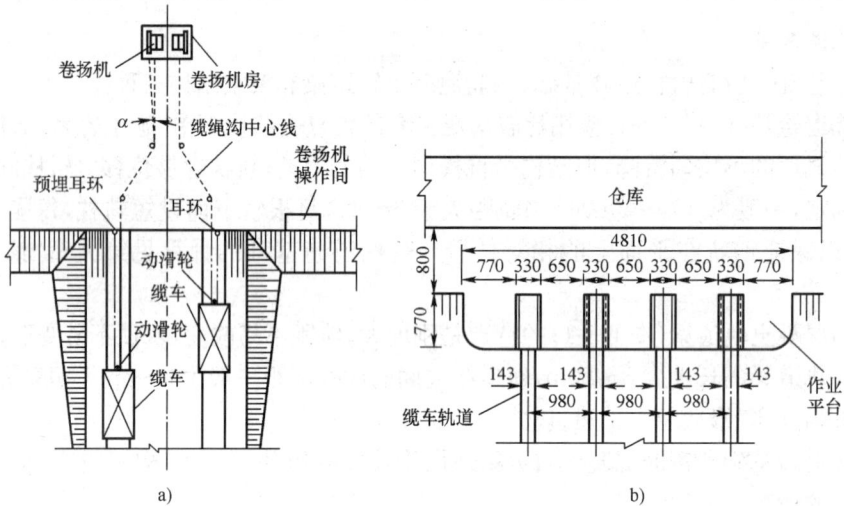

图 6-1-10 缆车的布置(尺寸单位:cm)

a) 直式布置;b) 侧式布置

牵引缆绳一般从地面下通过,应设缆绳沟。缆绳沟的布置与卷扬机房的布置有关。为减少钢丝绳的磨损,卷扬机前的一个滑轮到绞车卷筒中心的距离一般为卷筒长度的 20 倍,以保证卷筒中心线与钢丝绳的最大夹角不超过 1.5°[图 6-1-11a)];此外,应尽量减少钢丝绳的转向次数,转向角不应小于 90°;并在斜坡轨道中间设置可拆卸的缆绳托辊。缆绳沟一般采用浆砌块石、混凝土或钢筋混凝土结构[(图 6-1-11b)],净空尺寸不宜小于 40cm×40cm。靠近卷扬机处的缆绳沟宽度应适当加大。在坡顶处还应设防滑制动装置,以保证缆车安全工作。

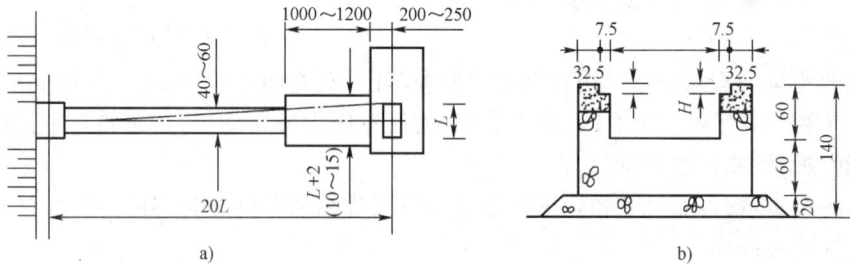

图 6-1-11 缆绳管沟(尺寸单位:cm)

a) 缆车沟布置;b) 缆车沟断面

3.其他附属设施

缆车码头的其他附属设施有系船设施、人行道等。

人行道的坡度和宽度见表 6-11-1。人行道踏步一般高 12~15cm,宽 25~30cm。如斜坡道很长,台阶很多,则每隔 3.0m 左右,应设置宽度不小于 1.0～1.5m 的休息平台。

系船设施通常采用系船环和系船柱,主要用于固定趸船。沿岸线方向间距一般采用 15～25m,沿岸坡方向间距采用 4～8m;且宜对称于缆车道布置。系船环或系船柱固定在系船块体上(图 6-1-12)。系船块体除自重力外,还承受系缆力、主动土压力和被动土压力,其验算内容与墩台相同。

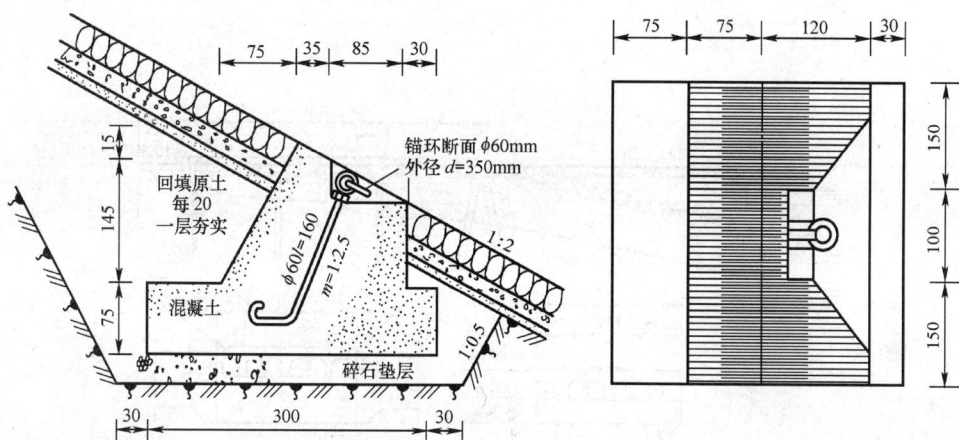

图 6-1-12　系船块体(尺寸单位:cm)

第二节　浮　码　头

一、概述

浮码头是以趸船或浮式起重机与引桥为载体,供货物装卸运输、旅客和车辆上下的码头。不同水位时,靠泊于码头的船舶平面位置基本不变,仅随水位变化作垂直升降。

浮码头通常由趸船、趸船的锚系和支撑设施、引桥及护岸四部分组成。由于趸船需随水位变化而升降,所以趸船、锚链、撑杆和引桥在使用过程中均是活动的,这是浮码头与固定式码头显著不同的特点。因此在设计时除考虑每一组成部分结构合理外,还要考虑各组成部分之间的联结构造与各部分的位移相适应。根据趸船与陆域的连接方式,浮码头有如下几种形式。

图 6-2-1 为单跨活动引桥式浮码头。单跨活动引桥[图 6-2-1a)]一般适用于水位差不很大而岸坡又较陡的地区;当岸坡平缓时,就需加筑固定式引桥与岸相连[图 6-2-1b)]。

图 6-2-2 为多跨活动引桥式浮码头。当水位差较大而岸坡又平缓时,活动引桥由于坡度和跨径的限制,采用单跨活动引桥式不能满足要求时,可采用由几个活动引桥段组成的多跨引桥式。每个引桥段的提升或下降,可通过升降架上的电动或人力升降装置来进行。

图 6-2-3 为活动式浮码头。该种浮码头的钢引桥一端以铰接形式连接在趸船上,且趸船上设有固定引桥塔架,必要时,可提起引桥连同趸船一起移动,可用作战备码头。

a)

b)

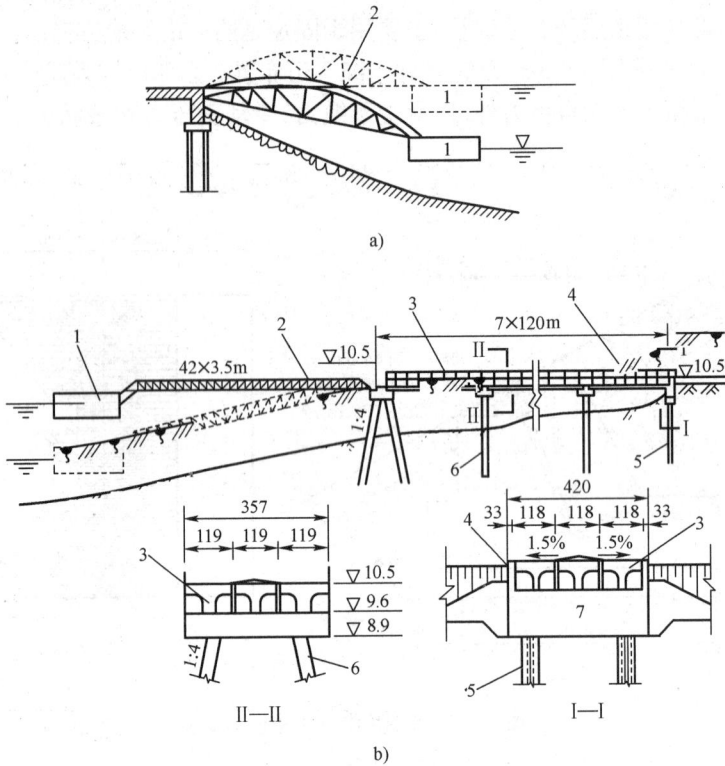

图 6-2-1　单跨活动引桥式浮码头(尺寸单位:cm;高程单位:m)

a)无固定引桥;b)有固定引桥

1-趸船;2-活动引桥;3-固定引桥的钢筋混凝土 T 形梁;4-栏杆;5-管柱;6-方桩;7-桥台

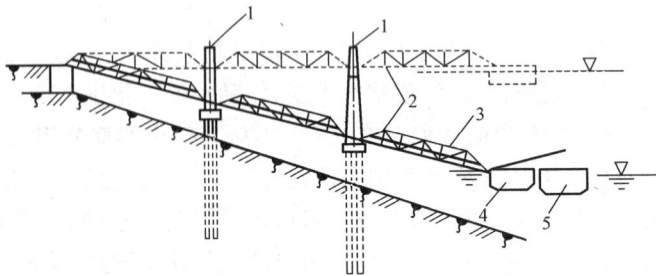

图 6-2-2　多跨活动引桥式浮码头

1-龙门升降架;2-钢引桥;3-皮带输送机;4-趸船;5-货驳

浮码头货物的装卸作业均在趸船上进行,受到场地的限制和风浪的影响;另外,趸船与岸之间是通过引桥联系,使通过能力受到限制。浮码头的主要优点是码头面(趸船甲板面)随水位变化而升降,码头面与水面高差较小而且基本为定值,这有利于船与码头之间的作业,用于客码头和渔码头较为合适。对内河油码头,因用管道运输,引桥坡度不受限制,又可建简易

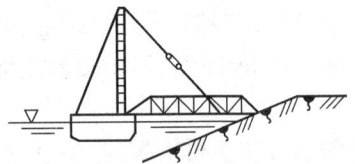

图 6-2-3　活动式浮码头

固定式引桥,使趸船前沿获得足够水深,以停靠较大的油轮,因此常采用浮码头。浮码头的另一个优点是机动性高,可以搬迁,故在不稳定的河段,可考虑采用浮码头。

河港和河口港中的浮码头趸船一般都是顺岸布置,趸船可单个设置,形成独立的浮码头,也可用联桥联结相邻的趸船,形成连片式浮码头。

二、趸船

1.趸船的构造

趸船按材料分主要有钢质趸船和水泥趸船两种。水泥趸船包括钢筋混凝土趸船和钢丝网水泥趸船。趸船的平面尺度应根据靠泊的船型、装卸工艺、趸船设备、堆货情况等因素按表6-2-1选用。

趸 船 平 面 尺 度
表 6-2-1

码 头 类 型	长度（m）	宽 长 比
货运	0.65～0.80L	0.15～0.25
客运	0.70～0.90L	0.15～0.20

注:L 为设计船型长度(m)。

趸船应有纵、横隔舱板,将船体分成若干个干水密舱,以使个别舱漏水后不致造成趸船沉没。

我国常用的钢筋混凝土趸船有以下两种结构形式:第一种为整体浇筑的,第二种为装配式的。这两种形式的单位趸船体积的钢筋混凝土用量很接近,装配式的施工方便、节省模板,但其外壳较薄(一般为6cm),耐久性不如前一种好。

钢筋混凝土的强度等级不宜低于 C30。钢筋混凝土构件断面除应满足强度要求外,还应进行裂缝开展的计算,其裂缝宽度不宜大于 0.05mm。

趸船上的设备有护木、系船柱(带缆桩)、导缆钳、锚链筒、绞盘、环扣、舱口、通风筒、引桥的支座等,还可有撑杆的支座、起重吊杆或皮带机的支座、水电设施、灯杆、栏杆等。

2.趸船的浮游稳定性及横向定倾计算

趸船正浮时,横向的定倾高度(或称稳矩)m 按下式计算:

$$m = \rho - a \tag{6-2-1}$$

式中:a——重心在浮心上的高度;

　　ρ——定倾半径。

趸船甲板布满均布荷载时(重心最高),要求 $m \geqslant 0.6$m。

因为趸船为一扁平的浮体,通常定倾高度均能满足要求,故可适当简化计算:一般船体重心(不包括压舱水及甲板面上的荷载)可取在趸船高度的一半;浮心可取在吃水水位的一半。

甲板上设置有起重机的趸船,起重机一般应固定在趸船纵向中心线上。对装有起重设备或甲板上行驶车辆的趸船,为满足装卸作业要求,必须进行横倾计算。趸船在偏心荷载作用下,绕定倾中心 m 偏斜,原浮心 C_1 移至 C_2,$C_1 m$ 和 $C_2 m$ 的夹角 θ 就是静倾角,它也等于趸船甲板面与水平面的夹角(图 6-2-4)。横向力矩突然发生变化时,趸船产生摆动,最后趋于平衡。摆动时的最大倾角为动倾角 θ'。一般要求静倾角 θ 不大于 3°,动倾角 θ' 不大于 6°。

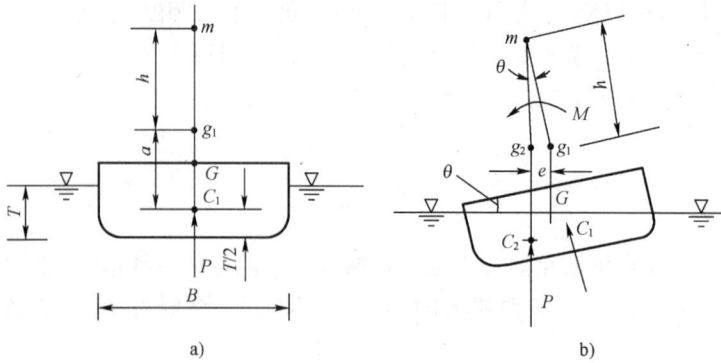

图 6-2-4 趸船由偏心荷载产生的横向倾角
a)横倾前;b)横倾后

3.趸船的系留方式

趸船的系留方式主要有锚链和锚系留、撑杆系统系留和定位墩(桩)系留三种,应根据当地的自然条件和地区经验选择。

趸船距岸较远或水位差较大时,考虑水位变化过程中移泊的要求,一般采用锚链和锚系留[(图 6-2-5a)、b)]。当靠泊船舶较大且工艺使用上不允许趸船有较大位移、或者不允许抛锚的水域,可以采用撑杆系统系留趸船,也可以采用撑杆和锚链组合的方式[图 6-2-5c)、d)、e)]。近年来有较多工程采用定位墩(桩)系留趸船[(图 6-2-5f)、g)],是一种新的系留方式。

三、锚系和锚的计算

1.趸船的锚系计算

趸船常由几根锚链从两个或几个方向锚系,属双面锚固问题。当一侧锚链拉紧程度远大于另一侧时,可简化为单面锚固问题,本节仅介绍单面锚固情况。

趸船承受系靠船力、水流作用力等水平力时,其锚系可按静力计算。锚链的静力分析可按悬链线进行。根据锚链的自重力及趸船在平衡位置时锚链拉力的水平分力的静力平衡,用下列悬链线标准方程计算锚链的拉力(图 6-2-6)。

$$F = \frac{T}{\cos\theta} = T + wH \qquad (6-2-2)$$

$$l = \frac{T}{w}\text{arch}\left(\frac{wH}{T} + 1\right) \qquad (6-2-3)$$

$$L = \frac{T}{w}\text{sh}\left(\frac{wl}{T}\right) \qquad (6-2-4)$$

式中:w——锚链的水下单位长度自重力(kN/m);

T——锚链拉力的水平分力(kN);

F——导链孔处锚链拉力(kN);

H——导链孔至地面垂直高度(m);

θ——导链孔处锚链轴线与水平线夹角(°)；

L——导链孔处至着地点的锚链曲线长度(m)；

l——L 的水平投影长度(m)。

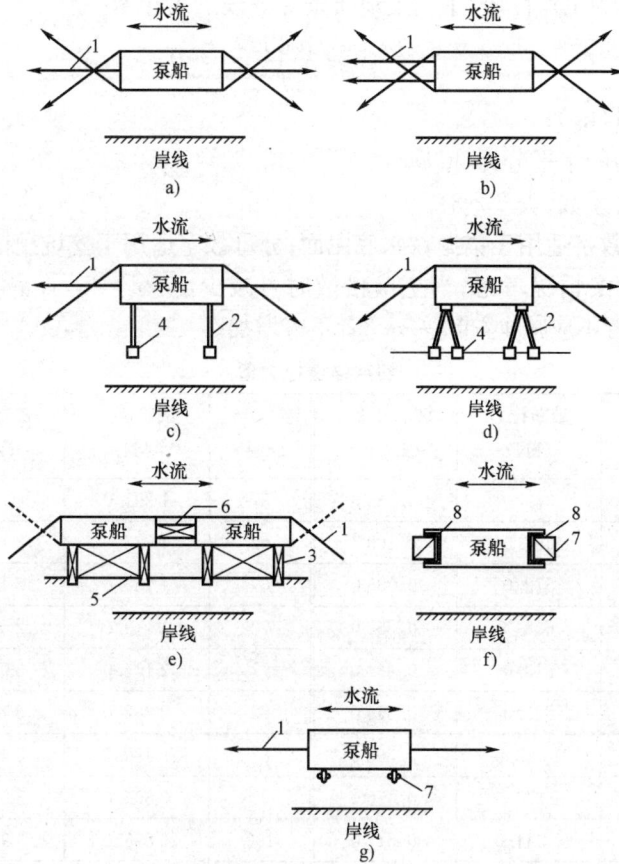

图 6-2-5　趸船的系留方式示意图

1-锚链；2-撑杆；3-钢引桥兼撑杆；4-撑杆墩；5-十字链；6-联桥；7-定位墩；8-消能设施

以上计算中,水平力 T 与锚链曲线是在同一垂直平面内,而实际上锚链都是与码头线成一个角度交叉布置的,所以必须先把作用在趸船上的力分解到各锚链上。图 6-2-7 表示了趸船纵向受水流压力时这种分解的一个例子。一般情况下都是已知 H(以高水位时为不利)及 T(系靠船力、水流作用力等水平力),然后再根据选择锚链的 w 来计算锚链的拉力 F。所选

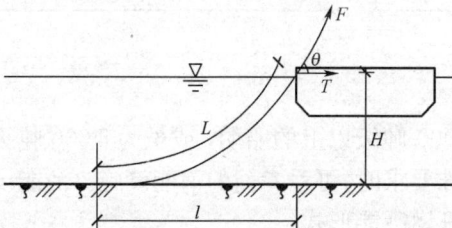

图 6-2-6　锚链计算简图

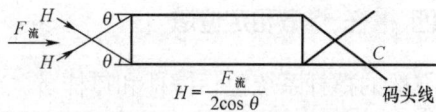

$$H = \frac{F_{流}}{2\cos\theta}$$

图 6-2-7　锚链受力在平面上的分解

197

锚链的破断拉力(表 6-2-2)应大于或等于 3F,如不满足可重新选择锚链,直至计算结果满足相关要求。根据选定锚链的 w 和已知的 H、T 可求得 l 和 L。

2.锚重计算

锚重应根据趸船的工作性质、水文及地质条件等按下式计算:

$$G \geqslant \frac{100T}{\eta} \qquad (6\text{-}2\text{-}5)$$

式中:G——锚的质量(kg);

T——锚链拉力的水平分力(kN);

η——锚的抓力系数(表 6-2-3)。

表 6-2-3 中分子数字适用于锚抛在水底泥面;分母数字适用于挖坑抛锚的情况。表中的 η 值均按土壤为中等密实情况考虑,当土壤松散时可减少 10%～25%,密实时可增加 10%～25%,但表中带"＊"者不应减少,带"＊＊"者不应增加。

铸钢锚链拉力值   表 6-2-2

链 径 (mm)	试验拉力 (kN)	破断拉力 (kN)	每米自重力 (kN/m)	链 径 (mm)	试验拉力 (kN)	破断拉力 (kN)	每米自重力 (kN/m)
25	248.0	372.0	0.135 6	57	1 291.0	806.0	0.700 0
28	311.0	467.0	0.169 7	62	1 526.0	2 135.0	0.830 0
31	381.0	572.0	0.208 0	67	1 736.0	2 425.0	0.960 0
34	458.0	688.0	0.250 0	72	1 919.0	2 688.0	1.114 0
37	542.0	813.0	0.294 0	77	2 104.0	2 946.0	1.276 0
40	634.0	889.0	0.344 0	82	2 282.0	3 192.0	1.443 0
43	734.0	1 028.0	0.398 0	87	2 450.0	3 430.0	1.618 0
46	840.0	1 176.0	0.455 0	92	2 605.0	3 548.0	1.850 0
49	952.0	1 334.0	0.517 0	100	2 828.0	3 958.0	2.150 0
53	1 111.0	1 561.0	0.602 0				

锚抓力系数 η 值   表 6-2-3

锚 的 类 型	土 壤 类 别			
	淤泥	砂性土	砾石	黏性土
单抓锚	2.2/3.8	3.0＊/5.0＊＊	3.5＊/7.0＊＊	4.0＊/10.0＊＊
铸铁蛙锚	1.5/3.0	2.0/4.0	2.0＊/4.5	2.0＊/5.0
钢筋混凝土蛙锚	1.1/2.3	1.5/3.0	1.5＊/3.5	1.5＊/3.5

四、撑杆、撑墩和定位墩

趸船的撑杆系统包括撑杆和撑杆墩。当系靠 5 000 吨级以上的船舶,或虽为 5 000 吨级以下船舶,但水流气象条件比较恶劣或工艺设计有特殊要求时,可设专门的消能设施。消能设施可采用弹性橡胶吸能、悬重块体能量转换及柔性撑杆墩吸能形式。

撑杆的布置应符合下列规定:①趸船上的支撑点宜布置在趸船内舷两端部附近,距趸船两端部 5～10m；②当趸船上一个支撑点采用叉式双撑杆时[图 6-2-5d]，双撑杆的夹角宜为 60°；当采用单撑杆时[（图 6-2-5c）、e)]，撑杆轴线应垂直于趸船的内舷线；③撑杆长度和撑杆墩上支撑点高程按照设计高水位时撑杆斜度不陡于 1∶6、设计低水位时撑杆斜度不陡于 1∶4.5 的原则确定。

撑杆宜采用两个方向刚度相等的方形或圆形截面钢结构（格构型结构或箱形结构）。采用格构型结构时，距两端各 1～2m 范围内应用钢板封闭成箱形截面（图 6-2-8）。钢撑杆两端应设置拉环，用链条分别与趸船和撑杆墩联结。撑杆有受淹没情况时，应在箱形或圆管形钢撑杆两端适当位置底部设进出水孔。撑杆两端支撑点可采用自由搁置、十字铰或球铰等形式。

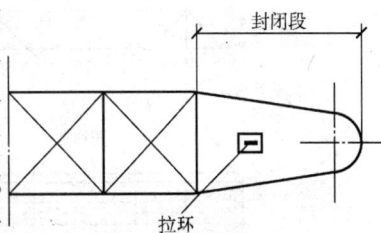

图 6-2-8　撑杆端部

撑杆主要承受船舶荷载引起的轴向压力，同时在自重作用下产生弯矩，故撑杆一般按偏心受压构件计算。

撑杆的轴向力荷载按《斜坡码头及浮码头设计与施工规范》(JTJ 294—98)附录 C 计算，钢撑杆的结构计算应符合现行行业标准《港口工程钢结构设计规范》(JTJ 283—99)的有关规定。

撑杆墩可根据地形、地质及水流条件采用重力式墩结构或桩式墩结构，其设计应符合现行行业标准《重力式码头设计与施工规范》(JTJ 290—98)、《高桩码头设计与施工规范》(JTJ 291—98)、《港口工程桩基规范》(JTJ 254—98)、《港口工程混凝土结构设计规范》(JTJ 267—98)的有关规定。

定位墩宜采用直钢管桩导桩式结构（图 6-2-9），并考虑船舶撞击力由一个定位墩承受。钢管导桩直接受撞击力作用的管段，管内宜加焊加劲横隔板，其间距宜为 1.5～2.0m。定位墩钢管桩导桩的设计应符合现行行业标准《港口工程钢结构设计规范》(JTJ 283—99)、《高桩码头设计与施工规范》(JTJ 291—98)、《港口工程桩基规范》(JTJ 254—98)的有关规定。

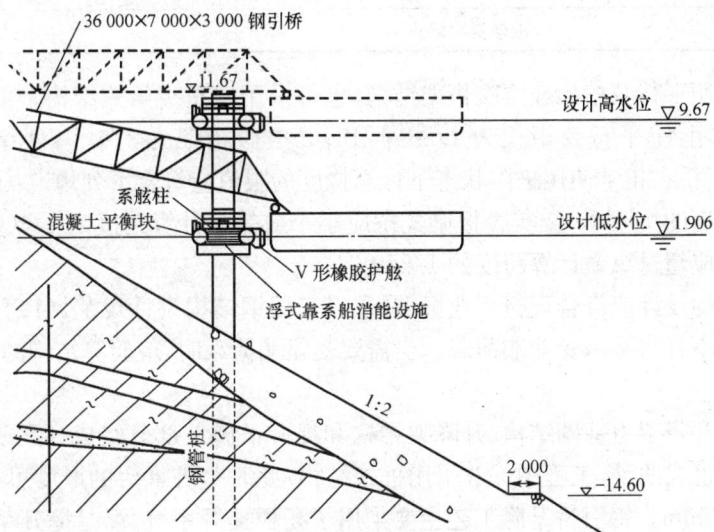

图 6-2-9　定位墩结构示意图(尺寸单位：mm，高程单位：m)

五、钢引桥和升降架

钢引桥主要由桥面系、主梁、支座、联结系组成(图 6-2-10)。

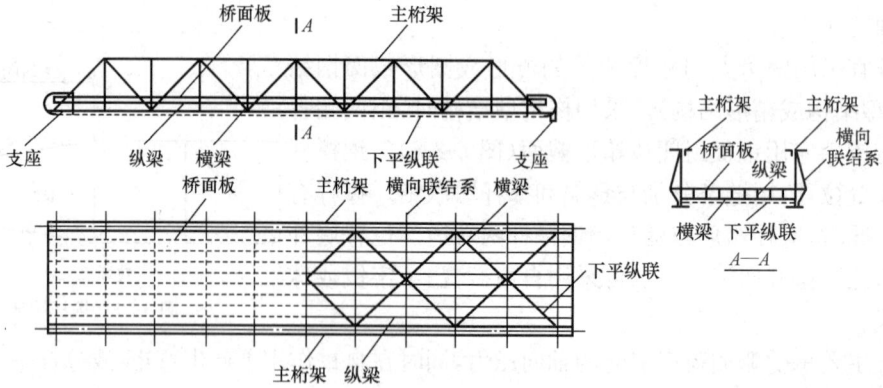

图 6-2-10 钢引桥的组成

钢引桥的跨度应根据地形、水文条件、船舶吃水和工艺要求确定。现已有钢引桥的定型设计,其系列规定以 3m 为模数,分别有 15m、18m、21m、24m、27m、30m、33m、36m、39m、42m 等。钢引桥的宽度应根据工艺布置和使用要求确定,可按表 6-2-4 选取。

钢引桥宽度   表 6-2-4

序　　号	使　用　条　件	宽度(m)	说　　明
1	客货码头	4.5～5.5	
2	中、小客运码头	3.5～4.5	
3	单线固定皮带机、电瓶车或非机动车	3.0～4.0	
4	双向电瓶车或非机动车	3.5～4.5	
5	汽车、拖车、叉式装载车	4.0～5.5	单车道
6	液体货物码头		按管线布置确定

钢引桥宜采用平行弦桁架或空腹桁架结构,也可采用实腹板梁式结构。主梁的高跨比宜在下列范围内选用:①平行弦桁架为 1/8～1/15;②空腹桁架为 1/6～1/10;③实腹板梁为 1/12～1/18。钢引桥在正常使用极限状态下计算挠度的限值应符合下列规定:①桁架式桥应小于或等于计算跨度的 1/600;②实腹板梁式桥应小于或等于计算跨度的 1/400。桥面系纵横梁的计算挠度不应超过纵横计算跨度的 1/250。

钢引桥的结构设计应符合现行行业标准《港口工程钢结构设计规范》(JTJ 267—99)的有关规定。钢引桥不宜直接承受船舶荷载。当需要受船舶荷载时,应验算结构的强度、稳定性和变形。

活动钢引桥升降架由基础结构、升降架结构和提升设施三部分组成(图 6-2-11)。升降架基础有重力式和桩式两种,工程中一般采用桩式结构,此时基桩承台的厚度可根据计算确定,且不宜小于 1 000mm。钢引桥升降工艺主要采用了托板提升系统、浮趸提升系统和液压提升系统。采用浮趸式提升设施时,基桩承台顶面应设垫墩并预留安放千斤顶的位置。采用托板式提升设施时,升降架立柱上应设多级支承牛腿。牛腿的数量应根据码头区全年水位差及水位变化情况、钢引桥的允许坡度等确定，牛腿与牛腿之间的高差宜取3～5m。钢筋混凝土升降架可按空间结构进行计算，并应符合现行行业标准《高桩码头设计与施工规范》(JTJ 291—98)、《港口工程桩基规范》(JTJ 254—98)和《港口工程混凝土结构设计规范》(JTJ 267—98)等的有关规定。

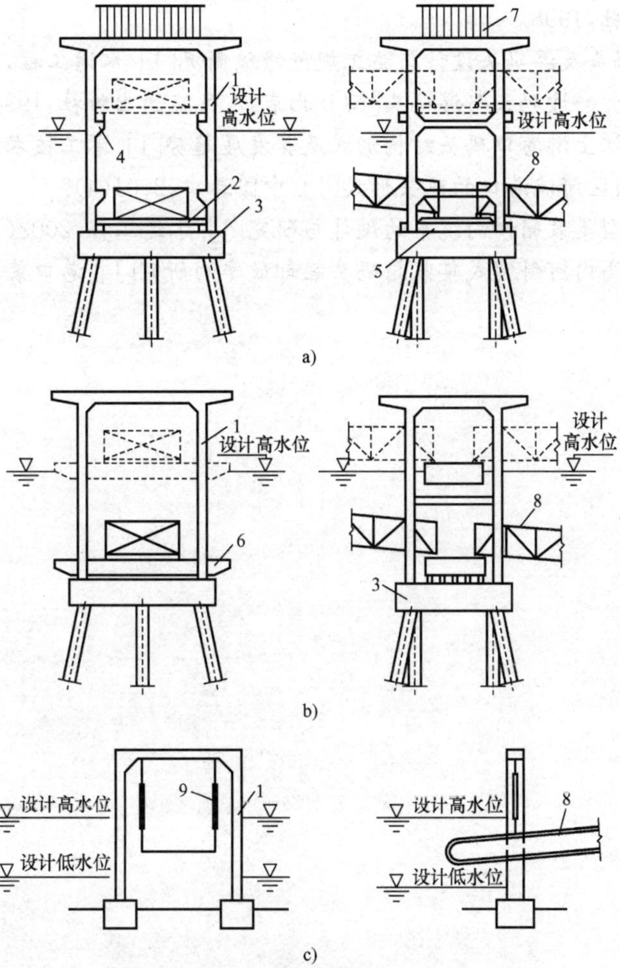

图 6-2-11　升降架结构示意图

a)托板提升结构；b)浮趸提升结构；c)液压提升结构

1-升降架结构；2-托板；3-基础结构；4-支承牛腿；5-搁置横梁；6-浮趸；7-卷扬机房；8-活动钢引桥；9-液压装置

思考题

1. 斜坡码头和浮码头有哪些形式？各有什么特点？分别适用于什么条件？
2. 实体斜坡道与架空斜坡道分别有哪些组成部分？其作用是什么？
3. 斜坡码头和浮码头设计对所采用的趸船有那些要求？
4. 实体斜坡道和架空斜坡道可能作用的荷载有哪些？

5.试述趸船的系留方式和锚链系统的计算方法。

参考文献

[1] 中华人民共和国行业标准.斜坡码头及浮码头设计与施工规范(JTJ 294—98)[S].北京:人民交通出版社,1998.

[2] 雷承德.斜坡码头及浮码头设计与施工规范修编简况[J].水运工程,1998(10).

[3] 陈嘉琴,杨荣光.斜坡码头与浮码头[M].北京:人民交通出版社,1984.

[4] 吴友仁,等.长江上游港口码头结构形式及其发展趋势[J].港工技术,2005(12).

[5] 许增泽.四川山区河流港口的码头形式[J].中国港口,2001(4).

[6] 胡小容,等.新型集装箱横向缆车的设计与研究[J].水运工程,2003(10).

[7] 张华勤,等.提高内河斜坡式集装箱码头装卸效率的研究[J].港口装卸,2005(5).

第七章　码头附属设施

码头是供船舶停靠和进行装卸作业的水工建筑物。为了船舶的安全系靠和码头的安全,需设置防冲设备和系船设备;为了各种装卸作业的需要,需设置轨道、车挡、锚碇、顶升等设施;港务管理部门为了给船舶提供水、电、气等服务,需设置管沟;为了检查维修码头需设置爬梯等。这些设备和设施统称为码头附属设施。虽然这些设备和设施对整体结构没有大的影响,但对于安全、有效地使用码头是必不可少的。本章将对一些常用的设备进行介绍。

第一节　防冲设备

船舶靠泊码头时会产生很大的撞击力和挤靠力,系泊在码头上的船舶在风、浪作用下也会产生较大的撞击力和挤靠力。为了保证船舶和码头的安全,需采用防冲设备以吸收船舶撞击动能,此时产生的反力较小。根据使用要求,防冲设备可采用固定式、漂浮式或转动式护舷。固定式护舷固定在码头上;漂浮式的充气型、充填泡沫型橡胶护舷等系在码头上,可随水位升降在水上漂浮;转动式防冲设备主要指安装在码头上的可转动的轮胎型橡胶护舷。此外,还有防冲桩和防冲簇桩,以及一些特殊的防冲设备,如重力式和液压式等防冲设备。

护舷按材料可分为橡胶护舷、轮胎护舷、木护舷、钢护舷、聚氨脂护舷和塑料护舷等。早期常用木护舷作为防冲设备,但木护舷弹性小,吸能低,耐磨性差,易腐蚀且维修任务较重。随着船舶的大型化,护木已不能适应现代码头的使用要求,因而现多被橡胶护舷所代替,仅在 1 000 吨级以下小码头中可应用。轮胎护舷可用于 3 000 吨级以下的中、小型码头。橡胶护舷以其吸能高、反力小、面压低、耐久性好等优点得到普遍使用,可用于任何形式、任何吨级的码头。钢护舷一般设置在浮码头趸船前沿,高桩码头排架间距较小时,有时也采用钢护舷和橡胶护舷间隔布置,或沿码头前立面上部设置钢护舷,以防护码头结构物。聚氨脂护舷是由聚氨脂材料制造的一种新型护舷,其拉伸强度较高、耐腐蚀性好、抗剪能力强、具有漂浮性能等,在大连港等港口的使用情况良好,但目前成本较高、型号较少。塑料护舷也是近年来出现的可替代木护舷、钢护舷的一种环保型新型护舷,其原料主要为聚乙烯(或聚丙烯)树脂、再生聚乙烯(聚丙烯)树脂等。

一、橡胶护舷的形式

橡胶护舷的种类很多,按吸收能量的方式可分为压缩型、充气型、充填泡沫型、转动压缩型、剪切型等(图 7-1-1)。压缩型橡胶护舷利用护舷本体的压缩变形吸收船舶的有效撞击能量,这种橡胶护舷应用最为广泛,常用的有 D 形,圆筒形、V 形和鼓形四种形式。充气型橡胶

203

护舷则利用压缩空气作缓冲介质以吸收船舶的撞击能量,主要适用于外海过驳和大型码头,常用的有漂浮式的充气囊型和固定式的充气帽型两种。充气型橡胶护舷构造复杂,需经常充气;保养维修麻烦且还易漏气,故相对应用较少。充填泡沫型橡胶护舷是通过压缩特种泡沫吸收船舶有效撞击能量。转动式和剪切型的橡胶护舷应用更少。本节主要介绍压缩型橡胶护舷。

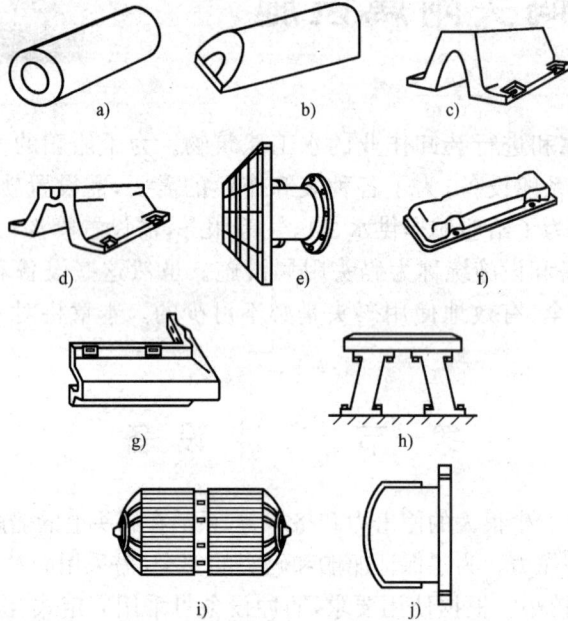

图 7-1-1 各种橡胶护舷简图

a)圆筒形;b)D形;c)V形;d)M形;e)鼓形;f)实心形;g)包角形;h)Ⅱ形;i)漂浮式充气囊;j)固定式充气帽

1.D形(半圆形)护舷

断面形状为半圆形,一般设计成高度 H 和底宽 B 大致相等(图 7-1-2)。规格表示为 $H \times L$,常用高度为 $200 \sim 600$mm。由于其底宽较小,一般宜用在具有窄形构件的框架、梁板式码头或实体式中小型码头中,也可水平布置在大型码头的码头面附近。D形护舷的优点是安装、维修较方便,但单位反力吸能量小,单位重量吸能较小,作用于船舷侧板的面压力大,且抵抗垂直于长度方向的切向力的能力小,竖向使用时易损坏。

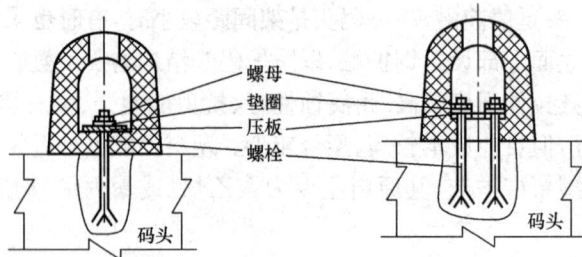

图 7-1-2 D形橡胶护舷

2.圆筒形橡胶护舷

为中空的橡胶护舷,见图 7-1-3。一般内孔的直径是外圆直径的二分之一,规格表示为 $\varphi \times \varphi \times L$(外径×内径×长度)。我国现有 $\varphi150 \times \varphi75$mm 至 $\varphi1\,600 \times \varphi800$mm 共 14 个规格。

圆筒形橡胶护舷一般采用铁棒和铁链吊挂,常用在码头上部结构的前沿;多采用横挂,根据需要也可采用竖挂和斜挂,当竖向设置和横向设置的护舷较短时,也可采用固定式。

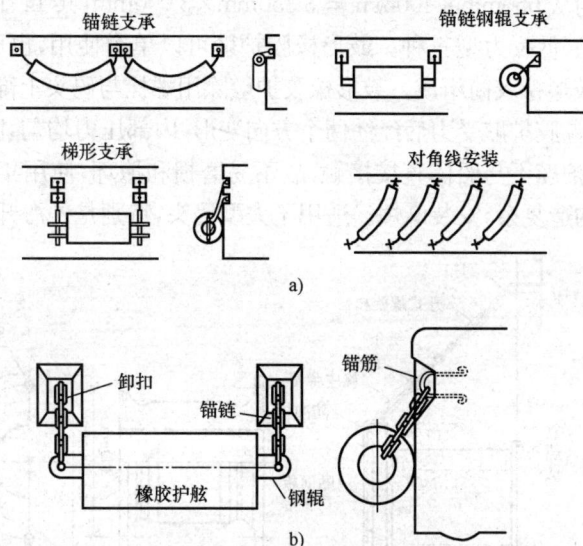

图 7-1-3 圆筒形橡胶护舷
a)安装类型;b)安装实例

圆筒形橡胶护舷的优点是制造简单、安装方便,单位反力吸能量适中,作用于船舷侧板的面压力适中,缺点是橡胶用量大,单位重量吸能小,价格高,一般适用于整片式码头的上部结构和改造的老码头,也适用于大、中型码头。

3.拱形(V形)护舷

断面形状如字母"V"形状(图 7-1-4),在海港码头中广泛使用。规格表示为 $H \times L(mm)$,常用的规格为高 300mm 到 800mm,长 1 000mm、1 500mm、2 000mm。根据不同长度每侧固定螺栓的孔数为 2~4 个,水平安放较多,也可竖向布置。

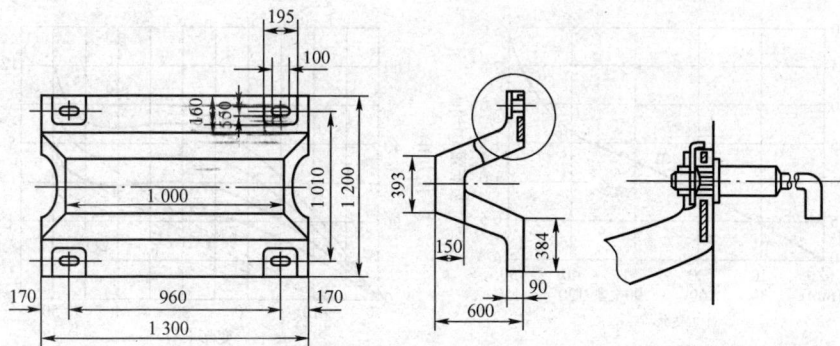

图 7-1-4 V 形橡胶护舷(H600mm$\times L$1 000mm)(尺寸单位:mm)

V 形橡胶护舷具有单位反力吸能量适中,单位重量吸能量较大,固定牢固、方便,橡胶用量少,价格便宜的优点。但 V 形橡胶护舷强度较差,压缩变形不宜过大,作用于船舷侧板的面压力也较大。V 形橡胶护舷适用于各类大、中型码头。

4. 鼓形橡胶护舷

由鼓形橡胶筒、防冲板和贴面板组成(图 7-1-5)。鼓形橡胶护舷的规格用直径和高度 $\varphi \times H$ 表示,目前我国生产的从 650mm×400mm 至 3 350mm×3 000mm,共 14 个规格,每种规格还分为高压力型、标准反力型、低反力型三种。鼓形橡胶护舷可以单个使用,也可以成组使用。成组使用时一般由 2~6 个鼓形橡胶筒组成。鼓形橡胶护舷除用螺栓与码头上部结构固定外,上端两侧还用铁链拉住。鼓形橡胶护舷受力后经纬两个方向变形,内部压力均匀,吸能大,反力小,橡胶用量较少;设有防冲板,护舷不与船体直接接触,故不易磨损和撞坏,使用年限长,作用于船舷侧板的面压也可降低;但构造复杂,安装麻烦。适用于大型码头,特别是外海开敞式码头。

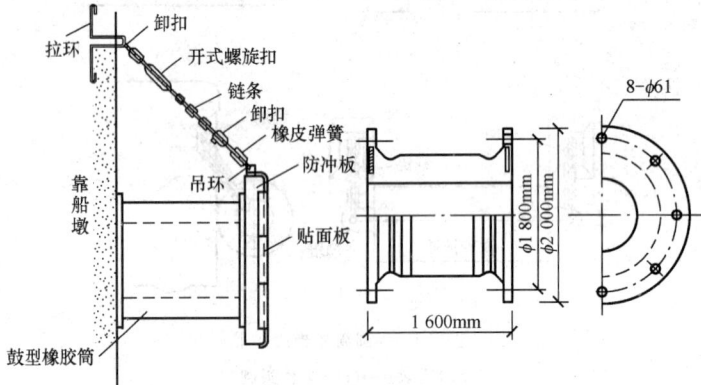

图 7-1-5 鼓形橡胶护舷安装

二、橡胶护舷的性能和选型

1. 橡胶护舷的性能

橡胶护舷的力学性能主要是压缩量与吸能量和反力的关系曲线。不同形式和规格的橡胶护舷有各自的性能曲线,它由各生产工厂根据试验绘制,附在产品说明书中,图 7-1-6 是几种不同形式橡胶护舷的力学性能曲线。

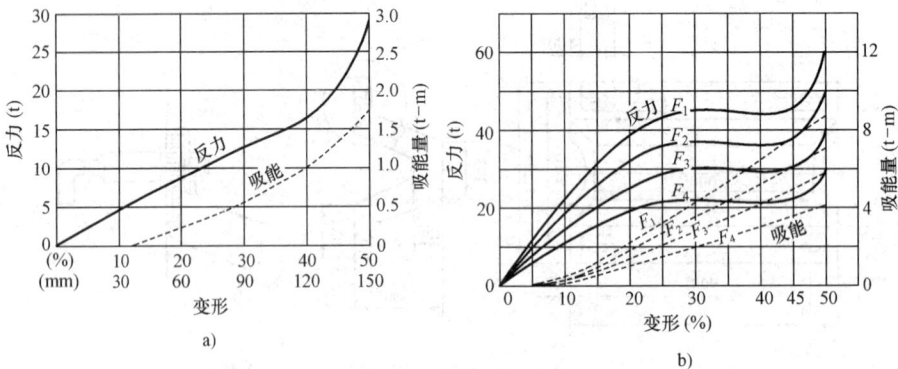

图 7-1-6 橡胶护舷的力学性能曲线

a)D 形($H300 \times L1\,000$);b)V 形($H1\,500 \times L1\,000$)

不同生产厂家的产品具有不同的力学性能曲线。从图 7-1-6 可见,反力和吸能随着压缩量(压缩型)的增加而增大。设计时应根据力学性能曲线和有效动能选用橡胶护舷。

2.选型

橡胶护舷在码头造价中所占的比例已高达10％,因此合理选用护舷是相当重要的。各种护舷性能各不相同,各码头的自然条件和使用环境也千差万别,所以在设计护舷时,应对护舷的吸能量、反力、变形、耐久性、维修安装的难易程度和价格高低等因素进行综合评价,然后决策。选择橡胶护舷时一般应考虑并满足下列技术要求:

(1)任意一种橡胶护舷(单体或组合体)在达到护舷设计变形时的总吸能量必须大于船舶的有效撞击能量。对应的护舷总反力必须小于码头的容许反力。在确定护舷的吸能时,尚应计入产品的性能公差,一般厂家该值均为±10％。

(2)橡胶护舷的面压值应小于船舶侧板的容许面压值。船舶的容许面压值依据船舶结构给出,当缺乏实际资料时,对货船可取0.34～0.4MPa,对大型油船可取0.2～0.4MPa。

(3)船舶与护舷间的摩擦力应小于橡胶护舷的抗剪能力。抗剪能力包括橡胶与钢板的黏合强度,锚固部件的强度。计算时,橡胶与钢板的摩擦系数一般取0.3～0.4。

(4)应考虑船舶靠岸时的角度对护舷的影响,当橡胶护舷受斜向压缩时,有些形式的护舷吸能量将下降。因此要对反力与吸能进行修正。表7-1-1是某橡胶厂鼓形橡胶护舷的斜向压缩修正系数表。

鼓形橡胶护舷斜向压缩修正系数　　　　　　　　　　　　　　表7-1-1

倾　　角	0°	1°	2°	3°	4°	5°	6°	8°	10°	12°	15°	20°
反力修正系数	1.000	0.949	0.899	0.848	0.799	0.748	0.729	0.692	0.655	0.635	0.603	0.55
吸能修正系数	1.000	0.963	0.925	0.888	0.850	0.813	0.77	0.685	0.601	0.558	0.495	0.385

(5)在选择门座起重机等起吊机具的最大吊距时必须考虑橡胶护舷的高度。

(6)选用橡胶护舷时,要注意不同类型或同一类型不同厂家生产的橡胶护舷设计压缩量的不同。一般橡胶护舷的设计压缩量在47.5％～52.5％。设计中要选用允许吸能量高、反力小的压缩量作为设计压缩量,取相应于设计压缩量时的吸能量和反力作为设计依据。

3.护舷的布置

要使橡胶护舷较好地发挥其防冲作用,在布置护舷时要考虑下列各种因素:

(1)护舷在码头高度方向的布置必须保证船舶在不同水位和吃水深度时都能用船体干舷部分接触护舷。对于停靠船舶吨级相近的大型码头,由于大中型船舶的干舷较高,护舷可间断布置;对于停靠船舶吨级差别大的码头,由于小型船舶干舷较低,为避免水位涨落或靠泊船舶的摇摆对护舷产生刮、卡等破坏,护舷宜连续布置。此外,对于水位变幅大设置多层系靠船结构的码头,宜分层布置护舷,也可考虑设置漂浮式护舷。

(2)护舷在码头长度方向的布置间距与护舷的形式及尺寸、码头结构形式、船舶尺度、船舶靠泊角度有关。岸壁式码头,一般采用等间距布置,间距常取5～20m。高桩码头一般布置在排架上。墩式码头,护舷布置在靠船墩上。护舷间距应保证在靠泊时船不会撞到两相邻护舷之间的岸壁上,间距值可按下式计算(图7-1-7):

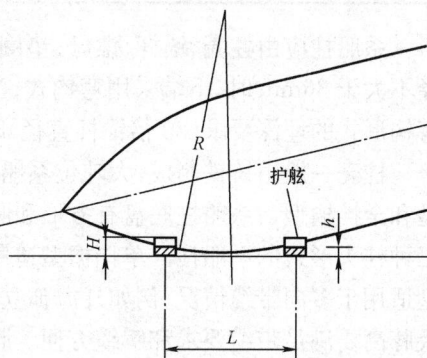

图7-1-7　护舷间距

207

$$L < 2\sqrt{R^2-(R-h)^2} \qquad\qquad (7\text{-}1\text{-}1)$$

式中：L——护舷间距(m)；

R——船侧舷最小曲率半径(m)；

h——护舷压缩后的高度(m)，根据护舷设计压缩量确定。

第二节 系 船 设 备

码头系船设备种类很多，主要有系船柱、系船环、系船浮筒、快速脱缆钩、绞缆机等。

一、系船柱

系船柱包括普通系船柱和风暴系船柱。

普通系船柱供靠泊船舶在 9 级风及 9 级风以下栓系缆绳之用，其中心位置距码头前沿线一般为 0.5～1.2m，间距一般为 20～30m，表 7-2-1 给出了系船柱的间距。系船柱的布置应结合码头结构段一并考虑，对称布置。码头端部宜设置系船柱。为了防止船舶沿纵轴方向的移动，系船柱的布置应使船舶首、尾缆与船舶纵轴所成角度小些，宜为 30°～45°，不得小于 25°。在连续泊位的交界处，可设双头系船柱。当大型码头需停靠小型船舶时，可在大船系船柱之间加设小型系船柱或系船环。在内河直立式码头中，应根据水位变幅分层设置系船柱，分层高一般为 3～4m。

风暴系船柱供 9 级风以上不离开码头的船舶系缆之用。它应具有足够的水平抗力，其位置应使船舶轴线与船缆所成的角度尽可能为直角，以减小船舶的横向移动。由于风暴系船柱平时不使用，故应将其设置在泊位两端距码头前沿线较远，且不影响码头装卸作业的地方。一个泊位宜设置两个风暴系船柱。对于强风风向固定且不可能是离岸风的情况，虽然强风时期船舶不离开码头，也可以不设风暴系船柱。有些码头将风暴系船柱和普通系船柱统一考虑，将全部或部分普通系船柱的吨位加大，兼作风暴系船柱使用。

普通系船柱的间距

表 7-2-1

船舶总长(m)	<100	100～150	>150
系船柱间距(m)	20	25	30

系船柱应由柱壳、锚杆、螺母、垫圈、锚板和柱心填料等组成，如图 7-2-1 所示。当锚杆直径不大于 36mm 时，下端采用弯钩式；当锚杆直径大于 36mm 时或水工结构允许埋深不满足弯钩形式的埋深要求(30 倍锚杆直径)时，下端采用锚板式。

柱壳一般由铸铁制成，大吨位系船柱的柱壳可采用铸钢。柱头的形状分为单挡檐型、羊角型和全挡檐型。系船柱底盘有方形和圆形两种(全挡檐型系船柱只有圆形底盘)。图 7-2-2 为三种柱头形式的系船柱。单挡檐型适用于一般的码头；羊角型适用于以流为主的河港；全挡檐型适用于多向带缆情况，例如外海孤立建筑物以及纵、横两船位交角处等的系船柱。柱头宽度及脖高要满足带缆要求和解缆方便。脖子过高会增加系缆力对码头产生的力矩；柱头过宽不便于解缆；脖子过矮及柱头过窄容易造成压缆和脱缆。根据强度要求确定系船柱柱颈截面时，将系船柱看作为悬臂梁，柱颈内的混凝土不参加工作，只起防腐蚀作用，具体计算公式详见中华人民共和国行业标准《码头附属设施技术规范》(JTJ 297—2001)。此外柱颈壁厚还需满足铸造工艺要求,并考虑缆绳磨损和锈蚀等对厚度造成的影响。

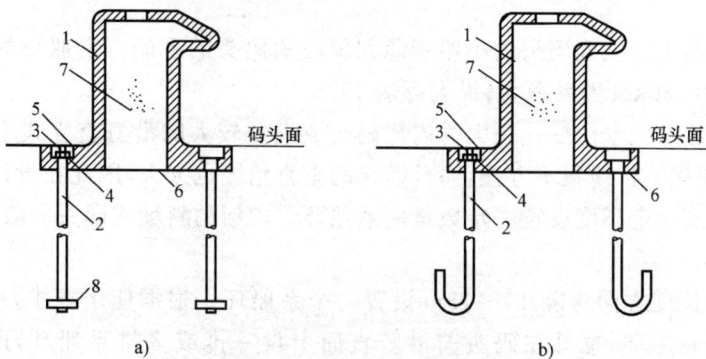

图 7-2-1 系船柱的组成示意图
a)锚杆下端采用锚板式;b)锚杆下端采用弯钩式
1-柱壳;2-锚杆;3-螺母;4-垫圈;5-螺母孔填料;6-定位板;7-柱心填料;8-锚板

系船柱按系缆力标准值分为 50kN、150kN、250kN、350kN、450kN、550kN、650kN、750kN、1 000kN、1 500kN、2 000kN,共 11 个等级,按系船柱的柱壳材料、柱头和底盘形状分为 7 个系列,设计时可依据船舶系缆力标准值选定,参见《码头附属设施技术规范》(JTJ 297—2001)。当在一个系船柱上同时系带两条船时,设计系缆力应为两条船系缆力的矢量和。

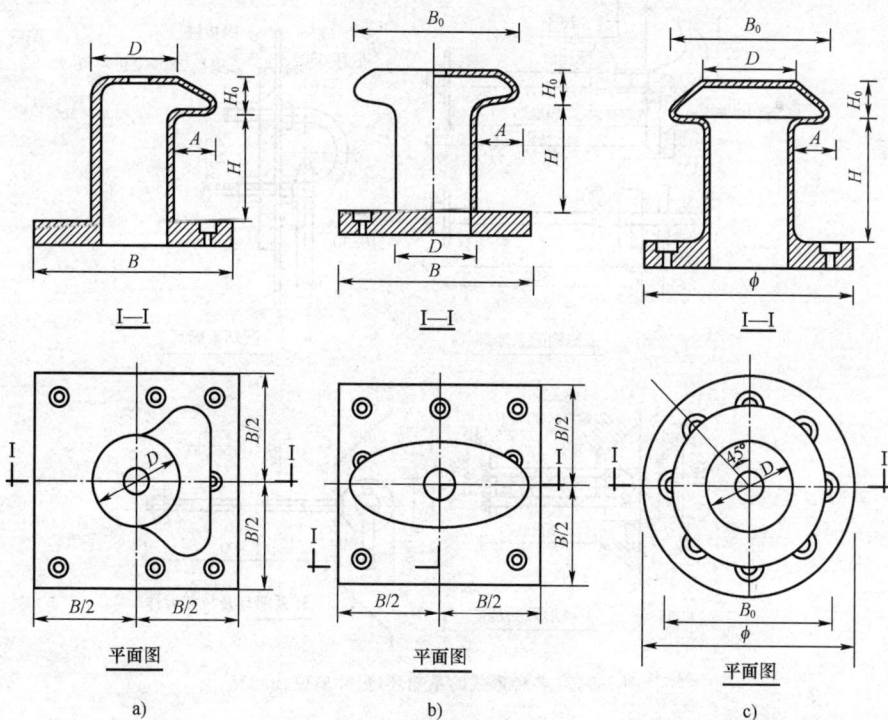

图 7-2-2 系船柱结构形式
a)单挡檐形式;b)羊角形式;c)全挡檐形式

二、系船环和系船浮筒

1. 系船环

系船环主要用于直立式码头的小船带缆和斜坡式码头的系船。系船环的承受能力较小，一般只能承受 10~50kN 的系缆力，最大可达 150kN。

对于有小船停靠且水位变化较大的内河码头或潮差较大的沿海直立式小码头，由于船小甲板低，船在系船柱上带缆很不方便，而且缆绳的垂直角度也太大，因此在设计这种码头时，应在低水位以上每隔一定高度设置一定数量的系船环。内河的斜坡式码头一般也都采用系船环带缆。

一般沿码头长度方向每隔 10~15m 设置一个系船环。根据使用要求，可在码头顶面两个系船柱间设置系船环；也可在码头前沿竖直面上设一排或多排系船环，此时上面一排系船环一般设在码头面以下 1~2m 处，上、下排间距一般为 1.5~2.0m，最下面一排系船环设置在设计低水位附近，上下两排可交错或同列布置。系船环应卧入码头立面内，以免与船舶相碰。

系船环常用铸钢制成，其结构形式有圆环形、带挂钩的圆环形及卡环形等形式(图 7-2-3)。值得注意的是，近年来，随着内河航道改善和船舶吨位增大，在内河停泊 500 吨级以上的码头中逐渐有用系船柱代替系船环的趋势。

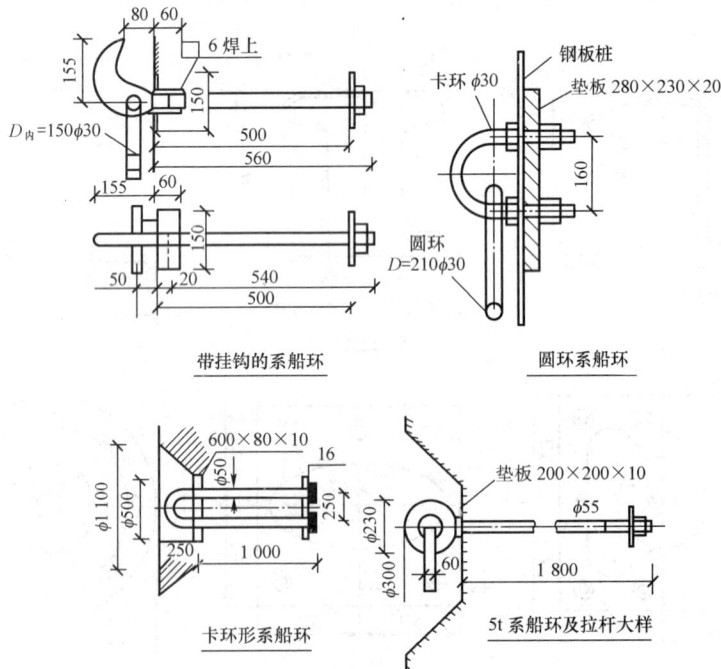

图 7-2-3 各种形式的系船环(尺寸单位：mm)

2. 系船浮筒

系船浮筒是一密封的钢制筒，顶上设有系船环，下端通过锚链用锚块锚碇在海底上。常用的锚碇形式有沉锤式、锚链式和沉锤锚链式三种形式(图 7-2-4)。

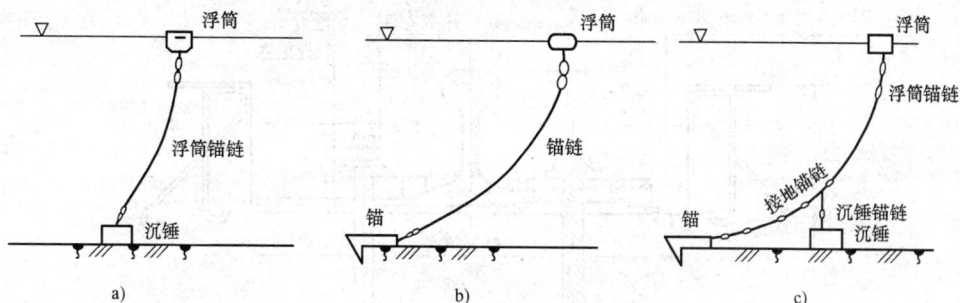

图 7-2-4 系船浮筒的锚碇形式
a)沉锤式;b)锚链式;c)沉锤锚链式

三、绞缆机和快速脱缆钩

大、中型码头可根据需要设置绞缆机。绞缆机具体位置应根据码头上部结构和安全使用要求确定,油码头的绞缆机应布置在输油口水平距离 15m 以外。

快速脱缆钩是一种现代化码头的系泊设施。与传统系船柱相比,可减轻工人带缆、解缆的工作强度,提高工作效率,尤其在码头或船舶发生火灾险情等紧急情况时,系泊缆绳可迅速脱钩解缆,保证了码头和船舶的安全。故特别适用于大、中型危险品码头和开敞式码头。快速脱缆钩的形式和数量应根据设计船型、系缆力大小以及缆绳数量等进行确定。

第三节 其他码头附属设施

码头上常用的其他附属设施包括轨道结构、供水供电管沟、扶梯和阶梯、码头路面、护轮槛和系网环等;此外,大中型码头前沿宜设置夜间和雾天指示灯,大型专业化码头宜配置靠泊仪等监控设施。

一、轨道结构

码头上的轨道结构是为起重机、装船机、缆车和火车等装卸运输机械而设置的,轨道结构包括钢轨、轨道基础和联结件等。

1. 钢轨

在码头上铺设的钢轨有起重机钢轨和火车钢轨,它直接承受起重设备和火车的压力。钢轨型号的选择一般按照轮压的大小通过计算确定。钢轨一般采用竖向方法固定。图 7-3-1 和图 7-3-2 为火车轨道和起重机轨道固定的实例。

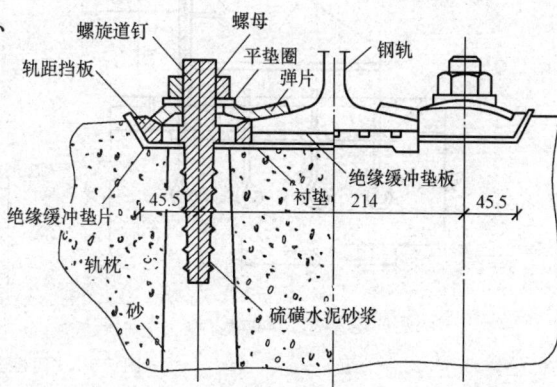

图 7-3-1 火车轨道固定(尺寸单位:mm)

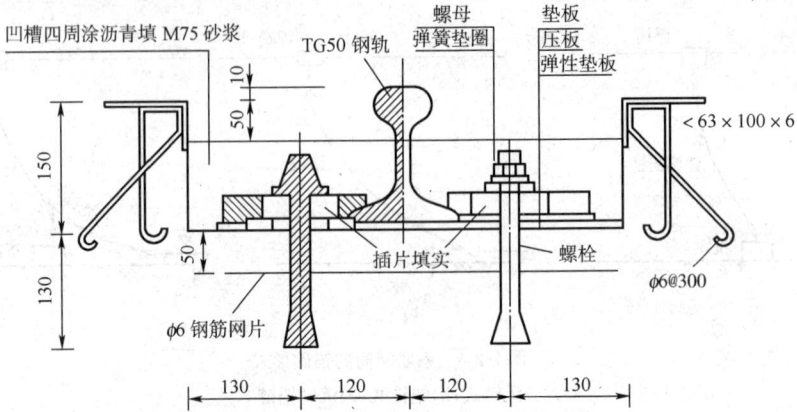

图 7-3-2　起重机轨道的固定(尺寸单位：mm)

2.轨道基础

轨道的铺设主要有以下两种情况：一种是直接铺在码头结构上，如高桩码头的门机轨道直接安装在轨道梁上；另一种是采用单独的轨道基础，包括轨枕道碴基础和钢筋混凝土基础梁。决定轨道的基础形式时，需考虑车轮荷载、基础的允许沉降量、维修的难易程度以及地基的状况确定。由于轨道沉陷和位移会造成装卸机械不能正常运行，一方面应定期检测钢轨的沉降状况，并及时加以调整；另一方面可在两轨轨道基础之间设置连系梁或连系杆，以保持轨距不变。

3.联结件、埋设件和车挡

为了将钢轨牢固地固定在轨道基础上，必须用联结件进行固定。联结件包括钢轨接头联结件(如接头夹板、弹性防松垫圈、接头螺栓、螺母等)、钢轨与轨道基础联结件(如橡胶垫板、螺旋道钉、扣板等)，可根据钢轨型号和轨道基础形式参照国家通用标准设计图集《吊车轨道联结》和国家现行有关标准选用。

为了安全，在轨道尽端应设置车挡(图7-3-3)，有的门机有配套使用的车挡，可以直接使

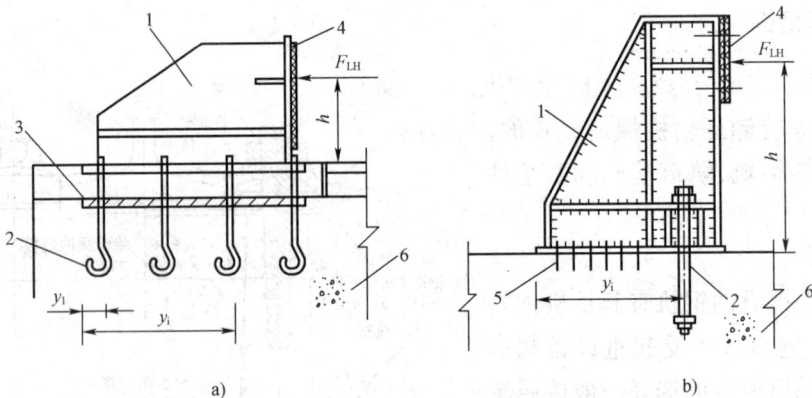

图 7-3-3　门机车挡

a)未设置受剪螺栓的直立式车挡；b)设置受剪螺栓的直立式车挡

1-车挡；2-锚栓；3-定位板；4-橡胶板；5-受剪螺栓；6-混凝土基座

用。没有配套车挡的门机,需根据门机可能对车挡的撞击力设计车挡,主要需进行:①锚固螺栓直径和锚固长度计算;②受剪螺栓数目计算;③独立混凝土基座稳定性验算。

此外,岸边装卸机械应根据需要设置顶升埋件,以方便维修。有防风抗台要求时,还应设置装卸机械防风拉索的系拉装置和锚碇板的锚碇坑等。

二、供水供电管沟

根据使用要求,一般码头前沿都要求铺设为船舶供水和供电等管线,修船、舾装码头则需有压缩空气、氧气、乙炔等工艺管线。这些管线都安放在专用的管沟内。

对于重力式码头,通常将管沟设在胸墙内。对于高桩码头,可利用上部结构构件之间的空隙设置管沟,一般设置在前边纵梁(或靠船板)和起重机轨道梁之间。对于板桩码头,由于胸墙较窄,在胸墙内只可设置较小尺寸的管沟。

管沟按尺寸大小分为大尺寸管沟和小尺寸管沟。大尺寸管沟,考虑便于工人在管沟内进行铺设和修理管线工作的需要,管沟的宽度不宜小于1.0m,深度不宜小于1.2m。小尺寸管沟,由于工人在地面上铺设和修理,尺寸相对可以较小,但宽度不宜小于0.4m,深度一般采用0.6m,且一般用于单一管线。

为了保证安全,水管和电缆应尽可能分沟设置,特别是乙炔管和氧气管严禁设在同一沟内。为了防止管沟被水淹没,管沟的底面高程宜高于平均高潮位。为了排除管沟内的积水,管沟应有一定的坡度并在沟底设置排水孔。为了检修的方便,小尺寸管沟的盖板应全部做成活动的;对于大尺寸的管沟一般是一部分盖板作成固定的,一部分为活动的;设计管沟盖板尺寸时要考虑人工能够掀得动。

三、爬梯和阶梯

为便于上下码头,通常都需要在码头两端和中部设置爬梯。爬梯的下端不应高于设计低水位以上50cm,宽度不小于50cm,梯级间距一般为25～30cm。为避免船舶的停靠对爬梯的损坏,爬梯最好设置在码头前沿临水面的凹槽内(图7-3-4)或端部的侧面。当爬梯突出码头前沿临水面时,距码头岸壁的距离宜为15～20cm。爬梯一般采用钢质或橡胶材料。在内河水位差较大的码头,还应在码头前沿各层系靠船平台上设置斜爬梯和护栏。

在人员上下频繁的小码头或客运码头,可在码头前沿或端部不影响装卸作业的地段设置阶梯。阶梯一般顺着码头长度方向顺级上下,并凹于码头前沿线以内,其宽度根据交通量大小确定,货运码头一般为0.7～2m,客运码头一般为2～5m。每级台阶的高度一般为15～20cm,宽度一般为25～30cm,常采用浆砌块石、混凝土或钢筋混凝土结构。

四、护轮槛、系网环和护栏

1. 护轮槛

为了防止在码头上行驶的车辆不慎掉入水中,同时为了给站在码头前沿的人以安全感,常在码头前沿设置护轮槛,并常用黄和黑等相间颜色进行标志。护轮槛常采用直角式,其高度一般为15～30cm,底部宽度一般为30～40cm,护轮槛底部应设置坡向临水侧的排水孔。为防止船舶撞坏护轮槛,也可采用外坡式、内坡式等断面形状(图7-3-5)。系船柱底盘与码头面齐平

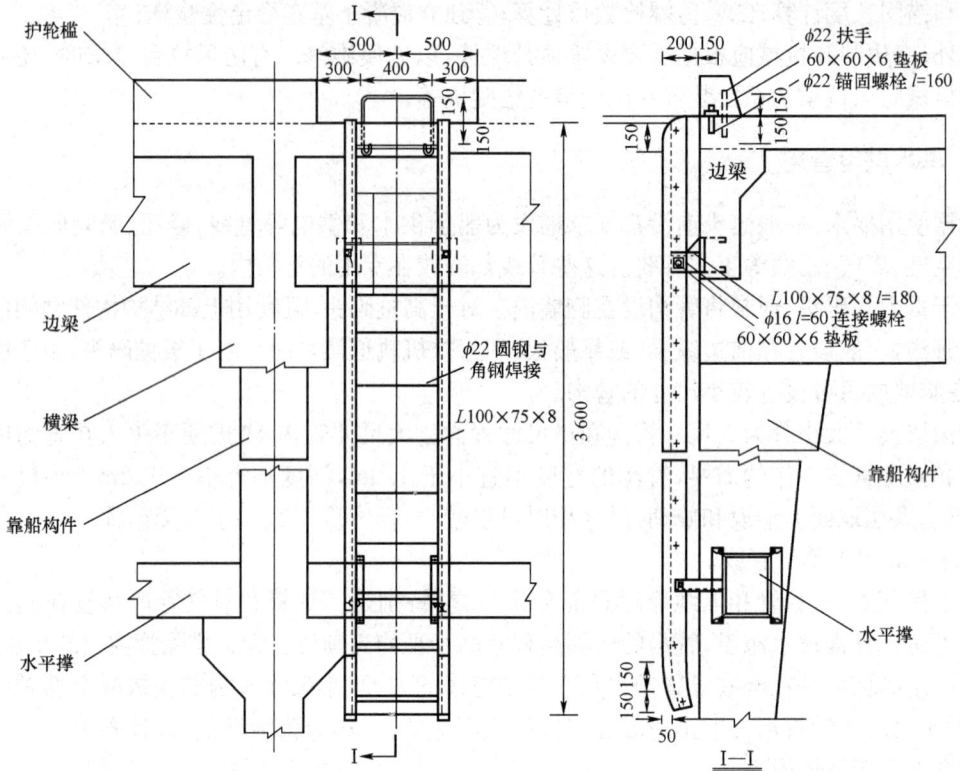

图 7-3-4　高桩码头中的铁扶梯(尺寸单位:mm)

时,为了不妨碍船舶系缆,应在系船柱附近断掉护轮槛,断掉范围根据设计船型及系缆角度确定,并用钢板护角。护轮槛在码头结构伸缩缝处应断开。

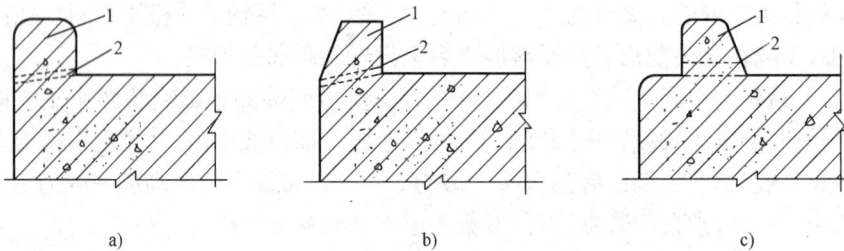

图 7-3-5　护轮槛断面示意图
a)直角式;b)外坡式;c)内坡式
1-护轮槛;2-排水孔

2.系网环

在装卸杂货时,为避免货物不慎掉落水中,通常在船舶与码头之间系挂网兜,并在码头前沿设置系网环。系网环沿码头长度方向布置,间距一般为 1～3m。对于设有护轮槛的情况,常

214

设在护轮槛的内侧，可避免被杂物掩埋和妨碍交通（图 7-3-6）。当码头无护轮槛时，系网环宜布置在距码头前沿线 300～600mm 范围的码头面凹坑内。

3. 护栏

码头引桥、操作平台、系靠船墩及其他需要防护的地方，宜设置不影响装卸作业的固定式或活动式护栏。护栏一般为钢结构或钢筋混凝土结构，高度一般为 1～1.2m，开敞式油码头作业平台前沿的护栏高度不宜大于 0.5m；护栏立柱间距一般为 1.5～2m。

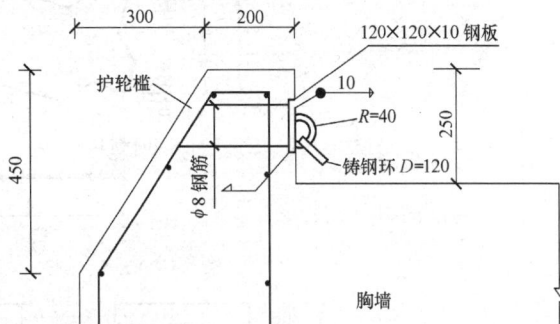

图 7-3-6　设在护轮槛内侧的系网环（尺寸单位：mm）

五、码头路面

为了满足流动运输机械和进出港区车辆的行驶要求，采用一种合适的路面结构是非常重要的。码头路面常用现浇混凝土路面、沥青路面、混凝土方块路面，近年来海港码头广泛采用高强混凝土连锁砌块路面。具体采用何种路面结构应根据荷载情况、使用要求、机械和车辆的繁忙程度、码头结构形式、地基沉降和稳定性等确定。

地基比较稳定且沉降很小时，常采用现浇混凝土路面和沥青路面。对于南方雨水较多的地区和装卸量较大的码头，采用现浇混凝土路面，不易损坏。现浇混凝土路面采用不低于 C20 的混凝土，常用 C25 和 C30 混凝土，并应隔一定间距设置 10mm 宽的伸缩缝以防止温度变化引起裂缝。沥青路面对基础沉降的适应能力较强，且容易修补，但沥青路面的使用寿命较短，对接触应力大的静荷载和循环荷载的适应能力低，温度稳定性差，易受石油产品的侵蚀，在雨水较多地区受水浸泡后极易破坏，维护费用也较高。

在地基松软、沉降较大的码头陆域上过去常采用混凝土方块路面。这种路面结构一般在碾压碎石垫层上铺砌素混凝土方块；常用方块尺寸为 500mm×500mm，或 600mm×600mm，厚度根据设计荷载由计算确定；砌缝宽度约 10mm，用粗砂填充。这种路面的优点是能适应基层的不均匀沉降，并可掀起路面方块，加铺垫层调整路面高程；缺点是路面块容易活动翘起，高低不平，对于装卸量较大的货运码头不太适用，近年来已逐渐被高强混凝土联锁块路面所代替。联锁块的形式很多，图 7-3-7 为其中的三种形式，表 7-3-1 给出了这三种形式的尺寸规格。这种路面结构兼有沥青路面的柔韧性和混凝土路面的耐久性，能适应基层的少量不均匀沉降，维修费用低且方便，施工不受季节的影响，但路面的平整度较差，对基层的强度要求较高。施工过程中要求在块料铺砌后，用平板式振动器振压以振实下面的砂层；同时使部分砂子从底部挤进块料之间的接缝内；然后在顶面扫入细砂，边扫边振使缝隙被细砂填满为止，从而形成砌块的联锁作用。由于这种面层在荷载作用下，块体之间的嵌锁作用增大从而使其扩散荷载的能力也增大，并使彼此孤立的块体形成稳定的整体性结构。20 世纪 70 年代以来联锁块结构在欧美各国广泛使用，目前我国海港码头也多采用这种路面结构。

215

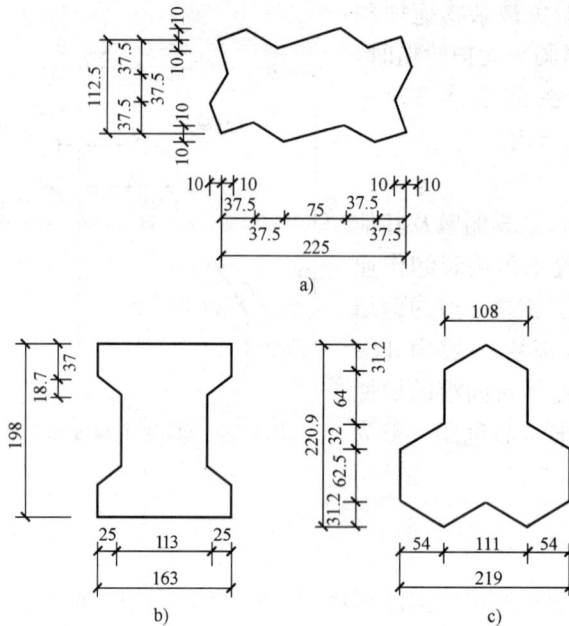

图 7-3-7　联锁块结构(尺寸单位:mm)

a)S形;b)I形;c)D形

联 锁 块 厚 度　　　　　　　　　　　　　　　　表 7-3-1

结 构 形 式	厚度(mm)	每平方米块数	重度(kN/m³)
S形	60,80	39	23
I形	80	35	23
D形	60	30	23

六、靠泊仪和船舶靠泊综合检测系统

1. 靠泊仪

我国现行行业标准《码头附属设施技术规范》(JTJ 297—2001)、《装卸油品码头防火设计规范》(JTJ 237—99)和《开敞式码头设计与施工规范》(JTJ 295—2000)都提出大型专业化码头宜设置靠泊仪等监控设施。

老式靠泊仪主要采用声呐、雷达或空气声波测量系统。声呐靠泊系统由于受换能器束角的限制,在作用距离 200m 时,其信号易受水面波或底部反射波的影响,同时也易受船舶螺旋桨涡流的干扰。雷达靠泊系统由于易受障碍物及雨、雪等气象因素的影响,其精度及有效作用距离均受到限制。空气声波靠泊系统在有风的条件下,其有效作用距离、稳定性及精度等都将明显下降,其动态反应也缓慢。自 1989 年激光技术应用于靠泊系统后,其应用效果取得了突破性进展,在有效距离精度、适应能力以及安全性等都得到很大提高。

新一代的激光靠泊仪是激光靠泊系统(Laser Docking System,简称 LDS)的核心。它不仅能准确监测船舶的靠速、船舶首尾的接岸距离、船体与码头前沿线的夹角、船舶在系泊状态下的漂移,同时还可通过其内置计算机的接口与其他的监测仪器、电子传感器相连,将风速、风向、波速、波向、波周期、潮位、流速、流向、船舶吃水、系缆力、护舷变形以及输油（或 LPG、LNG）臂的工作状态的记录数据输入计算机处理，并将其结果在屏幕上进行图形和数据显示（图 7-3-8）。

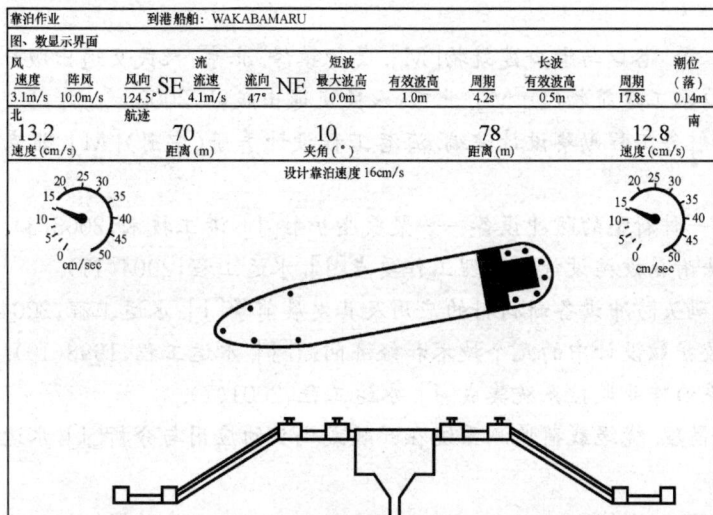

图 7-3-8　靠泊作业的图数显示

2. 船舶靠泊综合检测系统

船舶靠泊综合检测系统包括激光靠泊系统、系泊缆绳载荷监测系统、快速脱缆系统、码头海事环境检测系统。近十多年来，国际上许多开敞式码头（尤其是油码头和 LNG 码头）配备了以上系统，如美国、沙特等国已经广泛采用缆绳监控系统，日本、韩国、荷兰、比利时等国的数十个油气码头安装了综合监控系统，对靠系泊作业过程等进行实时监控，使靠系泊及装卸作业安全可靠，事故概率显著降低，码头设施（尤其是护舷）使用状况良好，维护工作量减少，耐久性增强。

随着我国大型开敞式码头的数量不断增多，码头作业安全的问题也越来越受到重视。我国宁波等地的少数油码头安装了含缆绳测力监控系统的快速脱缆钩，可对挂在快速脱缆钩上的系泊缆绳进行实时拉力监测，对超出安全范围的负载发出警告。国内其他一些大型开敞式码头建设也在对船舶靠泊综合检测系统的使用进行积极探索。

思考题

1. 码头附属设施主要包括哪些设施？其作用分别是什么？

2. 护舷按材料可分为哪几类？试述各自的特点和适用情况。

3. 橡胶护舷按吸收能量的方式可分为哪几种？如何选择和布置橡胶护舷？

4. 系船设备有哪几种？各用于什么情况？根据什么条件来选择系船设备？

5. 系网环、护轮槛、护栏一般如何布置？

6. 码头上的爬梯和阶梯有哪些构造要求？

参考文献

[1] 中华人民共和国标准.码头附属设施技术规范(JTJ 297—2001)[S].北京:人民交通出版社,2002.

[2] 斯米尔诺夫,等.港口与港口建筑物[M].吴德镇译.北京:人民交通出版社,1984.

[3] 韩理安.港口水工建筑物(I)[M].北京:人民交通出版社,2000.

[4] 交通部第一航务工程勘察设计院编.海港工程设计手册(中册)[M].北京:人民交通出版社,1994.

[5] 姜萌,刘研.一种新型的防冲设备——聚氨脂护舷[J].港工技术,2003(3).

[6] 叶雄顺.码头附属设施设计及管理工作要点[J].水运工程,2004(11).

[7] 谭俊波,等.码头防冲设备新材料的应用及其发展前景[J].水运工程,2004(8).

[8] 左肖明.橡胶护舷设计中的几个技术和经济问题[J].水运工程,1998(10).

[9] 蔡长泗.靠系泊作业监控系统集成[J].水运工程,2001(1).

[10] 秦子君,魏昌理.缆绳载荷监测系统在开敞式码头的应用与分析[J].水运工程,2007(9).

第八章 防波堤与护岸

第一节 概　述

一、防波堤的功能和分类

建造在开敞海岸、海湾或岛屿的港口,通常由防波堤来形成有掩护的水域。防波堤的功能主要是防御波浪对港域的侵袭,保证港口具有平稳的水域,便于船舶停靠系泊,顺利进行货物装卸作业和上下旅客。有的防波堤还可能具有防沙、防流、防冰、导流或内侧兼作码头的功能。"港口规划与布置"课程已介绍过防波堤通常的平面形式和布置特点,本章主要介绍防波堤结构方面的内容。

防波堤按结构形式可分为斜坡式、直立式以及特殊形式三类(图 8-1-1)。

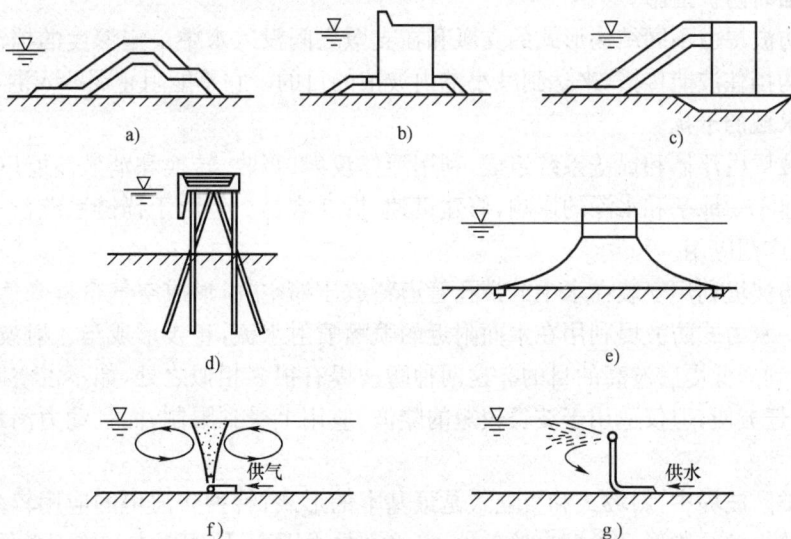

图 8-1-1　防波堤的结构形式

a)斜坡式;b)直立式;c)水平混合式;d)透空式;e)浮式;f)压气式;g)水力式

斜坡式防波堤[图 8-1-1a)]的结构断面一般为梯形,采用天然块石或人工混凝土块体抛筑而成,水深和波浪较大时,常用人工块体护面,其坡度一般不陡于 1∶1,波浪在斜坡面上发生破碎,大部分波能在斜坡面的行进过程中被吸收和耗散。斜坡堤结构简单,波浪反射小,可就地取材,施工方便,修复容易,整体稳定性较高,对地基沉降不敏感,可适用于各种地基情况。

由于堤的材料用量随水深的增加而有较大的增长,因而水深较浅(10~12m)、地基较差和石料来源丰富的情况常常采用这种结构形式。

直立式防波堤[(图 8-1-1b)]的结构断面内外两侧均为直立或接近直立的墙面,由于墙前水深和波浪入射角度的不同情况,入射波在墙面上产生完全反射或部分反射,波浪反射比斜坡堤大。直立堤主要有重力式和桩(包括板桩)式两种类型。重力式防波堤的基床埋设在原海底面以下时为暗基床直立堤;当基床抛设在原海底面以上时为明基床直立堤。直立堤的优点是内侧可兼作码头,与斜坡堤相比,建筑材料用量较少,且随水深增大两者差值越大,因此一般适用于水深较大的情况。但直立堤消能效果较差,建造过程中一般需要大型专门的施工机械,施工较复杂;采用重力式结构时,一般适用于地基较好的情况,如果是软弱地基,需进行加固处理。直立堤一旦发生破坏,后果较严重,修复极其困难。因此,当直立堤前产生的破碎波浪较大时,常采用在堤前堆放人工块体的办法以减少作用在直立堤上的巨大的破波冲击压力,保持直立堤的稳定,从而形成水平混合式直立堤[图 8-1-1c)]。

理论分析和大量实验研究表明,波浪的能量大部分集中在水体的表层,在表层 2 倍和 3 倍波高的水层厚度内分别集中了 90% 和 98% 的波能。由此产生了适应波能这一分布特点的特殊形式防波堤,包括透空式防波堤[图 8-1-1d)]、浮式防波堤[图 8-1-1e)]、压气式[图 8-1-1f)]和水力式防波堤[图 8-1-1g)]等。这种类型防波堤的共同特点是抵挡和消耗水体表层的波能,而结构下部不破坏港口的自然状况,因此结构较简单,造价较低廉,施工速度快,便于拆迁。这种类型防波堤的研究和实践相对还较缺乏,一般用于波高和波陡较小、水深较大的地方,以及作为短期或临时防护措施。

透空式防波堤由不同结构形式的支墩和在支墩之间没入水中一定深度的挡浪结构组成,利用挡浪结构挡住波能传播,来达到减小港内波浪的目的。它不能阻止泥沙入港,也不能减小水流对港内水域的干扰。

浮式防波堤由浮体和锚链系统组成,利用浮体反射、吸收、转换和消散波能以减小堤后的波浪。其修建不受地基和水深的影响,修建迅速,拆迁容易。但由于锚链系统设备复杂,可靠性差,未得到广泛应用。

压气式防波堤利用安装在水中的带孔管道释放压缩空气,形成空气帷幕来达到降低堤后波高的目的。水力式防波堤利用在水面附近的喷嘴喷射水流,直接形成与入射波逆向的水平表面流,以达到降低堤后波高的目的。这两种防波堤有很多相似之处,如不占空间,基建投资小,安装和拆迁方便,但仅适用于波长较短的陡波,应用上受到限制,而且动力消耗很大,运转费用很高。

上述三类防波堤中,斜坡式和直立式是最基本的形式;特种防波堤的应用较少,也缺少实践经验。防波堤的结构形式根据自然条件、经济和技术因素、使用要求和施工条件经综合比较后加以确定。

二、沿防波堤纵轴线的分段及特点

防波堤的纵轴线由一段或几段直线组成,各段之间用圆弧或折线相连接。在布置防波堤时,防波堤轴线应避免向外拐折形成凹角,造成波能集中。如堤轴线必须向外拐折时,则两段堤轴线的外夹角不宜小于 150°。否则,宜对凹角处进行局部加强,以保证整个防波堤的安全工作。

沿突堤的纵轴线一般区分为三段:堤头段、堤身段和堤根段。岛式防波堤只有堤头段和堤身段。

堤头处的水深大,波浪、水流流速也大,受力复杂,堤前水底易被冲刷。此外,两个堤的堤头之间形成港口口门,堤头断面形式对此处的波浪形态有很大影响,关系船舶进出港的安全。堤头有斜坡式和直立式两种,各有优缺点。堤头的结构形式一般应与堤身相同,根据当地的地质、水文、施工和建材的条件选定,此时,施工也方便。但是,考虑使用要求,有时堤头也可采用与堤身不同的结构形式,多数是斜坡堤堤身而采用直立式堤头。直立式堤头形成的口门水面宽度较窄,有利于港内的掩护;其缺点是波浪反射较严重,船舶进出口门操纵困难。

堤根是突堤与岸的连接部分,一般处于浅水区,堤根段多采用斜波式。如果为岩石海岸,堤根处水深较大,且堤身为直立式,也可采用直立式堤根。一般来说,防波堤建造后,堤根部分将很快被泥沙淤浅,波浪作用将逐渐减弱,因此不需加强。但对于岩石海岸,如岩岸较陡,堤根处水深较大,则可能由于波浪在海岸上的反射,造成堤根段的波能集中,此时应对堤根段和相邻的海岸地带采取加强措施。

堤身是防波堤的主体段,本章将着重介绍。

三、设计波浪的确定

防波堤是属于在海洋环境条件下工作的建筑物,它既受到海洋环境的作用,反过来对海洋环境条件也产生反作用。影响防波堤设计的海洋水动力条件包括潮汐、波浪、海流等,其中波浪对于防波堤的设计具有特殊而重要的意义。波浪力是作用在防波堤上的主要荷载;设计防波堤时,首先要确定设计波浪要素:波高 H、波长 L、波周期 T 以及波向。

1. 设计波浪的确定方法

根据海浪的多年现场实测资料进行统计分析,可求得各种特征波和波浪要素特征值,由此确定设计波浪要素。实测波浪资料的统计分析包括两部分内容:一是利用多年的年最大值进行长期极值分布,由保证率来换算成多少年一遇的特征波,如 50 年一遇等,此处的年限称为重现期;二是将长期极值分布计算所得到的波,对应于一个波浪记录时间序列的各种累积频率、用一次记录的分布特性,可求得各种累积频率的波高,如 $H_{1\%}$ 等。这样得到不同重现期下,对应于不同累积频率的波浪参数,根据建筑物的不同部位、类型、修复的难易程度和设计内容等选用相应的设计标准。

海浪也可用海浪谱(波谱)加以描述。根据工程现场的海况,选用适当的波谱,也可求得各特征波高和其他波要素。

2. 设计波浪的标准

设计波浪的标准包括设计波浪的重现期和设计波浪的波列累积频率。

设计波浪的重现期是指某一特定波列累积频率的波浪平均多少年出现一次,它代表波浪要素的长期(以几十年计)统计分布规律。重现期标准主要反映建筑物的使用年数和重要性。我国《海港水文规范》(JTJ 213—98)规定:在进行直墙式、墩柱式、桩基式和一般的斜坡式建筑物的强度和稳定性计算时,设计波浪的重现期应采用 50 年;斜坡式护岸等非重要建筑物,破坏后不致造成重大损失者,其设计波浪的重现期可采用 25 年;对于特殊重要的建筑物,如海上灯塔等,当实测波高大于重现期为 50 年的同一波列累积频率的波高时,可适当提高标准,必要时可按实测波高计算。

设计波浪的波列累积频率是指其在实际海面上不规则波列中出现概率,它代表波浪要素的短期(以几十分钟计)统计分布规律。在该统计期内,可认为海面处于定常状态,或者说波浪要素的平均状态不随时间而变化。设计波浪的波列累积频率标准主要反映波浪对不同类型建筑物的不同作用性质。《海港水文规范》(JTJ 213—98)规定,在进行直墙式、墩柱式、桩基式和斜坡式建筑物的强度和稳定性计算时,设计波高的波列累积频率标准按表 8-1-1 采用。

设计波高的累积频率标准   表 8-1-1

建筑物形式	部　位	设计内容	波高累积频率 $F(\%)$
直墙式、墩柱式	上部结构、墙身、墩柱、桩基	强度和稳定性	1
	基床、护底块石	稳定性	5
斜坡式	胸墙、堤顶方块	强度和稳定性	1
	护面块石、护面块体	稳定性	13(注)
	护底块石	稳定性	13

注:当平均波高与水深的比值 $\overline{H}/d < 0.3$ 时,F 宜采用 5%。

第二节　直立式防波堤

一、直立式防波堤的结构形式

重力式直立堤主要由墙身、上部结构和基床组成。重力式防波堤以自重维持稳定,往往有强大的墙身,其墙身结构通常采用钢筋混凝土沉箱[图 8-2-1a)]、混凝土方块(或空心方块)[图 8-2-1b)]、[图 8-2-1c)];大直径圆筒也有应用[图 8-2-4d)],当地基只有较薄的软土层时,大圆筒也可不做基床而直接伸入地基中。

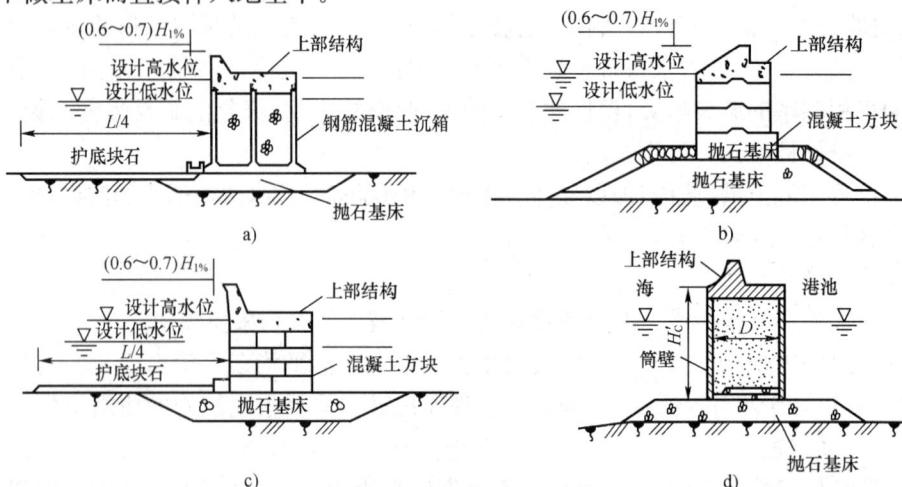

图 8-2-1　重力式直立堤断面图

钢筋混凝土沉箱的整体性好;箱内填块石或砂料,可节省混凝土和造价;施工速度快,而且特别适合于外海作业的条件。但沉箱的预制和下水必须有大型专用设备。

混凝土方块墙具有坚固、耐久的优点,施工也较简便。但混凝土用量大,且整体性较差,对地基不均匀沉降敏感,也需要有起重船等大型设备。

由于实体式直立堤对波浪形成反射,堤前的波况较为恶劣,且容易发生破碎,对堤体产生较大的波浪力,特别是产生强烈的冲击波浪力。为了减小作用于堤身的波浪力(包括破波冲击力),或者减少堤顶的越浪量,人们从改进堤的上部结构、采用透空消波结构等方面着手开发了一些新的防波堤结构。

上部结构一般采用现浇或装配整体式混凝土结构,其港外侧的外形为直立面、弧面或削角斜面。弧面与直立面相比,可有效地减少波浪的越堤水量。削角斜面结构是丹麦于 20 世纪 60 年代首先采用的新形式。这种结构对波浪的反射较小,作用在斜面上的波浪力垂直分力对防波堤的稳定性有利,因此这种结构的断面宽度将比断面完全直立时小[图 8-2-1b)]。但这种结构的越浪量较直立面稍大。为了减少越浪量,可在斜面上采取加糙措施。近年来,我国采用削角直立堤的工程较多,如葫芦岛港防波堤延长段、山海关船厂东防波堤和秦皇岛港扩建工程岛式防波堤等。此外,也有将防波堤顶部胸墙后移的做法,使作用于胸墙的波浪力与作用于下部堤身的波浪力存在相位差,从而减小作用在防波堤上的总波浪力;或者将后胸墙做成一排紧靠的开口圆柱(图 8-2-2),此开口圆柱可起蓄水作用,柱体中的水体可由底部孔口泄出流入港内,故能减少冲击力和越浪量。

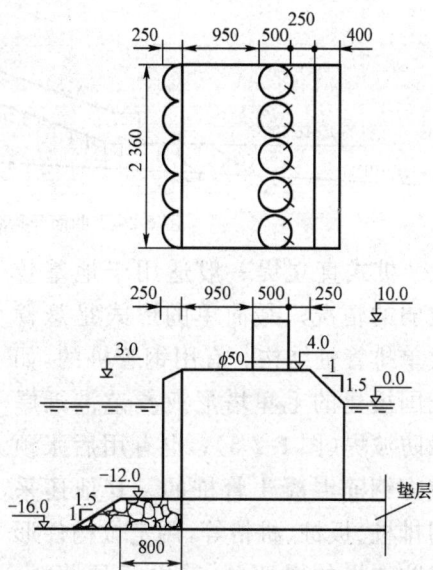

图 8-2-2 开口圆筒形胸墙(尺寸单位:cm;高程单位:m)

除了削角直立堤外,开孔直立堤是直立堤形式方面的重大进展。20 世纪 60 年代加拿大首先采用迎波外壁开孔、前舱起消能室作用的沉箱防波堤。1975 年我国在秦皇岛油港二期工程中建设了第一座开孔消浪直立堤,与一般开孔直立堤不同的是其消能室位于堤的内侧。1982 年在天津新港防波堤工程中,结合削角方块和开孔消浪结构两者的优点,设计成功了一种新型的高基床上削角空心方块防波堤。图 8-2-3 所示为开孔直立堤断面图。为了提高透空

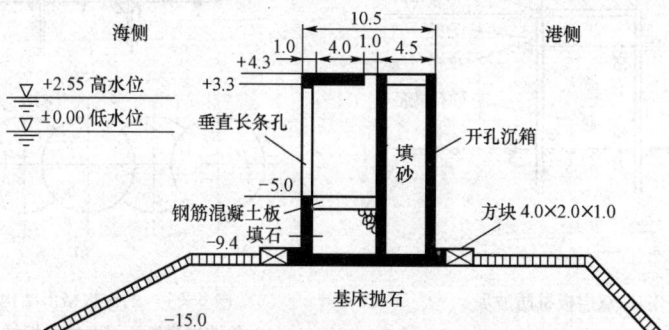

图 8-2-3 开孔直立堤(尺寸单位:m,高程单位:m)

沉箱对不同波频的减浪效果,日本还研究开发了曲面型透空堤(图 8-2-4)、台阶型透空堤、半圆型防波堤等。其中半圆型防波堤适用于较强破碎波作用的情况,在我国也得到了实际应用。

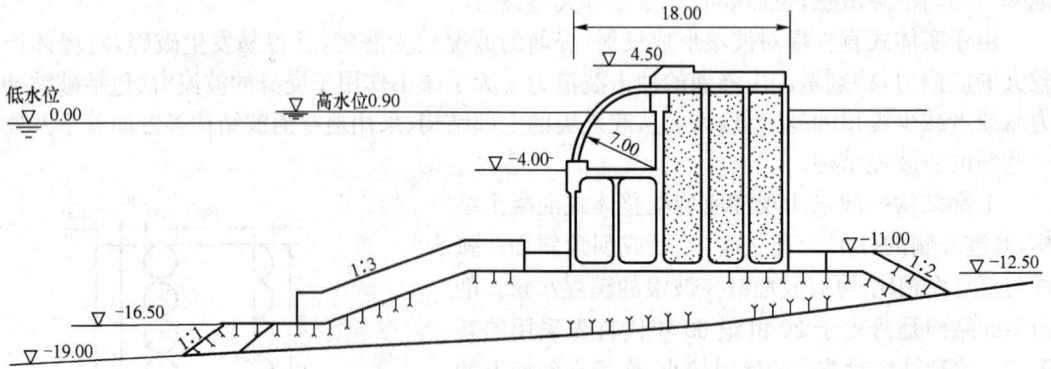

图 8-2-4 曲面开孔沉箱防波堤(尺寸单位:cm;高程单位:m)

桩式直立堤一般适用于地基较软弱的情况。最简单的形式是悬臂式单排管桩结构。有用钢管桩的,如我国援建的毛里塔尼亚友谊港近岸段防波堤(图 8-2-5);也有用后张预应力钢筋混凝土管桩的。其他还采用排桩、板桩、桩格等,用定位构件形成防波堤的堤两侧,其中间是填料。薄壁通常打入地基中而不设基床,其入土部分及竖向填料共同维持堤的稳定(图 8-2-6、图 8-2-7)。

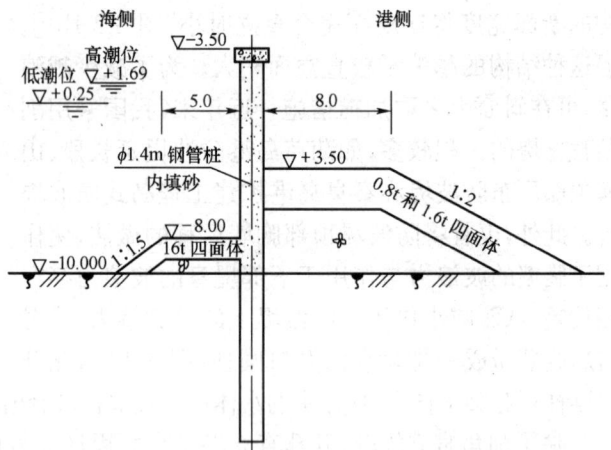

图 8-2-5 钢管桩直立堤(尺寸单位:m,高程单位:m)

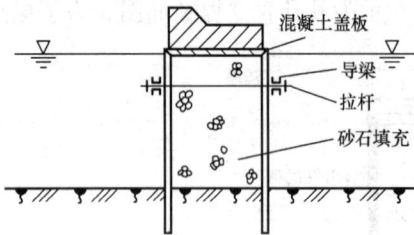

图 8-2-6 双层板桩防波堤

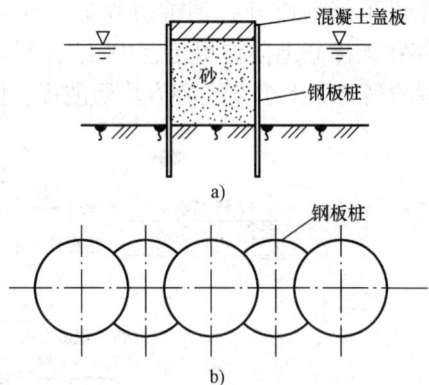

图 8-2-7 钢板桩格形结构防波堤
a) 防波堤横断面;b) 格形板桩的平面结构

二、波浪对直立式防波堤的作用

1. 作用于直立式防波堤的波浪形态

波浪遇到直立堤建筑物时,当水深足够,波浪会形成全反射,与入射波叠加形成立波(驻波)。当水深较浅或直立堤本身有较高的抛石基床时,波浪会产生破碎。当破碎在离堤半个波长以外发生时,称为远破波;当破碎在离堤半个波长以内或在基床及堤面发生时为近破波。三种波浪形态见表 8-2-1。

作用于直立堤的波浪形态　　表 8-2-1

基 床 类 型	产 生 条 件	波 浪 形 态
暗基床或低基床 $\left(\dfrac{d_1}{d}>\dfrac{2}{3}\right)$	$T_*<8,d\geqslant2H$ $T_*\geqslant8,d\geqslant1.8H$	立波
	$T_*<8,d<H,i\leqslant1/10$ $T_*\geqslant8,d<1.8H,i\leqslant1/10$	远破波
中基床 $\left(\dfrac{2}{3}\geqslant\dfrac{d_1}{d}>\dfrac{1}{3}\right)$	$d_1\leqslant1.8H$	立波
	$d_1<1.8H$	近破波
高基床 $\left(\dfrac{d_1}{d}\leqslant\dfrac{1}{3}\right)$	$d_1\geqslant1.5H$	立波
	$d_1<1.5H$	近破波

注:表中 $T_*=\overline{T}\sqrt{g/d}$,称为无因次周期;$\overline{T}$ 为平均周期;H 为建筑物所在处进行波的波高(m);d 为建筑物前水深(m);d_1 为基床上水深(m);i 为建筑物前水底坡度。

由表 8-2-1 可以看出,修建建筑物前的波浪要素、堤前水深条件、底坡及基床轮廓尺寸等都是影响堤前波浪形态的因素。

还应当注意到,当来波较陡($H/L>1/14$)时,波浪遇直立堤反射后波陡加大,可能形成破碎立波。又当堤前水深 $d<2H$,底坡 $i>1/10$,防波堤为暗基床或低基床时,堤前也可能出现近破波。对上述情况,宜通过物理模型试验进行检验。如果明基床上有护肩方块,其宽度大于波高 H 时,应当用方块顶面水深 d_2 代替基床顶面水深 d_1,以确定波态和计算波压力。

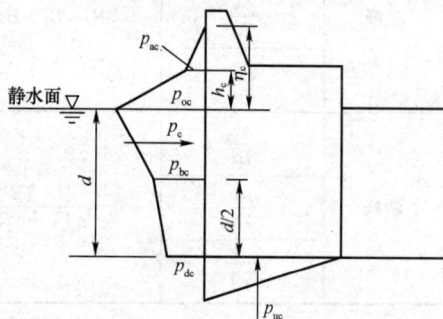

图 8-2-8　规则波立波波压力分布图(波峰作用)
　　　　　($d/L=0.05\sim0.12$)

2. 规则波作用于直立式防波堤的立波波压力

当 $d\geqslant1.8H$、$d/L=0.05\sim0.12$ 时,作用于直墙式建筑物上的立波波压力按下列各公式计算:

1)波峰作用时的立波波压力(图 8-2-8)

波面高程 η_c(m)按下式计算:

$$\frac{\eta_c}{d}=B_\eta(H/d)^m \tag{8-2-1}$$

$$B_\eta=2.310\,4-2.590\,7T_*^{-0.594\,1} \tag{8-2-2}$$

$$m=T_*(0.009\,13T_*^2+0.636T_*+1.251\,5) \tag{8-2-3}$$

$$T_*=\overline{T}\sqrt{g/d} \tag{8-2-4}$$

式中：T_*——无因次周期；

B_η、m——系数。

静水面以上波压力分布强度折点的位置 h_c(m)及波压力强度 p_{ac}(kPa)按下式计算：

$$\frac{h_c}{d} = \frac{2\eta_c/d}{n+2} \tag{8-2-5}$$

$$\frac{p_{ac}}{\gamma d} = \frac{p_{oc}}{\gamma d} \frac{2}{(n+1)(n+2)} \tag{8-2-6}$$

$$n = \max[0.636\,618 + 4.232\,64(H/d)^{1.67}, 1.0] \tag{8-2-7}$$

式中：n——静水面以上波压力分布强度分布曲线的指数，取式中两数的大值；

γ——水的重度(kN/m³)；

p_{oc}——静水面处的波压力分布强度(kPa)。

静水面处及水下墙面上各特征点处的波压力强度（p_{oc}、p_{bc} 和 p_{dc}）(kPa)按下式计算：

$$\frac{p}{\gamma d} = A_p + B_p(H/d)^q \tag{8-2-8}$$

系数 A_p、B_p、q 见表8-2-2。

系数 A_p、B_p 和 q（波峰作用）　　表8-2-2

		计　算　式	A_1, B_1, a	A_2, B_2, b	a, β, c
波峰	$\dfrac{p_{oc}}{\gamma d}$	$A_p = A_1 + A_2 T_*^a$	0.029 01	−0.000 11	2.140 82
	$\dfrac{p_{bc}}{\gamma d}$		0.145 74	−0.024 03	0.919 76
	$\dfrac{p_{dc}}{\gamma d}$		−0.18	−0.000 153	2.543 41
波峰	$\dfrac{p_{oc}}{\gamma d}$	$B_p = B_1 + B_2 T_*^\beta$	1.314 27	−1.200 64	−0.673 6
	$\dfrac{p_{bc}}{\gamma d}$		−3.073 72	2.915 85	0.110 46
	$\dfrac{p_{dc}}{\gamma d}$		−0.032 91	0.174 53	0.650 74
波峰	$\dfrac{p_{oc}}{\gamma d}$	$q = \dfrac{T_*}{aT_*^2 + bT_* + c}$	0.037 65	0.464 43	2.916 98
	$\dfrac{p_{bc}}{\gamma d}$		0.062 20	1.326 41	−2.975 57
	$\dfrac{p_{dc}}{\gamma d}$		0.286 49	−3.867 66	38.419 5

单位长度墙身上所受的总水平波压力 P_c(kN/m)可按下式计算：

$$\frac{P_c}{\gamma d^2} = \frac{1}{4}\left[2\frac{p_{ac}}{\gamma d}\frac{\eta_c}{d} + \frac{p_{oc}}{\gamma d}\left(1 + \frac{2h_c}{d}\right) + \frac{2p_{bc}}{\gamma d} + \frac{p_{dc}}{\gamma d}\right] \tag{8-2-9}$$

单位长度墙身上所受的总水平波压力的力矩 M_c(kN·m/m)可按下式计算：

$$\frac{M_c}{\gamma d^3} = \frac{1}{2}\frac{p_{ac}}{\gamma d}\frac{\eta_c}{d}\left[1 + \frac{1}{3}\left(\frac{\eta_c}{d} + \frac{h_c}{d}\right)\right] + \frac{1}{24}\frac{p_{oc}}{\gamma d}\left[5 + \frac{12h_c}{d} + 4\left(\frac{h_c}{d}\right)^2\right] + \frac{1}{4}\frac{p_{bc}}{\gamma d} + \frac{1}{24}\frac{p_{dc}}{\gamma d}$$

$$\tag{8-2-10}$$

单位长度墙底面上所受的波浪浮托力 P_{uc}(kN/m)可按下式计算:

$$P_{uc} = \frac{1}{2} p_{dc} b \qquad (8\text{-}2\text{-}11)$$

式中:b——直墙的底面宽度(m)。

2)波谷时的立波波压力(图 8-2-9)

当堤前为波谷时,堤前总波压力小于静水压力;当认为港内为静水时,堤内侧所受为静水压力。所以波谷作用于堤面时,波浪的附加压力的方向是离堤面的,或称为负压力。

波面高程 η_t(m)按下式计算:

$$\frac{\eta_t}{d} = A_p + B_p (H/d)^q \qquad (8\text{-}2\text{-}12)$$

系数 A_p、B_p、q 由表 8-2-3 中的 $p_{ot}/\gamma d$ 项的值确定。

墙面各特征点的波压力强度均按下式计算:

$$\frac{p}{\gamma d} = A_p + B_p (H/d)^q \qquad (8\text{-}2\text{-}13)$$

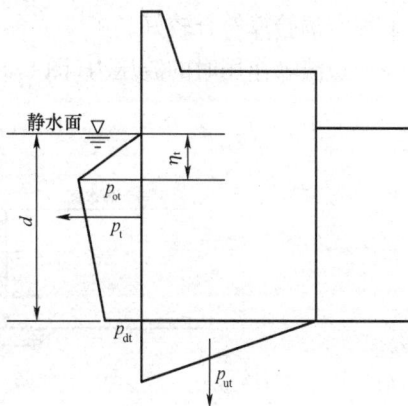

图 8-2-9　规则波立波波压力分布图(波谷作用)

$(d/L=0.05\sim0.12)$

式中:p——墙面上各特征点的波压力强度,系数 A_p、B_p 和 q 见表 8-2-3,当 $P_{dt} > P_{ot}$ 时,取$P_{dt} = P_{ot}$。

系数 A_p、B_p 和 q(波谷作用) 表 8-2-3

	计　算　式		A_1,B_1,a	A_2,B_2,b	α,β,c
波谷	$\dfrac{p_{ot}}{\gamma d}$	$A_p = A_1 + A_2 T_*^a$	0.039 7	−0.000 18	1.95
	$\dfrac{p_{dt}}{\gamma d}$	$A_p = 0.1 - A_1 T_*^a e^{A_2 T_*}$	1.687	0.168 94	−2.019 5
波谷	$\dfrac{p_{ot}}{\gamma d}$	$B_p = B_1 + B_2 T_*^\beta$	0.982 22	−3.061 15	−0.284 8
	$\dfrac{p_{dt}}{\gamma d}$		−2.197 07	0.928 02	0.235 0
波谷	$\dfrac{p_{ot}}{\gamma d}$	$q = a T_*^b e^{c T_*}$	2.599	−0.867 9	0.070 92
	$\dfrac{p_{dt}}{\gamma d}$		20.156 5	−1.972 3	0.133 29

单位长度墙身上总水平波浪力 P_t(kN/m)可按下式计算:

$$\frac{P_t}{\gamma d^2} = \frac{1}{2}\left[\frac{p_{ot}}{\gamma d} + \frac{p_{dt}}{\gamma d}\left(1 + \frac{\eta_t}{d}\right)\right] \qquad (8\text{-}2\text{-}14)$$

单位长度墙身底面上所受的方向向下的总波浪力 P_{ut}(kN/m)可按下式计算:

$$P_{ut} = \frac{1}{2} p_{dt} b \qquad (8\text{-}2\text{-}15)$$

当 $H/L \geqslant 1/30$、$d/L=0.139\sim0.2$ 和 $H/L \geqslant 1/30$、$0.2 < d/L < 0.5$ 时,直墙上的立波波压力强度可按《海港水文规范》(JTJ 213—98)计算。

3.规则波作用于直立式防波堤的远破波波压力

远破波波压力的计算至今尚未见理论研究成果,而为实验研究成果。研究表明波压力不仅与波高、波陡有关,还与堤前海底坡度有关。下面介绍大连理工大学的研究成果,该成果与工程实例验算符合较好。

1)波峰作用时的波压力(图 8-2-10)

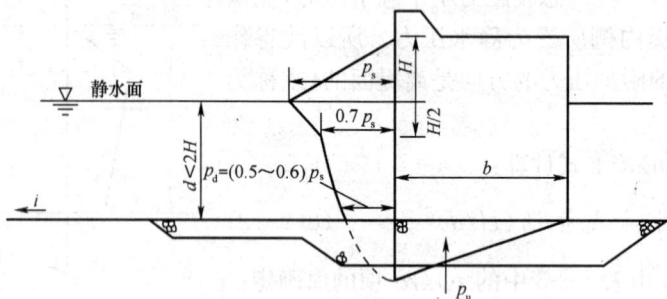

图 8-2-10　规则波远破波波压力分布图(波峰作用)

静水面以上高 H 处波压力强度为零,静水面处波压力强度 p_s(kPa)最大,为

$$p_s = \gamma K_1 \dot{K}_2 H \tag{8-2-16}$$

式中:K_1、K_2——分别为海底坡度 i 和波坦 L/H 的函数,按《海港水文规范》(JTJ 213—98)表 8.1.6-1 和表 8.1.6-2 取用。

静水面以下 $Z = H/2$ 处,波压力强度 $p_z = 0.7p_s$,水底处波压力强度 p_d(kPa)为:

$$p_d = \begin{cases} 0.6p_s & \text{当} \dfrac{d}{H} \leqslant 1.7 \\[2mm] 0.5p_s & \text{当} \dfrac{d}{H} > 1.7 \end{cases} \tag{8-2-17}$$

以上各特征点的相邻点压强按直线分布。

墙底面的总浮托力合力 P_u(kN/m)为:

$$P_u = \mu \frac{b p_d}{2} \tag{8-2-18}$$

μ 为浮托力折减系数,通常 $\mu = 0.7$。

2)波谷作用时的波压力(图 8-2-11)

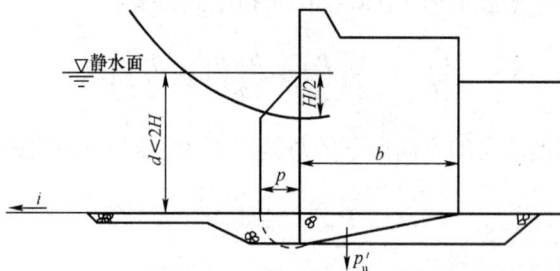

图 8-2-11　规则波远破波波压力分布图(波谷作用)

波谷时的远破波波压力尚未见合适的计算公式,设计时可参考如下方法处理。

静水面处波压力强度为零。静水面以下深度 $Z=H/2$ 处至水底的波压力强度 p 为常数,其值为:

$$p = 0.5\gamma H \tag{8-2-19}$$

应该注意的是,在防波堤建造之前波浪在建堤处或以远处已破碎时,如底坡较坦(1/140<i<1/50),可取进行波破碎极限波高 $H_b=0.78d$ 作为设计波高计算波压力。但若底坡较陡,虽然可用上法估算,但宜用水工模型试验进行校核。

4. 规则波作用于直立式防波堤的近破波波压力

我国《海港水文规范》(JTJ 213—98)推荐大连理工大学的实验研究成果。此法较目前国内外现有方法更符合工程实践。米尼金(Minikin)法,永井方法计算结果均偏大,而前苏联规范给出的方法计算结果偏小。

我国规范推荐的方法,适用于 $d_1 \geqslant 0.6H$ 情况下的近破波波压力计算。且仅给出波峰时的波压力(图 8-2-12)。

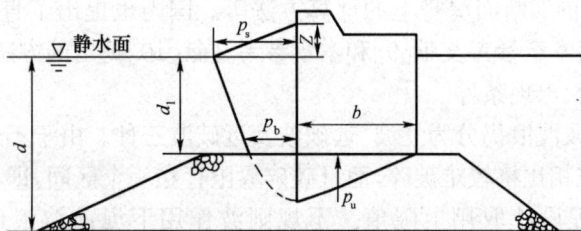

图 8-2-12　规则波近破波波压力分布图(波峰作用)

静水面以上 Z(m)处波压力强度为零,且 Z 取为:

$$Z = \left(0.27 + 0.53\frac{d_1}{H}\right)H \tag{8-2-20}$$

静水面处波压力强度 p_s(kPa)的计算如下:

当 $\dfrac{2}{3} \geqslant \dfrac{d_1}{d} > \dfrac{1}{3}$ 时(属中基床):

$$p_s = 1.25\gamma H\left(1.8\frac{H}{d_1} - 0.16\right)\left(1 - 0.13\frac{H}{d_1}\right) \tag{8-2-21}$$

当 $\dfrac{1}{3} \geqslant \dfrac{d_1}{d} \geqslant \dfrac{1}{4}$ 时(属高基床):

$$p_s = 1.25\gamma H\left[\left(13.9 - 36.4\frac{d_1}{d}\right)\left(\frac{H}{d_1} - 0.67\right) + 1.03\right]\left(1 - 0.13\frac{H}{d_1}\right) \tag{8-2-22}$$

墙底处的波压力强度 p_b(kPa)为:

$$p_b = 0.6p_s \tag{8-2-23}$$

墙底面的浮托力合力 P_u(kN/m)为:

$$P_u = \mu\frac{bp_b}{2} \tag{8-2-24}$$

μ 仍为底部浮托力的折减系数,且 $\mu=0.7$。

应当指出,近破波的波压力有很强烈的冲击性,其程度受波要素、地形及建筑物尺寸的影响。在工程中,建筑物所处的位置应避开破碎带,否则除计算外,还应通过水工模型试验予以验证。

5. 直立堤不规则波波浪力的计算方法

前面所述的波态分类及波浪力计算方法是基于规则波条件下得到的,也是我国现行的《海港水文规范》(JTJ 213—98)规定采用的方法。但对于不规则波,采用规则波条件下的波浪力计算方法,不太符合实际情况。近几十年来,国内外对不规则波波浪力的计算进行了很多研究,也取得了不少成果。1973 年日本的合田良实提出了既可用于立波又可用于破波计算的统一波压力计算方法,适用于不规则波的分析。该方法自 1978 年起为日本港工设计标准所采用,目前已成为许多国家所公认可适用于除冲击波压力外的直立堤波浪力计算方法。日本的高桥在合田良实方法的基础上,于 1990 年提出了作用于水平混合式堤内直墙上的波浪力计算方法;于 1994 年提出了削角堤上波浪力的计算方法。日本的谷本在合田良实方法基础上,于 1995 年提出了作用于梯形断面堤身上的计算方法等。国内也提出了直立堤不规则波波浪力的计算方法,下面介绍本章参考文献[9]和本章参考文献[10]提出的方法。

1)堤前波浪形态及出现条件

直立堤前不规则波波浪仍分为立波、远破波及近破波三种。由于不规则波波系中,存在不同波高,波浪与规则波相比将较难破碎,而且破碎界限存在一个区间,即有上下限,其上限值与规则波情况相同,工程设计取用上限值。不规则波作用下堤前波浪形态及出现条件可见表8-2-1。

2)作用于直立堤上波浪力的概率分布

当波浪不破碎时,波浪力的概率分布与波高的概率分布相同。当波浪发生破碎时,其波高的概率分布与未破碎时仅在小概率部分发生一点变化;而波浪力的概率分布会发生较大变化。研究表明,不论是否发生波浪破碎,波浪力的概率分布可以用双参数的威布尔分布表述,其超值概率 $F(x)$ 为:

$$F(x_j) = \exp\left(\frac{x_j^\beta}{\alpha}\right) \tag{8-2-25}$$

式中 $x_j = P_j/\overline{P}$, P_j 为超值概率 $j\%$ 的总波浪力,$\overline{P}$ 为其均值,β 为威布尔分布的形状参数,由式(8-2-26)及式(8-2-27)确定,α 为威布尔分布的尺度参数,由式(8-2-28)计算。

总水平力 β 值为:

$$\ln\beta = 0.383 \frac{d_1}{H} \text{th} \frac{d_1}{d} + 0.183 \tag{8-2-26}$$

总浮托力 β 值为:

$$\ln\beta = 0.693 - 0.006 \left\{ \frac{d_1}{H} - \left[\left(\frac{d_1}{d}\right)^2 - 0.24\left(\frac{d_1}{d}\right) + 0.55 \right] \right\}^{-1} \tag{8-2-27}$$

$$\alpha = \Gamma^{-\beta}(1 + 1/\beta) \tag{8-2-28}$$

式中:Γ——伽玛函数。

式(8-2-26)及式(8-2-27)的限制条件为 $\beta \leqslant 2$。当 $\beta = 2$ 时,式(8-2-25)即自动退化为瑞利分布,即波浪不发生破碎时,波浪力概率分布等同于波高分布。

3）不规则波立波波浪力计算方法

根据线性相关原则，不规则波立波波浪力的概率分布和波高概率分布相同，因而其计算可采用规则波的方法，取用 $H_{1\%}$ 而得到不规则波立波的 $P_{1\%}$ 值。

4）不规则波远破波波浪力计算方法

远破波的特征是破碎点离堤在半波长以上，其破碎是由于直立堤反射、堤前水深较小和底坡较平缓造成堤前波能过大。因而远破波波浪力（无因次量 $p/2Hd_1$）应与基床上相对波高 H/d_1、基床上相对水深 d_1/d、波坦 L/H 及底坡 i 等因素相关。不规则波远破波波浪力的计算方法如下。

波峰作用时的波浪力（图8-2-13）按以下公式计算，作用于直立堤侧面的总水平力 P 为：

$$P = \gamma K_{id} K_{LH} \Big(2.13\frac{H}{d_1} - 0.21\Big) H d_1 \tag{8-2-29}$$

式中：P——超值概率1%的总水平力（kN/m）；

γ——水的重度（kN/m³）；

H——超值概率1%的波高（m）；

d_1——基床上水深（m）；

K_{id}——水底坡度 i 和基床相对高度 d_1/d 的综合影响因子；

K_{LH}——波坦的影响因子。

K_{id} 和 K_{LH} 可分别计算如下：

$$K_{id} = 1 + 3.2\Big(\frac{d_1}{d} - \frac{2}{3}\Big) i^{\left(\frac{d_1}{d} - \frac{2}{3}\right)} \tag{8-2-30}$$

$$K_{LH} = -0.00034(L/H)^2 + 0.023(L/H) + 0.746 \tag{8-2-31}$$

式中：L——平均波长；

波高定义同式(8-2-29)。

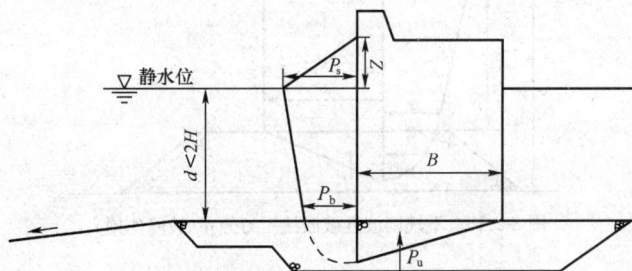

图8-2-13 不规则波远破波波压力分布（波峰作用）

波浪力的分布可由式(8-2-29)、式(8-2-32)联立计算得到的 P_s，P_b（kN/m）及 z 值确定。

$$\left.\begin{array}{l} P_b = 0.7P_s \quad \text{当} d/H_1 \leqslant 1.7 \\ P_b = 0.55P_s \quad \text{当} d/H_1 > 1.7 \\ Z = H_{1\%} \end{array}\right\} \tag{8-2-32}$$

堤底面上的波浪浮托力 P_u 为：

$$P_u = \mu \frac{Bp_b}{2} \tag{8-2-33}$$

式中：μ——波浪浮托力分布图的折减系数，可取0.7。

波谷作用下的波浪力分布见图 8-2-14。静水面处波浪压力强度为零。在静水面以下,从深度 $z = H/2$ 至水底的波浪压力强度 P_b(kN/m)为:

$$P_b = 0.5\gamma H \tag{8-2-34}$$

作用在堤底面的方向向下的波浪浮托力为:

$$P_u = Bp_b/2 \tag{8-2-35}$$

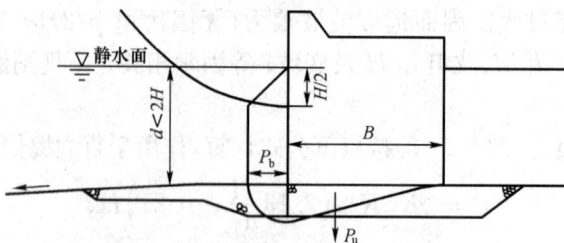

图 8-2-14 不规则波远破波波压力分布(波谷作用)

5)不规则波近破波波浪力计算方法

近破波的特征是破碎点离堤面很近(半波长以内),其破碎主要是由于直立堤下基床的存在使波浪在基床上迅速变形以致破碎。因而近破波波浪力(无因次量 P/rHd_1)应与基肩相对宽 b/L、基床坡度 m、基床上相对水深 d_1/d、基床上相对波高 H/d_1、波陡 H/L 等因素相关。本章参考文献[10]的研究认为在通常情况和工程常用的基床尺度条件下,上述基床坡度 m 和波陡 H/L 两因素对不规则波近破波无因次波浪力 $P/\gamma Hd_1$ 的影响可忽略,从而得计算方法如下。

当波峰作用时,近破波波浪力(图 8-2-15)可按下述公式计算,其适用条件为 $d_1 \geqslant 0.6H$。

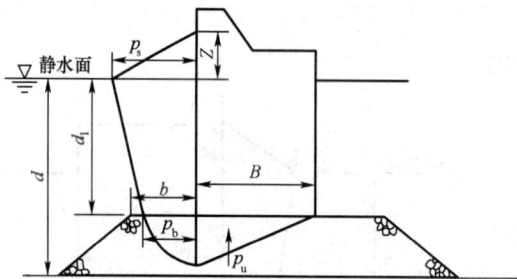

图 8-2-15 不规则波近破波波压力分布(波峰作用)

总水平力 P 为:

$$P = \gamma Hd_1 \left\{ A\left(\frac{H}{Bd_1}\right)^3 \exp\left[-1.5\left(\frac{H}{Bd_1}\right)^2\right] + C \right\} \tag{8-2-36}$$

$$A = 7.4\left[101.7\left(\frac{b}{L}\right)^3 - 17.5\left(\frac{b}{L}\right)^2 + 0.86\left(\frac{b}{L}\right) + 0.45\right]^{-1} \times$$
$$\left(1.42 - 2.25\frac{d_1}{d}\right)^{-0.95} \tag{8-2-37}$$

$$B = 3.6\left(1 + 0.5\frac{b}{L}\right)\left(1 + 3.0\frac{d_1}{L}\right)^{-1} \tag{8-2-38}$$

$$C = \left(160\frac{b}{L} - 67\right)\left(\frac{d_1}{d} - 0.245\right)^2 + 1.85\left(42 - 156\frac{b}{L}\right)^{-1} + 0.82 \tag{8-2-39}$$

当 $d_1/d \geqslant 1/3$ 时,应取

$$A = 11.0\left[101.7\left(\frac{b}{L}\right)^3 - 17.5\left(\frac{b}{L}\right)^2 + 0.86\left(\frac{b}{L}\right) + 0.45\right]^{-1} \tag{8-2-40}$$

$$B = 1.8\left(1 + 0.5\frac{b}{L}\right) \tag{8-2-41}$$

$$C = 7.74 \times 10^{-3}\left(160\frac{b}{L} - 67\right) + 1.85\left(42 - 156\frac{b}{L}\right)^{-1} + 0.82 \tag{8-2-42}$$

上述式中:b——基床肩台宽度;

H 及 L 定义同前。

波浪力的分布可见图 8-2-15,应由式(8-2-36)、式(8-2-43)及式(8-2-44)联立确定 P_s、P_b 及 z。

$$P_b = 0.8P_s \tag{8-2-43}$$

$$z = \left(0.54 + 1.06\frac{d_1}{H}\right)H \tag{8-2-44}$$

当计算的 z 值大于 H 时,取 $z = H$。

堤底上的波浪浮托力 P_u 为:

$$P_u = \mu\frac{BP_b}{2} \tag{8-2-45}$$

式中:μ——波浪浮托力分布图的折减系数,可取为 0.7。

三、直立式防波堤的断面尺度和构造

直立式防波堤虽然有重力式、桩式等形式,但目前工程中的应用仍以重力式居多。本节着重介绍重力式直立堤。重力式防波堤和重力式码头的工作条件和使用要求不同,如防波堤是在较深的海中,两面临水,而码头较近岸,往往是一面临水。但从设计角度出发,对两者的要求是一致的,构造也是相近的。此处仅对与工作环境和条件有关的问题予以阐述。

1. 抛石基床

抛石基床便于整平,给堤底平整的基础,并扩大地基受力面以减小地基所受压力。防波堤的基床也采用明基床、暗基床或混合基床。选用的依据为波浪水深条件和地基条件。对于软弱土层,还可采用软基处理方法,如换砂、铺砂垫层、布置排水砂井等。抛石基床可采用 10~100kg 的块石,要求重锤夯实或爆炸夯实。

防波堤的总高度是确定的,所以基床和堤体的高度分配应考虑每延米长的造价。明基床的外肩和内肩宽度分别取墙身计算宽度的 0.6 倍和 0.4 倍,外边坡和内边坡分别取为 1:2~1:3 和 1:1.5~1:2。暗基床的底部宽度不宜小于直立堤墙底宽度加上两倍的基床厚度。对于高基床还应考虑通过水工模型试验检验波态和基床石块稳定。

基床向海一侧,需修建堤前护底,可采用 1~2 层块石,厚度不应小于 0.5m。

2. 墙身结构

墙身指抛石基床顶面以上,上部结构以下的部分,其墙身高自基床顶至施工水位以上 0.3~0.5m。这既要考虑上部结构的混凝土现场施工,也应考虑沉箱内抛填的有效进行。

墙身可由钢筋混凝土沉箱、混凝土方块建成。其与码头的不同之处在于迎浪面可有小的

后倾。由于波浪作用较强,如起重条件允许,块体尺寸应尽可能的大,方块重量不宜小于表8-2-4的规定。当不能满足方块重量的要求时,可以在方块中留孔以便浇灌水下混凝土。在一个工程中,方块的规格应尽量少。方块的长边尺寸与高度之比不应大于 3.0;短边尺寸与高度之比不宜小于 1.0,个别方块不应小于 0.8。

直立堤方块的最小质量

表 8-2-4

设计波高(m)	方块质量(t)	设计波高(m)	方块质量(t)
2.6~3.5	30	5.6~6.0	60
3.6~4.5	40	6.1~6.5	80
4.6~5.5	50	6.6~7.0	100

3. 上部结构及挡浪墙

防波堤的上部结构一般由平台和挡浪墙构成,通常由现浇或整体装配式混凝土建成。上部结构应有足够的刚度和良好的整体性,厚度不宜小于 1.0m ,嵌入沉箱的厚度不宜小于 0.3m,与堤身连接可使堤体联成整体而增加稳定性,保护堤体材料(如沉箱内的填料)不受波浪的冲刷而流失;平台的顶面亦可提供交通或其他使用。挡浪墙可以增加堤迎浪面高程而降低堤顶平台的高程。防波堤的设计顶高程以挡浪墙顶为准。当防波堤允许小量波浪越顶时,顶高程在设计高水位以上 0.6~0.7 倍设计波高处。当设计要求防波堤堤顶不允许越浪时,则堤顶高程应在设计高水位以上 1.0~1.25 倍设计波高处。上部结构的迎浪面可为直立面、削角斜面或弧形面。

四、重力式直立防波堤的计算

1. 重力式直立堤的承载能力极限状态设计状况及作用组合

直立防波堤所受的荷载类型比码头单纯。其所受竖向荷载仅为自重,水平荷载主要是波浪力,个别情况可能有冰压力。在进行重力式直立防波堤的极限状态设计时,应以设计波高及对应的波长确定的波浪力作为标准值。对重力式直立堤,承载能力极限状应考虑以下三种设计状况及相应组合。

1)持久状况

持久状况应考虑:①设计高水位时,波高采用相应的设计波高;②设计低水位时,波高的采用分为以下两种情况:当有推算的外海设计波浪时,应取设计低水位进行波浪浅水变形分析,求出堤前的设计波高;当只有建筑物附近不分水位统计的设计波浪时,可取与设计高水位时相同的设计波高,但不超过低水位时的浅水极限波高;③当设计高水位时,堤前波态为立波,而在设计低水位时,已为破碎波,尚应对设计低水位至设计高水位之间可能产生最大波浪力的水位情况进行计算;④极端高水位时,波高应采用相应的设计波高。极端低水位时,可不考虑波浪的作用。

2)短暂状况

应考虑以下的短暂组合:对未成型的重力式直立堤进行施工期复核时,水位可采用设计高水位和设计低水位,波高的重现期可采用 5~10 年。

3）偶然状况

在进行重力式直立堤地基承载力和整体稳定性计算时，应考虑地震作用的偶然荷载。水位可采用设计低水位或极端低水位，不考虑波浪和地震作用的组合，其计算方法应符合《水运工程抗震设计规范》(JTJ 225—98)的有关规定。

还应注意到，在进行直立堤稳定性计算时，可不考虑堤内侧波浪与堤外侧波浪组合，即将堤内侧考虑为静水。

2.重力式直立防波堤计算

重力式防波堤验算的内容为抗倾稳定性、抗滑稳定性、基床和地基的承载能力、地基沉降量、整体稳定性以及明基床的护肩块石和堤前护底块石的稳定质量。其中稳定性验算、基床和地基承载力验算、地基沉降量计算等与重力式码头类似，仅由于荷载不同，验算的公式在形式上有区别，详见《防波堤设计和施工规范》(JTJ 298—98)，本节不再累述。

明基床的基肩和坡面块石稳定质量的计算可参照《防波堤设计和施工规范》(JTJ 298—98)附录F进行。

堤前护底的块石稳定质量受波浪底流速影响，设计时应根据作用于堤的不同波态选用相应的底流速计算公式。如果是立波，最大波浪底流速可用下式计算：

$$V_{max} = \frac{2\pi H}{\sqrt{\dfrac{\pi L}{g} \mathrm{sh} \dfrac{4\pi d}{L}}} \tag{8-2-46}$$

式中：V_{max}——最大波浪底流速(m/s)；

　　　H——波高累积频率为5%的波高(m)。

如果堤前波态为远破波，则最大波浪底流速可按下式计算：

$$V_{max} = 0.33\sqrt{g(H+d)} \tag{8-2-47}$$

如果堤前波态为近破波，则最大波浪底流速可按下式计算：

$$V_{max} = \frac{\pi H}{\sqrt{\dfrac{\pi L}{g} \mathrm{sh} \dfrac{4\pi d}{L}}} \tag{8-2-48}$$

然后再根据最大波浪底流速查表8-2-5得到堤前护底块石的稳定质量。

护底块石质量表　　　　　　　　　　　　　　　　表8-2-5

波浪最大底流速 V_{max}(m/s)	2.0	3.0	4.0	5.0
块石质量 W(kg)	60	150	400	800

堤前护底块石层的宽度为设计波长的四分之一，厚度一般不应小于0.5m。

第三节　斜坡式防波堤

一、斜坡式防波堤的结构形式

抛石防波堤是一种比较原始、简单的斜坡式防波堤，可分为不分级块石（图8-3-1）和分级块石（图8-3-2）两种。

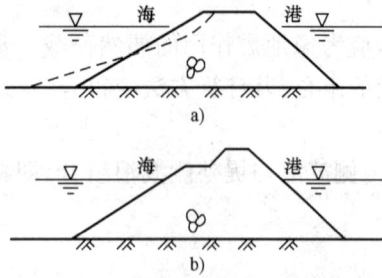

图 8-3-1 不分级块石斜坡堤

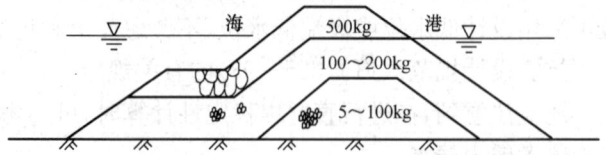

图 8-3-2 分级块石斜坡堤

不分级块石防波堤仅在早期被采用。例如山东莱州海庙地区修建的渔港防波堤。建堤时采用开山所得块石不分级不分位置的随意抛填,所以大块石往往滚到坡底,而坡度也为自然坡。在受到波浪作用时,小块石被冲刷,可造成堤身密实;但施工进展缓慢,用料太多,常受波浪作用而使堤面坍塌,后来改用分级块石。

分级块石防波堤对块石分级使用,将较小的块石放在堤心或斜坡的下部,把大块石放于波浪作用强烈的堤顶和外坡上。所谓分级只是将有用的大块石选出,其余的没有必要再分级了,所以分级不宜多。

为了更好地发挥大块石的抗浪能力,在施工水位以上可采用干砌块石。在有些地方由于石料好,石材加工能力强,亦可采用干砌条石护面。这些结构形式在山东省和福建省使用得较多,尤其在小型地方港或渔港。这种防波堤可在波高不超过 3～4m 的情况下使用。

当工程所在区域石料缺乏,而波浪较大时,可采用抛填混凝土方块斜波堤(图 8-3-3),混凝土矩形方块是最早用来代替天然块石作斜坡堤护面的人工块体。这种防波堤的外坡可建成 1:1,块体大者可达 60～80t。其缺点主要是透浪系数大,水泥用量多,需大型起重设备。这种形式目前很少应用。

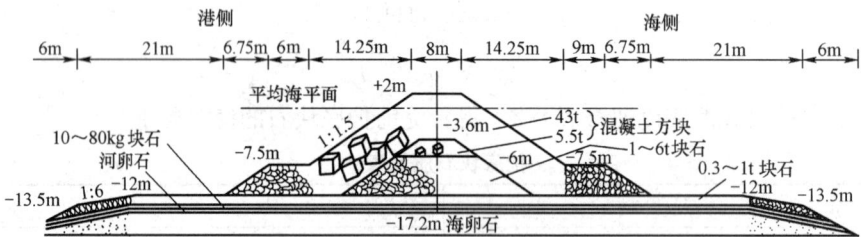

图 8-3-3 抛填方块防波堤

随着港口向深水发展,防波堤所处的水深越来越大,自 20 世纪 50 年代初期以来,世界各国都在研究开发消浪性能好,稳定性好的各种异型人工块体。1952 年,法国首先创制了四脚锥体,作为斜坡堤的护面,至今世界上已研制出百余种异型护面块体,但被广泛采用的仅是扭王字块体、扭工字块体、四脚锥体、四脚空心方块、栅栏板等几种。异型人工块体护面的斜坡堤是斜坡堤的基本形式,近年来,国内用得最多的两种异型人工块体是四脚空心方块和扭工字形块体,均已有 20 多个工程实例,目前扭王字块体也日益获得广泛应用。我国一些港口采用异型护面块体的斜坡堤断面如图 8-3-4～图 8-3-6 所示。

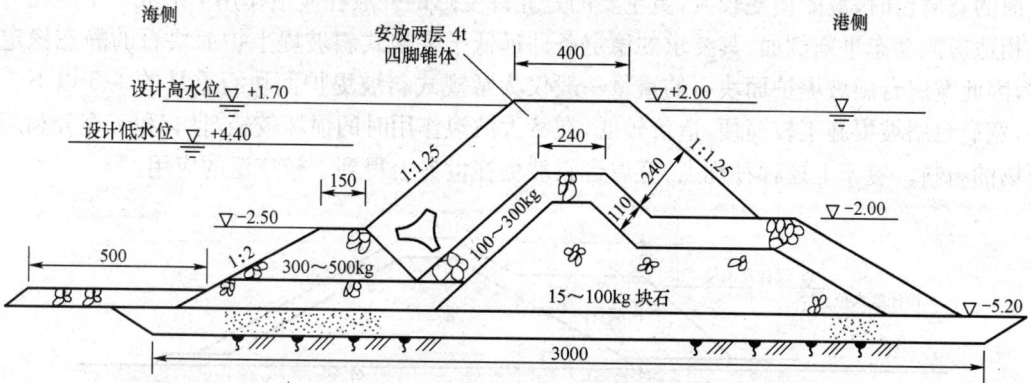

图 8-3-4 四脚锥体斜坡堤(尺寸单位:cm;高程单位:m)

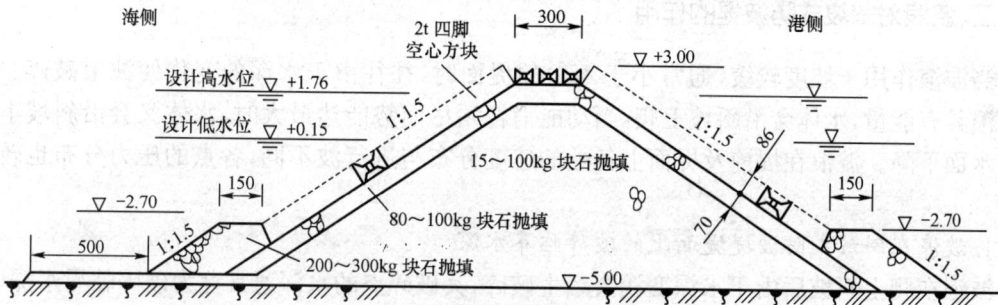

图 8-3-5 四脚空心方块斜坡堤(尺寸单位:cm;高程单位:m)

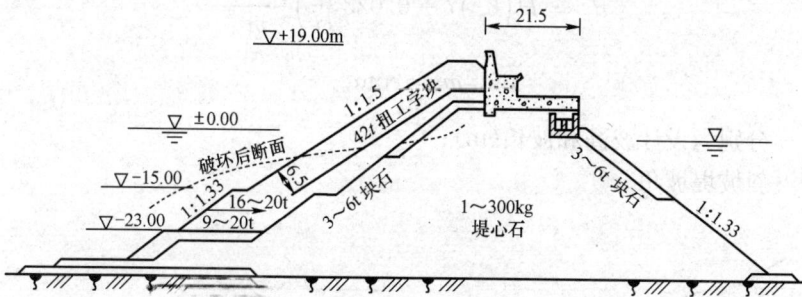

图 8-3-6 扭工字块斜坡堤(尺寸单位:m;高程单位:m)

　　宽肩台斜坡式防波堤是 20 世纪 80 年代初发展起来的一种新的斜坡堤形式,其典型断面如图 8-3-7 所示。堤身由两部分石料筑成。堤心石为质量较小、有一定级配的不分类石料;护面块石为重量较重、也有一定级配的不分类石料。由于护面块石在施工时需在高水位以上堆筑成有相当宽度的肩台,故称宽肩台斜坡堤。该斜坡堤的主要特点是:①外坡允许变形:断面建成后,当斜坡堤的护面块石质量不足时,在波浪作用下其外坡将发生变形,形成在静水位附近坡度较缓、而在其上下区域坡度较陡的 S 形剖面;其变形应控制在设计允许范围之内,不致影响防波堤应具有的功能,而且在设计条件下也不需要维护;②护面块石要求的重量较轻:由于宽肩台斜坡堤的护面层比常规式厚很多,透水性好;其次波浪越过空隙率较大的由护面块石

237

组成的宽肩台时，波能损耗较大；更主要的是允许变形的外坡在波浪作用下形成一个与动力条件相适应的动态平衡剖面，其要求的稳定条件远低于常规式斜坡堤上护面块石的静态稳定条件，因此宽肩台斜坡堤护面块石的重量一般仅为常规式斜坡堤护面块石重量的 1/5 以下。此外，宽肩台斜坡堤施工较简便，造价较低，在特大波浪作用时的损坏较轻，且有利于充分利用采石场的石料。鉴于上述种种优点，宽肩台斜坡堤在世界上得到了较广泛的应用。

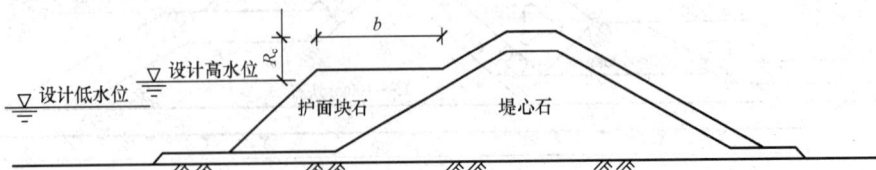

图 8-3-7　宽肩台斜坡堤典型断面

二、波浪对斜坡式防波堤的作用

当波浪作用于坡度较缓（通常小于 45°）的堤面时，往往由于水深的变化使波浪破碎。由于波浪具有能量，水体会沿斜坡上爬，当动能消耗殆尽而势能达最大时，水体又会沿斜坡下滑而使水面下降。波浪在堤前及堤面上各处的速度分布与进行波不同，各点的压力分布也较为复杂。

1.波浪在斜坡式防波堤堤面上的破碎临界水深

波浪在爬上斜坡后由于水深变浅会产生破碎，其破碎点的水深通常称为破碎临界水深（图 8-3-8），记为 d_b(m)，可按下列经验公式确定：

$$d_b = H\left(0.47 + 0.023\frac{L}{H}\right)\frac{1+m^2}{m^2} \tag{8-3-1}$$

$$m = \cot\alpha$$

式中：H, L——分别为设计波高和波长(m)；

α——斜坡堤坡角。

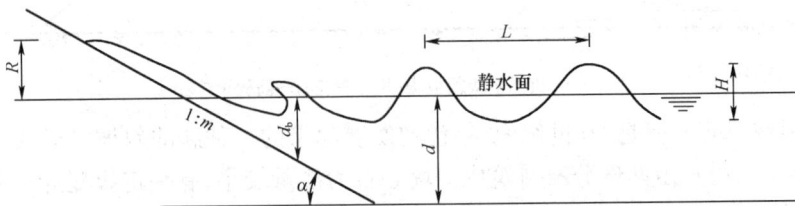

图 8-3-8　波浪在斜坡上的变形

2.波浪在斜坡式防波堤面上的爬升高度 R

(1)规则波在斜坡式防波堤堤面上的爬高 R(m)（图 8-3-8）可按下式计算：

$$R = K_\Delta R_1 H \tag{8-3-2}$$

式中

$$R_1 = K_1 \text{th}(0.432M) + [(R_1)_m - K_2] R(M) \qquad (8\text{-}3\text{-}3)$$

$$M = \frac{1}{m} \left(\frac{L}{H} \right)^{1/2} \left(\text{th} \frac{2\pi d}{L} \right)^{-1/2} \qquad (8\text{-}3\text{-}4)$$

$$(R_1)_m = \frac{K_3}{2} \text{th} \frac{2\pi d}{L} \left[1 + \frac{4\pi d/L}{sh \dfrac{4\pi d}{L}} \right] \qquad (8\text{-}3\text{-}5)$$

$$R(M) = 1.09 M^{3.32} \exp(-1.25M) \qquad (8\text{-}3\text{-}6)$$

式中： R——波浪爬高(m)，从静水位算起，向上为正；

R_1—— $K_\Delta = 1$、$H = 1$m 时的波浪爬高(m)；

$(R_1)_m$——相对于某一 d/L 时的爬高最大值(m)；

M——与斜坡的 m 值有关的函数；

$R(M)$——爬高函数；

K_1、K_2、K_3——系数，由表 8-3-1 确定；

K_Δ——与护面结构形式有关的糙渗系数，见表 8-3-2。

系数 K_1、K_2、K_3 值　　表 8-3-1

K_1	K_2	K_3
1.24	1.029	4.98

糙渗系数 K_Δ 值表　　表 8-3-2

护面块体及结构形式	K_Δ	护面块体及结构形式	K_Δ
整片光滑不透水护面（沥青混凝土）	1.00	块石（抛填两层）	0.50～0.55
混凝土护面	0.90	混凝土方块（抛填两层）	0.50
砌石	0.75～0.80	四脚锥体（安放两层）	0.40
块石（安放一层）	0.60～0.65	扭工字块（安放两层）	0.38
四脚空心方块（安放一层）	0.55	扭王字块体	0.47

(2)在风的直接作用下，不规则波在斜坡式防波堤堤面上的爬高 $R_{1\%}$(m)可按下式计算：

$$R_{1\%} = K_\Delta K_U R_1 H_{1\%} \qquad (8\text{-}3\text{-}7)$$

式中：$R_{1\%}$——累积频率为 1% 的爬高(m)；

K_U——与风速有关的系数，按表 8-3-3 确定；

R_1—— $K_\Delta = 1$、$H = 1$m 时的爬高(m)，计算时波坦取为 $L/H_{1\%}$。

系　数　K_U　　表 8-3-3

U/C	$\leqslant 1$	2	3	4	$\geqslant 5$
K_U	1.0	1.10	1.18	1.24	1.28

注：表中波速 $C = L/T$(m/s)。

如果要确定其他累积频率的爬高 $R_{F\%}$，可将 $R_{1\%}$ 乘以表 8-3-4 中的换算系数 K_F。

系 数 K_F 表 8-3-4

$F(\%)$	0.1	1	2	4	5	10	13.7	20	30	50
K_F	1.17	1	0.93	0.87	0.84	0.75	0.71	0.65	0.58	0.47

值得注意的是上述介绍的波浪爬高计算方法，通常适用于下述条件：①波浪正向或波向线近似与堤轴线正交时的波浪作用；②防波堤堤面坡度为 1:1～1:5；③堤前相对水深 $d/H=$ 1.5～5.0；④堤前海底坡度为 $i \leqslant 1/50$。后面介绍的护面块体稳定性计算和胸墙波浪力计算通常也适用于此条件。

三、斜坡式防波堤的断面尺度及构造

1. 斜坡式防波堤的断面尺度

1) 堤顶高程

斜坡堤的堤顶高程，应依据港内水面平稳程度的要求确定。在允许少量越浪时，一般采用设计高水位以上不小于 0.6～0.7 倍设计波高值处。对于港内水域泊稳要求高（或属于堤内侧兼做码头、堤顶用作通道等），则不允许波浪越顶，这时堤顶高程要提高，对基本不越浪的斜坡堤，采用设计高水位以上不小于 1.0 倍设计波高值处。如在堤顶外侧修建胸墙时，胸墙顶高程可取设计高水位上加 1.0～1.25 倍设计波高值处。

2) 堤顶宽度

对于一般用途的防波堤，顶宽按 1.10～1.25 倍设计波高取值，但要求不得小于 2m，并至少能布放两排护面块体。对有特殊要求的斜坡堤，顶宽应按使用要求确定。如果从陆上推进施工，堤顶宽度还考虑施工机械的要求。

3) 斜坡的坡度

在设计斜坡堤时主要考虑外坡，内坡可陡于外坡。外坡坡度的确定应考虑波浪要素，护面块体及结构形式，一般取 1:1～1:3 之间，具体取值可见表 8-3-5。

斜 坡 堤 坡 度 表   表 8-3-5

护面形式	抛填或安放块石	干砌或浆砌块石	干砌条石	安放人工块体	抛填方块
坡度 $1/m$	1:1.5～1:3	1:1.5～1:2	1:0.8～1:2	1:1.25～1:2	1:1～1:1.25

如果在斜坡堤修宽肩台，肩台上下的边坡可分别取 1:1.5～1:3 和 1:1～1:1.5。

4) 护面块体的支承棱体和肩台

护面块体的支承棱体顶高程应低于设计低水位以下 1.0 倍设计波高，宽度不宜小于 2.0m，棱体厚度不宜小于 1.0m。

肩台是在迎浪面斜坡上设置一平台，可供施工使用，也有消浪作用。如为施工用，其顶高程常取施工水位，顶宽不宜小于 2m。当为消浪用宽肩台时，其顶高程宜取于设计高水位以上 1.0～3.0m 处，顶宽一般可取设计波高的 2.3～2.9 倍，且不宜小于 6.0m。

2. 斜坡式防波堤的构造

1) 护面块体

当防波堤兴修于水深和波浪较大的水域中时，各种混凝土制成的异型块体应运而生。这

类块体可以增强自身稳定性,增加堤表面的糙度和渗透性,因此也提高消浪能力。世界上用得最早的是四脚锥体,其消浪性能及稳定性的良好表现,推动了各种异形块体的研究。目前世界上已报道的研究成果,各类混凝土异形块体约 130 种。图 8-3-9 所示为常用的几种异型块体,其形状和尺寸见《防波堤设计与施工规范》(JTJ 298—98)。块体的质量和结构应依设计波要素及堤体断面计算确定。

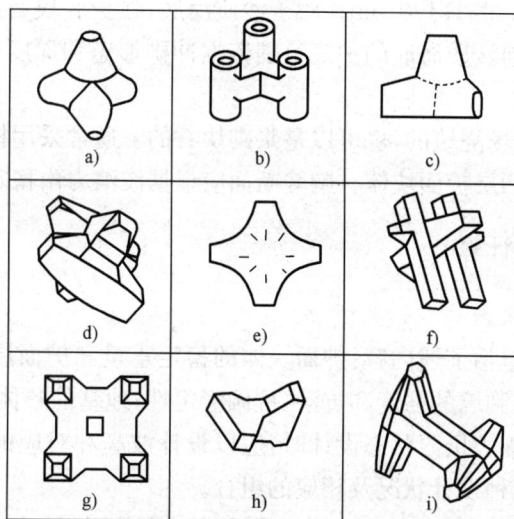

图 8-3-9 常用的异形块体

a)四脚锥体(法国);b)三柱体(美国);c)四足锥体;d)扭王块体;e)六脚锥体;f)合掌块体(日本);g)四脚空心方块(日本);h)铁砧体;i)扭工字型块体(南非)

对采用两层扭工字块体护面的斜坡堤,当为随机安放时,其上层应有 60% 以上的块体保证垂直杆件在堤坡下方、水平杆件在堤坡上方的形式。当为规则安放扭工字块体时,应使全部块体保持垂直杆件在堤坡下方、水平杆件在堤坡上方的形式。

当扭工字块体质量大于 20t、四角锥体质量大于 40t 时,应考虑配置钢筋或采取其他加强措施。

2)护面块体的垫层块石

护面的异形混凝土块体要有良好的支承面,且孔隙较大,为保护堤心石不被波浪抽走,因此通常使用厚度为两层块石的垫层。块石的大小与护面块体重量有关,一般不应小于护面块体重量的 1/40~1/20。考虑施工的方便和效率,块石也不宜太大。

在可冲刷的地基上建造斜坡堤,其护面块体或水下棱体的大块石均不应直接抛于海底面上,而应在海底面上铺设一层厚度不小于 0.5m 的 10~100kg 块石垫层。

3)堤心石

堤心石的主要作用是构成斜坡堤的基本轮廓,并支承主要防浪层(即护面块垫层石及护面块体)。由于石料用量特别大,通常取用重量范围比较大的不分级块石,常用的为 10~100kg 的块石。

4)其他部位

当防波堤允许少量波浪越顶时,内坡常在某个水位以上采用与堤外相同的护面块体。对于不允许越浪的斜坡堤的内坡坡度可比外坡陡,护面或块石可比外坡选用的小。

堤底垫层是为改善软弱地基的承载能力或透水性而设的,可用碎石或砂,其垫层铺设范围和厚度由对地基的稳定计算而定。

对于建在可冲刷地基上的斜坡堤,堤前应设置护底块石层,其设计要求为:①块石层的宽度,依据堤前水深和流速大小选取,堤身段可采用5～10m,堤头段可采用10～15m;②护底块石可采用1～2层,厚度不宜小于0.5m。对于沙质海底,在护底块石层下设置碎石层,厚度不宜小于0.3m;③斜坡堤前沙质海底的护底范围依据冲刷形态和深度按《防波堤设计和施工规范》(JTJ 298—98)确定。

堤顶胸墙,可以是现场浇筑的,也可以是浆砌块石的。通常采用梯形断面。要求在迎浪斜坡顶的平台能安放两排两层护面块体。胸墙断面应根据波浪力由稳定验算确定。

四、斜坡式防波堤的计算

1.计算内容和计算状态

斜坡堤的设计计算包括下述内容:护面块体的稳定重量和护面层厚度;栅栏板的强度;堤前护底块石的稳定重量;胸墙的强度和抗滑、抗倾稳定性;地基的整体稳定性和地基沉降。

在进行斜坡堤承载能力极限状态设计时,应以设计波高和对应的波长确定的波浪力作为标准值,并应考虑以下三种设计状况及相应的组合。

(1)持久状态,应考虑以下的持久组合:①设计高水位时,波高应采用相应的设计波高;②设计低水位时,波高的采用分为以下两种情况:当有推算的外海设计波浪时,应取设计低水位进行波浪浅水变形分析,求出堤前的设计波高;当只有建筑物附近不分水位统计的设计波浪时,可取与设计高水位时相同的设计波高,但不超过低水位时的浅水极限波高;③极端高水位时,波高应采用相应的设计波高;极端低水位时,可不考虑波浪的作用。

(2)短暂状况,应考虑以下的短暂组合:对未成型的斜坡堤进行施工期复核时,水位可采用设计高水位和设计低水位,波高的重现期可采用2～5年。

(3)偶然状况,在进行斜坡堤整体稳定计算时,应考虑地震作用的偶然组合,水位采用设计低水位,不考虑波浪对堤身的作用,其设计方法应符合现行行业标准《水运工程抗震设计规范》(JTJ 225—98)的有关规定。

2.护面块体稳定性计算

1)护面块体的稳定重力

(1)赫德森(Hudson)公式

最早给出的分析块体稳定重量计算的是伊里巴伦(Iribarren)。他力图用力的平衡来求稳定重力。他认为波浪冲击堤面后,充满在孔隙中的水体释放出来的能量给块体一个离开堤面的力。这个力与块体在水中的重力合成。当块体向斜坡下滑动时,其块体重力的下滑分力与垂直堤面的力产生的摩擦力平衡,于是得到平衡的临界表达式。

赫德森在伊利巴伦研究的基础上进行了大量的试验研究,给出了一种可应用的计算公式。

我国《防波堤设计和施工规范》(JTJ 298—98)采用此式,并表达为:

$$W = 0.1 \frac{\gamma_b H^3}{K_D (S_b - 1)^3 \cot\alpha} \qquad (8\text{-}3\text{-}8)$$

$$S_b = \frac{\gamma_b}{\gamma} \qquad (8\text{-}3\text{-}9)$$

式中：W——单个护面块体的重力（kN）；

γ_b——块体材料的重度（kN/m³）；

γ——水的重度（kN/m³）；

H——设计波高（m）；

K_D——块体稳定系数；

α——斜坡与水平面的夹角（°）。

斜坡式建筑物堤头部分单个块体的质量应予加大，可按上式计算结果增加 20%～30%；位于破碎水深 d_b 处的斜坡建筑物，单个块体还应增加 10%～25%，必要时应通过模型试验确定。

对宽肩台斜坡堤护面块石的重量，可取抛填块石稳定重量的 1/20～1/5，其粒径级配 D_{85}/D_{15} 可取 1.25～2.25。

稳定系数 K_D 是公式使用的关键，与块体及结构形式有关，且限定某种失稳率之下使用。其值按表 8-3-6 采用。

各种块体的容许失稳率 n 及稳定系数 K_D 表　　　　表 8-3-6

护面块体	构造形式	n(%)	K_D	说　明
四脚空心方块	安放一层	0	14	
块石	安放一层	0～1	5.5	
	抛填两层	1～2	4.0	
四脚锥体	安放二层	0～1	8.5	
扭工字块	安放二层	0	18	设计波高 $H \geqslant 7.5\text{m}$ 时
		1	24	设计波高 $H < 7.5\text{m}$ 时
方块	抛填二层	1～2	5.0	
扭王字块体	安放一层	0	18～24	

注：①当设计波高大于 4m 时，不宜选用四脚空心方块护面形式；

②n(%)为护面块体容许失稳率，即表示设计水位上、下各一个设计波高范围内，在波浪打击下移动和滚落的块体个数占此范围内块体总数的百分比。

（2）范德密（Van der Meer）公式

由于赫德森法未能反映波周期、风暴延时和堤身渗透性对护面块重的影响，各国学者为此也提出了许多其他的计算方法，其中最有代表性的是 1987 年提出的范德密（Van der Meer）公式。该公式除考虑赫德森公式中已经考虑的波高、堤身边坡、护面块重度及其稳定特性外，还分别考虑了波浪形态（破碎与否及破碎形态）、波浪周期（或波陡）、风暴延时（波浪作用个数 N）、堤身结构渗透型（渗透系数 P）、波浪作用后堤面破坏水平 S 等的影响。该方法被认为是至今在计算护面块重上考虑因素最多和最全面的一种方法。目前这一方法在西方国家已被广泛应用。

范德密(Van der Meer)公式适用的基本前提是:①护面层由块石组成;②在经受波浪打击时很少越浪或不发生越浪;③堤身边坡是均匀的。在此前提下,按波浪的两种形态——卷破波与激散波(不破波)分别采用两种不同的公式。波浪形态由波相似性参数 ξ_z 确定,见图 8-3-10。

ξ_z 值计算如下式:

$$\xi_z = \tan\alpha/(2\pi H_s/gT_z^2)^{0.5} \tag{8-3-10}$$

式中:α——堤身边坡坡角;

H_s——有效波高;

T_z——上跨零点法确定的波浪平均周期。

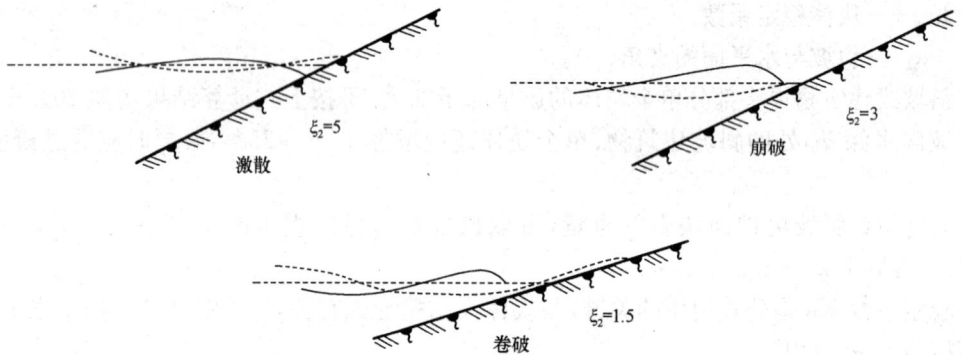

图 8-3-10　波浪的不同形态

护面块重 W_{50} 或块石名义直径 D_{50} 按波浪形态分别由下述公式计算。

当为卷破波时:

$$\frac{H_s}{\Delta D_{50}}\sqrt{\xi_z} = 6.2P^{0.18}\left(\frac{S}{\sqrt{N}}\right)^{0.2} \tag{8-3-11}$$

当为激散波时:

$$\frac{H_s}{\Delta D_{50}} = 1.0P^{-0.13}\left(\frac{S}{\sqrt{N}}\right)^{0.2}(\cot\alpha)^{0.5}\xi_z^P \tag{8-3-12}$$

式中:H_s——堤前有效波高,可取波高统计中最高三分之一大波的均值或按 $H_s=\sqrt{m_0}$(m_0 为谱的零阶矩)算得;

ξ_z——破波相似性参数,由式(8-3-10)确定;

α——坡角,$\cot\alpha$ 值应在 1.5～6 之间;

P——结构的渗透性系数,根据不同结构确定(图 8-3-11);

N——波浪个数(风暴延时),$N=1\,000～7\,000$;

Δ——石块的相对重度,$\Delta=\dfrac{\gamma_s}{\gamma}-1$;

γ_s——石块的重度;

γ——水的重度;

D_{50}——石块的名义直径,$D_{50}=(W_{50}/\gamma_s)^{1/3}$;

W_{50}——重力分布曲线的 50% 值(中值);

S——损坏水平,$S = A/D_{50}^2$;

A——横断面上的冲蚀面积,见图 8-3-12。

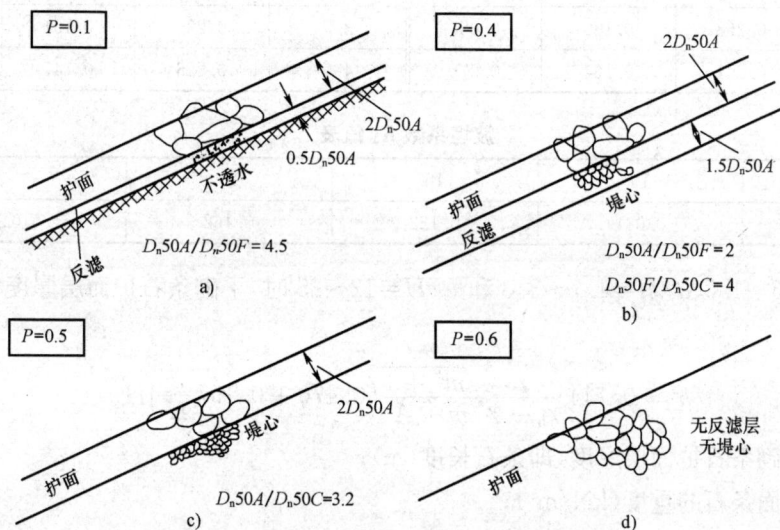

图 8-3-11 渗透性系数 $P(D_{50}A,F,C$ 分别为护面、反滤层及堤心的标称直径)

a)不透水堤心(黏土或沙);b)透水堤心上具有多于一层的护面层;c)透水堤心上加一层两倍直径厚的护面层;d)护面块石组成的均匀结构

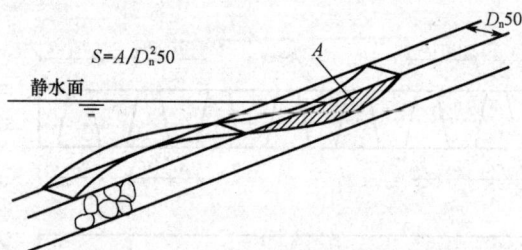

图 8-3-12 冲蚀面积和损坏水平 S

2)砌石护面厚度 h 的计算

砌石可为干砌或浆砌,干砌块石厚度和设置排水孔的浆砌块石厚度均可按下式计算:

$$h = 1.3 \frac{\gamma}{\gamma_b - \gamma} H(K_{md} + K_\delta) \frac{\sqrt{m^2+1}}{m} \tag{8-3-13}$$

$$m = \cot\alpha \tag{8-3-14}$$

式中:h——块石厚度(m);

H——计算波高(m);当 $d/L \geqslant 0.125$ 时,取 $H_{5\%}$;当 $d/L < 0.125$ 时,取 $H_{13\%}$;

K_{md}——与斜坡的 m 值和堤前相对水深 d/H 值有关的系数(d 为堤前水深),见表 8-3-7;

K_δ——波坦系数,见表 8-3-8;

其他符号意义同前。

系 数 K_{md} 值 表   表 8-3-7

m / d/H	1.5	2	3	m / d/H	1.5	2	3
1.5	0.311	0.238	0.130	3.0	0.235	0.156	0.070
2.0	0.258	0.180	0.087	3.5	0.229	0.151	0.067
2.5	0.242	0.164	0.076	4.0	0.226	0.147	0.065

波坦系数 K_δ 值表   表 8-3-8

L/H	10	15	20	25
K_δ	0.081	0.122	0.162	0.202

当 $m=0.6\sim1.5$、$d/H=1.7\sim3.3$ 和 $L/H=12\sim25$ 时,干砌条石护面层厚度 h 可按下式计算:

$$h = 0.744\frac{\gamma}{\gamma_b - \gamma}\frac{\sqrt{m^2+1}}{m+A}\left(0.476 + 0.157\frac{d}{H}\right)H \qquad (8\text{-}3\text{-}15)$$

式中:h——干砌条石护面层厚度,即条石长度(m);

γ_b——护面条石的重度(kN/m³);

A——系数,斜缝干砌可取 1.2,平缝干砌可取 0.85;

m——坡度系数,取 $0.8\sim1.5$。

3)栅栏板护面设计

当斜坡堤采用栅栏板(图 8-3-13)护面时,栅栏板的平面尺寸、厚度及波压力的设计值,应符合下述规定。

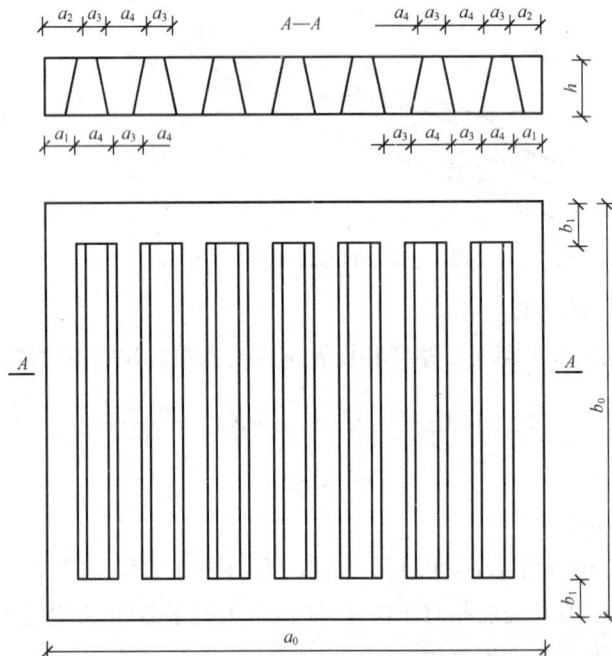

图 8-3-13 栅栏板结构图

栅栏板的平面形状宜采用长方形,其长边与短边的比值可取为 1.25,栅栏板的平面尺寸与设计波高的关系可按下列公式计算:

$$a_0 = 1.25H \tag{8-3-16}$$

$$b_0 = 1.0H \tag{8-3-17}$$

式中:a_0——栅栏板长边,沿斜坡方向布置(m);

b_0——栅栏板短边,沿堤轴线方向布置(m)。

栅栏板的空隙率 P' 宜采用 33%～39%,当 $P'=37\%$ 时的细部尺度可按《防波堤设计和施工规范》(JTJ 298—98)计算。

当斜坡堤的坡度系数 $m=1.5～2.5$ 时栅栏板的厚度 h 可按下式计算:

$$h = 0.235 \frac{\gamma}{\gamma_b - \gamma} \times \frac{0.61 + 0.13 d/H}{m^{0.27}} H \tag{8-3-18}$$

作用于栅栏板面上的最大正向波压强度 P_M(kPa)为:

$$P_M = 0.85\gamma H \tag{8-3-19}$$

3.堤顶胸墙的设计计算(图 8-3-14)

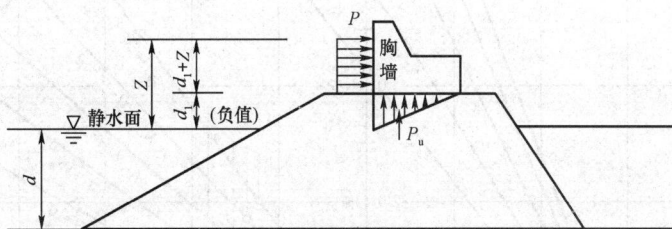

图 8-3-14　波峰作用时胸墙波压力图

堤顶胸墙所受波浪作用,可能是整个波浪水体的冲击,也可能是射流或水股的冲击。

通常只计算波峰作用,且计算无因次参数 $\xi \leqslant \xi_b$ 的情况(图 8-3-14),其中 $\xi = \left(\dfrac{d_1}{d}\right)\left(\dfrac{d}{H}\right)^{2\pi\frac{H}{L}}$,$\xi_b = 3.29\left(\dfrac{H}{L} + 0.043\right)$。平均波压强度 $\bar{p}$(kPa)为:

$$\bar{p} = 0.24\gamma H K_p \tag{8-3-20}$$

式中:K_p——是与无因次参数 ξ 和波坦 L/H 有关的平均压强系数,可由图 8-3-15 查得。

胸墙上的波压力分布高度为:

$$d_1 + Z = H K_z \text{th} \frac{2\pi d}{L} \tag{8-3-21}$$

其中 K_z 与无因次参数 ξ 和波坦 L/H 有关,可用图 8-3-15 查得。

于是单位长度胸墙所受总波浪力 P(kN/m)为:

$$P = \bar{p}(d_1 + Z) \tag{8-3-22}$$

单位长度胸墙底部波浪浮托力 P_u(kN/m)为:

$$P_u = \mu \frac{b\bar{p}}{2} \tag{8-3-23}$$

式中:P_u——胸墙底面上的波浪浮托力(kN/m);

μ——波浪浮托力折减系数,取 0.7。

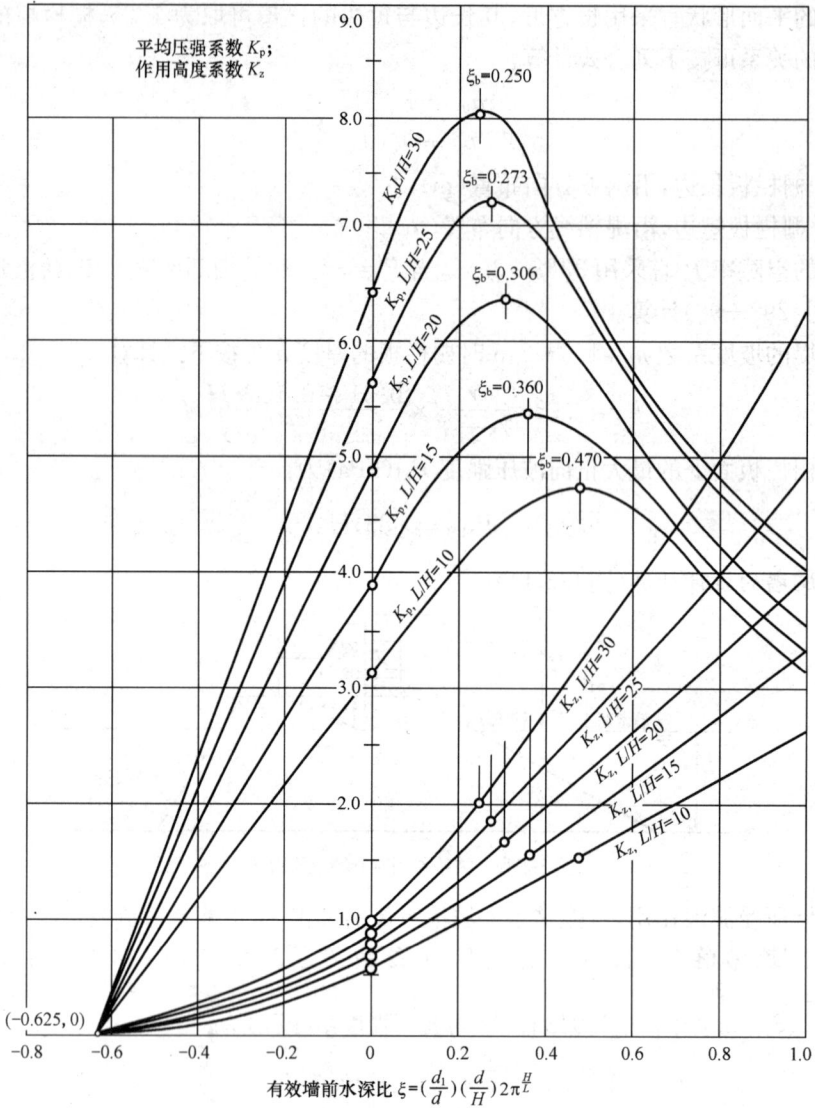

图 8-3-15　不同波坦情况下 K_p、$K_z \sim \xi$ 曲线

上述各式引用的量 d_1、Z 均见图 8-3-14。但应注意,当静水面低于胸墙底高程时,d_1 取负值。

求得波压力之后,将这压力作为荷载,应对胸墙进行抗滑、抗倾稳定验算。

沿墙底抗滑稳定性的承载能力极限状态设计表达式如下:

$$\gamma_0 \gamma_p P \leqslant (\gamma_G G - \gamma_u P_u) f + \gamma_E E_b \qquad (8\text{-}3\text{-}24)$$

式中:G——胸墙自重力标准值(kN);

　　P——作用在胸墙海侧面上的水平波浪力标准值(kN);

　　P_u——作用在胸墙底面上的波浪浮托力标准值(kN);

　　E_b——胸墙底面埋深大于等于 1m 时,内侧面地基土或填石的被动土压力(kN),可按有关公式计算并乘以折减系数 0.3 作为标准值;

γ_0——结构重要性系数；

γ_p——水平波浪力分项系数；

γ_u——波浪浮托力分项系数；

γ_G——自重力分项系数，取 1.0；

γ_E——土压力分项系数，取 1.0；

f——胸墙底面摩擦系数设计值。

沿墙底抗倾稳定性的承载能力极限状态设计表达式如下：

$$\gamma_0(\gamma_p M_p + \gamma_u M_u) \leqslant \frac{1}{\gamma_d}(\gamma_G M_G + \gamma_E M_E) \tag{8-3-25}$$

式中：M_p——水平波浪力的标准值对胸墙后趾的倾覆力矩（kN·m）；

M_u——波浪浮托力的标准值对胸墙后趾的倾覆力矩（kN·m）；

M_G——胸墙自重力标准值对胸墙后趾的稳定力矩（kN·m）；

M_E——土压力的标准值对胸墙后趾底面的稳定力矩（kN·m）；

γ_d——结构系数，取 1.25。

在抗滑、抗倾稳定性极限状态设计表达式中，分项系数 γ_p、γ_u 按表 8-3-9 采用；对持久状态中的极端高水位组合情况，其分项系数可采用短暂组合时的数值。γ_0 和 f 可分别查表 1-2-3 和表 2-3-6。

水平波浪力和波浪浮托力分项系数

表 8-3-9

稳 定 情 况	水平波浪力分项系数 γ_p		波浪浮托力分项系数 γ_u	
	持久组合	短暂组合	持久组合	短暂组合
抗滑	1.3	1.2	1.1	1.0
抗倾	1.3	1.2	1.1	1.0

注：①持久组合采用设计高、低水位时，按表取值；

②持久组合采用极端水位时，取表中短暂组合值。

4. 斜坡堤护面层厚度、人工块体个数、混凝土用量

护面层厚度 h(m) 为：

$$h = n'c\left(\frac{W}{0.1\gamma_b}\right)^{1/3} \tag{8-3-26}$$

使用人工块体个数 N 为：

$$N = An'c(1-P')\left(\frac{0.1\gamma_b}{W}\right)^{2/3} \tag{8-3-27}$$

人工护面块体混凝土用量 Q(m³) 按下式计算：

$$Q = N\frac{W}{0.1\gamma_b} \tag{8-3-28}$$

式中：n'——护面块体层数；

c——块体形状系数，见表 8-3-10；

A——垂直于厚度的护面层平均面积（m²）；

P'——护面层的空隙率(%),见表 8-3-10;

其他符号意义同前。

块体形状系数 c 和护面块体空隙率 P' 表 8-3-10

护面块体	构造形式	c	$P'(\%)$	说　明
块石	填抛两层	1.0	40	—
	立放一层	1.3～1.4	—	—
四脚锥体	安放两层	1.0	50	—
扭工字块体	安放两层	1.2	60	随机安放
		1.1	60	规则安放
扭王字块体	安放一层	1.36	50	随机安放

5. 斜坡堤前护底块石的重量与厚度

同直立堤一样,首先求出堤前最大波浪底流速,其计算式同式(8-2-48),然后查表 8-2-5 确定堤前护底块石的稳定重量。

6. 地基整体稳定性验算

防波堤的整体稳定验算仍采用圆弧滑动法,验算时,圆心一般取在堤内侧。有软土夹层等情况时,适宜用非圆弧滑动面方法计算。一般采用设计低水位,波浪作用可不计入。当地基整体稳定性不能满足要求时,可修改堤的断面设计,如放缓边坡、在堤两侧设置反压台等;也可进行地基加固。港口工程中采用的软基加固方法有:抛石挤淤、爆炸排淤、排水砂垫层、土工布、排水砂井和塑料排水板等。

五、算例

某工程输油管线引堤为顶部带胸墙的斜坡式防波堤(图 8-3-16),试进行除地基稳定性和沉降以外的计算。

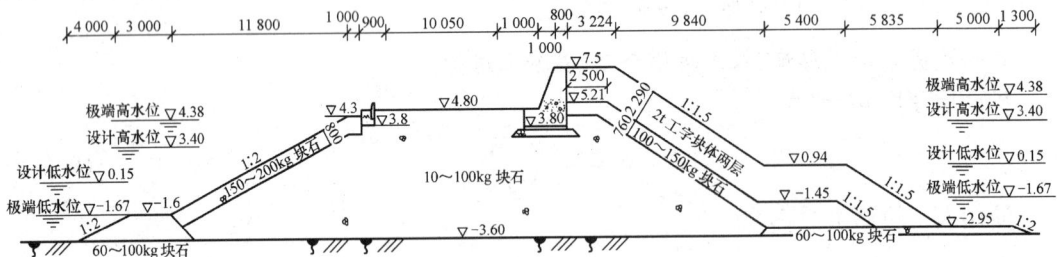

图 8-3-16　斜坡式防波堤断面图(尺寸单位:mm;高程单位:m)

1. 设计条件

1)设计水位

设计高水位:3.40m;设计低水位:0.15m;极端高水位:4.38m;极端低水位:−1.67m。

2)设计波浪要素

重现期为 50 年,堤前水深−3.6m;

设计高水位时:$H_{13\%}=2.9$m,$H_{1\%}=3.9$m,$\overline{T}=6.8$s,$L=50.58$m;

设计低水位时:$H_{13\%}=2.4$m,$\overline{T}=6.8$s,$L=38.99$m;

极端高水位时：$H_{13\%}=3.0\text{m}$，$H_{1\%}=4.2\text{m}$，$\overline{T}=6.8\text{s}$，$L=53.19\text{m}$；

重现期为 5 年；

设计高水位时：$H_1=2.3\text{m}$ $\overline{T}=5.5\text{s}$ $L=38.47\text{m}$。

3）地质

防波堤范围内表层为淤泥质黏土，厚 6m，水下重度 $\gamma'=7.3\text{kN/m}^3$，快剪 $\varphi_q=3°$，$C_q=18\text{kPa}$；固结快剪 $\varphi_{cq}=16.5°$，$C_{cq}=10\text{kPa}$；其下为亚黏土，厚 8m，$\gamma'=9.4\text{kN/m}^3$，快剪 $\varphi_q=18°$，$C_q=18\text{kPa}$；固结快剪 $\varphi_{cq}=22°$，$C_{cq}=19\text{kPa}$。再其下为风化岩。

4）地震

该地区地震基本烈度为 6 度。

5）结构安全等级

结构安全等级采用二级。

2. **断面尺度的确定**

1）胸墙顶高程

根据《防波堤设计与施工规范》（JTJ 298—98）的有关规定：

$$胸墙顶高程 = 设计高水位 + 1.25H_{13\%}$$

$$= 3.40 + 1.25 \times 2.9 = 7.03\text{m}$$

根据《海港水文规范》（JTJ 213—98）有关规定，按波浪爬高确定其胸墙顶高程，具体按式（8-3-2）～式（8-3-6）计算。以设计高水位（3.40m）为例，已知 $H=2.9\text{m}$，$L=50.58\text{m}$，$d=3.4+3.6=7.0\text{m}$，扭工字块体（安放二层）$K_\Delta=0.38$，由表 8-3-1 查得系数 $K_1=1.24$、$K_2=1.029$、$K_3=4.98$，斜坡的 $m=1.5$，故

$$M = \frac{1}{1.5}\left(\frac{50.58}{2.9}\right)^{1/2}\left(\text{th}\frac{2\pi \times 7.0}{50.58}\right)^{-1/2} = 3.325$$

$$(R_1)m = \frac{4.98}{2}\text{th}\frac{2\pi \times 7.0}{50.58}\left[1+\frac{\frac{4\pi \times 7.0/50.58}{\text{sh}\frac{4\pi \times 7.0}{50.58}}}{}\right] = 2.847\text{m}$$

$$R(M) = 1.09 \times 3.325^{3.32}\exp(-1.25 \times 3.325) = 0.922$$

$$R_1 = 1.24\text{th}(0.432 \times 3.325) + [2.847-1.029] \times 0.922 = 2.783\text{m}$$

$$R = K_\Delta R_1 H = 0.38 \times 2.783 \times 2.9 = 3.07\text{m}$$

故按波浪爬高确定的胸墙顶高程为：

$$3.40 + 3.07 = 6.47\text{m}$$

同理可求得极端高水位（4.38m）时按波浪爬高确定的胸墙顶高程为：

$$4.38 + 4.26 = 7.64\text{m}$$

经综合分析比较后，确定该胸墙顶高程为 7.50m。

2）堤顶宽度

根据构造和工艺及使用要求综合确定。

按构造要求：

设计高水位时： $\qquad B=1.25H_{13\%}=1.25\times2.9=3.63\text{m}$

极端高水位时： $\qquad B=1.25H_{13\%}=1.25\times3.0=3.75\text{m}$

根据工艺及使用要求(有效宽度)： $\qquad B'=11.05\text{m}$

取堤顶宽度为 11.05m(有效宽度)。

3. 护面块体稳定重量和护面层厚度

1)护面块体稳定用量 W

按式(8-3-8)和式(8-3-9)计算。已知扭工字块体 $\gamma_b=23\text{kN/m}^3$，设计波高 $H=3.0\text{m}$，海水重度 $\gamma=10.25\text{kN/m}^3$，斜坡的 $m=1.5$，块体稳定系数 $K_D=24$，故

$$W=0.1\frac{23\times3.0^3}{24\left(\dfrac{23}{10.25}-1\right)^3\times1.5}=0.9\text{t}$$

根据技术经济综合分析比较后，确定堤头、堤身采用 2t 的扭工字块体(安放两层)。

2)护面层厚度 h

按式(8-3-26)计算。已知护面块体层数 $n'=2$，块体形状系数(表 8-3-10)$C=1.2$，故

$$h=2\times1.2\left(\frac{2}{0.1\times23}\right)^{1/3}=2.29\text{m}$$

4. 垫层块石的重量和厚度 h

垫层块石重量取护面块体的 $1/20\sim1/10$，即 $0.1\sim0.2\text{t}$。

垫层块石厚仍按式(8-3-26)计算，已知垫层块体层数 $n'=2$，块石形状系数 $C=1.0$，垫层块石重度 $\gamma_b=26.5\text{kN/m}^3$，故

$$h=2\times1.0\left(\frac{0.1\sim0.2}{0.1\times26.5}\right)^{1/3}=0.67\sim0.85\text{m}$$

取 $h=0.75\text{m}$。

5. 堤前护底块石的稳定重量和厚度

1)堤前最大波浪底流速 $V_{\max}$

按式(8-2-48)计算，经比较取设计低水位(0.15m)情况。已知 $H_{13\%}=2.4\text{m}$，$\overline{T}=6.8\text{s}$，$L=38.99\text{m}$，$d=3.6+0.15=3.75\text{m}$，故

$$V_{\max}=\frac{\pi\times2.4}{\sqrt{\dfrac{\pi\times38.99}{9.80}\,\text{sh}\dfrac{4\pi\times3.75}{38.99}}}=1.73\text{m/s}$$

2)护底块石的稳定重量和厚度

根据堤前最大波浪底流速查表 8-2-5，选用 $60\sim100\text{kg}$ 块石，经计算，厚度取 60cm。

6. 胸墙的作用标准值计算及相应组合

考虑持久组合(设计高水位)、持久组合(极端高水位)、短暂组合(施工期)三种组合情况，以持久组合(设计高水位)为例，计算胸墙作用的标准值及其产生的力矩。

1)胸墙的作用标准值计算(图 8-3-17)

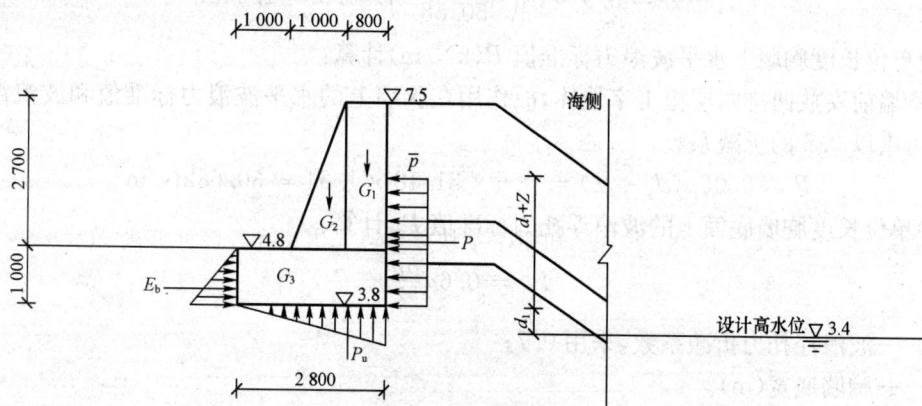

图 8-3-17　胸墙的作用标准值计算图(尺寸单位:mm;高程单位:m)

(1)单位长度胸墙上自重力标准值 $G(kN/m)$ 计算:

$$G_1 = 0.8 \times 2.7 \times 23 = 49.68kN/m$$

$$G_2 = \frac{1}{2} \times 1.0 \times 2.7 \times 23 = 31.05kN/m$$

$$G_3 = 2.8 \times 1.0 \times 23 = 64.4kN/m$$

$$G = G_1 + G_2 + G_3 = 145.13kN/m$$

(2)无因次参数 ξ、ξ_b 按《海港水文规范》(JTJ 213—98)中式(8.2.11-2)和式(8.2.11-3)计算:

$$\xi = \left(\frac{d_1}{d}\right)\left(\frac{d}{H}\right)^{2\pi H/L}$$

$$\xi_b = 3.29\left(\frac{H}{L} + 0.043\right)$$

式中:d_1——胸墙前水深(m),当静水面在胸墙底面以下时,d_1 为负值,$d_1 = 3.4 - 3.8 = -0.4(m)$;

d——堤前水深(m),$d = 3.6 + 3.4 = 7.0m$;

H——设计波高(m),$H_{1\%} = 3.9m$;

L——波长(m),$L = 50.58m$。

$$\xi = \left(\frac{-0.4}{7.0}\right)\left(\frac{7.0}{3.9}\right)^{2\pi\frac{3.9}{50.58}} = -0.076$$

$$\xi_b = 3.29\left(\frac{H}{L} + 0.043\right) = 3.29\left(\frac{3.9}{50.58} + 0.043\right) = 0.395$$

(3)波峰作用时胸墙上平均压力强度 $\overline{P}$ 计算:

由于 $\xi < \xi_b$,可按式(8-3-20)计算,已知海水重度 $\gamma = 10.25kN/m^3$,由 $L/H = 12.97$、$\xi = -0.076$ 查图 8-3-15 得平均压强系数 $K_P = 3.25$,故

$$\overline{P} = 0.24 \times 10.25 \times 3.9 \times 3.25 = 31.18kPa$$

(4)胸墙上波压力分布高度 $(d_1 + Z)$ 计算:

按式(8-3-21)计算,由图 8-3-15 查得波压力作用高度系数 $K_z = 0.6$,故

$$d_1 + Z = 3.9 \times \text{th}\left(\frac{2\pi \times 7.0}{50.58}\right) \times 0.6 = 1.64\text{m}$$

(5)单位长度胸墙上水平波浪力标准值 $P(\text{kN/m})$ 计算：

因胸墙前安放两排两层扭工字块体，故作用在胸墙上的水平波浪力标准值和波浪浮托力标准值可乘以 0.6 的折减系数。

$$P = 0.06\bar{p}(d_1 + Z) = 0.6 \times 31.18 \times 1.64 = 30.68\text{kN/m}$$

(6)单位长度胸墙底面上的波浪浮托力标准值 P_u 计算：

$$P_u = 0.6\mu \frac{b\bar{p}}{2}$$

式中：μ——波浪浮托力折减系数，采用 0.7；

b——胸墙底宽(m)。

$$P_u = 0.6 \times 0.7 \times \frac{2.8 \times 31.18}{2} = 18.33\text{kN/m}$$

(7)单位长度胸墙内侧土压力标准值 E_b 计算：

当胸墙底面埋深$\geqslant 1.0\text{m}$ 时，内侧地基土或填石的被动土压力可按有关公式计算并乘以 0.3 折减系数作为土压力标准值。

墙后填石：$\varphi = 45°$，$\gamma = 18\text{kN/m}^3$

$$K_p = \tan^2\left(45° + \frac{\varphi}{2}\right) = \tan^2\left(45° + \frac{45°}{2}\right) = 5.827$$

$$e_p = \gamma h K_p = 18 \times 1.0 \times 5.827 = 104.89\text{kPa}$$

$$E_b = \frac{1}{2}e_p h \times 0.3 = \frac{1}{2} \times 104.89 \times 1.0 \times 0.3 = 15.73\text{kN/m}$$

2)胸墙作用标准值产生的力矩

(1)单位长度胸墙自重力标准值对胸墙后趾的稳定力矩 M_G 计算：

$$M_G = 49.68\left(1.0 + 1.0 + \frac{0.8}{2}\right) + 31.05\left(1.0 + \frac{2 \times 1.0}{3}\right) + 64.4 \times \frac{2.8}{2}$$

$$= 261.14\text{kN} \cdot \text{m/m}$$

(2)单位长度胸墙上水平波浪力标准值对胸墙后趾的倾覆力矩 M_P 计算：

$$M_P = P \times \frac{d_1 + Z}{2} = 30.68 \times \frac{1.64}{2} = 25.16\text{kN} \cdot \text{m/m}$$

(3)单位长度胸墙上波浪浮托力标准值对胸墙后趾的倾覆力矩 M_u 计算：

$$M_u = P_u \times \frac{3}{2}b = 18.33 \times \frac{2 \times 2.8}{2} = 34.22\text{kN} \cdot \text{m/m}$$

(4)单位长度土压力标准值对胸墙后趾的稳定力矩 M_E 计算：

$$M_E = E_b \times \frac{h}{3} = 15.73 \times \frac{1.0}{3} = 5.24\text{kN} \cdot \text{m/m}$$

7.胸墙的抗滑、抗倾稳定性验算

仍以持久组合、设计高水位(3.4m)为例。

(1)沿墙底抗滑稳定性按式(8-3-24)验算，即

$$\gamma_0 \gamma_b P \leqslant (\gamma_G G - \gamma_u P_u)f + \gamma_E E_b$$

将前面求得的各项结果代入上式,则

左式＝1.0×1.3×30.68＝39.88kN

右式＝(1.0×145.13－1.1×18.33)×0.6＋1.0×15.73＝90.71kN

左式＜右式,满足抗滑稳定要求。

(2)沿墙底抗倾稳定性按式(8-3-25)验算,即

$$\gamma_0(\gamma_p M_p + \gamma_u M_u) \leqslant \frac{1}{\gamma_d}(\gamma_G M_G + \gamma_E M_E)$$

将前面求得的各项结果代入上式,则

左式＝1.0(1.3×25.16＋1.1×34.2)＝70.35kN·m

右式＝$\frac{1}{1.25}$(1.0×261.14＋1.0×5.24)＝213.10kN·m

左式＜右式,满足抗倾稳定要求。

同样可对持久组合(极端高水位)和短暂组合(施工期)按6、7的步骤进行计算,经验算,胸墙满足稳定要求。

第四节　其他形式防波堤*

全球经济一体化引起世界贸易额的增长,为降低水运成本也引起船舶的大型化,海岸自然资源被不断开发利用,优良的港湾已被开发殆尽,新建港口不得不向环境恶劣的海域发展,在水深浪大、地质条件复杂的海域建设防波堤成为不可避免的趋势。因此,寻求合理、可靠的结构形式和可行的施工方法,保证其使用功能并降低造价,已为世界各国工程界所重视。半圆形结构防波堤和梳式防波堤就是应运而生的两种结构新形式。此外,还出现了适用于加固已有直立堤的水平混合式防波堤等。

一、半圆形结构防波堤

1. 半圆形防波堤的发展与特点

半圆形防波堤是日本开发的一种新结构形式,1985年进行开发和研究,1993年在日本宫崎港建造了半圆形防波堤的试验堤。我国最早建成的半圆形防波堤是天津港南疆横堤工程,横堤全长527m,建于1997年。其堤身断面见图8-4-1。该防波堤的设计波高 $H_{1\%}=2.7$ m, $T=7.2$ s。半圆形防波堤的堤顶高程为5.5m,半圆形构件的半径为4.5m,拱圈厚550mm,底板厚750mm。拱圈临海一侧开设直径150mm的泄气孔,开孔率约为5%。底板上开设有直径250mm的泄压孔,开孔率为11%。受起重能力限制,半圆形构件的纵向长度为2.4m,每个构件约80t。1998年建设的长江口深水航道治理工程一期工程,其中南导堤有17.5km的堤段也采用了半圆形结构(图8-4-2)。该半圆形导堤的堤顶高程为2.0m,设计采用半径为4.0m的半圆形构件,构件高4.5m,坐落在高程为－2.5m的抛石基床顶面。拱圈厚750mm,底板厚1250mm。半圆形构件的纵长为4.0m,每个构件的拱圈外侧有3排5φ300mm的泄气孔,开孔率4.7%;底板上设有5排9φ300mm的泄气孔,开孔率为11.3%。每个构件180t。半圆形构件底板部位的内、外两侧有100~200kg的块石棱体。

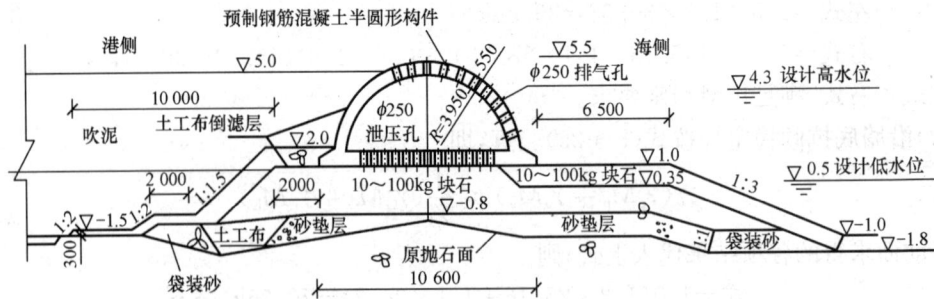

图 8-4-1 天津新港南疆半圆形防波堤(尺寸单位:mm;高程单位:m)

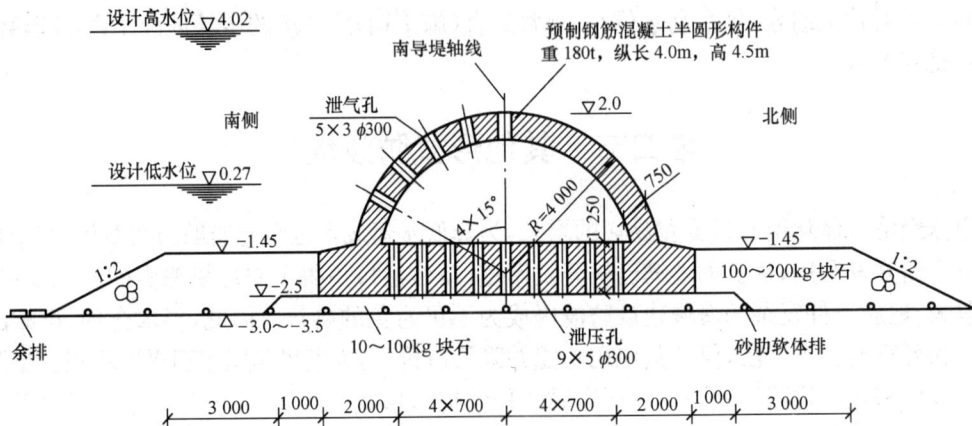

图 8-4-2 长江口南导堤半圆形堤断面图(尺寸单位:mm;高程单位:m)

半圆形结构的堤身为由半圆形拱圈和底板组成的预制钢筋混凝土构件,堤身坐落在抛石基床上。这种结构的受力特点是:作用于半圆形构件上的波浪力均指向圆心,因而只产生较小的总水平力;在底板上形成比较均匀的压强分布;底板设孔使波浪浮托力大为减小;因此断面比较经济。此外半圆形构件安放后,无后续的填石、现浇混凝土等工序,安放后即可承受大浪作用,施工简便;必要时可以吊起,移位安放;以及景观效果好。这种结构的缺点是越浪和堤内波高较大。半圆形结构防波堤适用于水深不大(一般<10m)的波浪破碎区。天津港南疆半圆形防波堤经受了 1997 年 11 号台风的考验(堤身未发生位移),而且比传统的斜坡式堤节约投资 21%。

对半圆形结构,采用不同的直径会对整个结构的经济合理性产生较大影响。半径小,将增加抛石基床和两侧护肩的高度;半径大,会增加钢筋混凝土的用量及减小半圆形构件的分段长度,增加吊运安装个数,增大抛石基床宽度。另外,还要根据半圆形结构所受外力大小和地基承载能力考虑是否需要设置前后趾。因此宜进行技术经济比较优化断面尺寸。此外,在半圆形构件底板部位两侧抛石,抬高坡肩(如长江口深水航道南导堤)产生土抗力,对增加半圆形构件的抗滑稳定性也非常有利。

2.计算

作为一种新的结构形式,半圆形防波堤的计算还不成熟,目前多采用经验计算方法。

1)半圆形防波堤上的波浪力

一般采用对直立堤的合田良实公式进行修正后的经验公式来计算作用于半圆形构件的波峰压力。

第一步,首先将半圆堤视为直立墙,用合田良实公式计算,当波峰作用时,直立堤上的波压力(图 8-4-3)为:

$$\eta = 0.75(1 + \cos\beta)H \tag{8-4-1}$$

$$p_S = 0.5(1 + \cos\beta)\alpha_0\gamma_0 H \tag{8-4-2}$$

$$p_b = \alpha_1 p_S \tag{8-4-3}$$

$$\alpha_0 = 0.6 + \frac{1}{2}\left[\frac{4\pi d/L}{\sinh(4\pi d/L)}\right] \tag{8-4-4}$$

$$\alpha_1 = 1 - \frac{d_1}{d}\left[1 - \frac{1}{\cosh(2\pi d/L)}\right] \tag{8-4-5}$$

式中:H——设计波高(m);

η——波压力零点在静水面以上的高度(m);

p_S——静水面处的波浪压力(kPa);

γ_0——海水重度(kN/m³);

p_b——直墙底面处的波浪压力(kPa);

β——波向与防波堤法向间的夹角(°);

d_1——直立墙底面以上水深(m);

d——堤前水深(m)。

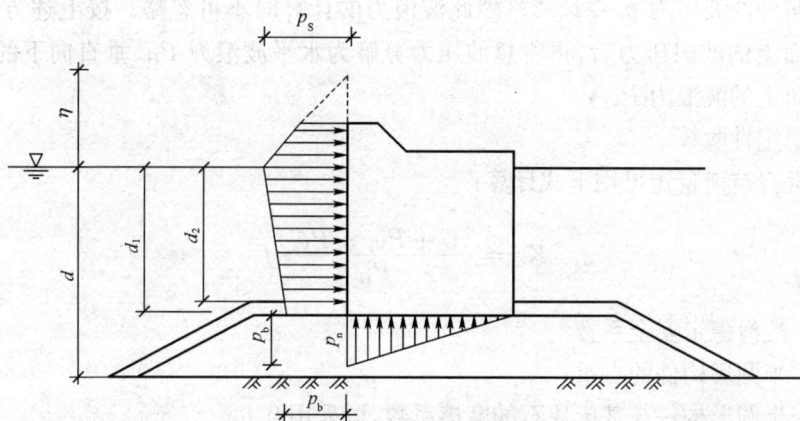

图 8-4-3 波峰作用时波压力分布图(合田良实法)

第二步,将波峰压力作用于直立墙上的各点对应于半圆形堤弧面上同一高度的各点压力进行相位修正(图 8-4-4):

$$\left.\begin{array}{l} \eta' = \eta \\ p'_s = p_s \\ p'_b = \lambda_p \cdot p_b \end{array}\right\} \tag{8-4-6}$$

式中：λ_p——相位修正系数，对出水堤，$\lambda_p = \cos^4(2\pi\Delta/L)$；对潜堤，$\lambda_p = \cos(2\pi\Delta/L)$。

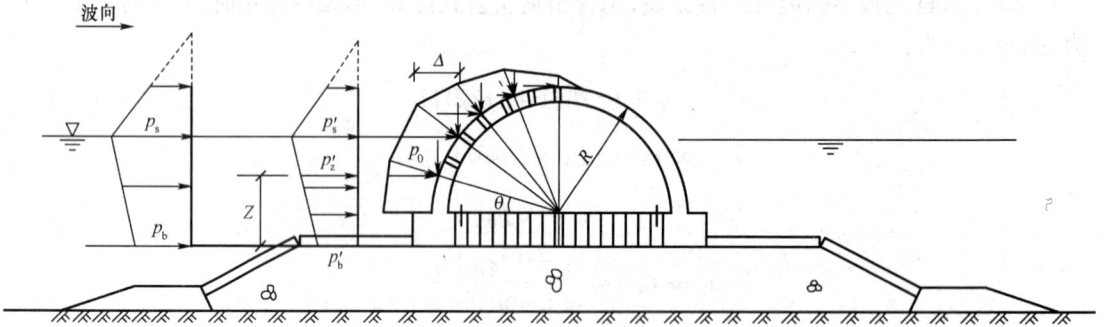

图 8-4-4 半圆形防波堤波压力分布图

其中 Δ 为在半圆形堤面上 p'_s 与 p'_b 作用点间的水平距离，p'_s 作用点即堤面与静水面的交点。修正后的波压力以 p'_z 表示，z 为自半圆体底面起算的高度。

第三步，因作用于半圆形堤面上的波压力 p_θ 其方向均应指向圆心，因此还需对其各点上的水平波压力进行角度修正：

$$p_\theta = p'_z \cos\theta \tag{8-4-7}$$

式中：θ——波压力作用点的圆心角。

另外，国内试验结果表明，堤顶在淹没情况下，当半圆体底板开孔率大于 10% 时，拱圈里侧将作用有向外的波压力 $p_0 = p_u/2$。因此波浪力的计算时不可忽略。按上述方法求得作用于半圆形堤面上的波浪压力后，再将总波压力分解为水平波浪力 P_H、垂直向下的波浪力 P_{V1} 及拱圈里面向上的波浪力 P_{V2}。

2）抗滑稳定性验算

半圆体堤身抗滑稳定可用下式计算：

$$K_S = \frac{(G + P_{V1} - P_{V2})}{P_H} f \tag{8-4-8}$$

式中：K_S——抗滑稳定安全系数；

G——半圆形构件的自重；

f——半圆形构件与基床块石的摩擦系数，可采用 0.6。

3）半圆形构件的内力计算

由于构件内力计算比较复杂，一般采用有限元程序对半圆形构件进行整体三维内力分析，将抛石基床的作用简化为弹性地基，计算中考虑不同水位波峰和波谷作用的荷载情况。

二、梳式防波堤

1.梳式防波堤的开发和特点

梳式防波堤是在大连港大窑湾防波堤建设过程中开发研究出来的防波堤新形式。"七五"以来,结合大连市大窑湾港区的开辟,将建设 3 座防波堤。按传统的直立式实体防波堤建设,将引起口门处流速超过国际公认的允许流速,设计波高将增加 50%,且需对软弱土层进行大挖大填,导致工程投资大幅度增加。为了在保证防波堤使用功能的前提下,大幅度降低造价,进行了梳式防波堤的开发。

梳式防波堤是将传统的方沉箱防波堤中的方沉箱按适当比例取出代之以沉箱翼板,在平面上形成梳齿状的直立防波堤,故称梳式防波堤(图 8-4-5)。该形式防波堤在大窑湾岛堤建设中得到了成功应用。大窑湾梳式岛堤长 643.75m,堤顶高程 9.0m,堤底高程−11.0m。堤身主体采用矩形钢筋混凝土沉箱。沉箱主尺度:长(堤轴线方向)×宽×高＝12.0m×16.0m×14.0m。两侧各设宽 3.0m 翼板,板顶与箱顶齐平,板底高程−3.0m。箱体质量为 1 600t。翼板底至海底 7m,即形成 6m×7m 的空洞。由于波浪能量的 98%集中在水面下 3 倍波高范围内,空洞的存在对防止波能进入港内影响不大(为了消除此影响,保证防波堤的使用功能,堤顶加高 1m,但总水平力却大为降低),但可以透流,降低口门流速和进行水体交换保护海洋环境。沉箱顶高程 3.0m,其上设现浇混凝土胸墙,胸墙采用阶梯形。沉箱底下设抛石基床至砂卵石持力层顶面,持力层下卧次生红色亚黏土原状保留。大连港大窑湾岛堤断面图见图 8-4-6。

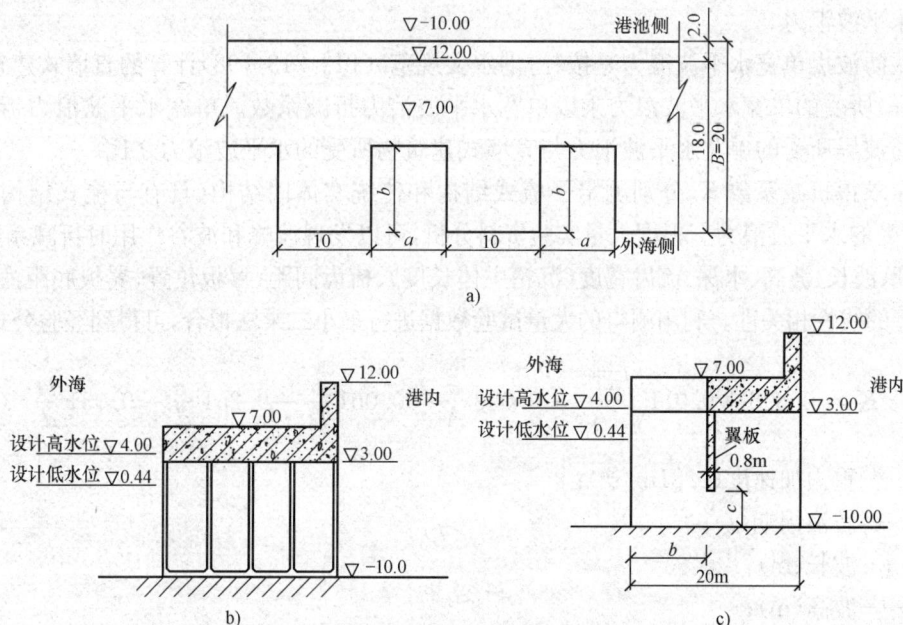

图 8-4-5　梳式结构图(高程单位:m)

a)梳式结构平面图;b)沉箱主体断面图;c)翼板断面图

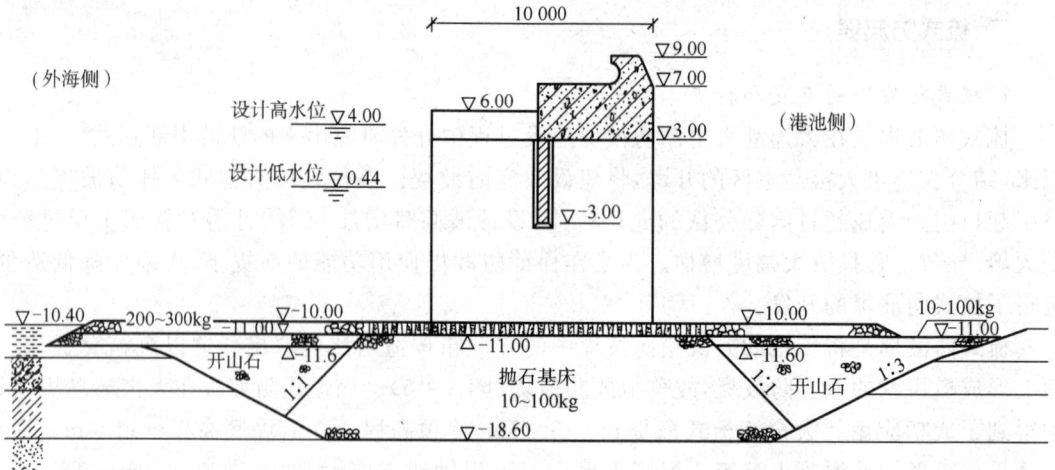

图 8-4-6   大连港大窑湾岛堤断面图(尺寸单位:mm 高程单位:m)

该防波堤建成后,消减波浪力 27%～38%,降低反射系数到 0.4 以下,并有效地降低地基应力,大幅度减少了工程投资,具有消浪、轻型、便于透流等特点。

2.计算

在防波堤设计中水平波浪力是控制荷载,而波浪反射率是消浪结构的重要指标。但由于梳式结构的水平波浪力和波浪反射率用理论方法尚难推算,本章文献[13]介绍了在大量试验资料的基础上提出的经验公式。

1)水平波浪力

梳式防波堤单宽水平波浪力是按《海港水文规范》(JTJ 213—98)计算的直墙式建筑物(传统直立堤)所受的单宽水平波浪力乘以单宽水平波浪力折减系数。单宽水平波浪力折减系数是梳式防波堤所受的单宽水平波浪力与直墙式建筑物所受的水平波浪力之比。

为了求得折减系数 K,分别测定了梳式结构和传统实体墙结构(具有与梳式结构相同的胸墙)所受的水平波浪力。根据大量实验资料分析,可以发现波峰和波谷作用时折减系数 K 与波浪周期、波长、波高、水深、梳齿宽度(沉箱主体长度)、梳齿间距、翼板位置、翼板底距海底高度具有良好的线性相关性。利用测得的大量试验数据进行最小二乘法拟合,可得到经验公式如下:

$$K = 0.898 + 0.011\sqrt{\frac{gT^2}{A}} - 0.098\frac{a}{A} - 0.061\frac{b}{L} - 0.261\frac{c}{d} - 0.031\frac{H}{d} \quad (8\text{-}4\text{-}9)$$

式中:g——重力加速度(9.81m/s^2);

T——波浪周期(s);

L——波长(m);

H——波高(m);

d——堤前水深(m);

A——梳齿宽度(m);

a——梳齿间距(m);

b——翼板位置(m);

c——翼板底距海底高度(m)。

2)波浪反射系数

波浪反射系数为反射波波幅与入射波波幅之比。通过试验分析表明,反射系数主要和翼板位置 b 与波长 L 之比 b/L 有关,而与梳齿间距 a 及波高 H 的关系不大。通过回归分析,可得反射系数与 b/L 的相关方程。

$$k_r = 32.42(b/L)^2 - 11.32(b/L) + 1.37 \qquad (8\text{-}4\text{-}10)$$

式中:k_r——波浪反射系数;

其他符号意义同式(8-4-9)。

三、水平混合式防波堤

水平混合式堤是一种在直立墙前有斜坡掩护棱体的防波堤(图8-4-7)。这种形式适用于加固已有的直立堤,也可减小作用在直立墙上的波浪力,因而可用于设计波浪很大或者波浪在直立堤前破碎产生很大冲击压力的情况。水平混合式防波堤在日本已得到较多的实际应用,我国则在烟台港东防波堤得到了实际应用。

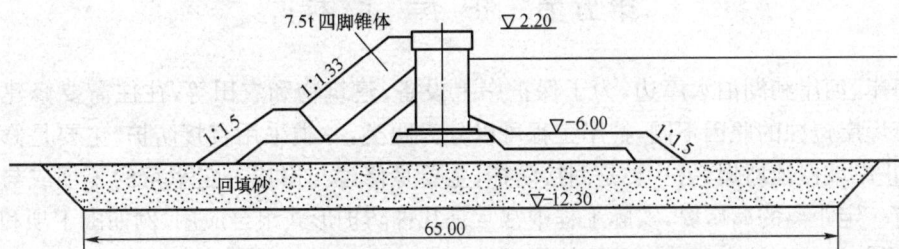

图8-4-7 水平混合式防波堤(尺寸单位:m,高程单位:m)

烟台港东防波堤建于 1915~1920 年,总长 792m。堤身结构原为斜砌方块直立堤,方块及上部结构均由浆砌块石筑成,堤头则采用钢筋混凝土沉箱。该防波堤在施工期就遭受到一次大风浪的袭击,致使已安放的 80m 左右长的方块堤身受到严重损坏。历年来进行了不断修补,但修补措施均不是很有成效,导致这座直立堤的质量状况日益恶化。为了彻底修复和加固该防波堤,进行了水工模型试验。研究表明,需在堤前抛筑一个顶部高出设计高水位的较大的棱体,最后形成了水平混合式堤,其斜坡护面采用了两层 2.5t 的扭工字块体。

但值得注意的是,水平混合式堤中斜坡棱体必须有足够的顶高,斜坡棱体采用的块体必须有足够的稳定性。因为强烈破波的实际波况有时会超过设计波况,如果人工块体失稳以致破断,则直立堤身不仅将遭受强大破波冲击力,而且块体滚动将对直立堤产生强烈的冲击而引起整个堤身断面的严重破坏。例如,日本六小河原港东防波堤为一岛堤,在 1991 年初已建成 1 821.5m,其北段 1 037.4m,南段 784.1m,南北段堤轴线的外夹角约为 139°,形成朝向外海的凹角。该岛堤为沉箱直立堤结构,但在凹角的两侧各 150m,在沉箱外侧抛放由 50t 四脚锥体构成的棱体,形成水平混合式堤。1991 年 2 月在一次大风暴打击下,该岛堤受到了严重损坏,包括北端,凹角以及南端三个部位。其中凹角堤的设计波高为 13.0m,周期 13.0s,而实测波高为 14.8m、周期 13.4s。凹角段破坏主要发生在四脚锥体掩护的北端,有三个沉箱发生位移,位移量为 0.4～9.4m,有六个沉箱外侧的四脚锥体棱体被波浪打散,另外堤前海底也有冲刷。图 8-4-8 表示凹角最北端位移最大的沉箱处的破坏情况。其破坏原因是由于实际波浪超过设计值,堤前棱体被破坏,沉箱在强大的冲击波作用下发生位移;同时流动的四脚锥体在冲击水流带动下强烈撞击沉箱,造成沉箱开裂;沉箱在位移过程中又再使钢筋逐渐被拉断;最终将上部沉箱与下部沉箱完全断开并掉入水中。这种破坏事例虽然十分罕见,但却是需牢记的教训。

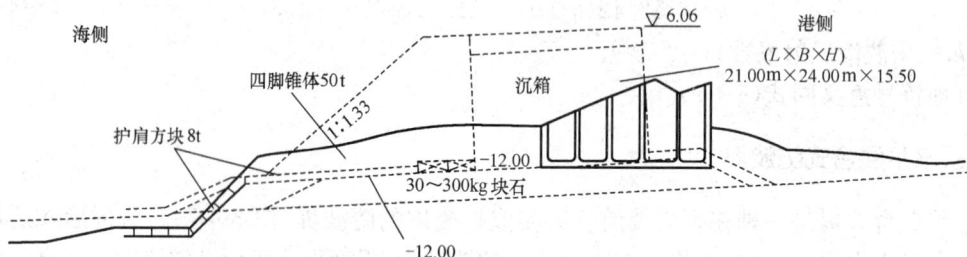

图 8-4-8　水平混合式防波堤破坏实例(日本六小河原港)(高程单位:m)

第五节　护岸工程*

在海岸、河岸和湖泊水库边,为了保护岸上设备、建筑物和农田等,往往需要修建护岸工程。由于堤岸侵蚀的原因不同,护岸工程可以分为两类,一类采用直接防护,主要是修建护岸结构,防止岸坡侵蚀坍塌;另一类是间接防护,主要是修建与岸成一定平角的丁坝或与岸平行但与岸有一定距离的离岸堤,实际工程中常常是几种防护形式组合应用,例如由丁坝和潜堤组成锁坝,促使泥沙在护岸段落淤积保护堤岸。

一、护岸结构

护岸结构分为斜坡式、直立式、斜坡式与直立式组合的形式。

影响护岸结构选型的条件有地质、水深、潮差、波浪等自然条件以及石料来源、使用要求和施工条件等因素。当岸坡较缓、水深较浅、地基较差、石料来源丰富、用地不紧张的地段和就地修坡的岸坡宜采用斜坡式护岸。对岸坡较陡、水深较深、地基较好、岸线纵深较小或用地紧张的地段,宜采用直立式护岸。根据工程所在地段的具体条件,也可采用斜坡式和直立式组合的结构形式,并根据其结构特点按斜坡式或直立式护岸设计:①当直墙高度较小时,并以抛石斜坡为主体时,可按带胸墙的斜坡式护岸进行设计;②当直墙高度较大时,可按明基上的直立式护岸进行设计。

为了使护岸工程做到经济合理,安全可靠,护岸应根据水深、波浪、水流、地质和地形等条件的变化进行分段,各分段可采用不同的断面尺寸或不同的结构形式。但无论采取何种形式和断面,都必须注意:①有利于岸滩稳定;②减少波浪集中;③避免相邻构筑物的连接处形成薄弱点;④与邻近地区建筑物和环境相协调;⑤易于修复和加固。其中特别要注意的是,避免由于护岸建设改变原有的水流流态,对岸滩稳定造成不良影响;以及当护岸轴线向岸外拐折时在凹角处造成波能集中,引起该处的堤身严重破坏。

1. 斜坡式护岸设计

1)断面形式和尺度

斜坡式护岸可分为堤式护岸(图 8-5-1)和坡式护岸(图 8-5-2)两类。堤式护岸是在水上先筑成岸堤,然后回填形成陆域,并对岸堤进行防护,一般由堤身、护肩、护脚和护底结构组成。坡式护岸是对陆域已有的自然岸坡或陆域向水侧回填形成的自然岸坡进行防护,一般由岸坡、护肩、护面、护脚和护底结构组成。

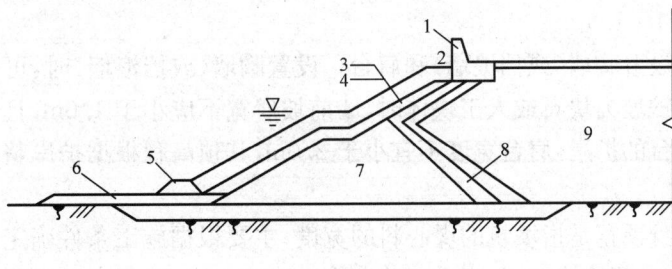

图 8-5-1　堤式护岸

1-胸墙;2-护肩;3-护面层;4-垫层;5-护脚;6-护底;7-堤身;8-倒滤层;9-回填料

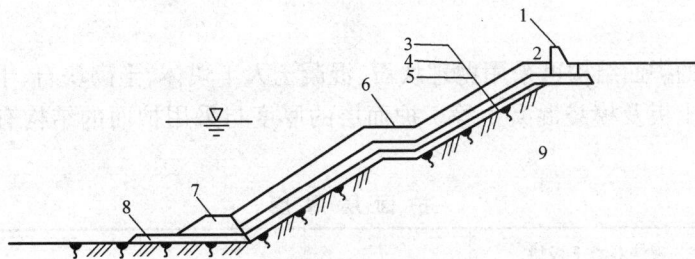

图 8-5-2　坡式护岸

1-胸墙;2-护肩;3-护面层;4-垫层;5-倒滤层;6 肩台;7 护脚;8 护底;9 岸坡

斜坡式护岸顶高程主要与护岸防护的后方场地的设施、建筑物等周围环境和排水能力有关。一般来说,对于沿海港口除重要的地方不允许上浪外,沿海护岸后方都允许少量上浪。护岸的断面形式对上浪影响很大。因此,为了能够做到经济合理,最好进行模拟试验来确定岸顶高程。无条件时,可按下列规定确定:

(1)允许上浪的沿海港口护岸,岸顶高程宜定在设计高水位以上 0.8～1.0 倍设计波高处,并高于极端高水位。

(2)不允许上浪的沿海港口护岸,岸顶高程可按下式确定:

$$Z_C = H + R + \Delta \tag{8-5-1}$$

式中:Z_C——岸顶高程(m);

H——设计高水位(m);

R——波浪爬高(m),规则波按式(8-3-2)～式(8-3-6)确定,不规则波按式(8-3-7)确定;

Δ——富裕值,根据使用要求和护岸的重要性进行确定。

(3)内河港口护岸的顶高程应按设计高水位加 0.1～0.5m 超高确定。

护岸的边坡一般采用 1:1.5～1:3.5。沿海港口的护岸采用变坡或不同的护面块体时,其分界点宜定在设计低水位以下 1.0 倍波高值处。为了防止沥水渗入护面形成压力，在护坡的顶部设置护肩，其宽度为 1.0～3.0m，厚度根据使用要求确定。

护脚根据护坡坡体的稳定需要可选择抛石棱体、脚槽、基础梁和板桩等形式。当海岸受波浪作用为主时，一般在设计水位上、下一倍设计波高范围内的护面块体受波浪的作用最剧烈。因此，当采用抛石棱体护脚时，棱体顶面高程宜按低于设计水位减 1.0 倍设计波高确定，内河护岸宜取最低通航水位或多年平均枯水位。棱体的顶宽不宜小于 2.0m，厚度不宜小于 1.0m，外坡坡度不宜陡于 1：1.5。

护岸根据需要设置胸墙（或挡浪墙）和肩台。设置胸墙（或挡浪墙）时，可采用 L 形或反 L 形。当胸墙前斜坡护坡为块石或人工块体时，墙前坡肩宽不应小于 1.0m，且至少能安放一排护面块体。设置肩台的护岸，肩台宽度不宜小于 2.0m，其顶高程根据护岸整体稳定和施工条件确定。

堤式护岸的堤身顶宽是指填筑的堤心料的宽度，主要根据施工条件确定。当护岸顶部设胸墙时，堤顶宽度应大于胸墙底宽；当采用陆上推进法施工时，应考虑在堤顶通行施工机械的要求，一般不小于 4.0m；当采用水上抛筑堤身时，顶宽可小些；同时还要考虑施工期波浪对堤顶宽度的稳定要求。

2）构造

斜坡式护岸的护面结构可采用抛理块石、混凝土人工块体、干砌块石、干砌条石、浆砌块石、栅栏板、混凝土板及模袋混凝土等。护面层的厚度与采用护面的结构有关，不宜小于表 8-5-1 所列数值。

护面层厚度 表 8-5-1

护面结构	现浇混凝土板块、预制混凝土板块	模袋混凝土	浆砌块石	干砌块石	水下抛石
厚度(mm)	80	150	200	250	600

海港护岸护面垫层块石的重量可取护面块体重量的 1/20～1/10，不得小于 1/40。采用四脚空心方块和栅栏板护面时，其垫层块石不应小于护面结构的空隙尺度。海港护岸的块石垫层厚度不宜小于 400mm，内河港口护坡的块石垫层厚度不宜小于 150mm。必有时，可采用土工织物垫层。

浆砌块石、现浇混凝土板和模袋混凝土护面，需设置纵横变形缝和排水孔，分别是为了防止岸坡不均匀沉降造成护面层断裂和减少渗流水压。变形缝的纵向间距，海港护岸取 5～10m，内河港口护岸不宜大于 5m；横向间距为 5m 左右。排水孔的位置应避开板块中轴，其纵横间距可取 2～5m，孔径可取 50～100mm，并应设置倒滤层。

对于易冲刷地基上的护岸，应采取护底措施。护底可防止护岸坡脚地基土被冲刷后造面护面层和抛石棱体下滑或局部坍塌。护底的范围根据波浪、水流、冲刷强度和土质条件确定。护底宜采用块石、软体排和石笼等结构。采用块石护底时，海港护岸工程护底块石层的宽度、层数与厚度等与防波堤相同；内河港口护岸工程的护底宽度根据河势分析和岸坡稳定性要求确定，护底块石层的厚度不宜小于 2 倍的护底块石粒径。可冲刷地基上的斜坡式护岸，当采用抛石棱体护脚时，应设置厚度不小于 0.5m 的 10～100kg 块石垫层。

护岸结构还应设置倒滤层，可采用分层倒滤层、混合倒滤层和土工织物倒滤层。施工水位以上宜采用分层倒滤层，其中碎石层厚度宜为 0.15～0.20m，粗砂或中砂层厚度宜为 0.10～0.15m。当采用混合倒滤层时，其厚度不宜小于 0.4m。施工以下可采用级配较好的混合倒滤层，厚度不宜小于 0.6m。

对不允许上浪的护岸，岸顶应设置防浪胸墙。胸墙或防浪胸墙应设置变形缝。变形缝间距根据气温、结构形式和地质条件等确定，一般取 10～20m，缝宽取 20～40mm。

3）计算

斜坡式护岸设计的内容包括：①护面块体的稳定重量和护面层厚度；②栅栏板、预制板块和现浇混凝土板的强度；③护底块石的稳定重量；④胸墙和挡浪胸墙的抗滑、抗倾稳定性及结构强度；⑤岸坡及地基的整体稳定性；⑥沉降计算。

护岸胸墙和挡浪胸墙稳定计算原理与斜坡式防波堤的堤顶胸墙计算类似，但荷载不同，且需考虑波谷与波峰两种作用，故验算式也不同。

（1）沿墙底抗滑稳定性按下式验算：

波谷作用：

$$\gamma_0(\gamma_E E_H + \gamma_P P_B) \leqslant (\gamma_G G + \gamma_E E_v + \gamma_u P_{Bu})f/\gamma_d \tag{8-5-2}$$

式中：γ_0——结构重要性系数，根据安全等级二级、三级分别取 1.0、0.9；

γ_E——主动土压力的分项系数，按表 2-3-5 取值；

E_H、E_v——分别为计算面以上永久作用总主动土压力的水平分力标准值和竖向分力标准值（kN）；

γ_P——波浪水平力分项系数，按表 8-3-9 取值；

P_B——波谷作用时计算面以上水平波吸力的标准值（kN）；

γ_G——自重力分项系数，取 1.0；

G——胸墙或挡浪胸墙自重力的标准值（kN）；

γ_u——波浪浮托力分项系数，按表 8-3-9 取值；

P_{Bu}——波谷作用时计算面以上波浪浮托力的标准值（kN）；

f——沿计算面的摩擦系数设计值，按表 2-3-6 取值。

γ_d——结构系数，取 1.1。

波峰作用：

$$\gamma_0 \gamma_P P \leqslant [(\gamma_G G + \gamma_P P_v - \gamma_u P_u)f + \gamma_{EP} E_{PH}]/\gamma_d \tag{8-5-3}$$

式中：P、P_v——分别为波峰作用时，作用在墙底面上的水平分力标准值和垂直分力标准值（kN）；

P_u——作用在墙底面上的波浪浮托力的标准值（kN）；

γ_{EP}——被动土压力的分项系数，取 1.0；

E_{PH}——墙底面埋深大于或等于 1m 时，墙内侧被动土压力（kN），可按有关公式计算并乘以折减系数 0.3 作为标准值；

γ_d——结构系数，取 1.0。

(2)对墙趾抗倾稳定性按下式计算:

波谷作用(对墙前趾):

$$\gamma_0(\gamma_E M_{EH} + \gamma_P M_{PB}) \leqslant (\gamma_G M_G + \gamma_E M_{EV} + \gamma_u M_{PBu})/\gamma_d \qquad (8\text{-}5\text{-}4)$$

式中:M_{EH}、M_{EV}——分别为永久作用总土压力的水平分力标准值与竖向分力标准值对计算面前趾的倾覆力矩和稳定力矩(kN·m);

M_{PB}——波谷作用时水平波浪力标准值对计算面前趾的倾覆力矩(kN·m);

M_G——胸墙或挡浪胸墙自重力标准值对计算面前趾的稳定力矩(kN·m);

M_{PBu}——波谷作用时,作用在计算面上的波浪浮托力标准值对计算面前趾的稳定力矩(kN·m);

γ_d——结构系数,取1.4。

波峰作用(对墙后趾):

$$\gamma_0(\gamma_P M_P + \gamma_U M_U) \leqslant (\gamma_G M_G + \gamma_{EP} M_{EP})/\gamma_d \qquad (8\text{-}5\text{-}5)$$

式中:M_P——波峰作用时,波压力标准值对计算面后趾的倾覆力矩(kN·m);

M_U——波峰作用时,作用在计算面上的波浪浮托力标准值对计算面后趾的倾覆力矩(kN·m);

M_{EP}——被动土压力标准值对计算后趾的稳定力矩(kN·m);

γ_d——结构系数,取1.35。

(3)混凝土板护面厚度计算如下:

港口护岸的混凝土板护面,当护岸坡度的 m 为 $2\sim5$,在波浪浮托力作用下,且波坦(L/H)为 $10\sim20$ 时,面板厚度按下式计算:

$$h = KH\sqrt{\frac{\gamma_w}{\gamma_c - \gamma_w} \times \frac{L}{mL'}} \qquad (8\text{-}5\text{-}6)$$

式中:h——混凝土板厚度(m);

K——护坡结构系数,当所有护面为开缝时,取0.075;当水面上为开缝,而水面下为闭缝时,取0.1;

H——设计波高(m);

γ_c——混凝土重度(kN/m³);

γ_w——水重度(kN/m³);

L——波长(m);

m——坡度系数;

L'——沿波向板长(m)。

斜坡式护岸的其他计算可参照斜坡式防波堤的计算进行。如海港护岸在波浪正向作用下,岸前波浪不破碎,计算水位上、下1倍设计波高之间的护面块体的单个块体稳定重量可按式(8-3-8)和式(8-3-9)计算;海港斜坡式护岸护脚最大波浪底流速可按式(8-2-48)确定,护底块石的稳定重量按表8-2-5确定。此处不再一一赘述。

2.直立式护岸设计

1)直立式护岸的形式

根据我国已建的直立式护岸工程,墙体结构以现浇混凝土、浆砌块石、混凝土方块、板桩、扶壁和沉箱结构最为常见(图 8-5-3)。

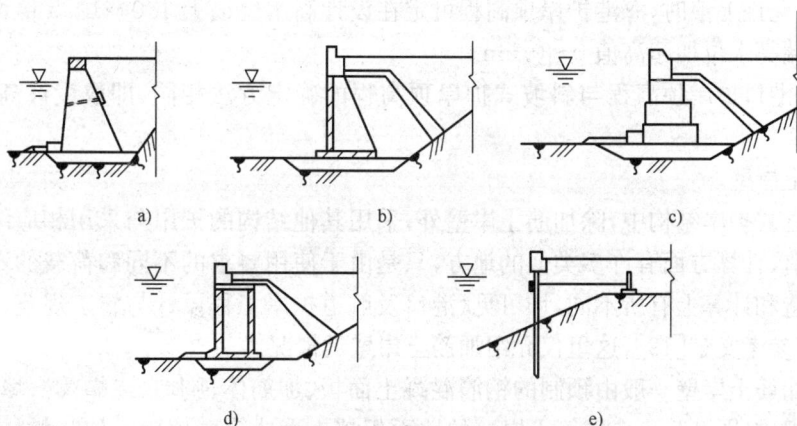

图 8-5-3 直立式护岸墙体结构断面示意图

a)现浇混凝土和浆砌块石结构;b)扶壁结构;c)方块结构;d)沉箱结构;e)有锚板桩结构

当具备干地施工条件时,墙体可采用现浇混凝土或浆砌块石结构,也可采用地下墙式护岸。扶壁、方块、沉箱等预制混凝土结构适用于需水下施工的情况。板桩结构也常用于直立式护岸工程。当护岸高度较小时,墙体可采用无锚板桩结构;当护岸较高时,则宜采用有锚板桩结构。近年来,我国部分内河护岸采用了加筋土岸壁(图 8-5-4),其结构简单、工程造价低、施工速度快,对地基承载力的要求也不高。1998~1999 年,厦门市沿海也采用了新型直立式结构护岸——天力消浪方块直立式护岸(图 8-5-5)。

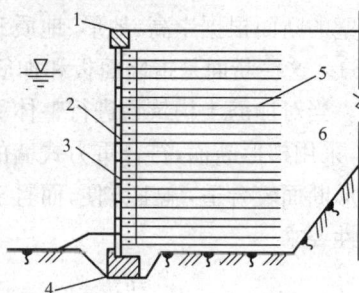

图 8-5-4 加筋土岸壁断面示意图

1-胸墙或帽梁;2-墙面板;3-倒滤层;4-基础;5-加筋体;6-回填料

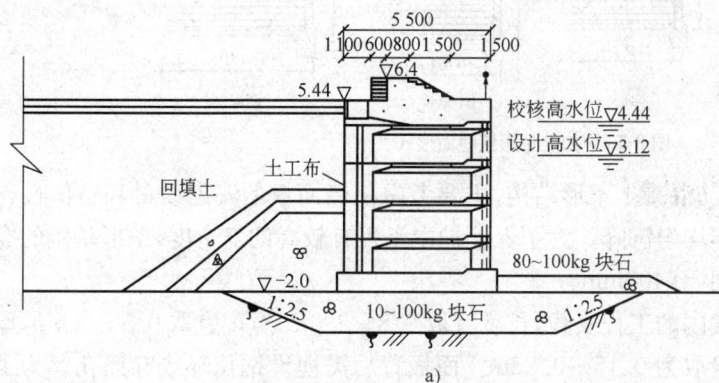

图 8-5-5 天力消浪方块直立式护岸(尺寸单位:mm;高程单位:m)

a)护岸断面图;b)天力消浪方块示意图

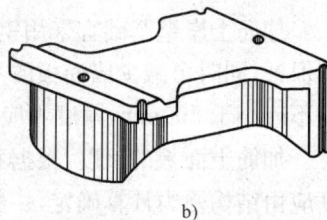

2)护岸顶高程

护岸顶高程的确定与直立防波堤的堤顶高程基本相同:

(1)当允许上浪时,海港护岸顶高程宜定在设计高水位以上 0.6～0.7 倍设计波高处,并应高于极端高水位。

(2)当不允许上浪时,海港护岸顶高程可定在设计高水位以上 1.0～1.25 倍设计波高处,并应高于极端高水位加超高值 0～0.5m。

(3)内河港口护岸顶高程与斜坡式护岸顶高程的确定方法相同,即取设计高水位 0.1～0.5m超高。

3)加筋土岸壁

上述直立式护岸结构中,除加筋土岸壁外,采用其他结构的护岸与采用相应结构的码头、防波堤在构造、计算方面有许多类似的地方,只是由于使用要求的不同和荷载的不同等原因,在具体的构造和计算上有所不同,详可见《港口及航道护岸工程设计与施工规范》(JTJ 300—2000)和本章参考文献[19],这里仅介绍加筋土岸壁的情况。

直立式加筋土岸壁一般由预制的钢筋混凝土面板、加筋体、胸墙(或帽梁)、填料、基床、倒滤层等部分组成(图 8-5-4)。加筋土岸壁的墙面板挡土形成直立墙面。加筋材料是与填料产生摩擦力并承受水平拉力而维护加筋土内部稳定的重要构件,它与填料一起形成柔性复合体——加筋体。加筋体通过加筋材料与墙面板连在一起,从而维持岸壁的外部稳定。加筋土岸壁的断面根据岸高、地形、地质和稳定等条件采用矩形、梯形、倒梯形和锯齿形等形式(图 8-5-6)。这些断面是指墙面板和加筋土体构成的几何图形,它控制着加筋土构筑物的整体稳定性。当对加筋土构筑物进行整体稳定性验算时,将加筋土视为重力式刚性体系。当地形平坦时,采用梯形断面,符合重力式墙的稳定性要求。当原岸坡较陡,大断面开挖有困难时,采用倒梯形断面较合适,施工方便,而且工程量较小。采用锯齿形断面主要是为了满足高大岸壁的稳定性要求。

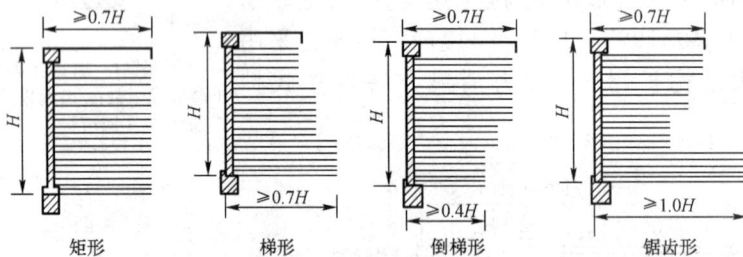

图 8-5-6 加筋土岸壁断面形式

加筋土岸壁基础宜采用钢筋混凝土条形结构,主要考虑使墙面板的安砌质量和整体性得到保证,同时可减少墙面板的不均匀沉降。为了保证护岸工程有较高的安全度,条形基础的宽度不应小于 500mm,厚度不应小于 400mm。

加筋土面板的尺度,根据我国的工程实践,长度宜取 0.8～2.0m,宽度宜取 0.5～0.6m,厚度应由结构受力计算确定,一般取为 0.15～0.25m。面板背后需埋设钢拉环或穿筋孔。为了使筋材在土体中分布均匀,充分发挥筋土之间的相互作用,拉环或穿筋孔的位置分布应左右均匀,上下层间交错。面板组砌也应上下错缝,相邻面板宜设企口连接。

加筋土岸壁的加筋材料可采用强度高、延伸率低、抗老化、与填料之间有较大摩擦系数的土工带。加筋土填料应选择水稳定性好,易压实的土类,严禁采用腐殖土和生活垃圾。填料的压实度,距面板 0.8m 以外时,不应小于 93%;距面板 0.8m 以内时,不应小于 90%。

加筋土岸壁的面板及基础长度方向上必须设置沉降缝。沉降缝为竖向设置的通缝,其间距根据地基条件确定,岩石地基一般为 20～30m,土基不宜大于 15m。沉降缝的缝宽一般为 20～30mm,缝内填充弹性材料。加筋土岸壁的面板还应设置排水缝或排水孔,可避免面板后的剩余水压力过大,有效地保障护岸稳定。排水缝或排水孔的间距一般为 4～6m。为了防止回填土料不从缝中流失,排水缝处面板内侧应贴铺无纺土工布滤层并设置厚度不小于 300mm 的碎石排水层。

加筋土岸壁的设计计算和验算包括:①内部稳定计算(加筋材料拉力和锚固长度计算);②外部稳定计算(加筋土基底及变截面上的抗滑移验算、抗倾覆验算、地基承载力验算、整体抗滑动验算);③沉降量计算;④墙面板计算。其中外部稳定验算及沉降量计算可分别按《重力式码头设计与施工规范》(JTJ 290—98)和《港口工程地基规范》(JTJ 250—98)的有关规定进行,在计算时将加筋体视为重力式刚性墙。其他可按《水运工程土工合成材料应用技术规范》(JTJ 239—2005)的有关规定进行。

二、丁坝、离岸堤和潜堤

1. 丁坝

丁坝一般垂直于岸线布置,其作用是促使泥沙在坝格内淤积,从而使海滩拓宽,以达到保护岸滩的目的。丁坝在斜向波浪作用下可以起到拦截泥沙的作用,正向波浪作用时其拦泥效果甚微。

丁坝一般采用多条丁坝组成丁坝群。丁坝可分为透水的和不透水的,也可分为高丁坝和低丁坝。当允许部分泥沙透过坝体或随波浪水流越过坝顶,以减少对下游岸边的侵蚀时,可做成透水丁坝或低丁坝;否则可采用不透水的高丁坝,其坝顶宜与滩肩齐平。

丁坝一般沿长度可分为三段:①坝根段,其坝顶沿坝身长度方向为水平面,根部切入滩肩内,坝高至少要等于滩肩高;②中间段,其顶面顺坝身长度方向倾斜,坡度大致等于原滩面的坡度;③坝头段,其顶面是水平的,顶高略高出平均低水位,坝头一般延伸至常浪破碎的地方。丁坝的间距,对砂质海岸,可取 1～3 倍的坝长。

丁坝各段的分界点、丁坝长度及丁坝的间距,可根据波浪作用下的淤积过程,通过绘制波浪的折射图和整体物理模型试验来确定。图 8-5-7 表示了丁坝的促淤过程。丁坝建成后,坝格内的淤积是逐个往下发生的。当上游坝格未淤满前,下游坝格内是不会淤积的。此时,在波浪作用下,坝格内的岸线将进行调整,如果时间足够,调整后的岸线应与主波向垂直,如图8-5-7的实线 f-g,且图中面积 a 等于面积 b。因此丁坝的堤根至少应伸到 f 点,以防止水流绕过堤根。f-g 曲线可用绘制波浪折射图得到。上游的坝格淤满后,下游的坝格开始淤积,坝格内岸线向前推进至 mn 的位置,由海滩需要增加的宽度而定,

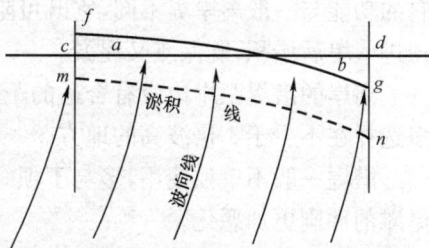

图 8-5-7 丁坝坝格的淤积过程

mn 线确定之后,即取 n 点作为里段与中段的分界点(图 8-5-8)。然后作 np 平行于原海滩坡度与外段顶面线 pr 线交于点 p,np 即为中间段。这样就得到了丁坝坝顶各点 f、n、p、r 的位置。在坝格淤满后,丁坝上游侧的新海滩剖面为 nps。

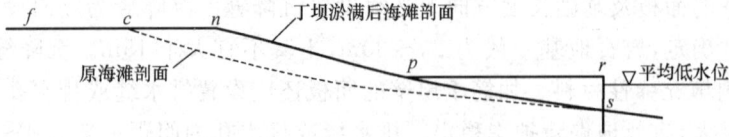

图 8-5-8 丁坝纵剖面

2. 离岸堤

离岸堤一般布置于破碎波带内,并平行于岸线,与岸线有一定距离。它不仅能拦截沿岸输沙,而且对于正向入射的波浪也有较好的促淤效果。

离岸堤一般分段间隔布置(图 8-5-9),来波的部分波能被离岸堤阻挡,另一部分波浪经过离岸堤之间绕射进入到堤后水域,使泥沙在堤后淤积,逐渐淤宽最终形成"陆连岛"。离岸堤对于以正向波为主的海岸防护和促淤最为有效。

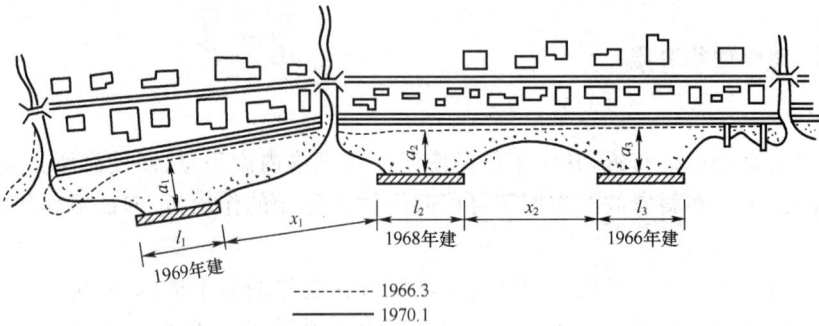

图 8-5-9 离岸堤

以促淤为主要目的的离岸堤,其所在位置的水深一般都较浅,小则 1m,多则数米;堤长可取为 2～6 倍波长,堤的间距可取为 1 倍波长,离岸的距离可取为 0.3～1.0 倍波长。堤顶高程可取为高水位以上半倍波高或 1.0～1.5m。

建于破碎波带以外的离岸堤即为岛式防波堤,其目的已不是促淤而是防波浪的侵袭。

3. 潜堤

潜堤为淹没在水面下的堤,一般多在高潮时淹没,低潮时露出,其堤顶多在平均水位附近。它的功能与一般离岸堤不同,它既可阻挡部分波浪袭击海岸,又可让一部分泥沙随波浪越过堤顶进入堤后淤积,既保滩又促淤。

离岸的潜堤距岸边应有合适的距离,一般采用 12～20 倍的设计波高值;潜堤处的水深也多选择在不少于 1 倍波高的地方。

潜堤一般不单独使用,多与丁坝结合考虑。否则,它不仅不能改善海岸的冲刷,而且将使岸滩的冲刷更加恶化。

丁坝与潜堤结合布置,称之为锁坝(图 8-5-10)。锁坝可由潜堤带一条丁坝或带二条以上的丁坝。

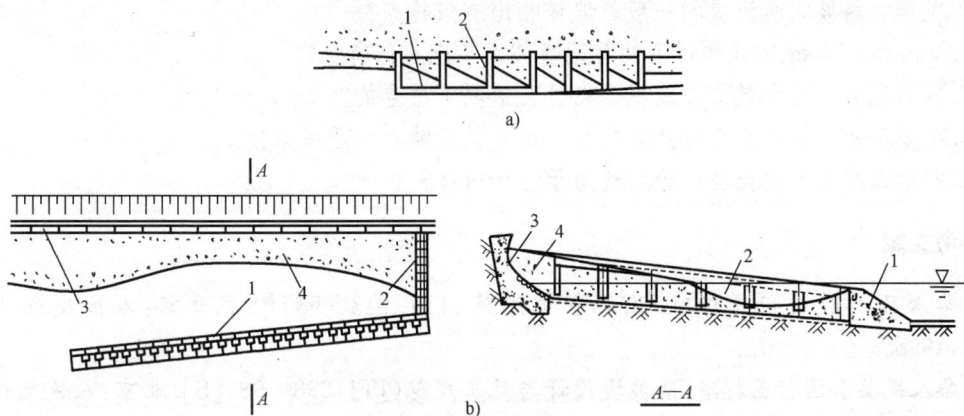

图 8-5-10　带丁坝的潜堤
a)带多道丁坝的潜堤；b)带一道丁坝的潜堤
1-潜堤；2-丁坝；3-岸墙；4-淤滩

对潜堤带一条丁坝的锁坝可用于沿岸有较强大的泥沙流的情况，此时，在平面上潜堤和丁坝可布置成 L 形，其开口面向泥沙流的来向。

对潜堤带多条丁坝的锁坝，可用于沿岸有砂质泥沙流的情况，此时，在平面布置上潜堤和丁坝将成为封闭型。这种布置的防浪和淤积效果较好，但闭合水域内的水质将会越来越差，尤其在坝身为不透水时更甚。

丁坝、离岸堤和潜堤结构设计的原则和方法，可参照防波堤，但应注意以下几点：①上述建筑物多属于临时性或半永久性建筑物，一旦新的岸滩形成以后将失去原有的作用，因此在设计时一般可采用较低的设计标准；②上述建筑物往往地区性很强，许多地区根据自己长期的工程经验，形成一些独特的、但并不一定合理的习惯做法，需在深入调查研究基础上，总结、提炼或加以改进；③无论是丁坝、离岸堤还是潜堤，其受力最大和最复杂的乃是堤头和坝头部分，潜堤的堤顶部位也是一个薄弱环节，设计时应从结构和构造上适当加强。

思考题

1. 防波堤的基本功能是什么？

2. 防波堤按平面形式和结构形式如何分类？其基本特点是什么？

3. 设计防波堤应考虑哪些水动力条件？设计波浪标准如何进行确定？

4. 直立式防波堤的主要形式有哪几种？各自的基本特点是什么？

5. 作用于直立式防波堤上的波浪有哪几种形态？产生的条件是什么？作用于直立式防波堤的波压力如何计算？

6. 直立堤不规则波波浪力如何计算？

7. 重力式直立防波堤的主要组成部分及设计计算的内容和方法有哪些？

8. 斜坡式防波堤的基本形式由哪些主要部分构成？各部分的设计要点是什么？

9. 斜坡式防波堤设计中，有哪些内容应考虑波浪作用进行计算？计算方法是怎样的？

10. 宽肩台斜坡式防波堤和一般斜坡堤相比有何特点？

11. Van der Meer 公式和常用的赫德森公式相比有何特点？

12. 水平混合式堤和梳式防波堤是在什么情况下产生的？

13. 半圆形防波堤的受力特点是什么？试述其优缺点和适用条件。

14. 护岸工程有哪些类型？分别适用于什么情况？

参考文献

[1] 中华人民共和国行业标准. 海港水文规范(JTJ 213—98)[S]. 北京：人民交通出版社,1998.

[2] 中华人民共和国行业标准. 防波堤设计与施工规范(JTJ 298—98)[S]. 北京：人民交通出版社,1998.

[3] 中华人民共和国行业标准. 港口与航道护岸工程设计与施工规范(JTJ 300—2000)[S]. 北京：人民交通出版社,2001.

[4] 中华人民共和国行业标准. 水运工程土工合成材料应用技术规范(JTJ/T 239—2005)[S]. 北京：人民交通出版社,2005.

[5] 交通部水运司. 中国水运工程建设技术[M]. 北京：人民交通出版社,2003.

[6] 谢世楞. 90 年代我国防波堤设计进展[J]. 水运工程,1999(10).

[7] 徐光,谢善文,李元音. 防波堤的新结构形式[J]. 水运工程,2001(11).

[8] S,Takahashi. Design of Vertical Breakwaters. Port and Harbour Research Institute,Japan,Reference Document No34,1996.

[9] Li Y. C. ,Liu D. Z. ,Qi G. P. and Su X. J. . The Irregular Broken Wave Forces on Vertical Wall,Proc. of ISOPE97. USA. 1997.

[10] Li Y. C. ,Liu D. Z. ,Su X. J. and Qi G. P. . The Irregular Breaking Wave Forces on Vertical Wall. Jour of Hydrodynamics. Ser. B V9N2,1997.

[11] 王美茹,等. 半圆形防波堤的设计和应用[J]. 港工技术,1999(3).

[12] 牛恩宗,等. 防波堤结构的创新[J]. 水运工程,2006(10).

[13] 牛恩宗,等. 新型梳式防波堤[J]. 土木工程学报,2003(10).

[14] 交通部第一航务工程勘察设计院. 港口工程结构设计算例[M]. 北京：人民交通出版社,1999.

[15] 俞聿修. 防波堤技术的新进展[J]. 中国港湾建设,1999(1).

[16] 严恺. 海港工程[M]. 北京：海洋出版社,1996.

[17] [美]赫尔别克. 海岸及海洋工程手册第一卷[M]. 李玉成,陈士荫等译校. 大连：大连理工大学出版社,1992.

[18] 交通部第一航务工程勘察设计院. 海港工程设计手册(中册)[M]. 北京：人民交通出版社,1994.

[19] 王美茹,等. 厦门环岛路前埔段护岸天力消浪块体结构的设计和应用[J]. 港工技术,2000(1).

[20] 陈万佳. 港口水工建筑物[M]. 北京：人民交通出版社,1989.

第九章 修造船水工建筑物 *

船舶是水运行业的主要运输工具。船舶一般在船厂修造。船舶在营运中,有时会出现故障,或损坏,或在规定的时间内检修,或需要改装,所有这些均需进厂修理。按生产性质分,船厂可分为造船厂和修船厂。船厂内供船舶建造和修理的建筑物,主要是船台滑道、船坞和升船机等。

第一节 概 述

一、修造船水工建筑物的类型

1. 滑道

滑道是一种供船舶上墩或下水、带有专用轨道的斜面水工建筑物。滑道分纵向滑道和横向滑道。船舶上墩或下水时,船舶纵轴和移动方向与滑道中心线一致,称为纵向滑道;船舶纵轴与滑道中心线垂直,而移动方向与滑道中心线一致,称为横向滑道。纵向滑道又可分为纵向木质滑道、纵向油脂滑道、纵向钢珠滑道和纵向机械化滑道,横向滑道一般为横向机械化滑道。

纵向木质滑道是在天然地基上铺设纵向木梁作为滑道的,并在其上放置滑板,船体支承在滑板上,利用电动绞盘或绞车拖曳船舶上墩或下水。木质滑道有纵向和横向两种。船舶的修造均在倾斜的滑道(船台)上进行。其优点是结构简单、造价低;缺点是修造不方便。用这种方式建造船舶一般是指 500t 以下的小型船舶。

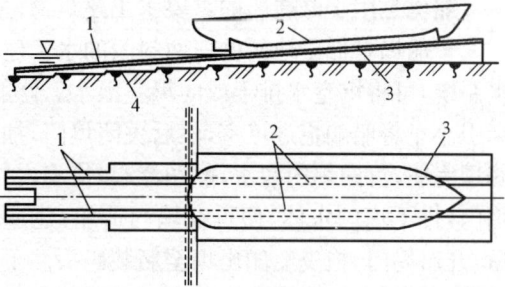

纵向油脂滑道是船台和滑道合一的单船位下水设施。这种滑道主要用于船舶建造后的下水,是以油脂作为木质滑道与滑板之间的摩擦润滑剂,靠船舶自重沿滑道斜面的向下分力滑行下水的(图 9-1-1)。纵向油脂滑道的优点是适用范围大,投资少,施工简便,维修工作量小;其缺点是要求有较宽广的水域,一条滑

图 9-1-1 纵向油脂滑道
1-下水滑道;2-滑板;3-船台;4-滑道基础

道只能满足单个船台的生产,船舶在船台上呈倾斜状态,造船作业条件较差。这种滑道一般只能作为船舶下水设施使用,下水操作较复杂,劳动强度亦较大。

纵向钢珠滑道与油脂滑道基本相同,仅将下水时的润滑剂(油脂)改为特制的带有保距器的钢珠,将船舶下水时滑板与滑道的滑动摩擦改为滚动摩擦,使摩擦阻力有所减小。其优点是船舶下水后容易启动,滑道坡度小,船舶下水费用低,节省油脂,水域污染小;缺点是工程建造投资大,滑板笨重。

纵向机械化滑道和横向机械化滑道将在第二节中叙述。

2. 船台

船台是修造船厂专门用于船舶修理或建造的场地,船台一般和滑道一并布置。船台可分为露天船台,室内船台和敞开式船台。其场地有水平和倾斜两种形式。

水平船台场地是水平的,其特点是船舶处于水平状态,修理或建造便于采用先进的造船工艺,便于安装,省力。船体分段进行输送、装配、拖曳、对线、校验,移船及辅助作业等都比倾斜船台优越。水平船台往往与机械化滑道结合使用,以满足多船位的移船下水需要,具有较好的修造船工艺操作条件。

倾斜船台场地是倾斜的,船在船台上也处于倾斜状态。这种船台工艺操作不如水平船台方便,而且每个船台一般都要单独配置滑道。为降低船台上端高度,有时将船台上端做成水平的。有时为防止船台在高潮位时浸水长度过长,影响船台上的修造工作,可在船台末端处加设闸门,这种末端带有闸门的船台称作半坞式船台。

露天船台是上方没有固定遮蔽建筑物的船台。露天船台的特点是可以节省昂贵的厂房建设费用,对未定型船舶的修造具有较大的灵活性,能正面、侧面多向进料,分段堆场可以方便地利用船台起重机;由于露天作业,劳动生产率和生产计划受自然气候影响较大。

室内船台建于厂房内,上部设置屋架及屋顶,并安装桥式起重机,船台作业全部在室内进行。室内船台的优点是工作条件好,劳动生产率高,可以缩短船台使用周期,生产计划不受自然气候影响;缺点是车间建筑物造价较高,起重机在运转过程中比露天船台受干扰的机会多。

敞开式船台上建有开敞式厂房,采用桥式起重机,厂房设有柱子、起重机梁及屋架梁等构架,其特点介于露天船台和室内船台之间。

3. 船坞

船坞是用于修造船的重要水工建筑物,主要有干船坞、灌水船坞和浮船坞。

干船坞是低于地面的三面封闭的水工建筑物。在其迎水面的坞首处设置坞门。使用排灌水系统,可将坞室水排干或向坞室灌水。修船时,打开坞门,将待修船舶定位后,用坞室两侧的牵引小车将船舶拖进坞室,然后关闭坞门,抽干坞内水体,便于船舶坐落在龙骨墩上进行修理;修理完毕,再向坞内灌水,船舶浮起,待坞内外水位齐平后,开启坞门,拖船出坞。造船时,关闭坞门,排干坞内水体,便可在坞内造船;建造完毕,向坞内灌水,船舶浮起,待坞内外水位齐平后,开启坞门,拖曳船舶出坞至舾装码头。干船坞不仅克服了滑道下水工艺复杂和滑道前沿水域条件不易满足的缺点,而且改善了在船台倾斜面上建造工作的不利条件,并提高了机械化程度。所以,尽管干船坞的建造费用高、建设周期长,但它仍是目前用于建造和修理大、中型船舶较好的上墩或下水设施。

灌水船坞的结构与干船坞相类似,其区别在于坞内一侧或两侧设有与厂区地坪高程相同的上坞台。为使船坞灌水水位能超过水域水位,坞墙顶应高出地面一定高度。灌水船坞布置见图9-1-2。为了提高船坞的利用率,有时在上坞台一侧布置船台,即将上坞台的上首靠岸一端的坞墙改为上首坞门,并在上坞台上铺设轨道,轨道上放置船台小车;当上坞台的水排除后,船舶就坐落在小车上,然后开启上首坞门,拖出载船的船台小车,通过横移车将待修船舶拖曳至船台上。

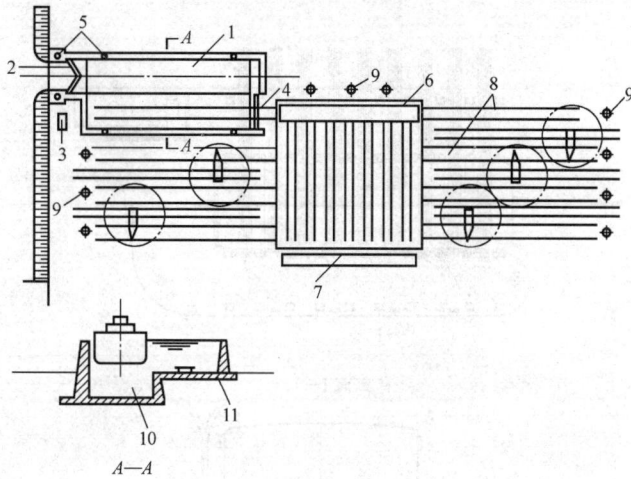

图 9-1-2　带有船台的灌水船坞

1-灌水船坞；2-下首坞门；3-水泵站；4-上首坞门；5-电动绞盘；6-横移车；7-绞车室；8-船台；9-地牛；10-坞室下台阶；11-坞室上台阶

　　浮船坞是供船舶上墩或下水，并可在其坞底甲板上进行船舶修理的一种水上设备。实际上，浮船坞是由坞墙与坞底组成的两端开敞的槽形平底船。在坞墙和坞底中都设有若干封闭的舱格，以保证必要的浮性。船舶上墩前，先向浮船坞的舱内灌水，使浮船坞下沉到一定水深后将待修船舶由浮船坞的一端拖曳坞内就位，再泵出压舱水，浮船坞便托船上浮，待浮坞坞底甲板露出水面，即可修船；船舶下水，操作过程相反。浮船坞的构造见图 9-1-3。

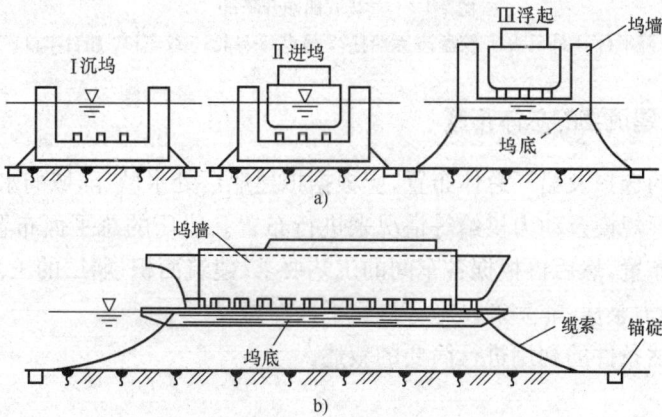

图 9-1-3　浮船坞

a)上墩过程；b)侧视图

4.升船机

　　升船机主要是利用机械设备垂直升降船舶，使船舶露出水面进行修理。驱动升降机方式主要有卷扬式、液压式和气动式三种。图 9-1-4 为卷扬式船舶升降机。

　　升船机的优点是：与机械化滑道相比，占用水域和陆域面积较小，操作简单，安全迅速，一台升降机可供多个船台使用。其缺点是：工程造价较高，升降机港池较深，易淤积、难清理。升船机一般多用于较小船舶的修理。

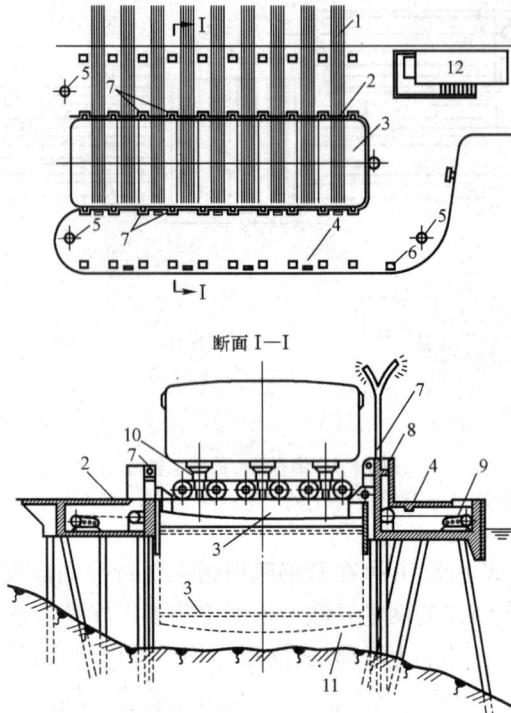

断面 I—I

图 9-1-4　卷扬式船舶升降机

1-轨道；2-内码头；3-升降平台；4-外码头；5-绞盘；6-系船柱；7-吊点；8-导轮；9-绞车；10-船台车；11-升船池；12-操纵室

二、修造船水工建筑物的总体布置

修造船厂厂址的选择及船厂总体布置，应根据拟建船厂处水域、陆域的水深和地形，地质、水文、气象资料，船厂规模及动力供给等情况来进行布置。船厂的总平面布置设计，要先进行水工建筑物的总体布置，然后再根据各车间的工艺要求、建筑面积、船厂的工艺生产流程，对厂房、建筑物、道路、动力泵房、非生产设施等进行平面布置。

下面就上述自然条件的利用进行简要的叙述。

1. 水域的利用

水域是船厂的重要组成部分，船厂应有满足设计水深要求的、宽广平静的水域。船坞的坞口、滑道的末端、码头前沿等应尽量布置在天然水深满足设计要求的水域，尽量减少疏浚量，尽可能不改变流向，以减少淤积。船厂常与港口相邻，总体布置时，修造船建筑物尽量布置在港口作业区以外，以避免过往船舶对上墩下水船舶的干扰。

纵向滑道前水域，宜取 2～3 倍船长的水域供船舶下水后滑行；若是气囊下水的船台，下水滑行水域则更大。坞前操作水域一般长度不小于 2 倍船长，宽度不小于 1.5 倍船长。舾装码头泊位长度取设计船长加一定的富余量，宽度一般取 2 倍船宽。船舶回旋水域直径一般为 1.5～2 倍的船长。

2.地形的利用

在岸线较短而纵深较大的厂区,适宜布置占用岸线较短的纵向滑道或船坞,这样可留出其余的岸线作为布置码头之用。如果岸线较短,布置码头的数量有限,而陆上场地较大,也可在陆上布置较多的船台,适当放长船舶在船台上的建造或修理周期,减少船舶下水后停泊码头的作业周期,以弥补岸线的不足。

在岸线较长而纵深较小的厂区,则适宜布置横向滑道;若布置船坞,可在船坞两侧水域布置码头,码头后方布置船坞加工区和堆场。在陆域面积紧张的情况下,也可以压缩船舶在船台上的建造周期,将尽可能多的舾装工作在码头上完成。这就需要建造较多的码头,充分发挥岸线长的特点。

滑道的末端虽有一定的水深要求,并距岸线有一段距离,但只要末端水深基本能满足要求即可,应优先将沿岸自然水深较大的地段留作布置舾装码头,以便充分、合理地利用自然水深条件。

3.地质条件的利用

地质条件对水工建筑物造价影响很大,应尽量避开软弱的地基。由于船台、横移区、滑道上部和船坞基础都要支撑较大的船舶重力,因此要求其相应的地基应有较大的承载能力。对于船坞来说,还应优先选取透水性较小的地基。船坞各分段尽量布置在相同性质的土层上,以减小不均匀沉降。

4.水文、气象条件的利用

上墩下水建筑物前的波高一般不宜大于 $0.5m$,流速不宜大于 $1.0m/s$。舾装码头前的波高不宜大于 $1.0m$,流速不宜大于 $1.0m/s$。水域由防波堤防护时,其口门布置应首先考虑水域的平静,其次才是考虑航行方便。因为进出船厂口门的船舶比海港少得多。

坞前水域应有良好的防浪掩护条件,在布置上墩下水建筑物时,应尽量避免船舶的侧面与常风向和较大流速方向正交,避免造成船舶上墩下水的困难。内河船坞还应避免顺流进坞。船坞口门最好布置在下风向,否则正对口门的风在较强时会在坞门前使波浪形成反射,增大坞门的高度和压力。

沿海及近海河口的上墩下水水位宜选定持续时间不小于 $2\sim3h$,年保证率为 $50\%\sim80\%$ 的潮位为上墩下水设计水位。

建筑物的水下基础工程应尽量避免过多改变自然地形,以防止泥沙的过度淤积或冲刷对生产的影响和增加维护费用。

5.厂区的陆域布置

厂区陆域应根据生产工艺流程与水工建筑物配合布置。造船船体车间由钢料库经船体加工、船体装配等车间至船台,布置成流水线。修船船体车间布置在船坞和滑道附近,以便于船体钢料的换修。轮机管子铜工、电工、油漆帆缆等车间的工作,均在靠泊舾装码头前的船舶上进行,因此这些车间宜布置在码头附近。修船工作大部分是在修船码头上进行的,因此修船厂往往需要很长的码头岸线。直线形的岸线往往使船厂总平面布置偏于松散,如果厂区有两面或三面临水,厂区布置就可以较为紧凑,可根据生产工艺流程合理利用地形岸线,使运行合理、优化、管理方便等。图 9-1-5 为沿海修船厂总平面图,图 9-1-6 为内河修造船厂总平面图。

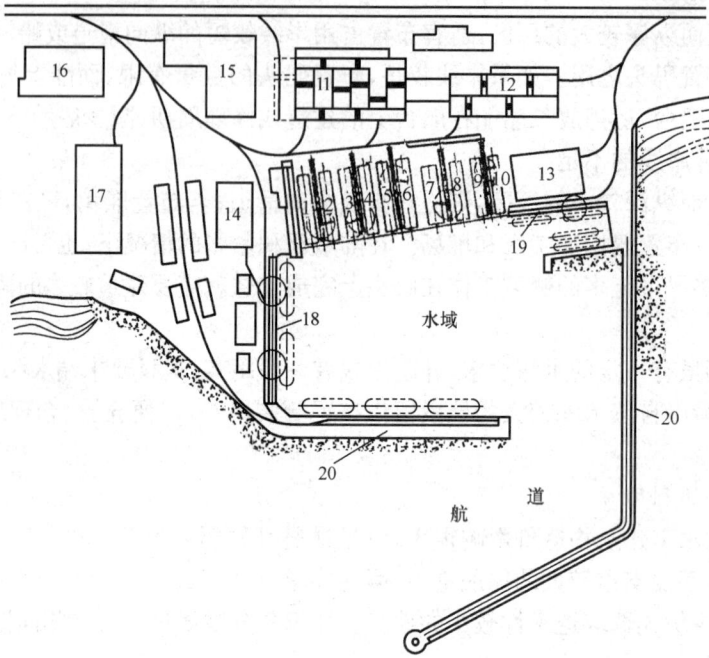

图 9-1-5　沿海修船厂总平面图

1～10-干船坞；11-船体车间；12-机械车间；13、14-轮机车间；15～17-其他车间；18、19-修船码头；20-防波堤

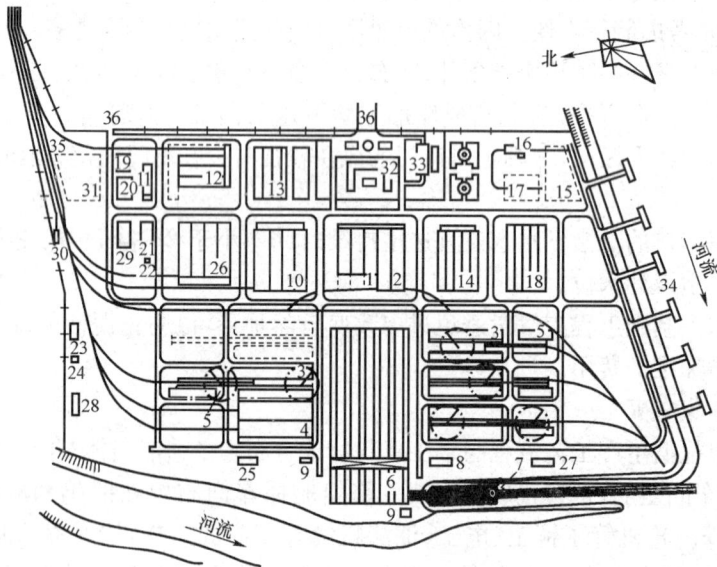

图 9-1-6　内河修造船厂总平面图

1-钢料仓库；2-船体车间；3、4-船台；5-分段装配平台；6～9-滑道及绞车室；10-机械装配车间；11-锻工车间；12-铸工车间；13-修理车间；14-舾装车间；15～17-木堆场及锯木车间；18-木工车间、烘房、帆缆车间；19～36-动力站、仓库、码头及其他建筑物

第二节 机械化滑道的类型与主要尺度

机械化滑道是修造中小型船舶时最常采用的一种上墩或下水设施。移船用船排小车进行,省力方便。同时,一条滑道可为若干个船台服务,占用岸线短,工程量少,提高了滑道的使用率,且船台布置比较集中紧凑。

机械化滑道可分为纵向滑道和横向滑道两大类。两类滑道一般均由滑道区、横移区和船台区三部分组成(图9-2-1)。滑道区是船舶上墩或下水的通道,滑道是倾斜的;横移区是船舶从滑道区到船台区的过渡区,通过横移区将船舶过渡到各船位上;船台区是船舶修造的场地,通常设有多个船位,船台区一般是水平的。

船舶的上墩过程一般为:拖曳船舶至滑道末端水域附近,进行水上定位,然后将待修船舶落在滑道的小车上;用机械设备将载船的船排小车沿倾斜轨道上移至横移区;借助横移车将船舶沿横移区轨道移至指定的船台位置;移入船台、落墩。下水过程则相反。移船示意见图9-2-1。

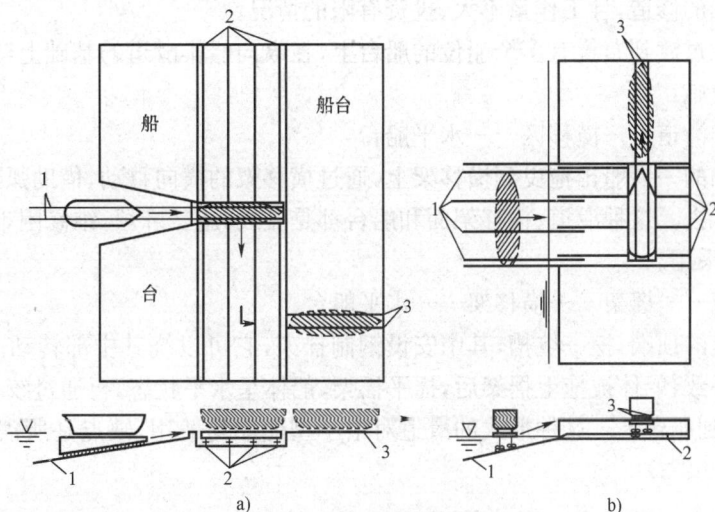

图 9-2-1 移船示意图
a)纵向滑道;b)横向滑道
1-下水轨道;2-横移轨道;3-船台轨道

机械化滑道有各种不同的形式,其主要区别在于船舶从滑道上的倾斜状态过渡到横移区上的水平状态的方式。

一、纵向机械化滑道

1. 船排滑道

在纵向船排滑道上,船舶直接坐落在滑道的船排小车上进行修造(图9-2-2)。船排小车分整体式和分节式两种。船排小车之间,整体式的用刚性连杆连接,分节式的用链索连接。分节式船排小车之间的距离可以根据需要调整,适应性较强。船排小车的顶面与轨道面平行,由绞车牵引船排小车完成船舶上墩或下水作业。纵向船排滑道一般水上段兼作船台用,以提高滑道的利用率。

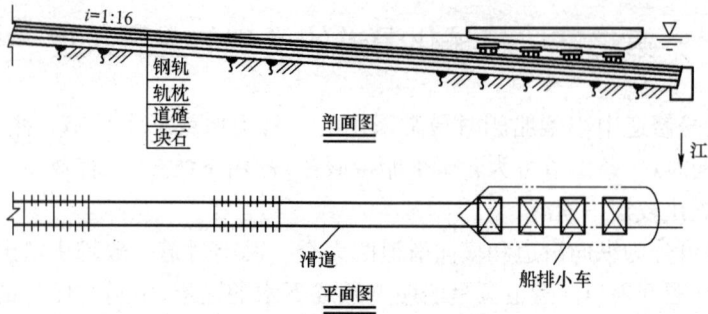

图 9-2-2　纵向船排滑道

船排滑道的优点是:船排小车高度低,滑道短,便于施工和维护;结构和设备简单,投资少,建设期短。其缺点是:一条滑道只能建造或修理一艘船,而且船舶处于倾斜状态,作业条件较差;船排高度低,船底工作不便;船舶下水艉浮时会产生较大的船艏压力。纵向船排滑道主要用于中小型船舶的修造,且工作量不大、投资有限的情况。

为使船舶能过渡到布置有多个船位的船台上,在纵向船排滑道的基础上,目前采用以下几种类型的移船设施:

1)弧形船排滑道——横移区——水平船台

将载有船舶的一列船排拖曳到横移架上,通过横移架的横向移动,借助弧形轨道将船舶过渡到任一船台上去。这种滑道、横移架面和船台都是弧线,施工麻烦,维修困难,沉降后调整工作量大,故较少采用。

2)船排滑道——摇架——横移架——水平船台

在倾斜滑道的顶端,挖一坑槽,其中安设钢制摇架,它可以绕其中部转动。上墩时摇架顶面坡度与滑道一致,船体被拖上摇架后,摇平摇架,船体呈水平状态,再通过绞车将船体牵引到横移车上,过渡到船台上。这种形式的滑道对中小型船舶均适用,缺点是所需机械设备较多,造价也较高(图 9-2-3)。

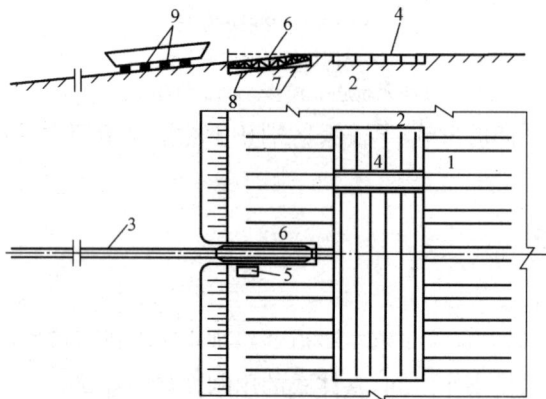

图 9-2-3　船排滑道—摇架—横移区—水平船台布置图

1-船台;2-横移坑;3-滑道;4-横移架;5-绞车房;6-摇架;7-摇架支撑铰点;8-摇架的前后液压千斤顶;9-随船架

3）船排滑道——转盘——横移架——水平船台

在滑道的顶端设置转盘架，架面轨道坡度与滑道坡度相同，将载船的船排小车经滑道拖曳到转盘架上就位固定，转动转盘，使转盘架达到设计预定位置，呈水平状态。转盘形式有两种：一种是螺旋转盘式，在转盘架由斜面转到水平面状态的过程中，转盘下端支点是边旋转边上升，而转盘上端支点是边旋转边下降，直至转盘呈水平状态为止。在水平面与预定的横移架对齐后，就可以将载船的船排小车牵引到横移架上，再通过横移架过渡到船台上。另一种是摇架转盘式，转盘架既能旋转，又能如摇架一样上、下摇动，最后可将船排小车直接牵引到船台上。

该类滑道对中小型船舶均适用。但所需机械设备较多，转盘区的构造也较复杂，施工较困难，造价也较高。一般除特殊地形外较少采用。

4）船排滑道——变坡横移架——水平船台

该形式的滑道又称自摇式滑道。其特点是船舶从倾斜位置过渡到水平位置，或由水平位置过渡到倾斜位置的过程是在横移区内的变坡过渡段进行的，即船舶是在横移过程中完成这个过渡的（图9-2-4）。

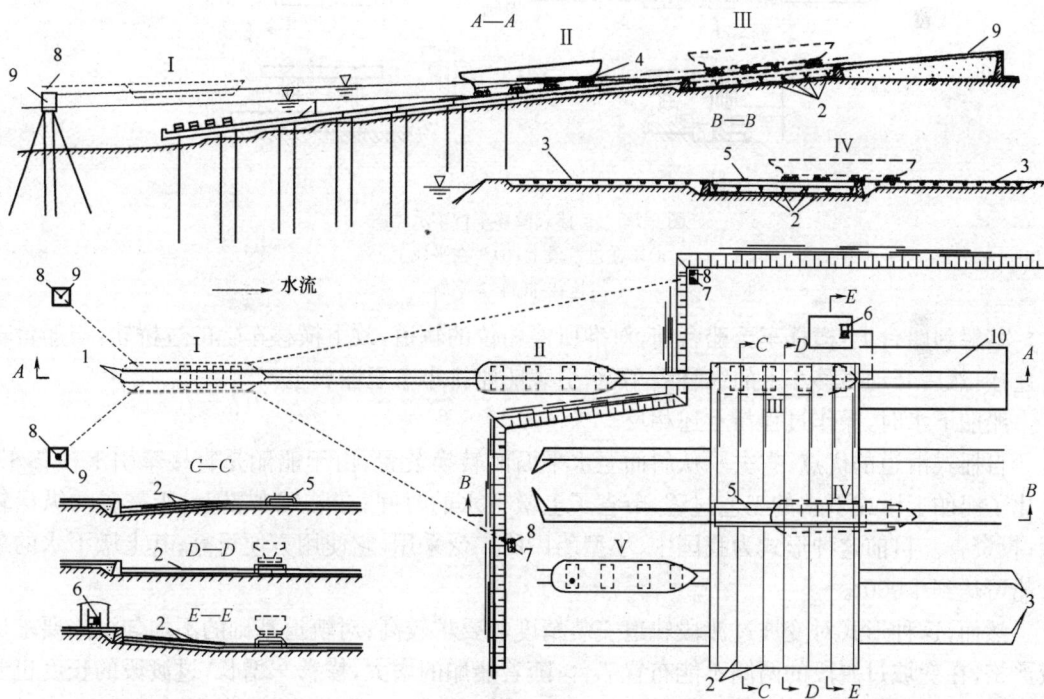

图9-2-4　自摇式滑道

I-水上定位；II-沿斜轨移船；III-横移；IV-移船至船台；V-修船

1-下水轨道；2-横移轨道；3-船台轨道；4-船排小车；5-横移车；6-绞车；7-电动绞盘；8-系船柱；9-定位墩；10-倾斜船台

这种滑道的横移区分为变坡过渡段和水平段。横移轨道一般采用奇数，其中间轨道为水平的（断面 D-D），其以下各轨（断面 C-C）是向上倾斜过渡到水平，其以上各轨（断面 E-E）是向下倾斜过渡到水平的。为保持横移车的横向（宽度方向）台面在过渡段移动过程中一直处于水平位置，过渡段采用一高一低的双轨。

自摇式滑道的船舶上墩过程为水上定位、沿滑道移船、横移摇平和移船到船台上(图9-2-4)。

水上定位：先将船排小车沿滑道滑至滑道末端；然后将上墩的船舶用拖轮拖至滑道前，定位、上墩、将船舶固定在船排小车上。

沿滑道移船：将载有船舶的船排小车沿滑道一直拉到横移车上。

横移摇平：车在倾斜轨道上，前轮走低轨，附加轮走高轨，后轮悬空；由于高低轨顶的高差 h 与轮距 b 之比等于过渡段横移轨道坡度 i(即 $h=ib$)，所以车在任一位置时车顶都保持水平；横移车移到水平段后[图9-2-5b)]，前后轮都在轨道上，附加轮悬空，在水平段每条线只需一根轨道；横移车常用车上的两台横移绞车牵引，沿横移轨道移动。

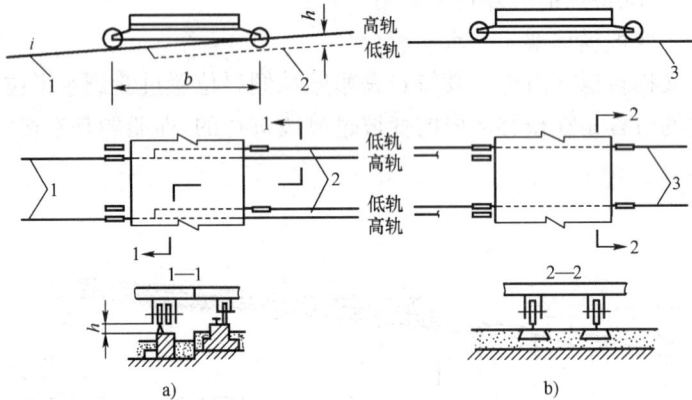

图 9-2-5　自摇式横移车行车示意图
a)车在过渡段上；b)车在平轨上
1-高轨；2-低轨；3-平轨

移船到船台上：横移车至船台前，对准所停船位的轨道，放下横移车上的过桥轨，与船台轨道连接，然后开动横移车上的纵移绞车，牵引载船船排小车至船台上。

船舶下水时，操作过程与上述相反。

自摇式滑道的优点：省去了从斜面至水平面的转换装置；由于船舶是直接牵引上横移车，简化了船舶上墩或下水的工艺过程，节省了上墩下水的时间；在陆域布置上，所需要的纵深较短；投资省。目前这种形式为我国中、小型船厂所广泛采用，它使用方便可靠；其上墩下水的最大船可达到 1 000t。

然而，这种形式对变坡过渡段轨道安装精度的要求较高；对轨道基础的不均匀沉陷要求比较严格，在变坡过渡段的两侧不能布置船台；随着船舶的增大，横移车增长，过渡段的长度也要相应增加，轨道数目增多，易引起横移车轮卡轨或磨损加剧的现象。

上文中四种类型的滑道，船舶下水时均采用船排小车，当船舶下水艉浮时，都存在船艉压力大的问题。

2.两支点滑道

船舶上墩或下水时，只用两台小车支撑，可以从滑道的斜坡段直接拖曳到水平段上。小车之间可用拉杆或链条连接。简单的两支点滑道布置是将船舶从滑道斜坡段拖曳到水平段后，直接在该段修理(或建造)。为了提高效率，考虑多船位布置，可有以下几种方式：①在水平段串联布置两个船台位置；②滑道上端设水平横移区和船台区，船舶拖曳到滑道上端水平段后，过渡到横移轨道的自动或非自动船台小车上,再横移到侧向的船台上;③滑道上端设带坑的横移架,船舶拖曳到横移架上后,通过横移过渡到任一船台上。

两支点滑道具有施工方便、设备简单、滑道可变坡、修造船方便及节省投资等优点。但船舶上墩下水过程中系两点支撑,下水艉浮时纵向弯矩较大,故只适用于船舶纵向强度大的小型船舶,如小型渔轮、拖轮等,两支点滑道见图9-2-6。

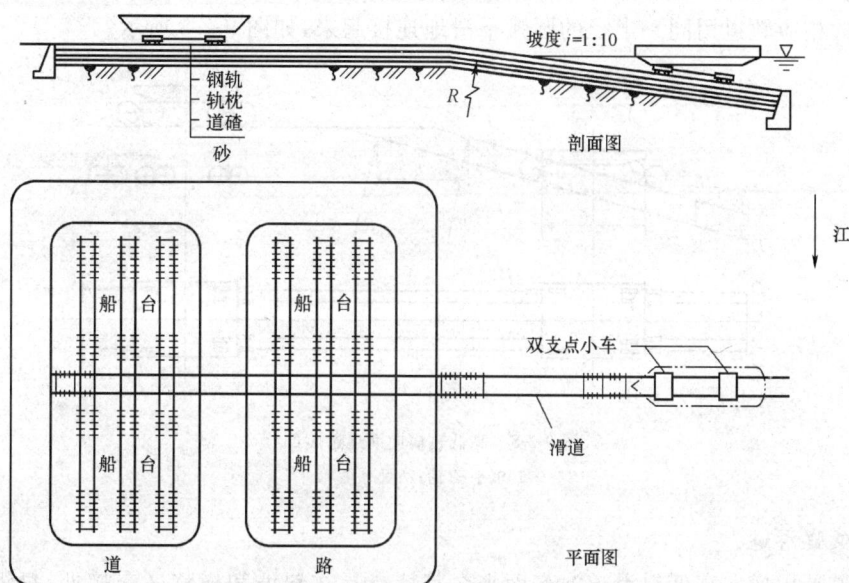

图 9-2-6 两支点滑道

3. 斜船架滑道

船舶在楔形斜船架和一列随船架的双层车上上墩或下水,船体始终保持水平状态,使承载船舶的随船架通过布置于同一高程的轨道,将船舶直接载运到水平船台上或通过横移区运载到任意水平船台上。这种形式的滑道机械化程度高,操作比较简便。但由于斜架面是水平的,架尾较高,故要求滑道末端水深较大,滑道长,投资大。为了缩短滑道的长度,可采用弧线形滑道,使滑道末端部分坡度变陡或将斜架面做成较小的坡度,以求减小滑道末端的水深。图9-2-7为具有多船位和横移区的纵向斜船架滑道布置图。

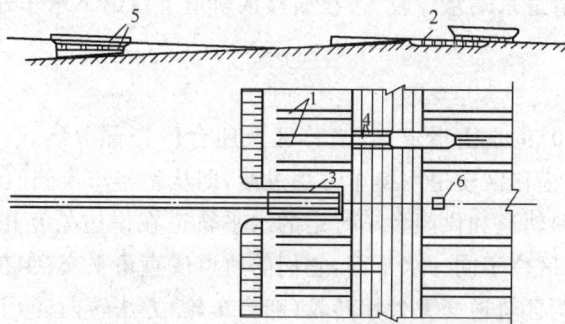

图 9-2-7 纵向斜船架滑道

1-船台;2-横移坑;3-斜船架;4-横移架;5-随船架;6-绞车房

二、横向机械化滑道

1.高低轨滑道

该滑道系由滑道斜坡部分和横移区两部分组成。下水车在滑道斜坡部分上,临水与靠岸侧的走轮各自行走在不同高程的轨道上,从而使车架面处于水平状态。斜坡部分的高低轨道和横移区的相应轨道用同一半径的圆弧平滑地连接起来,如图 9-2-8 所示。

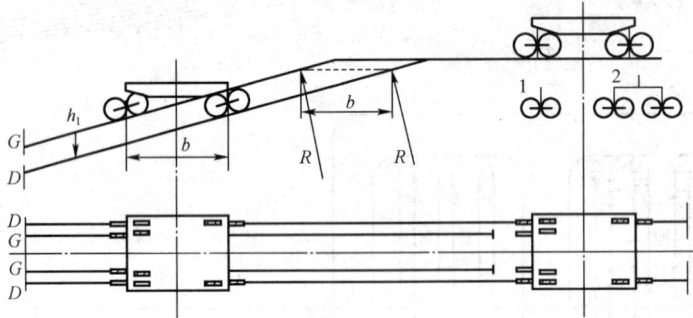

图 9-2-8　高低轨横向滑道过渡部分
1-单平衡轮;2-双平衡轮

2.高低腿滑道

该滑道是由横向高低轨滑道演变而来。其特点是在斜坡和横移区交接处,每组轨道为四根互为交错,形成由滑道转换到横移区的过渡段。为适应这种轨道布置,下水车的每组轮子为八个平衡轮,临水侧的四个平衡轮中,两个高的在内侧悬空,两个低的在外侧支撑于斜面钢轨上,如图 9-2-9 所示。当下水车拖到过渡段时,外侧平衡轮将船舶重量转换到内轨的两个平衡轮上,从而使下水车在斜面上和在水平面上行走时,架面始终保持水平状态。

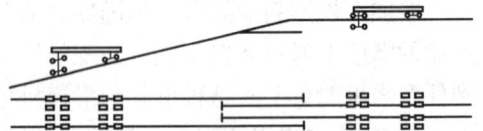

图 9-2-9　横向高低腿滑道单元示意图

横向高低腿滑道的优点是滑道和横移区的每组轨道都在同一平面上,仅在过渡段有局部低轨,从而减少了施工的复杂性。其缺点是临水侧的下水车架较高,要求滑道末端水深较大;在横移区轨道下留出下水车外侧高腿的凹槽也给施工带来麻烦。

3.梳式滑道

梳式滑道(图 9-2-10)也是由滑道区、横移区及船台区三部分组成。这种滑道的特点是:①船从斜坡滑道到水平横移区轨道用换车方法过渡,即从斜架车换到船台车上;②为了换车需要,供斜架车行走的倾斜轨道和供船台车行走的水平轨道在岸边处互相间插,形如梳齿(故称梳式);③船台区和横移区位于同一水平面,它们的轨道成直角平交;④在横移区和船台区用同一组的船台车移船,在两区轨道交叉处用转轮(船台车轮)方法转向;⑤下水车采用分段式斜架车,每段车由分设在斜坡滑道顶端的绞车牵引;⑥在横移区和船台区不用绞车牵引移船,而是用机动船台车移船。

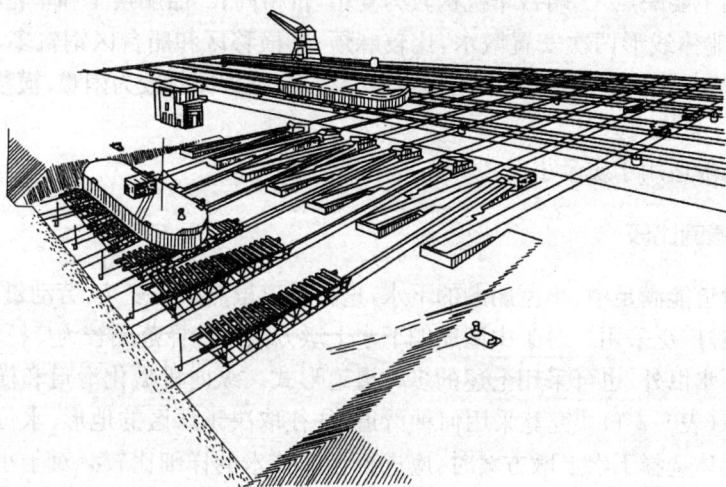

图 9-2-10 梳式滑道鸟瞰图

这种滑道的船舶上墩工艺过程(图 9-2-11):将船定位后坐落在斜架车上;然后用设在倾斜轨道顶端的绞车牵引它沿滑道上行至倾斜滑道顶端(位置 1),此时船底高出船台车顶面;将船台车沿箭头 A 的方向开到船底下(位置 2);船台车用本身的油压千斤顶将台面和船顶起,使船舶重量转落在船台车上,斜架车即卸荷(位置 3);斜架车沿箭头 C 的方向下滑脱离船底(位置 4);开动船台车(船台车通常有三分之一是机动的,其余为非机动台车)沿水平横移轨道向横移区行驶(位置 4,箭头 B 所指方向),直到指定的船位前停车;利用船台车上的油压千斤顶使 4 个车轮一起悬空转 $90°$,然后放下车轮落在驶向船台的轨道上,开动船台车载着船舶驶向船台;到达指定船位后停车,用油压千斤顶将船重转移到龙骨墩和边墩上,抽出船台车。

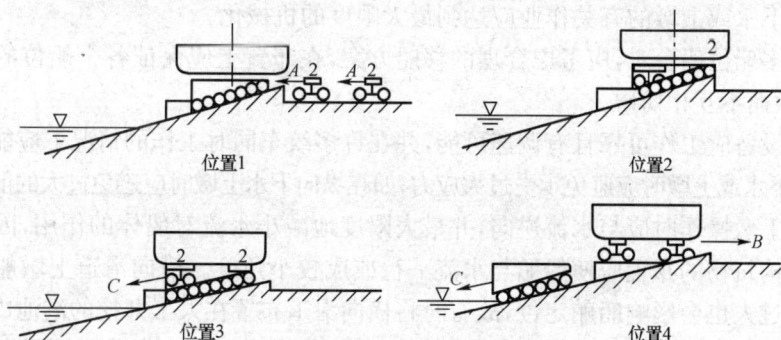

图 9-2-11 梳齿处船舶换车工艺过程示意图

梳式滑道的主要优点:①横移区与船台区高程一致,没有横移坑,场地平整,交通运输方便,船台两侧的起重机可调剂使用,必要时横移区也可兼作船台用;②由于滑道区和船台横移区有各自的移船车,如配备两套船台车,两艘船可同时进行移船作业,滑道利用率高;③横移区及船台区的移船采用机动船台车,省掉大量的穿绳工作;④绞车设在斜坡滑道的顶端,钢丝绳的长度短;⑤滑道上轮压小,对铺轨精度要求较低,有利于采用轨枕道碴基础,便于水下施工,可降低造价,并且缩短工期。

285

梳式滑道的主要缺点：①船台车机构较为复杂，价格高；②船舶换车和车轮转向费时；③对于尖底船，要按船体线形两次安置墩木，比较麻烦；④横移区和船台区钢轨多，轨道平面交叉多，使轨道基础复杂化；⑤水下滑道采用轨枕道碴结构，维护保养较为困难；横移区采用轨枕道碴结构，维护工作量也大。

梳式滑道一般适用于质量小于 3 000 t 的平底河船。

三、各种滑道的比较

纵向油脂滑道能满足中、小型船舶的下水，这种滑道虽然操作复杂，劳动量较大，但其一次性投资少，故仍被广泛采用。对于中型船舶下水上墩方法的选择范围较为广泛，除了可以采用纵向油脂滑道下水以外，也可采用上述的多种滑道形式。纵向机械化滑道和横向机械化滑道具有不同的特点（表 9-2-1）。究竟采用何种滑道，往往取决于厂区的地形、水位变化及施工条件等因素。在具体选择下水上墩方案时，应进行经济技术的详细比较。对于小型船舶的上墩下水，由于其重量小，则有更多方案的选择余地。

纵向机械化滑道与横向机械化滑道的比较

表 9-2-1

	纵向机械化滑道	横向机械化滑道
占用岸线	短	长
滑道末端水深	大	小
水上定位	较方便	不便
船体移船过程受力情况	不受扭，纵向弯矩一般较大	受扭，船体纵向弯矩小
受水流影响	较大	较小
造价	下水滑道总长短，造价一般较低	下水滑道总长长，造价通常较高

选择船舶下水上墩方案时，一般应满足下列要求：

（1）船舶下水或上墩的有关作业应达到最大限度的机械化。

（2）使用多船位船台时，应考虑合理的移船方案，在布置上应保证各个船位的船舶都能随时下水或上墩而不互相妨碍。

（3）拖曳设备应工作可靠且有调速可能，并在许多绞车同时工作的情况下应能同步化。

（4）船舶下水或上墩时应避免承受过大应力，如在纵向下水上墩时应避免过大的前支架压力。

（5）船舶上墩操作时应与水流逆向，并最大限度地减小水流对船体的作用，因此在流速较大地区，上墩构筑物的布置应使船舶与水流平行或成较小角度。横向滑道上墩船舶虽与水流平行，但流速过大也会影响船舶定位，故有时将横向滑道布置在人工开挖的港池内。

（6）移船设备负荷不均匀性应减到最小程度，如在移船设备上装置滚轴平台和液压设施等，使轮压降低，从而降低轨道基础的造价。

（7）滑道的结构应力求简单，以减少水下工程的复杂性。

四、机械化滑道的主要尺度

1. 船舶上墩下水的设计水位

船舶上墩下水的设计高水位的确定与码头相同。由于船舶在滑道上的上墩或下水作业不是连续的，每次作业时间仅需 1～2 h，因此在有潮的地区，船舶上墩或下水可趁高潮进行。在水位资料的整理分析时,根据船厂修造船生产所要求的每月上墩或下水次数,取具有一定保证率每次持续时间为 1~2h 的水位作为设计低水位。对于河流和湖泊地区,其设计低水位应根据多年实测的枯水期水位进行统计,然后根据船厂修造船生产的要求选择相应保证率的水位作为设计低水位。

2. 纵向机械化滑道

1)滑道坡度和轨距

船排滑道坡度一般为 1/15~1/20,大型滑道取小值,小型滑道取大值。在水位差较大的地方,为了缩短滑道长度,也可选用 1/11~1/15 的坡度。淤积严重、滩地平缓的水域,也可选用 1/20 更缓的坡度。滑道一般为两根轨道;但当船舶吨位较大时,为减小轨道轮压,亦可取 3~4 根。轨距一般为船宽的 1/2~1/3,瘦小型船舶取大值,肥大型船舶取小值。

两支点滑道坡度一般为 1/8~1/10,在滑道下端的一定范围内,也有取 1/6 左右的坡度。滑道小车的轨距和架面宽度一般取为 1/2~1/3 船宽。

纵向斜船架滑道坡度一般为 1/8~1/22,船舶长度大,水位差小时取小值;反之取大值。轨距一般取为 1/2~1/2.5 船宽。

2)滑道顶高程和末端水深

滑道顶高程一般与船台高程统一考虑,即取设计高水位加一定超高值。滑道末端水深与滑道的形式有关。

纵向滑道(不包括纵向斜架车滑道)的末端水深 H(m)(图 9-2-12)自设计低水位算起,按下式确定:

$$H = T_F + a + h_T + \sum l_T \cdot \sin\alpha \qquad (9\text{-}2\text{-}1)$$

式中:T_F——上墩船舶的船艏吃水(m);

　　　a——船底与船排小车垫木之间的富裕值,取 0.3m;

　　　h_T——船排小车的高度(m)(包括车面上垫木的高度,如为尖底船,取边墩垫木的高度);

　　　$\sum l_T$——船排小车在水下的总长度(m),等于 0.6~0.8L_P,L_P 为船舶两垂线间长度,对于双支点滑道,可取 0.5L_P;

　　　α——滑道斜面与水平面的夹角(°)。

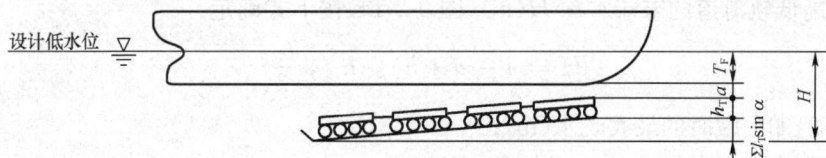

图 9-2-12　用船排小车下水的纵向滑道末端水深

纵向斜架车滑道的末端水深 H(m)(以双层车为例,见图 9-2-13 按下式确定:

$$H = T_A + a + h_T + h_A \qquad (9\text{-}2\text{-}2)$$

式中:T_A——船舶上墩时的艉吃水(m);

　　　h_A——斜架车尾端高度(m);

　　　a、h_T——意义同前。

图 9-2-13　斜船架滑道末端水深

3.横向机械化滑道

1)滑道坡度

横向机械化滑道的坡度一般比纵向滑道陡,通常为 1/4.5~1/12。横向梳式滑道一般为 1/8。

2)滑道宽度

横向高低轨或高低腿滑道在使用整体下水车的情况下,滑道宽度可按下式计算:

$$B = L + 2b \tag{9-2-3}$$

式中:B——滑道上端宽度(m);

L——整体下水车长度(m);

b——整体下水车两端与滑道上端两侧挡土墙间间距(m),一般取 0.1m,当下水车长度小于船舶总长时,应避免挡土墙对上墩或下水船舶的障碍。

3)滑道轨道组数

$$N = \frac{L_\mathrm{p}}{B} + 1 \tag{9-2-4}$$

式中:N——滑道轨道组数;

L_P——船舶垂线间长(m);

B——轨道组之间的中心距(m);对横向高低轨(高低腿)滑道取 6~8m,梳式滑道一般取 8m。

梳式滑道的横移区轨道组数应比滑道区多一组(图 9-2-10)。

4)滑道末端水深

双层车高低轨滑道的末端水深 H(m)(图 9-2-14)按下式确定:

$$H = T + a + h_\mathrm{T} + h_1 + \frac{b_0}{2}i \tag{9-2-5}$$

式中:T——船舶上墩时的最大吃水(m);

h_1——下水车高度(m);

b_0——下水车平衡轮的轴距,一般为 0.8~1.2m;

i——滑道坡度,$i = \tan\alpha$;

h_T、a——意义同前。

梳式滑道的末端水深 H(m)(图 9-2-15)按下式确定:

$$H = T + a + h_1 \tag{9-2-6}$$

式中:h_1——斜架车临水一端(包括墩木)高度(m);

T、a——意义同前。

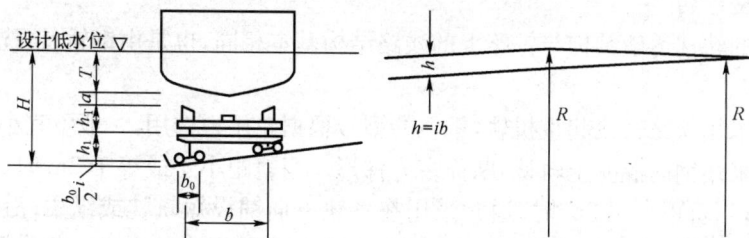

图 9-2-14　高低轨（双层车）滑道末端水深

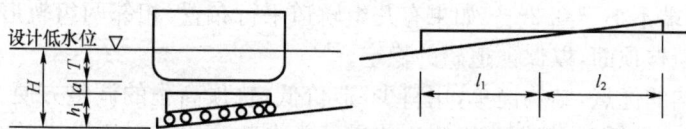

图 9-2-15　梳式滑道末端水深

4. 滑道区、横移区和船台区的尺度

1）滑道区尺度

滑道的长度决定于其末端高程、顶高程及坡度。

滑道区的宽度决定于轨道组数和每组轨道中心距，在外轨道的两侧适当考虑一定的富裕度；对于两侧有挡土墙的滑道段，其宽度决定于最大船宽（对于纵向滑道）或最大船长（对于横向滑道），船与挡土墙之间留有足够的富裕量。

2）横移区尺度

横移区的长度与滑道的类型、船台船位的数量和布置有关。

横移区的宽度决定于横移车的长度，横移车与两侧挡土墙之间应各留不小于 5cm 的间隙。

横移区与船台区的高差应等于横移车的高度。

3）船台区尺度

为了便于布置交通运输线路，船台高程一般应与厂区高程齐平或接近；为了避免船台被淹没，船台应高出设计高水位约 0.5m，设计时应综合考虑确定。

船台平面尺度决定于船位数量和每个船位的尺度。一个露天船位的长（宽）度为船舶总长（宽）度加两端（侧）搭设脚手架所需宽度各 1.5～2.5m。两船位之间需设置起重机时，还应考虑起重机所占的宽度，其中应包括起重机吊杆或平衡器不致碰到脚手架所留的富裕宽度。需要在起重机轨道与船台之间设工艺管道时，轨道与船台边线之间的距离不宜小于 3～4m。大型船位一般在两侧都布置起重机，中、小船位可在单侧布置。

第三节　机械化滑道的基础形式及其计算

一、基础形式

机械化滑道的基础形式一般为轨枕道碴结构、天然地基上的钢筋混凝土轨道梁、板和桩基上的轨道梁、板等。

1. 轨枕道碴结构

船台滑道的轨枕道碴结构与铁路上的线路结构基本相同,也是由钢轨、轨枕及道碴三部分组成。

钢轨通常采用铁路轨或起重机轨,钢轨的型号根据轮压力选用,一般不宜小于中华 38 型。

轨枕一般采用钢筋混凝土轨枕,断面多为梯形。当轨距小于或等于 3m 时,一般采用两轨共用一根轨枕;当轨距大于 3m 时,通常采用在各轨下面铺设短轨枕或纵梁;沿轨道长度方向每隔 4～5m 设一根钢筋混凝土联系梁。轨枕的间距根据轮压力的大小一般采用 0.5～0.8m。道碴一般采用 30～70mm 粒径的坚硬碎石。道碴厚度不得小于 0.2m。道碴宜铺至轨枕顶面,并伸出轨枕两端不小于 0.2m。如果有几组轨道平行布置,相邻两组轨道之间的地面应用道碴或块石填至轨枕顶面,以保证道碴的稳定。

轨枕道碴结构的优点:结构简单,用料少,造价低,轨顶高程的调整方便。其缺点:结构整体性较差,承载能力较低,地基沉降未终止前需经常调整高程。对于滑道的水下基础部分,一般采用基床抛石,如采用轨枕道碴结构,应对当地的冲淤情况作比较充分的调查分析,宜慎重对待。这种形式的基础在船台滑道中应用很广泛,但不适用于高低轨轨道。

2. 钢筋混凝土轨道梁、板

钢筋混凝土轨道基础有梁式和板式两种。

轨道梁的断面有矩形、倒 T 形及工字形等(图 9-3-1)。为了防止梁横向变位,在一组轨道两个轨道梁之间用横向联系梁连接。对于水下轨道部分,可采用预制的井字形构件,安放在铺好的抛石基床上。构件的大小由起重设备的能力确定。梁的分段长度:对于现浇梁,由变形缝的间距确定,变形缝的间距根据当地的温度差和地基情况,一般采用 30～45m;对于预制梁,还应考虑起重设备的起重能力。

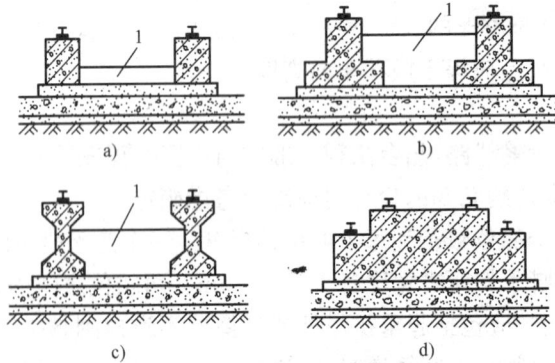

图 9-3-1　钢筋混凝土轨道梁
1-横向联系梁

板式轨道基础有平板、肋形板等形式。肋形板受力较好,但施工较麻烦。板式轨道基础的变形缝间距一般采用 15～20m。一般适用于轨距较小情况。

钢筋混凝土轨道梁、板基础具有整体性好、刚度大、耐久、沉降较小等优点;但造价比轨枕道碴结构高,混凝土及钢材用量较大。它适用于轮压力大或移船车行驶对不均匀沉降要求较高或轨道结构形状复杂(如自摇式滑道横移区的变坡段、高低轨轨道梁等)的情况。

当地基的软土层厚、承载力不足时,一般可采用桩基础。地基较好,但天然岸坡陡,为减少滑道基础的填方,也可采用桩基础,如灌注桩等。

二、轨道荷载的确定

作用在轨道上的荷载主要是各种移船车的车轮压力。精确地确定轮压力是很困难的,工程上通常采用平均荷载乘以经验性的不均匀系数的办法来确定轮压力。不均匀系数有两个:当移船车为分段式时,船重在车子之间的分配不均匀系数为 K;一台车的各轮轮压力的不均匀系数为 k。

1.单个船排小车承受的船重 P

$$P = \frac{Q}{N}K \qquad (9\text{-}3\text{-}1)$$

式中:Q——船重(kN);

N——船排小车数量;

K——船重在小车分配的不均匀系数,可取 $1.2 \sim 1.8$。

2.船排小车的轮压力 p

$$p = \left(\frac{P+q}{n}\right)k \qquad (9\text{-}3\text{-}2)$$

式中:P——船排小车承受的船重(kN);

q——船排小车的自重(kN);

n——每台船排小车的轮数;

k——轮压力分配不均匀系数,取 $1.1 \sim 1.2$。

3.梳式滑道斜架车最大轮压力 p_{max}

$$P_{max} = \left(\frac{P_{max}+q}{n}\right)k \qquad (9\text{-}3\text{-}3)$$

式中:P_{max}——一台斜架车的最大载重量(kN);

k——轮压力分配不均匀系数,取 $1.3 \sim 1.5$;

q、n——意义同前。

4.船艏压力的分布

当载船的船排小车沿滑道纵向下水时,在船艉浸水后,船艉受到浮力作用,产生艉浮力矩(浮力对船重心的力矩),使船重力在各小车之间的分配发生变化,其中船艏小车受到的压力最大,称此压力为船艏压力(图9-3-2);船继续下行,艉浮力矩越来越大,船艏压力也随之增大,船到某一位置,船艉开始浮起,船仅与船艏小车接触,与其他小车全部脱离,此时船艏压力达到最大值,一般为船重力的 $20\% \sim 30\%$;船再下行,艉浮力继续增大,但其作用位置也逐渐靠近船的重心,艉浮力矩没有什么增大,船艏压力几乎不变;船到一定位置后,艉浮力矩开始减小,船艏

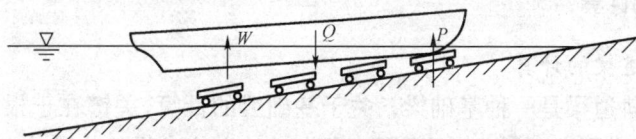

图 9-3-2 船舶艉浮时的受力情况

压力也随之减小;当船舶浮到水平位置时,浮力的作用位置与船重心重合,艉浮力矩等于零,船艉压力也不存在了,船即脱离船艉小车。

图 9-3-3 是下水滑道上船艉压力作用过程图,它是一种概括图式,实际的船艉压力作用过程图随着水位、船型、船长和船重分布的不同而变化。图中各段的水平投影长度如下确定。

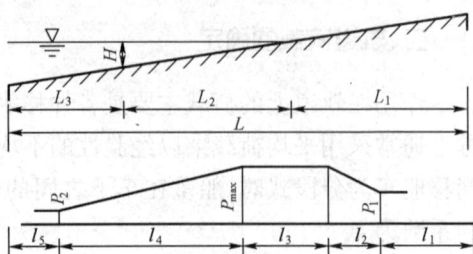

图 9-3-3　船艉压力过程图

船艉压力起始点到滑道顶端的水平距离:

$$l_1 = \frac{4}{5}L_1 + \frac{0.3}{i} \tag{9-3-4}$$

船艉压力区各段的长度:

$$l_2 = \frac{1}{5}\left(\frac{L_1}{5} + L_2\right) \tag{9-3-5}$$

$$l_3 = \frac{2}{5}\left(\frac{L_1}{5} + L_2\right) \tag{9-3-6}$$

$$l_4 = 0.85L_p \tag{9-3-7}$$

船艉压力终了点到滑道末端的水平距离:

$$l_5 = L - l_1 - l_2 - l_3 - l_4 \tag{9-3-8}$$

式中:L_p——船舶两垂线间长度(m);

　　L——下水滑道总长度的水平投影(m);

　　L_1——下水滑道水面以上的水平投影长度(m);

　　L_2——下水滑道水面以下到水深 H 处的水平投影长度(m),按下式计算。

$$L_2 = \frac{H}{i} = \frac{T_F + h_T}{i} \tag{9-3-9}$$

式中:T_F——船艉吃水深度(m);

　　h_T——小车高度(m);

　　i——滑道坡度。

船艉压力过程图起始点的船艉压力 P_1 等于船艉入水前的船艉小车正常荷载,按式(9-3-1)确定;终点的船艉压力 P_2 等于船艉小车的水下重量;最大船艉压力 P_{max} 等于$(0.2\sim0.3)Q$,Q 为船重,其中也包括小车重量。

设计时分别按设计低水位和设计高水位情况用上面方法绘制船艉压力过程图,然后组成包络图。最后求出船艉小车在不同位置时的轮压力。

三、轨道基础的计算

1. 天然地基轨道梁的计算

天然地基上的轨道梁是一种基础梁。关于基础梁的计算,关键在于根据已知外力求未知的地基反力分布;知道了地基反力,便可用工程力学的方法求得基础梁的内力和变形。目前有下列三种常用的计算理论和计算假设。一是假设地基反力为直线分布,二是基床系数假设(亦称文克尔假设),三是理想弹性体假设。

目前我国在设计船台、滑道、干船坞时,大多采用基床系数假设(基床系数法)。这种假设尽管在理论上有缺陷,但能考虑基础梁与地基之间相对刚度的影响,而且使用又比较方便,如果基床系数 k 值选用得当,计算结果能够满足工程上的要求,因此获得广泛应用。

船台滑道中采用的天然地基上钢筋混凝土轨道梁,其上作用有移动的轮压力。这种轨道梁的计算,可利用集中荷载影响线进行,参见本章参考文献[7]。

1)判别梁的性质

$$\lambda = \alpha l \tag{9-3-10}$$

式中:λ——梁的相对刚度;

　　l——梁的长度(cm);

　　α——梁的相对刚度系数(cm^{-1})。

$$\alpha = \sqrt[4]{\frac{bk}{4EI}} \tag{9-3-11}$$

式中:b——梁的宽度(cm);

　　k——地基系数(N/cm^3);

　　E——梁材料的弹性模量(N/cm^2);

　　I——梁截面的惯性矩(cm^4)。

轨道梁可按 λ 值分为以下三类:①当 $\lambda < 1.0$ 时,为刚性梁,地基反力采用直线分布;②当 $1.0 \leqslant \lambda \leqslant 4.5$ 时,为有限长梁(短梁);③当 $\lambda > 4.5$ 时,为长梁,即无限长梁或半无限长梁。对于 $\lambda = 1.0 \sim 4.5$ 的有限长梁和 $\lambda > 4.5$ 的长梁。本章参考文献[7]中已给出了单位集中荷载作用下的弯矩、剪力、地基反力和梁端转角的影响线,可供查用。

2)考虑钢轨的影响

钢轨是跨越梁端伸缩缝连续铺设的,因此可认为由于钢轨的联系而相邻两梁端的沉陷相等。同时由于钢轨的刚度远比轨道梁小,不足以传递弯矩,但可以传递剪力,故可认为相邻两梁是用钢轨铰接起来的。因此,在计算轨道梁时,除考虑所有外力外,还应考虑钢轨剪力的影响,计算图式如图 9-3-4 所示。

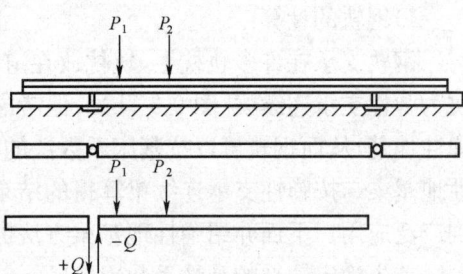

图 9-3-4　伸缩缝处的剪力计算图式

钢轨剪力 Q 可以根据相邻两梁端沉降相等的条件求得。当轮压位于伸缩缝的同一边时,得:

$$P_1 y_1 + P_2 y_2 - Q y_Q = Q y_Q$$

得剪力为

$$Q = \frac{P_1 y_1 + P_2 y_2}{2 y_Q} \tag{9-3-12}$$

式中:P_1、P_2——轮压力(N);

　　y_1、y_2——分别为 P_1、P_2 作用点上单位荷载作用时引起的梁端的沉降量(cm);

　　y_Q——Q 为单位荷载时所引起的梁端的沉降量(cm)。

y_1、y_2、y_Q 值均可从上述的荷载影响线图上查得。计算轨道梁时,将 Q 视为梁上的一个荷载。

当轮压位于伸缩缝的两侧时,由 $P_1y_1 - Qy_Q = P_2y_2 + Qy_Q$

得剪力
$$Q = \frac{P_1y_1 - P_2y_2}{2y_Q} \qquad (9\text{-}3\text{-}13)$$

3)内力包络图的绘制和最大地基反力的确定

作用在轨道梁上的轮压力是移动荷载,为此需绘制梁的弯矩和剪力的包络图作为梁断面设计的依据,并找出所有轮压作用时的最大地基反力值,它不应大于地基的允许承载力。研究表明:当荷载位于梁端时,在距梁端的换算距离 $r=ax=\pi/4$ 的截面处将出现最大负弯矩(图9-3-5);随着荷载向跨中移动,出现最大负弯矩的截面也向跨中移动,但弯矩的数值却迅速减小,并逐渐趋近于无限长梁的负弯矩(该值远小于最大的负弯矩)。当荷载距端部的换算距离 $r=\pi/2$ 时,在荷载作用的截面上将发生最大正弯矩(其值略大于无限长梁正弯矩值),并随荷载向跨中移动而趋近于无限长梁的正弯矩。轨道梁(长梁)的弯矩包络图的一般形式如图9-3-6所示。

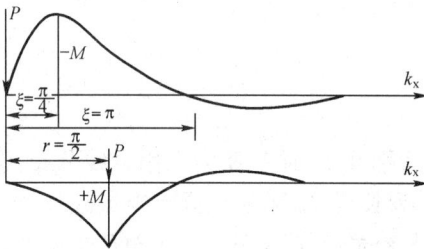

图9-3-5 发生最大弯矩截面及荷载位置

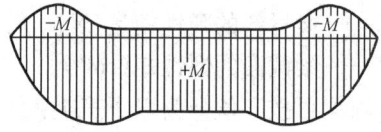

图9-3-6 轨道梁的弯矩包络图形式

2.轨枕道碴基础的计算

1)钢轨的计算

钢轨支承在许多轨枕上,轨枕放在道碴和地基上[图9-3-7a)],它具有一定的弹性,故钢轨实为弹性支承连续梁[图9-3-7b)],但考虑到轨枕布置得很密,计算时可以把它们化为连续的弹性地基,从而钢轨可以按基床系数法的弹性地基上的无限长梁进行计算[图9-3-7c)]。按弹性地基梁与按弹性支承连续梁算得的结果误差一般不超过 $5\%\sim10\%$,但前法计算简便,故得到广泛应用。下面介绍弹性地基梁方法的计算公式。

首先确定轨枕的弹性系数 $R(\text{kN/cm})$,其定义是使轨枕下沉 1cm 时钢轨作用在轨枕上的压力(kN)。

当轨枕上铺有两根钢轨时,
$$R = \beta\frac{bl}{2}C \qquad (9\text{-}3\text{-}14)$$

当轨枕上铺有一根钢轨时,
$$R = \beta b l C \qquad (9\text{-}3\text{-}15)$$

式中:C——道床系数(kN/cm^3),其定义是轨枕下沉 1cm 时轨枕作用于道碴的压强(kN/cm^2);对级配道碴可取($0.05\sim0.10$)kN/cm^3,重型轨道取大值,轻型轨道取小值;

b——轨枕的底宽(cm)；

l——轨枕底面的长度(cm)；

β——轨枕弯曲系数，等于轨枕的平均沉降 y_m 与最大沉降 y_{max} 之比值(图 9-3-8)，对混凝土轨枕取 1.0，对木轨枕可取 $0.81\sim0.92$。

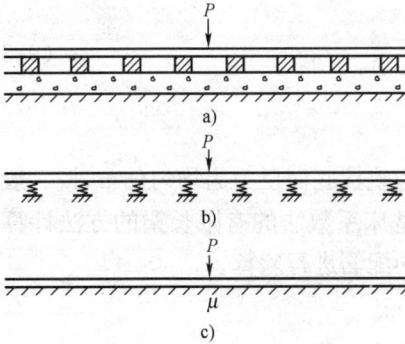

图 9-3-7　钢轨计算图式　　　　　　　　图 9-3-8　轨枕的变形

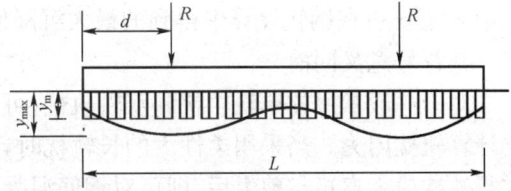

设轨枕中心距为 a，将轨枕的弹性系数 R 除以 a，得钢轨的轨道系数 $\mu(kN/cm^2)$，即

$$\mu = \frac{R}{a} \tag{9-3-16}$$

式中：a——一般取 $50\sim80cm$。

这样，就把弹性支承近似地转化为连续弹性地基，钢轨即可按基床系数法的无限长梁进行计算。

钢轨的相对刚度系数

$$a = \sqrt[4]{\frac{\mu}{4EI}} \tag{9-3-17}$$

式中 EI 为钢轨的刚度。

根据无限长梁的解，可求得钢轨的挠度 y、弯矩 M 和剪力 Q 如下：

$$y = \frac{\alpha}{2\mu}\sum P_i A_{\alpha xi} \tag{9-3-18}$$

$$M = \frac{1}{4\alpha}\sum P_i C_{\alpha xi} \tag{9-3-19}$$

$$Q = -\frac{1}{2}\sum P_i D_{\alpha xi} \tag{9-3-20}$$

上述式中：　　P_i——作用在钢轨上的轮压力(N)；

$A_{\alpha xi}$、$C_{\alpha xi}$、$D_{\alpha xi}$——函数值，可由附录三附表 3-1 查得。

已知钢轨的内力，即可用以验算钢轨应力。

钢轨应力按下式计算：

$$\sigma_g = \frac{M}{W_g} = \frac{\sum P_i C_{ax_i}}{4aW_g} \tag{9-3-21}$$

$$P_i = K_T K_H P_K = 1.21 P_K \tag{9-3-22}$$

$$\sum P_i C_{axi} = P_1 C_{ax1} + P_2 C_{ax2} + \cdots + P_n C_{axn} \tag{9-3-23}$$

式中：K_T——考虑水平力和偏心竖向力作用的影响系数，取 $K_T = 1.1$；

K_H——考虑船舶在小车上偏心时的不平衡系数，取 $K_H = 1.1$；

P_K——单个走轮的轮压(N)；

295

W_g——钢轨的截面模量;

C_{axi}——函数值,见附录三附表3-1(其值与 ax 有关,而 x 是计算截面至荷载处的距离),求得的钢轨应力应小于钢轨的允许应力值 $[\sigma]$。

2)轨枕计算

钢轨传给轨枕的最大压力 R_{max} 按下式计算:

$$R_{max} = \mu a y_{max} \tag{9-3-24}$$

式中:y_{max}——在钢轨计算中得到的最大沉降值;

其符号意义同前。

对于一般常用的单轨轨枕和双轨轨枕,可近似认为轨枕底面反力为均匀分布,按一般静定梁计算轨枕内力。当采用柔性大的长轨枕时,可采用基床系数法的有限长梁的方法计算。在求得轨枕最大弯矩与剪力后,即可对钢筋混凝土轨枕的配筋进行验算。

3)道碴应力验算

当采用短轨枕时,轨枕作用在道碴上的最大压应力 p_{max} 为:

$$p_{max} = \frac{R_{max}}{5\delta} \tag{9-3-25}$$

当采用长轨枕时(即轨枕上有两根钢轨时),道碴上最大压应力 p_{max} 为:

$$p_{max} = \frac{2R_{max}}{5\delta} \tag{9-3-26}$$

上两式中,5δ 为轨枕的底面积。

道碴层上的最大压应力应小于道碴的允许应力。硬质碎石道碴的允许压应力为500kPa。

4)地基应力验算

由轨枕传给道碴的压力,可近似地假定在道碴中沿着与铅垂线成 $30°$ 角向下传布至地基上(图9-3-9)。当道碴厚度为 h 而相邻的传布线彼此不交叉时,地基上的平均压应力 σ_m 按下式计算:

$$\sigma_m = \frac{2R_{max}}{(b+2h\tan30°)(L+2h\tan30°)} \tag{9-3-27}$$

上式中,当 $b+2h\tan30° > a$ 时,取其等于 a 值,其中 a 为轨枕中心距。

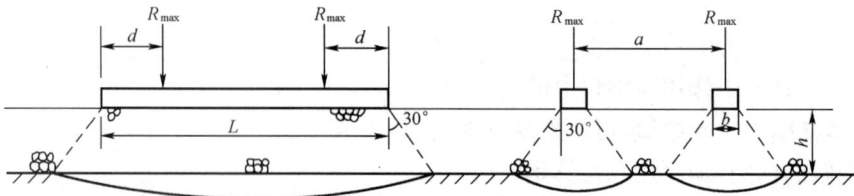

图9-3-9 道碴中应力的传布

因地基上的实际压力分布呈抛物线形,故最大地基压应力 σ_{max} 要比平均压应力 σ_m 大,σ_{max} 按下式计算:

$$\sigma_{max} = \beta' \sigma_m \tag{9-3-28}$$

式中,β' 为地基压应力不均匀系数,其值为1.5~2.25,轨道情况良好者取小值,对于水下滑道及道碴层质量较差者取大值。

σ_{max}值应小于地基容许承载力。

对于单轨轨枕,将式(9-3-27)中的 $2R_{max}$ 改为 R_{max}。

3. 桩基上轨道梁的计算

基桩一般具有一定弹性,故支承在桩基上的轨道梁一般应按弹性支承连续梁计算。但是从计算结果来看,在某些情况下,可以采用其他比较简便的计算简图而得到与弹性支承连续梁相近的结果。这是因为梁的内力不仅受支座性质的影响,而且也受其他因素,如支座的间距、支座的刚度、梁的抗弯刚度等因素的影响。在桩的刚性系数较大且间距很大,而梁的抗弯刚度不大的情况下,支座的弹性对梁的内力影响就不显著。计算表明:当 $\rho < 0.15$ 时,按刚性支承连续梁计算和按弹性支承连续梁计算的结果相差是不大的,可按刚性支承连续梁计算。

$$\rho = \frac{6EI}{l^3}K \qquad (9\text{-}3\text{-}29)$$

式中:EI——梁的抗弯刚度;

K——桩的轴向反力系数,意义与高桩码头基桩相同(m/kN);

l——桩的间距,即梁的跨度(m)。

在桩的间距很小而桩数很多的情况下,将桩基上的梁看作是支承在无数密布的弹簧上的梁,也就是连续弹性地基上的梁按基床系数法求解,所得结果与按弹性支承连续梁计算结果接近,计算比较简单。

第四节 干船坞的组成、尺度与结构形式

一、干船坞概述

干船坞是一种位于地面以下、紧靠岸边的地下水工建筑物。其修建目的主要是为了修造船舶。

干船坞水工结构设计必须解决作用于结构基底的地下水压力对结构的影响,同时承受坞内船舶荷载的作用,以便对船舶进行修理或建造。

1. 干船坞的组成与设备

干船坞是由坞室、坞口、坞门、灌排水系统、拖曳系缆设备、垫船设备、起重设备、动力、公用设施和工艺管网等组成。

坞室是修造船的工作场所,实际上是一个修造船的车间。它是干船坞的主体,其结构由两侧纵墙、一个端墙和底板组成。在使用上,要求坞室有足够的面积、水深和承载能力,建坞时,往往需先做成围堰,将围堰内的水排干,进行干地施工。

坞口(坞首)用来安放坞门,由门墩、门槛和中间底板组成。结构上要求有足够的强度和刚度以及不均匀沉陷小,以保证坞门关闭紧密。

坞门的作用是用来挡水,因此水密性要好。

灌水系统包括输水廊道和阀门等设备,它的作用是向坞内灌水。排水系统包括大明沟、输水廊道和泵站,其作用是排干坞内的水。

拖曳系缆设备包括牵引小车、绞车或绞盘、系船柱、滑轮、拉环等,用来拖曳船舶进出坞及

固定船舶。

垫船设备是坞室中支撑船体的设施。主要由中龙骨墩（中墩）及边龙骨墩（边墩）组成。

起重设备主要有门座起重机和龙门起重机。

动力及公用设施主要有电力、压缩空气、氧气、乙炔、水和蒸汽等管线。

船坞的设备及其布置，应根据修造船的工艺及进、出坞船舶的工艺要求结合船厂的情况按技术先进、经济合理、使用方便综合考虑，不宜生搬硬套。

2. 船舶的进、出坞过程

船舶出坞时，先将船缆系在系船柱或绞盘上，使船浮起时不致左右摇摆；然后打开进水闸门，向坞内灌水，至坞内外水位齐平时将船缆系在牵引小车上，开启坞门；用小车牵引船艏缆绳，曳船外移[图9-4-1(I)]；待船艉到坞口附近，用拖轮协助拖曳[图9-4-1(II)]；船艏离开坞口时，松开缆绳，由停在口门旁边的另一艘拖轮协助船舶进入舾装泊位[图9-4-1(III)]。

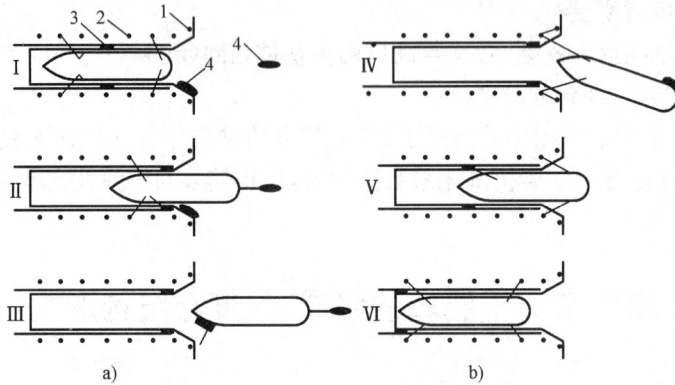

图 9-4-1 船舶进出坞操作过程图

a)出坞；b)进坞

1-电动绞盘；2-系船柱；3-曳船小车；4-拖船

船舶进坞时，先由拖船将船舶拖至坞口的操作水域，然后由坞口绞盘拖曳船艏缆绳并由拖轮在船艉协助船舶回旋、定位，使船舶对准坞口[图9-4-1(IV)]；船艏进入坞口后，将船缆系在牵引小车上，由曳船小车牵引船舶向坞内移动[图9-4-1(V)]；船舶全部进坞后，关闭坞门，并将缆绳系在系船柱上[图9-4-1(VI)]；然后开始抽水，至船底与龙骨墩接触时暂停抽水，检查船舶座墩情况，若座墩不正，应再向坞室内灌水使船浮起，校正船位，重新抽水座墩；待船坞抽干后，检查每一龙骨墩的接触情况，并楔紧垫木。

3. 船坞位置及轴线的一般规定

坞前水域应有良好的防浪掩护条件，这是船舶进出坞操作的必备条件，并应尽量避免进出坞船舶受较大的横向风、流的作用。在河岸船厂中为了操船的方便和安全，顺流进坞的情况是应该避免的。在我国现有的河岸船厂中，大多是坞轴线垂直于岸边，坞轴线与水流方向近似直交，因为这样对陆域的利用比较充分，平面布置也比较方正；也有船厂为了造成逆流进坞的条件，将坞轴线与岸边斜交，与水流方向有一个小于90°的夹角，一般在潮汐的河段里使坞口偏向上游，在无潮汐的河段里使坞口偏向下游。

坞口前应有足够的操作水域面积，其长度（沿坞轴线方向）一般不小于进坞船舶总长的2

倍,宽度一般不小于船舶总长的 1.5 倍(当有充分理由并制定有具体的进出坞方案时,亦可不受上述限制),并应尽量避免过往船舶对进出坞船舶的干扰。

坞口前应避免发生有害冲刷或淤积。坞址应有良好的地质条件。船坞周围应有适当的拆装堆放面积。船坞的布置应符合工厂及总工艺流程的要求,并应考虑远景发展的可能性。

4.船坞的主要尺度及高程

船坞的主要尺度及高程应根据设计采用的船舶尺度、工艺设计原则、进出坞工艺要求和坞址的水文条件等确定。

船舶进出坞设计水位的确定是一项非常关键的统计、分析、论证工作。它是根据工厂生产要求和坞址的水文条件确定的。

目前,我国沿海地区及近海河口地区的船坞,宜选定持续时间不小于 2～3h、年保证率为 50%～80% 的潮位为进出坞设计水位,同时应考虑潮位较低季节的进出坞要求。不受潮汐影响的内河取通航水位作为进出坞设计水位。

1)船坞有效长度

船坞有效长度系指坞门内壁外缘至坞尾墙底表面在坞底纵轴线上的投影距离。船坞有效长度按下式确定:

$$L_W = L_{PP} + l \tag{9-4-1}$$

式中:L_W——船坞有效长度(m);

L_{PP}——船舶垂线间长度(m);

l——坞内船舶艏艉的修船工作间距(m),一般取 15～20m。

2)坞室宽度

坞室宽度系指船坞中剖面处的坞底宽度。坞室宽度按下式确定:

$$B_W = B + b \tag{9-4-2}$$

式中:B_W——坞室宽度(m);

B——船舶型宽(m);

b——船舱两侧与坞壁间的总工作间距(m);一般取 3～8m,应根据船舶大小及脚手架形式确定,但不应小于 3m;对有防摇鳍的船舶及海损事故船舶的坞修工作,间距应根据具体情况另行考虑。

3)坞口宽度

坞口宽度系指坞口内侧底宽。坞口宽度按下式确定:

$$B_{WK} = B + b_K \tag{9-4-3}$$

式中:B_{WK}——坞口宽度(m);

B——船舶型宽(m);

b_K——船舷与坞口内壁间的两侧富裕(m);通常取 $b_K = (1/8～1/4)B$,但不应小于 2m。

目前国内外有不少船坞的坞口宽度与坞室宽度相同。

4)船坞顶高程

船坞顶高程应结合坞址水文、地形等条件,参照有关的港口工程规范确定。

通常船坞顶标高比厂区高程高 0.1～0.15m,我国有些近海河口地区船坞是以 20 年一遇的洪水位以上 0.3～0.5m 或以历年最高水位再加一定的富裕高度来定船坞顶高程;对沿海地区船坞,其坞顶高程一般取历年最高潮位加一定富裕高度。

5)进出坞设计水深

进出坞设计水深由设计确定的船舶进出坞最大控制吃水值、船舶坞修工艺要求及当地水文气象条件而定,即:

$$H_S = T_K + a + h \tag{9-4-4}$$

式中:H_S——坞室进出坞设计水深(m);

T_K——设计中确定的船舶进出坞最大控制吃水(m);

a——船底中龙骨底板距船坞中龙骨墩顶面的水深裕度(m),$a=0.5～1.0m$,大型船舶取大值,小型船舶取小值;

h——中龙骨墩高度(m),$h=1.2～1.8m$。

6)坞室底高程

坞室底高程系指船坞中剖面处中板顶面高程。坞室底高程按下式确定:

$$H_D = H_W - H_S \tag{9-4-5}$$

式中:H_D——坞室底高程(m);

H_W——进出坞设计水位(m);

H_S——进出坞设计水深(m)。

7)坞槛及坞口有关尺度

考虑到坞室内重度较大的杂物不至于因长期流积至坞门座处而影响坞门的落位,同时为了减小坞门高度,节省投资,改善坞门受力状况,通常在坞口处设置坞槛。坞槛高程一般比中龙骨墩顶面至少低 0.5m,而高出坞底高程 0.5m 以上。个别船坞坞槛面与坞底高程一致。坞槛宽度一般为 1.0～3.0m,也有少数船坞坞槛宽度超过 3.0m。

坞口顶高程主要视船坞一带水域的波浪情况而定,一般波高在 0.5m 以下时,坞口顶高可比坞室顶高程高 0.1m 左右或与坞室顶高程一致。

5. 船坞的灌、排水系统

1)船坞灌、排水系统的布置

干船坞的灌排水系统的布置如图 9-4-2 所示。坞室排水时,打开阀门 6 关阀门 14,水由大明沟 5 经输水廊道通过阀门 6 进入水泵站下面的集水池 7,由主泵 8 加压经排水管 9 及阀门 10 排入指定水域。坞室灌水时,关阀门 6 打开阀门 14,水经灌水廊道 13 和大明沟 5 进入坞室。

2)灌水系统

船坞灌水目前国内外主要采用短廊道灌水和坞门灌水两种形式。

短廊道灌水是在坞首边墩内设置用阀门控制的灌水廊道,利用坞内外水位差引水绕过坞门,流入坞室。短廊道的出口一般布置得比较低,可以充分利用灌水的起始水头,廊道出口与大明沟相连接,可在大明沟内设出流均匀装置,使流入坞室水流比较均匀,流态良好。廊道操作管理集中而方便,但因廊道与坞墩结合,施工复杂,阀门投资较大,检修也比较麻烦。

坞门灌水是在坞门设计水位以下,在坞门中设置一系列用阀门控制的灌水孔洞,向坞内灌

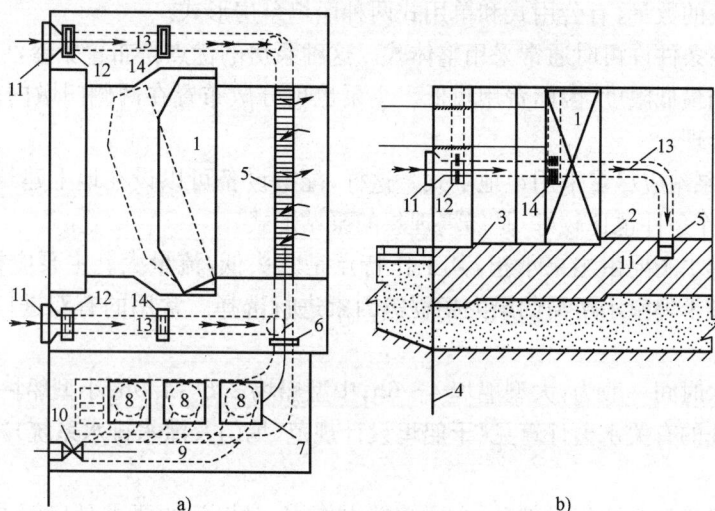

图 9-4-2　干船坞灌排水系统的布置

a)平面图；b)纵断面图

1-浮坞门；2-工作门槛；3-修理门槛；4-板桩；5-大明沟；6-排水管阀门；7-集水池；8-主泵；9-排水管；10-排水管阀门；11-拦污栅；12-修理阀门；13-灌水廊道；14-工作阀门

水。这种灌水结构简单，工作可靠，安装检修方便，造价便宜；灌水设备数量和大小的选择比较灵活；与坞口分开施工，没有干扰。但由于灌水孔出口较高，不能充分利用灌水起始水头，易冲刷坞口底板，水流条件也较差。

采用廊道灌水和坞门灌水时，控制阀门宜采用电动蝶阀或电动闸阀。灌水系统进口扩大处应设置拦污装置，采用廊道灌水，一般设拦污栅。

从灌水效率和灌水流态来看，廊道灌水比坞门灌水优越些，因此，它是万吨级以上船坞应予推荐的一种灌水方式。

船坞灌水系统的水力计算，主要是在给定的室内灌水容量及灌水时间的条件下确定灌水孔口及廊道横断面的总面积。这里灌水时间是指坞内无水、无船时开始灌水至水面达到进出坞设计水位所需的时间。灌水时间一般为 1.0～2.5h，大型船坞取大值。船坞灌水时应保证船舶起伏平稳，并不得冲动边墩。

输水廊道的横断面可采用圆形、带有抹角或圆角的矩形、马蹄形等形式。其面积除按水力计算确定外，还应考虑检修人员的通行，故一般高度不小于 1.2m，宽度不小于 1.0m。

当采用廊道灌水时，灌水系统的设计与计算应在船坞结构的静力计算之前进行，以便根据廊道面积考虑在土建结构中的位置，以及考虑被廊道削弱的结构部分如何加强等问题。

3）排水系统

船坞排水系统的主要部分是船坞泵房。

船坞泵房按照与坞体结构的相对位置，有与坞体结构结合建造的整体式泵房和与坞体结构分开建造的分离式泵房两种。按照泵房本身的结构形式，有地下式和半地下式两种。地下式泵房系指整个位于坞面以下、无突出地面的建筑物。半地下式泵房系指有突出地面的建筑物。按照所服务的数量，有公用式和单用式两种船坞泵房形式。

新建船坞在条件许可时通常采用整体式。这种泵房的优点是布置紧凑，可将各种管道、廊道的长度缩减到最低限度，因而费用较低。主泵也可分散布置在两侧门墩内。这种泵站采用立式水泵比较合理。

在立面上，泵站应尽量采用半地下式。这样，配电设备可以设在地上建筑内，自然通风条件较好，工人操作条件也比较好，是船坞理想的泵站形式。

干船坞的排水主要由主泵承担，其工作特点是水头低，流量大。主泵应根据干船坞抽水量、排水时间、排干坞室水所需的最大扬程等因素进行选择。常用的有双进口离心泵、轴流泵和混流泵三种。

船坞的排水时间一般为：大型船坞 4～6h；中型船坞 2.5～4.0h；小型船坞 1～2.5h。

灌排水系统的有关水力计算见《干船坞设计规范（坞门及灌水排水系统）》（JTJ 253-87）。

6.坞门

坞门是干船坞的重要组成部分，主要起挡水作用，对坞门的要求是启闭方便，且有良好的水密性。

坞门的主要形式有：浮箱式、卧倒式和横拉式。近年来，又有旋转侧开式等新型坞门。为了制造方便，目前广泛采用矩形断面的浮箱式坞门。

造船坞一般多采用浮箱式坞门。虽然它启闭时间较长，操作较复杂，且受风、浪、流、冰等自然条件的影响，造价亦较高，但造船坞门启闭次数少，且要求坞门上通行重型汽车，浮箱式坞门具备此条件。

修船坞坞门启闭频繁，仅要求门上通行轻型车辆，而卧倒式坞门结构简单，操作方便，启闭时间短，故多被修船坞采用。但必须在该坞门前设置一个较深的卧门池。因此，淤积严重的地区不宜采用。

浮箱式坞门本身是一个钢制的浮箱，在关闭坞门时才将它拖至坞口。该式坞门分为若干个水密的隔舱，作为操纵舱、压载水舱和潮汐舱。操纵舱内设有阀门开关和水泵电机。用来控制压舱水的水位。压载水舱内灌水则使坞门下沉、排水则使坞门上浮，潮汐舱在临水侧设有孔洞，使舱内水位随同水域潮位涨落而升降，维持坞门的稳定。浮箱式坞门开启后，通常把它系在坞口外翼墙前，欲关闭坞门时，由坞口上的电动绞盘将其拖至坞口系缆定位处，再灌水下沉。

卧倒式坞门其操作方法可分为气控式和机械操作式。大、中型坞门宜选用气控式，小型坞门宜采用机械式（图 9-4-3）。

机械操作：一般采用电动绞车，绞车一般设置在坞口侧地下室内。开启时由于坞门支座是偏心布置的，放松钢丝绳，当坞室内水位与水域水位齐平时，坞门靠自重作用向外倾倒，落在水中支墩上。关闭坞门时，用钢丝绳将坞门拉起，直到坞门完全关闭。将坞内水排空，坞门在水域静水压力的作用下与门框压紧。

气控操作：坞门设有潮汐舱，固定浮舱、备用舱、压载水舱及操作舱。坞门底部设有两个铰链，坞门的启闭是通过操作舱充气和灌水来实现的。

坞门设计需考虑的荷载主要有：坞门自重（包括压载）及浮力；静水压力；波浪力；上甲板通行荷载，卧倒门下卧时的撞击力等。

坞门结构应进行强度，刚度与稳定性验算，对浮箱式坞门还须进行浮游稳定验算。

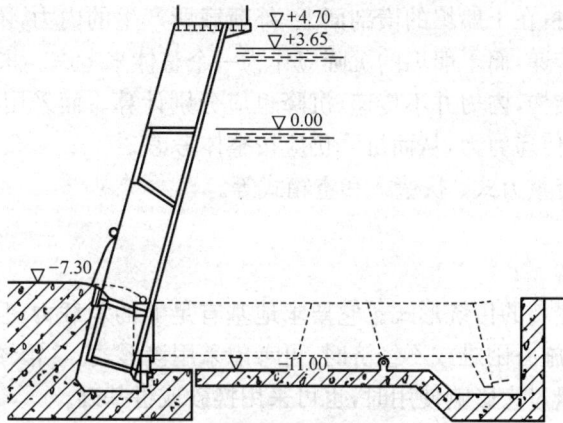

图 9-4-3　悬臂梁卧倒门断面图

二、干船坞的结构形式

1.概述

干船坞主要由坞室、坞口结构等组成。坞室结构由底板和两侧坞墙组成。根据坞墙和底板的连接方式主要可分为整体式和分离式两大类。坞墙和底板刚性连接的称为整体式,两者用缝分开而相互独立的称为分离式。也有墙与底板铰接的,可认为是介于整体式和分离式之间的铰接式。

分离式坞墙常用的结构形式有:①重力式(包括实体式、悬臂式和扶壁式),适用于承载力较高的地基;②桩基承台式和板桩式,适用于承载力较低的地基;③衬砌式和混合式,适用于坞墙后全部或部分为岩体的情况。

影响船坞结构形式的因素很多,主要是地质条件、水文条件和船舶尺度。

船坞的结构形式按克服地下水浮托力的方式可分为三大类:①重力式,依靠结构的本身重量克服地下水的浮托力[图 9-4-4a)];②锚固式,用锚桩、锚索或锚杆将底板锚固于地基,依靠锚固力和结构自重克服地下水浮托力[图 9-4-4b),c)];③排水减压式,采用地下排水设施部分或全部消除地下水浮托力[图 9-4-4d)]。

不论采用重力式、浮箱式、锚拉式或排水减压式,干船坞的底板与坞墙均可考虑采用分离式、整体式和铰接式进行设计。

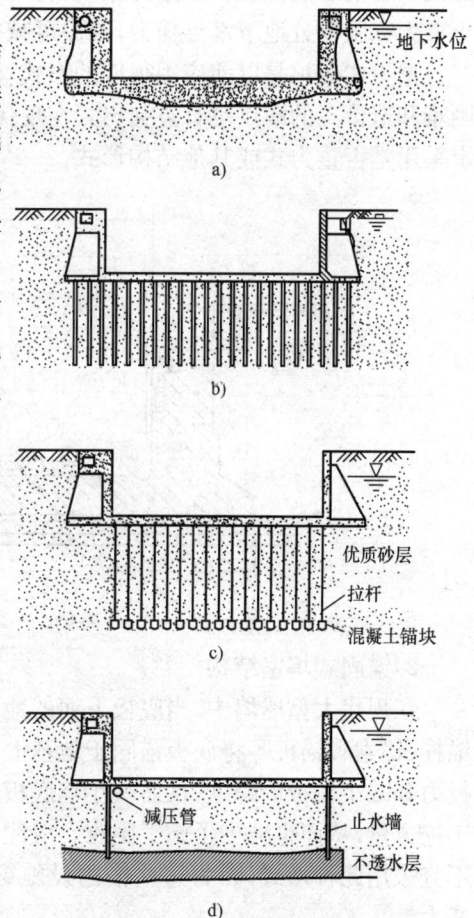

图 9-4-4　船坞坞室的结构形式
a)重力式;b)锚桩式;c)锚杆式;d)排水减压式

303

采用整体式底板时,在干船坞的横剖面上,外荷载所产生的内力,不论弯矩和剪力在底板与坞墙之间均可互相传递,而干船坞的沉降应作为一个整体来考虑。采用分离式底板时,底板与坞墙均作为独立的结构,内力并不传递,沉降也应分别计算。而采用铰接式底板时,墙与底板之间不传递弯矩,仅传递剪力,从而沉降仍应按整体考虑。

坞口常用的形式有重力式、扶壁式和空箱式等。

2.坞室结构

1)重力式坞室结构

重力式结构是干船坞的传统形式。它要求地基有足够的承载力,且地基土的透水性比较大,在设置排水减压设施有困难或不经济时,可考虑采用该形式。当天然地基的容许承载力过低或地基受荷后沉降量过大影响使用时,也可采用换砂或桩基础。

老式的重力式船坞常用浆砌块石或素混凝土结构,完全依靠坞墙和底板的自重克服地下水浮托力,因此其工程量很大,基坑开挖深,施工困难,目前已较少采用。随着现代船舶日益大型化,要求坞室尺度也相应加大,老式船坞已不能适应要求。这样在船坞工程中逐渐采用少筋混凝土和钢筋混凝土轻型重力式结构。在坞墙底部可设置向后伸出的悬臂,利用悬臂上的填土重力克服部分地下水浮托力,因而可减少船坞结构的混凝土用量(图9-4-5)。

重力式船坞是以前应用很广的形式,但随着船坞宽度和深度的增大,其工程量大、施工较困难和造价高的缺点也日益突出。在现代大型船坞设计中,应进行充分的技术经济论证,以决定采用是否重力式或其他结构形式。

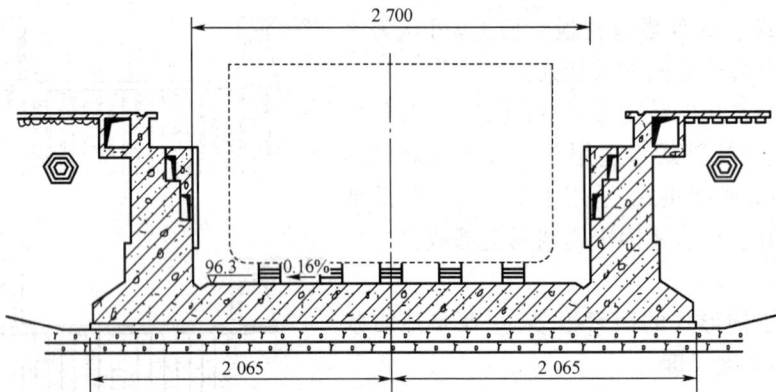

图9-4-5 重力式船坞(尺寸单位:cm)

2)锚固式坞室结构

在现代大型船坞中,当底板下面的地基适合做锚固设施时,为了减小底板的厚度,可采用锚杆、锚索和锚桩等将底板锚固于地基上(图9-4-6)。这些锚固设施的主要作用是承受部分浮托力和减小底板的跨度,从而减小坞底板厚度。这样既可减少底板的混凝土用量,又可减少施工挖方量,从而也减少了施工困难。应注意,当采用锚固措施的范围内地基有承压水土层时,不宜采用此种形式,因为这些锚固设施穿透承压水层后,会造成地下水上涌,增大底板的浮托力。

锚杆适用于有足够锚固力的岩石地基(包括风化岩基),锚杆只承受拉力,不考虑受压,因此只是承受部分地下水浮托力。

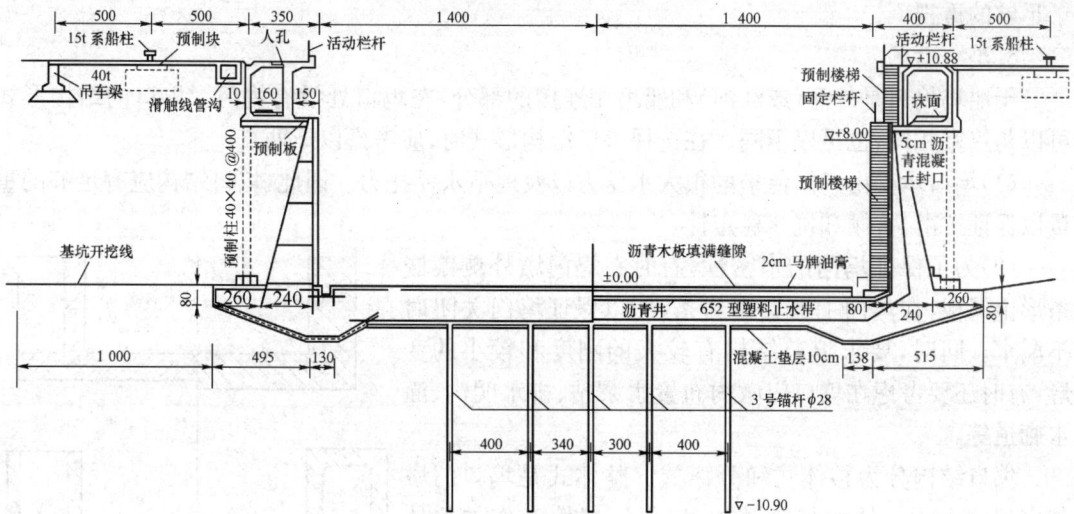

图 9-4-6　我国某 1.8 万吨级船坞坞室断面图(尺寸单位:cm;高程单位:m)

3)排水减压式坞室结构

在坞室底板下面和坞墙后面设置排水设施,用以部分或全部消除作用在底板上的浮托力和墙后的地下水压力,这种结构称为排水减压式坞室结构(图 9-4-7)。由于消除或减小了作用在坞室结构上的这些外力,使结构自重显著减小,因而可以节省大量投资。这种结构也日益得到广泛的应用。

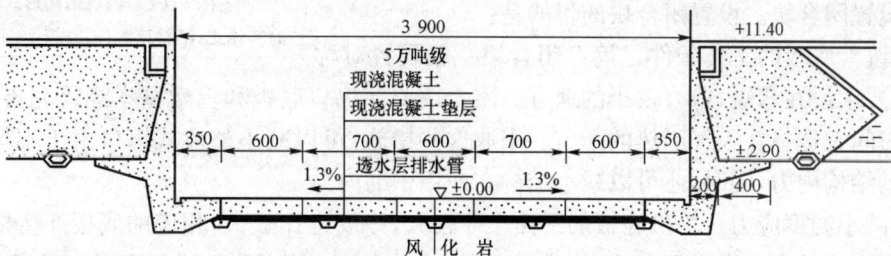

图 9-4-7　我国某船厂 5 万吨级干船坞坞室断面(尺寸单位:cm;高程单位:m)

排水设施主要有沟管式和排水层式两种。在坞底板下面这两种形式均有应用,有时可同时使用,在坞墙后面一般多用沟管式排水。

排水减压式结构适用于弱透水的地基,或经防渗处理后地基的渗流量较小的情况,若渗流量太大,抽取地下渗透水消耗的电量较大。

设计这种坞室,关键问题是保证排水设施畅通无阻,防止因各种原因引起的淤塞。对排水系统应经常检查、保养,发现问题应及时维修,以确保其可靠工作。

上述三种坞室结构均是干地施工,即先修建围堰,再排干围堰内的水,在围堰内开挖基坑建造船坞。有些情况下,如基坑排水有困难,或船坞位于的水域不能建造围堰(如影响通航)或建造围堰投资过大等,对于上述情况,可采用水上施工的方法,即预制浮箱浮运下水而形成浮箱式坞室结构。

在影响干船坞投资经济效益的因素中,干船坞水工结构的选型是最重要的一环,因此应给予足够的重视。

3.坞口结构

干船坞坞口是外海（或江河）和船坞相连接的部分,在坞口处设有坞门。坞口的结构形式可以与坞室相同,也可以不同。在选择坞口结构形式时,应考虑以下两点:

(1)坞口承受由坞门传来的很大水压力以及地下水浮托力。因此,坞口结构应有足够的重量以保证抗滑、抗倾和抗浮稳定性。

(2)为了保证坞门的水密性,有时在坞门墩外侧镶嵌条形金属板,在坞门上布置密封条,用以保证坞门关闭时不漏水。同时,要求坞口结构有较大的刚度和较小的变形,有时还要考虑在坞口门墩内布置水泵站、排水明沟、灌水廊道等。

坞口结构分为整体式和分离式。整体式是坞口门墩与底板结合为一体的坞口结构,以保证船坞工作的整体性。我国常用的实体式、扶壁式和空箱式结构[图 9-4-8a)、b)、c)],均为整体式结构。所谓分离式是坞口门墩与底板分开的坞口结构,当地基土质较好或采用人工地基时,可考虑采用分离式结构,其中沉井式[图 9-4-8d)]为分离式结构。

为改善底板的工作条件,减小温度应力,整体式坞口底板可设置闭合块。设置闭合块的目的是:

(1)改善底板的工作条件。坞口闭合块一般设置对称

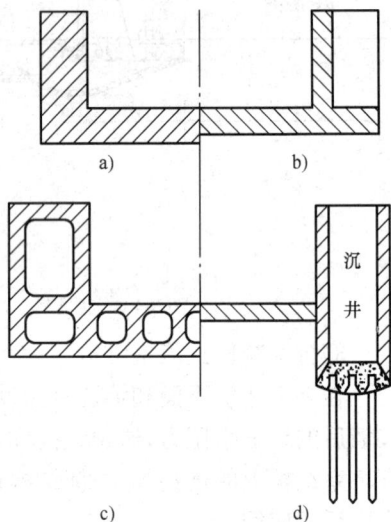

图 9-4-8　坞口结构形式
a)实体式;b)扶壁式;c)空箱式;d)分离式

的两道,要求设在弯矩、剪力较小的地方。闭合块要在坞口底板和坞墩基本浇筑完再行封闭,封闭的时间宜选择在天气不热的季节。采取这些措施,可以减小整体式坞口由于不均匀沉降所造成的结构内力,同时,还可以减小结构在使用中的内力。

(2)减小温度应力。坞口底板的平面尺寸较大,厚度也比较大,相应的底板产生的混凝土温度应力也比较高。设置闭合块,使底板混凝土块体减小,可以降低或者不产生温度应力。

(3)方便施工。坞口底板分块浇筑混凝土,减小了浇筑强度,可以方便施工。

第五节　干船坞结构的计算

港口工程结构现以可靠度理论为基础,统一了结构设计的原则和方法。但现行的《干船坞设计规范(水工结构)》(JTJ252—87)仍采用以破损阶段的定值极限状态方法。故本节的内容仍采用《干船坞设计规范(水工结构)》(JTJ 252—87)的有关规定。

干船坞结构的基本计算内容如下:①坞室和坞口的抗浮稳定性;②坞口及分离式坞墙的抗滑和抗倾稳定性;③坞墙、底板的内力和强度计算;④钢筋混凝土构件限制裂缝宽度验算,对使用上有抗裂要求的部位,则进行抗裂度验算;⑤坞墙、底板、坞口门墩基底应力和地基承载力计算;⑥黏性土地基上的分离式坞墙和坞口门墩必要时应进行地基沉降计算;⑦排水减压式、锚拉式、浮箱式等结构形式的专门计算;⑧地震设计裂度为 7 度或 7 度以上的地区应进行抗震

计算。

　　任何形式的干船坞都必须进行抗浮计算,这是干船坞设计最基本的计算内容。坞口承受较大水平推力,因此不论采用何种形式均应计算坞口的抗滑和抗倾稳定性。关于钢筋混凝土构件的抗裂计算,坞口直接受水压力作用,不允许发生裂缝;水泵站内设有电机,而且工作人员也不宜在狭小而潮湿的环境内操作,因此也不应发生裂缝;至于其他部位可按限制裂缝开裂宽度进行结构计算,裂缝宽度允许值参照《港口工程混凝土结构设计规范》(JTJ 267—98)。关于建造在软基上的干船坞一般均通过桩基、人工换砂等地基处理后提高允许承载力,同时也解决了沉降问题。但是对于分离的重力式坞墙,坞口门墩及短密群桩基础上的整体重力式结构,必要时应计算其沉降量。排水减压式结构的专门计算主要指渗流计算。锚拉式结构的专门计算主要指锚碇计算。浮箱式结构的专门计算主要指浮运强度、浮游稳定性及沉放计算。

　　本节仅介绍干船坞结构计算的基本内容,其他的专门计算可参照《干船坞设计规范(水工结构)》(JTJ 252—87)中的相关规定。

一、荷载及其组合

　　作用在船坞上的荷载有:①建筑物自重(其中包括位于建筑物上的填料和固定于结构上的设备等的重量);②土压力;③水压力(其中包括浮托力、渗透压力、坞内水重及坞门传来的水压力);④波浪力;⑤冰荷载;⑥地面使用荷载;⑦坞墩荷载、引船设备荷载及其他工艺荷载;⑧施工荷载;⑨地震荷载。

　　作用在船坞上的荷载主要有上述9种,其中坞墩荷载(包括船舶在搁墩、修船时船重和压载水重、试舱灌水等作用在坞墩上的荷载)、引船设备荷载及其他工艺荷载可按《干船坞设计规范(工艺设计)》(JTJ 251—87)的有关规定确定,其他荷载的确定可参见本教材有关章节的有关内容和相关港口工程的规范,在此不再叙述。

　　建筑物应按各种可能发生的最不利荷载组合进行设计。干船坞的荷载组合分为设计组合、校核组合和特殊组合。

　　设计组合包括使用时期设计高、低水位及设计地下水位时的建筑物自重、土压力、水压力、地面使用荷载、坞墩荷载及其他工艺荷载等可能发生的最不利荷载组合。

　　校核组合包括:①使用时期校核高、低水位及校核地下水位时的建筑物自重、土压力、水压力、波浪力、冰荷载、地面使用荷载及坞墩和其他工艺荷载等可能发生的最不利荷载组合;②施工时期施工高、低水位时的建筑物自重、土压力、水压力、波浪力、冰荷载及施工荷载等可能发生的最不利荷载组合;③修理和事故时期相应水位时的各种外荷载可能发生的最不利荷载组合。

　　特殊组合包括使用时期设计高、低水位及设计地下水位时包括地震荷载在内的最不利荷载组合。

　　使用期最不利荷载组合应考虑下列主要受荷状态:①空坞无船(无坞墩荷载);②空坞有船(有坞墩荷载);③坞内有水(船舶进行进出坞操作)。

　　施工期最不利荷载组合应考虑下列受荷状态:①分离式结构的坞底板对坞墙起顶撑作用前、后的受荷状态;②整体式结构的施工闭合块浇筑前、后的受荷状态。

　　进行荷载组合时,要紧紧抓住荷载同时出现的可能性和最不利组合两种。有的荷载不可能同时出现，就不能组合在一起。例如：作用在坞墙上的曳船小车牵引力在船舶进出坞时出现，而坞墙上活动脚手架荷载是在修船时出现，这两方面的力就不能组合在一起，最不利组合又是指作用在建筑物上的活载按最不利位置的布置及组合。如地面活载，在计算坞墙的抗倾、抗滑时，是从坞墙后趾垂直面布置。计算地基应力和沉降时，是整个地面满布。

水位应作为一个组合条件，港工规范中已明确规定，在船坞设计中同样十分重要。由于水位变化影响的力有：土压力、静水压力、浮托力、渗透压力等。这些力都是船坞设计的主要荷载，它们直接影响工程造价和建筑物的安全。

船坞使用期是船坞长期的工作状态，在相应的荷载作用下的计算结果，一般是船坞设计的控制情况，应列入设计组合。

施工期和维修期是短暂的，出现的几率较少，应列入校核组合。但是，施工期和维修期的验算对某些建筑物的稳定或结构计算亦可为控制情况。如施工期间，墙后吹填砂时，整体式坞室的抗浮稳定和分离式坞室的坞墙的抗倾、抗滑稳定安全系数有可能最小；整体式坞室主体结构浇筑完毕，尚未回填时，底板可能出现最大负弯矩；当坞墙一侧挖开修理而坞内满水时，墙内侧出现最大负弯矩等等。为了避免因此而增大结构断面，因而把施工期和维修期的计算列入校核组合而适当降低安全系数。

二、抗浮稳定性

整体式坞室的抗浮稳定性按下式计算：

$$K_f = \frac{G}{U} \tag{9-5-1}$$

式中：K_f——抗浮稳定安全系数，见表 9-5-1；

G——抵抗坞室上浮的力（kN），不考虑坞墙侧面的摩阻力；

U——作用在坞室基底的扬压力（kN）（包括浮托力和渗透压力）。

船坞抗浮安全系数 K_f 表 9-5-1

安 全 系 数	船 坞 结 构	设 计 组 合	校 核 组 合	特 殊 组 合
K_f	排水减压式	≥1.2	≥1.0	≥1.0
	锚拉式	≥1.4	≥1.2	≥1.1
	重力式，浮箱式	≥1.05	≥1.0	≥1.0

三、分离式坞墙稳定性与地基承载力的验算

1. 天然地基的重力式坞墙沿基底水平滑动的抗滑稳定性

天然地基的重力式坞墙沿基底水平滑动的抗滑稳定性按下式计算：

$$K_S = \frac{(G-U)f + E_p}{H} \tag{9-5-2}$$

式中：K_S——抗滑稳定安全系数，必须符合表 9-5-2 的要求；

f——基底滑动面的摩擦系数；当无实测资料时，可参照表 2-3-6 确定；

E_p——作用于墙前的被动土压力，可采用计算值的 30%（kN）；

H——作用于墙底以上除去 E_p 以外的所有水平力的合力（kN）；

G——作用于墙底以上的垂直合力(kN);

U——作用于坞墙的扬压力(kN)(包括浮托力和渗透压力)。

式(9-5-2)中,竖直力计算不采用浮重度的概念,而是采用$G-U$来表示。因为当船坞采用排水减压式时,U为包括浮托力和渗透压力的扬压力,这比码头复杂,故不采用浮重度来计算。

计算坞墙抗滑稳定性时,根据底板结构及其与坞墙的连接形式,考虑底板对坞墙的顶撑作用。当坞室底板与坞墙间的连接形式允许并可能发挥底板对坞墙的顶撑作用时,可将坞墙的滑移稳定安全系数予以适当降低。

2.沿墙底面的抗倾稳定性

沿墙底面的抗倾稳定性按下式计算:

$$K_0 = \frac{M_R}{M_0} \tag{9-5-3}$$

式中:K_0——抗倾稳定安全系数,必须符合(表9-5-2)的要求;

M_R——对墙底前趾的稳定力矩(kN·m),其中包括浮托力产生的力矩;

M_0——对墙底前趾的倾倒力矩(kN·m),其中包括渗透压力产生的力矩。

重力式坞墙、坞口的抗滑和抗倾安全系数

表 9-5-2

安 全 系 数	船 坞 等 级	设 计 组 合	校 核 组 合	特 殊 组 合
K_S	I,II	≥1.3	≥1.2	≥1.1
	III	≥1.2	≥1.1	≥1.0
K_0	I,II	≥1.6	≥1.5	≥1.4
	III	≥1.5	≥1.4	≥1.3

3.地基反力和地基承载力验算

坞墙底面的地基反力采用直线分布,按下式计算:

$$\sigma_{\substack{max \\ min}} = \frac{(G-U)}{B}\left(1 \pm \frac{6e}{B}\right) \tag{9-5-4}$$

式中:$\sigma_{\substack{max \\ min}}$——分别为坞墙底面地基最大和最小反力(kN/m²);

B——坞墙底宽(m);

e——坞墙底面合力作用点偏心距(m),$e = \frac{B}{2} - \xi$,其中ξ为合力作用点与墙前趾点

的距离(m),$\xi = \frac{M_R - M_0}{G - U}$,当$\xi < \frac{B}{3}$时,地基反力改用下式计算:

$$\left.\begin{aligned} \sigma_{max} &= \frac{2(G-U)}{3\xi} \\ \sigma_{min} &= 0 \end{aligned}\right\} \tag{9-5-5}$$

地基承载力的验算,应满足《港口工程地基规范》(JTJ 250—98)的要求。

四、坞墙的内力和强度计算

坞墙的主要计算情况是坞内无水,坞墙后出现最大荷载的情况,即墙后为设计或校核地下

高水位、坞墙顶部地面有使用荷载情况。有的还需要考虑坞室内高水位,坞墙后出现最小荷载的情况。

在整体式坞室中,由于坞墙与底板为刚性连接,因此不需要进行坞墙的稳定性计算,只需进行强度计算,可按材料力学中的偏心受压构件计算。

分离式坞室中的重力式、桩基承台式、板桩式、衬砌式和混合式等坞墙,其计算方法基本上与码头相同。

对于排水减压式坞室,首先需进行船坞地下轮廓的渗流计算和防渗设计,例如在坞墙下设置防渗齿墙和防渗板桩等,以保证地基的渗流稳定性并减少渗流量;然后进行坞墙的稳定性计算和强度计算。

1. 重力式坞墙

(1)实体式坞墙,可采用梯形或衡重式断面形式,其结构内力可按偏心受压构件计算。

(2)悬臂式坞墙主要由立墙、前底板和后底板组成,当廊道悬出立墙外的尺度较大,且廊道后壁顶部设置起重机轨道时,尚应设置支撑廊道的立柱(图9-5-1)。悬臂式坞墙各构件,分别按下列图式计算:①立墙按偏心受压构件计算;②前底板视坞墙是否考虑底板顶撑作用,分别按悬臂板或偏心受压构件计算;③后底板按悬臂板计算;④立柱一般按弯曲受压构件计算。

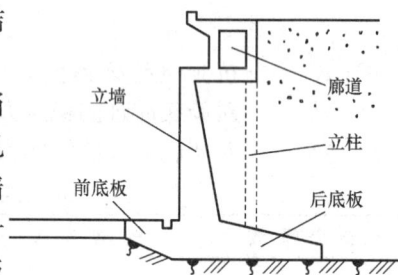

图9-5-1 悬臂式坞墙

(3)扶壁式坞墙各构件按下列图式计算:①立板和后底板在距底板与立板交线 $1.5l$ 区段内(l ——肋板间距)按三边固定一边简支板计算,在 $1.5l$ 以外区段按连续板计算;当板端设置防渗墙时,其计算应根据具体情况确定;②肋板按悬臂梁计算;③肋板与立板、肋板与底板的连接按中心受拉构件计算;④前底板视坞墙是否考虑底板顶撑作用,分别按悬臂板或偏心受压构件计算。

2. 板桩式坞墙

板桩式坞墙的计算与坞室的施工程序密切相关。如果是先开挖基坑后下沉板桩,安装好锚碇结构和做好坞底板,最后进行板桩墙后的回填。在这种情况下,施工期的荷载组合对墙稳定性和强度不起控制作用,只需按使用情况进行计算即可。另一种常用的施工程序是,先下沉板桩和做锚碇结构,然后在坞室内挖土至坞底并浇筑底板。在这种情况下,板桩坞墙应按施工期和使用期两种情况分别进行计算。在施工时期,坞墙后为施工期的土面高程和水位,并对墙产生相应的土压力和水压力,坞墙前的土面高程为基坑底高程,坞内无水。此时板桩坞墙的计算与一般有锚板桩码头相同。在使用期,坞墙后作用有使用期的最大土压力和水压力,坞室内无水,坞底板对板桩墙起支撑作用。应当注意在使用期的荷载中有一部分已在施工期发生,它们已使板桩坞墙发生变形,相应的内力已在板桩墙内存在,因此,使用期的计算荷载应扣除施工期墙后土压力和水压力。这样,使用期的板桩坞墙实际内力为上面两种情况计算内力的叠加。

3. 混合式坞墙

混合式坞墙的结构图式如图9-5-2a)所示。关于这种结构的地基反力分布,目前尚无成熟而简便的计算方法。《干船坞设计规范(水工结构)》(JTJ 252—87)中推荐采用如图 9-5-2b)所示的简化计算图式,把它简化为弹性地基上的变截面梁,此梁由前底板、坞墙和后底板三段组成,各段有不同的刚度,其中坞墙的抗弯刚度 EI_2 可视为无穷大。

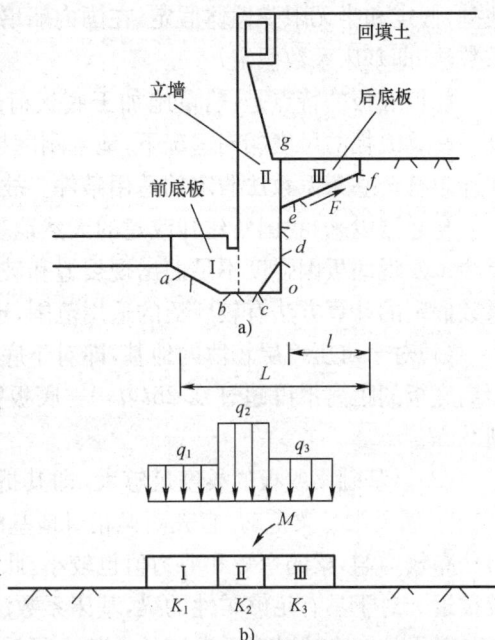

图中 M 为作用于坞墙基底以上的所有水平力对基底的合力矩(kN·m),可按下式计算:

$$M = M_H - M_F \tag{9-5-6}$$

式中:M_H——作用于坞墙基底以上的水平荷载的合力对基底的力矩(kN·m);

M_F——作用于后底板底面的阻滑力对坞墙基底 O 点的力矩(kN·m)。

当外荷载合力作用点到前趾的距离等于或大于基底总宽的 1/3 时,阻滑力可按下式计算:

$$F = \left(\frac{l}{L}\right)^2 H \tag{9-5-7}$$

式中:H——作用于坞墙基底以上的水平荷载的合力(kN);

F——作用于后底板底面的阻滑力(kN);

L——坞墙基底总宽度(m);

l——坞墙后底板宽度(m)。

图 9-5-2 混合式坞墙的计算
a)结构形式;b)计算图式

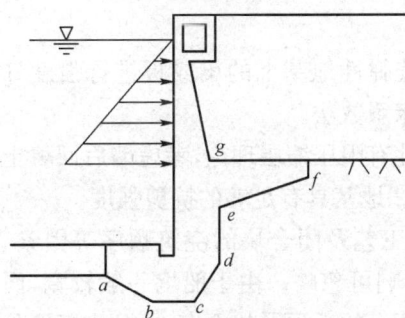

图 9-5-3 坞内满水情况

M 的作用点位于立墙与后底板的交界处。对于坞内满水,墙后低水位或开挖检修的计算情况,M 值可近似取为后底板顶面以上的水平荷载合力对其底面 e 点的力矩,见图 9-5-3。

K_1、K_2、K_3 分别为前底板、立墙、后底板底面处地基的基床系数(kN/m³),当地基压缩层厚度较大时,可取 $K_1 = K_2 = K_3$;

q_1、q_2、q_3 分别为作用于前底板、立墙、后底板上的竖直荷载(kN/m²)。

对于特别重要的船坞或坞墙结构较为复杂时,可采用有限单元法计算。

五、船坞底板的内力和强度计算

1. 船坞底板的计算方法

1)分离式坞室底板的计算方法

天然地基或砂石垫层上分离式坞室底板内力,可按弹性地基上梁或板的理论进行计算。弹性地基梁(板)分析理论,在工程上能达到实用目的的假定主要有两种,即基床系数(文克尔地基）假定和半无限弹性体假定，在国内船坞设计中，对于天然地基上的梁（板）一般采用基床系数法（即基床系数假定）。

船坞底板的特点是：船重施加于底板荷载较大，必然要求地基具有较高的承载能力和刚度。在梁或板的尺度相同情况下，地基刚度越大则基床系数越大，梁或板的折算长度也越大，亦即越符合基床系数法假定的适用条件。故采用基床系数法进行计算是符合实际情况的。

自建国以来，我国新建和改建的天然地基上的干船坞，绝大部分均采用基床系数法计算，至今未发现底板因强度不足而出现裂缝和破坏的情况。国内外的设计实践及研究表明，基床系数假定的计算方法有较广泛的适用范围，这些范围指：

（1）对于可压缩层较薄的地基，即对于底板下存在刚性下卧层（岩石或坚硬土层），该层顶面离底板的距离不得超过 $0.25l$（l——底板宽度一半）的地基。一般认为薄垫层的范围可大到 $0.5l$。

（2）当基础梁或板的柔度足够大，即其折算长度 λ（梁长 L 与弹性特征长度 S 之比）大于 2.0 时，属无限长梁范畴，它表明梁相对地基的柔软程度高，容易适应地基的变形，因此地基反力分布较均匀，梁的弯矩和剪力值也较小，此时基床系数法与弹性半无限体理论的计算结果比较接近。对于具有足够柔性的梁，基床系数法可应用于弹性半无限体地基上。

对不符合上述基床系数法的地基也可采用弹性有限压缩层假设或弹性半无限体假设进行计算。但弹性有限压缩层理论和弹性半无限体理论均是基于弹性力学的理论解，其基本假设是研究对象为完全弹性体，而大多数土壤地基与上述假设相距甚远，其计算结果也只是近似的。

桩基上的分离式坞室底板内力，应按弹性支承板计算，也可用代替框架法近似计算。当桩距较小且基桩呈等间距对称布置时，也可按弹性地基上的梁板用基床系数法计算。

天然地基及砂、石垫层地基上的分离式坞室底板，应验算其抗浮稳定及地基承载力。

2）整体式坞室底板的计算方法

天然地基或砂、石垫层地基上的整体式坞室底板，应按弹性地基上的梁或板进行强度计算，并验算其地基承载力。计算时，一般情况下，可采用基床系数法。

下列情况时，坞底板也可采用弹性半无限体理论或弹性有限压缩层理论，考虑墙后回填土的影响进行计算：①地基的压缩层厚度大于底板全宽 $1/2$；②地基具有足够的抗剪强度。

边荷载的取值应考虑基坑边坡的形状、回填土的施工工艺及闭合块的浇筑顺序等因素。有资料表明：当边载长度超过底板半宽之外，对底板内力影响可忽略。由于船坞一般较宽，而高度相对较矮，边载的影响就很小。边荷载分布形状视回填土的断面形状而定，可分为矩形分布、三角形分布和梯形分布。

天然地基或砂、石垫层地基上的整体式坞室，可按平面形变问题的变刚度横向截条梁计算；当坞室较宽、底板刚度较小、边墩的墩距较大时，则宜按变刚度板计算。

整体式坞室底板纵向断面及由坞墙传来的外力一般不变，故可按平面问题进行计算。经计算分析，在中墩荷载（纵向连续荷载）作用下，沿纵向坞室底板截取单位宽的梁按基于基床系数法的截面法计算出的内力值与按弹性地基上的板算出的结果接近一致；而在纵向墩木不连续的情况下，例如在边墩荷载作用下，按梁或板法计算，结果相差甚多，在薄板情况下，应按弹性地基板计算。

天然地基上整体重力式的船坞底板属厚板情况,例如万吨级以上船坞的底板厚度一般都在 2m 以上。如果边墩间距为中墩间距的 2 倍,考虑荷载的扩散影响,纵向也可看作是连续荷载,这样横向荷载计算时,用板或梁法计算的结果不会有多少出入。根据已建船坞的使用实践表明,按弹性地基梁法计算底板的内力有出现因底板强度不足而开裂等现象。

当坞室较宽、底板刚度较小、承受船舶荷载不连续或非均布时,干船坞底板不再符合平面变形条件。此时宜按变刚度的板进行强度计算。手算很困难,宜按电算进行。

桩基整体式坞室底板在一般情况下可视为弹性或刚性支承连续梁或板进行计算。当桩基为较密较短的群桩时,也可采用基床系数法进行计算。

弹性地基梁和板的具体计算方法,可参阅本章参考文献[6]。

2. 天然地基船坞底板计算

计算整体式船坞底板或双铰底板时,需要考虑船坞使用期和施工期各种可能的荷载组合。有的情况在底板中出现最大正弯矩,另一些情况则出现最大负弯矩,因此需要绘制底板的内力包络图,按此进行底板的强度计算和配筋。在进行内力和强度计算之前,首先应验算坞室的抗浮稳定性。计算分离式底板时,船舶荷载通常是主要荷载,除考虑最大设计船重外,有时还要考虑在坞室宽度上有两艘较小的船舶坐墩,这时船舶荷载虽较小,但中墩荷载位于船坞中轴线的两侧,在底板的局部地段可能起控制作用。下面介绍初参数法在干船坞底板计算中的应用。

1)整体式底板的计算

整体式船坞坞室的典型断面如图 9-5-4a)所示。对于这种船坞的底板,通常可切出宽度为 1m 的截条,按平面变形问题计算,并属于有限长梁,底板的计算图式如图 9-5-4b)所示。

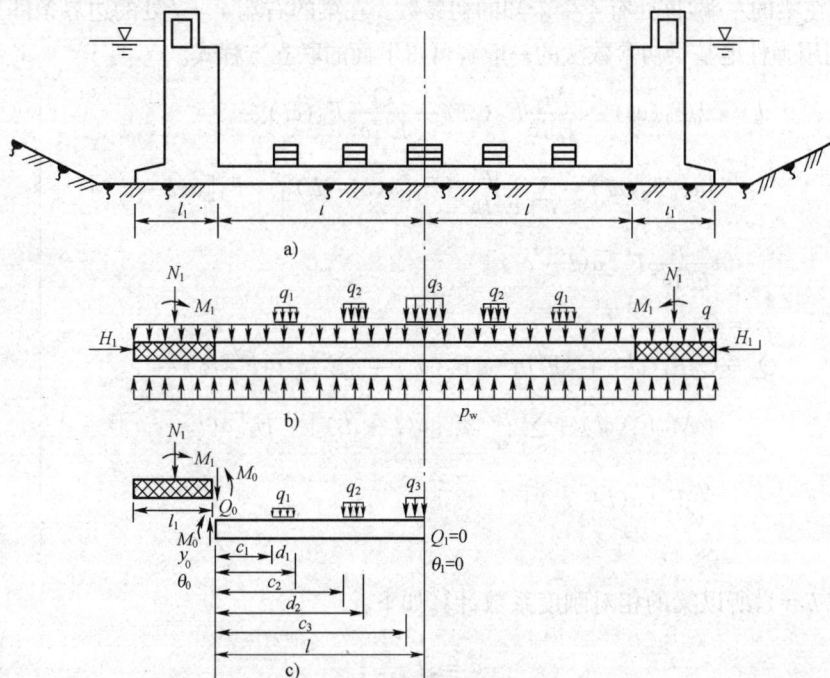

图 9-5-4 整体式底板的计算图式

按平面变形问题计算时，底板的弹性模量 E 应改为 E'，$E' = \dfrac{E}{1-\mu^2}$，μ 为底板材料的泊松比。在一般情况下，边板（包括坞墙和后底板 l_1 段）可视为绝对刚性，中板 $2l$ 段通常为有限刚度，这两段应分别进行计算。将边板上的所有外力合成垂直力 N_1、力矩 M_1 和水平力 H_1 作用在边板中心线与底板中和轴的交点上，在计算底板弯矩和剪力时可不考虑 H_1 的影响，底板在 H_1 单独作用下按中心受压构件计算，将它与弯矩产生的应力叠加。坞墩荷载 q_1、q_2 和 q_3 为带状荷载。坞底板自重力 q 和浮托力 p_w 为沿整个底板长度均布荷载，根据基床系数法，这种分布的均布荷载对地基产生的反力也是均布的，所以梁内不产生弯矩和剪力，那么在计算底板的内力和变形时则不需考虑这些满布荷载（q 和 p_w）。

将底板从边板和中板的交界处切开，成了边板和中板两个隔离体 [图 9-5-4c]，在两隔离体切开的截面处的挠度、转角、弯矩和剪力分别为 y_0、θ_0、M_0 和 Q_0。

将边板视为绝对刚性梁，它只有位移和转动，没有弯曲变形，因此梁上各点的竖向位移和相应的地基反力均按直线变化。以边板为隔离体，根据竖向力平衡 $\sum V = 0$ 和力矩平衡 $\sum M = 0$ 两个条件，可得到以下关系式：

$$
\left.
\begin{aligned}
y_0 &= \frac{1}{kl_1}(N_1 + Q_0) + \frac{6}{kl_1^2}\left(M_1 - M_0 + \frac{Q_0 l_1}{2}\right) \\[2mm]
\theta_0 &= \frac{12}{kl_1^3}\left(M_1 - M_0 + \frac{Q_0 l_1}{2}\right)
\end{aligned}
\right\}
\tag{9-5-8}
$$

中板按有限长梁采用初参数法计算。由于对称性，可取中板的一半进行计算，如图 9-5-4c）。坐标原点设在梁的左端，该处有 4 个未知的初参数。在梁的右端 $x = l$ 处的边界条件为 $\theta_l = 0$ 和 $Q_l = 0$。利用弹性地基梁初参数法的一般解可得下面的联立方程式。

$$
\left.
\begin{aligned}
\theta_l &= \theta_0 F_1(\alpha l) - \frac{M_0}{E'I\alpha} F_2(\alpha l) - \frac{Q_0}{E'I\alpha^2} F_3(\alpha l) - \\[1mm]
&\quad 4\alpha y_0 F_4(\alpha l) - \sum_{i=1}^{2} \frac{q_i}{E'I\alpha^3}\{F_4[\alpha(l-d_i)] - F_4[\alpha(l-c_i)]\} + \\[1mm]
&\quad \frac{q_3}{E'I\alpha^3} F_4[\alpha(l-c_3)] \\[1mm]
&= 0 \\[2mm]
Q_l &= Q_0 F_1(\alpha l) + 4E'I\alpha^3 y_0 F_2(\alpha l) + 4E'I\alpha^2 \theta_0 F_3(\alpha l) - \\[1mm]
&\quad 4\alpha M_0 F_4(\alpha l) + \sum_{i=1}^{2} \frac{q_i}{\alpha}\{F_2[\alpha(l-d_i)] - F_2[\alpha(l-c_i)]\} - \\[1mm]
&\quad \frac{q_3}{\alpha} F_2[\alpha(l-c_3)] \\[1mm]
&= 0
\end{aligned}
\right\}
\tag{9-5-9}
$$

因梁宽 $b = 1$，所以梁的相对刚度系数计算如下：

$$
\alpha = \sqrt[4]{\frac{k}{4E'I}}
\tag{9-5-10}
$$

令

$$\left.\begin{array}{l} \dfrac{F_2(\alpha l)}{E'I\alpha}M_0 + \dfrac{F_3(\alpha l)}{E'I\alpha^2}Q_0 + \sum\limits_{i=1}^{2}\dfrac{q_i}{E'I\alpha^3}\{F_4[\alpha(l-d_i)] - F_4[\alpha(l-c_i)]\} - \\[4mm] \dfrac{q_3}{E'I\alpha^3}F_4[\alpha(l-c_3)] = A \\[4mm] 4\alpha F_4(\alpha l)M_0 - F_1(\alpha l)Q_0 - \sum\limits_{i=1}^{2}\dfrac{q_i}{\alpha}\{F_2[\alpha(l-d_i)] - F_2[\alpha(l-c_i)]\} + \\[4mm] \dfrac{q_3}{\alpha}F_2[\alpha(l-c_3)] = B \end{array}\right\} \quad (9\text{-}5\text{-}11)$$

将公式(9-5-9)改写为：

$$\left.\begin{array}{l} F_1(\alpha l)\theta_0 - 4\alpha F_4(\alpha l)y_0 = A \\[3mm] 4E'I\alpha^2 F_3(\alpha l)\theta_0 + 4E'I\alpha^3 F_2(\alpha l)y_0 = B \end{array}\right\} \quad (9\text{-}5\text{-}12)$$

解公式(9-5-12)，得：

$$\left.\begin{array}{l} y_0 = \dfrac{F_1(\alpha l)B - 4E'I\alpha^2 F_3(\alpha l)A}{4E'I\alpha^3 F_1(\alpha l)F_2(\alpha l) + 16E'I\alpha^3 F_3(\alpha l)F_4(\alpha l)} \\[5mm] \theta_0 = \dfrac{4E'I\alpha^3 F_2(\alpha l)A + 4\alpha F_4(\alpha l)B}{4E'I\alpha^3 F_1(\alpha l)F_2(\alpha l) + 16E'I\alpha^3 F_3(\alpha l)F_4(\alpha l)} \end{array}\right\} \quad (9\text{-}5\text{-}13)$$

根据船坞底板的连续性，在切开的截面上，边板的 y_0 和 θ_0 应等于中板的 y_0 和 θ_0，这样就可从式(9-5-8)和式(9-5-13)中消去 y_0 和 θ_0，得到只包含未知数 M_0 和 Q_0 的两个方程式，联立即可求得 M_0 和 Q_0。再将 M_0 和 Q_0 值代入式(9-5-8)或式(9-5-13)，即可求得 y_0 和 θ_0。最后可将 y_0、θ_0、M_0、Q_0 和荷载 q_1、q_2、q_3 代入式弹性地基的参数法的一般解中，即可求得中板的全部解，同时也得到边板的解。

在以上推导中，是把坞墩荷载视为局部均布荷载，如果视为集中荷载，只要用一般解中相当于 P_i 的项代替上面各式中相当于 q_i 的项即可。

关于各种荷载作用下的弹性地基梁的初参数法的一般解答，见附录三。

2）双铰底板的计算

具有双铰底板的坞室的典型断面如图9-5-5a)所示。

设底板上的荷载与图9-5-4a)相同，则双铰底板的计算图式如图9-5-5b)所示，在中板和边板的铰接处只有剪力而无弯矩。

将边板和中板在铰接处切开[图9-5-5c)]，在此弯矩 $M_0=0$，边板右端和中板左端的剪力 Q_0 和挠度 y_0 均互等，只是转角不等，分别以 θ_0 和 θ'_0 表示。边板仍按绝对刚性梁计算，中板仍按有限长梁计算。这样，只要在前面整体式底板所导出的各公式中令 $M_0=0$，并将边板在切口处的转角用 θ'_0 表示，就可得到双铰底板的相应的解。

对于边板，可由式(9-5-8)得到计算式如下：

$$\left.\begin{array}{l} y_0 = \dfrac{1}{kl_1}(N_1 + Q_0) + \dfrac{6}{kl_1^2}\Big(M_1 + \dfrac{Q_0 l_1}{2}\Big) \\[5mm] \theta'_0 = \dfrac{12}{kl_1^3}\Big(M_1 + \dfrac{Q_0 l_1}{2}\Big) \end{array}\right\} \quad (9\text{-}5\text{-}14)$$

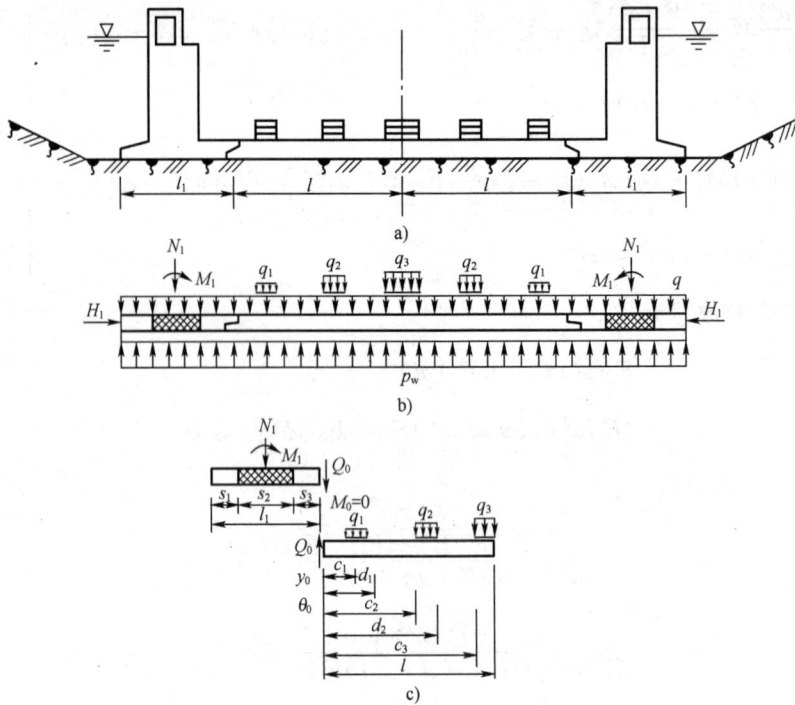

图 9-5-5　双铰底板的计算图式

对于中板，式(9-5-11)仍适用，但在式(9-5-11)中应令 $M_0=0$，从而得到双铰底板的 A 和 B 的表达式为：

$$
\left.
\begin{aligned}
&\frac{F_3(\alpha l)}{E'I\alpha^2}Q_0+\sum_{i=1}^2\frac{q_i}{E'I\alpha^3}\{F_4[\alpha(l-d_i)]-F_4[\alpha(l-c_i)]\}- \\
&\frac{q_3}{E'I\alpha^3}F_4[\alpha(l-c_3)]=A \\
&-F_1(\alpha l)Q_0-\sum_{i=1}^2\frac{q_i}{\alpha}\{F_2[\alpha(l-d_i)]-F_2[\alpha(l-c_i)]\}+ \\
&\frac{q_3}{\alpha}F_2[\alpha(l-c_3)]=B
\end{aligned}
\right\}
\tag{9-5-15}
$$

将式(9-5-15)中的 A、B 代入式(9-5-13)，得到中板的 y_0 和 θ_0 计算式。令中板和边板的 y_0 互等，可求得 Q_0 值。然后求得 y_0、θ_0、θ'_0 各值。由此可见，双铰底板的计算式比整体式底板简单。

以上是把整个边板作为绝对刚性的梁，很显然，代表前后底板的 S_3 和 S_1 段[图 9-5-5c)]不是绝对刚性，计算时能否假定为绝对刚性尚需论证。根据现有的研究，只要 $\alpha(S_1+S_3)\leqslant\pi/4$，计算时是可以把它们视为绝对刚性的。

3）分离式底板的计算要点

近代大型船坞常采用分离式底板，并与坞底排水设施相结合，可大大减小底板厚度，节省工程投资。分离式底板在坞底的纵、横方向设有若干条变形缝，将底板分割为许多矩形板。这种底板一般应按双向弯曲的基础板进行计算。

按基床系数法,地基上薄板的挠曲微分方程为:

$$\frac{\partial^4 w}{\partial x^4} + 2\frac{\partial^4 w}{\partial x^2 \partial y^2} + \frac{\partial^4 w}{\partial y^4} + \frac{k}{D}w = \frac{q(x,y)}{D} \tag{9-5-16}$$

式中:w——板的挠度,等于地基的沉降;

$q(x,y)$——作用于板上分布荷载;

D——板的弯曲刚度,$D = \dfrac{Eh^3}{12(1-\mu^2)}$; $\tag{9-5-17}$

h——板的厚度;

E——板材料的弹性模量;

μ——板材料的泊松比。

与基础梁一样,薄板分析的基本问题是求解弹性曲面的挠度方程式 $w = f(x,y)$;在知道了薄板中各点的挠度后,即可求得相应的弯矩、剪力和扭矩。但是,挠度方程的求解与荷载情况和板四周的边界条件有关,除了特殊的荷载情况和边界条件有理论解外,要想求得挠度方程式是不容易的,精确解更是不大可能。因此,实用上在分析弹性地基板时都是采用近似的分析方法。基于基床系数假设的近似分析法,一般有按弹性地基梁的近似分析法、有限差分法和有限单元法,关于这三种方法的具体计算过程,详见本章参考文献[6]。

3. 人工地基船坞底板的计算

1)锚杆式底板的计算

对于整体式船坞结构,在坞内无水无船的情况下,底板中部的底面可能出现向上的作用力,使底板出现较大的负弯矩。为了减少负弯矩,在地基适合的情况下,在底板中部设置一些锚杆。对于这种有锚杆锚固的整体式船坞底板,在坞内满水或有船时,底板下面的地基在整个船坞宽度范围内都为压力,计算底板内力时可忽略锚杆的影响,按天然地基上的板计算。在坞空的情况下,底板两侧的地基反力为压力,而底板中部在浮托力的作用下将出现拉力,此拉力由锚杆承受。在地基反力图中同时存在压力区和拉力区,情况比较复杂,目前还没有很合适的计算方法。在《干船坞设计规范(水工结构)》(JTJ 252—87)附录中给出了一种便于应用的整体锚杆式船坞底板在浮托力作用下的近似计算方法。该方法可按以下步骤计算:

(1)按弹性地基梁计算底板下地基反力 $R(x)$ 及坞墙与底板交界面的内力:弯矩 m_1、m_2;剪力 Q_1、Q_2。计算图式如图 9-5-6 所示,坞墙可简化为绝对刚性梁。

图中:P_{01}、P_{02} 为坞墙自重和作用于坞墙的所有竖向荷载的合力;m_{01}、m_{02} 为坞墙自重和作用于坞墙的所有荷载对坞墙与底板交界面中和轴的力矩;q_0 为底板自重。

(2)按弹性支承连续梁计算内力及支座反力,其计算图式如图 9-5-7 所示。

计算荷载采用:①地基反力 $R(x)$ 与浮托力 $F(x)$ 的综合作用,即图 9-5-7 中的 $abcdef$ 实线所示图形面积,作为分布荷载;②以 m_1、m_2、Q_1、Q_2 为作用于梁端的集中荷载;③底板自重 q_0。

图中 $1, 2, 3, \cdots, i$ 点为锚拉点,作为弹性支承,$C_1 \sim C_i$ 为锚拉结构的弹性系数(m/kN);C_{01}、C_{02} 为坞墙的假想折算弹性系数(m/kN),其支点假设位于坞墙与底板交界面处,可按下式进行计算:

$$C_{0j} = \frac{1}{b_j L_j k_j} \tag{9-5-18}$$

式中：C_{0j}——坞墙假想折算弹性系数（m/kN）；

　　　b_j——坞墙底宽（m）；

　　　L_j——纵向计算宽度（m）；

　　　k_j——基床系数（kN/m³）。

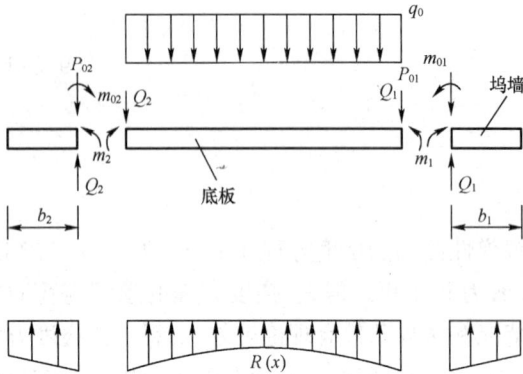

图 9-5-6　弹性地基梁的计算图式

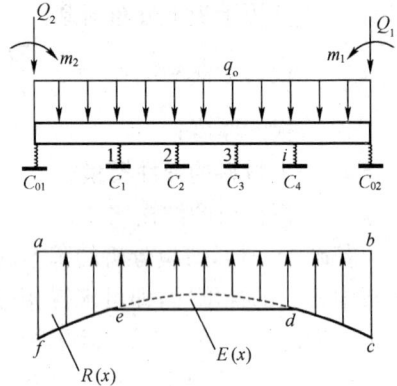

图 9-5-7　弹性支承连续梁计算图式

按弹性支承连续梁计算所得的内力和支座反力，即分别为底板设计内力和锚拉力。

2）桩基上的底板

桩基是用于加固软土地基的常见人工地基。在船坞底板下应用桩基，主要是为了抵抗地下水浮托力而采用的。此时桩受拉力，一般常布置在底板的中部。这种桩基的底板与锚杆式底板相似。

为了解决地基承载力不足而布置在船坞下面的桩基，既承受压力也可能承受拉力。基桩一般布置在底板中部和两侧坞墙下面，坞墙下的桩一般为压桩，而底板中部的桩，根据不同的计算情况可能受拉也可能受压。当底板下的地基全部受压时，此压力由桩基与土基共同承受。由于桩基的刚度一般远比土基大，且土基因固结沉降可能与底板脱离，在工程设计中通常不考虑土基的支承作用，将底板视为桩基上的梁或板，按弹性支承上的梁或板计算。在桩距较大、桩为摩擦短桩。桩间土基不产生自重固结沉降等情况下，可适当考虑桩间土基的支承作用，其所占有百分比应该根据当地经验确定；也可采用适当降低桩的承载力安全系数的方法来考虑桩间土的支承作用。

当桩距大于或等于 6 倍桩径时，可按单桩确定每根桩的承载力；否则应考虑群桩作用，对桩的承载力予以折减。

关于单桩和群桩的承载力、桩的刚性系数等的确定方法，可参照《干船坞设计规范（水工结构）》（JTJ 252—87）和《港口工程桩基规范》（JTJ 254—98）等。

六、坞口结构的计算

坞口结构的计算内容包括整体稳定、地基反力验算和内力计算。

1. 整体稳定的验算

天然地基上的分离式坞口门墩沿基底面的纵向抗滑稳定性按下式验算：

$$K = \frac{(G-U)f + E'_p + E_r}{H'} \qquad (9\text{-}5\text{-}19)$$

式中: G——作用于坞口门墩基底面以上的垂直合力(kN);

$\quad U$——作用于坞口门墩的扬压力(kN);

$\quad E'_p$——作用于坞口门墩后面原状岩、土的被动抗力(kN),对于风化岩和土基一般按库仑被动土压力公式计算,取 $K_P = 1.0$;

$\quad H'$——作用于坞口门墩基底面以上除 E'_p 以外的所有水平荷载的合力(kN),其中包括作用于坞口后面的回填土压力,取静止土压力;

$\quad f$——坞口底面与地基之间的摩擦系数;

$\quad E_r$——坞口门墩侧面与回填土间的摩擦力(kN)。

E_r 值可按下式计算:

$$E_r = K_r E \tan\delta \qquad (9\text{-}5\text{-}20)$$

式中: K_r——摩擦力折减系数,可取 0.5;

$\quad E$——坞口门墩侧面土压力;

$\quad \delta$——坞口门墩侧面与回填土间的摩擦角,可取 $\delta = \frac{1}{2}\varphi$ (φ 为回填土的内摩擦角)。

当坞口门墩侧面回填黏土时,可不考虑 E_r 的影响。

目前国内已建船坞,绝大部分不考虑将纵向水平力传给坞室,而使坞口具有自身稳定的安全度。但随着船坞的大型化,有必要考虑坞室结构承担一部分坞口传来的水平力。具体能承担多少,这与坞室结构及其与坞口的连接及构造情况、变位要求等因素有关。可由设计者在深入研究的基础上进行确定。

横向抗滑稳定性可按式(9-5-2)计算。

天然地基整体式坞口的抗滑稳定性计算与天然地基分离式坞口相似,仅将式(9-5-20)中的 E_r 取值为 $2K_r E \tan\delta$ 。

2. 地基应力的验算

天然地基上的分离式坞口门墩基底的地基反力和整体式坞口的地基反力均可按下式进行计算:

$$\sigma(x,y) = \frac{G-U}{A} \pm \frac{M_x y}{J_x} \pm \frac{M_y x}{J_y} \qquad (9\text{-}5\text{-}21)$$

式中: $\sigma(x,y)$——基底面地基反力(kN/m²);

$\quad x,y$——分别为基底面纵、横向中和轴 $x\text{-}x$, $y\text{-}y$ 为坐标轴的坐标值(m);

$\quad J_x,J_y$——分别为基底面对 $x\text{-}x$、$y\text{-}y$ 轴的惯性矩(m⁴);

$\quad M_x,M_y$——分别为作用于坞口门墩的合力对 $x\text{-}x$, $y\text{-}y$ 轴的力矩(kN·m)。

3. 坞口结构的内力计算

坞口结构计算因其不同的结构形式而不尽相同。现以整体式结构为例,说明坞口结构的计算原则。

由于坞口门墩同时承受纵向和横向荷载的作用,一般应考虑两个方向荷载的不利作用,按空间问题进行结构内力计算。必要时，可采用有限单元法进行计算分析。实际设计中，为简化计算，也可在纵、横向荷载的不利组合情况下，按偏心受压构件进行整体内力的计算。

坞口底板与坞室底板不同。它的断面、跨度和荷载沿坞轴方向都有很大变化，从结构和荷载特点看，属于变刚度的空间结构，对它作精确的计算是非常困难的。因此，目前大都简化为平面问题进行计算，采用所谓剪力平衡法来考虑结构和荷载的空间性质。由于边墩和底板的共同工作，坞口纵向的刚度很大，应力很小，因此底板的强度是由横向力控制的。底板横向计算的实用方法根据底板的刚度和受力情况，将底板沿纵向分成几个特征段，分别按平面问题计算，各段间的互相作用则通过不平衡剪力来反映。剪力平衡法的计算步骤如下：

(1)将底板沿纵向分成数段，各段应有大致相同的断面、跨度和荷载。

(2)将坞口当作刚体，沿纵向按偏心受压构件求出地基反力，计算时考虑纵向水平力。

(3)作用于各分段上的不平衡剪力 Q_i 按下式计算：

$$Q_i = R_i - V_i \tag{9-5-22}$$

式中：R_i——作用于 i 段的地基总反力(kN)；

$\quad V_i$——作用于 i 段的总竖直荷载(kN)。

(4)坞口门墩及底板，各自承担的不平衡剪力数值，可由坞口横截面剪应力分布图确定，截面上的剪应力可近似按材料力学公式计算。当两坞口门墩断面相同时，坞口门墩、底板上的剪力分配值，可分别按下列公式计算(图 9-5-8)。

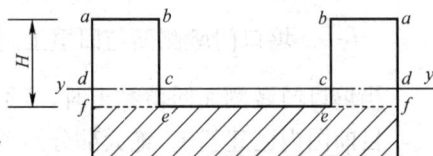

图 9-5-8 不平衡剪力计算示意图

$$Q_T = \frac{Q_i}{J_y}\left[H(S_y)_{abcd} - \frac{1}{2}(J_y)_{abef} \right] \tag{9-5-23}$$

$$Q_P = Q_i - 2Q_T \tag{9-5-24}$$

式中：Q_T、Q_P——分别为坞口各分段横截面上坞口门墩和底板承担的不平衡剪力(kN)；

$\quad J_y$——坞口各分段横截面对形心轴 y-y 轴的惯性矩(m^4)；

$\quad (S_y)_{abcd}$——坞口各分段 abcd 截面对 y-y 轴的静矩(m^3)；

$\quad (J_y)_{abef}$——坞口各分段 abef 截面对 y-y 轴的惯性矩(m^4)；

$\quad H$——坞口各分段门墩高度(m)。

(5)分别将 Q_T、Q_P 沿坞口纵向均匀分配于坞口门墩、底板分段上，与作用于本段的垂直荷载和横向水平荷载组合，按平面变形问题计算各分段底板横向单位宽度的 $\overline{M}_i$ 和剪力 $\overline{Q}_i$。

(6)将各分段底边的横向内力 $\overline{M}_i$ 和 $\overline{Q}_i$ 进行整体化调整。各分段底板所采用的计算弯矩和计算剪力由下式求得：

$$\overline{M}_{ip} = \frac{\overline{M}_i + \overline{M}_{cp}}{2} \tag{9-5-25}$$

$$\overline{Q}_{ip} = \frac{\overline{Q}_i + \overline{Q}_{cp}}{2} \tag{9-5-26}$$

式中：$\overline{M}_{ip}$、$\overline{Q}_{ip}$——分别为各分段底板单位宽度的计算弯矩(kN·m/m)和计算剪力(kN/m)；

$\quad \overline{M}_i$、$\overline{Q}_i$——分别为各分段底板单位宽度的横向弯矩(kN·m/m)和剪力(kN/m)计算值；

$\overline{M}_{cp}$、$\overline{Q}_{cp}$——分别为底板单位宽度的横向弯矩($kN \cdot m/m$)和剪力(kN/m)的加权平均值,按下式计算;

$$\overline{M}_{cp} = \frac{\sum M_i b_i}{\sum b_i} \tag{9-5-27}$$

$$\overline{Q}_{cp} = \frac{\sum Q_i b_i}{\sum b_i} \tag{9-5-28}$$

式中:b_i——各分段沿坞口纵向的长度(m)。

当坞口底板断面沿坞口纵向刚度变化较大(或断面较复杂)时,可采用其他合适的方法进行计算。

思考题

1. 常用的修造船水工建筑物有哪几种形式? 简述它们的基本工作原理。

2. 画图说明自摇式滑道待修船舶的横移摇平原理。

3. 画图并定性说明船排车载船下水的滑道的船艑压力变化过程。

4. 机械化滑道船舶上墩下水的设计水位如何确定?

5. 轨枕道碴结构与钢筋混凝土轨道梁、板结构各有何特点?

6. 坞室结构有哪几种结构形式? 试述它们各自的工作特点。

7. 船坞结构有哪些计算内容,其中最基本的计算内容是什么?

8. 船坞使用时期最不利荷载组合要考虑哪几种组合?

9. 弹性地基梁板的分析理论常有哪几种基本假设? 各种假设的优缺点及适用条件?

10. 基床系数假设(文克尔假设)的基本要点是什么? 简述初参数法的基本原理?

11. 有限长梁、无限长梁与半无限长梁。三种梁的主要区别在什么地方? 如何判断?

12. 轨道梁的计算中如何考虑钢轨的影响? 桩基上轨道梁在什么条件下可按刚性支承连续梁计算? 为什么?

13. 重力式、板桩式和混合式坞墙的计算特点是什么?

14. 采用初参数法计算整体式和双铰式船坞底板的主要差别是什么?

15. 试述锚杆式船坞底板的计算步骤和特点。

16. 坞口结构的计算内容有哪些? 简述剪力平衡法计算坞口结构内力的计算步骤。

参考文献

[1] 交通部.干船坞设计规范及编制说明[M].北京:人民交通出版社,1987.

[2] 韩理安.港口水工建筑物(I)[M].北京:人民交通出版社,2000.

[3] 王云球.港口水工建筑物(II)[M].北京:人民交通出版社,2001.

[4] 中国船舶工业总公司第九设计院.船台滑道结构设计[M].北京:国防工业出版社,1988.

[5] 中国船舶工业总公司第九设计院.船台滑道工艺设计[M].北京:国防工业出版社,1988.

[6] 中国船舶工业总公司第九设计院.弹性地基梁及矩形板计算[M].北京:国防工业出版社,

1983.

[7] 中国船舶工业总公司第九设计院.弹性地基梁计算图表及公式[M].北京:国防工业出版社,1982.

[8] 邱驹.港工建筑物[M].天津:天津大学出版社,2002.

[9] 陈万佳.港口水工建筑物[M].北京:人民交通出版社,1989.

[10] [苏]B.N.格里高里耶夫,等.修造船干船坞[M].范加仑译.北京:人民交通出版社,1985.

[11] 席与耀.初参数法在船坞和船闸底板计算中的应用[J].水运工程,1983(9).

[12] 刘永绣.整体锚杆式船坞底板的计算[J].港口工程,1984(4).

第十章 港口水工建筑物抗震 *

第一节 概 述

一、地震

1. 地震及其成因

地震是地球上的一种自然现象。据统计,地球每年要发生以百万次计的地震,其中绝大多数是轻微的震动,只有用仪器才能观测到。若人们能感觉到的,称为有感地震,每年约有数万次。其中对人民生命财产和工程建筑造成巨大损害的,则称为破坏性地震,它同洪水、干旱、台风等一样,是一种自然灾害。

地震的成因曾有过各种不同的学说和假设,近年来以海底扩张学说为基础的板块构造运动学说已为人们所普遍接受。这一学说认为地壳可以划分为欧亚、太平洋、美洲、非洲、印澳和南极六大板块,各大板块内部还可划分为许多小的板块。地球内部的作用使板块发生相对移动,引起大小板块边缘附近的地壳和岩石层破裂而发生地震,这种地震称为构造性地震,占所有地震的99%。由火山爆发引起的火山地震和由于地壳中空穴顶板陷落而引起的陷落地震则为数极少。因此,构造性地震是研究的主要对象。

2. 地震波及其传播

板块间的挤压冲撞使地壳岩石积累应变能,当变形超过容许值时,岩层破裂,破裂面上的应力突然下降,原来积累的弹性应变能变为动能释放出来,以波的形式向各处传播,这种波统称为地震波。岩层中的这种大型破裂面称为断层,绝大多数断层形成时都有大地震发生。初始破裂点常可用仪器测到,称为仪器震源,或简称震源。从震源到地表的垂直深度距离为震源深度。大陆地震的震源深度一般约为几公里至几十公里。

现在地震传播的波动理论已为地震学家们普遍接受。将岩石看作弹性体,而黏滞作用的影响则用能量损耗的概念加以修正,这样就可用弹性波动方程来描述地震波的传播和介质运动过程。传播的地震波包含两大类,一类是体波,通过地球本体传播,另一类是面波,只在地表附近传播。体波又包含纵波和横波,纵波也叫 P 波,是由震源向外传播的压缩(拉伸)波,介质质点的振动方向与波的前进方向一致;横波也叫 S 波,是由震源向外传播的剪切波,当介质质点的振动方向与波的前进方向均在水平面内,则这种 S 波称为 SH 波;若它们均在竖直平面内,就称为 SV 波。

纵波的波速总是大于横波的波速。在地壳中,P 波速度约为 7~8km/s,S 波速度约为 4~5km/s。地震观测站用仪器测得一次地震的 P 波和 S 波到达的时间差,可以大致估算出这次地震震源的距离。

面波是体波在介质的表面或层间界面经多次反射产生的，包含瑞雷波（R 波）和洛夫波（Q 波）两种。

体波在传播过程中会发生反射和折射，这是由于介质发生变化，产生了界面的缘故。地表也是一种界面。因此，离震源距离相等的各处，传播来的地震波振幅的大小也就不一定相同，这和传播途中不同的地质条件有关。此外，当地震波在介质中传播时，一部分能量转变为热能而损失，这种阻尼作用使地震波的振幅随着离震源的距离增大而发生衰减。也就是使一次地震在地面的影响从震中向外逐渐减弱以至消失。

3. 地震的震级

一次地震的大小，可以从两方面衡量，一方面是从人的感觉、工程结构物的反应和自然状态的变化等的震后现象出发，定出地震的烈度；另一方面则是从地震本身，即一次地震释放的能量多少出发，定出地震的震级。一次地震的震级由地震学家用地震仪测定。通常将震级 5 级以上的地震称为破坏性地震，7 级以上的地震称为强烈地震。

4. 地震的分布

地震受一定的地质构造条件的控制，地震发生在有一定特点的地区，这些地区称为地震活动带。从全球来看大部分集中在太平洋沿岸和欧亚两洲大陆南端，主要有以下两条活动带：

（1）太平洋沿岸地震带，沿南北美洲西海岸，从阿拉斯加经阿留申至勘察加，转向西南沿千岛至日本列岛，然后分成两支，一支向南经马里亚纳至伊里安，另一支向西南经我国台湾省、菲律宾、印度尼西亚至伊里安，两支在此汇合后经所罗门至新西兰。这一地震带的地震活动性最强，它占全世界地震总数的 80%～90%。

（2）阿尔卑斯地震带（也叫地中海地震带），西起大西洋亚速岛，经地中海、希腊、土耳其、印度北部、我国西部和西南地区，过缅甸至印度尼西亚与太平洋地震带相遇。

我国处于两大地震带的中间，是一个多地震国家。我国台湾省大地震最多，新疆、西藏次之，云南、西北、华北和东南沿海地区也是破坏性地震较多的地区。因此，建筑物的抗震是工程建设中必须考虑的问题。

二、地震裂度

1. 地震烈度与烈度表

地震烈度是指某一地区地面和各类建筑物遭受一次地震影响的强弱程度。

为了说明某一地区地震的影响或总结震害与抗震经验，以及分析比较建筑物的抗震性能，都需要我们根据一定的标准来确定某一地区的烈度。同样，为了对地震区的工程建设进行抗震设防，也要研究预测某一地区在今后一定期限的烈度，作为强度验算和采取抗震措施的依据。因此，可以说与震级相比较，烈度对抗震工作有着更为密切的关系。

对应于一次地震，表示地震大小的震级只有一个，然而由于同一次地震对不同地点的影响是不一样的，因此烈度也就随震中距离的远近而有差异。一般来说，距震中愈远，地震影响愈小，烈度就愈低；反之，距震中愈近，烈度就愈高。震中点的烈度称"震中烈度"。既然地震烈度是表示地震影响程度的一个尺度，就需要有一个评定烈度的标准，这个标准称为烈度表，其内容包括：宏观现象描述（人的感觉、器物反应、建筑物的破坏和地表现象等）和定量指标。目前的烈度表主要以前者为主,国际上普遍采用划分为 12 度的烈度表,也有一些国家沿用划分 10 度的(如欧洲的一些国家)和 7 度的烈度表(如日本)。我国 1999 年由国家质量技术监督局颁布的《中国地震烈度表》将烈度划分为 12 度。

2. 烈度的定量标准

上述地震烈度表所采用的烈度标准主要是以宏观现象描述为主,还缺少定量的指标,只能反映地震的后果而未反应地震的破坏作用,用这种标准去评定烈度往往会掺进鉴定者的主观成分,有时出入较大;另外,在工程上,地震烈度是抗震设防的标准,因此也要求在烈度标准中,应能包括抗震设计所需要的工程数据,即定量的指标。过去主要从以下三方面进行工作:

1)以地面最大加速度为标准

在工程方面比较普遍认为地震对结构的影响主要决定于地面的最大加速度,并且由于地震荷载是一种惯性力,加速度这个量便于与荷载的计算联系起来,因此开始采用加速度作为烈度的标准。为简便起见,烈度指标用地震系数 K 表示,$K = a_{max}/g$,其中 a_{max} 为地面最大加速度,g 为重力加速度。

2)以地面最大速度为标准

随着地震实践和研究工作的不断深入,发现震害与地面运动的最大加速度和周期都有关系,同样的地面加速度,周期长短不同则震害程度也不同。但是,在速度相同情况下,震害却不受地面运动周期的影响。因此,国际上又趋向于提出以地面最大速度为烈度的定量指标,并给出了部分参考数值。

3)以地震反应谱为标准

除了最大加速度和最大速度以外,地面运动的周期特征和建筑的自振周期显然也是影响破坏程度的重要因素,因此有人试图从地震反应谱出发寻找烈度的定量标准。由于反应谱是一条曲线,一般不能用某一个数值来表示,因此从不同的角度出发考虑,往往可以得到不同的标准。

应该指出,从最大加速度到反应谱出发所提出的这些标准,也并不是很好的定量标准。因为按实际观测资料用上述三种方法所估计的烈度都远高于从宏观破坏现象所估计的烈度。究竟用什么作为烈度的定量标准最好,目前尚难以作出定论,有待进一步研究。

中国科学院工程力学研究所综合国内外资料曾给出烈度的加速度当量是 0.1(7 度)、0.2(8 度)和 0.4(9 度)。目前,我国抗震设计规范统一采用这一数据。

我国目前仍以基本烈度作为抗震设计的基本指标。在 50 年期限内,一般场地条件下,可能遭遇超越概率 10% 的烈度值,称之为基本烈度。水运工程建筑物一般采用基本烈度为设计烈度。设计烈度为 7 度(含 7 度)以上时,需进行抗震计算,但对于抗震设计烈度高于 9 度的水运工程建筑物,其抗震设计应作专门的研究论证。设计烈度为 6 度时,虽可不进行抗震计算,但建筑物应按本章参考文献[1]适当采取抗震构造措施。

三、港口水工建筑物的震害特点

地震造成的破坏主要来自三个方面,即地表的破裂、工程建筑的破坏和次生灾害。地表破坏,主要是指地震引起地裂缝、喷砂冒水和滑坡塌方等现象。工程建筑的破坏是由于建筑物结构构件的强度不足或联系不牢,以及地基失效等原因导致建筑物破坏或倾倒。地震时,如果水坝或者给排水、供电、供煤热系统或易爆有毒物体的容器等破坏,就会引起水灾、火灾和空气污染等灾害。这种由于地震间接引起的次生灾害,有时比地震直接造成的损失还大,特别在大工业区和大城市更为显著。

地震造成港口水工建筑物的震害,除因结构本身抗震能力不够造成的以外,还包括由于地基失效、岸坡失稳造成的建筑物破坏。码头建筑物处于海上和海、河岸坡地段,其受力情况是比较复杂的,地震时除遭受由结构自重(包括上部堆货荷载、机械及固定设备重力)产生的地震惯性力外,还受动水压力、动土压力的作用,同时还会有其他作用,如船舶作用,水流力,地震时水位高、低的影响,岸坡作用的影响等。我国现在港口大都处于原地震区划的基本烈度 6 度以下地区,一般在设计时均未考虑抗震设防,1976 年唐山大地震时,天津地区港口码头水工建筑物都遭到的了不同程度的破坏,从而引起了有关方面的重视。现将国内外码头建筑物的典型震害现象综合介绍如下:

1. 重力式码头

1923 年日本关东地震时,横滨港 2 000m 的方块码头岸壁中,有 1 570m 长岸壁整个倒塌,在码头下部只留下 2~3 层方块,如图 10-1-1 所示。余下的 420m 墙身发生严重变形,全部岸壁由于码头断面的抗倾稳定性或分层抗滑稳定性不够产生向港池方向整体转动或部分砌体滑移,如图 10-1-2 和图 10-1-3 所示。

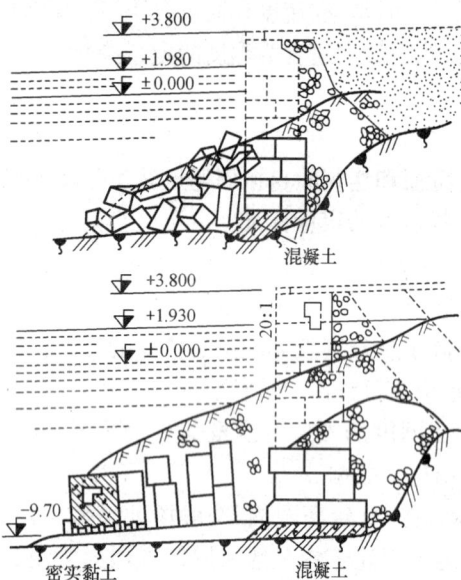

图 10-1-1　方块码头完全毁坏情况
(高程单位:m)

图 10-1-2　码头岸壁整体转动情况
(尺寸单位:cm;高程单位:m)

1935 年日本静冈地震时,清水港水深 7.3m 有锚沉箱码头发生了严重破坏,码头沉箱向水域方向滑移达 4.7m,并有不很大的倾斜,所有锚杆全部毁坏,如图 10-1-4 所示。

又如 1960 年智利地震时,处于烈度 8~10 度区的蒙特港和瓦尔迪维亚港口约 300m 长的沉箱码头,几乎全部倒塌;在另外 200m 范围内,上部的混凝土胸墙也完全倾覆,而下部沉箱则向港池方向滑移和倾斜。究其原因主要是由于回填土区无黏性饱和砂土的液化所造成的。

2. 板桩码头

1976 年唐山大地震时,天津新港塘沽地区设有锚碇结构的四个海港板桩泊位和二座河港板桩码头中,只有一座河港板桩码头破坏比较严重,锚碇结构向前滑移,板桩墙向前倾斜,码头岸线普遍向水域方向位移,最大达 1.14m,最小 0.21m,板桩向后最大倾斜 7°40′,鼓肚子最大处 58cm;码头面下沉并产生与岸线平行的纵向裂缝。分析其原因是由于该码头地基浅层存在松散细砂,地震时发生砂土液化之故。

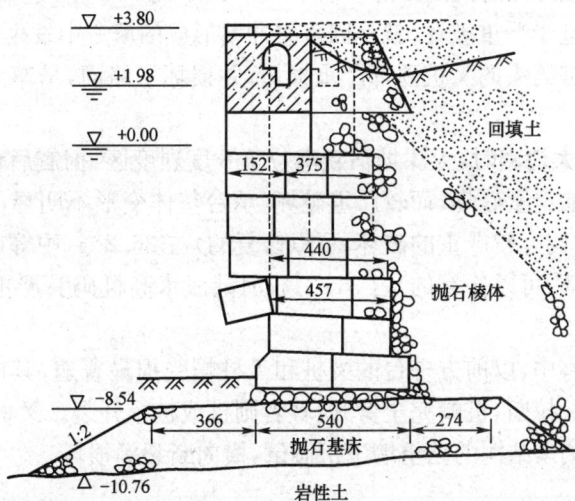

图 10-1-3　码头岸壁部分方块砌体滑移情况(尺寸单位:cm;高程单位:m)

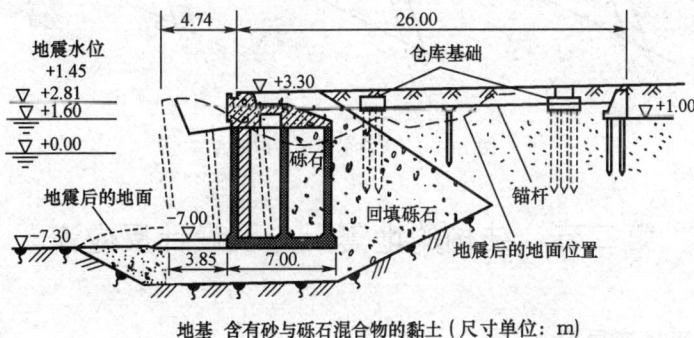

图 10-1-4　清水港有锚沉箱码头的破坏情况(尺寸单位:m;高程单位:m)

日本名古屋港在遭受 1944 年东南海地震和 1946 年南海地震之后,几乎所有前板桩高桩码头中的前板桩都向港池方向鼓起,虽然前板桩的入土深度相当短,但板桩的下端并未发现明显的滑动。日本新泻港多数属于板桩岸壁,在 1969 年的新泻大地震中凡未按现代抗震设计的板桩岸壁大多数发生由于锚碇结构位移或锚杆拉断而板桩墙显著前倾变形;而经现代抗震设计的山之下板桩岸壁,地震后除锚碇结构有局部沉陷外,未发生明显的损坏。日本 1968 年十胜冲大地震中,八户港小中野 1 号板桩码头也因锚碇结构位移使墙身前倾最大达 60cm;函馆港北滨的斜拉桩码头,因板桩与斜拉桩的固定点破断而墙身前倾最大达 59cm。

由上述震害现象可见,板桩码头的抗震性能在很大程度上取决于锚碇结构是否足够坚固,如果锚碇结构不发生位移,锚杆不被拉断,一般情况下板桩码头岸壁只会产生轻微的震害,具有较好的抗震性能。

3.高桩码头

港口工程中的高桩码头在地震中发生震害的不乏其例,它们也大都与地基的液化或地基变形有关。1989 年美国加利福尼亚州 Lo-maPrieta 大地震(7.1级)造成沿旧金山湾的奥克兰第七街的集装箱码头遭受严重破坏,就是因水力冲填形成的填方中发生液化,并伴随着喷砂的沉降和侧向位移使高桩码头的叉桩顶部严重损坏,并损坏了路面,吊车无法行驶,许多设施在一段时间内不能运行。

1976 年我国唐山大地震时,天津塘沽新港位于 8 度烈度区,据震后调查可知,海港深水高桩码头没有难以修复的严重破坏,而较严重破坏(承台整体变形不明显,上部结构有不同程度的破坏,基桩和挡土结构有较严重的破坏,可以修复的)占 26.2%,中等破坏(只有基桩和挡土结构有不同程度的损坏,可以修复的)占 31.2%,河港浅水高桩码头严重破坏的占 16.1%,较严重破坏的占 21.8%。

在高桩码头的震害中,以前方桩台的叉桩和叉桩帽受损最普遍,其中,向岸斜桩破坏数量最多,最严重的有倾倒、拉断、桩帽完全劈开,轻者则桩或桩帽开裂。叉桩的典型破坏形式如图 10-1-5 所示。其次是接岸结构的挡土墙下沉倾倒,横向断裂等损坏。

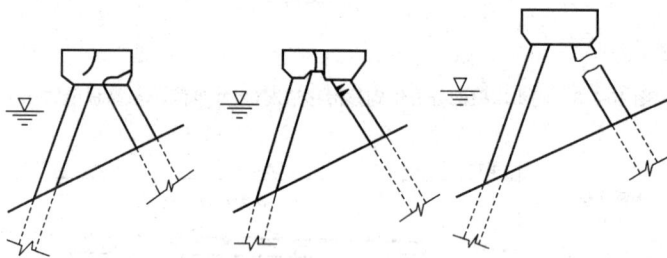

图 10-1-5　叉桩的典型破坏形式

第二节　结构的地震反应及设计反应谱

一、单质点系的地震反应

如前所述,地震对建筑物的破坏作用,主要是由于地震波在土层中传播引起强烈的地面运动(或称地震动)使地基基础发生变形、上部结构发生振动,当结构的振动超过它的许可限度时就将造成破坏甚至倒塌。为了抗御地震的破坏作用,需要了解建筑物在地震作用下的振动过程(即地震反应),这是一个动力学问题。下面先讨论简单的结构,即可以简化为单质点系的结构。以后将会看到,应用反应谱理论,在某些简化假定之下,可以将复杂的多质点系地震的反应简化为若干单质点系地震反应的总和,从而将多质点系的问题归结为单质点系来解决。

图 10-2-1 中所示为单质点体系(或称单自由度),将结构中参与振动的质量全部集中在一点上,用无重量的弹性杆件系统支承在地面上,并假定地面运动和结构振动只是单方向的水平平移运动,不发生扭转,因此结构是坐落在刚性平面上的弹性系统。当发生一个由地震动而产

生的地面位移 $x_g(t)$ 时,质体 m 产生的绝对位移为 $x_a = x_g + x$,其中 x 为由于结构弹性变形引起的相对位移。质体 m 的绝对加速度为 $A_a = \ddot{x}_a = \ddot{x}_g + \ddot{x}$,在运动的任一瞬间,有三种力作用于质体 m 上:

(1)惯性力 $F_I = -m(\ddot{x}_g + \ddot{x})$;

(2)阻尼力 $F_D = -c\dot{x}$;

(3)弹性恢复力 $F_s = -ks$。

这些力的作用方向都与质点运动方向相反,因而都带负号。根据达朗贝尔原理,在运动的任一瞬间,上述三种力应保持平衡,于是可以得到质体 m 在地震作用下的运动方程。

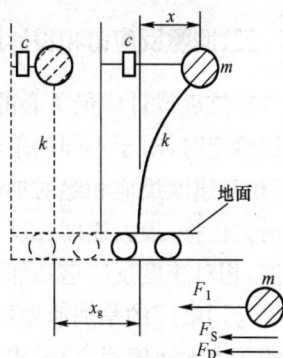

图 10-2-1　单自由度体系

$$F_I + F_D + F_S = 0 \qquad -m(\ddot{x}_g + \ddot{x}) - c\dot{x} - kx = 0$$

即

$$m\ddot{x} + c\dot{x} + kx = -m\ddot{x}_g \tag{10-2-1}$$

或写成

$$\ddot{x} + 2\xi\omega\dot{x} + \omega^2 x = -\ddot{x}_g \tag{10-2-2}$$

式中:ξ——阻尼比,$\xi = c/2\omega m$;

　　c——阻尼系数;

　　k——弹簧常数;

　　ω——无阻尼自由振动圆频率,$\omega = \sqrt{k/m}$。

式(10-2-1)和式(10-2-2)也可看成为动力荷载 $-m\ddot{x}_g$ 作用于单质点体系的运动微分方程式,这样一来就将问题转化了,原来解由于地震时地面水平运动 $x_g(t)$ 所引起质体的相对位移 $x(t)$,转化为在动力荷载 $-m\ddot{x}_g$ 作用下求解质体的位移 $x(t)$ 的问题,亦即属于有阻尼的受迫振动问题。因此,可利用动力学中有阻尼受迫振动的解答。当阻尼较小时,单自由度体系在地震加速度 $\ddot{x}_g(t)$ 作用下的相对位移反应 $x(t)$、相对速度反应 $\dot{x}(t)$ 和绝对加速度反应 $\ddot{x}_a(t)$ 的一般公式分别为:

$$\left. \begin{array}{l} x(t) = -\dfrac{1}{\omega}\displaystyle\int_0^t \ddot{x}_g(\tau)e^{-\xi\omega(t-\tau)} \cdot \sin\omega_d(t-\tau)d\tau \\[4mm] \dot{x}(t) = -\displaystyle\int_0^t \ddot{x}_g(\tau)e^{-\xi\omega(t-\tau)} \cdot \cos\omega_d(t-\tau)d\tau \\[4mm] \ddot{x}_a(t) = -\omega^2 x(t) \end{array} \right\} \tag{10-2-3}$$

有了这一般公式,对于任何一个自振频率为 ω、临界阻尼比 ξ 的单质点体系在给定地震加速度 $\ddot{x}_g(t)$ 作用下的反应都可以计算出来,结果可以得到一个时间 t 的函数。由于地震加速度 $\ddot{x}_g(t)$ 是不规则的函数,一般不能用简单的数学公式来表达,因此式(10-2-3)所表示的积分公式只能用数值积分的方法来求出它的时间变化过程,目前较多的是用电子计算机进行计算。

二、地震反应谱和设计反应谱

在抗震设计中最关心的是最大反应,即相对位移、速度和绝对加速度反应的最大值。当阻尼比给定时,对于不同的单质点体系的自振周期 T,都可以从反应时间函数中找出相对位移反应、相对速度反应和绝对加速度反应,对于每一个地震加速度记录,都可以分别计算出三条相应最大位移、最大速度、最大加速度与自振周期 T 之间的关系曲线,这就是所谓的相对位移反应谱、相对速度反应谱和加速度反应谱(常将绝对加速度反应谱简称为加速度反应谱)。

应用最广的是加速度反应谱。有了加速度反应谱可以对不同周期的单质点体系确定其不同的最大加速度反应 $|\ddot{x}_a|_{\max}$,从而可按下式算得地震惯性力 $I_{\max}$:

$$I_{\max} = m|\ddot{x}_a|_{\max} \tag{10-2-4}$$

对于不同的地震,由于地面运动加速度 $\ddot{x}_g(t)$ 不同,其加速度反应也就不相同,因此,即使同一地点经历两次地震,也不能简单地把第一次的反应谱套用于第二次。在工程抗震设计中,一般不可能单独为某工程提出一个反应谱,所以必须要进一步研究能适用于一般情况,并能指导抗震设计的设计反应谱。

应用反应谱理论的地震反应分析方法在我国和世界其他主要多地震国家的抗震设计规范中占主要地位。各国对所用的设计反应谱都进行过大量研究并不断修改。研究表明:两次不同的地震,其加速度反应谱的不同,主要是因为两次的地震烈度的不同,而地震烈度的大小则由地面最大加速度 $|\ddot{x}_g(t)|_{\max}$ 的大小来确定。即认为:不同的地震其差别主要是 $|\ddot{x}_g(t)|_{\max}$ 不同,其他的因素将是相近的。为此,我们把地震荷载式(10-2-4)中分离出一个因子 $|\ddot{x}_g(t)|_{\max}$ 来,从而改写成:

$$I_{\max} = m|\ddot{x}_a|_{\max} = mg \frac{|\ddot{x}_g|_{\max}}{g} \cdot \frac{|\ddot{x}_a|_{\max}}{|\ddot{x}_g|_{\max}} = W \cdot K_H \cdot \beta \tag{10-2-5}$$

式中:W——结构的自重,即质体 m 的重力;

K_H——水平地震系数 $K_H = |\ddot{x}_g|_{\max}/g$,是地震时地面最大水平加速度与重力加速度的比值,它与地震烈度有关;

β——动力(放大)系数,$\beta = \dfrac{|\ddot{x}_a|_{\max}}{|\ddot{x}_g|_{\max}}$,是结构最大加速度和地震时地面最大加速度的比值,它表示结构的最大加速度是地面最大加速度的倍数。

给出阻尼比确定的数值,可以作出 $\beta\text{-}T$ 的关系曲线,此曲线称为动力系数反应谱,并用它来表示地面运动的特性。根据前述观点,在不同的地震中作出的加速度反应谱曲线相差较大,但是在实际地震反应计算中发现不同的地震中作出的 $\beta\text{-}T$ 曲线却比较一致。基于这一点,我们将许多次地震得出的许多条这种曲线取其中平均曲线作为代表,并近似地认为这条平均的动力系数反应谱适用于所有各次地震,作为设计的依据,即所谓标准反应谱。进一步的研究还发现,在许多影响因素中场地土条件对反应谱($\beta\text{-}T$)的形状有比较大的影响,而且是有可能加以考虑的。为了反映这一影响,可以分别几种场地类型计算 $\beta\text{-}T$ 曲线,然后分别进行统计分析,确定不同场地的标准反应谱。《水运工程抗震设计规范》(JTJ 225—98)中把场地分成四类,并采用图 10-2-2 所示的 β-T 曲线作为设计反应谱。该规范的设计反应谱,基本上采用《建筑抗震设计规范》(GBJ 11—89)和《水工建筑物抗震设计规范》(DL 5073)的反应谱形式,结合水运工程建筑物的特点,确定了反应谱的参数值。

实际上结构物多数是弹塑性体,地基也绝非绝对刚性平面,所以按上述设计反应谱理论计算的结果往往与客观震害的宏观实际有较大差距,因此在实际工程结构的抗震计算中还要考虑一个综合影响系数 C 来弥补其差距,所以地震惯性力的计算公式为:

$$P_{\mathrm{H}} = CK_{\mathrm{H}}\beta W \tag{10-2-6}$$

综合影响系数 C 的取值,对不同的建筑物取不同数值,具体见《水运工程抗震设计规范》(JTJ 225—98)。

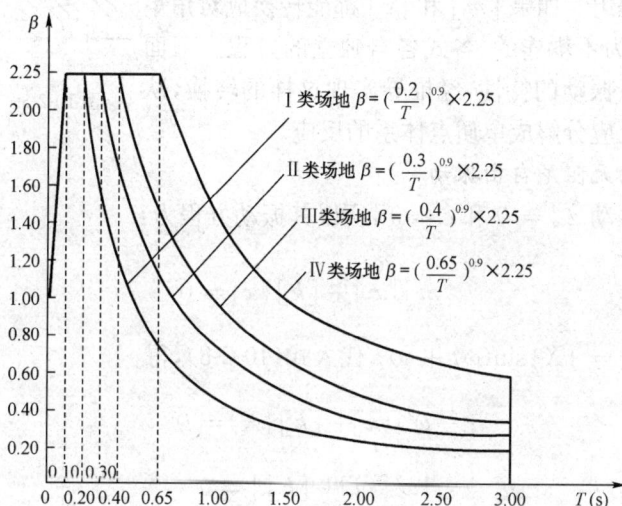

图 10-2-2　设计反应谱曲线(阻尼比 $\xi = 0.05$)

T-结构自振周期(s); β-动力放大系数

三、多质点体系地震反应的振型分解法

鉴于港口水工建筑物的形式多样、体形复杂,有的不能用一个集中质点来简单代替。在实际计算时,往往将建筑物的质量简化为多个集中质点,分别集中在支承于地面上的无重力的弹性杆件上参与振动,按多质点体系考虑计算地震惯性力。如空箱式和刚架式、桁架式高桩碰式码头,斜坡码头和浮码头的柱、桩式墩均属此类。

多质点(或称多自由度)体系在地震水平运动 $x_{\mathrm{g}}(t)$ 作用下(图 10-2-3),其运动微分方程为:

$$[m](\{\ddot{x}_{\mathrm{g}}\} + \{\ddot{x}\}) + [c]\{\dot{x}\} + [k]\{x\} = 0$$

或　　　　$$[m]\{\ddot{x}\} + [c]\{\dot{x}\} + [k]\{x\} = -[m]\{\ddot{x}_{\mathrm{g}}\} \tag{10-2-7}$$

式中: $[m]$ ——$n \times n$ 质量矩阵,一般为对角矩阵;

$\{\ddot{x}_g\}$ 和 $\{\ddot{x}\}$——分别为 $n\times1$ 的地震加速度列阵和相对加速度列阵；

$\{\dot{x}\}$ 和 $\{x\}$——分别为 $n\times1$ 的相对速度列阵和相对位移列阵；

$[c]$ 和 $[k]$——分别为 $n\times n$ 的阻尼矩阵和刚度矩阵。

由此可见，和单质点体系一样，各质体和地基的相对位移 $\{x\}$ 的计算，就相当于地基没有运动，而在各质体上作用着动力荷载 $-[M]\{\ddot{x}_g\}$ 时求各质体的位移一样[见图 10-2-3b)]。

方程式(10-2-7)可用数值积分方法求解，但一般常采用振型分解法，即将多质点体系简化成 n 个独立的单质点系，按照振型分解方法进行分析。

方程中 $[k]$ 和 $[c]$ 一般为非对角矩阵，所以运动方程为相互耦连的线性方程组。如果 $[m]$ 和 $[c]$ 都能转换成对角矩阵，则运动方程就成为不耦连的、各式各自独立的方程。下面简述利用多质点体系振动的特性，经推导实现这样的转换，从而将多质点体系的反应分解成单质点体系的反应。

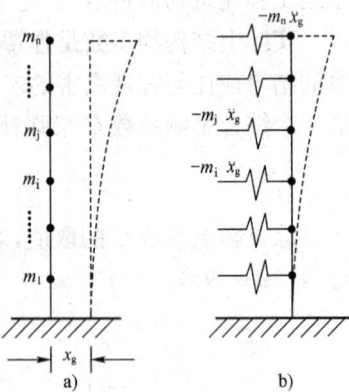

图 10-2-3　多质点体系计算图式

1. 多质点体系的无阻尼自由振动

因无阻尼自由振动 $\ddot{x}_g=0$ 和 $c=0$，所以其振动方程为：

$$[m]\{\ddot{x}\}+[k]\{\dot{x}\}=0 \tag{10-2-8}$$

方程的解为 $\{x\}=\{X\}\sin(\omega t+\varphi)$，代入式(10-2-8)，得：

特征方程

$$-\omega^2[m]+[k]\{X\}=0 \tag{10-2-9}$$

频率方程

$$|\omega^2[m]+[k]|=0 \tag{10-2-10}$$

将式(10-2-10)展开其左面部分后，就可得到关于频率 ω 的 n 次方程，求解这个方程可得到 ω 的 n 个根，也只能得到 n 个根 $\omega_j(j=1,2,\cdots,n)$。n 为质点数或自由度数，X 为振幅，即质体离静平衡位置最大位移，φ 为初相角。其中由小到大排在第一的那个频率 ω_1 称为第一自振频率或基本频率。而 ω_2 为第二自振频率，以后按序排列。

2. 振型及其特性

将解出的自振频率$(\omega_1,\omega_2,\cdots,\omega_n)$代回特征方程式(10-2-9)时，可发现此时不能求得相应的振幅 $X_1,X_2,\cdots,X_n$，只能求得它们的比值，此比值不随时间而变。这表明当体系以某一自振频率 ω_j 振动时，两质点相对于振动前原位置的位移总保持着一个固定的比值。位移间的

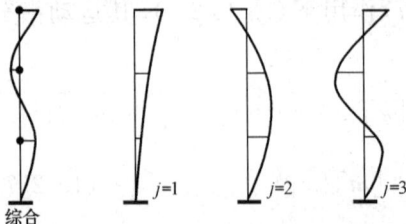

图 10-2-4　多质点体系的振型叠加

这种关系称为相应于该自振频率的振型，或称主振型。振型的顺序与相应自振频率的顺序相同。第一自振频率时发生第一振型。在矩阵运算中振型常记为 Φ。图 10-2-4 表示多质点体系振型的一般情况。

图上表示三个质点和三个振型，各个振型只有在特定的初始条件下才能稳定存在。

3. 振型的正交性

可以证明(参见结构动力学)多自由度体系任意两个振型对质量矩阵和刚度矩阵均有正交性,即有:

$$\{\boldsymbol{\Phi}\}_j^T[m]\{\boldsymbol{\Phi}\}_k = 0 \quad (j \neq k) \tag{10-2-11}$$

$$\{\boldsymbol{\Phi}\}_j^T[k]\{\boldsymbol{\Phi}\}_k = 0 \quad (j \neq k) \tag{10-2-12}$$

从以上两式可知,振型的正交性即是某一振型在振动过程中不在其他振型上面作功,也就是说它不会激起别的振动,各个振型都能单独出现。

4. 振型分解法

用坐标变换的方法将方程解耦,使其变为一组各自独立的方程,每个方程只含一个未知数而可单独求解,从而使计算大为简化,这就是振型分解法。

一般用广义坐标

$$\{x\} = [X]\{q\} \tag{10-2-13}$$

为了使方程组解耦,必须利用振型之间的正交性关系。前面已说明振型对质量矩阵和刚度矩阵的正交性,但振型对阻尼矩阵不存在正交性。为了克服这一困难,常假设阻尼矩阵 $[c]$ 是质量矩阵 $[m]$ 和刚度矩阵 $[k]$ 的线性组合,即

$$[c] = a_1[m] + a_2[k] \tag{10-2-14}$$

将式(10-2-13)和式(10-2-14)代入式(10-2-7)中,并经整理、化简,最后可得:

$$\ddot{q}_j + (a_1 + a_2\omega_j^2)\dot{q}_j + \omega_j^2 q_j = -r_j\ddot{x}_g (j = 1,2,\cdots,n) \tag{10-2-15}$$

式中

$$r_j = \frac{\sum_{i=1}^n m_j X_{ji}}{\sum_{i=1}^n m_i X_{ji}^2} \tag{10-2-16}$$

r_j 称为第 j 振型的振型参与系数。

在式(10-2-15)中令 $a_1 + a_2\omega_j^2 = 2\xi_j\omega_j$,则方程可写成:

$$\ddot{q}_j + 2\xi_j\omega_j\dot{q}_j + \omega_j^2 q_j = -r_j\ddot{x}_g \tag{10-2-17}$$

将式(10-2-7)同单质点体系运动方程式(10-2-2)相比较,可以看出两者只在等式右端相差一个 r_j。在有 n 个自由度的体系中,共有 n 个独立的像式(10-2-17)那样微分方程式,式中 j 分别等于 $1,2,\cdots,n$。每个微分方程各表达了一个单自由度运动方程。它们的解分别为:

$$q_j(t) = r_j\Delta_j(t) \tag{10-2-18}$$

式中, $\Delta_j(t)$ 是单自由度体系在地震动加速度方程 $\ddot{x}_g(t)$ 作用下的位移反应。这个单自由度体系的自振频率为 ω_j,阻尼比 ξ_j。通常把这个单自由度体系称作原来那个多自由度体系的第 j 振型的"振子"。将式(10-2-18)代入式(10-2-13)得:

$$x_i(t) = \sum_{i=1}^n q_j(t)X_{ji} = \sum_{i=1}^n r_j \cdot \Delta_j(t)X_{ji} \tag{10-2-19}$$

上式表明,多自由度体系质点 m_i 的地震反应,等于各振型参与系数乘以该振型振子的位

移反应再乘 m_i 在该振型的振幅,然后将各振型上述乘积相加而得。这就是求多质点体系地震反应的振型分解法。

四、求多质点体系水平地震力的反应谱方法

目前各种工程建筑物抗震设计中广泛采用的计算地震惯性力的反应谱方法,是建立在一些基本假定的基础上的。首先,这种方法保留了静力理论的形式,即假定作用在结构上的水平地震惯性力可以代表地震的作用,并可以按下式计算。

$$P = KW \qquad (10\text{-}2\text{-}20)$$

式中 W 为结构或其部分集中质量的重力,K 为系数,静力理论将 K 看作是一个常数,称为地震系数。反应谱方法则并不把 K 作为常数,而将结构动力特性、地震动特性以及场地特性等都包含在 K 的计算中。在计算中应用了前面振型分解法。

j 振型下作用在第 i 质点上的最大水平地震惯性力为:

$$P_{ji} = m_j \gamma_j X_{ji} \mid \ddot{x}_g(t) + \ddot{x}(t) \mid_{\max} \qquad (10\text{-}2\text{-}21)$$

令
$$\beta = \frac{\mid \ddot{x}_g(t) + \ddot{x}(t) \mid_{\max}}{g}; W_i = m_i \cdot g$$

则上式可写为
$$P_{ji} = C K_H \beta_j \gamma_j X_{ji} W_i \qquad (10\text{-}2\text{-}22)$$

式中 K_H 为水平地震系数,C 为综合影响系数,β_j 为 j 阶振型的动力放大系数,其 $\mid \beta_j \mid_{msc}$ 可用单质点体系的标准(或设计)反应谱查得。

将式(10-2-22)与式(10-2-6)做一比较,可见两者在形式上有相似之处,但内涵上已有很大不同。前者已将将地震动特性和结构动力特性考虑在内,并且随着反应谱理论的日益改进,更多的因素如场地的影响等已经包含在内,并将继续发展。

在地震过程中,多自由度体系的各个振型,一般都不是同时出现的,所以地震作用所产生的结构内力应该要考虑到各个振型的相加。但是,如果采取简单地把各振型地震作用所产生的内力叠加起来,那就夸大了结构内力。因为,各个振型的地震作用所产生的内力达到最大值的时刻,一般是不同的。比如,第一振型某点内力最大时,第二振型该点的内力没有达到最大值;而第二个振型该点内力最大时,第一振型该点内力又不是最大。因此,各个振型组合起来的内力最大值一般不等于各振型中该内力最大值的总和。为此必须从随机过程理论出发研究其振型的组合问题。我国规范根据概率理论和实际地震资料的分析,规定采取各振型内力的平方和开方数值作为计算依据,即

$$S = \sqrt{\sum_{j=1}^{m} S_j^2} \qquad (10\text{-}2\text{-}23)$$

式中:S——由水平地震作用而产生的结构反应,如位移、内力等;

S_j——由 j 振型时的水平地震作用所产生的结构反应,如位移、内力等;

m——所考虑的振型数。

大部分建筑和工程结构物的计算经验表明,对总的地震反应起作用最大的是前几阶振型。

如斜坡码头和浮码头的柱、桩式墩,空箱式和刚架、桁架式高桩墩式码头等,《水运工程抗震设计规范》(JTJ 225—98)都只要求计算第一振型;只有在上述高桩墩式码头的高度超过30m时才要求计入高振型的影响,而且一般不超过3个振型。

第三节　地基和岸坡的抗震

一、场地、地基和岸坡与抗震设计的关系

选择地震区码头建筑物的场地时应当尽量选择对抗震相对有利的地段,避开不利的地段。那些对抗震不利的地段一般指:建设地区及其邻近地质构造复杂,有晚近期活动性断裂,场地中有可液化土层或软土层分布,岸坡稳定条件较差等。此外,我国近年来的震害调查表明:地形对建筑物震害也有直接影响,在条状突出的山嘴,高耸孤立的山丘,非岩质的陡坡等处修建的建筑物有可能因地震动放大或受滑坡等影响而加剧震害,也属抗震不利地段。

对于已经确定的场地,场地土的类型也直接影响抗震设计。我国近年来发布的相关抗震设计规范中的设计反应谱形状和谱值与场地土的类型有直接关系。《水运工程抗震设计规范》(JTJ 225—98)规定:场地类型根据场地土类型和场地覆盖层厚度按表10-3-1划分为四类,当有充分依据时可适当调整;而场地土类型,宜根据地面以下15m范围或厚度小于15m的场地覆盖层范围内各土层的剪切波速按表10-3-2划分。

当无实测剪切波速时,可按表10-3-3划分土的类型;并按下列原则确定场地土类型:当为单一土层时,土的类型即为场地土类型;当为多层土时,场地土类型可根据地面下15m且不深于场地覆盖层厚度范围内各土层类型和厚度综合评定。

根据记载,强地震时,地基的震害是很普遍的,这种地基破坏的形式可能是多种多样的,从规模巨大的地震断层、裂缝的形成,直至不易从外观察觉的地面沉降。

场 地 类 别 划 分 表 10-3-1

场地土类型	场地覆盖层厚度 dov(m)				
	dov<0	0<dov≤3	3<dov≤9	9<dov≤80	dov>80
坚硬场地土	I	—			
中硬场地土	—	I		II	
中软场地土		I		II	III
软弱场地土		I	II	III	IV

场 地 土 的 类 型 划 分 表 10-3-2

场地土类型	土层的剪切波速(m/s)	场地土类型	土层的剪切波速(m/s)
坚硬场地土	$V_s>500$	中软场地土	$250≥V_{sm}>140$
中硬场地土	$500≥V_{sm}250$	软弱场地土	$V_{sm}≤140$

注:V_s 为土层剪切波速;V_{sm} 为土层加权平均剪切波速。

土 的 类 型 划 分   表 10-3-3

土的类型	岩土名称和性状
坚硬土	岩石、密实的碎石土
中硬土	中密、稍密的碎石土，密实、中密的砾、粗、中砂，$f_k>200$ 的黏性土和粉土
中软土	稍密的砾、粗、中砂，除松散外的细、粉砂，$f_k\leqslant200$ 的黏性土和粉土，$f_k\geqslant130$ 的填土
软弱土	淤泥和淤泥质土，松散的砂，新近沉积的黏性土和粉土，$f_k<130$ 的填土

注：f_k 为地基土静承载力标准(kPa)。

饱和砂在地震时发生振动液化，使其在短时期几乎丧失了承载力，这时地面上的建筑物会迅速下沉，还曾有车辆等物体沉到地面以下以致消失踪影的记载。国内外许多地震都观察到饱和砂土的液化现象，并且被证实是使一些建筑物损坏、倾斜和倒塌的主要原因。

在倾斜土体内或其下部土层中发生液化，整个土体就会以类似流动的形式发生滑坡，阿拉斯加地震时西沃德长 1 300m 的海岸发生了这种流动性滑坡，码头、船坞连同一部分海岸消失，仓库和油罐也被带走。这种流动性滑坡有较大的侧向位移。

海岸和河岸边的岸墙常用松散的无黏性土回填，并经常处于饱和的状态。这为回填土在地震时发生液化创造了条件。回填土液化后抗剪强度大部分或全部丧失，墙背压力骤增而使岸墙、码头墙和船坞壁遭到很大破坏。这种震害在国内外许多地震中非常普遍。

二、砂土液化的预测及其抗液化措施

1. 砂土液化的预测

根据过去地震中对液化和不液化土层的调查所积累的资料和试验研究表明，饱和砂土或粉土层的液化可能性与地震的烈度大小、土的粒径、黏粒含量、土层深度等因素有关。《水运工程抗震设计规范》(JTJ 225—98)规定，当设计烈度为 7～9 度时，应对饱和土进行液化判别和相应的地基处理；当设计烈度为 6 度时，可不进行液化判别，但对液化敏感的码头建筑物，可按 7 度考虑。这一规定并非确认 6 度区不可能发生液化，只因过去的地震调查尚未发生液化震害，经验不多，提不出判别的指标，而对液化敏感的码头建筑物提高 1 度来考虑也是为了安全起见。为了节省勘察工作量，规范还规定对土的液化判别分两步进行，第一步为初判，当判别为液化土时再进行第二步判别。对饱和砂土或粉土层，当符合下列条件之一时，可初步判别为不液化：

(1)地质年代为第四纪晚更新世(Q3)及其以前时。

(2)当采用六偏磷酸钠作为分散剂的测定方法测得的粉土，其黏粒(粒径小于 0.005mm 的颗粒)含量的百分点数在 7 度、8 度、9 度分别小于 10、13 和 16 时。

当初判为可液化的土层后，应作进一步判别。第二步判别采用标准贯入试验判别法，在地面以下 20m 内的土符合下式时即为液化土：

$$N_{63.5}<N_{cr} \tag{10-3-1}$$

$$N_{cr}=N_0[0.9+0.1(d_s-d_w)]\sqrt{\frac{3}{M_c}} \tag{10-3-2}$$

式中：$N_{63.5}$——未经杆长修正的饱和土标准贯入锤击数实测值；

N_{cr}——液化判别标准锤击数临界值；

N_0——液化判别标准锤击数基准值,烈度 7 度时为 6,8 度时为 10,9 度时为 16;

d_s——饱和土标准贯入点深度(m);

d_w——地下水位深度(m);

M_c——黏粒含量百分点数,当小于 3 或为砂土时,均应取 3。

建筑物建成后和建造前的地面高程和地下水位有较大变化时,式(10-3-2)中各项应采用建成后的相应值,且标准贯入击数按下式修正

$$N'_{63.5} = N_{63.5} \frac{d'_s + d'_w + 7.8}{d_s + d_w + 7.8}$$ (10-3-3)

式中:$N'_{63.5}$——建筑物建成后的饱和土标准贯入锤击数修正值;

d'_s——建筑物建成后的饱和标准贯入点深度(m);

d'_w——建筑物建成后的地下水位深度(m)。

液化的宏观调查表明,晚更新世的沉积砂层从未发现液化现象,认为该层不仅密度大而且具有牢固的结构,故作为不液化土层。室内试验表明,土的抗液化程度是随黏粒含量的增加而提高的。大量地震区粉砂土液化实例的现场勘测资料发现,当黏粒含量达到一定数值后,就很少发现液化,判别式引入黏粒含量一项,扩大了公式的使用范围。此外,水运工程建筑物中有很多需要将基础做得很深,经对有关资料的分析、论证,规定液化判别验算深度为 20m。

2.地基抗液化措施

对于地基和岸坡中的可液化土层,可采用下列加固措施:

(1)在可液化土层中采用桩基时,基桩应穿过可液化土层,并有足够的长度伸入稳定的土层。

(2)对位于地面附近的可液化土层,可采用人工振密、强夯、盖重等措施或挖除全部可液化土层;当可液化土层位于地面下较深时,采用挤实砂桩、振动水冲等加密法。加固深度应处理至液化深度下界,且处理后土层的标准贯入击数实测值应大于相应的临界值。

(3)在相对不透水土层中存在可液化土夹层或透镜体时,可采用排水减压措施,如设置塑料排水板、砂井或减压井等。当局部地基可能液化时,可用密封幕(墙)围封至不透水层。

(4)在建筑物地基中和墙背后一定范围内,不应采用粉细砂和颗粒均匀的中砂等作为回填料。

如何采取抗液化措施,要根据地基的液化程度、工程结构物的重要性和对沉降及不均匀沉降的敏感性,以及工程费用等综合考虑,应当在工程的可行性研究和设计阶段就作出正确的评价和预估。

三、地基承载力和岸坡的抗震稳定性

1.地基承载力

确定地震作用下的地基承载力时,考虑到地震作用属偶然作用,故可降低地基抗震强度的抗力分项系数或适当提高其抗震承载力设计值。规范规定,在水运工程建筑物地基的抗震验算中,对于液化土层以下的土层,当按现行行业标准《港口工程地基规范》(JTJ 250—98)采用

固结快剪强度指标计算地基承载力时,抗力分项系数可降低至正常情况下的75%;当采用查表法时,地基土的抗震承载力设计值可按式(10-3-4)予以提高。液化土层以上的土层承载力设计值不应修正。

$$R_E = \eta_0 R \tag{10-3-4}$$

式中:R_E——地基土抗震承载力设计值(kPa);

R——经基础宽度和埋深修正后的地基土静承载力设计值(kPa);

η_0——地基土抗震承载力设计值提高系数,按表10-3-4采用。

地震时桩的垂直承载力抗力分项系数,在一般黏性土和砂土中,可降为正常情况下的80%;在软土和非液化状态的松砂中不宜降低。

地基土抗震承载力设计值提高系数

表10-3-4

地 基 土	η_0
松砂(非液化状态)	1.0
一般砂土(非液化状态)	1.3
密实的碎石土(包括夯实的抛石基床)和基岩	1.5

此外,对于液化土层的强度问题规定:"地基内有液化土层时,可不计该层土的强度,当有经验或经论证可利用该层土的部分强度时,可根据抗液化土层的桩侧摩阻力、内摩擦角等力学指标进行折减,折减系数 a 可按表10-3-5采用"。

液化土力学指标的折减系数 a 值　　　　　　　　表10-3-5

$I_N = \dfrac{N_{63.5}}{N_{cr}}$	d_s (m)	a
$I_N \leqslant 0.6$	$d_s \leqslant 10$	0
	$10 < d_s \leqslant 20$	0.33
$0.6 < I_N \leqslant 0.8$	$d_s \leqslant 10$	
	$10 < d_s \leqslant 20$	0.66
$0.8 < I_N \leqslant 1.0$	$d_s \leqslant 10$	
	$10 < d_s \leqslant 20$	1.0

注:I_N 为抗液化指数。

上述规定,原则上假定该土层已达到全部液化,其强度、摩擦力和桩端承载力为零。但当实际 $N_{63.5}$ 值与临界 N_{cr} 值比较接近时,在许多情况下,上述假定可能与实际的液化程度不相符,土层并不完全液化,所以将所有液化土层的强度视为零过于保守,可能会使建设费用增加很多。液化土力学指标折减系数 a 的取值是基于日本对地震时液化地基土力学指标的折减问题的专门研究,并参考了日本《公路桥抗震设计规范》及我国《原铁路工程抗震设计规范》(BG 50111—2006)而提出的。通过实例验算,表10-3-5的系数 a 取值略偏于安全,并可降低工程造价,设计者可以根据建筑物的重要程度及土壤的液化情况综合考虑确定折减系数。

2.岸坡的抗震稳定性

目前国内外地震作用下岸坡稳定的分析方法有静力法、拟静力法和动力法三种。每种又有总应力法和有效应力法之分。动力法已在国内外取得相当的进展,可以使用有限单元法,根据实测的地震记录分析土工建筑物的加速度和动应力的时间历程,分析它的变形、位移和砂土液化的逐步发展过程。但作为规范性的算法目前仍较多采用总应力的拟静力法,即将地震作用简化为一个水平向的静力作用在岸坡土体上,常称为水平地震力。然后应用圆弧滑动面的条分法,按极限平衡理论计算其抗滑稳定性。《水运工程抗震设计规范》(TJT 225—98)规定:对地震作用下的岸坡整体稳定验算,当采用圆弧滑动面法(图10-3-1)验算时,应满足下列公式的要求:

$$\gamma_s \left\{ \sum \left[(q_i b_i + W_i) \sin a_i + \frac{P_{Hi} \gamma_i}{R} \right] + \frac{\sum M}{R} \right\} \leqslant$$

$$\frac{1}{\gamma_R} \sum \left[c_i b_i \sec \alpha_i + (q_i b_i + W_i) \cos \alpha_i \tan \varphi_i \right] \tag{10-3-5}$$

$$p_{Hi} = C K_H \xi_i (q_i b_i + W_{si}) \tag{10-3-6}$$

式中:γ_s——综合分项系数,取 1.0;

W_i——第 i 土条的重力标准值(kN/m),水下用浮重度,计入渗流力时,对浸润线以下,设计低水位以上,改用饱和重度计算滑动力矩;

q_i——第 i 土条顶面的荷载,在坡顶上的堆货荷载按《水运工程抗震设计规范》(JTJ 255—98)第5.1.2条确定(kN/m);

b_i——第 i 土条的宽度(m);

α_i——第 i 土条弧线中点切线与水平线的夹角(°);

P_{Hi}——第 i 土条的水平向地震惯性力标准值(kN/m);

γ_i——第 i 土条重心至滑弧圆心的竖向距离(m);

R——滑弧半径(m);

$\sum M$——由其他因素产生的滑动力矩(kN·m/m);

γ_R——抗力分项系数,取 1.0;

c_i——第 i 土条滑动面上土的黏聚力标准值(kPa);

φ_i——第 i 土条滑动面上土的内摩擦角(°);

C——综合影响系数,取 0.25;

K_H——水平向地震系数,设计地震烈度为7、8、9度时分别为0.1、0.2、0.4;

ξ_i——分布系数,坡顶处取4/3,坡底及其以下取2/3并沿高度直线分布;计算整坡稳定时,其值为1.0;计算局部稳定时,可取该局部高度的平均值;

W_{si}——第 i 土条的重力标准值(kN/m),水下用饱和重度。

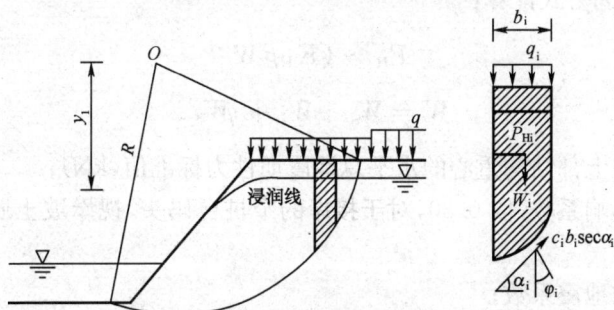

图 10-3-1 地震作用下圆弧滑动稳定性计算示意图

验算时,原则上应通过动力试验测定土体在地震作用下的抗剪强度指标。无动力试验条件时，除液化土外，可用固结不排水强度指标或相当的抗剪强度（如地基固结后的现场十字板强度）。

抗力分项系数不应小于 1.0。如有实际经验，可针对工程的具体情况，按现行行业标准《港口工程地基规范》（JTJ 250—98）的规定适当调整抗力分项系数。

第四节　地　震　作　用

地震作用属偶然作用，是在设计基准期内不一定出现，但一旦出现其量很大且持续时间很短的作用。施加在港口水工结构上的地震作用主要有：地震土压力、地震动水压力和地震惯性力。下面就这三种地震作用的确定方法作简单的介绍。

一、地震惯性力

地震惯性力除与地震动（或称地面运动，是地震工程学中的一个专用名词）有关外，还与结构（包括地基）本身的动力特性有关。目前尚没有严格的理论能将一个复杂的地震反应，用一个简单的地震惯性力精确地表达出来，只能采用半理论、半经验的近似方法。目前各国抗震设计规范中所采用的方法为：静力法（惯性力法）、拟静力法（准动力法）和反应谱法三种。

在进行地震惯性力计算时，港口水工建筑物根据其结构特点和它们对地震反应的特性，可大致分为两种类型。一类是上部结构自重较大而下部为弹性结构，例如透空式高桩码头等，可以把它们简化为弹性柱上单质点或多质点的运动体系计算其自振周期，而用反应谱法计算其地震惯性力。另一类是后面有回填土的岸壁式结构，例如重力式岸壁码头、船坞坞墙等；它们本身的刚度很大，又受墙后填土的约束，地震时的振动特性是结构自振周期短、阻尼大、动力反应弱，计算时可忽略自振影响按静力法计算、使计算简单化。但在多数情况下还是采用拟静力法，即根据动力分析或动力测试结果，将产生惯性力沿结构高度的分布以等值分布修正为按某种规律分布，使计算结果更加符合实际的震害情况。

下面介绍《水运工程抗震设计规范》（JTJ 225—98）对两种类型的港口水工建筑物计算地震惯性力的方法。

（1）板梁式、无梁面板式、桁架式和实体墩式高桩码头，可按单质点考虑，其水平向总地震惯性力标准值宜按下列公式计算：

$$P_H = CK_H\beta W \tag{10-4-1}$$

$$W = W_1 + W_2 + \eta W_3 \tag{10-4-2}$$

式中：P_H——作用在上部结构重心的水平总地震惯性力标准值（kN）；

C——综合影响系数，取 0.30，对于接岸的窄桩台码头，视岸坡土质适当提高，但超过 0.50；

K_H——水平向地震系数；

β——动力放大系数，按相应计算方向的建筑物自振周期和场地类别查设计反应谱（图 10-2-2）求得，建筑物自振周期按式（10-4-6）确定；

W——换算质点总重力标准值（kN）；

W_1——建筑物的梁板、桁架、盖板、桥跨等及固定设备重力标准值(kN);

W_2——建筑物上的荷载重力标准值(kN);

W_3——嵌固点以上的桩身重力标准值,嵌固点位置按有关规定确定(kN);

η——桩身重力折减系数,当桩顶和上部结构为固接时取 0.37;铰接时取 0.24。

(2)空箱式和刚架、桁架式高桩墩式码头宜按多质点考虑(图 10-4-1),沿建筑物高度作用于质点 i 的水平向地震惯性力标准值,可按下列公式计算:

$$P_i = CK_H\beta_1\gamma_1 X_1(i)W_i \tag{10-4-3}$$

$$\gamma_1 = \frac{\sum_{i=1}^{n} X_1(i)W_i}{\sum_{i=1}^{n} X_1^2(i)W_i} \tag{10-4-4}$$

$$X_1(i) = \sqrt{\frac{H_i}{H}} \tag{10-4-5}$$

式中: P_i ——质点 i 的水平向地震惯性力标准值(kN);

γ_1 ——第一振型参与系数;

$X_1(i)$ ——第一振型质点 i(或第 i 分段重心处)的相对水平位移;

C ——综合影响系数,取 0.30;

β_1 ——动力放大系数,按相应计算方向的建筑物第一振型周期和场地类别查设计反应谱求得,建筑物自振周期按《水运工程抗震设计规范》(JTJ 225—98)附录 A 确定;

n ——质点总数;

H_i ——质点 i 的计算高度(m);

H ——质点系的总计算高度(m),见图 10-4-1;

W_i ——集中在质点 i(或第 i 分段)的重力标准值,对于最下面一个质点尚应计入桩平均计算受弯长度的 1/2 桩身重力(kN)。

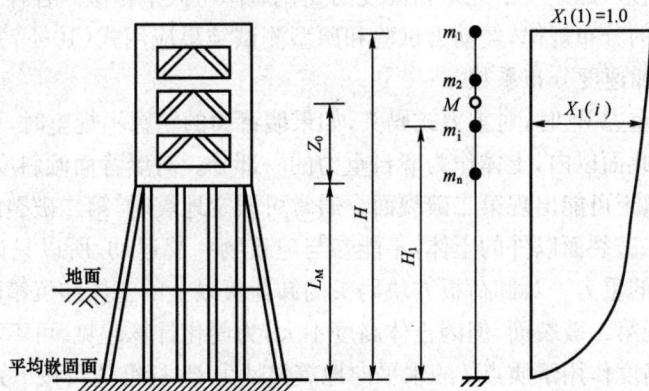

图 10-4-1　高桩墩式码头计算简图及第一振型图

m_i- 集中在质点 i 的质量;M-质点系的总质量

(3)对于空箱式和刚架、桁架式高桩墩式码头,当计算高度大于 30m 时,应计入高振型的影响,其地震惯性力标准值按《水运工程抗震设计规范》(JTJ 225—98)附录 B 计算。

综合影响系数是为了弥合理论计算和宏观震害观象间的差异而引入的,除了体现结构的弹塑性外,在高桩码头结构中,还包括岸坡影响、扭转影响,以及动土压力和动水压力等的影响。这些影响的理论研究尚未成熟到足以分别给出合理的系数。因此,目前普遍采用的办法只能是从分析震害实例并和计算结果对比,给出上述大致的、笼统的系数值。

建筑物自振周期可以根据结构动力学方法计算,并应尽可能用模型试验验证和对已建成的同类建筑物进行原型动力测试,经综合分析后确定。对于板梁式、无梁面版式、实体式高桩码头,其自振周期可按以下单质点体系的公式计算:

$$T = 2\pi\sqrt{\frac{W\delta}{g}} \tag{10-4-6}$$

式中：T ——计算方向码头的自振周期(s)；

$\quad\ W$ ——换算质点总重力(N)；

$\quad\ g$ ——重力加速度(m/s^2)；

$\quad\ \delta$ ——单位水平力作用上部结构重心处,在该处产生的水平位移(m/N)。

对于按多质点计算的高桩墩式码头,其第一自振周期可按《水运工程抗震设计规范》(JTJ 225—98)附录 A 中的简化公式计算。

(4)重力式码头沿高度作用于质点 i 的水平向地震惯性力标准值可按下式计算:

$$P_i = CK_H a_i W_i \tag{10-4-7}$$

式中：C ——综合影响系数,取 0.25；

$\quad\ W_i$ ——集中在质点 i(或第 i 分段)的重力标准值(kN)；

$\quad\ a_i$ ——加速度分布系数,沉箱码头、扶壁码头、不带卸荷板方块码头按图 10-4-2a)确定；带卸荷板方块码头、衡重式码头按图 10-4-2b)确定。

式(10-4-7)中加速度分布系数 a_i 是以反应谱理论为依据,结合模型试验和原型测试后得出的。从动力试验和原型测试结果可知,建筑物振动时其加速度分布系数 a_i 与建筑物的结构形式、结构构造等因素有关。对高度不太大、刚度大的建筑物,以第一振型为主,上部位移值比下部大,近似倒三角形,加速度沿建筑物高度的变化规律与振型相似。各种重力式码头建筑物振动时水平加速度的分布规律,经动力试验和原型测试结果应用式(10-4-7)计算,就可得到图 10-4-2 所示那样的加速度分布系数。

计算建筑物的重力 W 时,对重力式码头,如果墙背面的轮廓不规整时,可在墙的后踵向上作一墙踵垂面。在此面以内,土体作为墙自重力的一部分。对墙背面倾斜度大的建筑物,如扶壁式码头,墙后回填土可能出现第二破裂面。通常可假定地震时,第二破裂面以内的土体与墙体一起运动,而第二破裂面以外的土体,不能参与建筑物一起运动,所以只计第二破裂面以内的土体作为建筑物的重力。对卸荷板方块码头的卸荷板以上的土体和沉箱码头沉箱以上的土体,虽然也可能出现第二破裂面,但因土体高度不大,为简化计算起见,可不考虑第二破裂面。

(5)重力墩沿高度作用于质点 i 的水平向地震惯性力 P_i 标准值可按下式计算:

$$P_i = CK_H a_i W_i \tag{10-4-8}$$

式中：C ——综合影响系数,当墩高 $H \leqslant 10\mathrm{m}$ 时,$C=0.20$,当 $H > 10\mathrm{m}$ 时,$C=0.25$；

$\quad\ a_i$ ——加速度分布系数,海港码头重力墩按图 10-4-3a)确定;斜坡式码头重力墩横桥向按图 10-4-3a)确定;顺桥向按图 10-4-3b)确定；

W_i——集中在质点 i（或第 i 分段）的重力，对于最上面的一个质点，尚应计入桥跨结构、固定设备及上部荷载的重力。

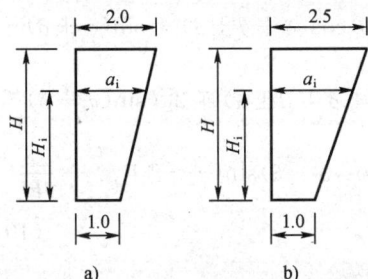

图 10-4-2　重力式码头加速度分布系数图（尺寸单位：m）

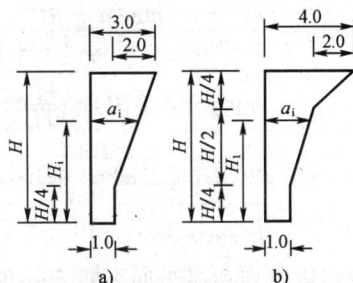

图 10-4-3　重力墩加速度分布系数（尺寸单位：m）

二、地震土压力

地震时作用在挡土建筑物上的土压力，由于地震动的影响使结构及其墙背填土产生相互作用动力效应，因而不论其大小或分布都和静土压力不同。地震时产生的这样的土压力通常称为地震土压力。地震土压力的大小及分布与墙后土体的变形和墙的位移等有关，情况非常复杂，难以精确计算。目前虽然已有一些动力试验和简单情况的动力计算分析成果，但总的来说还处在探索阶段，尚未能用于实际。国内外在工程应用中以及有关抗震设计规范中，地震土压力的计算方法仍以考虑动力因素的静力法（或称惯性力法）为主。下面介绍《水运工程抗震设计规范》（JTJ 225—98）所推荐的地震土压力计算方法。

惯性力法是将墙后土体在地震时产生的水平惯性力看作静力，并假设墙体与墙后土体都是绝对刚性，其上任何一点的绝对加速度都和地面加速度相同，忽略墙体本身的振动特性。由图 10-4-4 可见，地震时墙背滑动土楔体的地震惯性力为 P_H，与其自重 W 合力为 W'，并与 W 偏斜 θ 角，θ 称为地震角。

$$\theta = \tan^{-1}\left(\frac{C \cdot K_H \cdot W}{W}\right) = \tan^{-1}(CK_H) \tag{10-4-9}$$

在确定了墙后土体的地震惯性力而进行静力分析时，仍应用库仑土压力理论求解墙背主（被）动土压力的方法求算地震主（被）动土压力。挡土墙在墙背地震土压力的作用下发生位移，当位移达到一定数值时，进入了极限平衡状态。此时在土体中形成一个破裂面 $\overline{BC}$，假设其破裂面为一平面，并通过墙下部角点 B，破裂面与水平面成交角 ξ_a，如图 10-4-4 所示。对于墙后回填黏性土（φc 土），并处于极限平衡状态的破坏楔体 ABC 来说，在 $\overline{AB}$ 平面上将有与墙背法线成 δ 角（土壤外摩擦角）的反力 E（即土壤对墙背的主动土压力）作用；在破裂面 $\overline{BC}$ 上亦将有与 $\overline{BC}$ 法线成 φ 角的反力 R 和沿 $\overline{BC}$ 面的黏结力 $c \cdot \overline{BC}$ 的作用（当回填土为砂性土时，$c \cdot \overline{BC} = 0$）。于是破坏楔体在地震惯性力 $K_H W$、重力 W 以及反力 E、R、$c \cdot \overline{BC}$ 等诸力的共同作用下处于极限平衡状态，可由力的平衡条件与求极值的方法求得作用于墙背上的最大地震主动土压力 E_a 及其破裂角 ξ_a 的计算公式。同理，根据图 10-4-5 可求得作用于墙背上的地震被动土压力 E_p 及其破裂角 ξ_p 的计算公式。最后黏性土（φc 土）地震土压力标准值的计算通式为：

$$E_{a(p)} = \frac{1}{2}\gamma H^2 K_{a(P)}^c \tag{10-4-10}$$

$$K_{a(p)}^c = \frac{\cos(a-\beta)}{\cos\theta\cos^2\alpha\cos^2(\varphi+\delta\mp\beta\pm\alpha)}\{\cos(a-\beta)\cos(\delta+\theta\pm\alpha)+\sin(\varphi+\delta)$$

$$\sin(\varphi-\theta\mp\beta)+\frac{4c}{\gamma H}\cos\theta\cos\alpha\cos\varphi\sin(\varphi+\delta\mp\beta\pm\alpha)\mp 2[(\sin(\varphi+\delta)$$

$$\cos(\delta+\theta\pm\alpha)+\frac{2c}{\gamma H}\cos\theta\cos\alpha\cos\varphi)\times(\cos(\alpha-\beta)\sin(\varphi-\theta\mp\beta)+\frac{2c}{\gamma H}$$

$$\cos\alpha\cos\theta\cos\varphi)]^{1/2}\} \tag{10-4-11}$$

地震时破裂面与水平面夹角 $\xi_{a(p)}$ 的计算通式为：

$$\cot(\xi_{a(p)}-\beta) = \mp\tan(\varphi+\delta\mp\beta+\alpha)+\sec(\varphi+\delta\mp\beta\pm\alpha)\cdot$$

$$\sqrt{\frac{\cos(\delta+\theta\pm\alpha)\sin(\varphi+\delta)+\frac{2c}{\gamma H}\cos\varphi\cdot\cos\alpha\cdot\cos\theta}{\cos(\alpha-\beta)\cdot\sin(\varphi-\theta\mp\beta)+\frac{2c}{\gamma H}\cos\varphi\cdot\cos\alpha\cdot\cos\theta}} \tag{10-4-12}$$

上述式中：K_a^c——黏性土($\varphi-c$ 土)地震主动土压力系数；

$\quad\quad\quad K_p^c$——黏性土($\varphi-c$ 土)地震被动土压力系数；

$\quad\quad\quad \gamma$——土的重度(kN/m^3)；

$\quad\quad\quad H$——挡土墙墙后土层高度(m)；

$\quad\quad\quad \alpha$——墙背与铅垂线的夹角(°)，仰斜为正，俯斜为负。

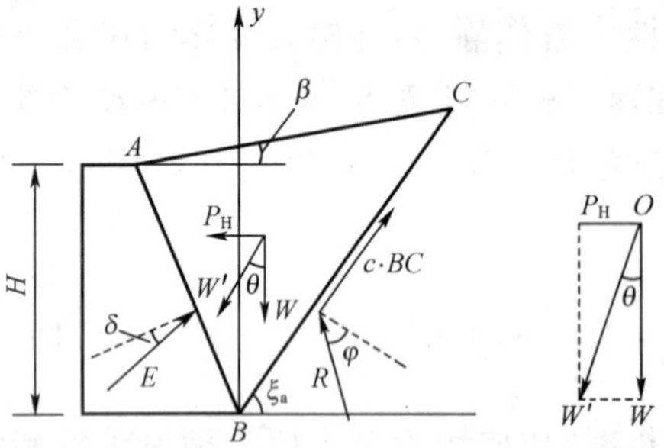

图 10-4-4 地震主动土压力计算 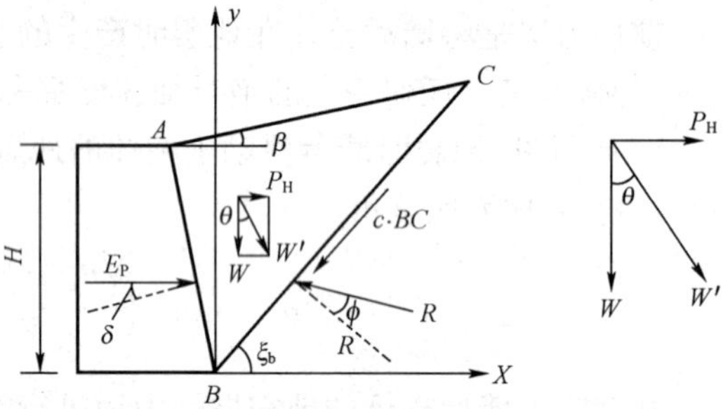　　　图 10-4-5 地震被动土压力计算

地震土压力强度 $e_{a(p)}^c$，即压力沿墙高的分布按下式计算：

$$e_{a(p)}^c = rhK_{a(p)}^c \tag{10-4-13}$$

$$K_{a(p)}^c = \frac{\cos(\alpha-\beta)}{\cos\theta\cos^2\alpha\cos^2(\varphi+\delta\mp\beta\pm\alpha)}\{\cos(\alpha-\beta)\cos(\delta+\theta\pm\alpha)+$$

$$\sin(\varphi+\delta)\sin(\varphi-\theta\mp\beta)+2\eta\cos\theta\cos\alpha\cos\varphi\sin(\varphi+\delta\mp\beta\pm\alpha)\mp$$

$$\frac{2\sin(\varphi+\delta)\cos(\delta-\theta\pm\alpha)\cos(\alpha-\beta)\sin(\varphi-\theta\mp\beta)+3\eta\cos\theta\cos\varphi\cos\alpha}{\{\sin(\varphi+\delta)\cos(\varphi+\theta\pm\alpha)\cos(\alpha-\beta)\sin(\varphi-\theta\mp\beta)+2\eta\cos\theta\cos\varphi\cos\alpha}$$

$$\frac{[\sin(\varphi+\delta)\cos(\delta+\theta\pm\alpha)+\sin(\varphi-\theta\mp\beta)\cos(\alpha-\beta)]+4\eta^2\cos^2\alpha}{[\sin(\varphi+\delta)\cos(\delta+\theta\pm\alpha)+\sin(\varphi-\theta\mp\beta)\cos(\alpha-\beta)]+4\eta^2\cos^2\alpha}$$

$$\left.\frac{\cos^2\theta\cos^2\varphi}{\cos^2\theta\cos^2\varphi\}^{1/2}}\right\} \tag{10-4-14}$$

式中：η——系数，$\eta = C/rh$ ；

h——自墙顶向下的垂直距离，墙顶 $h = 0$，墙底 $h = H$。

原《水运工程水工建筑物抗震设计规范》(JTJ 201—87)推荐了上述黏性土地震土压力计算公式，并给出了 $K_{a(p)}^c$ 的计算附表供设计时查用。为简化计算，利用近似计算原理将式(10-4-14)第三项以麦克劳林级数展开，并取其第一和第二项代入式(10-4-14)，经整理可得其近似公式。该近似公式就是现行《水运工程抗震设计规范》(JTJ 225—98)所推荐的地震土压力计算公式。当填土为分层土时，地震时作用在挡土建筑物上的主、被动土压力标准值(图10-4-6 和图 10-4-7)，宜按下列公式计算。

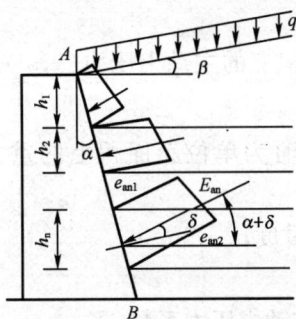

图 10-4-6　地震主动土压分布图　　　　图 10-4-7　地震被动土压力分布图

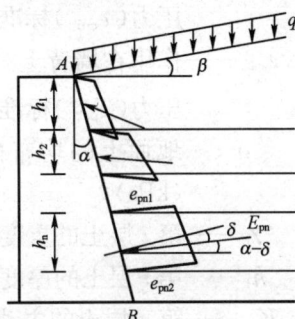

(1)作用在墙背上第 n 层土的总主、被动土压力标准值。

$$E_{\substack{an\\pn}} = \frac{1}{2}(e_{\substack{an1\\pn1}} + e_{\substack{an2\\pn2}})\frac{h_n}{\cos\alpha} \tag{10-4-15}$$

(2)作用在墙背上第 n 层土顶面处的单位面积上的主、被动土压力标准值。

$$e_{\substack{an1\\pn1}} = (K_q \cdot q + \sum_{i=0}^{n-1}\gamma_i h_i)K_{\substack{an\\pn}}\cos\alpha \mp 2C_n K_{\substack{acn\\pcn}}\cos\alpha \tag{10-4-16}$$

(3)作用在墙背上第 n 层土底面处的单位面积上的主、被动土压力标准值。

$$e_{\substack{an2\\pn2}} = (K_q q + \sum_{i=1}^{n}\gamma_i h_i)K_{\substack{an\\pn}}\cos\alpha \mp 2C_n K_{\substack{acn\\pcn}}\cos\alpha \tag{10-4-17}$$

(4)系数确定。

$$K_q = \frac{\cos\alpha}{\cos(\alpha - \beta)} \tag{10-4-18}$$

$$K_{\substack{an\\pn}} = \frac{\cos^2(\varphi_n \mp \alpha - \theta)}{\cos\theta\cos^2\alpha\cos(\delta_n + \theta \pm \alpha)\left[1 \pm \sqrt{\dfrac{\sin(\varphi_n + \delta_n)\sin(\varphi_n \mp \beta - \theta)}{\cos(\delta_n + \theta \pm \alpha)\cos(\alpha - \beta)}}\right]^2} \tag{10-4-19}$$

$$K_{\substack{acn\\pcn}} = \frac{\cos(\alpha - \beta)\cos\varphi_n}{\cos\theta\cos\alpha[1 \pm \sin(\varphi_n + \delta_n \mp \beta \pm \alpha)]} \tag{10-4-20}$$

(5)地震主、被动破裂面与水平面的夹角。

$$\cot(\xi^a_p - \beta) = \mp\tan(\varphi_n + \delta_n \mp \beta + \alpha) + \frac{1}{\cos(\varphi_n + \delta_n \mp \beta \pm \alpha)} \cdot$$

$$\sqrt{\frac{\cos(\delta_n + \theta \pm \alpha)\sin(\varphi_n + \delta_n) + 2\eta_n\cos\varphi_n\cos\alpha \cdot \cos\theta}{\cos(\alpha + \beta)\sin(\varphi_n \mp \beta - \theta) + 2\eta_n\cos\varphi_n\cos\alpha \cdot \cos\theta}} \qquad (10\text{-}4\text{-}21)$$

$$\eta_n = \frac{C_n}{K_q + \sum_{i=1}^{n}\gamma_i h_i} \qquad (10\text{-}4\text{-}22)$$

上述式中：E^{an}_{pn}——作用在墙背上第 n 层土的总主动土压力(E_{an})和总被动土压力(E_{pn})标准值(kN/m)；

e^{an1}_{pn1}——作用在墙背上第 n 层土顶面处单位面积上的主动土压力(e_{an1})和被动土压力(e_{pn1})标准值(kPa)；

e^{an2}_{pn2}——作用在墙背上第 n 层土底面处单位面积上的主动土压力(e_{an2})和被动土压力(e_{pn2})标准值(kPa)；

q——地面上的均布荷载标准值,地面倾斜时为单位斜面积上的重力标准值(kPa)；

γ_i——第 i 层土的重度(kN/m³),水下采用浮重度；

h_i——第 i 层土的厚度(m)；

K^{an}_{pn}——第 n 层土的主动土压力系数(K_{an})和被动土压力系数(K_{pn})；

C_n——地震时第 n 层黏性土的黏聚力标准值(kPa),通常可取与平时相同,而对振动敏感的黏性土宜作专门的试验研究；

K^{acn}_{pcn}——系数(地震主动土压力和地震被动土压力作用在第 n 层土时),可查《水运工程抗震设计规范》(JTJ 225—98)附录 C；

φ_n——地震时第 n 层土的内摩擦角(°),通常可取与平时相同,但对饱和松砂宜作专门试验研究；

δ_n——第 n 层土与墙背间的摩擦角(°),计算地震主动土压力时宜取 $\delta_n = 0$ 或 $\delta_n = \varphi_n/2$,计算地震被动土压力时宜取 $\delta_n = \varphi_n/2 \geqslant 15°$,$\delta$ 均取绝对值；

θ——地震角(°),按表 10-4-1 采用；

ξ^a_p——地震时主动破裂面与水平面的夹角(ξ_a)和地震时被动破裂面与水平面的夹角(ξ_p),(°)；

$\pm$ 和 $\mp$——上面的用于求地震主动土压力系数 K_{an}、K_{acn}、ξ_a,下面的用于求地震被动土压力系数 K_{pn}、K_{pcn}、ξ_p；

其他符号意义相同。

地 震 角 θ

表 10-4-1

设 计 烈 度		7	8	9
地震角 θ(°)	水上	1.5	3.0	6.0
	水下	3.0	6.0	12.0

上述简化公式计算方便,弥补了物部—冈布公式只能适用于砂性土的缺陷,并统一了砂性土与黏性土地震土压力计算公式,也在形式上将港口工程技术规范中有关土压力的计算公式统一起来,而又符合一般国内外公认的计算方法。如砂性土的地震土压力即为物部—冈布公式;砂性土无震时土压力为库仑公式;当 $\theta = 0$、$\beta = 0$、$a = 0$、$\delta = 0$ 时即为朗金公式等。简化公式与式 10-4-12 比较,地震主动土压力略偏大(一般不大于 10%),地震被动土压力略偏小(一般 $\leqslant 5\%$),从工程角度来看简化公式略偏于安全,提高了地震土压力计算的可靠性。

国内外对砂性土地震动土压力的试验研究结果表明,地震土压力的合力大小与用上述惯性力法公式算得的大小基本一致,这也表明惯性力法虽然在公式中没有反映振动频率的影响,但实际已经表达了挡土墙系统共振时的最大土压力值。所以惯性力法计算地震土压力仍然是一个可用的方法,长期被各国抗震设计规范所采用。但是,惯性力法算得的合力作用点位置同试验结果出入较大,过于偏低,这对所设计挡土墙在地震时稳定性是不偏安全的。事实上过去多次强震中发现的挡土墙倾倒、顶部坍塌、前倾等震害也足以说明必须重视对地震土压力分布问题的研究。为了弥补其不足,本章参考文献[22]提出了基于惯性力法,并考虑墙后填土加速度沿墙高变化的地震土压力非线性分布的计算方法,提高了合力作用点高度。

地震时,水中的饱和土体由于其土粒间存在摩擦力,一般认为水和土粒之间没有相对运动,故将饱和土体作为一个整体看待,而计算水位以下的地震土压力时,往往以土的浮重度 γ' 作为计算参数,但地震力只与物体的质量有关,质量不变,其值亦不变。故不论是以饱和重度或浮重度作为计算参数,所求得的地震惯性力应该相同。即

$$K'_H \gamma' = K_H \gamma_m$$

故得
$$K'_H = \frac{\gamma_m}{\gamma'} K_H = \frac{\gamma_m}{\gamma_m - 1} K_H \tag{10-4-23}$$

式中：K'_H——水下土体的表观水平地震系数；

K_H——通常所用的水平地震系数；

γ' 和 γ_m——分别代表土的浮重度和饱和重度。

计算水下部分土体的地震力时,应当采用表观地震系数。这时,由于已将饱和土体在计算上视为整体,认为在算得的惯性力中已考虑了土中水的地震作用,不必再另外考虑地震动水压力。因此,按式(10-4-23)算得 K'_H 后算得的水下地震角列在表(10-4-1)中,在表中还列出了按 K_H 算得水上地震角以资比较。

三、地震动水压力

计算港口水工建筑物的抗震时,应该考虑水的动力作用。在静止状态下浸水面上有静水压力作用。当地震作用时,除静水压力外,还会产生附加的(地震)动水压力。

地震动水压力应根据动力学原理求算。作用在直墙面上的地震动水压力强度,一般可按韦斯特伽德(Westergaad)的近似公式计算。《水运工程抗震设计规范》(JTJ 225—98)规定,作用在直墙式建筑物上的地震动水压力强度、总动水压力、总倾覆力矩等的标准值可分别按下列公式计算：

$$p_z = 7/8 \eta C k_H \gamma_w d^{1/2} z^{1/2} \tag{10-4-24}$$

$$P_z = 7/12\eta Ck_H\gamma_w d^{1/2}z^{3/2} \qquad (10\text{-}4\text{-}25)$$

$$M_z = 7/30\eta Ck_H\gamma_w d^{1/2}z^{5/2} \qquad (10\text{-}4\text{-}26)$$

式中：p_z——水面以下深度 z 处的地震动水压力强度标准值(kPa)，即静水压力以外的附加水压力；

η——折减系数，由于 Westergaad 公式是对半无限大水域解的结果，而实际港口水工建筑物更接近于在有限的矩形水域中作刚性振动，需乘以折减系数 η，$\eta = \tan\dfrac{\pi b}{4d}$，$b$ 为水面自墙面向前延伸的距离，η 值可查表 10-4-2；

C——综合影响系数，取 0.25；

γ_w——水的重度(kN/m³)；

d——水深(m)；

z——计算点距水面的距离(m)；

P_z——作用在直墙式建筑物上 z 深度范围内的地震总动水压力标准值(kN/m)；

M_z——作用在直墙式建筑物上 z 深度范围内的地震动水压力标准值对 z 水深底点的总倾覆力矩(kN·m/m)。

折 减 系 数 η　　　　　表 10-4-2

b/d	0.2	0.4	0.6	0.8	1.0	1.2	1.4	1.6	1.8	2.0	2.5	$\geqslant 3.0$
η	0.16	0.30	0.47	0.56	0.66	0.74	0.80	0.85	0.89	0.92	0.96	1.00

作用在重力墩式建筑物上的动水压力标准值，按下列方法确定：

(1)作用在重力墩式建筑物上的总动水压力标准值为：

$$P = C_1 C_2 Ck_H\gamma_w Ad \qquad (10\text{-}4\text{-}27)$$

$$C_2 = \left(\frac{D_1}{D_2}\right)^{0.9} \qquad (10\text{-}4\text{-}28)$$

式中：P——作用在重力墩式建筑物上的总动水压力标准值(kN)；

C_1——圆柱和方柱的附加质量系数，可查表 10-4-3；

A——墩截面面积(m²)；

C_2——矩形墩的形状系数；

D_1——垂直于计算方向的墩截面边长(m)；

D_2——平行于计算方向的墩截面边长(m)。

P 的作用点至水面的距离为 0.48d。

附 加 质 量 系 数　　　　　表 10-4-3

d/D	0.5	1.0	2.0	3.0	4.0	5.0	6.0	7.0	8.0
C_1	0.43	0.62	0.74	0.82	0.84	0.87	0.89	0.90	0.91

注：D——计算方向的墩截面边长(m)。

(2)水面以下深度为 Z 处单位墩高上的动水压力标准值 p_z(kN/m)为：

$$p_z = \frac{1.08P}{d}\left(\frac{z}{d}\right)^{0.08} \qquad (10\text{-}4\text{-}29)$$

(3)作用在重力墩式建筑物上 Z 深度范围内的总动水压力标准值 P_z（kN）为：

$$P_z = P\left(\frac{z}{d}\right)^{1.08} \tag{10-4-30}$$

作用点至深度 z 的距离为 $0.48z$。

板梁式、无梁面板式、桁架式高桩码头和高桩墩式码头、重力式和板桩码头前的动水压力，抗震计算时一般不予考虑。码头墙后土中水的动水压力已在表观地震系数或水下地震角中考虑，也不必另行计算。

第五节　港口码头结构抗震设计要点

一、抗震设计的基本要求

我国有关抗震设计规范提出的目标是：当遭受低于本地区设防烈度的多遇地震影响时，一般不受损坏或不需修理仍可继续使用；当遭受本地区设防烈度的地震影响时，可能损坏，经一般修理或不需修理仍可继续使用；当遭受高于本地区设防烈度的罕遇地震影响时，不致倒塌或发生危及生命的严重破坏。这些目标曾被形象而通俗地称为：小震不坏，中震易修，大震不倒。

根据当前的强震经验教训和防灾抗震的理论知识，良好的抗震设计应尽可能符合下列基本要求：

(1)修建工程尽量选择对抗震有利地段，避开不利地段，未经充分论证，不得在危险地段进行建设。

(2)当地基主要持力层范围有可液化土层、软土层或严重不均匀土层时，应考虑其对结构的不利影响，并应采取必要的措施。

(3)结构的平面和立面布置，宜规则和对称，质量分布宜均匀，尽量降低建筑物重心位置。这是为了减小由于结构偏心引起扭转而加剧结构的震害；而降低重心位置，既可以减小地震作用，又可以减小倾覆力矩，增加建筑物的稳定性。

(4)抗震结构体系应符合下列要求：①应具有明确的计算简图和简捷、合理的地震作用传递路线，使结构的抗震分析更符合地震时的实际情况，以提高结构的抗震性能；②结构及构件间的连接应具有必要的强度、良好的变形能力和耗能能力，以有效地吸收地震产生的能量，减轻结构的损坏程度，防止结构因局部损坏或连接不良而导致整个结构失稳；③可有目的、合理地设置结构的薄弱部位，结构若一旦发生震害宜使其发生在非关键部位或易于修复的部位，不致产生严重后果，且易于修复；④对建筑物端部或转角部位，应采取措施提高其抗震能力；⑤宜增加结构的超静定次数，即增加多余约束，使地震必须消耗更多能量以解除这些约束才能使结构失稳，从而提高结构的抗震能力。

(5)装配式结构应采取加强整体连接的措施。通过保证构件连接处有足够的承载力来发挥各构件的承载力和变形能力，从而使整个结构具有良好的抗震能力。

(6)便于对建筑物进行检修。水工建筑物多数部分是位于水下、地下的，检修比较困难，抗震设计中提出便于建筑物进行检修要求，以便需要时检修工作可以迅速进行，如高桩码头设检修孔等。

二、结构抗震验算的原则和条件

(1)港口码头建筑物抗震设计属偶然状况,仅应进行承载能力极限状态验算(抗震稳定和承载力验算);不应进行正常使用极限状态验算,即不作变形和抗裂验算。

(2)在抗震设计中进行作用组合时,各种作用的标准值为静力计算的数值,即现行行业标准《港口工程荷载规范》(JTJ 215—98)有关规定值乘以地震时各作用组合系数 ψ,ψ 可按表 10-5-1 采用。

这是由于地震作用是发生概率很小的特殊作用,为避免抗震投资过度增大,与其组合的作用除永久作用和明确的作用外,都要根据具体情况予以折减或不计入。表 10-5-1 中堆货荷载组合系数是依据码头实际堆货荷载的调查资料的分析研究并参照国内外有关规范和规定确定的。

(3)抗震设计时的水位按表 10-5-2 采用。

从我国强震统计资料来看,33 次强震 16 次发生在洪水期间,占 50% 左右,抗震计算时的高水位不宜取得太高,地震应与某一机率的洪水位相结合。

(4)水平向地震系数 K_H,7 度、8 度、9 度地震分别采用 0.1、0.2 和 0.4;设计反应谱应根据场地类别和结构自震周期按图 10-2-2 采用。

(5)由于地震波的传播方向与建筑物走向之间的关系是随机的,而大部分港口码头建筑物在一个方向的尺寸一般总大于另一个方向。所以,抗震设计中应根据建筑物的形式,对纵、横两个方向或其中一个方向进行验算。

地震时各作用组合系数

表 10-5-1

序 号	作 用			组合系数 ψ
1	结构自重力			1.00
2	固定设备自重力			1.00
3	起重机自重力			1.00
4	起重机吊重			0
5	引桥和斜坡栈桥上的流动机械荷载		顺桥向	0
			横桥向	0.50
6	堆货荷载	件杂货、集装箱	高桩码头	0.33
			板桩、重力式码头	0.50
		五金钢铁	高桩码头	0.40
			板桩、重力式码头	0.50
		散货	高桩码头、板桩、重力式码头	0.70
7	管道和皮带机等固定设备中的液体和散体			1.00
8	船舶系缆力			0.50
9	船舶挤靠力			0.50
10	船舶撞击力			0
11	内河高桩墩式和斜坡栈桥式码头的水流力			1.00
12	水压力(包括墙后剩余水压力)			1.00

抗震设计时的水位　　　　　　　　　　　　　　　　　　表 10-5-2

建筑物类别	抗震设计高水位	抗震设计低水位	抗震设计地下水位
海港和受潮汐影响的河口港	设计高水位	设计低水位	取相应的不利水位
河港	多年历时保证率 10％的水位	设计低水位	

(6)港口码头建筑物的竖向地震惯性力,可按相应的水平向地震惯性力算法,以竖向地震系数 K_V 代替水平向地震系数 K_H 进行计算, K_V 取 $2K_H/3$。对于重力式建筑物当设计烈度为 8 度、9 度时,需同时计入水平向和竖向地震惯性力。因两个互相垂直的地震作用分量最大值并不同时出现,其间有一个时间上的遇合问题,为简化计算,采用 0.5 的组合系数。

(7)计算地震惯性力时,重力按空气中重力计算,水下土体按饱和重度计算。

三、结构抗震验算

1.高桩码头

(1)地震时,高桩码头主要承受的地震作用为地震惯性力,其地震惯性力可按第四节所述方法进行计算。

(2)对设有前后方桩台的高桩码头,应按规范的下列规定进行验算:①前后方桩台可作为整体进行横向地震惯性力计算;②对高桩码头纵向地震惯性力,可仅计算端部段,中间段可不考虑;③基桩内力按刚架计算,前后方桩台间可按设铰连杆考虑;④对质量或刚度明显不均匀、不对称的桩基码头结构,应考虑水平向地震作用的扭转影响。

高桩码头分设为前后方桩台者,彼此用建筑缝分开。地震中发现前后方桩台相互碰撞很厉害,模型试验亦是如此。若将前后方桩台作为两个独立体,并考虑相互碰撞作用,用动力法计算,就非常困难,且难以保证计算结果的精度。若将前后方桩台之间用铰连杆连接,并视为一个整体,用上述规范推荐的计算公式和参数进行计算,其结果与震害情况大体吻合,从模型试验中也得到验证。采用这种假定,计算简单,便于设计人员使用。

将高桩码头前后方桩台作为整体,将桩的两端视为固接,按弹性支承的刚架作为计算图式,前后方桩台之间用铰连杆连接,这样,桩台发生水平变位时不仅叉桩受水平力,全部直桩也都承受了一定的水平力,较为真实地反映了高桩码头的受力状况,也与对天津新港地区某高桩码头所作抗震验算,宽桩台高桩码头下直桩可承担 40％～50％的水平力基本一致。

(3)码头钢筋混凝土桩、柱截面承载力应按下列公式验算:

$$S \leqslant R/\gamma_{RE} \tag{10-5-1}$$

$$S = \gamma_0 \left(\gamma_G C_G G + \gamma_{PH} C_{PH} P_H + \sum_{i=1}^{n} \gamma_{Qi} C_{Qi} \psi_{Qi} Q_{ik} \right) \tag{10-5-2}$$

式中: S ——结构构件作用效应设计值;

γ_0 ——结构重要性系数,取 1.0;

R ——结构构件承载力设计值,取与静力计算时相同的值;

γ_{RE} ——抗震调整系数,当所采用的钢筋强度设计值不大于 420N/mm^2 时,取 1.20;

γ_G ——永久作用分项系数,可取 1.2,当作用的增加对构件有利时,取 1.00;

G ——永久作用标准值(kN);

C_G——永久作用效应系数；

$C_G \cdot G$——永久作用效应；

γ_{PH}——水平向地震惯性力分项系数，取 1.00；

γ_{Qi}——第 i 个可变作用分项系数，采用与静力计算相同的值；

P_H——水平向地震惯性力标准值(kN)；

C_{PH}——水平向地震作用效应系数；

$C_{PH}P_H$——水平向地震作用效应；

Q_{ik}——第 i 个非主导可变作用标准值(kN)；

C_{Qi}——第 i 个非主导可变作用效应系数；

$C_{Qi}Q_{ik}$——第 i 个非主导可变作用效应；

ψ_{Qi}——各作用组合系数，按表 10-5-1 采用。

高桩码头地震时的震害主要表现为桩、柱的破坏。所以，进行承载能力极限状态验算时，主要的对象是码头中的钢筋混凝土桩和柱。对于钢筋强度设计值不大于 $420N/mm^2$ 的钢筋混凝土桩和柱，抗震调整系数是经校准得出的，其值随钢筋种类和受力状态的不同而有所差异，一般在 1.01～1.20 之间，偏于安全考虑采用 1.20。

地震惯性力的分项系数取为 1.0，其值与国际、国内抗震规范相同。

抗震调整系数 γ_{RE} 的引入可使按《水运工程抗震设计规范》(JTJ 225—98)设计的结构安全度总体上与原规范《水运工程水工建筑物抗震设计规范》(JTJ 201—87)的结果相一致，也反映了地震作用和一般荷载作用下结构承载能力可靠度的差异。对各种码头都按此原则引入 γ_{RE} ，并用校准法得到该值。

2.重力式码头

当地震作用确定后，重力式码头抗震稳定性(抗滑和抗倾)可按下述方法进行验算，而其地基稳定性应按第三节中有关方法进行验算。

(1)岸壁式码头抗滑稳定性按下式计算：

$$\gamma_0(\gamma_E E_H + \gamma_E E_{QH} + \gamma_{PH} P_H + \gamma_T \psi T_H) \leqslant$$
$$(\gamma_G G + \gamma_E E_V + \gamma_E E_{QV} - \gamma_{PV} \psi_P P_V) \cdot f/\gamma_{RE} \qquad (10\text{-}5\text{-}3)$$

式中：　γ_E——地震土压力分项系数，取 1.35；

γ_{PH} 、γ_{PV}——水平向和竖向地震惯性力分项系数，取 1.0；

γ_T——系缆力分项系数，有利时取 1.0，不利时取 1.4；

E_H、E_V——计算面以上水平向和竖向地震主动土压力的标准值(kN)；

E_{QH}、E_{QV}——码头面上可变作用标准值乘以地震时组合系数后所产生的地震主动土压力标准值在计算面以上的水平向和垂直向的分力(kN)；

ψ——地震时系缆力的组合系数，取 0.50；

T_H——静力计算时系缆力水平分力标准值(kN)；

ψ_P——竖向地震惯性力组合系数，取 0.50；

P_V——竖向地震惯性力标准值(kN)；

f——沿计算面的摩擦系数设计值，取静力计算值；

γ_{RE}——抗震调整系数，取 0.88。

（2）岸壁式码头抗倾稳定性按下式验算：

$$\gamma_0(\gamma_E M_{EH} + \gamma_E M_{EQH} + \gamma_{PH} M_{PH} + \gamma_T \psi M_{TH} \leqslant$$
$$(\gamma_G M_G + \gamma_E M_{EV} + \gamma_E M_{EQV} - \gamma_{PV} M_{PV})/\gamma_{RE} \qquad (10\text{-}5\text{-}4)$$

式中：M_{EH}、M_{EV}——分别为地震主动土压力的水平分力和垂直分力的标准值对计算面前趾产生的倾覆力矩和稳定力矩（kN·m）；

M_{EQH}、M_{EQV}——分别为码头面上可变作用标准值乘以地震时组合系数产生的水平向和垂直向地震主动土压力标准值对计算面前趾的倾覆力矩和稳定力矩（kN·m）；

M_{PH}、M_{PV}——分别为计算面以上水平向和垂直向的地震惯性力标准值对计算面前趾产生的倾覆力矩和稳定力矩（kN·m）；

M_{TH}——系缆力水平分力标准值对计算面前趾产生的倾覆力矩（kN·m）；

M_G——结构自重力标准值对计算面前趾的稳定力矩（kN·m）；

γ_{RE}——抗震调整系数，取 1.15。

为了便于计算，地震土压力分项系数取 1.35，摩擦系数、系缆力分项系数等取静力计算值所造成的误差，均在抗震调整系数 γ_{RE} 中加以考虑。抗滑和抗倾的抗震调整系数 γ_{RE} 的取值是分别经校准得到的。

3. 板桩码头

由于地震时板桩码头的动力性状至今尚不清楚，所以抗震计算采用静力法。静力法在对板桩码头抗震稳定性和强度进行计算时，都沿用静力条件下的有关稳定性和强度的计算方法和经验，但在计算作用于板桩墙上的土压力时，采用地震土压力。

地震时，板桩码头承受的地震作用主要是地震土压力，而板桩自身的地震惯性力可略去不计。板桩墙是柔性薄壁结构。对柔性墙的地震土压力的计算方法，目前国内外均甚少研究成果，所以在抗震计算中仍沿用第四节介绍的刚性墙地震土压力计算方法。

板桩码头可按下列规定进行抗震验算。

（1）板桩墙的入土深度应满足下式"踢脚"稳定的要求：

$$\gamma_0(\gamma_E M_E + \gamma_E M_{EQ} + \gamma_{EW} M_{EW}) \leqslant M_{EP}/\gamma_{RE} \qquad (10\text{-}5\text{-}5)$$

式中：M_E——板桩墙后土体所产生的地震主动土压力标准值对拉杆锚碇点的力矩（kN·m）；

M_{EQ}——码头面可变作用标准值乘以地震时的作用组合系数后所产生的地震主动土压力标准值对拉杆锚碇点的力矩（kN·m）；

γ_{EW}——剩余水压力的分项系数，取 1.05；

M_{EW}——剩余水压力标准值对拉杆锚碇点的力矩（kN·m）；

M_{EP}——地震被动土压力标准值对拉杆锚碇点的力矩（kN·m）；

γ_{RE}——抗震调整系数，对软弱土质地基取 0.90，其他土质地基取 1.00。

其余符号意义与取值同前。

根据板桩码头静力设计规范，无论采用哪一个计算方法，要求板桩墙的入土深度均应满足"踢脚"稳定的条件。当采用安全系数法计算的安全系数为 1.2～1.35 时，相应的抗震调整系数为 0.9～1.0。一般情况下，用弹性线法算得入土深度大于"踢脚"稳定算得的入土深度，但是当地基土质较差时会得到相反结果。为了确保各种计算方法均能使板桩墙的入土深度满足"踢脚"稳定的条件,故对软弱土质地基取 $\gamma_{RE}=0.9$,较好地基取 $\gamma_{RE}=1.0$。

(2)锚碇墙(板)的稳定性应按下式确定:

$$\gamma_0(\gamma_E E_H + \gamma_E E_{QH} + \gamma_R R_H) \leqslant E_{PH}/\gamma_{RE} \tag{10-5-6}$$

式中:E_H——锚碇墙(板)后土体产生的地震主动土压力的水平分力标准值(kN);

E_{QH}——锚碇墙(板)后地面可变作用标准值乘以地震时的组合系数所产生的地震主动土压力水平分力标准值(kN);

γ_R——拉杆拉力的分项系数,取 1.35;

R_H——拉杆拉力水平分力的标准值(kN);

E_{PH}——锚碇墙(板)前地震被动土压力水平分力的标准值(kN),土与墙面之间的摩擦角 δ 取 $\varphi/3$,且小于 $7°$;

γ_{RE}——抗震调整系数,取 1.15。

(3)板桩码头钢筋混凝土和预应力混凝土构件截面承载力抗震验算应满足下式:

$$S \leqslant R/\gamma_{RE} \tag{10-5-7}$$

式中:S——结构构件作用效应设计值,可按有关作用标准值计算的作用效用乘综合分项系数确定,综合分项系数取 1.40;

R——结构构件承载力设计值,与静力计算相同;

γ_{RE}——抗震调整系数,取 0.80。

(4)板桩码头钢结构构件截面抗震强度验算方法详见《水运工程抗震设计规范》(JTJ 225—98)。

目前,有关板桩墙的内力(弯矩)和拉杆力的可靠度分析尚不成熟,是一项待研究的课题。与静力规范一样,采用以下过渡方法:在计算板桩墙的弯矩和拉杆力时,作用和抗力(地震主动土压力和地震被动土压力)均取标准值,求出的弯矩和拉杆力也是标准值,在板桩码头中所有钢筋混凝土和预应力混凝土构件强度验算时,作用效应设计值可采用计算出的标准值乘以综合分项系数 1.4。

拉杆拉力的标准值和作用标准值产生的跨中最大弯矩应按静力规范中有关的规定确定。

四、抗震措施

抗震措施是建筑物抗震设计的重要组成部分,是经济、有效的抗震设防手段,是提高建筑物抗震能力的最有效办法,也是对目前抗震计算理论和方法的不准确性以及地震动等参数的不确定性的一种弥补。所以在抗震设计中,除应满足抗震计算的要求外,还应满足抗震措施的要求。

1. 高桩码头

高桩码头根据以往抗震经验可采取以下具体措施,以有效地提高其抗震性能。

(1)高桩码头前后方桩台间的建筑缝中应填充些缓冲材料,如木板、橡皮条、油毡等,以减轻地震时前后方桩台碰撞的不利影响。

(2)应尽量采用合理的桩基布置形式:①每个分段内的桩基,特别是叉桩宜对称布置,避免受水平力后桩台发生扭转;②适当增加叉桩对数以提高高桩码头的抗震能力;③叉桩宜布置在排架中支座垂直反力大的位置以承受较大的竖向压力,抵消部分地震惯性力在该桩中产生的拉力,以减轻震害;④若全部采用直桩,宜采用钢桩,桩顶节点设计应保证其整体性和良好的延性;⑤高桩码头后方桩台桩顶与上部结构的连接宜作成固结,以提高桩台的侧向刚度,减少后方桩台的动位移及对前方桩台的碰撞力。

(3)叉桩桩帽与横梁之间,应有足够的联系钢筋,在靠近陆侧斜桩(一般为拉桩)顶部,宜适当布置延性好的联系钢筋。

以往叉桩桩帽与横梁间联系钢筋布置在叉桩的中心位置,震害发现这一习惯做法不太合理。若在靠拉桩一侧适当多配置一些联系钢筋,会大大改善桩帽的受力状态。联系钢筋宜采用软钢(如3号钢),以提高节点延性。但桩帽与横梁间的连接强度不宜大于桩帽和桩的连接强度,以免震害转移到桩端,反而不易修复。

(4)应优先采用刚度较大的码头上部结构。天津塘沽码头震害表明,无梁面板式码头均遭到比较严重的破坏。这是因为这种码头上部结构刚度小,一旦叉桩节点破坏,压桩就以泥面以下某处为支点发生转动,将面板"顶破"。若上部结构刚度较大时,相邻直桩就能帮助限制压桩的转动,减轻破坏程度。

(5)应尽量减少接岸结构和棱体对码头结构的影响。桩台或引桥和接岸结构之间,宜设置简支的过渡板,是减少岸坡对结构不利影响的简便可行办法,并需注意宜将过渡板的两端做成坡口,以便地震时该板较易滑出。

2. 重力式码头和重力墩

重力式码头和重力墩根据其在以往地震中的表现和震害情况,可采取以下一些措施,以有效地提高其抗震性能。

(1)当设计烈度为8度、9度时,码头墙后宜采用抛石棱体,一坡到底,以降低地震动土压力,防止产生液化,提高码头的抗震能力。

(2)应尽量加强结构的整体性,如对于方块码头或方块重力墩,为提高结构的整体性,宜采取以下措施:①减少方块层数;②在方块间设置榫槽;③在方块上预留竖向孔洞,在孔洞中插入钢筋笼或型钢并灌注水下混凝土;④混凝土胸墙宜现场浇筑,并与其下的方块(或卸荷板)连成整体。

方块码头是依靠自重力维持稳定的,在静力作用下,其稳定性靠方块间摩擦力来维持。地震时,墙身受到振动而摇晃和上下颠簸,摩擦作用大大降低,因此单靠方块间的摩擦力就显得不安全。为防止方块码头在振动下因损失摩擦力而解体,可减少方块层数,在方块间设榫槽以提高其抗滑能力,增加整体性。在方块中预留竖向孔洞,内插钢筋笼或型钢,然后浇筑混凝土,把各层方块连成整体。

(3)对预制安装的扶壁式码头,应增强其纵向整体性,宜采用现浇胸墙。胸墙(帽梁)的纵向钢筋数量应适当增加,立板竖向钢筋要外伸,并与胸墙钢筋连接,即把各单元的预制块体牢固地固定在胸墙上,以共同抗衡地震力,提高其抗震能力。

3. 板桩码头

板桩码头的震害特点是因锚碇结构破坏,或拉杆切断,或锚碇板向前方滑移等而发生板桩墙向前倾斜、码头面下沉并产生与岸线平行的纵向裂缝、顶上胸墙倾斜或倒坏等震害,但较少发生板桩墙整体滑移的严重破坏情况,故可采取以下措施来有效地提高板桩码头的抗震性能。

(1)在板桩墙与锚碇结构之间,如局部有软土或可液化土,应换填透水性能好的粗砂或石料,并保证其密实。

(2)当拉杆较长或码头面荷载较大时,应采取有较措施(如用短桩支承)减少拉杆下垂。拉杆端部采用铰接连接,以防止拉杆两端产生很大的弯矩而引起拉杆端部折断,使码头失稳。

思考题

1. 何谓地震? 地震波传播有何特点?

2. 地震震级与地震烈度有何区别? 地震烈度有哪几种定量标准? 存在什么问题? 目前我国采用哪一种标准?

3. 地震的震害主要有哪些破坏现象? 重力式、板桩和高桩码头的震害特点是什么?

4. 单质点系的地震反应有何特点? 其运动方程由哪几部分组成? 各部分的物理意义?

5. 何谓地震反应谱? 地震反应谱与设计反应谱有何区别? 设计反应谱的适用条件及影响因素是什么?

6. 多质点体系的地震反应有何特点? 为什么多质点体系的水平地震力可用反应谱来计算? 具体计算方法?

7. 何谓抗震不利地段和有利地段? 如何判别场地和地基土的类别与类型?

8. 如何预测砂土液化? 对液化地基可采取哪些加固措施? 为什么?

9. 试比较地震时地基承载力和岸坡稳定性的验算方法与静态计算方法的异同点。

10. 港口码头建筑物的地震惯性力计算,根据其结构特点和它们对地震反应的特性,大体上可归纳为哪几种类型? 各种类型有何特点? 分别如何计算? 地震惯性力的大小与哪些因素有关?

11. 比较地震土压力与静态土压力,在计算理论、计算参数及计算方法等方面的异同点。简述现有地震土压力计算方法存在的问题。

12. 地震动水压力的大小与哪些因素有关? 为什么高桩码头、重力式码头、板桩码头,墙前和墙后的动水压力一般不于考虑或不另行考虑?

13. 港口码头建筑物的抗震设计有哪些基本要求? 为什么?

14. 港口码头结构抗震验算有哪些原则和条件? 为什么?

15. 对设有前后方桩台的高桩码头抗震验算时,为什么可将前后方桩台作为整体进行横向惯性力计算? 而基桩内力计算时,前后方桩台间需按设铰连杆计算?

16. 比较重力式码头和板桩码头的抗震稳定性验算与静态稳定性验算在计算方法、计算参数的取值等方面的异同点。

17. 港口码头结构抗震中的各项分项系数是如何取值的? 引入抗震调整系数的目的何在? 其值目前是按什么原则确定的?

18. 港口码头建筑物在抗震设计中,除应满足抗震计算的要求外,还应满足抗震措施的要求,这是为什么? 根据以往的抗震经验,各种码头建筑物可采取哪些具体措施提高其抗震性能? 为什么?

参考文献

[1]　中华人民共和国行业标准.水运工程抗震设计规范(JTJ 225—98)[S].北京:人民交通出版社,1998.

[2]　中华人民共和国行业标准.水工建筑物抗震设计规范(JTJ 201—87)[S].北京:人民交通出版社,1988.

[3]　中华人民共和国国家标准.港口工程结构可靠度设计统一标准(GB50158—92)[S].北京:中国计划出版社,1992.

[4]　中华人民共和国行业标准.建筑抗震设计规范(GBJ11—89)[S].北京:中国建筑工业出版社,1989.

[5]　胡事贤.地震工程学[M].北京:北京出版社,1988.

[6]　《地震工程概论》编写组.地震工程概论[M].北京:科学出版社,1977.

[7]　金崇磬,王云球.港口水工建筑物抗震[M].北京:人民交通出版社,1995.

[8]　宫维圣.码头和船闸建筑物的抗震[M].北京:人民交通出版社,1993.

[9]　港口工程结构可靠度设计统一标准编写组.港口工程结构可靠度[M].北京:人民交通出版社,1992.

[10]　冈本舜三编.耐震工学[M].オーム社,1971.

[11]　R.W.克拉夫,丁彭津.结构动力学[M].王光远等,译.北京:科学出版社,1983.

[12]　湖南大学,天津大学,合肥工业大学合编.结构力学(下册)[M].北京:人民教育出版社,1979.

[13]　中国科学院工程力学研究所.地震工程研究报告集(第二集)[M].北京:科学出版社,1965.

[14]　王广军,苏经宇.我国抗震设计反应谱的研究及其在规范中的应用[J].世界地震工程,1985.

[15]　龚思礼.抗震设计规范的现状和发展[M].世界地震工程,1985.

[16]　威格尔.地震工程学[M].中国科学院工程力学研究所,译.北京:科学出版社,1978.

[17]　国家质量技术监督局.中国地震烈度表(GB/T 17742-99)[S].北京:标准出版社,2001.

[18]　国家地震局,建设部.中国地震烈度区划图(1990)[S].北京:地震出版社,1992.

[19]　库尔马奇.港口水工建筑物的抗震[M].范加仑等,译.北京:人民交通出版社,1981.

[20]　王云球.黏性土地震土压力的计算方法[J].华东水利学院学报(抗震专集),1978(4).

[21]　王云球.地震动土压力试验研究[J].河海大学科技情报,1991(3).

[22]　王云球.地震土压力的非线性分布[J].华东水利学院学报,1983(4).

[23]　王云球,施忠.卸荷板重力式码头动土压力有限元分析[J].河海大学学报,1991(4).

[24]　王云球,等.不同卸荷板长度重力式码头动土压力试验研究[J].河海大学学报,1993(1).

[25]　温致雨.水下填砂振实施工[J].水运工程,1991(9).

第十一章 港口水工结构数值模拟 *

第一节 概 述

一、计算机的应用领域

计算机应用的发展速度及其深度和广度,远远超过了历史上任何一种技术手段和设备。今天,无论是科研、生产、经济、军事,还是行政、文化教育,以至家庭生活和文体娱乐,计算机都已渗透其中。按照计算机加工信息的方式和处理信息的特点,计算机的应用一般可分为数值和非数值应用两大类,而且非数值应用的范围已远远超过了数值计算。

1. 在科学计算中的应用

计算机应用的最早领域是科学计算,第一台计算机 ENIAC 就是用于计算弹道计算表的。现在计算机在科学计算中的应用更加广泛,例如:数值天气预报,原子能反应堆和核武器的研制,导弹和航天飞机的设计,大型水利枢纽、桥梁、高层建筑和重型机械的结构分析和设计,地震、地质分析与计算等都离不开大型高速计算机。

2. 在实时控制中的应用

计算机最初用于过程控制是在 20 世纪 50 年代,用来控制喷气式飞机的飞行,后来导弹、人造卫星和航天飞机的控制也都是靠计算机实现的。现在计算机在工业测量和控制方面的应用已十分成熟和广泛,如:国防工业中的导弹检测和控制,坦克火炮控制,飞机、舰艇的分布控制系统等。应该特别指出的是,微机特别是单片机的出现,为实时控制开辟了更为广泛的应用领域,微机已嵌入机电设备、电子设备、通信设备、仪器仪表和家用电器中,使产品具有可程控、数据处理和对外接口等能力,逐步向智能化方向发展。

3. 在数据处理方面的应用

计算机应用最广泛的还是数据处理。现代社会正在进人信息社会,各种信息大量涌现,为了更全面、深入精确地认识和掌握这些信息所反映的事物,需用计算机处理科学实验、生产控制、组织管理、国防建设等领域中获得的大量信息,这就是所谓的数据处理,在数据处理的基础上通过进一步信息加工,以支持管理与决策,为企业制订计划和优化运行,成为实时管理的信息系统。

4. 在辅助设计和辅助制造中的应用

计算机辅助设计(Computer Aided Design)和辅助制造(Computer Aided Manufacturing)是计算机另一个十分重要和广泛的应用领域。20 世纪 60 年代开始将计算机用于工程设计的探索,计算机辅助设计是用计算机帮助画图,在与设计人员的交互作用下,通过CAD软件包在图形显示器上十分方便地用光笔改图形,随时修改设计方案,大大提高了设计效率和设计质量。在机械制造中,利用计算机通过各种数值控制机床和设备,自动完成离散产品的加工、装配、检测和包装等制造过程,称为计算机辅助制造(CAM)。采用计算机辅助制造零件,可改善对产品设计和品种多变的适应能力,提高加工速度和生产自动化水平,缩短加工准备时间,降低生产成本,提高产品质量和批量生产的劳动生产率,现在通常把CAD和CAM放在一起,形成CAD/CAM一体化。

5.在办公自动化和教育等方面的应用

计算机作为信息处理的机器通过各种智能终端收集信息,通过计算机网络传递信息,通过数据库存储管理信息,通过各种软件处理信息,最后通过计算机网络和各类终端发送信息。这样以计算机为中心,构成一个完整的办公自动化系统,它以支持办公自动化为目的,包含有日程管理、电子会议、文字处理、文档管理、统计报表、辅助管理和决策子系统等。

计算机在教育中的应用有计算机辅助教学(Compute Aided Instruction),计算机辅助教学管理、行政管理等。

总之,计算机在各个领域的应用越来越广泛,已经渗透于当代人类的工作、学习和生活之中,计算机知识和应用技术,已成为当代大学生知识结构的重要组成部分,计算机应用能力已成为衡量大学生素质的重要标志之一。因此掌握计算机技术,培养和提高学生的计算机应用能力具有重要意义。

二、计算机在港口工程中的应用现状及发展前景

在港口工程领域,最早应用计算机是结构计算,随着各种结构计算方法的改进,相应地出现各种计算软件。目前,码头、防波堤等港口水工建筑物的主要结构形式都有相应的结构分析软件,如高桩梁板式码头的平面计算、空间计算、有限单元法计算等分析软件;墩式码头结构分析软件;重力式码头稳定性分析软件;防波堤及岸壁式结构整体稳定性分析软件;板桩码头结构分析软件等等,基本上已满足结构分析的需要。随着结构分析方法的进步和计算机的普及,人们已着手研制通用性强、使用方便的结构分析软件,并着重加强程序的前、后处理功能。

计算机辅助设计(CAD)也是港口工程领域应用较早的一个方面,目前主要是用于高桩式码头,先后开发出高桩梁板式码头的"计算机辅助设计GLBCAD系统"、"构件施工图CAD系统"、"结构总图CAD系统"、"构件图CAD系统"和"高桩墩式码头CAD)系统"等,高桩梁板式码头的平面布置图、结构断面图、桩位布置图、预制构件(纵梁、面板、桩)结构图等均可在计算机上实现,提高了工程设计的质量和水平以及工作效率。但是这些软件通用性较差,并且多采用人机交互方式建立计算机绘图所需要的基本数据文件,由计算机自动成图。近年来在计算—绘图一体化的CAD软件开发方面取得了相当程度的进展,并向着智能型专家系统的目标迈进。

计算机在港口现代化管理方面的应用起步较晚,近年来发展迅速,许多专业化港口或码头(如集装箱码头)已基本实现了现代化管理。但目前多局限于一个港口的管理,与网络管理还有段距离。在运输系统实行计算机联网的管理方式是发展趋势。

总之，计算机在港口工程领域的应用已很普遍，但大多数是用于计算和辅助设计，近年来拓展到管理、控制等领域，决策分析和专家评判等方面也有较大进展。随着计算机的发展和应用水平的提高，在港口工程领域计算机的应用有着广阔的发展前景。

三、本章内容简介

前面已述，计算机在港口工程中的应用非常广泛，本章主要介绍港口水工建筑物结构计算和稳定性计算的程序设计方法，以及在港口工程领域中应用的常用商用软件，计算机在其他方面的应用可参阅有关书籍。

(1)结构内力计算：介绍在港口工程中应用比较多的弹性支承结构、弹性地基梁结构、框架结构和桩基墩台结构的内力计算程序设计方法。

(2)结构稳定性计算：介绍建筑物整体稳定性计算和重力式挡土结构的抗滑抗倾稳定性计算的程序设计方法。

(3)常用商务软件简介：介绍目前港口工程领域广泛应用的商务软件，包括码头结构及构件计算软件、CAD绘图软件、结构有限元综合分析软件、岸坡稳定性分析软件等。

第二节　结构内力计算程序设计

一、弹性支承连续梁结构

弹性支承连续梁的计算在港口工程中应用广泛，例如在高桩码头中，布置有叉桩的横向排架、梁板式码头的纵梁、无梁板式码头的纵向排架等均可按弹性支承连续梁计算其内力；板桩码头的帽梁、受横向荷载的桩和板桩的入土段、船台滑道的轨道和船坞坞室底板等结构，一般按弹性地基梁计算其内力，也可简化成弹性支承连续梁计算。

1. 计算方法

如图 11-2-1a)所示的弹性支承连续梁是$(n-1)$次超静定结构，通常以梁的未知支座弯矩 $M_1, M_2, \cdots, M_{n-1}$ 为基本未知量，采用力法求解，基本系如图 11-2-1b)所示(图中未画出作用在结构上的外荷载)。

根据结构力学原理，对每个解除约束处均可列出位移协调方程。

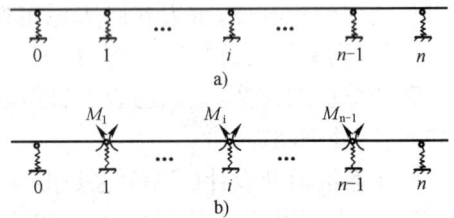

图 11-2-1　弹性支承连续梁计算图式

$$\delta_{i,i-1}M_{i-1} + \delta_{i,i}M_i + \delta_{i,i+1}M_{i+1} + \Delta_i(P) + \Delta_i(Y) = 0, (i=1,2,\cdots,n-1) \quad (11-2-1)$$

将上述方程组用矩阵形式表示为

$$[\delta]\{M\} + [D]\{Y\} + \{\Delta P\} = 0 \quad (11-2-2)$$

其中，$[\delta]$ 为$(n-1)$阶方阵，是刚性支承连续梁三弯矩方程组的柔度矩阵，其元素只与梁的跨度和刚度有关；$\{M\}$ 为未知支座弯矩列阵，$(n-1)$阶；$\{Y\}$ 是支座竖向位移(沉陷)列阵，$(n+1)$阶；$[D]$ 为$(n-1)\times(n+1)$阶矩阵，其元素 $d_{i,j}$ 表示在基本系中第 j 支座发生单位沉陷时，在

梁的 i 支座截面产生的相对转角(rad);$\{\Delta P\}$ 是 $(n-1)$ 阶列阵,其元素 $\Delta_i(P)$ 表示所有外荷载作用在基本系上时,在梁的 i 支座截面产生的相对转角(rad)。

设支座的柔性系数为 ρ,支座反力为 R,支座沉降量为 y,则对 i 支座有 $y_i=\rho_i R_i$,而 R_i 可由基本系中各梁跨力的平衡条件用支座弯矩表示,所以 y_i 是支座弯矩的函数,可用矩阵形式表示为:

$$\{Y\}=[A]\{M\}+\{A°\} \tag{11-2-3}$$

其中,$[A]$ 为 $(n+1)\times(n-1)$ 阶矩阵,其元素 $a_{i,j}$ 表示仅有 $M_j=1$ 作用在基本系上时,支座 i 的沉降量;$\{A°\}$ 是 $(n+1)$ 阶列阵,其元素 $a°_i$ 表示所有外荷载作用在基本系上时支座 i 的沉降量;$\{M\}$ 的意义同式(11-2-2)。

将式(11-2-3)代入式(11-2-2),并记 $[B]=[\delta]+[D][A]$、$\{P\}=[D]\{A°\}+\{\Delta P\}$,则得到弹性支承连续梁的基本方程组(五弯矩方程组),表示为:

$$[B]\{M\}+\{P\}=0 \tag{11-2-4}$$

其中的矩阵 $[B]$ 和 $\{P\}$ 的元素都可根据结构特性和荷载情况求得,解方程组即可求出各支座弯矩,进而求得梁任意截面的内力以及各支座的支座反力和沉降量。

2. 程序设计

弹性支承连续梁结构计算的程序设计比较简单,此处不再赘述,只给出程序设计的一般框图如图 11-2-2 所示,供参考。

二、刚架结构

在港口工程中,许多建筑物的结构计算采用刚架计算图式,例如:受水平荷载作用的全直桩高桩码头按桩土共同作用的刚架计算;框架式高桩码头上部结构按刚架计算;码头仓库一般也建成框架结构等等。

1. 刚架结构分析方法与步骤

刚架结构一般采用矩阵位移法进行结构分析,以结点的位移作为基本未知量;利用各单元的杆端力在结点的平衡条件建立结构的刚度方程求得结点位移,进而求得各单元的杆端力和任意截面内力。

刚架结构的刚度方程可用矩阵形式表示为:

图 11-2-2　结构计算框图

$$[K]\{\Delta\}=\{P\} \tag{11-2-5}$$

其中,$[K]$ 称为结构刚度矩阵,其元素 $k_{i,j}$ 表示第 j 个未知位移的处所方向发生单位位移时在第 i 个未知位移的处所方向产生的结点力;$\{\Delta\}$ 是未知位移向量;$\{P\}$ 是结点荷载向量。

刚架结构分析必须把结构离散成一个个独立的杆件——单元,杆件连接处称为结点,把完整的刚架结构看成是由有限个单元组成的体系,每个单元和结点都有各自的编号。结构分析可分为三部分,一是对每个单元进行单元分析,建立起各单元杆端力与结点位移的关系,即单

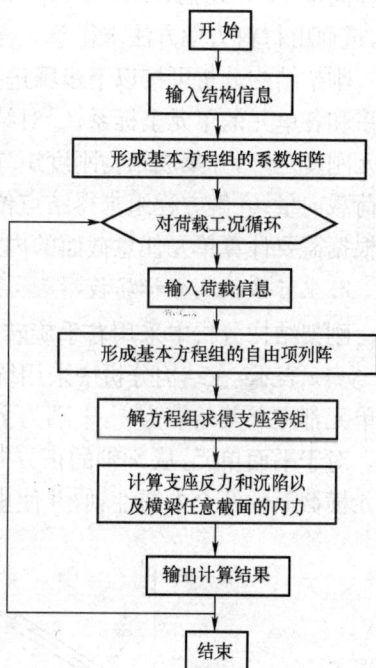

361

元刚度方程

$$[k^e]\{\Delta^e\} = \{F^e\} \qquad (11-2-6)$$

其中:$\{F^e\}$是单元杆端力向量,对平面刚架单元,每个杆端有 3 个杆端力分量,$\{F^e\}$为 6 维向量,对空间刚架单元,每个杆端有 6 个杆端力分量,$\{F^e\}$为 12 维向量;$\{\Delta^e\}$是单元杆端位移向量,其维数同$\{F^e\}$,各个分量与$\{F^e\}$的各个分量对应;$[k^e]$称为单元刚度矩阵,它是单元杆端力与杆端位移之间的转换矩阵,其元素k^e_{ij}表示在 j 方向发生单位位移时在 i 方向产生的力或力矩。

刚架结构分析的第二部分是利用单元刚度方程和结点荷载集成刚架结构的整体刚度方程(11-2-5),并求解得出结点位移。结构刚度矩阵$[K]$的元素是由单元刚度矩阵$[k^e]$的元素组成的,只要确定了单元刚度矩阵$[k^e]$中各元素在结构刚度矩阵$[K]$中的位置,就可直接由$[k^e]$集成$[K]$,从而建立结构刚度方程(11-2-5),不需要从结点平衡方程出发推导。

刚架结构分析的第三部分内容是计算刚架各单元的杆端力及单元任意截面的内力。结点位移向量$\{\Delta\}$求出后,单元杆端位移向量$\{\Delta^e\}$也随之确定,由式(11-2-6)可求出各单元的杆端力,进而由材料力学方法求得单元任意截面的内力。

刚架结构分析可按以下步骤进行:①对结构进行结点编号和单元编号,建立结构的整体坐标系和各单元的单元坐标系;②对结构的结点位移分量统一编号,确定单元定位向量;③计算单元刚度矩阵,并集成结构刚度矩阵;④根据弹性约束情况修改结构刚度矩阵;⑤计算集成结点荷载向量;⑥解方程组求得结点位移向量;⑦根据单元两端结点位移计算各单元的杆端力,并根据需要计算单元任意截面的内力。

2. 坐标系统及坐标转换

刚架结构分析中采用右手旋转直角坐标系统,在单元分析中采用单元坐标系,用$\overline{x}-\overline{y}$或$\overline{x}-\overline{y}-\overline{z}$表示,在结构分析中采用统一的整体坐标系,用$x-y$或$x-y-z$表示。结构中的任一单元都定义其始端为 i,末端为 j,单元轴线为$\overline{x}$轴,从单元 i 端到 j 端定义为$\overline{x}$轴的正方向。对于平面单元,从$\overline{x}$轴的正方向逆时针旋转 90°就得到$\overline{y}$轴,对于空间单元,$\overline{y}$轴和$\overline{z}$轴取单元横截面的两个主惯性轴,并使坐标轴正方向符合右手旋转法则,如图 11-2-3 所示。

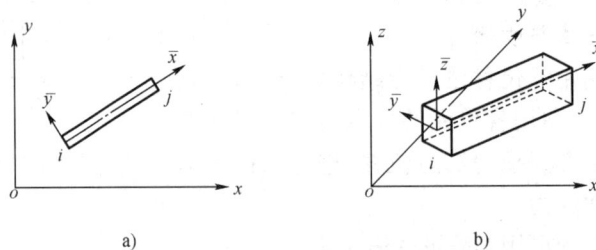

图 11-2-3　坐标系统
a)平面单元;b)空间单元

刚架结构中的单元方向不尽相同,其单元坐标系方向也就不同,需建立单元杆端力和杆端位移在两种坐标系中的转换关系。$\{\overline{F}^e\}$和$\{\overline{\Delta}^e\}$分别表示在单元坐标系中的单元杆端力向量和单元杆端位移向量,$\{F^e\}$和$\{\Delta^e\}$分别表示在整体坐标系中的单元杆端力向量和单元杆端位移向量,根据向量在坐标轴的投影可得到它们的关系如下:

$$\{\overline{F}^e\} = [T]\{F^e\} \tag{11-2-7}$$

$$\{F^e\} = [T]^T\{\overline{F}^e\} \tag{11-2-8}$$

$$\{\overline{\Delta}^e\} = [T]\{\Delta^e\} \tag{11-2-9}$$

$$\{\Delta^e\} = [T]^T\{\overline{\Delta}^e\} \tag{11-2-10}$$

其中的$[T]$称为坐标转换矩阵，$[T]^T$是$[T]$的转置矩阵。对平面单元$[T]$为6阶方阵，对空间单元$[T]$为12阶方阵，其元素均可由单元坐标轴在整体坐标系中的方向余弦求得，此处不赘述。

3. 单元定位向量及其生成

刚架结构分析以结点的未知位移分量为基本未知量，结构刚度方程组中方程的个数就是结构中所有未知结点位移分量的数目，在已知的结点位移分量方向不需建立方程。对于一般的刚结点，其位移分量数目是固定的，平面刚架结点有3个（两个线位移和一个角位移），空间刚架结点有6个（三个线位移和三个角位移）。但有些结点的位移分量数目并不固定，例如支座结点某些位移分量已知，未知位移分量数目就少；刚架内的铰结点，各单元在该结点的线位移分量相同，但角位移分量相互独立，使该结点的独立位移分量数目增多等等。由于这些特殊结点的存在，无法利用结点总数直接计算结点未知位移分量总数，而必须按结点编号从小到大的顺序，依次对每个结点的未知位移分量统一编号，其中已知的位移分量均给以零编号，图11-2-4是一平面刚架的单元、结点及位移分量统一编号的例子，其中各单元中部的箭头表示单元坐标系$\overline{x}$轴的正方向。

由单元两端结点的结点位移分量统一编号组成的向量称为单元的定位向量，其中单元始端的位移分量编号排在前面，末端的位移分量编号排在后面，例如图中单元3的定位向量为(8, 0, 9, 5, 6, 7)，单元6的定位向量为(0, 0, 0, 10, 11, 13)等。

单元定位向量的确定取决于结构的结点位移分量统一编号。在结构分析中，可以事先给出结构的结点位移分量统一编号，作为初始数据输入计算机，但这样做会增加很多手动工作量，降低工作效率。下面介绍一种由计算机自动生成结点位移分量统一编号的方法。

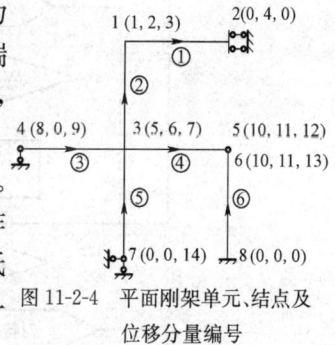
图11-2-4　平面刚架单元、结点及位移分量编号

结构中普通结点的位移分量数目固定，直接编号即可，而对特殊结点必须进行处理，给出相应的特殊结点信息，才能由计算机根据所给信息自动生成结构的结点位移分量统一编号。特殊结点主要有支座结点、从结点（由于独立位移分量增多而人工增设的结点）和桁架铰结点。

支座结点往往在某位移方向受到约束而不发生位移，处理方法是规定该位移方向的约束信息为1，存在未知位移分量的方向其约束信息为0。对于独立位移分量增多的结点，处理方法是将这类结点给出两个或两个以上的结点编号，取定其中之一为主结点，其余为从结点。一个主结点可以有多个从结点，但一个从结点只能与一个主结点发生主从关系。从结点与主结点有相同位移的位移方向，从结点信息为主结点的结点编号，从结点独立位移分量的位移方向，从结点信息为零，主结点与普通结点一样看待。刚架结构中的桁架单元，杆端角位移不引起内力，所以仅连接桁架单元的铰结点，不必考虑角位移分量，其结点信息在线位移方向为0，在角位移方向为 1(与已知位移同样看待)。

根据上述规定,很容易给出特殊结点信息,例如图 11-2-4 所示的刚架中,支座结点 2,4,7 和 8 的信息分别为(1,0,1),(0,1,0),(1,1,0)和(1,1,1),铰结点 5,6 可以任取一个作为主结点,另一个为从结点,若取结点 6 为主结点,则结点 5 的信息为(6,6,0),必须指出为了避免与支座结点的约束信息混淆,规定编号为 1 的结点不能作为主结点。

有了特殊结点信息,就可以按图 11-2-5 所示的方法形成刚架结构的结点位移分量统一编号,并求出结构的结点未知位移分量的总数 N,其中 2 维数组 $JN(i,j)$ 开始时存入结点信息,结束时存放结点位移分量统一编号,i 是结点位移分量方向码,j 是结点编号,NT 是结点位移向量的维数,平面刚架 $NT=3$,空间刚架 $NT=6$,ID 是控制变量。

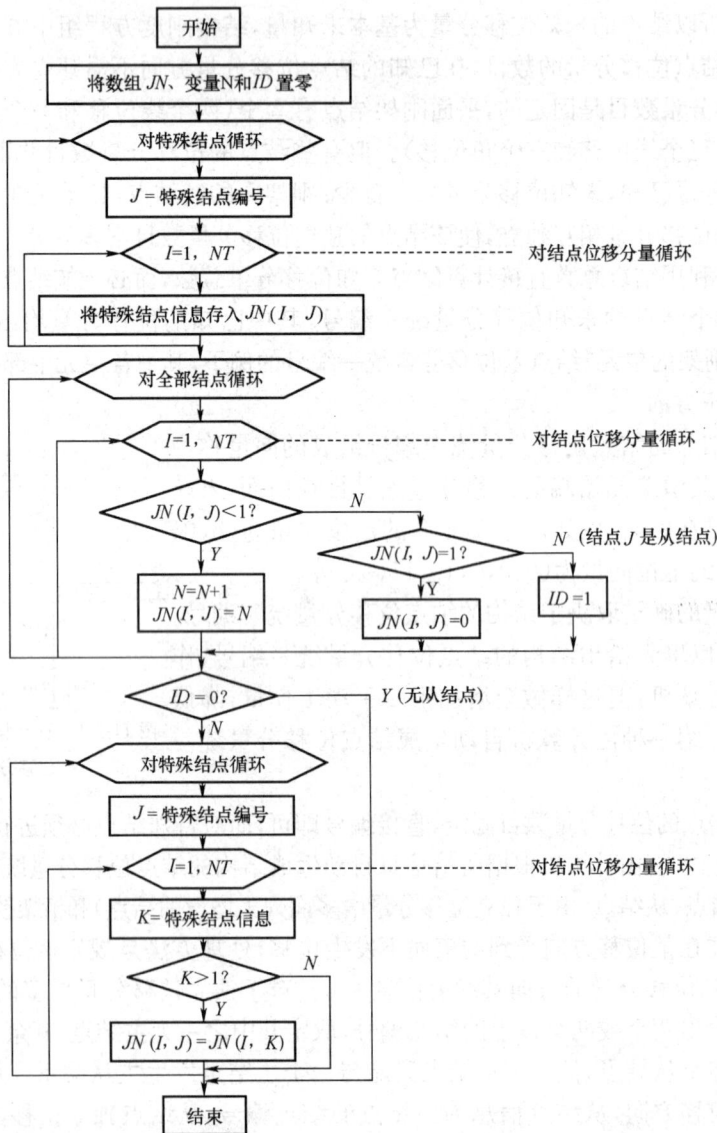

图 11-2-5　结点位移分量统一编号框图

注:若 $K>1$,则 J 是从结点编号,K 是主结点编号,从结点 J 的第 I 个位移分量与主结点 K 的第 I 个位移分量相同

数组 JN 生成后,任何一个单元的单元定位向量就可以非常方便地从中取出。若单元的始端结点编号为 I,末端结点编号为 J,单元定位向量为 JC 数组,则:

$$\left.\begin{array}{l} JC(K) = JN(K,I) \\ JC(K+NT) = JN(K,J) \end{array}\right\}, K = 1,2,\cdots,NT \qquad (11\text{-}2\text{-}11)$$

4. 结构刚度矩阵

直接建立结构刚度方程求结构刚度矩阵是十分困难的,一般先求得各单元的单元刚度矩阵,利用单元刚度矩阵集成结构刚度矩阵。

在单元坐标系中单元刚度方程可表示为:

$$\{\overline{F^e}\} = [\overline{k^e}]\{\overline{\Delta^e}\} \qquad (11\text{-}2\text{-}12)$$

式中的 $[\overline{k^e}]$ 称为单元坐标系中的单元刚度矩阵,其元素 $\overline{K^e_{m,n}}$ 表示 n 方向发生单位位移时,在 m 方向产生的力或力矩。

把式(11-2-7)和式(11-2-9)代入式(11-2-12)得:

$$\{F^e\} = [T]^T[\overline{K^e}][T]\{\Delta^e\} \qquad (11\text{-}2\text{-}13)$$

从而得到两种坐标系下单元刚度矩阵的转换关系为:

$$[k^e] = [T]^T[\overline{k^e}][T] \qquad (11\text{-}2\text{-}14)$$

由单元坐标系建立方法可知,对一般单元根据单元的物理特性和结构特性,由结构力学方法很容易求得在单元坐标系中单元刚度矩阵的诸元素 $\overline{k^e_{m,n}}$,对于特殊单元需做某种处理,方法见后。建立起单元坐标系中的单元刚度矩阵 $[\overline{k^e}]$ 后,按式(11-2-14)进行坐标转换就得到在整体坐标系中的单元刚度矩阵。单元刚度矩阵 $[k^e]$ 中的某行元素在结构刚度矩阵 $[K]$ 中的行码就是单元杆端力分量所在的结点平衡方程的序号,单元刚度矩阵 $[k^e]$ 的某列元素在矩阵 $[K]$ 中的列码就是单元杆端位移分量在结构结点位移向量 $\{\Delta\}$ 中的序号,而单元杆端力分量所在的结点平衡方程的序号和单元杆端位移分量在结构结点位移向量中的序号都是单元的定位向量,因此,单元定位向量确定了单元刚度矩阵中每个元素在结构刚度矩阵中的位置(行码和列码),利用它可以方便地由单元刚度矩阵集成结构刚度矩阵。例如图 11-2-4 所示的结构中,单元 6 的单元定位向量为 $(0,0,0,10,11,13)$,因而单元刚度矩阵 $[k^6]$ 中的元素 $k^6_{4,4}$ 应选加到结构刚度矩阵 $[K]$ 的元素 $K_{10,10}$ 中,$k^6_{6,4}$ 应选加到 $K_{13,10}$ 中等等,如图 11-2-6 所示。此外,单元 6 的定位向量还表明其第 $1,2,3$ 个位移分量为已知或不需计算,这些位移分量方向不需要建立方程,在整体刚度矩阵 $[K]$ 中也就不包括与这些位移分量有关的元素。

5. 弹性约束与基桩单元的处理

在结构中总存在某种约束,固定约束处结点的位移分量为零,在结构分析中要将该结点被约束方向的位移分量给以零编号。弹性约束处结点的位移分量未知,需要建立方程与其他未知的位移分量一起求解。

弹性约束相当于在约束方向施加了一个弹簧,限制了结构在约束处约束方向的位移,对其他位移分量没有影响。因此,弹性约束只影响结构刚度矩阵中相应的主对角线上的元素,只需

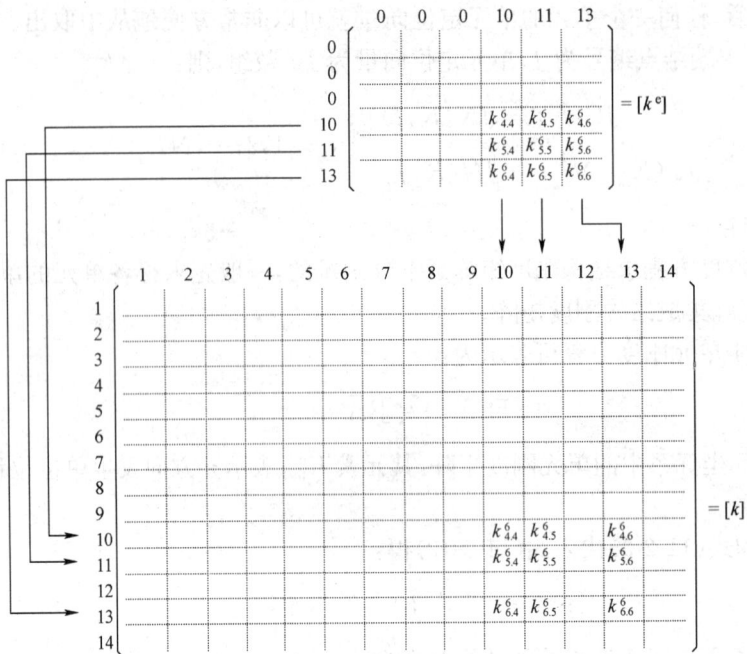

图 11-2-6　结构刚度矩阵集成示意图

对这些元素进行处理。处理方法是在无约束的情况下求出结构刚度矩阵$[K]$，再将约束的刚度系数迭加到与约束方向相对应的主对角线元素中即可。例如第i个位移分量受到刚度系数为C_i的弹性约束，则结构刚度方程中第i个方程应改为：

$$K_{i,1}\delta_1 + K_{i,2}\delta_2 + \cdots + (K_{i,i} + C_i)\delta_i + \cdots + K_{i,n}\delta_n = P_i \tag{11-2-15}$$

其他方程不需要做任何修改。

在实际结构中还经常遇到某种特殊单元，需要进行某种处理后单独推求单元的刚度矩阵$[k^e]$。中间有有限个约束的特殊单元，处理方法比较简单：将约束处作为结点考虑，把该特殊单元分为若干个普通单元进行结构分析即可。港口工程结构中经常遇到基桩单元，其入土部分的位移受到地基土的限制，是连续分布的无限多个约束，不能采用将其分为有限个普通单元的方法处理，必须采用其他特殊的处理方法。

比较简单的处理方法是嵌固点法，其基本思想是取定弹性嵌固于地基中的桩的嵌固点，以该点作为桩单元的底端并施加约束固定，不再考虑该点以下的桩段和该点以上土体的作用，则桩单元就简化为一端有固定约束的普通单元，这时桩单元的计算长度L为：

$$L = L_0 + t \tag{11-2-16}$$

式中，L_0为桩单元在地面以上的自由长度；t为桩的嵌固点离地面的深度。

嵌固点的深度有多种确定方法，一般取桩在地面以下水平位移和转角都为零的点作为嵌固点，也可按桩顶水平位移与简化后的桩单元顶部水平位移相等为条件计算嵌固点的深度，从理论上讲这种方法更为合理。

比较精确、实用的处理方法是以桩与地面相交处作为结点将桩分为两个单元，地面以上段是普通单元，对于地面以下的单元，假定桩底端i固定，顶端j的各位移方向都受弹性约束，将

366

土对桩的作用全部在 j 端的弹簧系数中考虑,这样桩单元就简化为普通单元。实质上就是把土对单元的作用简化为对结点的作用,合理地确定 j 端各弹性约束的弹簧刚度系数是该处理方法的关键。下面以平面问题为例,介绍一种确定 j 端弹簧系数的方法。

与 3 个位移方向对应有 3 个弹性约束,将它们的弹簧刚度系数分别记为:C_x,C_y 和 C_φ,C_x 和 C_y 分别表示 x 和 y 方向发生单位位移时在相应方向产生的力,C_φ 表示逆时针方向发生单位转角时在该方向产生的力矩,如图 11-2-7 所示。

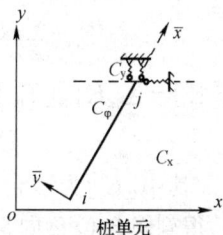

图 11-2-7　弹簧系数示意图

直接计算各刚度系数是困难的,可采用作用单位力计算相应位移的方法求得,例如 C_x 可按以下方法计算:在 j 端沿 x 方向作用单位力 $X=1$,通过坐标转换得单元杆端力向量(j 作为单元的末端)$\{\overline{F^e}\}=[T][0,0,0,1,0,0]^T$,根据 $\{\overline{F^e}\}$ 在 j 端的各个分量,按桩基计算理论可求得单元的杆端位移向量 $\{\overline{\Delta^e}\}$,再进行坐标转换求得 $\{\Delta^e\}$,$\{\Delta^e\}$ 的第 4 个元素 δ_4 即为 $X=1$ 单独作用时,结点 j 沿 x 方向产生的位移 u,从而可得到弹簧刚度系数 $C_x=1/u$。

其他刚度系数的计算方法与上类同,不再详述。

桩在 j 端受到的荷载包括轴向力、横向力和弯矩(对空间问题还有扭矩),轴向力作用时只产生轴向位移,横向力和弯矩作用时只在受力方向产生切向位移和角位移。具体计算方法在有关桩基计算理论的书籍中都有介绍,如张氏法、m 法、C 法、K 法,任意地基系数分布法,p—y 曲线法等,此不赘述。

三、桩基墩台结构

在港口工程中,有些桩基建筑物的上部结构刚度很大,在结构分析中假设上部结构为刚体,只有变位没有变形,将这类建筑物统称为桩基墩台结构。例如高桩墩台、框架和桁架式墩台的结构计算,都假设上部结构为刚体(刚性桩台),按空间问题计算桩力,桩力求出后将其作用在上部结构上,进行上部结构的结构分析。

1. 计算方法简述

桩基墩台的桩力计算实际上是求解支承在弹性支柱(桩)上的结构问题,通常假定墩台

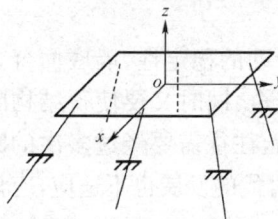

图 11-2-8　桩基墩台计算图式

为刚体,桩与墩台固接,桩与地基为弹性嵌固,如图 11-2-8 所示。在此假设下,墩台有 6 个独立的位移分量(3 个线位和 3 个角位移),用向量 $\{Y\}$ 表示。每根桩在桩顶有 6 个桩端位移分量,用向量 $\{Y_m\}$ 表示,而所有桩的位移向量均可由墩台位移向量 $\{Y\}$ 表示为 $\{Y_m\}=[T_m]\{Y\}$,矩阵 $[T_m]$ 可称为位移转换矩阵,其元素仅与结构尺寸有关。

对每根桩而言,在桩顶受墩台约束而有 6 个桩端力,以向量 $\{F_m\}$ 表示,它与桩端位移向量 $\{Y_m\}$ 的关系可表示为:

$$\{F_m\}=[K_m]\{Y_m\}=[K_m][T_m]\{Y\} \tag{11-2-17}$$

式中,矩阵 $[K_m]$ 称为第 m 根桩的桩顶刚度矩阵,其元素 $k_{i,j}$ 表示第 m 根桩的桩顶 j 方向

发生单位位移时，在桩顶 i 方向产生的桩端力，可根据桩身特性及地基情况求得。

墩台所受到的外荷载可用荷载向量 $\{P\}$ 表示，其每个分量的作用方向与位移分量的方向一致，取墩台为脱离体建立力的平衡方程可得到

$$\{P\}=\sum_m\{F_m\}=\sum_m[K_m][T_m]\{Y\} \quad (11\text{-}2\text{-}18)$$

记 $[K]=\sum_m[K_m][T_m]$ 有

$$[K]\{Y\}=\{P\} \quad (11\text{-}2\text{-}19)$$

其中 $[K]$ 为墩台的刚度矩阵。求解方程组(11-2-19)得到墩台位移向量 $\{Y\}$，再由式(11-2-17)求出各桩的桩端力，然后按桩基计算理论计算各桩入土段任意截面的内力。

将各桩的桩顶力作为外力作用到墩台上，根据墩台的结构形式采用相应的方法进行上部结构计算，例如框架式结构采用前述刚架计算，桁架结构按桁架分析，而重力式墩台则无需进行内力计算。

2. 程序设计框图

根据以上分析，桩基墩台桩力计算过程可用图11-2-9所示的框图来描述，根据框图可以编写出计算机程序。

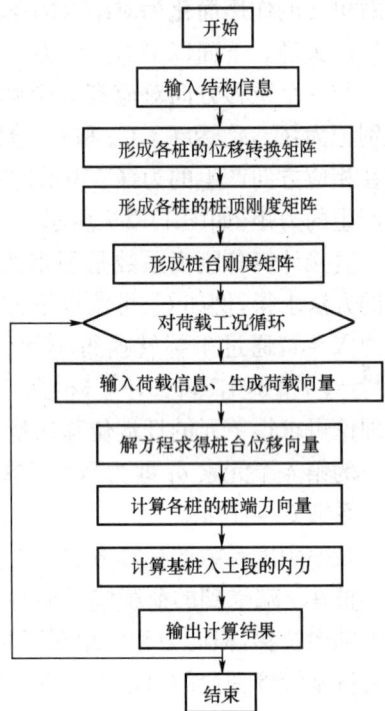

图 11-2-9　桩基墩台分析框图

第三节　建筑物稳定性计算程序设计

港口工程中结构稳定性计算主要有重力式码头、重力式挡土结构和重力式直立式防波堤的抗倾抗滑稳定性计算，各种建筑物及岸坡的整体稳定性计算。本节主要介绍这两类稳定性计算的程序设计方法。

一、重力式结构稳定性计算

对承受有水平荷载作用的重力式结构必须验算其抗倾覆和抗滑动的稳定性、墙底面合力作用的位置、基床和地基承载力等，保证在使用期和施工期的稳定安全，同时又要使得结构断面经济合理。在设计中为了得到既经济合理又安全稳定的结构断面，往往需要经过多次的断面修改和计算过程重复的计算，手算就显得费时费力，很不经济，与时代的发展也不适应，应该寻求计算机算法，把计算与绘图合在一起由计算机去完成。

1. 计算规定与主要公式

根据《重力式码头设计与施工规范》(JTJ 290—98)的有关规定，重力式码头对墙底面和墙身各水平缝及齿缝计算面前趾的抗倾稳定性、沿墙底面和基床底面及墙身各水平缝的抗滑稳定性、基床和地基承载力、墙底面合力作用位置等，都应按承载能力极限状态的持久组合进行验算。

重力式码头及挡土结构当不考虑波浪作用,由可变作用产生的土压力为主导可变作用时,抗倾稳定性验算公式为(式中的符号意义与现行相关规范一致,不再另加说明,下同):

$$\gamma_0(\gamma_E M_{EH} + \gamma_{PW} M_{PW} + \gamma_E M_{EqH} + \psi\gamma_{PR} M_{PR}) \leqslant$$
$$\frac{1}{\gamma_d}(\gamma_G M_G + \gamma_E M_{EV} + \gamma_E M_{EqV}) \tag{11-3-1}$$

抗滑稳定性验算公式为:

$$\gamma_0(\gamma_E E_H + \gamma_{PW} P_w + \gamma_E E_{qH} + \psi\gamma_{PR} P_{RH}) \leqslant$$
$$\frac{1}{\gamma_d}(\gamma_G G + \gamma_E E_v + \gamma_E E_{qV})f \tag{11-3-2}$$

对于重力式直立防波堤,其稳定性验算方法与重力式码头类似,不同的是码头以受土压力和船舶荷载为主,一般可不考虑波浪力;而防波堤以受波浪力为主,通常不受土压力作用,在稳定性验算中波浪力是主导可变作用。根据《防波堤设计与施工规范》(JTJ 298—98)的有关规定,直立式防波堤的稳定性验算公式如下:

沿堤底和堤身各水平缝及齿缝前趾和后踵的抗倾稳定性验算如下:

$$\gamma_0(\gamma_P M_P + \gamma_u M_u) \leqslant \frac{1}{\gamma_d}\gamma_G M_G \tag{11-3-3}$$

沿堤底和堤身各水平缝的抗滑稳定性验算如下:

$$\gamma_0\gamma_P P \leqslant (\gamma_G G - \gamma_u P_u)f \tag{11-3-4}$$

重力式结构的基床承载力验算如下:

$$\gamma_0\gamma_\sigma\sigma_{max} \leqslant \sigma_r \tag{11-3-5}$$

2. 墙身单元划分

为了便于计算机处理,将重力式结构墙身划分为若干个四边形单元,每个单元由四边形四个顶点(结点)的坐标(x,y)确定其大小和位置。设单元i的四个顶点编号以逆时针方向依次为k,l,m,n,如图11-3-1所示,则根据四个结点的坐标,由数学方法求得单元的面积S_i和重心坐标(x_{ci},y_{ci}),然后由计算机算出各单元重力标准值及其稳定力矩。

对单元进行编号时,可从墙底面开始自下而上依次编号,使各验算水平缝以上的单元编号连续,便于计算机对不同水平缝及前趾(或后踵)的验算正确地选取单元。

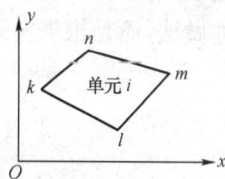

图11-3-1　单元结点编号

3. 不同水位计算工况的处理

在重力式结构稳定性验算中,各种作用的标准值,除了码头的船舶系缆力外都受水位变化的影响,规范规定按设计高水位、设计低水位、极端高水位和极端低水位四种情况分别验算。

受水位影响的只是高低水位之间墙身单元的重度和墙后填料的重度,只需对它们进行修正即可,为此对墙身和墙后填料,高低水位线应作为单元分界线和土层分界线,并且在高低水位之间,墙身单元的编号和墙后土层编号都要连续,以方便对其重度进行修正。程序中可以先按最低水位情况输入单元重度和填料重度,计算较高水位工况时对部分单元和填料的重度进行修正。

4. 程序设计框图

按以上思路设计重力式结构稳定性计算框图如图11-3-2所示,根据框图可编写计算机程序。

二、建筑物整体稳定计算

在港口工程中,码头、防波堤、护岸等水工建筑物的整体稳定计算,通常可按平面问题考虑,采用圆弧滑动面计算,最危险滑弧应满足极限状态设计表达式如下:

$$M_{sd} \leqslant \frac{1}{\gamma_R} M_{RK} \qquad (11\text{-}3\text{-}6)$$

其中,M_{sd}、M_{RK} 分别为作用于危险滑弧面上滑动力矩设计值和抗滑力矩标准值,采用总应力法或有效应力法计算,将滑动土体分为若干条,利用作用于各土条上的滑动力和抗滑力对滑动圆心求矩得到;γ_R 为抗力分项系数,按国家现行行业标准《港口工程地基规范》(TJT 250—98)中的规定取用。

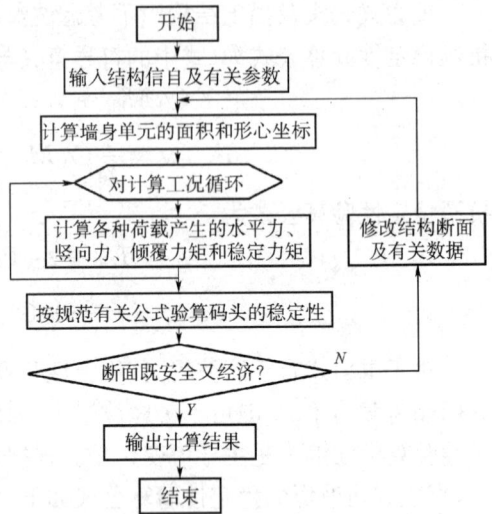

图 11-3-2　结构稳定性计算框图

1. 最危险滑动面的确定

设定一个滑动圆心后,可以比较容易地由计算机自动调整滑动半径,求得对应于该圆心的最危险滑动面($K_0 = \gamma_R \cdot M_{sd}/M_{RK}$ 最大),但由计算机自动调整圆心位置以求得最危险圆心就很困难。这是因为 K_0 与圆心位置的函数关系非常复杂,呈高阶非线性,存在许多个极值点,在给定某一初始圆心后,结果就收敛于给定点附近的一个极值点,所以只能保证是在一个较小范围内的最危险滑动圆心,并不能保证它就是岸壁结构的最危险滑动圆心。因此必须在可能出现最危险滑动圆心的范围内给出足够多的初始圆心,找出相应的 K_0 极值加以比较,才能确定最危险的滑动面。事实表明这种做法并不节省计算机机时,因此在程序设计中很少采用这种做法,而是根据实际情况和工程经验给出初始圆心位置和圆心变动范围,对每个圆心对应的危险滑动面进行比较,就可得到滑动圆心在给定范围内时的最危险滑动面。

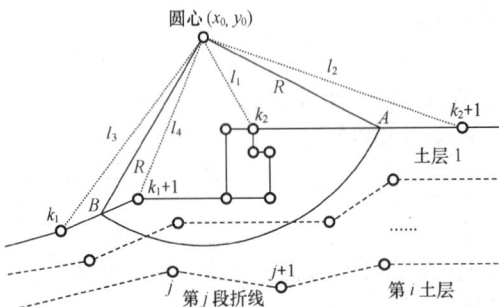

图 11-3-3　滑弧与地面线交点示意图

2. 滑动土体范围的确定

滑弧半径 R 和滑动圆心在计算过程中都是不断改变的,滑动土体也在不断变化,因此必须由计算机自动地确定其范围。设地基表面线和土层界面线均由若干段线段组成,并由控制点(折线顶点)在设定坐标系下的坐标确定(图11-3-3),以 $(x_{i,j}, y_{i,j})$ 表示第 i 土层顶部界面线第 j 个控制点的坐标。如果

$$l_1 = \sqrt{(x_{1,k_2} - x_0)^2 + (y_{1,k_2} - y_0)^2} \leqslant R \qquad (11\text{-}3\text{-}7)$$

和

$$l_2 = \sqrt{(x_{1,k_2+1} - x_0)^2 + (y_{1,k_2+1} - y_0)^2} \geqslant R \qquad (11\text{-}3\text{-}8)$$

都成立,则说明滑弧的入坡点与地面第 K_2 段折线相交,根据第 K_2 段折线方程和滑弧方程可求得交点 A 的坐标 (x_A, y_A)。如果

$$l_3 = \sqrt{(x_{1,k_1} - x_0)^2 + (y_{1,k_1} - y_0)^2} \geqslant R \qquad (11\text{-}3\text{-}9)$$

和

$$l_4 = \sqrt{(x_{1,k_1+1} - x_0)^2 + (y_{1,k_1+1} - y_0)^2} \leqslant R \qquad (11\text{-}3\text{-}10)$$

都成立,则滑弧的出坡点与地面第 K_1 段折线相交,同样可求出交点 B 的坐标 (x_B,y_B)。滑弧圆心和半径以及 A、B 两点确定后,整个滑动土体随之确定,从而可求出对应的 K_0 值。

3.程序设计框图

根据以上讨论,建筑物整体稳定性计算过程可用图 11-3-4 所示的框图来描述,其中最小滑动半径 R_{min} 根据圆心坐标和输入的控制点坐标计算得到。控制点根据实际情况设定,如重力式岸壁结构的墙底两端点、板桩码头的板桩底端、一般岸坡的坡脚和坡顶等等。

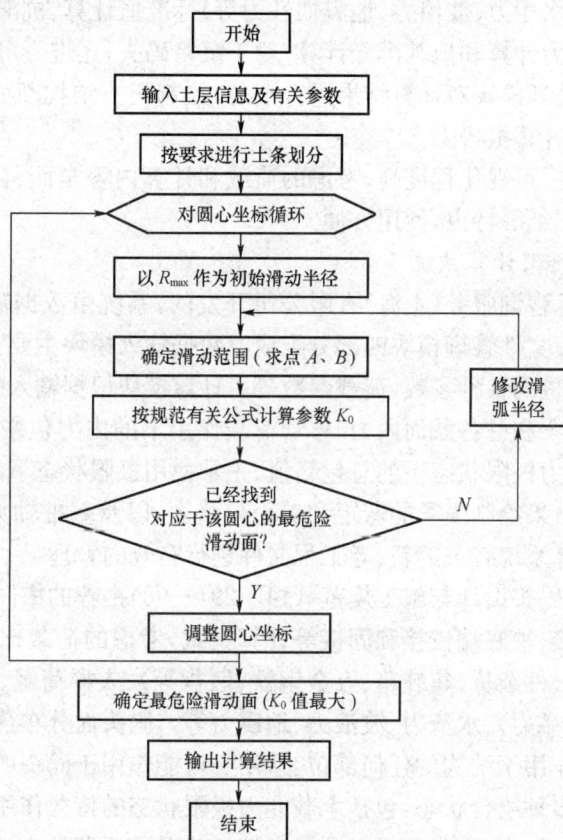

图 11-3-4　整体稳定性计算框图

第四节　常用商务软件简介

目前港口工程领域的商务软件很多,大致可分为三类:①基于现行行业规范推荐算法编制的码头结构及构件计算软件;②适应工程设计而编制的 CAD 绘图软件;③其他软件,如结构有限元分析软件、岸坡稳定性分析软件等。主要发行商有"丰海技术咨询服务(上海)有限公司"、"上海易工工程技术服务有限公司"、"北京理正软件设计研究院"等,下面介绍在港口工程领域常用的软件。

一、结构计算软件

1. ZMJS 重力式码头计算系统

该系统是丰海技术咨询服务(上海)有限公司针对重力式码头的设计而开发的,系统可进行实心方块、空心块体、扶壁、岸壁式沉箱、座床式圆筒等多种类型的重力式码头的计算,包括数据输入、计算、后处理三个主要模块,集成化程度较高。

数据输入模块主要完成计算所需要的各种参数的输入,如总控参数、断面信息、水位波浪信息、荷载信息、组合信息、地基参数等数据的输入。计算模块分别进行几何信息计算、各类荷载(自重、土压力、剩余水压力、波浪力、地震惯性力等)标准值计算、抗滑抗倾稳定计算、基床顶面应力计算、地基承载力计算和地基沉降计算;对于沉箱码头,还进行沉箱浮游稳定计算,构件内力与配筋计算。后处理模块对计算结果进行汇总,绘制码头结构断面图、荷载图、沉降计算示意图,并输出完整的计算报告书。

系统具有界面友好、可视化程度高、考虑的荷载和计算内容全面、自动生成比较完整的图文并茂计算书及相关图纸等特点,使用方便。

2. PJJS 码头横向排架计算系统

该系统是丰海技术咨询服务(上海)有限公司开发的,系统由数据输入模块、计算模块、后处理(绘图)模块及工程文件管理模块四部分组成。数据输入模块主要完成计算所需要的各种参数的输入,如横梁和桩的各种参数、荷载参数等。计算模块根据输入的数据计算每组标准荷载作用下的节点位移、梁和桩各截面内力、移动荷载作用下的内力包络值、各种效应组合计算结果(包络值)、承载能力极限状态下的总包络值、正常使用极限状态下的总包络值等。后处理(绘图)模块根据计算结果绘制横梁的弯矩和剪力包络图,以及基桩轴力包络图。工程文件管理模块可对使用本计算系统有关的新、老工程文件进行有效的管理。

该系统采用《高桩码头设计与施工规范》(JTJ 291—98)推荐的横向排架计算方法,考虑了基桩与横梁铰接和固接、桩底端铰接和固接等计算模式,考虑的荷载比较全面,计有结构自重荷载、码头面堆货荷载(件杂货、集装箱、五金钢铁、散货等)、人群荷载、流动机械荷载、船舶荷载(系船力、撞击力、挤靠力)、水流力、波浪力、地震力等。码头面分布荷载、水流力和波浪力均可以梯形分布力形式作用于结构的任何部位,适用于可能作用于码头的各种荷载情况。

该系统可以处理多种组合状态,包括承载能力极限状态的持久作用效应组合、短暂作用效应组合和偶然作用效应组合;正常使用极限状态持久状况的短期效应(频遇)组合、持久状况的长期效应(准永久)组合和短暂状况效应组合。具体处理方法是先计算各种荷载标准值作用时的内力效应值,再用常规的效应组合状态进行内力包络值的筛选,组合过程中系统能够自动选取分项系数,判别主导可变作用等。

该系统可根据计算结果自动生成横梁和基桩的内力图,包括承载能力极限状态持久组合、短暂组合和偶然组合情况下的横梁弯矩、剪力包络图和基桩轴力包络图;正常使用极限状态持久状况短期组合和长期组合情况下的横梁弯矩、剪力包络图和基桩轴力包络图;正常使用极限状态短暂组合情况下的横梁弯矩、剪力包络图和基桩轴力包络图。

系统采用可视化的界面录入数据,用户可以直接看到录入数据的含义,同时以最快速、最简单的方法输入设计条件,并可随时方便地进行修改。

系统的运行环境要求以及对结构、荷载参数的限定条件分别如表 11-4-1 和表 11-4-2 所示。

PJJS 横向排架计算系统运行环境　　　　　　　　　　　　　　表 11-4-1

项　　目	最　　低	推　　荐
处理器	PentiumII350	PentiumIII450
内存	64MB	256MB
可用硬盘	50MB	100MB
显示分辨率	1 024×768	1 024×768
打印机	Windows 支持的图形打印机	激光打印机
操作软件	Windows98/2000	Windows2000

PJJS 横向排架计算系统主要参数限定　　　　　　　　　　　表 11-4-2

参　数　项	限定值	参　数　项	限定值
横梁段数	12	每次标准基本组合荷载计算桩上梯形分布力个数	100
总桩数	20	标准基本组合荷载数	35
每次标准基本组合荷载计算的集中力个数	80	滚动荷载类型数	5
每次标准基本组合荷载计算的均布力个数	20	同一种滚动荷载中最多滚动力个数	80
每次标准基本组合荷载计算的梯形分布力个数	30	各种效应组合时所有选用的标准荷载个数之和	5 000
每次标准基本组合荷载计算的水平力个数	20		

3. PJFX 码头排架综合分析系统

该系统是丰海技术咨询服务(上海)有限公司对"PJJS 码头排架计算系统"的补允和完善,主要改进有:①增加了荷载前处理计算,系统可根据有关自然条件参数、结构参数、荷载计算参数等基础资料进行自重、码头面荷载、船舶荷载、波浪力、水流力、地震惯性力等荷载标准值的计算;②增加了横梁配筋计算、基桩承载力验算、预应力桩抗裂验算、钢管桩强度验算、灌注桩配筋计算等内容,在基桩计算中增加了"m 法";③完善了作用效应组合功能,增强了对多种工况进行一次性计算的适应性;④增加了效应标准值分布图输出,并改进了计算报告书的输出格式。

4. GZDT 高桩三维刚性墩台计算系统

该系统是丰海技术咨询服务(上海)有限公司针对高桩墩式码头的设计而开发的,系统包括数据输入、结构计算和后处理三个模块,数据输入模块完成计算所需要的各种参数的输入,如几何信息、材料信息、约束信息、荷载信息、组合信息等,并将各数据完整地保存至数据库。结构计算模块从数据库中调入原始数据,分别进行荷载标准值计算、桩基作用效应标准值计算、作用效应组合计算、设计轴力及设计应力复核及碰桩校验等,并将计算结果完整地保存至数据库。后处理模块从数据库中取出计算结果,绘制计算模型图、效应分布图、效应组合包络图等图形,形成计算报告书。

系统按现行规范推荐的方法,上部按刚性墩台计算,桩顶与墩台固接,桩底端弹性嵌固于地基中,即采用嵌固点法建立空间模型计算基桩内力和墩台位移。

系统的主要功能和特点包括:①采用可视化输入界面,数据输入方便、直观;②系统可根据墩台性状、水文条件、波浪、地震烈度等参数计算作用在结构上的自重力、水流力、波浪力、水平地震惯性力等,并能进行碰桩验算,对不满足净距要求的桩进行提示;③计算各种作用产生的效应标准值,根据各种计算工况进行作用效应组合计算;④系统采用平面、立面、侧面和立体等不同形式显示结构模型简图,并可进行放大、缩小、平移、旋转等操作;⑤以菜单操作方式查询作用效应标准值、效应组合包络值等,结果采用类似 Excel 的表格形式输出,并提供图文并茂的 Word 格式计算书。

5. BZJS 板桩墙计算系统

该系统是丰海技术咨询服务(上海)有限公司针对板桩码头的设计而开发的一套辅助计算软件。该系统能进行无锚板桩、单锚板桩加锚碇板、单锚板桩加锚碇墙、单锚板桩加锚碇叉桩四种板桩结构形式的辅助设计。软件采用可视化的界面录入数据,可进行土压力、波浪力、剩余水压力的计算、板桩踢脚稳定验算、标准荷载作用效应计算、作用效应组合计算、锚碇结构验算以及构件配筋计算和强度验算,并具有绘制荷载图、作用效应包络图以及输出报告书等功能。

该系统主要由数据输入模块、计算核心模块、后处理模块及数据管理模块四部分组成。数据输入模块主要完成计算所需要的各种参数的输入,如工程概况、土层信息、荷载信息、组合信息等的输入,并将数据完整地保存至数据库。计算核心模块根据原始数据,分别计算土压力、波浪力、剩余水压力等作用标准值以及进行有关的各种验算和计算。后处理模块主要是汇总计算结果,形成计算报告书,绘制荷载图、作用效应标准值分布图、作用效应组合包络图。数据管理模块对各工程数据和系统数据进行有效的管理。

二、构件计算软件

1. MBJS 面板计算系统

该系统是丰海技术咨询服务(上海)有限公司为配合高桩码头设计而开发的辅助设计系统系列软件之一,系统采用有限单元法进行面板计算,可考虑码头面分布荷载、移动荷载、冲切荷载等作用。

系统主要由数据输入模块、计算核心模块及后处理模块三部分组成。输入数据包括面板信息、约束信息、材料信息、荷载信息等。计算内容包括移动荷载的最不利作用位置确定,面板内力、位移等作用效应计算及作用效应组合计算,根据内力包络值进行配筋计算、裂缝宽度验算、抗剪强度和冲切强度计算;对于预制板还进行起吊强度验算、吊钩计算。后处理模块对计算结果进行汇总,据此形成相关的荷载图、面板内力图以及计算报告书。

2. GDL 轨道梁计算系统

该系统是丰海技术咨询服务(上海)有限公司为配合码头设计,针对门机轨道梁计算而开发的辅助设计系统,由数据输入模块、计算模块、后处理(绘图)模块及工程文件管理模块四部分组成。

系统按现行规范的有关规定设计,可以处理可能作用在轨道梁上的各种荷载,可进行承载能力极限状态的持久作用效应组合、短暂作用效应组合,以及正常使用极限状态持久状况的短期效应(频遇)组合、长期效应(准永久)组合和短暂状况效应组合。

系统的特点：①采用可视化界面录入数据，简单方便、便于修改；②自动实现分项系数的判别与选取、主导可变作用的寻找、各种不同组合情况下计算公式的取用；③实现了滚动荷载（如门机荷载）作用下梁的内力包络值计算；④自动生成有关内力图，如承载能力极限状态持久组合、短暂组合情况下的弯矩图和剪力图，正常使用极限状态持久状况长期组合和短期组合情况下的弯矩图和剪力图，正常使用极限状态短暂状况下的弯矩图和剪力图等；⑤集数据录入、结构计算、后处理绘图于一体，使用方便。

3. JCGDL 基础轨道梁计算系统

该系统是丰海技术咨询服务（上海）有限公司为解决文克勒地基上滚动荷载作用下梁的内力和地基反力问题而开发的。系统包括数据输入、计算、后处理及数据管理四个模块，可进行固定荷载和滚动荷载作用下基础轨道梁弯矩、剪力、地基反力的计算，计算结果以图形和文本两种方式，分别输出每段基础轨道梁各截面内力及地基反力包络值。系统以可视化界面输入数据、输出结果，使用方便。

4. KZZGDL 宽支座轨道梁计算系统

该系统是丰海技术咨询服务（上海）有限公司在"GDL 轨道梁计算系统"的基础上，考虑支座宽度对轨道梁内力和变形的影响而开发的辅助设计软件。

系统可以进行有关荷载的前处理计算、荷载作用效应标准值计算和作用效应组合计算，以及轨道梁的强度配筋计算，根据计算结果生成轨道梁的弯矩、剪力、轴力等内力包络图和完整的计算报告书。

5. SPCZL 单桩水平承载力计算系统

该系统是丰海技术咨询服务（上海）有限公司针对高桩板梁式码头的设计需要而开发的辅助计算软件，用于承受水平力的桩身内力和变形计算。

系统可根据需要采用 P-Y 曲线法、NL 法和"m"法三种计算模型。其中，P-Y 曲线法还可以计算循环荷载作用情况。

系统可根据输入的波浪、水流参数计算作用在桩上的波浪力和水流力，进而按需要选取合适的方法完成桩身内力、变形和地基反力计算，通过视图方式查看内力和地基反力分布图。最后以 HTML 格式输出完整的计算报告书。

6. 多跨连续梁计算系统

多跨连续梁计算系统是上海易工工程技术服务有限公司开发的工程辅助设计软件，该系统考虑多种支撑方式（弹性支撑、刚性支撑、自定义支撑）、多种单元模式（普通梁单元、弹性地基梁单元）、多种连接方式（铰接、固结）、多种荷载（集中力、均布力、滚动力）作用，计算内容包括前处理的自重力计算、固定荷载作用下的作用效应标准值、滚动荷载作用下的包络值、作用效应组合包络值、截面强度配筋。系统具有强大的显示功能，可以三维方式显示结构的形态、结构上的荷载、结构的作用效应计算结果等，系统提供直观的 3D 视图方式显示连续梁实体模型、荷载、作用效应等，并且为用户提供图文并茂的 Word 格式报告书。

三、结构综合分析软件

1. 3DFrame 杆系分析软件

3DFrame 是上海易工工程技术服务有限公司开发的空间杆系结构计算分析程序，计算图式按要求直接输入,杆件之间可以铰接也可以固接,杆件可以是等截面也可以是变截面,计算方法为杆件有限单元法(位移法),计算内容包括作用效应标准值和作用效应组合包络值。系统具有良好的输入输出功能和强大的图形输出显示和操作功能,可以实体方式显示结构真实形态和结构的变形和内力。该软件内包含相关建筑工程荷载规范、港口工程规范中的荷载及效应组合内容。

2. Ansys 结构分析软件

Ansys 软件是伴随着有限元的广泛应用和电子计算机的飞速发展而发展起来的一种集结构、流体、电磁场、声场和耦合场分析于一体的大型通用有限元分析软件,是由力学界著名专家 John Swanson 博士于 1970 年创建发展起来的。从创建至今,Ansys 软件的研究与开发不断吸取当今计算方法和计算机技术的最新发展成果,领导着有限元的发展,并为全球工业界所广泛接受。目前全球有 70% 以上的高校及研究单位采用 Ansys 软件作为结构分析工具。Ansys 已成为世界范围内增长最快的 CAE 软件,拥有全球最大的用户群。

Ansys 软件主要包括 3 个部分:前处理模块、分析计算模块和后处理模块。前处理模块 PREP7 提供了一个强大的实体建模及网格划分工具,用户可以方便地构造有限元模型。分析计算模块 SOLUTION 包括结构分析(可进行线性分析、非线性分析和高度非线性分析)、流体动力分析、声场分析、电磁场分析、压电分析以及多物理场的耦合分析,可模拟多种物理介质的相互作用,具有灵敏度分析及优化分析能力。在该阶段,用户可以定义分析类型、分析选项、载荷数据和载荷步选项,然后进行有限元求解。后处理模块可将计算结果以彩色等值线显示、梯度显示、矢量显示、粒子流迹显示、立体切片显示、透明及半透明显示等图形方式显示出来,也可以将计算结果以图表、曲线形式显示或输出。Ansys 软件的后处理过程包括两个部分:通用后处理模块 POST1 和时间历程后处理模块 POST26。通用后处理模块 POST1 是把前面的分析结果以图形形式显示或输出,时间历程后处理模块 POST26 是用于检查在各子步中的结果。

Ansys 软件在工程计算中的运用是相当广泛的,它既可以求解简单的线性静态问题又可以计算复杂的非线性动态结构。这一软件可提供的分析类型有结构静力分析、结构动力学分析、结构非线性分析、动力学分析、流体动力学分析等。

四、岸坡及地基分析软件

1. TPWD 土坡稳定计算系统

该系统是丰海技术咨询服务(上海)有限公司配合码头设计,针对土坡稳定计算而开发的辅助计算软件。该系统采用可视化的界面录入数据,可进行土坡稳定验算、土坡抗震稳定验算,找出最小抗滑分项系数及相应圆弧,并具有输出计算报告书、圆弧滑动示意图等功能。

该系统由数据输入、计算、后处理及图形环境四个模块组成,主要特点:①采用可视化界面录入数据,操作简单、使用方便;②可根据输入的土层信息、荷载信息等,即时显示相关图形,以便核对输入数据的正确性;③可以考虑竖向和水平向的集中力与分布力、地震荷载等多种计算工况,采用简单条分圆弧滑动法进行土坡稳定抗滑分项系数计算;④既可以在一定的圆心范围内计算所有滑弧抗滑分项系数,找出最危险的滑动圆弧,也可以按指定的圆弧进行计算;⑤根据输入数据及计算结果绘制土层分布和圆弧示意图,并以 Word 格式输出计算报告书。

2.边坡稳定分析系统

该系统最初是北京理正软件设计研究院针对铁路、公路路基设计而开发的专业设计软件，经半年多的推广应用已经得到行业内的认可，并于1999年12月通过了铁道部的鉴定，证明是高效的计算机辅助设计软件。该软件同时引起其他行业，尤其是水利、港工等行业的关注，在使用中迫切希望补充完善相关内容。在此基础上开发的"理正边坡稳定分析系统"在内容和功能上都作了较大的调整和改进，发展成为面向各个行业，能够处理各种复杂情况的通用边坡稳定分析系统，并且于2002年通过水利部水规总院的鉴定。

主要功能与特点：①可在AutoCAD中绘制边坡模型，再读入该系统进行分析计算，土层模型可以是等厚、不等厚或任意复杂土层；②可设置任意形式水面浸润线，自动施加静水压力，并计算水浮力和渗透压力；③可施加水平、垂直或任意方向的作用力，真实反映实际荷载的作用，并可自动计算地震荷载；④计算方法可任意选择瑞典条分法、简化Bishop法或Janbu法，计算公式可选择"有效应力法"或"总应力法"；⑤滑动破裂面可以是直线、圆弧、折线的任意组合，水面、滑动面、土层层面与土条的交点自动作为计算控制点；⑥可以考虑锚杆、土工布等加筋材料对稳定的贡献。

3.理正地基处理设计软件

该系统是北京理正软件设计研究院针对软弱土地基进行加固处理的设计与施工而开发的计算软件，主要功能与特点：①系统包含了换填土、高压喷射注浆、土或灰土挤密桩、砂石桩、石灰桩、水泥土深层搅拌桩、夯实水泥土桩、振冲桩、CFG桩、桩锤冲扩桩、(桩体)复合地基等各种常规的地基处理方法；②系统可根据输入的地质条件选择多套比较合理的地基处理方案，并根据计算、统计结果对设计方案制定工程实施进度计划；③计算内容包括地基承载力计算、软弱下卧层验算及地基沉降计算；④可根据用户需要方便地输出原始数据、中间计算过程及结果、地基应力分布简图、沉降分布简图、计算说明书、造价与工时统计等计算结果。

另外北京理正软件设计研究院还开发了抗滑桩(挡墙)设计、挡土墙设计等软件，此不赘述。

五、绘图软件

1.高桩板梁式码头总图CAD绘图系统

该系统是丰海技术咨询服务(上海)有限公司正在开发的绘图软件，目前已完成了总平面图和码头平面图，总平面图包括码头前后平台、引桥、系缆墩、工作桥、辅助平台、各种常用的码头设施等，码头平面图主要是码头平台的桩位、梁板布置、码头设备等。

2.高桩板梁式码头CAD

高桩板梁式码头CAD是上海易工工程技术服务有限公司开发的，是集高桩板梁式码头横向排架的计算与图形显示于一体的辅助设计系统。

主要功能与特点：①采用适合专业设计人员习惯和设计流程的界面录入数据，操作简单、使用方便，并具有较强的前处理功能，可根据输入的荷载信息计算自重力、波浪力、水流力、地震力、门机荷载和船舶荷载等；②采用杆系有限元法进行结构分析，考虑了多种计算图式：桩顶与横梁可以铰接或固接，桩底可采用弹性嵌固(假象嵌固点法)或者m法，具有较强的适应性；③计算内容全面：可进行各种荷载产生的作用效应标准值计算、滚动可变荷载作用下的效应包络值计算、各种组合情况下的效应包络值计算、基桩截面承载力验算、单桩承载力验算及碰桩验算等；④具有较强的后处理功能：以图形方式显示三维结构实体图和荷载作用示意图，以图形和表格方式显示计算结果，如各种荷载作用效应标准值、滚动荷载作用效应包络值、各种组合作用效应包络值等，采用 Word 格式输出图文并茂的计算结果报告书。

3. 高桩墩式码头 CAD

该系统是上海易工工程技术服务有限公司针对高桩墩式码头设计而开发的辅助设计软件，其数据输入、计算内容、显示与输出等功能均与"高桩板梁式码头 CAD"系统类似，所不同的是高桩墩式码头按空间杆系结构分析，横向排架按平面杆系结构分析。此不再详述。

4. 板桩码头 CAD

板桩码头 CAD 是上海易工工程技术服务有限公司开发的工程辅助设计软件，该系统包含了板桩码头的计算和图形显示，主要功能与特点：①荷载考虑全面，前处理功能较强，可根据输入的基本条件进行土压力、剩余水压力、波浪力等作用的标准值计算和作用效应组合包络值计算；②系统可进行无锚板桩墙、单锚板桩墙、多锚板桩墙的结构计算，内容包括板桩墙的踢脚稳定性、内力、位移及强度计算，锚碇结构稳定性计算等；③系统具有强大的显示功能，可以三维的方式显示结构的形态、结构上的荷载、结构的作用效应组合计算结果等；④系统可按照工程计算过程以 Word 格式输出图文并茂的计算报告书。

5. 高桩板梁式码头结构配筋 CAD 绘图系统

该系统是丰海技术咨询服务(上海)有限公司，针对高桩板梁式码头开发的辅助设计软件，由数据输入模块、辅助计算模块、图形生成模块三部分组成，主要功能与特点：①考虑的码头构件较全面，包括码头面板、纵梁、横梁、靠船构件及水平撑、引桥横梁等；②采用可视化输入界面，使得数据输入方便、直观；③根据输入的构件几何尺寸、配筋参数等相关数据，形成"DWG"格式图形文件并输出，并能够根据所绘图纸的内容进行钢筋自动分类统计与编号，生成相应的材料表；④图形参数设置简洁明了，可轻松编辑修改生成的图形文件；⑤图形绘制内容详尽，包括构件的平面图、断面图、开孔或缺口的布置、各类钢筋排布、吊环详图、孔口详图、尺寸标注、钢筋编号等文字字符标注、材料表、必要的常规说明等。

思考题

1. 计算机在港口工程领域有哪些应用？

2. 在港口工程建筑物中，哪些建筑物或构件可简化为弹性支承连续梁计算？哪些可简化为刚架计算？并说明理由。

3. 在刚架计算程序设计中，单元定位向量起什么作用？弹性约束应如何处理？对于带桩基的刚架，桩单元应如何处理？

4. 简述桩基墩台结构的计算机程序设计思路与方法。

5. 重力式结构稳定性计算程序设计将结构墙身划分成若干单元的做法有什么优越性？

6. 用圆弧滑动面法验算建筑物整体稳定性时，给定初始滑动圆心后由计算机自动调整半径和圆心位置，为什么不能保证收敛于最危险的滑动面？

7.单锚板桩码头板桩墙计算多采用弹性线法,试叙述其程序设计思路和方法,并设计计算框图。

8.对图示平面刚架结构进行单元编号和结点编号。以 NS 表示特殊结点数,用数组 $JS(i,NS)$ 存放特殊结点信息,$JS(1,j)$ 是第 j 个特殊结点的结点号,$JS(2,j),JS(3,j)$ 和 $JS(4,j)$ 分别为第 j 个特殊结点三个位移分量方向的约束信息。试设计特殊结点信息的输入语句并填写对应的数据文件。

9.熟悉港口工程领域常用的商务软件。

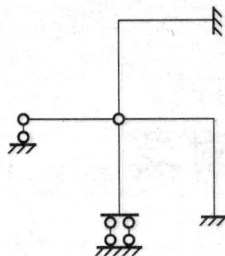

题8图　平面刚架结构示意图

参考文献

[1] 王云球.港口水工建筑物(II)[M].北京:人民交通出版社,2001.

[2] 匡文起,等.结构矩阵分析和程序设计[M].北京:高等教育出版社,1991.

[3] 罗传信.海洋桩基平台[M].天津:天津大学出版社,1998.

[4] 范文田.地下墙柱静力分析[M].北京:人民交通出版社,1978.

[5] 朱其志.重力式码头计算机辅助设计研究[J].河海大学学报(自然科学版),2000(5).

[6] 余学峰.现代设计法及其在港口工程设计中的应用[J].水运工程,1996(9).

[7] 支保强.港口工程 CAD 系统开发研究[J].水运工程,1989(4).

[8] 麦运俭,胡灼林.多功能圆弧滑动稳定分析电算程序[J].水运工程,1996(8).

[9] 肖泽铿.重力式码头微机辅助设计系统[J].水运工程,1996(8).

[10] 张喜春.桩基墩式码头计算机辅助设计程序[J].水运工程,1999(3).

[11] 张祖强,李平昌.ANSYS 有限元程序在结构工程领域的应用[J].工程结构,2004(2).

[12] 陆东汉.对首批商品化港口工程计算软件的评述[M].水运工程,2004(8).

附录一 荷载标准值表

海港码头堆货荷载标准值 附表 1-1

序号	码头类别	荷载图式	结构形式	前沿 q_1	前方堆场 q_2 构件计算	整体计算	说　明
1	件杂货码头		不限	20	40(60)	30(40)	前方堆场有少量钢铁时用括号内数值。码头前沿有重件落地时 q_1 用 30kPa。门机下无铁路时，q_1 用 25kPa
2	客货码头	同件杂货码头 b)	不限	20	30	25	
3	金属矿石	同件杂货码头 a)	透空式	20	100	80	q_2 对应垛高 4m
			实体式	20	150	120	q_2 对应垛高 6m
		同件杂货码头 b)	不限	30(50)	70	60	前沿经常堆货时用括号内数值
4	煤码头	同件杂货码头 a)	不限	20	100	70	q_2 对应垛高 10m
		同件杂货码头 b)		20(30)	50	50	q_2 对应垛高 5m，前沿需堆货时用括号内数值
				5	20	20	q_1 为人群荷载
5	非金属矿石码头（包括石料）	同件杂货码头 a)	不限	20	80(100)	60(80)	前方堆场堆存量较大时用括号内数值
		同件杂货码头 b)	不限	20(30)	60	60	前沿经常堆货时用括号内数值
6	盐码头	同件杂货码头 a)	不限	20	90	60	q_2 对应垛高 10m
		同件杂货码头 b)			50	50	q_2 对应垛高 5.5m
7	五金钢铁码头	同件杂货码头	不限	30	80	60	
8	木材码头	同件杂货码头 a)	不限	30	60	60	
		同件杂货码头 b)	不限	20	30	25	
9	集装箱码头	同件杂货码头 a)	不限	30	60	60	多用途码头无资料时可参照使用

序号	码头类别	荷载图式	结构形式	堆货荷载标准值(kPa)			说　明
				前沿 q_1	前方堆场 q_2		
					构件计算	整体计算	
10	港作船码头	同件杂货码头 b)	不限	10～20	10～20	10～20	
11	油码头		不限	5～10 (15)			前沿堆桶装油时用括号内数值

河港码头堆货荷载标准值

附表 1-2

序号	码头类别	码头形式	荷载图式	结构形式	堆货荷载标准值(kPa)			说明
					前沿 q_1	前方堆场 q_2		
						构件计算	整体计算	
1	件杂货码头	直立式	a)	不限	20	40(30)	30(25)	见《港口工程荷载规范》
			b)	不限	15～20	30～40	20～30	
2	五金钢铁码头	直立式	同件杂货码头 a)	透空式	20	50～80	35～60	
				实体式		80	60	
			同件杂货码头 b)	不限	20	50	35	
3	散货码头	直立式	同件杂货码头 a)	透空式	20	40～50	30～40	
				实体式		50～80	40～60	
			同件杂货码头 b)	不限	20	50	40	
4	件杂货码头	斜坡式		不限	3～5	20～30	20	
5	五金钢铁码头			不限	3～5	40～50	30～35	
6	散货码头			不限	3～5	30～50	25～40	
7	港作船码头	不限		不限	3～5	10～20	10～20	
8	油码头	不限		不限	3	3～5	3	

注:①表中序号 4～8 前沿栏 q_1 值,当为引桥时取表中值,当为斜坡时取零值;

②集装箱码头的堆货荷载标准值可按附录 1 中附表中集装箱码头使用;

③多用途码头的堆货荷载标准值同集装箱码头。当根据使用要求并有充分论证时,堆货荷载标准值可适当降低。

后方堆场堆货荷载标准值 附表 1-3

堆存货种		堆货荷载标准值 q_3(kPa)	说 明
件杂货		30~40	包括重件
五金钢铁		80	钢锭(坯)、生铁、马口铁、矽钢片堆高大于 2m 时用 100~120kPa
木材		30	
散货	煤	50~60	移动式皮带机大面积堆高
	金属矿石及矿粉	100~120	
	非金属矿石及矿粉	80	

人群荷载标准值 附表 1-4

建筑物类别	人群荷载标准值 q(kPa)	备 注
客班轮码头或引桥	4~5	
人行引桥或浮桥	3	人行通道宽度>1.2m
	2	人行通道宽度<1.2m

注:①大中型客码头 q 值取表中上限;

②专业码头人行天桥或浮桥的 q 值经论证后可适当降低,但不应低于 2kPa;

③设计钢引桥主桁时,人群荷载标准值不得折减。

汽车荷载标准值及平面尺寸 附表 1-5

主 要 指 标	单位	10t 汽车	15t 汽车	20t 汽车	30t 汽车	55t 汽车
一辆车总重力	kN	100	150	200	300	550
前轴重力标准值	kN	30	50	70	60	30
中轴重力标准值	kN	—	—	—	—	2×120
后轴重力标准值	kN	70	100	130	2×120	2×140
轴距	m	4.0	4.0	4.0	4.0+1.4	3+1.4+7+1.4
轮距	m	1.8	1.8	1.8	1.8	1.8
前轮着地宽度及长度	m	0.25×0.20	0.25×0.20	0.30×0.20	0.30×0.20	0.30×0.20
中、后轮着地宽度及长度	m	0.50×0.20	0.50×0.20	0.60×0.20	0.60×0.20	0.60×0.20
车辆外形尺寸(长×宽)	m	7×2.5	7×2.5	7×2.5	8×2.5	15×2.5

国产门座起重机荷载标准值 附表 1-6

荷 载 代 号		M_h-2-25	M_h-3-25	M_h-4-25	M_h-5-25	M_h-6-25
代表的门座起重机性能	最大起重量(t)	5	10	10	16	25
	最大幅度(m)	30	25	30	30	30
	自重(t)	115	145	200	240	340
	轨距(m)	10.5				
	支腿纵距(m)	10.5				
荷载 P(kN)		250				

续上表

荷载代号	M$_h$-2-25	M$_h$-3-25	M$_h$-4-25	M$_h$-5-25	M$_h$-6-25
两机荷载图式间的最小距离(m)	1.5				
支腿荷载计算图式(间距单位:m)					

注:①两机荷载图式间的最小距离大于表中规定而可能产生最大内力时,应视其最不利间距及相应支腿竖向荷载计算;
②最大起重量 25t、最大幅度 20m 的门座起重机,用 M$_h$-5-25 图式;
③最大起重量 25t、最大幅度 30m 的门座起重机,当其最大腿压小于 1 500kN 时,用 M$_h$-6-25 图式;
④门座起重机在风荷载作用下产生的水平荷载,应通过计算确定。

国产门座起重机在工作状态下的支腿竖向荷载标准值

附表 1-7

吊臂位置	支腿竖向荷载(kN) / 荷载代号 / 支腿编号	M$_h$-2-25	M$_h$-3-25	M$_h$-4-25	M$_h$-5-25	M$_h$-6-25
1	A	440	660	880	1 100	1 320
	B	440	660	880	1 100	1 320
	C	160	240	320	400	480
	D	160	240	320	400	480
2	A	500	750	1 000	1 250	1 500
	B	300	450	600	750	900
	C	100	150	200	250	300
	D	300	450	600	750	900
3	A	440	660	880	1 100	1 320
	B	160	240	320	400	480
	C	160	240	320	400	480
	D	440	660	880	1 100	1 320
吊臂位置图						

注:①表列数值已考虑 0.4kPa 的风压;
②两机荷载图式间的最小距离按附表 1-6 选用时,支腿竖向荷载可按吊臂位置 1 采用。

附录二 港口工程结构可靠度简介

一、工程结构可靠度基本概念

1.结构可靠度与失效概率

工程结构设计的基本目的是使结构在预期的使用期限内能满足设计所预期的各种功能要求。一般来说,港口工程结构必须满足下列四项功能要求:①在正常施工和正常使用时,能安全承受可能出现的各种作用;②在正常使用时具备良好的工作性能;③在正常维护下具有足够的耐久性能;④在发生设计规定的偶然事件下,主体结构仍能保持整体稳定。第①、第④两项是安全性要求,第②项是适用性要求,第③项是耐久性要求,三者可概括为结构可靠性要求。度量结构可靠性的数量指标称为结构可靠度,其定义为:结构在规定的时间内,在规定的条件下,完成预定功能的概率。不能完成预定功能的概率称为失效概率。两者的关系为:$P_s = 1 - p_f$,其中 P_s 为结构可靠度,P_f 为失效概率。

2.设计使用年限和设计基准期

设计使用年限是规定的结构或结构构件不需进行大修即可按其预定目的使用的时期。结构的设计使用年限应根据使用要求和环境影响确定。对结构安全等级为一级和二级的港口工程结构,设计使用年限为 50 年,对结构安全等级为二级的高桩板梁结构可根据使用要求取设计使用年限为 30~50 年。港口工程结构的安全等级见附表 2-1。设计使用年限与结构的实际使用寿命有一定联系,但两者不能等同。当结构的使用年限超过设计使用年限后,结构的可靠度可能较设计预期值减小,但并不等于结构丧失功能或报废。在进行可靠度分析时,还涉及设计基准期,它是为确定可变作用及与时间有关的材料性能等取值而选用的时间参数。《港口工程结构可靠度设计统一标准》(GB 50158—92)规定港口工程钢筋混凝土结构的设计基准期可定为 50 年。

港口工程结构安全等级 附表 2-1

安 全 等 级	一 级	二 级	三 级
破坏后果	很严重	严重	不严重

注:一般港口工程结构的安全等级宜采取二级。

3.极限状态和极限状态方程

结构或结构的一部分超过某一特定状态就不能满足设计规定的某一功能要求,此特定状态称为该功能的极限状态。极限状态实质上是结构可靠和失效的分界线。极限状态可分为两类:一类是承载能力极限状态,对应于结构或结构构件达到最大承载能力或不适于继续承载的变形;另一类是正常使用极限状态,对应于结构或结构构件达到正常使用和耐久性能的某项规定限值,例如混凝土的裂缝宽度、梁的挠度等。

结构的极限状态可用下列极限状态方程描述：

$$Z = g(X_1、X_2,\cdots,X_n) = 0 \qquad\qquad (附2\text{-}1)$$

式中：$X_i(i=1,2,\cdots,n)$——基本变量，通常是指结构上的各种作用、材料性能、几何参数

等，均作为随机变量考虑；

$Z=g(X_1,X_2,\cdots,X_n)$——结构的功能函数。

当 $g(X_1,X_2,\cdots,X_n)>0$ 时，结构处于可靠状态；

当 $g(X_1,X_2,\cdots,X_n)=0$ 时，结构处于极限状态；

当 $g(X_1,X_2,\cdots,X_n)<0$ 时，结构处于失效状态。

4.结构的设计状况

代表一定时段的一组物理条件，设计应做到结构在该时段内不超越有关的极限状态，称为设计状况。港口工程结构设计时应考虑不同的设计状况。对每一种设计状况，应采用相应的结构体系、可靠度水准、设计值及考虑施工和使用中的环境条件和影响等。港口工程结构可分为下列三种设计状况：

(1)持久状况：正常情况下使用的状态，如码头面承受堆货荷载和流动机械荷载等。

(2)短暂状况：适用于结构的临时状况，该状态在结构施工和使用过程中一定出现，而与设计使用年限相比，持续期较短的状况，如施工、维修和短期特殊使用等。

(3)偶然状况：适用于结构的异常状态，该状况持续时间很短，出现的概率很低，如结构遭受罕遇地震作用。

上述三种设计状况应分别进行下列极限状态设计(附表2-2)。

不同设计状况下应进行的极限状态设计　　　　　　　　附表2-2

设 计 状 况	承载能力极限状态	正常使用极限状态
持久状况	应进行	应进行
短暂状况	应进行	根据需要进行
偶然状况	应进行	—

二、可靠度设计的发展概况

20 世纪 40 年代美国学者弗雷登特鲍尔(A. M. Fredentbal)首先提出了结构可靠性理论。1954 年，前苏联萨崔钦(A. P. Ржацичын)提出了一次二阶矩法的基本概念和计算结构失效概率的方法，并明确提出了与失效概率相联系的可靠性特征。1969 年美国的科奈尔(C. A. Cornell)从实用的角度出发提出，以与结构失效概率相联系的可靠指标 β 值作为衡量结构安全度的统一定量指标。1971 年加拿大的林德(N. C. Lind)把分项系数和可靠度联系起来，为规范使用 β 值来衡量可靠度提供了可行的实用方法。1973 年国际标准化组织提出结构安全性验证的总原则；1986 年修订并更名为《结构可靠度总原则》，1998 年颁布最新版。我国于 1984 年颁布《建筑结构设计统一标准》(GB J68—84)，2001 年修订为《建筑结构可靠度设计统一标准》(GB 50068—2001)。《港口工程结构可靠度设计统一标准》(GB 50158—92)也于 1992 年颁布，并据此完成了有关港工结构设计规范的编制；经多年使用后，目前正在进行修订，将对作

用分类及相应的设计状况和设计表达式等进行修改。

20世纪70年代以来,国际上在工程结构设计方法上的趋向是采用以概率理论为基础的极限状态设计方法,简称"概率设计法"。该法按发展阶段和精确程度不同分成三个水准。

水准 I:半概率法。对荷载效应和结构抗力的基本变量部分地进行数理统计分析,并与工程经验相结合引入某些经验系数。我国在工程结构可靠度设计统一标准颁布实施前,结构设计规范基本上属半概率法。

水准 II:近似概率法。以结构的失效概率或可靠指标来度量结构可靠度,并建立了结构可靠度与结构极限状态方程之间的关系。在计算可靠指标时考虑了基本变量的概率分布类型和采用了线性化的近似手段,在截面设计时一般采用分项系数的实用设计表达式。

水准 III:全概率法。对结构各种基本变量分别采用随机变量或随机过程描述,要求对整个结构采用精确的概率分析,求其失效概率。但由于目前对结构的基本变量缺乏足够的统计资料,不论在理论上还是实际应用上,采用全概率法还存在一定的困难,目前尚处于研究阶段。

与港工结构传统的定值极限状态设计相比,概率极限状态设计是基于可靠度理论的极限状态设计,概率设计状态才能达到真正的设计极限状态。但由于目前对结构设计中的基本变量缺乏足够的统计资料,不论在理论上还是实际应用上,精确的可靠度计算还存在一定困难。我国的港工结构规范目前采用的是近似概率设计法,其实用设计表达式以分项系数来表达,与传统设计方法相近,易于为设计人员所接受。分项系数的取值是以概率分析为基础经优化后确定的,本质上体现了可靠度设计的基本精神。

三、结构可靠度计算的基本概念

1. 结构可靠指标

结构可靠度是个模糊的概念。为便于分析比较,采用可靠指标 β 来表达。结构可靠指标 β 和可靠度 P_s、失效概率 P_f 的关系如下:

$$\beta = \phi^{-1}(P_S) = \phi^{-1}(1 - P_f) \tag{附2-2}$$

式中:ϕ^{-1}——标准正态分布函数的反函数。

可靠指标 β 与失效概率 P_f 的对应关系如附表2-3所示。

β 与 P_f 的对应关系

附表2-3

β	2.0	2.5	3.0	3.5	4.0	4.5
P_f	2.3×10^{-2}	6.2×10^{-3}	1.4×10^{-3}	2.3×10^{-4}	3.1×10^{-5}	3.4×10^{-6}

由表可见,根据 β 即可判断结构的失效概率或可靠度。β 越大,失效概率越小,而可靠度越大。

2. 可靠指标与安全系数的关系

科奈尔给出的可靠指标 β 的定义为:$\beta = \mu_z / \sigma_z$(式中 μ_z 为变量的均值,σ_z 为变量的标准差)。当结构极限状态方程仅有互相独立且都服从正态分布的作用效应和结构抗力两个综合变量时,结构可靠指标 β 可按下式计算:

$$\beta = (\mu_R - \mu_S) / \sqrt{\sigma_R^2 + \sigma_S^2} \tag{附2-3}$$

式中:μ_S、σ_S——作用效应的均值和标准差;

μ_R、σ_R——结构抗力的均值和标准差。

传统设计方法的安全度是用安全系数 K 表示的，K 只与作用效应 S 和结构抗力 R 的均值有关：

$$K = \mu_R/\mu_S \qquad (附2-4)$$

将式(附2-4)代入式(附2-3)，即得到：

$$\beta = \frac{K-1}{\sqrt{K^2 V_R^2 + V_S^2}} \qquad (附2-5)$$

式中：V_S、V_R——分别为作用效应和结构抗力的变异系数。

由式(附2-5)可知，β 值不仅包含安全系数 K 值，而且还包含作用效应和结构抗力的变异系数 V_S 和 V_R。K 值仅反映结构的部分可靠性，而 β 值则能较全面地反映结构的可靠度。

3. 目标可靠指标

结构承载能力极限状态的设计应满足 $\beta \geq \beta_0$，其中 β_0 是目标可靠指标，也可称为结构的最小设计可靠指标，它表示结构设计所预期达到的可靠度。目标可靠指标的确定是结构可靠度设计需解决的主要问题之一。确定目标可靠指标的方法主要有综合效益法，类比法和校准法等几种。其中校准法是加拿大、美国、欧洲等一些国家和我国采用的方法。该法通过对现行设计安全度的校核(反演计算)找出隐含于现有结构中相应的可靠指标标准，经综合分析和调整，制定今后设计采用的目标可靠指标。实质上是充分注意到工程建设长期积累的实践经验，继承原有设计规范结构设计安全度水准，认为它在总体上是合理的。这在现阶段是一种比较切实可行的确定目标可靠指标的方法。港口工程结构的目标可靠指标 β_0 据结构的破坏类型和安全等级确定(附表2-4)。

目标可靠指标 β_0　　　　　　　　　　附表2-4

破 坏 类 型	结构安全等级		
	一级	二级	三级
有预兆破坏	4.0	3.5	3.0
无预兆破坏	4.5	4.0	3.5

四、结构可靠度计算方法简介

可靠指标 β 的表达很简单，但由于随机变量分布的相关性和随意性，该指标的获得存在不少困难，因而出现了许多方法，按其求得的方法可分为三大类。

1. 代数方法

由于随机变量的一阶矩(均值)和二阶矩(均方差)较容易得到，因此将非线性功能函数 $Z = g(X_1, X_2, \cdots, X_n)$ 在线性化点 X^* 用台劳级数展开成线性函数，取常数项和一次项；采用只有均值和标准差的数学模型求解结构可靠度的一次二阶矩法，是一种简便实用的方法。由于将非线性功能函数作了线性处理，所以这是一种近似方法，但计算精度一般能满足工程需要。根据线性化点 X^* 选择的不同，该法又分为均值一次二阶矩法(中心点法)和验算点法(有时也称改进一次二阶矩法)。

上述方法要求所有随机变量都服从正态分布，这与结构设计中的实际情况并不相符。此

时可把随机变量 X_i 原来的非正态分布当量化,使设计验算点处的概率分布和概率密度函数与原分布相同,然后求得等效正态分布的均值和标准差。此法已被国际结构安全度联合委员会(JCSS)采用,故称为 JC 法,又称验算点法,也是我国《港口工程结构可靠度设计统一标准》(GB 50158—92)采用的方法。其具体计算可见《港口工程结构可靠度设计统一标准》(GB 50158—92)附录二。

2.概率论方法

其代表方法是蒙特卡罗法。蒙特卡罗法(MonteCarloSimulation)的基本思路是对 $X_i(i=1,2,\cdots,n)$ 进行 N 次随机抽样,得到 N 组 $X_i^j(j=1,2,\cdots,N)$,将第 j 组 $(j=1,2,\cdots,N)$ 的 $X_i^j(i=1,2,\cdots,N)$ 代入功能函数,得到 N 个 $Z_j(j=1,2,\cdots,N)$,如果 N 个 Z_j 值中存在 N_f 个 $Z_j<0$,则结构的失效概率表示为:

$$P_f \approx \frac{N_f}{N} \qquad\qquad (附 2\text{-}6)$$

蒙特卡洛法避开了结构可靠度分析中的数学困难,不需考虑功能函数的非线性和极限状态曲面的复杂性,比较直观和精确,通用性强。但该法要求随机抽样数必须足够大,否则达不到精度要求。因此计算量大,效率低。随着抽样技术的改进和计算机硬件水平的提高,该法的应用会越来越广泛。

3.模糊数学等方法

由于工程中有很多不确定的因素,例如:港口工程中就有地基土的随机性、荷载的随机性、自然力量的随机性等,对这样的问题也可以采用灰色数学法、模糊数学法、未确知数学法等来求解。这些方法在工程结构可靠度的计算中也发挥了不少作用。

前面介绍的可靠度分析方法是针对每个构件进行的。而结构体系是由构件组合而成的。对于静定结构体系,其中的每个构件失效都会导致整个结构体系的失效,所以该结构体系可靠度<构件可靠度;超静定结构体系只有当结构中若干个构件都失效时结构才会失效,其结构可靠度>构件可靠度。

附录三 弹性地基梁板的计算理论和方法

一、弹性地基梁板计算理论简介

任何结构物都必须建筑在地基上，作用在结构物上的荷载通过基础传给地基，而基础底面受到地基反力的作用。地基反力的分布与地基土壤的物理力学性能、基础底面的形状、基础刚度和荷载等情况都有关系，要想用精确的方法计算地基反力的分布是有困难的，必须对基底反力的分布或反力与沉降的关系作出假设，以简化计算。地基反力确定了，基础梁板的内力就不难求得。从某种意义上来讲，弹性地基梁板的计算问题，就是确定地基反力的分布问题。求算地基反力的假设主要有下列三种：

（1）地基反力直线分布假设。这种理论最简单，用偏心受压公式即可求得地基反力的分布。

$$\begin{matrix} P_{\max} \\ P_{\min} \end{matrix} = \frac{\sum p}{bl}\left(1 \pm \frac{6e}{l}\right) \qquad\qquad (\text{附 } 3\text{-}1)$$

式中：$\sum p$——基础上的总垂直荷载（kN）；

$\quad\quad e$——垂直荷载的合力对基础中心的偏心矩（m）；

$\quad\quad l、b$——基础底面的长度和宽度（m）；

$P_{\max}、P_{\min}$——基础两端地基反力的最大值和最小值（kN/m^2）。

但这种假设没有考虑基础梁与地基之间的相对刚度，仅能用于刚性基础梁的计算；对于柔性基础梁，会产生相当大的计算误差。

（2）地基系数假设（或称基床系数假设，文克勒假设）。1867 年文克勒（E. Winkler）提出了地基每单位面积上所受的压力 p 与地基沉降 y 成正比的假设，即 $p = ky$，其中 k 称为地基系数。按照这个假设，地基表面某点的沉降量仅与该点所受的压力强度有关，即将地基模拟为无限多个各自孤立的弹簧，忽略了地基的整体性和连续性，因此不能考虑边荷载对基础反力的影响，与实际情况不符。理论与实验研究也表明，即使是同一种土，地基系数 k 值随着外力的大小、基础的平面形状和尺度等因素而变化，并不是常数；所以单一的地基系数 k 也没有能反映地基的固有性质。这种假设尽管在理论上有缺陷，但考虑了基础与地基的弹性性质，使用又较方便，如果地基系数 k 值选用得当，计算结果尚能满足工程上的要求，因此获得广泛应用，本附录将重点介绍。

（3）理想弹性体假设。把地基视为连续的理想弹性体（半无限大理想弹性体或有限弹性层），利用弹性力学解答来建立地基表面各点的压力和沉降之间的关系。这种假设充分考虑了地基的整体性和连续性，在理论上比地基系数假设完善。但地基的性质与理想弹性体相距甚远，用弹性理论来描述地基还是有缺陷的。

二、地基系数假设的弹性地基梁的基本解法

弹性地基梁受荷变形后，除了垂直反力外，还有作用在梁和地基接触面上的水平摩擦力，因其影响较小而一般不予以考虑。附图 3-1a)所示为一受荷的弹性地基梁变形情况。现取其中一无穷小的梁单元，其长度为 dx，设该单元位于受分布荷载 $q(x)$ 的 bc 段梁上，则作用在该单元上的力如附图 3-1b)所示。考虑单元的平衡，垂直力总和应为零，得到：

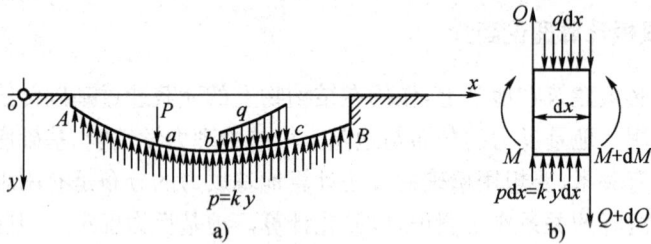

附图 3-1　弹性地基梁的受力变形图

$$Q - (Q + dQ) + bkydx - q(x)dx = 0 \qquad (\text{附 } 3\text{-}2)$$

经推导可得：

$$\frac{d^4 y}{dx^4} + 4a^4 y = \frac{q(x)}{EI} \qquad (\text{附 } 3\text{-}3)$$

式中：E——梁材料的弹性模量（N/cm²）；

　　　I——梁截面的惯性矩（cm⁴）；

　　　y——梁的挠度（cm），向下为正；

　　　a——梁的相对刚度系数（cm⁻¹），$a = \sqrt[4]{\dfrac{bk}{4EI}}$；

　　$q(x)$——梁上分布荷载强度（N/cm），向下为正；

　　　b——梁截面的宽度（cm）；

　　　k——地基系数（N/cm³）。

上式为常微分线性非齐次方程，其通解由相应齐次方程（即 $q(x)=0$）的通解加上式的一个特解组成。

齐次方程的通解为

$$y = e^{ax}(C_1 \cos ax + C_2 \sin ax) + e^{-ax}(C_3 \cos ax + C_4 \sin ax) \qquad (\text{附 } 3\text{-}4)$$

式（附 3-3）的特解可表示为 $y = \dfrac{q(x)}{k}$，故式（附 3-3）的通解为：

$$y = e^{ax}(C_1 \cos ax + C_2 \sin ax) + e^{-ax}(C_3 \cos ax + C_4 \sin ax) + \frac{q(x)}{k} \qquad (\text{附 } 3\text{-}5)$$

对式（附 3-4）微分可得：

$$\frac{1}{a}\frac{dy}{dx} = e^{ax}[C_1(\cos ax - \sin ax) + C_2(\cos ax + \sin ax)] -$$
$$e^{ax}[C_3(\cos ax + \sin ax) - C_4(\cos ax - \sin ax)] \qquad (\text{附 } 3\text{-}6)$$

$$\frac{1}{2a^2}\frac{d^2 y}{dx^2} = -e^{ax}(C_1 \sin ax - C_2 \cos ax) + e^{-ax}(C_3 \sin ax - C_4 \cos ax) \qquad (\text{附 } 3\text{-}7)$$

$$\frac{1}{2a^3}\frac{d^3 y}{dx^3} = -e^{ax}[C_1(\cos ax + \sin ax) - C_2(\cos ax - \sin ax)] +$$

$$\mathrm{e}^{-\alpha x}\big[C_3(\cos\alpha x - \sin\alpha x) + C_4(\cos\alpha x + \sin\alpha x)\big] \qquad (\text{附 } 3\text{-}8)$$

由材料力学可知：

$$\frac{\mathrm{d}y}{\mathrm{d}x} = \tan\theta \qquad -EI\frac{\mathrm{d}^2 y}{\mathrm{d}x^2} = M \qquad -EI\frac{\mathrm{d}^3 y}{\mathrm{d}x^3} = Q$$

于是，关于弹性地基梁的弹性曲线倾角 $\theta \approx \tan\theta$、弯矩 M 和剪力 Q，以及地基反力 $p = ky$ 等的表达式都可从式（附 3-4）～式（附 3-8）中得出。下一步的问题是如何根据梁的边界条件或连续条件确定待定的积分常数 $C_1 \sim C_4$。这些常数一般可以用所谓初参数 y_0、θ_0、M_0 和 Q_0 表示，即在梁上所取的某一初始截面（如梁的两端）相应的挠度、转角、弯矩和剪力的各数值，此即初参数法的基本原理。

三、有限长梁的一般解

附图 3-2 所示是等截面有限长度的弹性地基梁，梁上作用有各种形式的荷载。取梁的左端为坐标原点 O，取梁的中和轴为 x 轴，x 轴向右为正，y 轴向下为正。

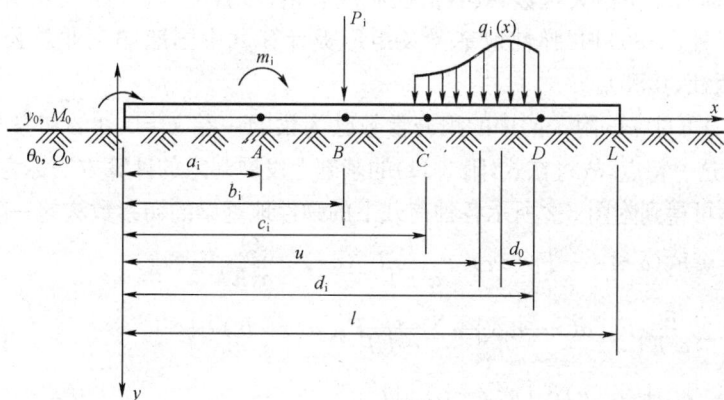

附图 3-2 弹性地基有限长梁

对于梁上无荷载的区段，基础梁的通解为式（附 3-4），其中 C_1、C_2、C_3、C_4 为 4 个待定常数，可由基础梁两端四个边界条件确定。

取 $x = 0$，可得梁的左端条件为：

$$\left.\begin{aligned}
(y)_{x=0} &= y_0 = C_1 + C_3 \\
\left(\frac{\mathrm{d}y}{\mathrm{d}x}\right)_{x=0} &= \theta_0 = \alpha(C_1 + C_2 - C_3 + C_4) \\
\left(-EI\frac{\mathrm{d}^2 y}{\mathrm{d}x^2}\right)_{x=0} &= M_0 = 2\alpha^2 EI(-C_2 + C_4) \\
\left(-EI\frac{\mathrm{d}^3 y}{\mathrm{d}x^3}\right)_{x=0} &= Q_0 = 2\alpha^3 EI(C_1 - C_2 - C_3 - C_4)
\end{aligned}\right\} \qquad (\text{附 } 3\text{-}9)$$

从上式可求得未知值 C 的表达式为：

$$\left.\begin{aligned}
C_1 &= \frac{1}{2}y_0 + \frac{1}{4\alpha}\theta_0 + \frac{1}{8\alpha^3 EI}Q_0 \\
C_2 &= \frac{1}{4\alpha}\theta_0 - \frac{1}{4\alpha^2 EI}M_0 - \frac{1}{4\alpha^3 EI}Q_0 \\
C_3 &= \frac{1}{2}y_0 - \frac{1}{4\alpha}\theta_0 - \frac{1}{8\alpha^3 EI}Q_0 \\
C_4 &= \frac{1}{4\alpha}\theta_0 + \frac{1}{4\alpha^2 EI}M_0 - \frac{1}{8\alpha^3 EI}Q_0
\end{aligned}\right\} \qquad (\text{附 } 3\text{-}10)$$

将式(附 3-10)中 C 值代入式(附 3-4)，并令 $\frac{1}{2}(e^{\alpha x}+e^{-\alpha x})=\text{ch}\alpha x$ 及 $\frac{1}{2}(e^{\alpha x}-e^{-\alpha x})=\text{sh}\alpha x$，可得弹性曲线的一般方程式：

$$y(\alpha x)=y_0 F_1(\alpha x)+\frac{1}{\alpha}\theta_0 F_2(\alpha x)-\frac{1}{\alpha^2 EI}M_0 F_3(\alpha x)-\frac{1}{\alpha^3 EI}Q_0 F_4(\alpha x) \quad \text{(附 3-11)}$$

式中：

$$\left.\begin{aligned}
F_1(\alpha x) &= \text{ch}\alpha x\cos\alpha x \\
F_2(\alpha x) &= \frac{1}{2}(\text{ch}\alpha x\sin\alpha x+\text{sh}\alpha x\cos\alpha x) \\
F_3(\alpha x) &= \frac{1}{2}\text{sh}\alpha x\sin\alpha x \\
F_4(\alpha x) &= \frac{1}{4}(\text{ch}\alpha x\sin\alpha x-\text{sh}\alpha x\cos\alpha x)
\end{aligned}\right\} \quad \text{(附 3-12)}$$

这些函数通称为克雷洛夫函数，其数值已制成表格，可查阅《港口水工建筑物》(陈万佳主编，人民交通出版社，1989)和《弹性地基梁及矩形板计算》(中国船舶工业总公司第九设计院编，国防工业出版社，1983)。

从式(附 3-11)可见，式(附 3-4)中的积分常数已为梁的一端 $x=0$ 处的初参数 y_0、θ_0、M_0 和 Q_0 所代替。基于这一特点，故将在式(附 3-11)的基础上发展起来的计算方法称为初参数法。

进一步推导，可得到附图 3-2 所示各种荷载下的弹性地基梁的初参数法的一般解答为：

$$\left.\begin{aligned}
y_x =&\; y_0 F_1(\alpha x)+\frac{\theta_0}{\alpha}F_2(\alpha x)-\frac{M_0}{\alpha^2 EI}F_3(\alpha x)-\frac{Q_0}{\alpha^3 EI}F_4(\alpha x)- \\
&\; \sum\frac{m_i}{\alpha^2 EI}F_3[\alpha(x-a_i)]+\sum\frac{p_i}{\alpha^3 EI}F_4[\alpha(x-b_i)]+ \\
&\; \frac{1}{\alpha^3 EI}\int_c^x q_i(u)F_4[\alpha(x-u)]\mathrm{d}u \\
\theta_x =&\; \theta_0 F_1(\alpha x)-\frac{M_0}{\alpha EI}F_2(\alpha x)-\frac{Q_0}{\alpha^2 EI}F_3(\alpha x)-4\alpha y_0 F_4(\alpha x)- \\
&\; \sum\frac{m_i}{\alpha EI}F_2[\alpha(x-a_i)]+\sum\frac{p_i}{\alpha^2 EI}F_3[\alpha(x-b_i)]+ \\
&\; \sum\frac{1}{\alpha^2 EI}\int_c^x q_i(u)F_3[\alpha(x-u)]\mathrm{d}u \\
M_x =&\; M_0 F_1(\alpha x)+\frac{Q_0}{\alpha}F_2(\alpha x)+4EI\alpha^2 y_0 F_3(\alpha x)+4EI\alpha\theta_0 F_4(\alpha x)+ \\
&\; \sum m_i F_1[\alpha(x-a_i)]-\sum\frac{p_i}{\alpha}F_2[\alpha(x-b_i)]- \\
&\; \sum\frac{1}{\alpha}\int_c^x q_i(u)F_2[\alpha(x-u)]\mathrm{d}u \\
Q_x =&\; Q_0 F_1(\alpha x)+4EI\alpha^3 y_0 F_2(\alpha x)+4EI\alpha^2\theta_0 F_3(\alpha x)-4\alpha M_0 F_4(\alpha x)- \\
&\; \sum 4\alpha m_1 F_4[\alpha(x-a_i)]-\sum P_i F_1[\alpha(x-b_i)]- \\
&\; \sum\int_c^x q_i(u)F_1[\alpha(x-u)]\mathrm{d}u \\
P_x =&\; kby_x
\end{aligned}\right\} \quad \text{(附 3-13)}$$

式中：y_x、θ_x、M_x、Q_x、P_x——依次为梁上各截面的挠度、转角、弯矩、剪力和地基反力；

y_0、θ_0、M_0、Q_0——依次为梁左端的挠度、转角、弯矩和剪力，统称为初参数；

m_i、P_i、q_i——依次为作用于梁上的力矩、竖向集中力、竖向分布力等外力。

四、无限长梁和半无限长梁的解

当梁的两端为无限长时,称作无限长梁(附图 3-3)。在梁上作用集中荷载 P,并设 P 的作用点为坐标原点 O,此时梁的边界条件为:

(1)距离集中荷载的作用点无限远处,挠度 y 应趋于零,即当 $x \to \infty$ 时,$y \to 0$。

(2)从结构和荷载的对称性可知,在点 $x=0$ 处,梁的弯曲弹性线的切线应该是水平的,即 $\theta_0 = 0$。

(3)在集中力 P 作用点的右方,即 $x = 0 + \varepsilon$ 处(ε 为任意小的数值),剪力应等于 $Q = -P/2$。

根据条件(1),解方程式(附 3-4)时,$C_1 = C_2 = 0$。然后利用条件(2)和(3),求得 C_3 和 C_4 值,可得到无限长梁的解为:

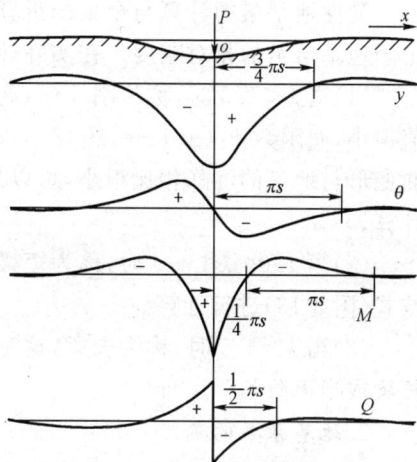

附图 3-3　无限长梁的计算图形

$$y(\alpha x) = \frac{\alpha P}{2bk} A_{\alpha x} \qquad M(\alpha x) = \frac{P}{4\alpha} C_{\alpha x} \left.\vphantom{\frac{\alpha^2 P}{bk}}\right\}$$
$$\theta(\alpha x) = -\frac{\alpha^2 P}{bk} B_{\alpha x} \qquad Q(\alpha x) = -\frac{P}{2} D_{\alpha x} \left.\vphantom{\frac{\alpha^2 P}{bk}}\right\} \tag{附 3-14}$$

式中,$A_{\alpha x}$、$B_{\alpha x}$、$C_{\alpha x}$、$D_{\alpha x}$ 等函数值已制成表格,可从附录三附表 3-1 查得。上式中的挠度 y、转角 θ、弯矩 M、剪力 Q 的符号规则与材料力学的相同,且只适用于 $x > 0$ 的情况;当 $x < 0$ 时,转角和剪力公式右端应变号。由上式可知,梁的变形和内力均与 P 成正比,因此适用叠加原理和互等定理。若在无限长梁上作用有多个集中荷载时,可以分别计算每个集中荷载的单独作用而将结果叠加。

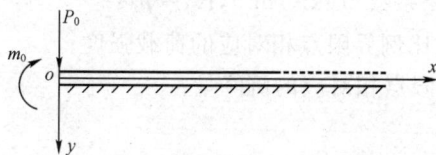

附图 3-4　弹性地基上的半无限长梁

当梁的一端长度为无限,另一端为有限长时,称为半无限长梁,如附图 3-4 所示。梁的一端可能是各种支撑情况,如自由端、简支端或固定端。设半无限长梁一端为自由端,并受有集中荷载 P_0 和集中力矩 m_0。此时,可与无限长梁一样,利用有限长梁的解答(附 3-13)和边界条件:$x \to \infty$ 时,$y \to 0$,$\theta \to 0$;$x \to 0$ 时,$M_0 = m_0$,$Q_0 = -P_0$。从而求得半无限长梁的解:

$$y(\alpha x) = \frac{2\alpha}{bk}(P_0 D_{\alpha x} - \alpha m_0 C_{\alpha x})$$
$$\theta(\alpha x) = \frac{2\alpha^2}{bk}(-P_0 A_{\alpha x} + 2\alpha m_0 D_{\alpha x})$$
$$M(\alpha x) = -\frac{1}{\alpha}(P_0 B_{\alpha x} - \alpha m_0 A_{\alpha x})$$
$$Q(\alpha x) = -(P_0 C_{\alpha x} + 2\alpha m_0 B_{\alpha x})$$

$$\tag{附 3-15}$$

五、弹性地基梁计算的几个问题

1. 弹性地基梁的划分

弹性地基梁的计算与全梁的折算长度 $\lambda = \alpha l$ 的大小有关。λ 值既决定于梁的长度 l，又决定于地基与梁的相对刚度。在实际计算中一般根据 λ 值将弹性地基梁划分为以下几种类型：

(1) 当 $\lambda < 1.0$ 时，称为刚性梁，这时梁与地基比较，有很大的刚性，即梁截面的 EI 很大，α 值很小，而函数 $F_1(\alpha x) \to 1$，$F_2(\alpha x)$、$F_3(\alpha x)$ 和 $F_4(\alpha x)$ 都很小。经计算比较证明，这种梁的弯曲变形与地基的沉降相比很小，可以忽略不计，故地基反力可按直线分布计算，即按刚性基础计算。

(2) 当 $1.0 \leqslant \lambda \leqslant 4.5$ 时，称为短梁，这时梁为中等长度或称有限长梁。梁的变形和内力需按式(附 3-13)进行计算。

(3) 当 $\lambda > 4.5$ 时，称为长梁，这时可根据梁的端点距荷载作用点的距离大小，区分为无限长梁或半无限长梁进行计算。

2. 地基系数的确定

地基系数(或基床系数)k 是基础梁板计算中的重要参数，其取值是否合适对计算结果的影响很大。由于地基系数除与地基土体的性质有关外，还与底板的面积、形状、刚度、地基应力的大小及荷载的性质等有关，要准确取值很困难，应通过现场静荷载试验确定。荷载试验承压板的面积、形状一般与轨道基础、船坞底板不同，故试验所得的基床系数必须根据实际情况进行修正，但目前尚无国内外公认的计算方法。以下介绍《干船坞设计规范坞工结构》(JTJ 252—87)推荐的三种方法。

(1) 基床系数计算

$$K = K_0 \sqrt[3]{\frac{F_0}{F}} \alpha^{\ln\frac{B}{b_0}} \qquad (附 3\text{-}16)$$

式中：K——采用的基床系数(kN/m^3)；

K_0——静荷载试验所得的基床系数(或称"试验基床系数")(kN/m^3)，$K_0 = p/s$；

p——承压板上的荷载强度(kN/m^2)，一般采用与比例界限点相对应的荷载强度；

s——与 p 相应的沉降量(m)，一般采用与比例界限点相对应的沉降量；

F_0——承压板面积(m)，$F_0 = b_0^2$；

b_0——承压板的边长(m)；

α——系数，$\alpha = 0.004\,6C + 1$，C 为土的黏聚力(kN/m^2)；

F——底板计算面积(m^2)。

当底板计算宽度 B，长度 l 值大于 l_c 时，则按 l_c 计算面积，反之按 Bl 计算；l_c 值按下式计算：

$$l_c = 1.43h \sqrt[3]{\frac{E}{b_0 k_0}} \qquad (附 3\text{-}17)$$

当　　　　　　　　　　$l_c > H$ 时，取 $l_c = H$

式中：l_c——底板的特征长度(m)；

h——底板厚度(m)；

E——底板材料的弹性模量(kN/m^2)；

H——地基压缩层厚度(m)。

(2)当地基压缩层厚度较大时，可按下式计算：

$$K = K_0 \left(\frac{F_0}{F_s}\right)^{0.17}$$

（附 3-18）

式中：　F_s——底板实际面积(m^2)；

K、K_0、F_0——意义同前。

(3)当地基压缩层厚度小于底板宽度的 1/4 至 1/2 时，可按下式计算：

$$K = \frac{E_0}{H(1-\mu_0^2)}$$

（附 3-19）

式中：E_0、μ_0——分别为地基压缩层的变形模量(kN/m^2)和泊松比。

在薄层条件下，式(附 3-19)为工程界公认较正确的公式。

如果没有试验资料，则需要根据地基的土质按经验来选择 K 值。《干船坞设计规范》给出了 K 值(附表 3-2)，可供设计参考选用。有时还可根据类似建筑物的沉降观测资料或以往的设计经验来确定。

3. 利用影响线计算弹性地基梁

弹性地基梁在移动荷载作用下的影响线，就是单位荷载在梁上移动时，表示在某一指定截面上所产生的某项量值，诸如截面内力、挠度等变化规律的图形。像船台滑道工程等作用有移动荷载的基础结构，利用影响线进行计算是很方便的。影响线的优点，首先在于它非常清楚地表示出当荷载在结构物上移动时，它所代表的量值(如弯矩、剪力、挠度等)的变化情况；其次是因为影响线系根据单位荷载在结构上移动时所作出的，既不决定于外荷载，又不随外荷载的改变而改变。由此可知影响线不仅可以根据叠加原理适用于任何类型的移动荷载，而且也可以利用影响线计算静荷载所产生的各种量值。

根据影响线这一原理，利用前面导出的弹性地基梁一般解答式(附 3-13)，就可以绘制弹性地基梁在单位荷载 $P=1$ 或 $m=1$ 作用时的影响线。

《弹性地基梁计算图表及公式》(中国船舶工业总公司第九设计院，国防工业出版社，1982)编制了 $\lambda > 4.5$ 的长梁和 $\lambda = 1.0 \sim 4.5$ 的短梁在单位集中荷载作用下的弯矩、剪力、地基反力和梁端转角的影响线，可供查用见附表 3-1，附表 3-2。

无限长梁和半无限长梁解中函数 $A_{\alpha x}$、$B_{\alpha x}$、$C_{\alpha x}$、$D_{\alpha x}$ 的数值表　　　　附表 3-1

αx	$A_{\alpha x}$	$B_{\alpha x}$	$C_{\alpha x}$	$D_{\alpha x}$
0.0	1.000 0	0.000 0	1.000 0	1.000 0
0.1	0.990 7	0.090 3	0.810 0	0.900 3
0.2	0.965 1	0.162 7	0.639 8	0.802 4
0.3	0.926 7	0.213 9	0.488 8	0.707 7
0.4	0.878 4	0.261 0	0.356 4	0.617 4
0.5	0.823 1	0.290 8	0.241 5	0.532 3
0.6	0.762 8	0.309 9	0.143 1	0.453 0
0.7	0.699 7	0.319 9	0.059 9	0.370 8
$\pi/4$	0.644 8	0.322 4	0	0.322 4

续上表

αx	$A_{\alpha x}$	$B_{\alpha x}$	$C_{\alpha x}$	$D_{\alpha x}$
0.8	0.635 4	0.322 3	−0.009 3	0.313 1
0.9	0.571 2	0.318 5	−0.065 7	0.252 7
1.0	0.508 3	0.309 6	−0.110 8	0.198 8
1.1	0.447 6	0.296 7	−0.145 7	0.151 0
1.2	0.389 9	0.280 7	−0.171 6	0.109 1
1.3	0.335 5	0.262 6	−0.189 7	0.072 9
1.4	0.284 9	0.243 0	−0.201 1	0.041 9
1.5	0.238 4	0.222 6	−0.206 8	0.015 8
$\pi/2$	0.207 9	0.207 9	−0.207 9	0.000 0
1.6	0.195 9	0.201 8	−0.207 7	−0.005 9
1.7	0.157 6	0.181 2	−0.204 7	−0.023 5
1.8	0.123 4	0.161 0	−0.198 5	−0.037 6
1.9	0.093 2	0.141 5	−0.189 9	−0.048 4
2.0	0.066 7	0.123 1	−0.179 4	−0.056 3
2.1	0.043 9	0.105 7	−0.167 5	−0.061 8
2.2	0.024 4	0.089 6	−0.154 8	−0.065 2
2.3	0.008 0	0.074 8	−0.141 6	−0.066 8
$3\pi/4$	0.000 0	0.067 0	−0.134 0	−0.067 0
2.4	−0.005 6	0.061 3	−0.128 2	−0.066 9
2.5	−0.016 6	0.049 1	−0.114 9	−0.065 8
2.6	−0.025 4	0.038 3	−0.101 9	−0.063 6
2.7	−0.032 0	0.028 7	−0.089 5	−0.060 8
2.8	−0.036 0	0.020 4	−0.077 7	−0.057 3
2.9	−0.040 3	0.013 2	−0.066 6	−0.053 4
3.0	−0.042 26	0.007 03	−0.056 32	−0.049 29
3.1	−0.043 14	0.001 87	−0.046 88	−0.045 01
π	−0.043 21	0.000 00	−0.013 21	−0.013 21
3.2	−0.043 07	−0.002 38	−0.038 31	−0.040 69
3.3	−0.042 24	−0.005 82	−0.030 60	−0.036 42
3.4	−0.040 79	−0.008 53	−0.023 74	−0.032 27
3.5	−0.038 87	−0.010 59	−0.017 69	−0.028 28
3.6	−0.036 59	−0.012 09	−0.012 41	−0.024 50
3.7	−0.034 07	−0.013 10	−0.007 87	−0.020 97
3.8	−0.031 38	−0.013 69	−0.004 01	−0.017 70
3.9	−0.028 62	−0.013 92	−0.000 77	−0.014 69
$5\pi/4$	−0.027 86	−0.013 93	−0.000 00	−0.013 93

αx	$A_{\alpha x}$	$B_{\alpha x}$	$C_{\alpha x}$	$D_{\alpha x}$
4.0	−0.025 83	−0.013 86	0.001 89	−0.011 97
4.1	−0.023 09	−0.013 56	0.004 03	−0.009 55
4.2	−0.020 42	−0.013 07	0.005 72	−0.007 35
4.3	−0.017 87	−0.012 43	0.006 99	−0.005 44
4.4	−0.015 46	−0.011 68	0.007 91	−0.003 77
4.5	−0.013 20	−0.010 86	0.008 52	−0.002 34
4.6	−0.011 12	−0.009 99	0.007 86	−0.001 13
4.7	−0.009 21	−0.009 09	0.008 98	−0.000 11
$6\pi/4$	−0.008 98	−0.008 98	0.008 98	0.000 00
4.8	−0.007 48	−0.008 20	0.008 92	0.000 72
4.9	−0.005 93	−0.007 32	0.008 70	0.001 39
5.0	−0.004 55	−0.006 46	0.008 37	0.001 91
5.1	−0.003 34	−0.005 64	0.007 95	0.002 30
5.2	−0.002 29	−0.004 87	0.007 46	0.002 59
5.3	−0.001 39	−0.004 15	0.006 92	0.002 77
5.4	−0.000 63	−0.003 49	0.006 36	0.002 87
$7\pi/4$	0.000 00	−0.002 90	0.005 79	0.002 90
5.5	0.000 01	−0.002 88	0.005 78	0.002 90
5.6	0.000 53	−0.002 32	0.005 20	0.002 87
5.7	0.000 95	−0.001 84	0.004 64	0.002 79
5.8	0.001 27	−0.001 41	0.004 09	0.002 68
5.9	0.001 52	−0.001 02	0.003 56	0.002 54
6.0	0.001 69	−0.000 69	0.003 07	0.002 38
6.1	0.001 80	−0.000 41	0.002 61	0.002 21
6.2	0.001 85	−0.000 17	0.002 19	0.002 02
$8\pi/4$	0.001 87	−0.000 00	0.001 87	0.001 87
6.3	0.001 87	0.000 03	0.000 81	0.001 84
6.4	0.001 84	0.000 19	0.001 46	0.001 65
6.5	0.001 79	0.000 32	0.001 15	0.001 47
6.6	0.001 72	0.000 42	0.000 87	0.001 29
6.7	0.001 62	0.000 50	0.000 63	0.001 13
6.8	0.001 52	0.000 55	0.000 42	0.000 97
6.9	0.001 41	0.000 58	0.000 24	0.000 82
7.0	0.001 29	0.000 60	0.000 09	0.000 69
$9\pi/4$	0.001 20	0.000 60	0.000 00	0.000 60

基床系数 k 的参考值表

附表 3-2

地 基 分 类	地 基 特 征	$k(10^4 \text{kN/m}^3)$
黏性土	淤泥质土	0.5～1.0
	软塑的一般黏性土	1.0～2.0
	可塑的一般黏性土	2.0～4.0
	硬塑的一般黏性土	4.0～10.0
	密实的老黏土	5.0～15.0
砂土	松散的(不包括新填筑的砂土)	1.0～1.5
	中密的	1.5～2.5
	密实的	2.5～4.0
碎石土	中密的下卧卵石、砾石	2.5～5.0
	紧密的下卧卵石、砾石	5.0～15.0
岩石	强风化岩	5.0～10.0
	中等风化的硬质岩石	10.0～50.0
	软质岩石($R_j < 30\,000\text{kN/m}^2$)	5.0～100.0
	硬质岩石($R_j < 30\,000\text{kN/m}^2$)	100.0～150.0
道碴	夯实的砂、碎石或卵石	4.0～6.0
	级配道碴	5.0～10.0

注:①本表适用于基底面积大于 10m^2;

　　②地基分类名称按《港口工程技术规范》第五篇"地基"(1987)的规定。

附录四 港口水工建筑物常用基本术语（中英文对照）

1. 综合

港口	port；harbo(u)r
港口水工建筑物	harbo(u)r engineering structure
设计船型	design vessel
船舶吨位	tonnage
装卸工艺	cargo-handling technology
门座起重机	portal slewing crane
码头	wharf；quay；pier；dock
码头前方作业地带	apron space
吹拢风	onshore wind
吹开风	offshore wind
设计水位	design water level
整体稳定性	overall stability
沉降	settlement
立波	standing wave；clapotis
远破波	broken wave
近破波	breaking wave
波浪爬高	wave run up；swash height

2. 码头形式

顺岸码头	wharf；quay
突堤码头	finger pier；jetty
离岸式码头	offshore terminal
引桥式码头	approach trestle pier
墩式码头	dolphin wharf
开敞式码头	sea berth；open sea terminal
实体式码头	quay wall；solid pier
透空式码头	open type wharf；open jetty
连片式码头	solid deck pier
直立式码头	vertical face wharf；quay wall
斜坡式码头	sloping wharf
浮码头	floating wharf；pontoon wharf

缆车码头	sloping wharf with cable way
重力式码头	gravity quay-wall
板桩码头	sheet-pile quay-wall；sheet pile bulkhead
高桩码头	open pier on piles；standing pile wharf
墩柱式码头	pillar quay
管桩码头	cylinder pile wharf
方块码头	concrete block quay wall
沉箱码头	concrete caisson quay wall
扶壁码头	counter forted quay wall；buttressed wall
格形钢板桩码头	cellular steel sheet pile wharf
板梁式高桩码头	concrete slabs and beams platform on standing piles
桁架式高桩码头	skeleton-frame-type wharf on standing piles
无梁板式高桩码头	wharf of precast reinforced concrete slab without beam on standing piles
空心大板码头	wharf of precast hollow slab

3. 码头构造与构件

基础	foundation
基槽	foundation trench；foundation ditch
基床	foundation bed；bedding
抛石基床	rubble base
码头胸墙	wharf breast wall
卸荷板	relieving slab
减压棱体	relieving rubble backfill
桩基	Pile foundation
摩擦桩	friction pile
支承桩	end-bearing pile
直桩	vertical pile
斜桩	batter pile；spur pile
叉桩	brace piles；raking piles
高桩承台	high-level platform supported on piles
低桩承台	low-level platform supported on piles
前方承台	front piled platform
后方承台	rear piled platform
刚性承台	rigid platform
柔性承台	flexible platform
靠船构件	berthing member
桩帽	pile cap；pile cover

轨道梁	crane girder
面板	deck ; slab
帽梁	capping beam
导梁	wale ; waling guide beam
拉杆	anchor tie ; tie bar
板桩锚碇结构	sheet-pile anchorage ; anchoring of sheet wall
系船块体	concrete block for mooring post
护轮槛	kerb ; curbing
沉箱	caisson
倒滤层(反滤层)	filter layer
伸缩缝	expansion and contraction joint
沉降缝	settlement joint
实体斜坡道	paving sloping way
架空斜坡道	suspended sloping way
格形板桩	cellular sheet pile
活动引桥	movable bridge approach
趸船	pontoon ; dummy barge
靠船墩	breasting dolphin
系船墩	mooring dolphin
桩式柔性靠船设施	resilient pile facilities
单点系泊	single buoy mooring system
多点系泊	multi-point mooring system

4. 码头附属设施

码头附属设施	subsidiary facilities for wharf
码头管沟	wharf conduit
起重机轨道	crane track ; crane way
系船柱	mooring post ; bollard
防冲装置	fender system ; dock fender
护木	fender log
橡胶护舷	rubber fender
码头爬梯	ladder
系船环	mooring ring
系网环	ring to safety net
阶梯	stair way
靠船桩	fender pile

5. 防波堤与护岸工程

防波堤	breakwater ; mole
防波堤口门	breakwater gap

堤头	breakwater tip ; breakwater head
堤根	mole-root ; shore-end of breakwater
斜坡式防波堤	sloping breakwater ; rubble mound breakwater
护面层	armor layer of rubble breakwater
堤心	breakwater core
防波堤胸墙	crown wall
反压台	counter weight till ; loading berm
戗台	berm
直立式防波堤	vertical breakwater
开孔沉箱防波堤	perforated caisson breakwater
混合式防波堤	composite breakwater ; bottom mounted breakwater
桩式防波堤	pile breakwater
浮式防波堤	floating breakwater
护岸	revetment
海堤	sea dike
丁坝	groin, spur dike
离岸堤	offshore dike
潜堤	submerged breakwater
锁坝	closure dam

6. 修造船水工建筑物

修造船水工建筑物	hydraulic structures for shipyard
上墩	docking
下水	launching
船台	berth ; ship-building berth ; building slip
滑道	slipway ; launching way
轨枕道碴基础	ballast and sleeper
轨道梁板基础	slab-and-beam floor
龙骨墩	keel block
船台小车	bogie
干船坞	dry dock ; graving dock
灌水船坞	filling-up dock ; flooding dock
坞口	dock entrance
坞门	dock gate ; caisson
船坞灌水系统	dock-filling system
船坞排水系统	dock-drainage system
浮船坞	floating dock ; lift dock

7. 港口水工建筑物施工

潮差段	tidal zone
浪溅区	splash zone
吹填	hydraulic reclamation ; hydraulic fill
水上抛填	dumping and filling on water
陆上抛填	dumping and filling on land
干砌块石	placed rockfill ; dry pitching
浆砌块石	mortar rubble masonry ; mortar pitching
水下清淤	underwater desilting
水下爆破	underwater explosion
围堰	cofferdam
水下灌注混凝土	subaqueous concreting ; concreting in water
水下基床夯实	compaction of underwater bedding underwater foundation-bed tamping
水下基床整平	underwater foundation-bed leveling
土工织物	geotextile ; civil engineering fabric
预压加固	surcharge preloading consolidation
强夯加固	dynamic consolidation
深层搅拌法	deep mixing method
方块抛填	block dumping
方块砌筑	block-in-course
沉箱浮游稳定性	stability of floating caisson
锤击沉桩	driving pile
沉桩偏位	piling deviation
沉桩应力	driving stress
夹桩	pile holder ; waling
打桩帽	pile driving helmet ; driving cap
替打	dolly ; cushion block
桩箍	pile collar ; pile band
桩靴	pile shoe
接桩	pile splice ; pile extension
截桩	pile cut-away
打桩船	floating pile driver ; pile driving barge
起重船	floating crane
挖泥船	dredger